HUANSI

环思智慧科技股份有限公司
网址：WWW.HUANSI.NET
电话：400-6116-360

在线咨询

信息化20年

环思科技专注服装行业

环思智慧科技股份有限公司致力于引领纺织服装产业数字化新智造，专注全产业链信息化解决方案研究与实施二十年。本着"为科技而来，为创新而生"的理念，凭借专业的产品和优质的服务，环思目前已成为国内小有影响力的纺织行业管理软件供应商。

环思ERP、MES、WMS、SAAS、品牌供应链等产品覆盖了纺、织、染整、服装、贸易、产业用等所有环节，是国内可提供全产业链信息一体化的软件企业。环思全球累计迪卡侬、迪尚、卡尔美等服装生产、品牌优质头部客户，现有案例超4000家，拥有专业技术团队超500人，是行业信息化领导品牌和客户信赖的长期合作伙伴。

环思总部位于纺织之乡——绍兴，并在杭州、上海、广州、青岛、泉州等10个全国纺织中心城市设分公司与办事处。

合作客户

纺织总部大厦
TEXTILE HEADQUARTERS BUILDING

　　为贯彻落实汕头"工业立市，产业强市"的战略部署，促进纺织服装产业集群化、高端化、规范化发展，汕头市委、市政府围绕构建"三新两特一大"产业发展格局，根据行业需求，确立建设纺织产业总部大厦工程。项目自确立以来，在各有关行局支持下，积极推动项目发展，旨在将总部大厦打造为产业服务基地和产业智造中心、产业智库中心的"一基地、两中心"汕头新地标，为纺织服装产业发展提供顶层支撑。

建设概况
CONSTRUCTION OVERVIEW

项目用地面积6824.9平方米，项目总建筑面积44888平方米。其中：地上计容建筑面积：34124平方米；地下室建筑面积：10764平方米。

地上共16层，标准层层高3.7米，大厦集平台服务支撑、电商直播间、纺织教育讲座、日常办公为一体，设立品牌会客厅、直播基地、电商平台办事处、设计师孵化中心、纺织大学教学点，为企业提供多维度产业资源支持。

乘势而上、聚力共赢，纺织总部大厦诚邀纺织企业入驻，共同打造全产业资源的聚集地！

工业立市·产业强市
INDUSTRIAL DEVELOPMENT INDUSTRY STRONG CITY

平台办事处

纺织大学教学点

品牌会客厅

直播基地

设计师中心

汕头市纺织服装产业协会
SHANTOU TEXTILE&GARMENT INDUSTRY ASSOCIATION

2021年12月12日，在汕头市委、市政府和市工业和信息化局的大力支持下，汕头市纺织服装产业协会正式成立，现有会员企业超800家，涵盖捻纱、织布、染整、刺绣、面辅料、成品等完整产业链。

协会自成立后，大力助推政府"全球纺织品采购中心、展会展览中心、纺织工业产业园区、纺织服装产业总部大厦"四大工程落地。2022年，成功举办了首届中国·潮汕国际纺织服装博览会，为疫情下提振行业信心做出了突出贡献，提高汕头纺织服装产业在全国乃至世界的影响力。协会同步上线运营"汕头纺织服装产业全景平台"小程序，打造纺织服装产业一站式供需对接服务平台，助力企业找工厂、找订单、找货源、找供应链、找爆品等，成功撮合交易超千万元。

未来，汕头市纺织服装产业协会将以新的发展契机为着力点，更好产业集群竞争力，助推企业转型升级，推动汕头纺织服装产业发展。

联系人:赖部长 13829672021　　　协会地址：汕头市龙湖区东海岸新城汕港路1号宝能时代湾3栋801

2023中国·潮汕国际纺织服装博览会

中国·潮汕国际纺织服装博览会是由中国针织工业协会、汕头市纺织服装产业协会主办，其他相关行业协会支持，以潮汕及国内纺织服装产业为依托，以展示纺织服装产业品牌、供应链、新制造、新产品、新材料、新趋势为主的展示、交易和宣传平台。

50,000㎡	50,000+	500+	100,000+	400+	300+	3000+	500+	800+
展览规模	参观人次	参展企业/品牌	新品/爆品	MCN机构	媒体推广	各地代理商	连锁品牌	网红达人

展品范围:文胸、家居服、内裤、毛衫、T恤、礼服、针织衫、保暖内衣、打底衫、塑身衣、功能内衣、孕婴童服饰、运动内衣、泳装、瑜伽服、时装、袜子、毛巾、饰品、面辅料、配件、纱线、设备、ODM/OEM、电商平台、跨境电商、服务商、连锁机构等。

HY 合源环境

专注**印染污水**处理
助力行业可持续发展

Dedicated in Dyeing and Printing Waste Water
Treatment and Industry Sustainable Development

公司简介
COMPANY PROFILE

上海合源环境科技有限公司成立于2012年，总公司注册在上海，下有三家子公司：绍兴合源环境科技有限公司、无锡合源环境设计有限公司及浙江洁炭环保科技有限公司。公司在上海、绍兴、苏州、杭州、无锡设有办公室。

合源环境专注于印染污水处理领域，技术负责人为毕业于哈尔滨工业大学环境工程专业的硕士和博士，技术团队专业功底深厚，熟悉各类印染企业生产工序及污水特性，在印染污水处理领域积累了丰富的污水厂规划、建设及运营实操经验，对印染污水处理工艺技术持续改进及创新，以实现污水处理"低占地、低运行成本、低污泥、高回用率"——"三低一高"的解决方案，为印染企业降本增效、为纺织印染行业可持续发展创造价值。

业务范围

服务于国内外印染企业或园区

（1）现有印染污水处理厂诊断、改造提升及托管运营。

（2）新建印染污水处理厂咨询、规划、设计、建设、运营。

2022 中国纺织产业集群发展报告

2022 ZHONGGUO FANGZHI CHANYE JIQUN FAZHAN BAOGAO

中国纺织工业联合会
产业集群工作委员会　编著

中国纺织出版社有限公司

内 容 提 要

本书共分为两部分。第一部分阐述了全国纺织产业集群试点工作的现状及发展方向。分别从纺织服装全行业、十三个省（自治区）及八个细分行业三个维度对纺织服装产业集群进行全局性梳理，详细阐述了我国纺织产业集群所取得的成果，深入剖析了产业集群目前面临的问题，并探讨了产业集群未来的发展方向。第二部分介绍了经过第五次复查后与中国纺织工业联合会签署试点共建协议的202个产业集群的发展情况。各个产业集群从集群概况、集群发展亮点、集群面临问题及今后发展思路三方面进行了总结分析，详细展示了各个集群的发展特色。

本书从不同视角对我国纺织产业集群的发展进行了梳理汇编，为读者全面了解我国纺织产业集群的现状提供真实且有效的参考。

图书在版编目（CIP）数据

2022 中国纺织产业集群发展报告 / 中国纺织工业联合会产业集群工作委员会编著. -- 北京：中国纺织出版社有限公司，2023.6

ISBN 978-7-5229-0257-9

Ⅰ. ①2… Ⅱ. ①中… Ⅲ. ①纺织工业－产业发展－研究报告－中国－2022 Ⅳ. ①F426.81

中国版本图书馆 CIP 数据核字（2022）第 249075 号

责任编辑：孔会云 责任校对：高 涵 责任印制：王艳丽

中国纺织出版社有限公司出版发行
地址：北京市朝阳区百子湾东里 A407 号楼 邮政编码：100124
销售电话：010—67004422 传真：010—87155801
http://www.c-textilep.com
中国纺织出版社天猫旗舰店
官方微博 http://weibo.com/2119887771
三河市宏盛印务有限公司印刷 各地新华书店经销
2023 年 6 月第 1 版第 1 次印刷
开本：889×1194 1/16 印张：20
字数：710 千字 定价：398.00 元
京朝工商广字第 8172 号

《2022中国纺织产业集群发展报告》
撰 稿 人

特约撰稿人 孙瑞哲　夏令敏

撰　稿　人（按文章先后顺序）

王　翀	韩　平	许　城	汪　泳	潜九庆	郑宜涛	李　强	李继锋
李文杰	叶奕莉	陆秀淮	陈韶通	卢　茵	罗勇成	何志康	刘树森
梁维佳	吴荣桃	严家民	尹晓东	郑洁雯	马　琳	刘　焱	张京炜
郑俊林	吴文静	王军锋	张希成	朱晓红	赵　辰	王　冉	黄潇瑾
贾慧莹	段守江	冯炎君	李　昕	张海燕	唱双惠	赵婷婷	荣　鹏
王昕彤	武　斌	刘金金	杨梓杰				

目　　录

非凡十年书写盛世华章
纺织行业高质量发展为江山披锦绣

中国纺织工业联合会会长　孙瑞哲

2022 年 10 月 10 日

党的十八大以来的十年，在中华民族发展史上具有里程碑意义。以习近平同志为核心的党中央站在历史发展的高度，将中国特色社会主义带入新时代。全面建成小康社会，如期实现了第一个百年奋斗目标，中华民族实现了从站起来、富起来到强起来的历史性飞跃。作为中国式现代化的重要参与者，纺织行业与国家富强、民族振兴、人民幸福同频共振，在时代发展的潮流中发展，在历史前进的大势中前进。

十年来，行业以习近平新时代中国特色社会主义思想为指引，深入贯彻习近平经济思想，全面落实党中央、国务院各项决策部署和政策要求。聚焦"科技、时尚、绿色"，行业加速由中国制造向中国创造、中国速度向中国质量、中国产品向中国品牌转变。科技创新、品牌建设、人才培养、绿色发展跃上新台阶，《建设纺织强国纲要（2011—2020 年）》设定的目标基本达成。中国工程院研究表明，纺织行业是我国制造业处于世界先进水平的五个行业之一。

十年来，行业在全球价值链的地位稳步提升，产业规模优势、体系优势不断强化。行业生产制造能力与国际贸易规模稳居世界首位。中国纤维加工总量从 2012 年的 4540 万吨提升到 2021 年的超过 6000 万吨，占世界纤维加工总量 50% 以上；化纤产量从 2012 年的 3837 万吨增长到 2021 年的 6709 万吨，占世界比重的 70% 以上。中国纺织一骑绝尘，屹立于世界产业之巅。

一丝一缕，彰显韧性；一丝一缕，承载民生；一丝一缕，连接全球。这十年，中国纺织行业以高质量的发展、历史性的成就，树立起"创新驱动的科技产业、文化引领的时尚产业、责任导向的绿色产业"的产业形象，构筑了"国民经济与社会发展的支柱产业、解决民生与美化生活的基础产业、国际合作与融合发展的优势产业"的产业定位，勾勒出"世界纺织科技的主要驱动者、全球时尚的重要引领者、可持续发展的有力推进者"的产业愿景。

山河披锦绣，盛世写华章。十年砥砺，十年奋进，十年跨越，中国纺织行业交出了一份无愧于时代、经得住检验的答卷。

一、聚焦高质量发展，纺织行业是国民经济与社会发展的支柱产业

面对百年未有之大变局中世界经贸关系的深刻演变，面对国内社会主要矛盾的显著变化，行业积极推进供给侧结构性改革，始终保持着稳中有进的发展态势。

质量变革、效率变革、动力变革系统推进，现代化纺织产业体系加快形成。补短板、锻长板、筑底板，产能结构持续优化，高端化、智能化、绿色化，制造能力稳步提升。化纤、面料自给率超过 95%，纱线自给率超过 90%，装备自给率超过 80%；高端装备关键基础件的国产化率达到 50% 以上；纺织配套自给能力在我国工业体系中位居前列。衣着用、家用及产业用三大终端产品纤维消耗量比重由 2015 年的 46.4：28.1：25.5 调整为 2020 年的 40：27：33。我国已成为纤维生产品种覆盖面最广的国家，高性能纤维总产能占世界的比重超过三分之一。

大中小融通、上下游协同，产业生态更加稳定健壮。中国纺织服装企业集约化、国际化程度不断提升，已成为全球供应链不可或缺的重要一环。2012 年至 2022 年 9 月，纺织行业共 99 家企业在上海、深圳、北京证券交易所上市，首次发行募集资金净额超过此前 20 年之和。行业专精特新小巨人企业、单项冠军企业和产业链龙头企业大量涌现。在 2022 年《财富》世界 500 强和福布斯中国创新力企业 50 强榜单中，分别有 6 家、2 家涉纺企业入选。

新冠肺炎疫情是发展成效的试金石。疫情之下的关键时刻，纺织行业第一时间复工复产。口罩、防护服等应急防控物资的及时充分供给，有力保障了人民生命安全，为全球疫情防控做出突出贡献。"疫情要防住、经济要稳住、发展要安全"，行业在多重目标间寻求平衡与最优解。2021 年，规模以上纺织企业实现营业收入 51749.4 亿元，同比增长 12.3%；实现利润总额 2676.8 亿元，同比增长 25.4%；营业收入利润率达到 2018 年以来最高水平。

行业在稳定经济发展、平衡国际收支、创造就业空间、促进民生改善等方面发挥着无可替代的作用，

是国民经济中的稳定器、压舱石。

二、推进共同富裕，纺织行业是解决民生与美化生活的基础产业

以人民为中心，以发展为中心，行业的十年跨度里，体现着"衣被天下"的民生温度，体现着保障人权的价值追求。

这十年纺织工业发展的过程是不断服务人民美好生活、践行强国富民使命的过程。从满足物质需要到满足精神需要、从提升生活质量到提升生命质量、从推动消费升级到推动产业升级，增品种、提品质、创品牌，行业顺应社会主要矛盾变化，有效满足了人民群众日益增长的美好生活需求。在人均国内生产总值1万美元时，我国人均纤维消费数量和结构已达到中等发达国家人均国内生产总值2万~3万美元时的水平。就业是最大的民生。纺织服装产业链长、关联度高，行业中小微型企业占比达到99.8%。多元生态和较低的进入门槛赋予了行业巨大的就业容纳能力和创新创业空间。行业带动了全社会2000多万人口的就业。行业发展直接惠及"三农"，不仅拉动了天然纤维生产，还为农村转移劳动者提供了难度适宜、前景广阔的就业岗位。行业的发展让共同富裕的进程看得见、摸得着、真实可感。

纺织是中国流域经济、集群经济体现最充分的产业之一。十年来，产业发展深度融入区域重大发展战略。东中西部的产业发展势差，中心城市与周边城镇的供需关联，使得纺织行业成为推动区域协调与融合发展的重要引擎。以长江经济带发展、粤港澳大湾区建设为重点，东部地区正在形成世界级时尚策源地，一批世界级纺织产业集群加速崛起。在产业联动和梯度转移过程中，广西、贵州、山西、江西、安徽、河南等中西部地区产业实现了跨越式发展。特别是新疆地区，十年间，纺织行业的发展极大改善了区域经济、人民生活。"新疆不再是边远地带，而是一个核心区、一个枢纽地带。"行业为维护边疆社会稳定和长治久安做出积极贡献。县乡是纺织产业集群的主要载体。在2022年全国百强县，十强中八个以纺织为特色产业；43个GDP过千亿县，绝大多数将纺织服装产业作为支柱产业。目前，中国纺联在全国试点的纺织产业集群有210个，覆盖企业总户数超过20万户，其中规模以上企业1.6万户。连接三产、衔接城乡，纺织产业集群在巩固拓展脱贫攻坚成果和乡村全面振兴的有效衔接、构建新型工农城乡关系中发挥关键作用。

三、服务双循环格局，纺织行业是国际合作与融合发展的优势产业

构建以国内大循环为主体、国内国际双循环相互促进的新发展格局，是党中央根据我国发展阶段、环境变化作出的战略决策。统筹国内国际两个大局、发展安全两件大事，纺织行业在新发展格局中打造自主可控、安全可靠的产业体系，有效应对了大国博弈和地缘政治变化对产业带来的不利影响。

行业牢牢把握建设全国统一大市场的契机，将扩大内需作为产业发展的战略基点。2021年全国限额以上单位服装鞋帽、针纺织品类商品零售额为13842亿元，同比增长12.7%；全国网上穿类商品零售额同比增长8.3%；人均衣着消费支出1419元，同比增长14.6%，占人均消费支出的比重为5.9%。行业积极发掘我国"世界市场"的优势与潜力。叠加数字经济与实体经济，推动消费空间的深入与延展。农村市场、下沉市场潜力释放，SHEIN等跨境电商平台风靡海外。叠加文化创意与产品创新，推动产品价值的形成与丰富。IP的应用、国潮兴起，虚拟偶像、时尚元宇宙创新发展。叠加生活方式与消费场景，推动品类创新的细分与融合。可穿戴智能纺织品、大健康正成为产业延伸价值链的重要方向。

整合全球资源，服务全球市场。从纤维原料、设计创新到生产流通、品牌运营，纺织行业是国际合作的重要领域，是维护全球纺织产业链供应链韧性和稳定的关键力量。十年间，纺织品服装出口额从2012年的2551亿美元增长到2021年的3155亿美元，占全球纺织品服装出口比重的三分之一以上，贸易规模稳居世界首位。行业积极融入"一带一路"建设，高水平发展开放型经济，从"产品走出去"向"产能走出去""品牌走出去""资本走出去"加快迈进。2012年以来，行业累计对外投资超过110亿美元，有效带动了东南亚、非洲等区域的产业发展。RCEP协定的生效为行业打造更加多元高效的贸易市场格局和产能合作体系带来了新的机遇。企业全球配置资源的能力也在不断增强。安踏、恒力、申洲、恒申、李宁通过并购、控股等方式，整合国际资源，构筑竞合优势。

十年来，中国纺织行业以实际行动推动构筑安全稳定、畅通高效、开放包容、互利共赢的全球纺织产业链供应链体系。行业的国际影响力越来越大、合作朋友圈越来越广。中国纺织正稳步从"走近"过渡到"走进"世界纺织舞台中央，从主动"融入"过渡到逐步"引领"世界纺织产业发展。

四、在科技创新中，推进传统产业向朝阳产业转变

"企业是创新主体，掌握了一流技术，传统产业也可以变为朝阳产业。"习近平总书记的指示为纺织行业高质量发展指明了前进方向、提供了根本遵循。

十年来，行业始终把创新摆在发展全局的核心位置，行业研发投入和创新产出大幅提升，创新基础设施和产业链协同创新机制不断完善。行业突破了一批"卡脖子"技术难题。2016—2021年，纺织行业有15项成果获国家科学技术奖。成功建设2家国家级制造业创新中心、6家国家重点实验室、81家国家级企业技术中心等创新机构。整体看，纺织科技创新已经从"跟跑、并跑"进入"跟跑、并跑、领跑"并存阶段。

一代材料，一代产业。纤维材料的突破是行业设计创新、工艺创新、装备创新、产品创新的源头和先导。材料的突破推动着产业体系的重构与升级。十年来，聚焦自主可控，高性能纤维创新飞速发展。中复神鹰牵头研发的千吨级干喷湿纺高性能碳纤维产业化关键技术及装备打破了国外的长期垄断。T1000级、M40、M40J、M55J等碳纤维高端产品已具备工程化制备能力，25K大丝束碳纤维实现产业化生产。2021年我国碳纤维产销量突破两万吨，行业整体已达到国际先进水平。千吨级对位芳纶工程化关键技术和装备取得突破，高强高模对位芳纶产品实现国产化；高强高模聚酰亚胺纤维、间位芳纶、聚苯硫醚纤维、连续玄武岩纤维等实现快速发展。十年来，导电智能、生态抑菌、功能保温、速干凉感、绿色循环等差别化、功能性纤维材料竞相涌现，有力支撑了功能纺织品开发与应用。行业研发的高效低阻熔喷、纳米纤维材料和三拒一抗医用材料，大量应用于防护口罩、防护服、隔离服等，在抗击新冠肺炎疫情中发挥了重要作用。

"可上九天揽月，可下五洋捉鳖。"科技创新重新定义着纺织行业的价值形态、市场空间和场景边界。从宇宙飞船、航天服到深海绳缆，纺织品伴随着我们迈向深海、深地、深空、深蓝的每一个脚步；从高原铁路到海底隧道，纺织品铺就锦绣坦途，支撑着经济大动脉每一公里的延伸；从一个口罩、一辆汽车到一栋建筑，纺织品融入生命保障、生态环保、生活改善的每一个领域。材料技术、产业用纺织品的发展，使得万物皆可织的趋势更加明显。2021年产业用纺织品纤维加工量1935万吨，比2012年增长近一倍，已占到全部纤维加工量的三分之一。

数字经济推动着行业要素更新、流程再造和场景延展。十年来，化纤、纺纱、印染、非织造布、针织、服装、家纺等智能化生产线建设方面取得明显成效。棉纺万锭用工由60人下降到15人；化纤智能工厂实现了全流程数字化。网络协同制造、大规模个性化定制、小单快反柔性制造等新业态、新模式快速发展。行业企业"上云、用数、赋智"活跃。2021年，行业两化融合整体发展水平达到56.6，较"十三五"初期的47.8提升18.4%。

五、在文化崛起中，构筑中国时尚影响力与话语权

历史地看，每一次国家间相对实力的调整都会带来文化中心、时尚中心的变迁。随着中华民族伟大复兴进入不可逆转的历史进程，中国速度、中国奇迹构筑着消费市场的信心与底气；中国历史、中国文明涵养着时尚发展的底蕴与气韵；中国理念、中国方案吸引着世界范围的认同与参与。行业迎来了将文化自信转变为品牌自信、产品自信最好的时代机遇。

十年来，行业以大师、大牌、大事为重点，时尚引领力与话语权稳步提升。从汉服热、文博热到非遗热，中华传统文化正以系统化方式汇聚起价值洪流，李宁、波司登等服装品牌被认为是当前"新国潮"的发轫。行业持续挖掘不同地域文化的价值，形成差异化、特色化的价值符号和时尚产品，苗绣、藏毯、潮绣等民族文化、非遗文化正焕发出越来越大的时代价值。中华民族共同体意识，在行业的发展过程中得到强化。

从色彩、纤维、纱线到面料、服装、家纺，行业形成了覆盖产业链各环节的流行趋势协同研究体系和依托全产业链展会平台、中国国际时装周的发布机制。人工智能等新技术开始应用于全产业链的设计开发工作。多年来，纺织服装行业持续完善品牌培育和推广体系，自主品牌的市场认知度与国际影响力不断提升，行业创意水平、人才质量不断改善。"十三五"期间，全国有超过100所本科院校、300所高职院校设有服装设计与工程专业；国内主要大型商业实体的服装家纺品牌约4500个，其中85%左右为自主品牌。原创潮流品牌在质量、设计、文化方面逐渐成熟。行业已经形成了制造品牌、消费品牌和区域品牌协同发展的生动局面。

优秀品牌作为时尚发展主要价值载体的地位进一步夯实。波司登连续两年入选 Brand Finance "全球最具价值服饰品牌排行榜50强"，"羽绒服专家"的品牌认知持续巩固；专注茄克42年的劲霸男装，发布"高端新国货"战略，强化"中国茄克 劲霸制造"的理念；从"温暖全世界"到"绒耀新生"，鄂尔多斯品牌持续强化，位列2022年中国500最具价值品牌第51位……

中国设计、中国品牌、中国平台正在赢得世界越来越多的认可与尊重。理念即品牌，流量即品牌，生态即品牌。新经济、新平台的发展推动着传统品牌焕新与再造，助力新品牌衍生与崛起。

六、在绿色转型中，涵养产业根基和产业未来

可持续发展是全球共识。纺织行业坚持保护生态环境就是保护生产力、改善生态环境就是发展生产力，以"双碳"目标为战略导向，有序推动产业绿色低碳循环发展。

废弃的塑料瓶，经过回收加工，变成柔软的纤维，这是江苏芮邦科技有限公司的创新实践。企业一年可消化125亿个废旧聚酯瓶，生产25万吨再生纤维，从而减少约50多万吨碳排放。达利丝绸文化产业园，在经济价值、生态价值、美学价值的统一中诠释着"绿水青山，金山银山"的产业实践；太阳能光伏发电，60%的绿化面积，爱慕集团的生态工厂探索着工业文明向生态文明范式转型的实践路径。

行业在节能节水、污染防治、资源综合利用、绿色制造体系建设等方面取得了明显成效。"十三五"期间，行业二次能源占比达到 72.5%，万元产值综合能耗下降 25.5%，万元产值取水量累计下降 11.9%，废水排放量、主要污染物排放量累计下降幅度均超过 10%。循环再利用化学纤维供给能力明显提升，废旧纺织品资源化利用水平进一步提高。2016 年以来共有 251 种绿色设计产品、91 家绿色工厂、10 家绿色供应链企业、11 家绿色设计示范企业被工信部列入绿色制造体系建设名单。

启动 "碳管理创新 2020 行动"，纺织行业是中国最早提出碳中和目标的工业部门之一。发起并签署《联合国时尚产业气候行动宪章》，发布《纺织行业推进碳达峰、碳中和行动框架方案》。启动了 "30·60 中国时尚品牌气候创新碳中和加速计划"。鄂尔多斯、罗莱、太平鸟、劲霸、安莉芳、恒力、新乡化纤、晨风、魏桥、鲁泰、申洲等一大批领军企业和柯桥、盛泽等千亿级的产业集群加入其中。从生产体系、管理体系到创新体系、营销体系，越来越多的纺织企业将可持续发展作为整体战略、全球战略。中国纺织服装企业社会责任管理体系（CSC9000T）的维度和内涵不断拓展，开始覆盖国内企业在海外投资的工厂。责任发展的绿色产业，正在成为中国纺织的标签。

往昔已展千重锦，今朝再进百尺竿。中国共产党已召开第二十次全国人民代表大会，中华民族伟大复兴又开启了一段新的辉煌征程。知向何处，所以愈加坚定，明所从来，才能更添勇毅。

奋进新征程，建功新时代，中国纺织工业将始终坚持党的领导不动摇。以习近平新时代中国特色社会主义思想为指导，心怀 "国之大者"，深刻领悟 "两个确立" 的决定性意义，增强 "四个意识"、坚定 "四个自信"、做到 "两个维护"，推动党中央决策部署在产业落地生根。

奋进新征程，建功新时代，中国纺织工业将始终坚持人民至上不动摇。把 "人民" 作为产业发展的价值尺度，作为产业发展的成色底色。始终把人民利益放在最高位置，依靠人民、服务人民，充分发挥行业民生产业的作用，"为中国人民谋幸福、为中华民族谋复兴"。

奋进新征程，建功新时代，中国纺织工业将始终坚持创新发展不动摇。立足新发展阶段，贯彻新发展理念，构建新发展格局，把发展放在自己力量的基点上，走符合中国国情的正确道路，坚持市场导向、开放导向，在时代的潮流中推动科技、时尚、绿色的高质量发展。

"希望大家以赵梦桃为榜样，在工作上勇于创新、甘于奉献、精益求精，争做新时代的最美奋斗者，把梦桃精神一代一代传下去。"这是习近平总书记对咸阳纺织集团赵梦桃小组的亲切勉励，也是对新时代纺织人提出的指示要求。

在全面建设社会主义现代化国家新征程上，纺织行业将坚定历史自信、增强历史主动，不忘产业报国初心、牢记强国富民使命，踔厉奋发、勇毅前行、团结奋斗，以春蚕不尽之心，铁杵成针之志，添山河锦绣，呈人间温暖。

我国纺织服装产业集群基本分析（2022）

产业集群是纺织行业新型社会化生产方式的组成部分，也是全行业平稳、健康运行的基础保障。

近年来，在纺织强国建设目标基本实现的基础上，纺织行业持续坚持深化转型升级，于变局中开新局，不断强化科技创新战略支撑能力，并以质量和效益为核心提升产业体系的高端化、现代化水平。同时，畅通内需为战略基点的产业循环、提升国际化发展层次与水平、推动行业时尚发展与品牌建设、推进社会责任建设与可持续发展、优化国内布局提升发展协调性、构建纺织产业安全发展体系等重要战略目标均在积极推进之中。全国各纺织服装产业集群也按照"科技、时尚、绿色"的高质量发展要求，开启新发展阶段的转型升级实践；从"区域化"到"全球化"，成为持续塑造产业开放生态的重要力量。产业集群发展壮大，不仅支撑地方经济发展、扩大就业、保障民生、富裕百姓，也支撑行业规模扩张、能力提升，展现了纺织服装产业的生态和活力。

一、纺织服装产业集群的基本情况

产业集群是改革开放以来纺织产业市场化不断深入演进的必然结果，是产业高效协同的空间组织形式。截至2021年底，全国已有211个地区与中国纺织工业联合会签署了纺织服装产业集群试点关系，其中纺织产业基地市（县）有28个，特色名城81个，特色名镇102个。

（一）产业集群的区域分布

产业集群试点地区在区域分布上呈现东高西低的态势。东部地区158个、中部地区30个、西部地区12个、东北地区11个。主要分布在全国的20个省区，排在前五位的是：浙江省41个，江苏省40个，广东省28个，山东省27个，福建省15个，此五省集中了72%的纺织服装产业集群试点地区数量（表1）。

（二）产业集群的行业分布

从产业集群试点地区在行业分布上看，全国211个集群分属服装、针织、家纺、棉纺、毛纺、产业用、化纤、商贸、长丝、印染、麻纺、丝绸、纺机等14个行业。

表1 纺织服装产业集群试点地区分布表

地区	数量（个）	地区	数量（个）
浙江	41	安徽	4
江苏	40	湖南	4
广东	28	陕西	2
山东	27	四川	2
福建	15	新疆	2
河南	11	广西	2
辽宁	10	宁夏	2
河北	7	吉林	1
湖北	6	青海	1
江西	5	内蒙古	1

数据来源：中国纺织工业联合会产业集群工作委员会

其中，服装行业55个，针织行业31个，家纺行业26个，毛纺行业15个，产业用纺织品行业15个。这五个行业合计共有142个试点地区，其集群产品多以面向终端消费者的产成品加工为主，集群试点数量约占总数的67%。试点类别以特色名城、特色名镇为主，且分布最多的省份均在东部地区，以广东、浙江、山东、河北为主。另外服装行业在辽宁省也有一定数量的分布。

此外，棉纺行业有22个、化纤行业有8个，这两个行业也是纺织行业最重要的基础产业，集群试点数量也相对较多。其中棉纺行业有5家基地市（县），是包含基地市（县）最多的细分行业。化纤集群试点类别以特色名镇为主，主要分布在浙江、江苏、福建等省。

以纺、织、染和终端产品加工制造等全链条、综合型集群试点共有18个，以产业基地市为主。主要分布在江苏、浙江、福建等东部省份，河南、安徽、宁夏也有分布（表2）。

表2 纺织服装产业集群试点行业类别分布表

行业类别	数量（个）	试点类别			重点分布省份
		基地市（县）	特色名城	特色名镇	
服装	55	2	25	28	广东、福建、辽宁、浙江
针织	31	—	10	21	广东、浙江、山东、江苏
家纺	26	2	11	13	浙江、江苏、山东、河北

续表

行业类别	数量（个）	试点类别			重点分布省份
		基地市（县）	特色名城	特色名镇	
棉纺	22	5	10	7	山东、江苏、河南、湖北
综合	18	15	—	3	江苏、浙江、福建、山东
毛纺	15	—	8	7	河北、江苏、浙江、山东
产业用纺织品	15	—	9	6	江苏、浙江、山东、湖北
化纤	8	2	—	6	浙江、江苏、福建
商贸	7	—	6	1	广东、安徽、浙江
长丝织造	6	1	1	4	浙江、江苏、福建
麻纺	3	—	1	2	江苏、江西
印染	2	—	—	2	浙江、福建
丝绸	2	1	—	1	浙江、山东
纺机	1	—	—	1	山东

数据来源：中国纺织工业联合会产业集群工作委员会

（三）产业集群与专业市场相伴相生

纺织服装专业市场始终与产业集群相伴相生、互相促进，共同发展。据统计，现有产业集群试点中，配套建有专业市场的集群试点地区共有 75 个，重点分布在东部和中部产业集群地区。

其中，义乌中国小商品城、柯桥中国轻纺城、盛泽东方丝绸市场、广州海珠区中大面料市场群、常熟中国服装城等专业市场年交易额超过 1000 亿元，石狮国际轻纺城、广州越秀区服装专业市场集群、芦淞服装市场等商贸名城，年交易额均超过 300 亿元。

此外，南通叠石桥国际家纺城、普宁服装城、虎门富民服装城、大朗毛织贸易中心、濮院羊毛衫市场、洪合毛衫城、大唐袜业城、海宁中国家纺城、海城西柳服装城、即墨服装城、淄川服装城、周村纺织大世界等都是区域产业发展中重要的产品交易中心、物流集散中心，也是重要的信息集成中心、价格形成中心和趋势发布中心，均与产业集群地区企业产品研发、生产、销售等各环节保持了紧密的互动关系。

二、纺织服装产业集群的发展特点

（一）产业集群的规模和影响力显著提升

据第五次复查数据统计，截至 2021 年底，全国纺织服装产业集群试点地区的纺织服装企业总户数约为 25.27 万户，其中规模以上企业 1.45 万户；工业总产值达 3.77 万亿元，其中规模以上企业 2.53 万亿元；出口交货值达 4335.22 亿元，其中规模以上企业 2916.72 亿元；营业收入达 3.86 万亿元，其中规模以上企业 2.61 万亿元；利润总额达 2183.10 亿元，其中规模以上企业 1526.32 亿元；从业人员达 701.65 万人，其中规模以上企业用工 296.88 万人。产业集群的规模占纺

织全行业的半壁江山。

1. 产业集群实现快速发展

产业集群加速成长，综合实力不断增强。全国纺织产业集群试点由 2002 年的 38 个增长到 2021 年的 211 个，增长 4.6 倍。产业集群地区的纺织工业总产值、就业人口、企业总数分别由 2002 年的 4800 亿元、329 万人、8.6 万户，增长到 2021 年的 3.77 万亿元、700 万人、25.3 万户，分别增长 6.8 倍、1.1 倍和 1.9 倍（表3）。

表3　纺织服装产业集群经济数据

指标	企业规模	数值	比重
产业集群企业户数（户）	规模以上企业	14541	5.75%
	规模以下企业	238163	94.25%
工业总产值（万元）	规模以上企业	253210189	67.14%
	规模以下企业	123939551	32.86%
出口交货值（万元）	规模以上企业	29167172	67.28%
	规模以下企业	14184994	32.72%
主营业务收入（万元）	规模以上企业	261117786	67.67%
	规模以下企业	124765551	32.33%
利润总额（万元）	规模以上企业	15263202	69.92%
	规模以下企业	6567832	30.08%
全部从业人员（人）	规模以上企业	2968789	42.31%
	规模以下企业	4047712	57.69%
资产总计（万元）	规模以上企业	177773187	70.81%
	规模以下企业	73291314	29.19%

数据来源：中国纺织工业联合会产业集群工作委员会。以上为剔除辖区包覆关系，根据 137 个地区有效数据整理。

2. 产业集群的重要地位日益突出

产业集群不仅在行业经济发展中至关重要，在地方经济社会发展中也发挥着举足轻重的作用，是实现富民创业、推进乡村振兴和新型城镇化建设的重要途径。

全国纺织产业集群试点中，有大约 100 个试点在镇域，另有 100 个试点在县域。2022 年度发布的全国千强镇中，江苏张家港市金港镇和苏州市吴江区盛泽镇名列前十强，另有 20 余个纺织产业特色名镇位前百强；全国百强县前 10 位中，以纺织为特色产业的县市共有 9 席；在 43 个 GDP 过千亿元的县市中，绝大多数都将纺织服装产业作为经济发展的支柱产业。

纺织服装产业集群在以产业发展促进乡村人员就业、培育和扶持创新主体、推进公共服务、配套产业链协作体系等方面，发挥了重要的比较优势；同时以高度市场化的产业协作持续优化了产业资源基础，产业发展的内在动力促进了研发、生产、流通、消费、分配各环节专业化分工、高效率协作。纺织产业集群经济的发展，在推动区域经济发展壮大中发挥了重要作用，是实施统筹城乡发展方略的重要节点。

3. 涌现出一批综合竞争力较强的产业集群

截至 2021 年底，福建长乐、江苏江阴、浙江桐乡、浙江萧山、山东滨州、浙江柯桥、广东普宁 7 个产业集群试点地区营业收入超过 1000 亿元。此外，福建晋江、福建石狮、浙江海宁、江苏常熟、广东虎门等 5 个产业集群试点地区营业收入过 800 亿元。苏州、无锡、南通高端纺织产业集群进入国家先进制造业集群行列，柯桥、盛泽、虎门等一批世界级产业集群先行区在全球供应链体系中发挥着不可或缺的重要作用，在科技赋能、品牌建设、骨干企业培育和公共服务平台建设等方面均已形成了较好的基础，在纺织产业集群发展中发挥先行、示范、带动作用。这些产业集群既是典型的产业发展集聚化程度较高的地区，也是企业市场拓展能力强、在国内国际市场以及产业链供应链协作上都有着重要地位的领先发展地区。

（二）公共服务和创新支撑能力持续增强

1. 产业集群公共服务体系初步形成

多元主体的服务机构活跃在产业集群当中，成为产业集群健康稳定和高质量发展不可或缺的力量。既有政府主导的公益性服务团队，也有企业化运行的服务机构；既有规模庞大、服务能力强、服务面宽的大型服务机构，也有小而专的服务机构；既有知名大企业包括 IT 大厂的服务企业，也有大量存在的活跃度极高的小型服务企业，也包括大量的设计师工作室。

产业集群积极引进或建立高水平质量检测机构，如石狮市与中国纺织信息中心合作、晋江市与中国纺织科学研究院合作，设立检测中心，分别聚集行业专业人才近 200 人，为纺织服装企业开展技术产品开发、质量检测认证、人才培训服务，极大促进企业技术创新能力的提升。南通、常熟、濮院、义乌、大朗、虎门、石狮等一大批产业集群地区，吸引了阿里、京东、腾讯等知名企业和大批电子商务服务企业及相关机构入驻，为企业开展电子商务提供全方位的服务。柯桥、萧山、江阴、即墨等产业集群地区多次组织开展线上线下职业技能培训，广泛开展职业技能比武活动，同时建立认定、奖励机制，大力引进高层次专家，对推动当地产业转型发展起到了积极作用。

集群地区地方政府、管理机构、科研院所、重点企业、行业协会等各方形成协作，积极采取各种服务形式，共同提升产业集群的公共服务能力，优化产业集群各主体发展环境，助力集群中小企业整体提升发展。据中国纺联集群工作委员会不完全统计，211 个产业集群地区共有技术产品研发机构、质量检测机构、信息发布推广机构、电子商务服务机构、金融法律服务机构、新闻宣传机构、人才培训机构、物流服务机构等超过 1500 家。

2. 创新体系建设和产学研合作持续深入

产业集群地区建成了包括国家先进功能纤维创新中心、国家先进印染技术创新中心两个国家制造业创新中心，拥有国家重点实验室、国家企业技术中心以及纺织行业重点实验室、纺织行业技术创新中心等一批科研机构。这些机构不仅与大企业开展技术研发合作，也广泛服务于集群内广大中小企业，成为集群企业重要的技术支撑力量。

产业集群地区政府大力支持科研院所高等院校在当地设立国家级、省级科技研发机构，服务集群内的广大企业，提升企业科技研发水平和产品开发能力，加快科技成果转化。柯桥、盛泽、常熟、石狮等地与中国纺织信息中心、东华大学、浙江理工大学、中国纺织科学研究院等高校和科研机构合作，围绕新型纤维材料开发应用、先进制造工艺研究、先进印染技术开发等主要方向成立创新载体和技术公共服务平台，为企业服务，提升企业的科技创新能力，效果显著。另外，绍兴、大唐、海宁、桐乡、嵊州、兰溪、长兴等集群地区积极推进创新服务综合体建设，均已建成了系统推进区域产业创新的综合载体，使得当地产业综合服务更加贴近企业需求。

（三）数字化品牌化绿色化发展全面推进

1. 数字化发展水平有了新突破

纺织行业两化融合整体水平提升较快，2017 年以来，纺织行业两化融合发展水平评估分数从 48.4 提升到 56.6，实现了 16.9% 的跃升，增速高于全国 11.6% 的平均增速，行业数字化转型成效持续显现。据不完全统计，集群中现有信息化推进机构和两化融合创新服务平台 54 个，关联的电子商务服务平台和直播基地 60 余个、直播机构 115 个、淘宝村（镇）达 202 个。

产业集群地方政府大力支持企业智能化改造和数字化转型，在税收、财政、技术人才资源引进等方面给予扶持，大大调动了纺织服装企业加快数字化改造的积极性，企业数字技术应用深度、经营管理水平都得到明显提升。江苏常熟出台了贴息、减税等推进数字化转型的专项措施，目前已有100余家纺织服装企业对生产、控制及仓库方面进行了智能化改造；江西于都基于5G互联网新技术的"数智"能力，鼓励企业进行数字化、智能化改造建设，一批大中型服装企业建成了智能化集成管理体系，并且带动形成了卫星工厂围绕中心工厂共同发展的新格局。

产业集群地方政府大力支持纺织服装企业或者第三方企业平台机构开展电子商务深度应用，服务于企业的业务模式转型和新业态的拓展。清河、仙桃、大朗、辽源等一大批集群地区通过电商平台把有形市场与无形市场有机结合，利用互联网渠道资源形成组合拳，扩大地区企业抱团效应。另外多个地区的市场贸易采购方式试点为中小企业从事对外贸易和跨境电子商务提供了极大的便利，这两年，即使有疫情的影响，很多地区进出口贸易额也大幅增长。

产业集群中的龙头企业如恒力集团、申洲集团、荣盛集团、波司登集团、恒申集团、红豆集团、天虹集团、无锡一棉、新凤鸣集团、大杨集团等企业经过多年的数字化改造，数字化能力已经得到大幅度提升，部分车间、工序、工厂已实现智能化运行，数字化水平在国际同行比较中也处于领先地位。这些大企业也同时带动了大批中小企业数字化改造的步伐，带动了产业集群地区行业整体数字化水平的提高。

2. 品牌化发展迈入新阶段

产业集群区域品牌影响力获得大幅提升，品牌价值也不断得以体现。辽源袜业、西柳棉服、兴城泳装、清河羊绒、即墨针织、嘉祥手套、南通家纺、常熟男装、濮院毛衫、许村布艺、织里童装、嵊州领带、虎门女装、均安牛仔、盐步内衣等，这些带有明显地域特点和行业特色的区域品牌，不仅在国内享有很大的影响力，国际知名度也越来越高，影响力也越来越大。随着企业快速成长，产品品质不断提升，集群中企业的品牌价值也在不断提高，品牌的市场竞争力也不断提高。

产业集群不断强化品牌培育，打造区域国际品牌，提升企业品牌意识，提高行业影响力和话语权。广东虎门推动"虎门服装"在马德里公约国成功进行国际商标注册，注册地涵盖德国、法国、意大利等16个国家；同时形成了以以纯为龙头，包括快鱼、卡蔓、巴迪小虎等数十家（涵盖女装、童装、男装、休闲装）知名品牌的方阵，共有各类服装服饰注册品牌5万多个。广东潮州积极搭建展示交流平台，通过举办婚纱创意设计大赛、行业高峰论坛、礼服时尚秀、行业颁奖晚会等活动，不断将潮州婚纱礼服的城市名片推向国际，形成明显的宣传推介效应。湖北仙桃以"仙桃无纺布"区域品牌全面推行"一企一标"工程，目前

已注册多件国内商标以及欧盟商标。

3. 绿色发展呈现新面貌

近些年来，纺织服装产业集群在保护环境、减少污染物排放、节能降耗、资源循环再利用等方面取得长足进步，建立起日臻完善的绿色发展体系；企业社会责任意识日益增强；顺应绿色消费需求不断攀升的市场趋势，绿色产品开发设计、绿色生产制造在集群企业快速普及。绿色可持续发展已经由理念变成产业集群的成功实践。长三角的产业集群柯桥、桐乡、盛泽、常熟、张家港、江阴等，珠三角的产业集群新塘、西樵、普宁、潮南、谷饶等，通过迁厂入园、技术改造、淘汰落后产能等多种方式，彻底解决印染企业污水达标排放问题，保护周边水系，改善生态环境，实现可持续发展；并同时实施节能改造和能效提升，推广光伏应用、清洁生产以及节水型企业创建工作，开展绿色制造、循环示范建设，着力培育一批绿色示范企业、示范项目。

中国纺织工业联合会于2021年6月1日正式启动了"中国时尚品牌气候创新碳中和加速计划"，在有关部门指导下和技术机构支持下，引导重点产业集群气候创新行动碳中和先行示范。江苏盛泽于2022年10月25日发布了《盛泽纺织产业气候行动白皮书》，系统梳理了盛泽纺织产业发展现状及绿色低碳发展进展，对当前及未来一段时期产业实施气候行动面临的机遇与挑战进行分析，提出了盛泽纺织产业气候行动的重要方向和关键举措。浙江柯桥正式发布了《中国绍兴·柯桥气候行动宣言》，承诺加入气候创新2030行动，联合中国纺织工业联合会共同设定柯桥气候行动目标、制定推进低碳企业政策与低碳产品激励机制、积极参与全球气候治理。这些都充分展现纺织产业集群积极参与气候创新行动的鲜明态度，也为行业树立了推进双碳目标实现的行动样板。

三、纺织服装产业集群发展面临的形势

虽然这些年纺织服装产业集群的发展取得了长足的进步，但复杂的外部环境和不断变化的市场状况，对产业集群未来的发展还是带来了巨大的挑战。

（一）产业集群的中小企业创新能力较弱

中小企业是产业集群的主体，研发设计、技术创新、技术应用的能力都比较弱，在数字化转型、绿色化发展等方面都很难与大企业齐头并进，企业的创新能力和管理水平都有很大差距。集群内部同质化竞争还普遍存在，知识产权保护还亟须加强。

（二）市场环境的不确定性，给企业的发展带来明显压力

一方面，国内市场需求偏弱。疫情以来，国内市场处于低迷状态，纺织品服装销售始终没有恢复到2019年以前的状态，再加上线下实体销售渠道向线上渠道转移，也让很多企业特别是产业集群的中小企业

难以适应。另一方面，国际市场的不确定性进一步加剧，美国对新疆棉制品设限，欧盟也在紧跟，这对我国传统的出口市场带来巨大影响；再加上局部地缘冲突，导致国际供应链受阻、大宗商品价格剧烈波动、能源价格上涨，这些都影响了纺织服装企业的国际合作，对外向型的产业集群而言，影响尤为突出。

（三）绿色发展目标给中西部产业集聚带来了硬约束

绿色发展是"十四五"和未来纺织行业实现转型升级的重要目标。东部地区的产业集群这些年在绿色环保方面的进步很大，而中西部地区在承接产业转移、实现产业集聚时面临的环保压力就非常大。一是中西部地区的产业集群原有的基础条件比较薄弱，高标准的环保要求对政府、企业在资金资源方面投入要求也非常高，企业的运行成本就会比较高，相对削弱中西部地区产业集聚的比较优势。二是中西部地区的生态环境相对脆弱，承载能力也较弱，对于印染、针织、家纺等行业的接受能力也比较低，要实现产业链条配套企业的高效集聚，面临的困难会更为艰巨。

（四）三年疫情对于产业集群发展模式提出了新要求

新冠肺炎疫情对物流、用工，对消费模式、消费习惯都产生了重大影响，而这些影响在疫情之后还将持续。为了适应后疫情时代消费者需求的变化和生产方式、生产模式的变化，需要产业集群企业早做准备。在疫情多点散发频发的情况下，要保持供应链稳定、生产秩序正常、职工队伍稳定都需要重新规划，重新布局；要适应消费者对产品品质的更高要求、对于线上服务的更高要求，需要企业尽早做好产品准备、技术准备、服务体系的准备。在激烈的市场竞争当中，只有充分准备积极应对，才能战胜困难挑战，赢得竞争。

（五）产业转移和区域布局调整面临新课题

新冠肺炎疫情、市场需求疲软、国际环境的不确定性，以及供应链安全性稳定性对国内的产业转移和中西部地区产业发展及集聚都带来了很大的影响。如何能够更好地发挥中西部地区产业要素资源及产业政策、产业环境的比较优势，在与国际相关地区的竞争当中取得优势地位，是我们面临的重要课题。全球化条件下，产业的国际竞争本身就十分激烈，叠加诸多不利因素后，如何避免欧美国家曾经出现的产业空心化现象在我国重现，保障中西部地区顺利承接国内的高质量产业转移，进一步优化纺织服装产业国内布局，这对全行业健康稳定发展都至关重要，需要行业企业和政府部门共同努力，尽快破解这一新课题。

四、建设现代化纺织服装产业集群的重点任务

党的二十大提出，到2035年，我国要建成现代化经济体系，形成新发展格局，基本实现新型工业化、信息化、城镇化、农业现代化。纺织工业作为国民经济的支柱产业和传统优势产业，市场化、国际化程度高，在基本建成纺织强国的基础上，要进一步推进纺织全产业链现代化水平的提升，为中国式现代化建设贡献纺织行业力量。纺织服装产业集群作为纺织全行业的重要组成部分，在现代化建设过程中任重道远。建设现代化纺织服装产业集群，带动几十万家中小企业全面实现现代化，是未来十几年我们必须努力完成的任务。

（一）坚持推进产业集群升级发展不动摇

各产业集群地区政府、企业都要增强发展信心，要以"咬定青山不放松"的执着和韧性，心无旁骛，持续推进产业的转型升级。要科学规划，精准布局，把产业集群现代化建设作为产业发展的主要目标任务，长期坚持，扎扎实实一步一个脚印去落实，直至取得最后的成功。

（二）全面构建纺织产业集群新生态

以东部纺织产业重点地区为主，重点依托世界级纺织产业集群先行区，以引领力、凝聚力、责任力、贡献力为方向，着力培育世界级纺织先进制造业集群。打造以中小企业为主体，主导产业聚焦、优势特色突出、资源要素汇聚、协作网络高效、治理服务完善，具有较强核心竞争力的中小企业特色产业集群，促进特色产业与区域经济协调发展。开展集群竞赛、交流互鉴、对接合作，形成千帆竞发、力争上游、广泛链接、共创共赢的新时代产业集群群体。

将现代化纺织产业集群建设与重大区域战略、区域协调发展战略、乡村振兴战略相统一，推进产业集群、工业园区与新型城镇化融合发展。把产业集群作为实施"三品"战略、推进纺织供给侧结构性改革的重要载体，促进集群中小企业质量水平、管理水平提升，全面激发创新创业活力，夯实集群升级基础。支持中小企业参与龙头骨干企业的创新体系、生产协作体系，促进价值链上大中小企业融通发展，提升产业链供应链韧性和安全水平。积极构建专业化、高水平、有实效的中小企业公共服务体系，促进市场化服务与公共服务双轮驱动，创新服务方式和内容，提高服务精准度，提升服务效能。

（三）全方位提高集群企业的科技创新能力

建设现代化纺织产业体系最重要的就是构建世界领先的现代纺织科技体系，在纺织纤维新材料技术、纺织先进工艺技术与装备、数字技术的深度应用和智能化生产等领域要不断提升不断进步，并始终保持世界领先地位。产业集群地区要坚持科技是第一生产力，为集群发展提供长远动力。既要鼓励大企业加大科技研发投入，引领行业的科技创新，也要扶持中小企业开展技术研发，并通过公共服务实现科技成果共享，让现代科技支撑起产业集群发展活力和国际竞争力。

（四）坚持推进产业集群数字化转型

当前新一代信息技术处于快速创新的爆发期，正催生第四次工业革命，互联网、大数据、人工智能、区块链等新技术正深度融合到纺织服装产业，数据要素对产业的赋能作用持续显现，数字技术不断催生纺织产业新变革、新技术、新模式、新业态。产业集群的数字化转型是产业集群现代化建设的战略基石，将加速科技创新和科技成果转化进程，提高品牌的快速反应能力，增强企业的绿色可持续发展能力。产业集群地区要大力支持企业数字化改造，促进企业智能化发展，打造产业新模式新业态。整合更多的第三方资源为企业数字化转型服务，促使产业集群中的大中小企业都能够共享数字技术的最新成果，紧跟技术革命的步伐，在市场竞争中保持强大的竞争能力，保障纺织服装产业生生不息的生命力。

（五）坚持走品牌化发展之路

建设现代化纺织产业体系必须建立现代纺织服装时尚品牌体系，就是要立足中国，面向世界，打造高品质、高性价比、高时尚度、高体验感的纺织服装品牌生态，打造中国时尚品牌的国际话语权。产业集群地区要不断提高集群企业产品研发设计水平，提高产品品质，推动产业高端化。鼓励支持企业开发新产品、应用新技术、拓展新渠道、构建新模式，通过新纤维、新面料、新工艺的应用给消费者带来全新的消费体验，在满足人们对时尚美的需求的同时，推动产业持续健康发展。

（六）坚持绿色化发展，建立绿色可持续发展体系

建设现代化纺织产业体系必须建立纺织绿色可持续发展体系，就是要努力构建绿色产品丰富、绿色工艺绿色制造普及、绿色消费广为接受的低碳环保产业体系。产业集群地区要鼓励引导广大企业开发绿色纺织产品，推广生态设计，应用绿色工艺，倡导绿色消费，让绿色可持续发展理念深入行业每一个角落、深入广大消费者内心。绿色可持续既是产业发展的内在需求，也是新时期构筑人类命运共同体的外在约束，更是纺织行业履行社会责任的具体体现。绿色化发展必将成为产业的新标签、企业的新能力、消费者的新体验。

（七）培育高素质的人才队伍，筑牢集群产业发展的人才基础

建设现代化纺织产业体系必须建立人才保障体系，就是要建立高素质的纺织服装人才队伍，既包括高素质的管理人才、高素质的科技研发设计人才，也包括高素质的生产营销服务人才。中国纺织服装产业能够在劳动力成本大幅上升、各种要素资源成本不断上涨的环境下，依然保持明显的国际竞争比较优势，最重要的原因就在于高素质的人才队伍保障。产业集群地区要坚持人才是第一资源，紧紧依靠高等院校、科研院所和行业组织的支持，深入开展合作，坚持不懈，实施多层次、全方位的人才培养计划，为企业源源不断地输送高素质人才。

"十四五"时期是纺织行业在基本建成纺织强国的基础上，加快推进高质量发展的重要时期，也是贯彻落实党的二十大精神，构建现代化纺织产业体系的关键时期，更是建设现代化纺织产业集群的关键时期。纺织行业只有坚定信心，守正创新，踔厉奋发，勇毅前行，坚持科技创新、品牌提升、绿色发展，才能早日建成现代化纺织产业体系，为中国式现代化建设、为第二个百年奋斗目标实现做出纺织行业的突出贡献。江山壮丽，前程远大，使命催征。站在新的历史起点上，愿我们同心同德、携手共进，开创纺织产业集群新的辉煌！

中国纺织工业联合会产业集群工作委员会

二〇二二年十二月

各省（自治区）纺织服装行业及产业集群发展概况

辽宁省纺织服装行业及产业集群发展概况

"集群式发展"已经成为辽宁纺织服装产业的重要特征,"小而美"成为辽宁纺织服装产业集群的主要特色。

辽宁纺织服装企业70%位于省内各集群市(县)、镇(乡),产量占比全省行业的85%,对于全省行业的稳定发展起到重要支撑作用。

集群从无到有、从弱到强,从促进劳动就业到打造区域品牌,从做强传统纺织服装产业到以"数"赋能绿色发展、智能化发展,集群为地方经济发展和行业的转型升级做出了重要贡献。

一、辽宁省纺织服装产业集群概况

(一)基本情况

辽宁省一直积极支持有优势、有条件和有要求的区域发展纺织服装特色区域经济,有力推动各地有特色的纺织服装产业集群的发展。

从2002年中国纺织工业联合会开展产业集群试点工作以来,辽宁省纺织服装行业先后推荐并被中国纺织工业联合会及专业协会命名的产业名城名镇称号的试点地区共有11个(表1)。涵盖了泳装、西装、棉服、裤装、皮草皮革、运动户外服装、防护纺织品等各个品类。

此外,金普新区双面呢大衣和功能性纺织材料及制品、抚顺过滤布也形成了纺织服装产业集群的雏形和一定的产业规模。

从表2可以看出:全省各纺织服装产业集群规模以上纺织服装企业占比普遍偏低,"中小微"企业占主导地位;各产业集群规模以上纺织服装企业工业总产值平均占比达到30%,总体占比较少。

表1 2002—2022年辽宁省纺织产业集群试点列表

序号	地区名称	集群称号	时间
1	辽宁省海城市	中国纺织产业基地市	2002年
2	辽宁省兴城市	中国泳装名城	2010年
3	辽宁省海城市西柳镇	中国裤业名镇	2010年
4	辽宁省大连市普兰店区	中国西装名城	2011年
5	辽宁省瓦房店市	中国家纺流苏名城	2011年
6	辽宁省灯塔市佟二堡镇	中国皮革皮草服装名镇	2012年
7	辽宁省海城市西柳镇	中国棉服名镇	2012年
8	辽宁省东港市	中国运动户外服装名城	2016年
9	辽宁省沈阳市沈河区	中国服装商贸名城	2016年
10	辽宁省丹东高新技术产业开发区	中国防护纺织品名城	2020年
11	辽宁省辽阳市小北河镇	中国袜业名镇	2021年

表2 辽宁省纺织产业集群复查(第五批)资料部分数据汇总

序号	集群名称	企业户数(户)	工业总产值(万元)	出口交货值(万元)	从业人数(人)	产业特点
1	大连市普兰店区中国西装名城	161	203408.3	127441.1	20468	西服生产加工
2	灯塔市佟二堡镇中国皮革皮草服装名镇	300	290000	0	137640	皮装裘皮服装生产加工、专业市场

续表

序号	集群名称	企业户数（户）	工业总产值（万元）	出口交货值（万元）	从业人数（人）	产业特点
3	丹东市东港市中国运动户外服装名城	147	329450	159977	36200	运动户外服装生产加工
4	海城市西柳镇中国裤业名镇	3148	107263	2098	27360	裤装生产加工、专业市场
5	海城市西柳镇中国棉服名镇	4722	160893	8393	36042	棉服生产加工、专业市场
6	葫芦岛市兴城市中国泳装名城	1659	1100000	50000	65000	泳装、瑜伽服生产加工
7	丹东市丹东高新技术产业开发区中国防护纺织品名城	41	691290	0	69700	职业防护、军用防护、户外运动防护、应急救援防护服装生产加工
8	辽阳市小北河镇中国袜业名镇	206	350000	2500	16068	棉袜生产加工

（二）辽宁省纺织服装产业集群主要类型

辽宁省纺织服装产业集群主要有三种类型。一是市场拉动型。如西柳、佟二堡等都是以专业市场、流通为核心的产业集群。西柳纺织服装市场、佟二堡皮草皮革服装市场为辽宁省地区的纺织服装专业市场，2019年至2021年合计市场交易额分别为2521亿元、602亿元，有效地促进了地方就业，极大地拉动市场及周边纺织服装产业的集聚和发展。

二是优质制造+智能制造。如普兰店、东港、丹东高新区、小北河等都是以各类服装服饰生产加工为核心的产业集群，多年来出口经验积累打造出了一批优质制造企业，2019年至2021年，普兰店、东港、丹东高新区、小北河等地区纺织服装产业集群工业总产值390亿元，出口交货值87亿元。

三是产业+电子商务+数字赋能。如兴城泳装集群，在国内国际知名电商平台拥有网店超3万家，跨境、国内电子商务年贸易额达到了40多亿元，占晚上泳装出货量的80%。作为辽宁省仅有的2个综合型工业互联网5G二级节点之一的国家工业互联网标识解析二级节点（葫芦岛）已于2022年11月正式启动，目前已接入企业超过100家。

经过多年的努力，这些集群不仅成为全国纺织服装行业产业转移的承接地、企业及品牌产能转移的共赢地，也是产业链上下游协同发展的合作地。这些特色集群不仅是辽宁纺织服装行业亮丽的产业名片，也在辽宁省经济发展中发挥着不可替代的作用。

二、辽宁纺织服装产业集群发展特点

（一）政府大力扶持

辽宁省及各级政府高度重视产业集群的建设与发展，"十二五"期间省政府提出全省工业经济五项工程，将产业集群工程列为五项工程之一。2021年10月14日辽宁省工业和信息化厅印发了《辽宁省柞蚕丝绢纺织产业高质量发展工作方案》，旨在发挥辽宁省柞蚕资源丰富的优势，打造柞蚕产业新发展体系，推进柞蚕产业高质量发展。2021年12月29日，辽宁省工业和信息化厅印发了《辽宁省"十四五"消费品工业发展规划》，明确了化学纤维、现代纺织印染、特色柞蚕制品、时尚服装家纺、运动户外服装服饰、特殊人群消费品、产业用纺织品、新型和高性能纤维等21个支撑就业创业的传统产业、有竞争优势的特色产业和高成长性新兴产业的发展方向，加速新旧动能转换，这为辽宁纺织服装产业和产业集群的高质量发展打下了坚实基础。

产业集群地区政府也相继出台了扶持政策。如葫芦岛市工业和信息化局、葫芦岛市财政局、葫芦岛市司法局2019年制定了《葫芦岛市泳装产业发展专项资金使用办法》（葫工信发〔2019〕156号），对符合政策扶持泳装企业项目给予专项资金支持。2020 年葫芦岛市人民政府出台了《葫芦岛市人民政府关于支持泳装特色产业稳定发展健康发展的若干政策意见》(葫政发〔2020〕25 号)。2021 年大连市普兰店区科技和工业信息化局根据《大连市推进产业链发展工作考核办法》要求及《纺织服装产业链三年行动计划安排》制定《大连纺织服装产业链 2021 年度工作方案》以龙头带动、项目推动、创新驱动、区域联动为路径,全面贯通纺织服装产业链,提升我区纺织服装产业在全国乃至全球产业链中的影响力和竞争力,实现产业高质量、可持续发展。海城市近年来全面改善优化发展软环境,赋予了西柳市场及服装生产企业 15 条优惠政策等等。

(二)协会加强服务

反映行业诉求,落实产业政策,在政府和企业之间发挥桥梁纽带作用。针对产业集群特色,组建专业组织,先后成立辽宁省运动户外产业联盟、辽宁省满族服饰文化发展促进中心、辽宁省产业用纺织品联盟等专业分支机构,为产业集群的专业化服务提供保障。

针对产业集群需求,举办多种资源整合对接活动。如中国纺织服装产业集群产能(辽宁·丹东)对接会、辽宁与江苏纺织服装产业链对接、兴城与东港产业集群对接会等。

参与或组织各种展会,扩大区域品牌的市场竞争力。积极参加中国纺联五大联展、中国(大连)国际服装纺织品博览会、中国(葫芦岛·兴城)国际沙滩泳装文化博览会、首届(中国)丹东时装周、"双循环"新格局下丹东纺织服装产业发展对接大会暨防护纺织合作洽谈会、辽阳"小北河——中国袜业名镇"产业集群推介会、中国定制旗袍艺术大赏等多种深具影响力活动,积极为行业选拔和储备人才组织各种服装设计大赛、服装制版师大赛以及缝纫工、缫丝工、纬编工、细纱工等职业技能竞赛等活动。

2016 年 9 月,辽宁省纺织服装协会与中国纺织建设规划院携手合作设立辽宁分院。受地方政府委托,辽宁省纺织服装协会联合中国纺织建设规划院等相关单位,在对辽宁产业集群地区充分调研的基础上,先后编制了《大连市服装纺织产业发展规划(2016—2020 年)》《丹东·东港运动户外服装产业发展规划(2016—2020 年)》《丹东市运动户外纺织服装公共技术平台规划》《丹东市东港运动户外服装产业发展规划》《抚顺市产业用纺织品发展的调查与思考》《抚顺新宾满族自治县旗袍产业发展规划》《兴城泳装产业发展规划》《沈河区服装商贸产业发展规划》《葫芦岛·兴城泳装产业发展三年行动方案》《朝阳市龙城区纺织服装产业发展规划》《小北河袜业产业集群发展规划》等,从地方实际出发,对辽宁产业集群可持续发展提出建议,为政府决策提供参考。

(三)龙头企业示范引领

在产业集群发展中,龙头企业起到了积极的示范作用,带动集群中小企业发展和产业链的不断完善。如,大杨集团位于"普兰店——中国西装名城",年产 200 万件/套西装,不仅是全球最大的西装企业之一,也是全球信息化智能化水平最高西装定制企业之一。大杨集团依托自主研发的优思达(Ustyylit)服装定制工业互联网平台和其创建的辽宁省级纺织服装检测公共服务平台和大连服装产业研发创新平台,不仅为大杨集团自身满足各类定制客户的多样化发展需求,同时也为其他龙头企业的信息化水平、资金、人才、平台建设及全球影响力带动普兰店西装产业集群的不断积聚、提升与发展。

"兴城——中国泳装名城"拥有斯达威、英华、益丰等一批泳装龙头企业,通过海外物流仓、斯达威泳装超级产业园、兴城泳装创意设计产业园、英华品牌园的建设以及斯达威集团旗下兴标壹网络科技公司建设的国家工业互联网标识解析综合型二级节点(葫芦岛)的正式启动,带动兴城跨境电商、品牌、生产加工、物流、研发设计、供应链整合等产业的创新发展。

"东港——中国运动户外服装名城"的龙头企业新龙泰实业公司,多年来一直是阿迪达斯合作伙伴,近年来通过与广东联泰集团合作,把斯凯奇研发中心搬迁至东港,打造总部经济,企业通过设备更新、技术改造,不断提高自动化、数字化加工水平,带动周边运动户外服装企业的提升及产业集群的发展。

(四)平台建设不断创新

兴城泳装创意设计产业园(平台)、辽宁省西柳服装创意设计产业园、大连服装设计师孵化平台分别被国家工信部确定为首批、第四批、第五批纺织服装创意设计试点园区。

普兰店区已启动"中国西装名城"服装博览中心项目建设,大杨集团"六大中心、一大基地建设",即学生服装研发创新中心、职业装研发创新中心、西装研发创新中心、服装面料辅料检验检测中心、服装面料辅料检验检测中心和服装产业联盟加工基地。

西柳镇近年来为深入实施"互联网+实体经济"战略,以辽宁西柳电子商务产业园、规模化电商孵化基地、中小微型企业创业创新示范基地、创谷基地为核心,已初步形成一园多能的格局。已为累计西柳地区纺织服装企业开展快手、抖音、淘宝等平台创业培训课程 8 场,授课人数达 800 人次。截至目前,西柳专业市场现有快手直播商家号 6300 个,粉丝量超 50 万的主播网红 20 多个,有效地促进西柳地区企业互联网营销新渠道的转型发展。

佟二堡积极推进佟二堡海宁皮革城电商产业孵化基地建设。计划 2019—2022 年三年内创建佟二堡海宁皮革城电商产业孵化基地,该项目占地 190 亩,总投资额达 1.3 亿元,总建筑面积约 25 万平方米,包括电商直播中心、电商时尚产业园、线上线下融合试点市场（D座）、电商大厦和人才公寓五大功能区，目前已入驻主播600余人，2019年、2020年、2021年全年线上销售额分别为20亿元、25亿元、45亿元。项目建成极大地促进了佟二堡镇新型商业业态转型升级，使佟二堡皮装裘皮市场形成集产品交易、现代物流、信息服务、市场开拓、品牌推广、特色旅游、跨境贸易等于一体的新型商贸物流产业综合体，实现"线上线下"融合发展。

兴城市借助英华"小城品牌园"大数据分析平台推进泳装品牌孵化，积极做好兴城泳装地域品牌的创意策划和宣传，逐步将葫芦岛兴城建设成为全国泳装品牌孵化中心，此项目2019年8月动工，一期主要采用自运营模式，将全产业链引入其中，同时引进国际、国内知名品牌入驻。目前，已与西班牙4个品牌和国内10余个品牌洽谈，小城品牌园已进入试运营阶段。

三、下一步发展思路

（一）树立产业集群典型

未来发展会把眼光放远，立足于东北亚区域，向为世界级产业集群目标努力，本着科技、绿色、时尚产业新定位，整合国际国内优质资源、优化结构，重点打造辽宁省千亿级纺织服装产业集群，树立产业集群典型，总结经验，发挥示范引领作用，带动辽宁省各纺织服装产业集群的共同发展。

（二）加大自主品牌培育，提升产业集群品牌知名度

鼓励企业加强自主创新和自主品牌建设，从单纯的来料加工向新产品研发设计、生产加工转变，引导企业向品牌化运营和品牌化发展转型。通过积极组织产业集群参与或举办时装周、产业对接会、技能大赛、设计大赛等专业活动，提升辽宁省纺织服装产业集群品牌知名度。

（三）深化产学研合作

近年来，辽宁省人才流失严重，为解决此问题，一要在推动深化产学研合作+打造"双创"升级版上做出新的尝试，二要立足集群需求，搭建好产学研合作直通车，为企业和产业集群发展储备人才。

（四）提升集群信息化、智能化的转型意识

要做好大杨集团、隆生等智能制造比较先进的龙头企业示范推广工作，积极搭建优质制造企业间的对接平台，推动智能制造在行业高质量发展中的重要引领作用，助力纺织服装优质制造产业链的形成和完善。

（五）继续培育新的产业集群，扶持金普新区双面绒大衣和功能性纺织材料及制品、抚顺过滤布、柞蚕丝等一批具备产业集群雏形和规模的地区进一步深入集群式发展和提升

近年来，产业集群在各级政府的支持下，在各级纺织服装协会的推动下，在企业同仁的共同努力下，辽宁省纺织服装产业集群建设得到了迅速的提升和发展取得了一定成绩，是推动企业转型升级、产业创新发展、促进就业、改善民生、提振地方经济的重要力量。未来辽宁省将深入发掘具有一定产业基础、产业规模和产业集群雏形的产业和地区，整合资源，进一步推进集群化发展。

供稿单位：辽宁省纺织服装协会

江苏省纺织服装行业及产业集群发展概况

纺织服装产业是江苏省的传统支柱产业和重要的民生产业，也是具有国际竞争力的产业，35年来产业总量在全国名列前茅。2021年末，江苏省纺织行业拥有规模以上纺织企业6493家，实现营业收入9444.02亿元，占全国纺织的18%；全年实现利润总额393.82亿元，占全国14.16%。其中，江苏拥有3个千亿元以上的地区：苏州市2860.82亿元、无锡市2158.78亿元、南通市1501.96亿元。另据来自江苏省工信厅的数据，2021年，在制造业的31个大类行业中，纺织业营业收入增速为11.3%，利润总额增速为28.5%，高于全省平均。

近年来，江苏纺织业在"科技、时尚、绿色"的产业定位引导下，坚持高质量发展方向，紧抓结构调整、强化转型升级，坚持创新驱动、实施品牌战略、升级智能制造、继续精细管理，面对全球纺织业受疫情冲击和世界经济形势的变化，积极融入"双循环"格局，持续保持竞争优势，努力打造世界级的高端纺织产业集群。这既是"十四五"江苏纺织业的奋斗目标，更是江苏纺织业转型发展的需要。

一、江苏省纺织服装产业集群概况

江苏省纺织服装产业集群发展对江苏纺织服装产业发展起到了重要的推动作用。2019—2021年，在中国纺织工业联合会的指导支持下，江苏省纺织工业协会把提升特色产业基地、产业集群和专业市场建设作为工作的重要内容，推进产业升级和园区集群建设，优化规划，大力发展高端纺织，全力推动纺织产业转型升级。

截至2021年，江苏拥有纺织服装产业集群83个，其中由中国纺织工业联合会认定的纺织服装产业集群试点单位40个，涵盖了化纤、纺织、服装、印染、家纺、产业用纺织品等领域，"千亿产业基地""百亿产业集群"及"百亿纺织服装企业"及千亿名镇，生机勃勃，依然是引领行业发展的风向标。

依托产业集群而生的专业市场是江苏纺织业发展的特色之一，江苏专业市场的优秀代表东方丝绸市场、常熟服装城、海门中国叠石桥国际家纺城在立足江苏，辐射全国和全球同时，在整合组建产业园区的时代潮流中为行业发展贡献着新的力量。

近年来，江苏的产业集群在当地政府的大力支持下，以绿色技术驱动产业链各环节降低污染物产排量为核心，优化生产流程和产业园区系统化建设。张家港、常熟、江阴、吴江等地将高效低成本地解决纺织印染废水问题，上升为实现纺织绿色可持续发展的当务之急，有效探索产业创新+城市更新的新路径。为了突破发展瓶颈，江苏纺织服装产业集群以龙头企业为牵引，大力发展总部经济，化解土地制约人力困惑带来的难题，加快由工厂林立向总部林立转型；常熟以及盛泽还坚持用时尚创意赋能纺织产业，加速产业、人才与载体的充分融合，全方位、多维度、深层次打造"时尚之都"。

二、江苏纺织服装产业集群发展特点

（一）政府支持推进产业升级

在支持江苏纺织服装产业集群建设的同时，江苏省政府及各产业集群地政府对推进产业集群产业升级工作给予高度重视，配套相应具体的政策，支持力度大，是江苏纺织服装产业集群得以持续发展的重要基础条件。

近年来，常熟市制定一系列引导和保障企业提升发展的政策措施，印发《关于推进制造业智能化改造和数字化转型的若干措施》的通知（常政发〔2021〕8号），对纺织服装等传统产业企业实施智能化改造项目给予3%的贴息，推进智能化信息化，引领产业质态攀升。发布《常熟市数字经济产业发展规划（2019—2025年）》，发展基于5G的大数据产品及服务，促进大数据技术与行业业务的融合创新。2019年2月常熟市政府再次印发《市政府关于进一步加强紧缺人才、高技能人才队伍建设的若干措施》，内容涵盖纺织服装业人才，实施更具吸引力人才培养和引进政策。出台《打击"外贸村"及周边区域商标侵权专项行动方案》，探索建立网格化监管机制，加大力度打击三无产品、侵权假冒力度，切实加强商标权保护，提高服装商品质量，打造优良营商环境。

从2019年至2021年间，张家港市坚持贯彻落实《张家港市智能制造三年行动计划（2018—2020）》《张家港市高质量发展产业扶持政策意见》（2019年6月）等鼓励性、激励性和调整性政策意见，同时出台《张家港市高端纺织项目认定规则（试行）》（张政办抄〔2021〕16号）、《张家港市纺织印染技改项目审批规则》（张政办抄〔2021〕17号）、《张家港市推进制造业智能化和数字化转型工作方案（2021—2023）》等政策文件，促进全市工业包括纺织行业的质态提高、规模发展和转型升级。委托江苏省纺织工业协会编制《张家港市纺织行业高质量发展规划（2020—2025）》和棉纺、毛纺、针织、化纤、服装等细分行业专题研究报告以及《张家港市印染行业发展专项规划（2020—2030）》，通过政策扶持、产业引导等方式，推动纺织产业通过结构调整和技术创新等途径，全面提高生产效率和产品质量，提升产业发展质量和核心竞争力。三年来，张家港科技创新、绿色发展、提档升级、商标名牌等名类，共投入1亿多元，对全市近200家纺织企业进行了奖励和扶持。与此同时，为全市纺织企业争取到省级以上各类扶持资金1000多万元。2019—2021年，张家港纺织行业工业投入近80亿元，有效促进产业转型升级。

2021年，吴江区政府再次出台《吴江区丝绸产业高质量发展2021—2025行动计划》《苏州市吴江区高质量发展产业政策的若干实施意见》《关于实施"十大工程"的意见》等产业政策；吴江高新区（盛泽镇）先后出台了《吴江高新区（盛泽镇）融入长三角一体化打造世界级高端纺织产业集群实施方案2021—2013》《吴江高新区（盛泽镇）关于积极融入长三角一体化推动经济高质量发展意见》《吴江区盛泽镇高质量发展实施意见》《加快推进中国东方丝绸市场高质量发展的实施方案》等涉及纺织产业发展规划、政策等；震泽镇政府出台《震泽镇丝绸产业高质量发展（招商）政策》《2021年震泽镇高质量发展奖励扶持政策的实施意见》等一系列产业扶持政策，以科技、时尚、绿色为导向，专心做强、做深、做透丝绸纺织产业，建设世界领先的纺织品交易市场，打造世界级高端纺织产业集群。

海安市先后出台《市政府关于加快新型工业化发展的若干政策意见》《中共海安市委市政府关于加快建设人才强市的若干政策意见》《市政府关于加快创新驱动推动经济高质量发展的政策意见》《市政府关于加快"5G+工业互联网"数字赋能的若干政策意见》《海安市新型工业化发展意见》《海安市产业集群培育考核办法》《海安市全产业链培育发展考核办法》《海安市开展创新型行业单打冠军企业培育实施意见》《关于开展科技创新体制综合改革试点的实施意见》《关于印发海安市开展科技创新型企业培育评审实施意见的通知》《海安市产业倍增三年行动计划》《关于印发海安市枢纽·物流·产业三大优势转换行动计划的通知》《关于印发海安市智慧招商行动计划的通知》《海安市"5123"工业大企业培育实施方案》等一系列激励性政策文件，在发改委专门成立产业集群培育办公室，安排海安市税务局、海安市自然资源和规划局、海安市农业农村局分别牵头负责化纤产业集群、纺织服装产业集群和现代丝绸产业集群培育工作，成立了时尚锦纶、纺织服装和现代丝绸三个产业链，每个产业链链长由一名市领导分管，分管副市长每季度召集专门会议，市委书记、市长每半年听取板块培育工作情况汇报，为产业培育指明方向。

高邮市持续落实推进《工业经济"百亿航母 十亿方阵"三年培育行动计划》，给予服装产业特殊的政策扶持。为助力服装企业实行机器换人，提高智能制造

水平，对购进的计件管理信息化设备和软件，实施的技术改造项目等均给予不同程度的扶持引导。

家纺产业是南通纺织业中规模最大的门类，南通积极作为，破解历史难题，主动探索志浩市场、叠石桥市场两大市场协同发展，经江苏省政府批准，成立江苏南通国际家纺产业园区，2020年11月23日，江苏南通国际家纺产业园区党工委、管委会正式揭牌运行，明确了"四中心一新城"的发展总体定位，编制出台《南通家纺产业协同发展规划（2020—2030年）》。海门区制定出台《海门工业园区进一步促进工业企业发展的奖励办法（试行）》，从技术改造、规模培育、科技创新、人才引进、品牌建设、企业上市等方面对企业做大做强提出了奖励办法。发布《关于推进三星镇抢抓协同发展机遇高质量建设产城融合国际家纺商贸新城的实施意见》，明确了以三星镇叠石桥为核心的海门现代家纺产业集群努力转型发展，实现海门现代家纺全产业链高质量发展。通州区出台了《区政府办公室关于印发通州区鼓励扩大对外开放 激发企业发展活力的若干政策意见的通知》（通政办发〔2021〕40号）、《区政府办公室关于印发通州区优化完善经济高质量发展的若干政策意见的通知》（通政办发〔2021〕41号）等政策文件。在《通州区"十四五"制造业高质量发展规划》中明确打造"国际高端家纺名城"，加大家纺高端品牌培育力度，打造全球家纺标杆型市场，建设国际高端家纺名城。

2022年，盐城市委、市政府出台《盐城市重点产业链培育行动计划（2022—2025年）》，明确将阜宁县环保滤料产业列为盐城市重点发展的23条产业链之一，并制定了鼓励科技创新的财政资助政策。阜宁县委、县政府出台《阜宁县2020年度工业经济高质量发展培育计划实施方案》（阜政办发〔2020〕21号）、《阜宁县"十四五"企业上市（挂牌）行动计划》（阜政发〔2021〕16号）、《阜宁县科技创新高质量发展激励政策》（阜政发〔2021〕15号）、《阜宁县政府产业引导基金管理办法（试行）》（阜政发〔2021〕3号），为环保滤料产业发展提供了持续的坚强的政策保障。

（二）大力建设公共服务平台

江苏各纺织集群所在地坚持以市场为导向、企业为主体、科研院所和高校为支撑、政府政策为保障的纺织行业科技创新机制，着力推动研发平台建设。

南通目前已建设了6个公共平台，分别是：中国南通（家纺）知识产权快速维权中心、江苏省（南通）家纺产业技术研究院、南通市纤维检验所家纺城检测中心、南通家纺城电子商务产业园、POP家纺设计服务平台、通州家纺物流园，分别从知识产权保护、家纺人才对接、家纺产品检测、电子商务培育、家纺设计研发、快递物流规划等6个方面为家纺企业排忧解难、突破瓶颈。而叠石桥家纺（成品）指数是由商务部、中国纺织工业协会信息部、国家信息中心等牵

头、依托于叠石桥家纺产业集群与市场样本信息采集的国内首个家纺成品指数，有效确立了我国家纺行业在国际市场上的话语权。

常熟服装城集团与中国纺织工程学会、常熟理工学院于 2021 年签约共建常熟中纺学纺织服装产业研究院；常熟服装城搭建了"智慧商城—常熟服装产业协同创新平台"，通过时尚公共服务平台、外贸村女装品牌孵化平台、中国男装设计中心、云裳小镇等载体，提升各类服装制造资源、市场资源、研发资源、品牌资源、物流资源通过网络化配置、优化和共享能力。2019 年，常熟服装城集团有限公司与中国纺织工业联合会检测中心、常熟理工学院合作共建"纺织工业（常熟）检测中心"。常熟拥有男装指数平台、悠扬云服务智能管理平台，常熟服装城管委会与亿邦动力联合打造长三角产业数字化创新中心，组织提供数字经济产业公共服务，辐射带动纺织服装等传统产业数字化转型。

张家港目前主要有两家纺织公共服务平台，张家港市纺织行业公共服务平台和张家港市华芳纺织研究院；一家现代物流服务平台，张家港保税区纺织原料市场。此外，鹿港、普坤、金陵、新芳等企业都有自己的纺织研发中心，大多数纺织企业与大专院校、科研院所建立了产学研合作关系。

江阴纺织拥有国家级企业技术中心 1 家、省级企业技术中心 10 家、无锡市企业技术中心 18 家。江阴市政府还专门拨出专项资金用于企业家队伍的培训，每年组织企业家赴著名院所集中培训，举办各类企业家研修班，组织企业人才参加各类培训，通过培训学习，提高企业家队伍的整体素质。

阜宁县人民政府与中国产业用纺织品行业协会、上海纺织科学研究院三方合作成立了国家级环保滤料检测中心，设立了滤料小镇集体商标，设置准入门槛和退出机制，凡是进入"滤料小镇"目录内企业，由政府提供质量担保，打造过硬的"阜宁滤料"品牌。

吴江高新区（盛泽镇）目前拥有公共服务平台数量 15 家，服务范围涵盖组织参展、研发设计、品牌培育、电子商务、现代物流、知识产权、质量检测、外贸咨询、技术培训、金融服务、市场开拓等多个领域，基本满足了盛泽纺织企业的需求。

江苏湖塘纺织科技发展中心是地方政府为产业集群中小企业创建的公共服务平台，下设色织面料设计出样中心、色织面料服装设计制样中心、色织面料服装贸易中心、色织品牌建设中心、色织电子商务信息中心、纺织产品展示中心和纺织研发服务中心等七大服务功能。

仪征市真州镇中小企业服务中心配合政府落实有关促进中小企业发展扶持政策，协调相关部门和机构，为中小企业提供创业扶持、融资担保、技术支持、信息咨询、人才培训、项目申报等工作。

丹阳市导墅镇家纺产业集群拥有集融资、科技、人才、技术等一体化的公共服务平台，为集群内家纺企业提供融资担保、原材料和产品研发、技术开发指导、产品性能检测、电子商务、人才引进与培训、物流等服务，三年来帮助家纺企业申报专利 370 余个，授权专利约 100 个，服务集群家纺企业 150 余家；以丹阳市各银行及地方银行为主的融资服务平台，累计开展小微企业融资服务 35 批次；另外，还有以江苏鸿运汽车运输有限公司为主的现代物流平台及以导墅镇人力资源服务中心为主的人才引进平台等。

（三）智改数转提质增效

近年来，江苏大力推进纺织服装行业的转型升级，加快"智改数转"工作，引导企业数字化转型，强化与互联网的融合发展，不仅优化了纺织服装产业结构，更加快了江苏纺织业智能制造、互联网生态优化等产业的协同发展。

江阴纺织企业——海澜集团有限公司、三房巷集团有限公司、江苏阳光集团有限公司、江苏华宏实业集团有限公司入围 2021 年度中国民营企业 500 强、制造业民营企业 500 强榜单。江苏省工信厅公示了 2021 年江苏省智能制造示范车间拟授牌名单，江阴有 8 家企业车间入选。2021 年，江阴市纺织工业完成工业投资项目 89 项，占全市工业投入的 11.03%，列入全市工业重点重大项目的有 17 项。

常熟立足服装产业，优化提升生产端制造水平，加速工厂智能化改造。着力规上工业企业加强智能化基础改造，提升管理信息化、生产数字化，推动盛业拉链引进 MES 管理系统，九帝狼、宝马丹顿开展智能诊断工作。依托华为云、阿里云等专业上云赋能平台，鼓励各类个性化订制、柔性化生产企业实现业务上云。目前登耀网络、中服焦点、云企供应链、服装城集团、顺和贸易等都已与华为云达成合作协议。苏州优构思完成百联机械智慧分拣系统，提高快递分拣效率，示范区域电商及品牌企业自动化分拣。2021 年常熟百联公司成功中标"工信部智能制造系统解决方案供应商"（数字化车间集成—服装服饰项目），积极推动华为云（常熟）工业互联网创新中心、悠扬"纺织云"、云微坊等平台建设。目前已有 100 余家纺织服装企业对生产、控制及仓库方面进行智能化改造。常熟还以"长三角产业数字化创新中心"建设为主线，按照"一纵一横、内外双循环"培育常熟产业数字化生态，通过以衫数科技为代表的交易型平台、以唐贸羽绒供应链为代表的数字化供应链平台、以凌迪科技为代表的个性化定制平台，进一步提高常熟服装产业链市场响应能力、增加常熟服装产业链优势品类、扩大常熟服装产业链规模。发挥牛品云科技等已落地项目数字化技术能力，积极对接知名数字化服务企业，快速形成对常熟服装产业链的数字化服务能力和集聚效应，加速服装产业数字化转型。

张家港市纺织业装备水平持续提高，目前全市规上纺织企业中80%以上的纺织装备达到国内国际先进水平。东渡集团作为第一批五星级数字企业，其智能化服装快速反应智能生产车间获评江苏省示范智能车间。华芳集团大力实施"机器换人"，全厂1万纱锭的挡车工由原来的380人降至目前的40人。联宏纺织近5年投入3亿多元进行设备改造，其中纺纱设备的自动化改造减少用工30%。

2020年叠石桥家纺产业集群区电商交易额达850亿元，同比增长19.4%。全国近两万家的家纺垂直类网店中，超50%网店和70%货源均源于叠石桥地区，快递日均发单量达240万单，周边从事电商、微商的经营者达6万余人，间接带动创业人群超30万。集群区叠石村被认定为"省十大电子商务示范村"之一，找家纺网、91家纺网、牛赛网等一批B2B电商平台企业应运而生。在南通通州区，已有40个企业实施了智能车间改造，在优化工艺流程、设备实现智能化、环保达标等前提下，向高端纺织、家纺包装等延伸，实现补链、强链。

海安市纺织企业加大资金投入，提升自动化、智能化和数字化管理水平。企业大量使用ERP软件管理系统，整合信息资源，实现了订单、生产、销售"一网通"，形成富有个性的"三电工程"，暨电子排单、电子工艺、电子调度提升管理效能。实行在线质量数据收集、产品在线检测，真正实现"键盘一敲，质量全知道"的效果。常安纺织科技园区建设了监控中心，所有入园企业的各项数据均在监控中心同步显示，一旦发生排污超标或其他安全问题，企业负责人和分管负责人的手机即刻报警，有效降低了事故率。三年来，海安15家企业通过了江苏省工信厅三星上云企业评审，4家企业通过四星级上云评审，1家企业获评江苏省五星上云企业、江苏省工业互联网发展示范企业（标杆工厂）。7家企业通过两化融合贯标认证。全市获得省级示范智能车间1个、南通市级智能车间2个。海安建设了"中国锦纶产业电子商务基地项目"推进线上交易、线下实体店、直营店、入驻店销售。联发建成"占姆士电子商务平台"和"现货面料销售平台"，是国内少有的大型B2C现货面料交易网站。鑫缘集团和南通茧缘丝绸成为省级电子商务示范企业。

丹阳市导墅镇家纺产业集群信息化建设覆盖产品设计、生产过程监测、企业管理、供应链管理、电子商务等各个环节。目前，集群企业内开展电子商务企业多达80余家，截至2021年底，家纺企业已创建"江苏省两化融合试点企业"9家、"五星级"数字企业12家。丹阳市皇塘镇大力开展"两化融合""智能工厂（车间）""企业上云"等一系列产业智能化、信息化转型工作，2019—2021年新增省级两化融合试点企业3家、省级三星级上云企业6家。吴江震泽镇创建省级工业设计中心3个、省级企业技术中心6个、省级星级上云10个。

吴江盛泽把握数字经济趋势，紧扣智能化改造。确保新建工业项目100%智能化投入，技改项目100%智能化改造，实现全镇规上工业企业智能化改造全覆盖。加大对企业技改投入的引导与奖励，实现设计、生产、销售、维护的全闭环信息化和智能化管理，全面推进企业"上云上平台"，促进企业两化深度融合，鼓励智能化软件应用，探索纺织产业智能化改造新路径，形成可复制、可推广的范本和模式，以智能化改造和数字化转型引领"盛泽制造"走向"盛泽智造"。

（四）补链强链提升品牌价值

江苏纺织产业链齐全，近年来，以强化项目支撑，做足"补链、延链、强链"文章，充分利用国际国内资源比较优势，实现要素的最佳配置。进一步优化市场空间布局，促进集群品牌形象出新。

2019年以来，随着不断向产业链上下游延伸，江阴纺织形成了以化纤、毛纺、棉纺等纺织面料上游环节，印染、织造等中游环节和服装设计制造等下游环节在内的上下游协同发展的较为完整的产业生态链，基本涵盖了产业链上的所有门类。据不完全统计，目前江阴纺织服装产业链上重点企业有330余家，其中三房巷集团积极向产业链两端迈进，从PX—PTA—聚酯—纤维，已实现市域范围产业协同配套。海澜集团依托区域纺织服装完备产业链，先后成功创建了海澜之家、圣凯诺、EICHITOO（爱居兔）等自主服装品牌，并成功开发出了"可机洗"全毛西服，连续4年荣获中国服装行业百强"双冠军"。阳光集团开发出了代表国际先进水平的300支、500支超细高支精纺面料、各种功能性产品，凭借"经纬编织法质量管理模式"斩获中国质量奖。江阴纺织目前拥有世界名牌1个、中国名牌7个、江苏省名牌34个。新冠肺炎疫情期间，阳光集团、圣华盾、金凤纺织、百瑞佳等一大批企业迅速反应，满负荷生产医用防护服、熔喷布、医用口罩等防疫物资，为全国打赢疫情防控阻击战作出了重要贡献。

南通家纺依托强大的生产制造能力，积极推进品牌化发展，通过区域品牌、市场品牌、企业品牌的打造，行业影响力不断攀升。"南通家纺"在全国影响力和知名度大幅提升，成为享誉业界的区域品牌。叠石桥国际家纺城成为"中国驰名商标"，通州家纺城成为"全国产业集群区域品牌试点地区"。家纺产业集群拥有中国驰名商标10个，江苏省著名商标32个、南通市知名商标58个，4家企业被国家工信部认定为工业品牌培育试点示范企业。

仪征市真州化纤非织造产业集群的强链补链一方面全力引进优质大项目，东方雨虹、禾木新材料产业园等5个项目签约落户，总投资12亿元；另一方面，培育壮大优势大企业，全力支持怡人化纤、仲兴环保、升力防水等优势企业技改扩规、上档升级、裂变发展。

阜宁环保滤料产业集群科学谋划滤料产业园发展规划，智能制造产业园继续向南向西延伸。强化集群品牌形象建设，一方面对内注重研发创新，打造诚信品牌，产出各类产品，达到"到阜宁就能买到满意产品"要求；另一面，对外注重宣传，连续7年举办中国（阜宁）"滤料节"暨滤料产业创新发展论坛，影响力和知名度逐步提升。

吴江盛泽全面推动市场升级进行综合改造，适时地推进东纺城二期、三期建设，以此推动整个东方丝绸市场的提档升级。建设中国东方丝绸市场国际贸易集聚区，以总部经济和平台经济为依托，培育以基金创投为主的金融服务业，积极谋划研发设计、知识产权、检验检测、货运仓储、人力资源与培训、节能与环保服务等六大领域，培育新兴金融、大数据、科技创新、生产服务等十大重点领域的区平台经济领军企业（特色基地），不断提升"盛泽织造""绸都染整"品牌效应。

常熟服装城以发展平台经济为重点，加快建设特色贸易中心，拟定2020—2022年3年行动计划。通过加强组织领导、优化营商环境、强化招商选资、"时尚人才"专项计划、"时尚品牌"培育工程等措施，完成加快建设主题市场、时尚消费街区、现代物流体系、云裳特色小镇、跨境贸易服务体系、直播电商生态体系等重点任务。

张家港纺织行业产业链配套趋于完善，涌现出一批以国泰集团为代表的集面料研发、产品设计、打样及生产、销售为一体的综合配套型企业。以镇为中心形成的区域产业群也日趋明显，保税区（德积街道）为中国氨纶纱、色织产品名镇，区镇氨纶纱总纱锭达300万锭，氨纶包芯纱产量占全国的30%。金港镇是"中国氨纶纱名镇"。经开区（杨舍镇）是毛纺织、针织服装和产业用布生产重镇，塘桥镇为中国棉纺织毛衫名镇，也是纺织产值占比最高的镇，达到70%以上。张家港部分纺织企业积极"走出去"，华芳集团在新疆、河南、安徽及山东等多地投资建厂，实施产业布局转移，目前整个集团产能约200万锭，外地部分占比达到三分之二。澳洋集团在新疆玛纳斯及江苏阜宁建有两大生产基地，粘胶产能达到30万吨，年销售外地占比近40%。东渡集团在宿迁、南通建有服装工厂，同时在柬埔寨、越南（筹建中）等东南亚国家拥有生产基地，并在中国香港以及新加坡、加拿大等地开展贸易、结算。国泰集团在缅甸建有服装工业园，目前已成为缅甸最大的服装出口企业之一。天宇羊毛在澳大利亚、南非拥有自营公司，通过直接进入拍卖市场购入羊毛原料，在扩大原材料采购选择面的同时，降低采购成本，提升了产品的竞争力。大力实施强链补链工程，引导企业向产品价值链高端延伸，不断完善纺织产业链，逐步形成在一定区域具备较大影响力的张家港纺织品十大自主品牌。

（五）技术创新坚持绿色发展

促进绿色发展，打造循环经济，是江苏纺织服装业加快可持续步伐的需求，江苏纺织服装集群积极推动建立绿色低碳循环发展产业体系，加快集群内企业技术创新步伐，构建可持续经济发展技术体系，有力促进可持续发展。

近年来，如东经济开发区纺织产业集群内相关企业研发了与安防产品配套的高强度聚乙烯纤维（防弹纤维）、芳纶及芳纶耐高温绝缘新材料、芳纶蜂窝复合材料。锵尼玛公司和九九久特种纤维公司研究开发的高耐切割超高分子量聚乙烯纤维，是目前唯一可用来制造5级防护的舒适轻薄柔软手套的纤维，已广泛应用于航天雷达罩、X光机工作台以及安防防护罩和抗冲击容器的研制，市场前景巨大。

在海安，双弘纺织再生聚酯纤维高品质纱线高效低耗纺纱关键技术及产业化科技项目通过鉴定，并荣获中纺联2021年科技进步二等奖。联发纺织"阳离子漂白活化剂的创制及棉织物前处理关键技术产业化应用"获得中国纺联2019年科技进步一等奖。鑫缘茧丝绸"基于智能制造的生物质高技术纤维纱线研发及产业化"列为江苏省重点技术创新项目计划。双弘纺织"差别化纱线智能生产关键技术研发"被列为2021年度江苏省省级产学研合作项目。

阜宁环保滤料产业集群对环保除尘材料领域急需的、替代进口的重点领域内的重点产品，加大投入力度，研究不同应用领域的滤料的差别化、个性化需求，形成一批拥有自主知识产权的核心技术成果，包括燃煤锅炉的治理技术、钢铁行业的耐高温烟气除尘滤料、水泥行业的治理技术、有色金属冶炼的治理技术、垃圾焚烧等粉尘污染治理行业的应用技术、食品加工等行业的治理技术、工业和生活污水治理领域的治理技术。依托众多知名高校及科研院所的技术团队，加大研发力度，加强耐高温、耐化学物质、精细过滤材料等环保滤料产品的加工技术和应用技术的研究，实现高速梳理成网和固结、长效多功能后整理、多层在线复合加工等集成化自主创新技术的产业化，以提升基地滤料产品的产业层次，包括非织造滤料加工技术、过滤膜加工技术、滤料复合加工技术、滤料专用纤维原料的开发技术、功能化差别化滤料产品加工技术、滤料产业链环节的相关技术。

宜兴新建镇节能减排成效显著。华亚化纤投资数千万元对自备电厂、生产环节进一步改造，全面实现了超低排放，排放水平符合欧盟标准。燃煤年使用量降低近一半。总投资5亿元天然气楼宇式分布式能源站项目已开始规划，建成后将彻底替换燃煤。

常州湖塘纺织工业园内35家印染企业中21家自建有污水预处理设施，9家企业接入新恒绿，明伟和东勤、新益来和福施特分别共用2套污水预处理设施。35家印染企业均已申领排污许可证，为严格证后企业排口排放监测、强化水污染物总磷总氮的排放管理、落实排污者责任，园区印染企业24个污水预处理排口均已设置总磷、总氮在线监测设施，统一接入生态环境部门在线平台。重视新兴污染物治理，加强可降解纤维材料研发应用，引导行业技术进步和产业结构优化升级。加大清洁生产改造力度，持续削减化学需氧量、氨氮、氮氧化物等重点污染物产排量。根据园区企业产品、工艺的不同，参照《印染行业清洁生产评价指标体系》，从工艺装备与生产技术指标、资源能源消耗指标、资源综合利用指标、污染物产生指标、产品特征指标和清洁生产管理指标等六大方面，综合考评企业实施清洁生产的状况、企业清洁生产水平、企业执行相关法律法规、标准以及相关政策的情况。通过定期推动企业进行清洁生产审核，保证园区企业能稳定在 I 级（国际清洁生产领先水平）或 II 级（国内清洁生产先进水平）。2019—2021年常州市文韬纺织品有限公司、常州市翰发纺织有限公司、江苏众恒染整有限公司通过自愿性清洁生产审核。

常熟市开展"点亮未来"纺织印染废水零排放少排放技术成果推广活动，主动嫁接新技术，实现废水零排放、少排放，促进印染行业高质量发展。2019以来全市纺织服装行业新增1种绿色产品、1家绿色工厂、1家绿色供应链企业。

在江阴，2021年，阳光集团入选国家工信部绿色供应链管理企业，工业互联网标识解析二级节点正式上线。阳光集团稳步推进智能化改造，加快打造绿色制造体系，获评工业产品绿色设计示范企业，纯毛机织物产品获评国家制造业单项冠军，参与各级行业标准制定8件。海澜集团加速布局数字经济，开启"新零售"模式，线上奥莱单日销售额破亿。三房巷集团有限公司形成了聚酯产业上下游基本自我配套的产业格局，目前集团拥有成员单位30多家，包括1家上市公司（三房巷600370）和1家国家级重点高新技术企业，建有企业研发技术中心，拥有专利180件，中国名牌产品6件，曾承担国家火炬计划2项。江苏华宏实业集团有限公司拥有驰名商标2个，建有完善的"三站三中心"创新载体，拥有有效专利240余项（其中发明专利70项），主持及参与标准30余项。江阴地处太湖流域，企业严格项目准入，实行空间、总量和项目三位一体的环境准入制度，深入推进纺织及印染行业废气、废水治理等工作。根据《江苏省太湖流域建设项目重点水污染物排放总量指标减量替代管理暂行办法》（苏政办发〔2018〕44号）、《印染行业绿色发展技术指南（工信部2019年）》《无锡市印染行业发展专项规划（2020—2030）》《关于开展印染行业排污许可证换证年度总量核定工作的通知》（澄环委办〔2020〕58号）和《无锡市印染行业发展专项规划》等文件要求，积极落实印染行业减排要求，同时加强集聚区公共服务能力建设，高标准、严要求推进集聚区建设、企业入区和管理，推进先进适用工艺技术和装备的应用，提升行业清洁生产水平，实现集聚区印染产业的提档升级，大幅度降低污染物排放负荷。

三、江苏纺织服装产业集群发展中面临的问题

（一）要素制约严重，做大做强空间有限

早期发展起来的江苏纺织服装集群大多面临着工业用地趋于饱和，园区污水处理厂处理余量有限，环保约束趋紧、人口红利下降等问题，中小企业，在资金、技术、人才、信息方面面临巨大的压力。受资金成本、生产成本、劳动力成本、能源成本、土地紧缺和环境压力持续攀升影响，急需通过整合和淘汰一批低端低效产能腾出发展空间。

（二）外部环境恶化，转型发展压力增大

近年来，由于国际经济的波动和国内外市场的激烈竞争，以及新冠肺炎疫情的影响，江苏纺织服装业面临着转型升级的重大转折。中美贸易摩擦诸多不确定性深刻影响了纺织服装企业对国际市场的出口业务，而且东南亚国家凭借低成本、关税优惠等优势，批量订单生产向东南亚转移，对服装出口极为不利，虽然2021年因国外疫情严重纺织订单有所回流，但总体受环境、能耗、用工等因素制约，利润空间进一步压缩，企业发展压力不断增加，产业集群转型发展需求迫切。

（三）产品单一同质化，品牌影响力不足

目前依然存在相当一部分企业仍是以外贸代工和国内代工为主，企业间合作广度、深度和频度不够。由于品牌运作投入大、周期长，对企业人才资源、运作模式、思路理念都有较高的要求，一部分的企业习惯了批发"走量"，对自主品牌建设认识不够，存在着品牌个性模糊、品牌定位不准、品牌创新不够等一系列问题。虽然通过"三品"战略、提质增效等途径，形成了一批知名企业、知名品牌，但在全国范围内知名度整体不高，还有一些名牌产品停留在中间产品上，缺少著名终端品牌产品，品牌带动作用不明显。

（四）装备水平参差不齐，创新能力尚待提升

尽管通过多年发展，江苏纺织服装业的装备水平已得到较大程度的提高，智能化装备也已在行业中得到广泛应用。但从整体看，企业因行情不稳和资金不足影响，进行智能化和数字化改造的动力不强，存在装备水平参差不齐的问题。

研发方面，除少数重点骨干企业外，大部分企业规模整体偏小，总体研发投入不足，产品更新和升级换代不快，科技含量不够高，品牌的原创性设计研发不足，虽然正逐步由粗放型向质量效益型转变，但创新驱动不足，自身附加值不高的问题依然制约着企业发展。

（五）人才缺乏，营销手段单一

行业人才普遍短缺。一方面，一线工作重复单调，在职员工大部分是中年妇女，青年工人短缺问题突出，

随着熟练的技术工人逐步退休，新的本地工人出现断层；另一方面，经营者知识结构老化，缺乏驾驭人才的能力，高端人才难以落户，后继乏人现象突出；企业缺少专业化的品牌管理团队，高水平的营销人才、高端的设计师以及高科技人才更是严重匮乏。

此外，江苏的纺织服装企业，尤其是小微企业家族式管理还较为普遍，管理模式落后，营销渠道单一，市场抗风险能力低下；营销渠道偏传统，直播电商、跨境电商等新业态发展相对滞后，在面对新领域、新赛道的激烈竞争中处于不利态势。

四、江苏纺织服装产业集群的发展方向

对于未来的发展，江苏纺织服装产业集群均结合各地进入新常态后表现出的速度变化、结构优化、动能转换等特点，制定了"十四五"规划。

2022 年 9 月，江苏省工业和信息化厅、发展改革委、科技厅、财政厅、商务厅、市场监督管理局联合制定了《关于进一步推动全省纺织服装产业高质量发展的若干政策措施》（苏工信消费〔2022〕474 号），再次强调，纺织服装产业是江苏传统支柱产业和重要民生产业，到 2025 年底，江苏纺织服装产业的发展方向如下。

（一）以国际先进为定位，培育世界级高端纺织集群

推动纺织服装产业以高端化、智能化、绿色化、品牌化、国际化为发展方向，以满足个性化、多样化、时尚化消费需求为重点，加快发展高品质、多功能、智能可穿戴、绿色健康的高附加值产品，提升纤维新材料、先进纺织制品、创意设计、知名品牌等发展水平，培育纺织服装领域具有较强国际竞争力的知名企业，打造综合实力国际先进的高端纺织集群。

（二）以科技创新为动力，推动产业高端化发展

加强关键核心技术攻关。围绕纤维新材料、纺织绿色制造、先进纺织制品、纺织智能制造等重点领域，综合运用揭榜挂帅、定向择优等方式，支持用户单位、配套企业联合开展关键技术（装备）攻关，加快提升碳纤维、对位芳纶、聚酰亚胺等高性能纤维的质量一致性和批次稳定性，提高织造、非织造、复合等成型技术的应用和生产水平。加大创新产品推广应用力度，加快建设创新平台体系。

（三）以智能制造为方向，推动产业数字化转型

推广数字化研发设计。推动纺织服装领域数字化设计平台建设，支持省属企业牵头建设纺织服装设计联盟中心。提升企业智能制造水平，提升供应链智慧管理水平，加大智能制造服务商培育力度。

（四）以节能降耗为导向，推动产业绿色化发展

推广应用节能减排技术，提升纺织服装绿色制造水平，加快构建纺织品循环利用体系。

（五）以质量提升为牵引，推动产业品牌化发展

提升质量管理水平。支持企业完善质量管理体系建设，推进"同线同标同质"发展。推进企业自主品牌建设，加大品牌宣传和推广。

（六）以市场开拓为方向，推动产业国际化发展

拓展国内消费市场。服务指导常熟服装城、东方丝绸市场、南通国际家纺园区等大型纺织服装类专业市场数字化转型升级，支持纺织服装企业培育塑造网络品牌，广泛应用社交电商、直播电商、内容电商，拓展线上营销渠道。提升国际市场份额，推进纺织国际产能合作。

（七）以强化服务为保障，营造良好发展环境

充分发挥财政资金引导作用，加大对纺织服装产业领域符合条件的制造业创新中心和技术能力中心建设项目、科研和产业化项目、智能化改造数字化转型项目、兼并重组和专精特新培育发展项目、市场开拓项目的支持力度，引导产业加快转型升级步伐。加大金融支持力度，落实组合式减税降费政策，加强人才队伍建设，优化营商发展环境。

供稿单位：江苏省纺织工业协会

安徽省纺织服装行业及产业集群发展概况

一、安徽省纺织服装产业集群概况

纺织服装是安徽省传统优势产业，为安徽省经济社会发展做出了巨大贡献。近十年来，随着安徽省产业转型升级步伐加快，各方面资源和政策逐渐投向几大新兴产业，加之安徽省长期形成的以工贸主导型为主体的产业结构受到国内外贸易形势双向挤压等不利因素影响，导致纺织行业在资源获得、产业环境、发展空间和发展速度都大不如前，从"十一五"之前安徽省八大重点支柱产业之一的地位中逐渐淡出政策视野。

近几年来，安徽省纺织服装产业经过不断转型升级，积极调整产业结构，加快承接产业转移，全行业呈现出稳中有进、稳中向好的发展态势，但是，产业结构不合理、地区发展不平衡、行业平均利润率过低、专业市场对产业带动力低、产业间缺少协同互动等因素，仍是制约我省纺织服装行业高质量发展的几大瓶颈。

特别是进入"十三五"后，随着我国经济由高速增长阶段转向高质量发展阶段，安徽省纺织服装行业发展中一些长期以来积累的深层次结构性矛盾逐步暴露，结构调整阵痛、动能转换攻坚、高质量发展紧迫，行业发展面临着下行压力持续加大，行业运行稳中有变、变中有忧，外部环境复杂严峻等问题。

据统计，2019—2021年，全省规模以上企业分别为1785家、1521家、1446家；实现主营业收入分别为1458.2亿元、1408.1亿元、1276.0亿元；实现利润分别为75.3亿元、76.0亿元、56.5亿元，整体出现下行趋势。

生产运行情况：2020年全年生产纱78.7万吨、布8.0亿米、服装8.1亿件、化纤51.5万吨；2021年全年生产纱68.3万吨，布7.66亿米，服装7.2亿件，化纤60万吨。

以下为安徽省四个主要产业集群基本情况。

（一）瑶海区

合肥瑶海站前路商圈是安徽省最重要的纺织服装商品流通集散中心，素有"安徽服饰第一街"美誉，聚集了白马服装城、中绿广场等数十个专业市场，总营业面积约50万平方米，经营商铺5500个，商品辐射华中、华东、华南等地区，2019年被中纺联授予"安徽时尚街区"的称号。

五洲商城位于白马服装城二期、三期之间，是安徽时尚街区重要组成部分，也是中国服装原创设计小镇最佳选择的物理空间承接地。商城共分为四个区总占地122.05亩，总户数897户，总建筑面积13.15万平方米（其中A区4.51万平方米、B区2.82万平方米、C区2.97万平方米、D区2.85万平方米），原规划设计用途为专业市场，由于多种原因市场一直未能形成，现业态主要为宾馆、餐饮、仓储等"五小行业"，且建设年代久远、基础设施老化严重，排水、消防、安全等方面存在重大隐患，亟待进行改造提升。

（二）望江县

纺织服装作为望江县主导产业，近年来得到了长足发展，望江纺织服装产业集群初具规模。现有纺织服装企业1008家，拥有环锭纺34.5万锭、气流纺2.5万头、大圆机145台、印染1.5万吨、服装生产加工设备2.7万台（套）。具有年生产粘胶短纤维6万吨、纺纱13.5万吨、织布8000吨、服装3亿件、水洗砂洗6000万件、印花1000吨、电商销售服装2.5亿件的生产规模，已形成纺织服装全产业链的产业集群，入选"安徽省县域特色产业集群"、被授予"安徽纺织服装第一县"，"做服装、到望江"已成为响亮名片。2021年，望江县纺织服装行业实现总产值153亿元，县内从业人数为2.5万人左右；其中规模以上纺织服装企业42家，2021年实现产值127.9亿元，从业人数为1.54万人。2022年上半年，37户规模以上纺织服装企业实现产值49.9亿元，占工业总产值的67.7%。

（三）岳西县

家纺服装产业作为安徽省安庆市岳西县的传统产业，以绗缝工艺被、手工布鞋等为主产品，全棉布、棉麻布、丝绸、竹纤维等为主要原料，采用裁、拼、缝、帖、绣、盘等各种工艺手法制成，产品极富手工艺特色。全县现有手工家纺产业链规模以上企业13家。家纺产品分为四大类：一是手工绗缝工艺被，年生产能力1500万套；二是手工布鞋，年生产能力30万双；三是服装，年生产能力1000万套；四是丝织品，年生产能力白厂丝220吨，坯绸160万米，蚕丝被12万床。截至2021年底，全产业实现工业总产值30.5亿元，同比增长2.3%；工业增加值7.3亿元，同比增长2.3%，主要经济指标稳中有增。在政府政策扶持下，岳西县家纺服装产业坚持以结构调整为主线，以创新为中心，产业品牌创建、创新引领、人才培养均得到有力发展。家纺产业中的"咏鹅""天馨"和"天玺"牌均获得"中国驰名商标""国家免检产品"；行业获国家发明专利10多项，新型实用型专利技术已达58项，国家级绿色工厂1家，省级企业技术中心1家，工业设计中心1家。岳西县还先后举办四届家纺手工工艺大师比赛，评选了9名家纺手工工艺大师，建立了大师工作室，培训家纺技能人才9653人。现手工家纺产业链企业达到220家，工业总产值104亿元，占全县工业比重达到了43.4%，直接带动3万多农户脱贫。家纺产业的发展也反哺了岳西人民，助推了岳西在安徽省率先实现了脱贫摘帽。到2025年，力争行业规模以上工业企业产值达100亿元。

（四）孙村镇

孙村镇服装产业起步于20世纪80年代，截至2021年，全镇范围内共有服装及配套相关企业230余家，其中规模以上企业56家；年加工生产服装2亿件以上，实现年产值40亿元，服装产业直接从业人员2万余人。已形成集纺织、染整、水洗、印绣花、制线、成衣加工、包装和物流等为一体的服装产业链，具有为各类大中型企业商场、大型超市生产内外贸服装的一流生产能力，先后被评为"中国服装制造出口名镇""安徽省服装第一镇"等。镇内服装产业主要以外贸订单出口为主，通过近年来逐步引导企业差异化、多样化生产发展，逐渐形成了一批优质服装企业，其中以华阳服装为龙头的集团公司、瑞达服饰的运动休闲系列、润阳服饰的羽绒系列、瑞得服饰的瑜伽健身系列、栖凤阁汉服系列等都各具特色。随着安徽中天纺织、乐驼智能制造等一批新项目投产，将为孙村镇纺织服装带来更多的亮点，带动产业转型升级，并将引领孙村纺织服装创新发展。

二、安徽省纺织服装产业集群发展特点

（一）产业集群加快发展

近年来，安徽省纺织行业积极主动承接产业转移，已形成了多个特色产业集群。包括国家级纺织产业名城（镇）4家，国家级产业转移示范区6家，各集群园区呈现新的特点和亮点，产业集中度进一步提高。创建了芜湖中天印染和安庆华茂集团两个国家级企业技术中心，省级以上企业技术中心25家。培育出中国驰名商标13个，其中华茂、鸿润、天鹅、天馨、霞珍等入选工信部重点跟踪培育的终端消费品牌和加工制造品牌。

（二）创新能力逐步提高

安徽省服装领域积极打造自主创新平台，注重新产品的研发和投入，多家企业先后成立技术研究中心，打造专业技术团队。牢固树立纺织行业绿色、科技、时尚产业的新定位，从面料研发着手，重点扶持发展吉祥三宝自发热材料、丰原生化聚乳酸纤维、淮北福尔足珍珠纤维等高性能纤维材料。

（三）主体培育取得实效

2019年，界首市被评为全国消费品工业"三品"战略示范城市，是安徽省首个"国字号"县级"三品"战略示范城市。截至目前，合肥市、滁州市、芜湖市以及界首市等4家获评消费品工业"三品"战略示范城市，成为全国获批示范城市较多的省份。安徽

红爱实业股份有限公司"红爱云时尚创意设计平台"成为安徽省首家被工业和信息化部认定的纺织服装创意设计试点平台。

（四）新模式新业态不断涌现

近年来电商平台、直播带货、短视频带货、自媒体等新业态不断涌现，加之疫情的影响，催生企业进行产业升级和结构调整的步伐，好波内衣、伯希和、宜庭家纺、红爱实业等企业通过搭建直播平台，大力发展线上销售新模式，拓宽销售渠道，线上线下齐头并进，进一步挖掘内销市场。

三、安徽纺织服装产业主要问题

（一）产业上下游配套不足

功能性纺织新材料产业原材料主要来源于江苏、河南等省，新材料的下游应用企业多在浙江、福建、上海等省市，安徽当地配套企业数量相对较少，规模大多以10至30人小型加工为主，目前各地市正在探索建立产业集群发展的长效机制。

（二）品牌影响力有待提升

安徽省服装制造业贴牌加工型组织形态仍占主导，中高端服饰产品有效供给不足，企业之间同质化低价竞争问题较为突出，与国际品牌相比存在较大差距。当前我省纺织服装品牌面临"服务一流、质量一流、品牌影响力不足"的困境，2018年，工信部印发重点跟踪培育纺织服装品牌企业名单，安徽省仅有5家企业入选，与江苏（19家）、山东（17家）、浙江（13家）相比差距较大。

（三）专业人才较为缺乏

安徽省服装制造业以中小企业居多，普遍缺乏高素质的服装创新设计人才和管理人才，尤其是缺乏具有国际水准的设计领军人物。近年来，安徽省服装企业研发投入强度虽有提升，但主要产品技术以引进和模仿为主，对标国际知名品牌和企业，安徽省服装企业的创新设计能力与水平有待提升。

四、下一步举措

（一）着力推动行业集聚新发展

一是注重加强产业链完整性，引导企业进行改造提升，通过技改技术降本增效。提升安徽省服装行业在面料的研发、辅料的供应、服装款式的创新和制作工艺的开发水平。将安徽纺织服装行业从原材料、面辅料、设计、生产、展示、销售有机串联。二是梳理一批优质企业、一批新产品、新技术，围绕行业发展势态，以组织召开现场对接会、座谈会、展销会等形式，搭建上下游产业链对接平台，加强企业与上下游产业链配套企业的沟通合作，帮助企业加大推广力度，拓展市场。三是引导企业搭载销售新模式，通过搭建直播平台，大力发展线上销售新模式，拓宽销售渠道，线上线下齐头并进，进一步挖掘内销市场，争取更大

市场份额和利润率。

（二）着力推动品牌效应新途径

一是着力培育优势品牌。优化完善"重点跟踪培育的纺织服装行业自主品牌企业"的扶持政策，引导企业建立完善品牌培育管理体系，提高品牌培育能力，切实提升品牌竞争力与品牌价值。二是加大品牌宣传力度。积极在行业内开展消费品工业"三品"示范企业认定和"精品安徽，央视宣传"工作，积极组织企业参加世界制造业大会等，通过示范引领，帮助企业积极扩大自主品牌宣传。三是支持地方和企业建设自创品牌展示、交流平台，加快引进国内外知名设计师开设服装设计师品牌工作室。鼓励设计师自创品牌，探索品牌商业化和产业化运营，快速成长为国内知名品牌。四是鼓励疫情防控企业积极完善出口认证资质，严控产品质量，积极拓展国内外市场。引导华茂等重点企业调整产品结构，内外销兼顾，破除发展短板。发挥安徽省纺织服装加工优势，应用大数据、互联网等技术，通过个性化定制、柔性化生产，研发适销对路的产品，培育和发展新的消费需求。

（三）着力推动人才创新新驱动

一是大力培育一批设计水平领先的服装企业，支持企业创建省级重点企业设计院（研究院），鼓励企业引进国内高端设计人才和团队，加快提升企业创新设计能力。推动服装制造业企业创建国家和省级工业设计中心。二是支持省内高校和中职院校加强服装设计、表演、展览展示等专业学科建设。出台相关政策，采取多种方式畅通沟通渠道，吸引皖籍设计师回归，建立多渠道、多层次的服装设计人才培养体系。三是进一步加大企业科技研发力度。围绕纺织行业"绿色、科技、时尚"产业的新标签、新定位，加大新产品研发投入，强化技术工艺设备创新，提升企业科技含量。

（四）着力推动智能制造新增长

为推动安徽省制造业做大做强和提质增效，制造强省深入推进。制造强省系列政策落地见效，印发制造强省建设年度工作要点，出台制造强省政策实施细则，鼓励企业加大智能制造投入，提升安徽省纺织行业智能制造水平。一是积极推进行业智能化改造步伐，加强人工智能、大数据、互联网、5G等先进技术在行业中的应用。二是鼓励企业加大技术改造、生产设备更新和产品研发等方面的投入，以"数字化车间"和"智能工厂"建设为抓手，大力提升企业智能制造水平。三是发挥安徽省智能制造领先标杆企业对行业发展的示范带动作用，组织召开纺织、服装行业智能制造现场会，交流分享智能制造方面的成功经验和做法，促进解决行业关键共性技术问题，加快提升安徽省纺织行业智能化整体水平。

2022年以来，随着国内疫情防控良好和国际市场需求重启，我国纺织服装市场需求明显好转，生产形势稳定，产业循环不断改善，企业效益逐步回升，行业运行呈现持续恢复的态势。面对新形势新挑战，纺织服装行业一定能够抓住机遇，在构建以国内大循环为主体、国内国际双循环相互促进的新发展格局中实现更大作为，在加快建设美好安徽上取得新的更大进展。

供稿单位：安徽省纺织行业协会

福建省纺织服装行业及产业集群发展概况

一、全省纺织行业整体情况

现代纺织服装产业是福建国民经济发展的六大主导产业之一，产业基础比较夯实、行业配套基本完整、产业链协同创新，形成万亿规模产业、千亿级数市场、百亿营收企业共建互促的发展态势，成为全国重要的纺织服装产品产销基地和出口基地。

福建省纺织服装业主要集中在沿海福泉厦地区，并向莆田、三明、龙岩等地区辐射梯度转移，孕育出晋江、长乐两大千亿级产业集群以及石狮、永安、尤溪、长汀等系列特色集群。

全省化纤产能突破千万吨规模，其中锦纶、丙纶和维纶三个品类产能位居国内前列；棉纺纱锭超 1300 万锭，坯布产能 130 亿米，针织服装产能 60 亿件，运动鞋产能 40 亿双，均在全国名列前茅。

近年来，福建省委、省政府高度重视现代纺织服装产业，出台系列政策助力产业转型发展，全省产业规模进一步扩大，产业集群进一步提升，产业链进一步完善，品牌效应进一步显现，产业结构调整取得一定成效。至 2021 年底，福建省规模以上纺织服装企业 2687 家，实现营业收入 8144.26 亿元，利税总额 688.02 亿元，其中纺织业 3601.01 亿元，利税 237.82 亿元；服装服饰 2721.68 亿元，利税 221.8 亿元；化学纤维 1737.22 亿元，利税 137.04 亿元；纺织机械 84.35 亿元，利税 8.26 亿元。

二、全省主要纺织产业集群发展情况

目前，福建纺织产业集群规模已占到行业经济总量的七成多，成为全省产业发展支柱和创新引擎。截至 2021 年底，全省被中国纺织工业协会授予的纺织服装产业集群试点地区的有："中国纺织产业基地市"（福建省福州市长乐区、福建省晋江市、福建省永安市）、"中国纺织产业特色名城"（福建省长乐区——中国经编名城、福建省泉州市丰泽区——中国童装名城、福建省晋江市——中国泳装产业名城、福建省石狮市——中国休闲服装名城和中国休闲面料商贸名城、福建省三明市尤溪县——中国革基布名城）、"中国纺织特色产业名镇"（福建省福州市长乐区松下镇——中国花边名镇、福建省晋江市龙湖镇——中国织造名镇、福建省晋江市深沪镇——中国内衣名镇、福建省晋江市英林镇——中国休闲服装名镇、福建省石狮市宝盖镇——中国服装辅料服饰名镇、福建省石狮市凤里街道——中国童装名镇、福建省石狮市蚶江镇——中国裤业名镇、福建省石狮市鸿山镇——中国休闲面料名镇、福建省石狮市灵秀镇——中国运动休闲服装名镇）。

近几年，全省产业结构调整，产能梯度转移，区域协作加强的过程中，福建省莆田市、福建省龙岩市长汀县等新兴的纺织产业聚集区初具规模。

全省主要纺织产业集群发展情况：

（一）福建泉州品牌鞋服创新型产业集群

福建省泉州市是全国重要的运动及户外鞋服产业基地、服装跨国采购基地、东南亚采购集散中心，产业年产值占据福建省产业年产值的半壁江山。泉州市产业集聚具规模优势，拥有晋江、石狮两大产业集群区。

泉州晋江是国内主要的纺织鞋服生产基地、贸易集散基地和品牌聚集地，泉州石狮是中国服装产业示范集群、中国服装网商创新示范基地、中国校服产业创新基地和国家级信息消费试点城市。

泉州惠安、石狮汇聚了全国六成以上校服产业产销资源，校服集群年产值超 50 亿元，是中国校园服饰产业基地和校服产业创新基地。

泉州南安洪濑镇是"中国童鞋之都"，拥有七波辉、足友、帮登等童鞋龙头企业，年产各类童鞋超亿双。

泉州纺机装备主要涵盖制造、印染、成衣、制鞋、辅料等生产环节，产自泉州圆纬机的在全球产销总量中所占份额已突破三成，涌现出凹凸精密、卜硕机械、佰源机械、野马机械、力可茂、台帆等 20 多家品牌针织机械生产企业，正鑫、佳升等配套企业近百家。泉州是福建鞋机的最大产区，鞋机产品基本覆盖制鞋工艺各环节，具备整厂输出能力，部分产品技术含量和档次接近甚至超过中国台湾鞋机的水平，华宝、黑金刚在全国率先研发出制鞋智能生产线，实现个性化定制。华宝公司休闲鞋（硫化鞋）智能生产线比传统生产线可大幅减少用工，提高产能 1.25 倍，凯嘉、火炬、邦达、钜闽、天一、三川等机械公司开发新型智能化 EVA 发泡成型机等，卜硕、汇星、佳鑫、宝翔、振富、恒逸、精镁等公司开发飞织鞋机。

1. 晋江产业集群 福建省晋江市是中国纺织产业基地市，晋江的龙湖、深沪、英林、东石等城镇成为长丝织造产业重点地区，优势企业有东纶、向兴、三福、南方等，应用领域从服装用纺织品扩展到家用纺织品和产业用纺织品领域。晋江英林、深沪是泳装产业集群地，全球每百件泳装有 30 件产自晋江。晋江也是"中国鞋都"，晋江内坑是"中国拖鞋名城"，年产拖鞋 7 亿双，产值 100 亿元以上。

晋江国际鞋纺城是全省优先发展的四个千亿大型市场之一。近年来，晋江市通过强化供给侧结构性改革，紧抓实体经济这一"看家宝"，对纺织、鞋服等传统优势产业加快新动能改造，龙头带动集聚效果显著，目前晋江市已形成鞋服、纺织2个超千亿产业集群，从业人员近19万人。其中，鞋服产业共有规上企业数267家，2021年规上产值2704亿元，增长15.2%，占晋江规上总产值39.04%，培育出安踏、361度、利郎等知名品牌企业；纺织产业共有规上企业数1071家，2021年规上产值1194.90亿元，增长28.1%，占晋江规上总产值17.25%，培育出百宏、向兴等产业链核心品牌企业。

2021年晋江产业集群发展特点：

（1）有分量、有品牌、有链条。晋江是中国乃至世界旅游鞋、运动鞋服、休闲鞋服重要生产基地，夹克产量占全国40%、世界12%，运动鞋、旅游鞋产量占全国1/4，鞋业出口占全省1/2、全国1/8，有七匹狼、利郎、安踏、特步、361度等一批品牌鞋服企业，形成纺织原料、纺纱织布、漂染整理、成衣加工、辅料生产、纺织机械等完整的服装产业链条，以及鞋材、皮革、鞋类化工、鞋成品、鞋机、专业化市场等完整的鞋产业链条，可实现一双鞋、一件服装从原料采购到生产销售的全过程。

（2）龙头企业有新变化。安踏集团打造智能化、数据化、标准化工厂，实现全品类全流程生产，建设一体化物流产业园，实现智能物流时代新跨越，"氢跑鞋3.0"、"氮科技"等一批科技产品引领行业创新风向；向兴纺织科技公司根据内外部环境，对内加大生产能力，扩大产业链，对外整合资源，精准客户定位，2021年销售额同比增长了40%以上。

（3）创新能力有新提升。推动企业加大研发投入，进一步增强企业科技创新能力。其中，华宇织造含氟功能整理剂的合成与制备及在鞋材领域的应用研究获得2021年中央引导地方科技发展资金支持；福建柒牌时装科技股份有限公司与泉州装备所开展基于5G+AR的智能仓储系统研发项目，截至2021年，晋江市共有纺织鞋服国家级高新技术企业203家，福建省科技型小巨人企业61家。

2. 石狮产业集群 福建省石狮市是中国休闲服装名城、闽派服装中心城市、全国纺织产业集群试点地区，拥有灵秀、蚶江、宝盖、凤里、鸿山等5个特色名镇，优势企业有季季乐、大帝、校园大道、百裕服饰、华荣服装等。

石狮国际轻纺城是目前全国单体规模大，设施齐全，经营品种多的千亿级纺织品集散中心，是亚洲最大的轻纺专业市场之一。石狮服装城是全国主要的服装生产基地和集散中心之一，更是全国服装行业的CBD中心。石狮青创城国际网批中心获评国家电子商务示范基地和国家小型微型企业创业创新示范基地。

石狮的纺织染整缝制机械设备专业市场规模居全省首位。

近年来，福建省石狮市以纺织鞋服产业质量提升行动为抓手，抢抓电商发展、"一带一路"建设机遇，通过推动"三个提升"、解决"三大问题"、打响"三大品牌"，力促纺织鞋服产业突破瓶颈，加快实现高质量发展。

2021年，石狮市拥有3600多家纺织服装及配套企业，从业人员超过16万人；印染产能达45亿米，占全国面料染整的6%左右、服装面料染整产量10%左右；鞋服配饰、五金配件产量占全国50%以上，其中规上纺织服装企业308家，纺织服装产业实现规上产值789.8亿元、增长16.4%，占规上工业产值54.3%，限上纺织服装企业515家，年交易额超千亿元。

2021年石狮产业集群发展特点：

（1）产业基础能力、商贸平台能级和政务服务水平持续提升。全市投入技改资金30.7亿元，新增纺织鞋服规上企业73家，60家成长型企业实施119个精细化管理提升项目，加快纺织工业配套装备制造业智能化改造，列入泉州市"数控一代"示范项目产品84个；培育形成青创城、双奇电商城、海西电商城等12个新兴网批市场，推出全省首个面向华侨的跨境电商自建平台"侨易邦"，聚集活跃网店4万多家；成立全省首个服装产业集群法治化营商环境促进中心，打造覆盖纺织服装上下游"全链条、一体化、一站式"多元解纷和诉讼服务平台。

（2）产业提质增效持续推进。石狮市深化印染行业转型提升行动，实施新一轮印染企业分级管理，加快推进祥鸿锦集控区综合整治，祥华集团等3家龙头企业实施兼并重组，宏安纺织的印花布料亮相东京奥运会，联盛纺织、荣诚布业等5家企业荣获中国生态环保面料设计大赛优秀奖，禾宝纺织的"优可丝棉涤双卫衣"获中国时尚面料设计奖；积极推广鞋服辅料领域的新型工艺和精益制造，通过抱团参展等方式拓展国内外市场，继续保持商标、纽扣、织带、滴塑等细分领域全国领先地位；举办中国校园服饰国际博览会、全国校园服饰设计大赛、福建省校园服饰产业推介对接系列活动等活动，打造石狮校服企业优质品牌形象，获评"中国校园服饰名城"称号。

（3）金融服务能力不断夯实。挖掘市场采购贸易方式试点政策红利，创新市场采购海关数据贷"狮采贷"、一般贸易外贸退税贷、出口信保贷等新型外贸融资产品，2021年，累计增存增贷超120亿元。拓展"供应链金融"等新型融资渠道，六胜供应链公司投入近14亿元，支持30家有订单、有市场的企业稳产扩产。

（4）人才储备不断厚实。引进设立四川大学（石狮）先进高分子材料研究中心、石狮市中纺学服装及配饰产业研究院、泉州师范学院（石狮）生态智能织物产业工程技术学院等 5 家科技创新平台，实施"点石"青年企业家培养行动和企二代"青蓝接力"工程，搭建学习沙龙、论坛讲座等交流平台，政策鼓励"学在石狮留在石狮"，吸引在石三所高校毕业生助力石狮纺织鞋服产业发展。

（二）福建福州纺织新材料产业集群

福州纺织新材料产业集聚初具规模并快速发展，形成千亿级的福州长乐区核心产业集群，并向福州连江可门、福州福清南岭、福州永泰等地辐射扩散。福州长乐区 2005 年被中国纺联授予"中国纺织产业基地市"，并陆续获评"全国纺织模范产业集群""全国纺织行业创新示范集群""中国经编名城""纺织产业集群创新发展示范地区""全国超千亿产值纺织产业集群地区"等称号。福州长乐区松下镇是"中国花边名镇"。

福州长乐区主要以化纤、纱线、经编等纺织新材料研发生产为主。2021 年全区共有纺织企业 1306 家，其中规上企业 282 家，年产值 2383.18 亿元，占全区规模以上工业比重 76%。福州长乐区纺纱规模超 700 万锭，锦纶民用丝年产能 150 万吨，是全国最大的化纤混纺纱生产基地和锦纶民用长丝生产基地之一，龙头企业有金轮高纤、恒申集团、永荣集团等超百亿的化纤企业，长源集团、新华源集团、金源集团等超百万锭的棉纺企业。

福州长乐区位列全国三大经编生产基地（长乐、海宁、佛山）之首，经编产品占全国市场份额的 3/5，是全球最大蕾丝花边生产基地之一，年产值达 120 亿，有规模以上经编企业 130 多家，拥有经编机 3 万台左右，其中高速经编机 2 万台左右，花边经编机 1 万多台，其中引进德国卡尔迈耶等高性能经编机 7000 台左右，主要龙头企业有东龙、永丰、航港、德盛、欣美、祥景、天阳、源达、峰院、东港等。

（三）福建三明产业用纺织品产业集群

福建省三明市周边革基布等特色产业用纺织品研发生产具有较长发展过程，经过产业结构调整改造提升，逐步孕育形成三明永安、三明尤溪等以革基布织造为龙头的化纤、纺纱、织造、染整、制革、后加工的产业用纺织品产业集群。

1. 三明永安产业集群　永安产业集群以水溶性维纶、高强高模维纶、维纶纱线、维纶非织造布、各类革基布等特色产品生产加工为主，是全市三大主导产业之一。2010 年，三明永安荣获"中国新兴纺织产业基地市"称号，2016 年继晋江、长乐之后获评"中国纺织产业基地市"称号。2021 年全市共有 46 家规模以上纺织企业，年产值 217.28 亿元，占永安全市工业总产值的 15.96%。

2021 年主要产业特点：

（1）聚乙烯醇（PVA）纤维产业是永安市在全国有影响的特色产业和优势产业，产品产量占全国聚乙烯醇（PVA）纤维产量 40% 左右，其中水溶性纤维产量市场占有率高达 70%。宝华林公司低溶点维纶水溶性纤维、高强高模 PVA 纤维在国内居领先地位，拥有聚乙烯醇（PVA）产业用纺织品研发基地，公司的高延性水泥基复合材料技术全世界仅有中国（宝华林）、日本和美国掌握，且是国际上打通混凝土全产业链的高新企业。福维公司主导产品水溶性维纶纤维、缩醛化维纶纤维产销量连续多年位居国内、世界前列。

（2）全市棉纺锭规模超 30 万锭，金德、川龙、燕航、金燕、金孚等几家纺纱企业混纺纱质量优良。

（3）织造行业以宝华林水溶性非织造布，恒晖布业、华瑞针纺、鑫宝泰高速经编，中泰喷水织机等为代表，舍弃低水平重复建设，发展有一定技术含量、适销对路的产业用纺织品，如工业用布、鞋用面料、家纺汽车内饰等形成装饰面料、服装面料、工业用布多元化产品结构。

（4）印染行业以生产中低端革基布为主，英汉凯丰公司产量在国内革基布同类企业中排名前列，福建溢佳仁科技有限公司采用无水印染。

2. 三明尤溪产业集群　三明尤溪县 2009 年被中国纺联授予"中国革基布名城"，在强化革基布产业优势的基础上，通过改造和提升各专业纺织园区，积极优化地区产业布局，发展化纤、织造、染整等配套产业，强化产业集聚。总投资 15 亿元中德服饰纺织全产业链项目和总投资 5.1 亿元福建省闽德纺织科技有限公司中高端服饰面料印染加工项目等一大批优质强基项目陆续落地。

至 2021 年全县规模以上纺织企业 66 家，完成产值 237.6 亿元，占全县规模工业总量 54.5%。

近年来，三明尤溪紧紧围绕现有的纺织产业基础，积极推进棉纺行业与 5G "互联网+" 新一代信息技术融合应用和企业"上云上平台"建设，取得成果。华泰布业、隆源纺织、丰帝锦纶等"机器换工"30 台（套）以上，顺源纺织、旭源纺织通过引进国内外先进的智能化的设备，利用先进的 MES 系统技术打造全省首家智能化生产车间，具有福建首发、全国领先、世界先进的特点，引领纺纱行业步入智能化生产时代，顺源纺织智能化提升案例被国家工信部列入企业上云典型案例。

2021 年主要产业情况：

（1）化纤产能 12 万吨，鑫森合纤是尤溪最大的锦纶长丝的生产企业，年产值达 30 亿元。

（2）棉纺锭产能 150 万锭，环锭纺近 150 万锭，涡流纺近 14000 头，年纺纱近 30 万吨。

（3）织造能力 6800 台剑杆织机、加弹机及经编机等设备，年产机织革基布 5800 万米、针织革基布（弹力布）2.5 万吨。

（4）染整能力高温高压卷染机、常温常压卷染机等 86 台，定型机 11 台，年产印染布近 5800 万米。

（5）制革能力14条湿法、16条干法生产线，年产5700万米PU革。

（6）服装产能250万件，其中普利制衣年产200万件劳保服装，华姿服饰年产50万件牛仔裤。

3. 三明大田产业集群 三明市大田原来产业基础薄弱，近些年，通过招商引资承接沿海产业梯度转移，一批高档织物面料织造、后整理加工、服装生产线陆续建成投产，全县纺织产业初步集聚，目前已形成年产能力棉布3000万米、非织造布500万米、PU合成革9000万米、童装200万打、针织毛衣200万件、针织服装30万件的生产能力，上下游产业链不断完善。

（四）福建龙岩湾区协作产业集群

地处闽西的福建龙岩是著名的革命老区，发挥后发要素优势，抓住新发展机遇，延伸两翼，创造低碳、绿色、环保高新技术纺织产业梯度转移条件和优惠政策，加快与湾区重要城市建立交流协作机制步伐，打造"老区+湾区"合作样板，形成以龙岩长汀、上杭、漳平为重点区域，"纺织纤维—纺纱—织布—服装加工—市场"和"针织机械—纺线—织片—缝合—后整—洗烫—市场"两条较为完整的产业链条，化纤、棉纺织、制革和服装加工四大产业集聚发展雏形，推进高质量发展。

2021年龙岩规模以上工业产值157.63亿元，拥有纺织企业300余家，从业人员5万余人，其中规模企业达93家，棉纺纱锭140万纱锭，1300台喷水织机，5条无纺布生产线，100台经编机，2万台电瓶车，1300台自动针织横机，涌现新纶、卡鑫隆、新纺、海华、荣耀、宏鑫、亿来、南祥、天守文兴等一批纤维、纱线、面料和服装品牌领军企业。

（五）福建莆田新兴鞋服纺织服装产业集群

福建莆田立足传统鞋服产业优势，主动衔接福泉产业集群，通过共建园区、区域协作，形成化纤原辅材、棉纺织、染整、服装等产业链和产业集群发展格局。赛得利（福建）化纤有限公司年产30万吨粘胶短纤项目、福建永荣控股中锦新材料有限公司年产20万吨锦纶聚合项目、永荣科技有限公司40万吨CPL装置一期工程及年产150万吨乙烷裂解制乙烯等装置项目、福建华峰工贸有限公司化纤、经纬编面料、产业用纺织品系列项目、海峡纺织、华源纺织等棉纺企业30多万锭纺纱项目的落地投产，推动莆田产业的快速集聚。2021年，福建莆田纺织鞋服产业集群产业规模达到1200亿元。

（六）福建南平传统特色纺织服装产业集群

福建南平是福建传统老工业基地，随着国企改革改制和产业转型升级、优胜劣汰，目前全市形成三大主导产业。一是以南纺股份为代表的PU革基布产业，已发展成为国内产业用布领域具有相当竞争实力和特色优势的产业；二是邵武洗洁巾家用纺织品，已形成年生产能力6亿片规模，约占国内市场60%的份额；

三是已初步形成集织造、染整、制衣及与之配套的绣花、印花、横机、线带辅料、包装等为一体的较为完整的针织童装产业链和产业集聚雏形。

全市共有纺织服装企业260多家，其中规模以上企业106家，主要分布在南平延平区以及邵武、建阳、浦城、武夷山等县市，从业人员达3万多人，年产值近50亿元。全市拥有国际先进的非织造布针刺生产线10条、水刺生产线3条、国内先进的PU革干法线3条、湿法线5条、PU革基布起绒机200多台、剑杆织机1000多台、织布机1500多台、针织大圆机250多台，还有日本、美国等地引进的电脑平车、电脑刺绣机以及电脑制图、电脑测色配色仪等先进服装生产设备。主要产品生产能力：无纺布2.5万吨；PU革2280万米；染整6万多吨；针织坯布1.5万吨；服装8000多万件（套）等。

三、下一步集群工作重点

2022年，福建纺织产业集群将继续聚焦实体，以产品高端化为导向，以产业链延伸为重点，以技术创新为支撑，以培育龙头企业和产业招商为抓手，全力优化产业体系，通过实施创新驱动、延链补链、数字赋能、做强园区载体、发展专业市场等一系列措施，做大产业集群、做强龙头企业、做优产品质量，打造现代纺织服装等万亿级支柱产业，加速产业集群创新升级和协同协作，推动建设世界级先进纺织服装产业集群。

（一）推进开放招商，延链补链强链

深化"大招商招大商"专项行动。鼓励行业协会和龙头企业发挥带头作用，积极承接北上广深等地区产业调整、项目外溢的有利机会，开展"走出去""引进来"招商活动，紧盯重点招商谋划项目，深入挖掘潜在发展项目，加强协调、主动服务，重点推动项目加紧落地，发挥化纤、纺纱、织造、染整、服装等产业基础优势，大力改造传统产业，确立高性能纤维、高端功能纺织面料、产业用纺织品和新型纺机智能制造等产业的发展战略性定位。上游向聚酯、聚酰胺等化纤原料、生物基材料产业链推进，下游向前景良好的产业用纺织品、高端纺织装备等产业链配套延伸发展。发展功能性机织、针织、非织造等织造能力，提高高档纺织品自主创新能力，进一步提升产业集聚效应，增强纺织鞋服产业发展动力。

（二）培育龙头企业梯队，做优产业生态圈

深入开展"重龙头、强品牌、铸链条"专项行动，大力推进龙头企业、"专精特新"企业、标杆企业培育，遴选一批引领作用大、生产技术新、创新能力强、发展潜力好的骨干企业，带动全省纺织服装企业高质量发展。

（三）加快纺织鞋服产业数字化、智能化转型

持续推进数字赋能。始终把绿色化、数字化作为制造业改造升级的重点方向，鼓励服装成衣设备企业与成衣生产企业开展微技改项目对接，加快纺织服装全产业链"上云用数赋智"，推广智能工厂、数字车间示范应用。加快对接阿里巴巴犀牛智造等项目，推行个性化定制、服务型制造模式。

（四）积极扩大市场份额，拓展外贸新业态

支持纺织服装企业拓展外贸业务，加快推动市场采购与跨境电商融合发展，用足用好出口退税、出口信保和财政贴息等政策，引导外贸企业线上洽谈接单，帮助企业稳住海外市场和订单。依托男装、童装、西裤、夹克、辅料等产业优势，加大对电商品牌的培育，鼓励企业逐步向"品牌电商""智慧零售"发展，实现从小到大、从大到强的转型升级。打通线下线上两个渠道，构建实体与数字相融合的商贸生态体系，积极引导各地特色产品供应商和采购商入驻服装城、轻纺城、食品城，鼓励发展直播电商、社交营销、垂直零售等新零售业态。

（五）推进园区标准化建设，建设新型纺织制造业基地

按照"同步规划、同步征迁、同步报批、同步招商"的要求，高规格推进产业标准园区建设，加快打造定位清晰、产业集聚、空间集中、运作高效的产业发展载体，不断扩展新经济增长点，通过腾笼换鸟、二次招商等方式力争实现亩均产值、亩均税收"双倍增"。同时，依据全省区域经济总体发展规划，加速建设新型纺织制造业基地及具有地区产业特色的纺织专业园区，其中包括化纤新材料、纺纱、面料织造、染整、产业用、服装、纺机等行业。加快与我国纺织发达地区以及新疆等棉花资源地区合作，发展与国际纺织先进国家的技术交流，建设国际水平的现代新型纺织制造业基地；促进纺织产业集群调整提升，完善石狮、晋江、长乐等沿海地区纺织产业集群功能建设，成为国内示范型的纺织产业集群。进一步增强内陆地区的三明、龙岩、南平等地区纺织产业集群发展后劲，促进产业结构升级。

（六）传统产业技术改造和产业链提升

加大企业技术改造和创新开发力度，向专、精、特、新方向发展。更新和引进高效、优质、短流程、节能、低耗、安全可靠的纺织加工技术设备，加速机电一体化和电子在线检测技术应用推广。用好化纤原料，大力开发化纤、化纤混纺的新型纱线、面料、纺织品，以及多功能复合和混纺等技术的高仿真、超仿真系列产品，形成新的纺织深加工发展优势。抓好研发设计、材料利用、工艺改进等关键技术，促进纺织、印染、后整理等行业生产水平的提高。拓展长丝机织织造与经纬编织造等特色产业，开发高仿真服装、家纺、产业用纺织面料，实现上下游产业链配套发展。

（七）推进循环经济实现绿色可持续发展

继续淘汰和改造效率低下、消耗高、污染严重的纺织后加工生产线。实施企业节能重点工程，推进企业能源三级计量管理，提高节能在线监测等的管理水平。大力推广节能、降耗、减排的共性关键技术，发展绿色制造技术。严格执行《印染行业规范条件（2017 版）》，按照印染用水、用能指标，控制废水排污总量。加紧印染绿色工业园区和集控基地建设，实现园区集中供热、供气，提高产品质量性能和清洁生产水平。通过"退城入园"措施以及推行规模化、集约化与环境可持续发展产业模式，实现印染企业向绿色工业园区集中。

福建纺织行业将继续深刻领会并把握好当前的重要战略机遇期，一以贯之地加快产业转型升级步伐，深入推进供给侧结构性改革，大力推动高质量发展，有效满足国内市场，积极激发内需潜力，努力稳定国际市场份额，继续保持经济运行态势基本平稳、健康。

供稿单位：福建省纺织行业协会

江西省纺织服装行业及产业集群发展概况

纺织服装是江西省传统优势产业。近年来，江西省抓住产业转移的良好机遇，壮大产业规模，完善产业配套，促进集群集约，纺织服装产业实现了较快发展。2021年，全省纺织服装行业规模以上企业1562户，实现营业收入1913亿元，利润135亿元，分别占全省工业的4.4%和4.3%。

一、江西省纺织服装产业发展特点

一是产业基础较好，产业链条完备。已形成从化纤、纺纱、织布、印染到成衣的完整产业链，目前，全省服装产能达14亿件、纱锭产能达700万锭、布产能达12亿米、化学纤维产能近100万吨。

二是产业特色鲜明，品牌效应加速形成。以共青城"鸭鸭"为代表的羽绒服装、以青山湖区为代表的针织服装在全国具有较高知名度；以赛得利（中国）为代表的生物质纤维在产量和质量上都位居全国前列；以恩达麻世纪、南昌良良为代表的苎麻产业，在夏布床上用品、婴幼儿寝具等细分领域占据较大市场份额。

三是承接条件较好，要素资源汇聚。江西毗邻长江三角洲、珠江三角洲和闽东南三角区，在承接产业转移时具有区位优势；全省高铁通车里程已达2094公里，高速公路通车里程达到6321公里，通达沪甬宁、广深、厦泉极为便利。政策人才资源明显，南昌、九江等5个设区市将纺织服装列为主导产业，37个工业园区将纺织服装列为主导产业，以江西服装学院为代表的服装职业教育位居全国前列。

二、江西省纺织服装产业集群发展概况

2021年，江西省纺织服装产业共有9个省级新型工业化产业基地，分别是共青城市、青山湖区、南康区、奉新县、分宜县、瑞昌市、德安县、于都县和万年县。其中，共青城被工信部和中国纺联分别授予"国家新型工业化产业示范基地""中国羽绒服装名城"称号，青山湖区、奉新县、分宜县、于都县被中国纺联授予"中国针织服装名城""中国棉纺织名城""中国苎麻纺织名城""中国品牌制造名城"称号。此外，奉新县还被授予"中国新兴纺织产业基地县"称号。

2021年，全省9个纺织服装产业基地规模以上企业实现营业收入1363亿元，约占全省的70%，集群化发展已成为江西纺织服装产业发展的重要方式。主要产业集群发展情况如下：

（一）共青城羽绒服装产业基地

从1972年共青羽绒厂生产第一件鸭鸭羽绒服开始，共青城纺织服装产业经历了半个世纪的发展历程。50年来，共青城孕育了"鸭鸭"等众多羽绒服饰品牌，逐步形成了从设计研发、加工制造到市场营销的产业链，在全国范围内具有较高知名度和较强竞争力，"中国的鸭鸭，世界的朋友"成为耳熟能详的广告词。2021年，全市共有规模以上纺织服装企业105家，实现营业收入258亿元，从业人员约2.4万人。

（二）青山湖区针织服装产业基地

青山湖区纺织服装产业兴起于20世纪80年代末，由部分曾在华安针织厂、南昌针织厂等国有企业工作的下岗员工筹集资金、共同创立了服装企业。当时国际市场对中低档文化衫需求较旺，为这些创业者生存发展带来了机会。同时，创业者成功的示范效应，也带动更多本地失地农民加入投资办厂的行列。这批企业在大量、稳定的外贸订单带动下，发挥当地劳动力丰富的优势，形成了针织服装产业发展的基础。经过30多年的发展，青山湖区纺织服装产业已经具备较大规模，在全国乃至国际纺织服装采购商圈都有一定的知名度。2021年，全区共有168家规模以上纺织服装企业，实现营业收入288亿元，从业人数达6.5万人。

（三）奉新县纺织产业基地

奉新县坚持把纺织作为支柱产业来抓，加大招商引资力度，优化投资环境，先后从福建、浙江等地引进了金源纺织、宝源彩纺、华春色纺、恒昌棉纺、永兆实业、丝源祥等大型企业，实现了跨越式发展。2021年，全县共有规模以上纺织企业26家，实现营业收入136亿元，从业人员约8000人，共有纺纱规模250万锭，年产各类纱线60万吨以上，涤纶短纤20万吨、针织面料3万吨、印染4万吨以上。

（四）于都县服装服饰产业基地

于都县把握沿海产业向内地转移趋势，依托本地纺织服装产业良好的发展基础和丰富的劳力资源，将纺织服装产业定位为全县首位产业。通过持续招大引强、抓项目建设，先后引进深圳赢家服饰有限公司、汇美集团、卫棉纺织科技有限公司、星途数字科技有限公司等龙头企业和项目，推动了全县纺织服装产业做大做强、转型升级，品牌影响力和竞争力不断增强。2021年，于都县各类纺织服装企业300余家，其中规模以上企业121家，规模以上企业实现营业收入159.3亿元，纺织行业从业人员超过6万人。于都县也先后获得"中国服装优质制造创新示范基地""中国品牌服装制造名城""全国纺织服装产业十大特色产业集群""全国纺织服装外贸转型升级基地""中国纺织服装产业园区联盟核心园区"等一批"国"字号荣誉。

（五）德安县棉纺织产业基地

纺织服装产业是德安"1+3+N"三大产业集群的首位产业，占全县工业经济总量三分之一以上。德安县围绕产业抓招商，不断强链、补链和延链，加快自动化、智能化推广应用，产业规模迅速扩大，发展态势强劲。2021年，德安纺织产业共有规上企业56户，实现营业收入196.92亿元，行业从业人员达1.2万余人。全县棉纱装机总规模达100万锭，年产纱15万吨，羽绒900吨；各类织布机近10000台，年产布匹10亿米。

三、江西省纺织服装产业集群发展特点

（一）地方政府大力扶持

于都、德安、共青城、万年、青山湖区等地都把纺织作为首位产业来抓，领导亲自挂帅，担任纺织服装产业链链长；产业集群设立了专门的纺织服装产业发展中心，组织专门力量推动产业发展。同时，针对纺织服装产业的发展特点，各产业集群出台了专门的扶持政策，如青山湖区制定了《现代针纺产业优化升级专项资金管理办法》，共青城市制定了《传统产业优化升级补助资金暂行管理办法（2021—2022年）》，于都县制定了《扶持纺织服装产业集群发展若干政策（2020-2024年）》。

（二）产业招商促进集群快速壮大

各产业集群把招商引资作为"一号工程"来抓，组建由县领导带队、相关部门参与的招商小分队，抓产业招商，引项目落地，不断强链、补链和延链。同时，抓好"三请三回"和"央企入赣"等招商活动，主动邀请客商来赣实地考察，通过商会"牵线搭桥"，以商招商，亲情招商，帮助引进更多产业项目。

（三）差异化发展加快形成区域特色

共青城市形成了羽绒服为主的发展特色，在龙头企业鸭鸭股份公司的带动下，集聚了一批中小羽绒服装企业。青山湖区以针织服装+出口外贸为特色，是江西最大的针织服装产业基地。分宜县以苎麻纺织为特色，恩达麻世纪公司是国内麻纺行业龙头企业，生产的夏布床上用品远销国内外。奉新县纺织企业生产的涤纶纱线在江浙、广东等主要纱线市场上拥有一定的销售定价权，"奉新纱线"区域品牌雏形初显。于都县纺织服装产业已引入和打造了宝姿、茵蔓、珂莱蒂尔、歌弟、达衣岩、初语、生活在左等200多个国内自主品牌，个性定制、柔性制造、粉丝经济等新业态缤纷呈现。

（四）产业平台建设初见成效

青山湖区引入字节跳动、阿里巴巴等直播生态链企业建立的流量经济产业园，建成了以南昌高新技术产业园区、国家纺织面料馆、南昌轻纺城三方互补合作组建的国家纺织面料馆江西分馆。于都县建成了首家江西省纺织服装产品质检中心，拥有各类检测设备

110台（套），可为全省纺织服装产业提供产品测试、标准制定、科研开发、咨询培训等综合性服务。共青城市引进的武汉纺织大学共青城纺织服装产业研究院已正式运营，主要围绕服装设计、面料研发、智能制造等领域开展技术攻关。奉新建设了纺织印染集控区，为印染企业落户园区搭建了平台，降低了企业安全、环保等生产成本。

四、江西省纺织服装产业集群面临的问题

（一）产业集群整体实力不强

与江苏、山东、浙江、广东、福建等产业大省比，江西无论纺织服装产业的整体规模还是产业集群的产业规模均偏小，差距较大。由于总量规模偏小，知名度和影响力不大，产业集群聚合作用和产业配套能力不明显，部分产业集群发展不快甚至陷入停滞不前的状态。

（二）链主型龙头型企业缺乏

江西省纺织服装产业集群虽已聚集了较多的企业，但主要以中小企业为主，规模最大的企业营业收入尚未突破百亿，集群内骨干企业营业收入一般在5亿~10亿元之间，龙头型链主型领航型企业缺乏，对产业集群的支撑带动作用有限，也制约了集群内企业的协作配套和资源整合。

（三）产业配套服务能力不强

印染后整理"瓶颈"尚未突破，特别是针织印染后整理能力严重滞后于针织产业发展，制约产品档次和附加值提升。省内尚未形成与行业发展配套的成熟专业市场，面辅料、拉链、纽扣等原辅料均需从外省采购，区域之间、集群之间、企业之间分工协作不多，仍处于各自为战的状态。

五、江西省纺织服装产业集群下一步发展思路

（一）加强技术创新

立足化学纤维、纺织印染、服装家纺三大细分领域，着力构建以企业为主体、市场为导向、产学研相结合的技术创新体系。支持各地企业引进国内外高端设计人才和团队，创建省级重点企业研究院及省级企业设计中心；组建纺织服装产业创新联合体，支持骨干企业与纺织服装院校进行合作，推进产学研深度融合，加速科技成果产业化进程；对行业关键技术、关键设备实行"揭榜挂帅"制度，加快突破制约发展的技术瓶颈。

（二）完善产业配套

针对印染后整理"瓶颈"、高档面料缺乏等产业链缺失环节，组织开展以整体承接为主、多种形式并举的产业链式招商，争取落户一批化纤新材料、产业用纺织品等前沿项目和高水平印染、水洗项目，拉长产业链条。支持纺织服装产业集群完善原辅料供应、产品研发设计、品牌孵化、电子商务、物流服务等配套

产业体系，提高产业集群配套协作水平。

（三）壮大企业实力

实施大企业、大集团培育计划，支持企业通过兼并重组、强强联合、优势互补等方式做大做强，打造一批创新能力强、带动作用大的行业龙头企业。大力培育"专精特新"企业，打造一批细分行业和细分市场领军企业、单项冠军和"小巨人"企业，为产业集群高质量发展增添新动能。

（四）推进智改数转

大力推进自动化、数字化、智能化装备的改造应用，支持企业应用智能吊挂系统、柔性整烫系统、自动转杯纺、数控化印染等装备，打造智能生产线、智能车间和智能工厂。支持产业集群设立数字化转型服务中心，帮助企业运用互联网、物联网、工业云、大数据等信息技术，实现数字化转型，提升企业数字化生产经营水平。依托江西联通工业互联网等云平台，组织集群企业上网上云，打通物料供应、研发设计、生产制造、销售推广、维保服务等生产链全环节，提高资源配置效率。

（五）推动绿色发展

支持企业实施能效提升、清洁生产、源头减量和废弃物资源化等技术改造，全面落实印染行业强制性清洁生产审核要求，全面推行清洁化生产。研发推广应用绿色环保和低碳节能技术，鼓励企业采用先进无水少水加工技术和设备，实施清洁绿色生产工艺。支持纺织制造重点企业建立能源管理体系，建设重点耗能企业能源管理中心，定期开展能源审计、能源诊断和对标活动。加强对企业的用能、用水和排污监管，减少主要污染物排放。

（六）开拓国内外市场

适应消费结构和消费升级变化趋势，在拓展国外市场的基础上，构建多元化市场渠道，开发适合市场需求的产品，着力开拓国内市场，构建以国内大循环为主体、国内国际双循环相互促进的纺织服装新发展格局。深入实施"三品"战略和名牌战略，以服装家纺品牌建设为重点，着力培育产品品牌、制造品牌和区域品牌，形成一批在国内外具有较大影响力的产业集群和知名品牌。

供稿单位：江西省工信厅纺织处

山东省纺织服装行业及产业集群发展概况

山东省纺织服装产业具有基础雄厚、产业链完整、创新体系完备、集群效应明显等特征，涵盖了纤维、纺纱、织造、服装、家纺、产业用、印染、纺机等纺织工业链条上所有细分产业门类，各项指标在全国名列前茅。在高端装备、智能制造、产业用纺织品、新型纤维材料研发等方面，山东处于全国乃至世界领先水平，在全国行业和全省经济社会发展中有着举足轻重的地位。

一、山东省纺织服装产业集群发展概况

产业集群是山东省纺织服装行业的重要组成力量。近年来，面对中美贸易摩擦、新冠肺炎疫情、市场消费低迷，以及招工难、用工贵、融资难、企业运行成本上升等国内外多重不利因素影响，在山东省委、省政府及各有关部门的坚强领导和正确指导下，全省各地产业集群及集群企业承压前行，为全省纺织服装行业和地方经济社会发展做出了积极贡献。

在集群数量方面，全省共拥有 20 多个国家级纺织服装产业集群，包括产业基地市、特色名城和特色名镇，占全国国家级纺织服装产业集群总量的 10% 以上。其中，滨州市和青岛市即墨区是中国纺织工业联合会首批共建世界级家用纺织品、童装产业集群先行区。

在集群产品方面，涉及化学纤维、各类纱线、坯布、印染布、面料、各类服装、家用纺织品、产业用纺织品等纺织服装行业各个产品种类。各集群根据历史环境因素、地域发展特色等各有所侧重，如即墨的童装、针织，滨州的家纺，德州、聊城、菏泽、潍坊等地的棉纺，汶上的服装加工等。

在集群规模方面，全省 22 个有数据可查的产业集群中，共有纺织服装企业 14800 多户。其中，规模以上企业近 1400 户，其中年入过亿元的企业为 290 户，2021 年实现总产值约为 2817.68 亿元；规模以下企业 13400 多户，2021 年实现总产值约为 1302.02 亿元（部分集群未统计规模以下企业数据）。

在集群经营方面，2021 年，集群规模以上企业实现主营业务收入 2711.31 亿元、出口交货值 388.37 亿元、利润 94.87 亿元；集群规模以下企业实现主营业务收入 1235.67 亿元、出口交货值 250.63 亿元、利润 57.5 亿元。

在集群税收方面，2021 年，集群规模以上企业应交所得税和年度应交增值税分别为 22.31 亿元、36.69 亿元；集群规模以下企业应交所得税和年度应交增值税分别为 12.74 亿元、21.27 亿元。

以上数据来源于全省 22 个产业集群，其中有部分集群未统计规模以下企业情况。

二、山东省纺织服装产业集群发展特点

（一）智能制造达到新水平

近年来，随着工业互联网与产业融合的深入发展，以及用工难成为行业共性问题，国家、省、市有关部门加大对企业技术改造、设备智能化、机器换人等的扶持力度，加强引导纺织服装产业设备智能化和信息化技术改造力度，积极鼓励企业实施机器换人、创建智能工厂和自动化生产线。企业大量引进新设备、采用新模式，数字化转型行动逐渐从被动转为主动，全省纺织服装产业集群智能化水平持续提升。

魏桥纺织、三和纺织等大型纺织企业，普遍采用国际一流的高端智能化设备，实现了从清花、梳棉、并条、粗纱、细纱、络筒、智能检验包装全套工序的全自动无缝隙连接，达到目前国际先进的纺纱工艺水平。

在青岛市即墨区、济宁市汶上县、潍坊诸城市等服装产业集群，自动裁床、电脑花样机、模板机、吊挂系统等先进设备得到较为广泛使用，大幅提升了产品标准化程度，降低了产业对工人特别是新员工的技能要求。

海阳市部分重点企业率先开展大规模技术改造、大量引进一体化智能横机，加快形成"数字化车间—智能工厂—未来工厂"升级梯队，并将打造成为集采集购、线上线下、一次性成型、闭环式小单快返的具有国际影响力的现代智能化特色毛衫产业集群，在全省国家级产业集群发展模式探索上走出了一条新路子。

（二）科技创新频出新成果

山东是纺织科技大省。集群内部分龙头企业充分发挥其人才、技术、装备等各方面优势，加大科技研发投入力度，不断创造出新的科技成果。

魏桥纺织"基于数据流的智能纺纱关键技术与产业化"项目，实现了"生产全程自动化""控制系统智能化""在线监测信息化"。完整创建了全流程无缝化纤维区域物流、在线检测与监控体系、智能化运行与供应链管理系统，真正实现了首家全流程智能化纺纱工厂。

即发集团通过与有关企业合作，实现了聚乳酸纤维在针织服装产业的应用及关键技术的突破，目前已开发多款面料，实现了在针织内衣、婴幼儿服装、袜子、家纺等领域的规模化应用。

华纺股份有限公司建设以逐单核算为核心的智能工厂，打造基于客户需求组织生产的智慧企业，完成

企业自身的智能制造转型升级，逐步建立自主知识产权的软件系统，完善精益生产数字管理架构，形成独具特色的智能制造建设体系。

（三）"三品"行动激发新活力

通过工艺创新增品种、技术创新提品质，进而带动制造品牌、特色品牌、区域品牌的创立和推广，已成为集群企业共识。经过连续几年的专项行动，山东省纺织服装产业集群传统优势得到巩固提升，品种丰富度、品质满意度、品牌认可度明显提升，产品和服务对消费升级的适应能力显著增强。

昌邑市已发展成装饰布、床品面料生产基地和棉纺织品交易市场，形成以园区企业为核心、上下游产业集聚发展的良好态势，也是山东省为数不多具备纺丝、加弹、织布、印染加工、国内外销售一体化能力的印花布生产基地；绒面超纤产业产值占全国90%的市场份额，是亚洲最大的绒面超纤生产基地之一。

汶上县牢牢把握"产业兴县、工业强县"发展战略不动摇，坚持"生产智能化、产品高端化、品牌自主化"的发展方向，大力实施传统产业改造升级，产业新动能不断集聚，经济发展的基础更加稳固，质量效益稳步提升，纺织服装产业集群成为县域经济的有力支撑，"休闲服装汶上制造"的区域品牌效应已具备很好知名度。

嘉祥滑雪手套国内市场占有率达62.58%，国际市场份额占我国滑雪手套国际市场占有额的76.38%，是企业密集度高、产量大的滑雪手套生产基地。

惠民县不断推动化纤绳网产业转型升级，进一步擦亮"中国塑料绳网之都·惠民""中国绳网名城"金字招牌，目前绳网产业市场份额占全国的80%以上，占全省的90%以上，为全国最大的化纤绳网生产基地之一。

（四）绿色发展再现新成效

在"双碳"目标提出后，各地更加重视节能减排。他们对照相关要求，鼓励企业在厂房集约化、原料无害化、生产洁净化、废物资源化、能源低碳化等方面进行转型升级，推动全省纺织服装产业集群取得了绿色发展新成效。

即发集团超临界CO_2无水染色技术项目，总体技术达到国际领先水平，是对传统有水印染的革命性升级和颠覆性创新，从根本上解决了印染行业高耗水、高污染的难题，其成果应用必将加快印染行业升级换代，对我国纺织工业的可持续发展和我国生态文明建设具有重要意义。

愉悦家纺有限公司，采用新技术成果建成的污水处理系统，率先在国内同行业中实现印染废水的资源化开发和利用，使废水能够回用于生产过程的水洗、冲洗等工序，完全可用于农田灌溉，在资源节约、生态保护等方面遥遥领先全国同行业水平。

临清市鼓励企业引入节能新技术，淘汰高耗能机器，通过对生产制造全流程的优化改造，实现设备自动化、技术智能化、管理信息化、生产连续化和生产清洁化的生产模式。同时，鼓励集群企业应用光伏发电实现降本增效，效果明显。

（五）人才建设突出新需求

近几年来，随着招用工问题的突显、装备智能化水平的提升，集群企业对人才有了更高要求和更新需求。他们通过加强校企合作、国内省内行业赛事等多种渠道，不断加大各类人才培养培育力度。

即墨区积极实施企业家素能提升工程，先后分期分批组织企业家参加了清华大学、厦门大学、武汉大学等多期即墨企业家素质提升工程培训班，通过集中学习、到先进地区和企业参观考察；按期组织举办企业家古城大讲堂活动，邀请即墨本土企业家、外地知名专家学者介绍经验，分享知识，打造一支战略型、创新型、开拓型的高素质企业家队伍。

诸城市先后在清华、复旦、浙大等国内知名高校设立培训基地，每年组织优秀企业家学习深造，先后举办了优秀青年企业经营管理人才、政银企协同发展、全省轻工纺织行业综合能力提升培训班等高端培训班。实施"基业长青"工程，坚持引进和培养并重，着力为企业可持续发展储备人才，先后与国内30余所知名高校、300多名知名专家学者建立长期合作关系，邀请到诸城举办专题讲座，培训企业储备人才。

郓城县有60多家企业与各大高等院校和科研院所建立协作关系，与北京大学、厦门大学、武汉大学、上海财经大学等11所大学建立培训关系，每年两期培训140人；同时利用巡讲课堂聘请专家授课，每年两期1000余人。

（六）平台建设发挥新作用

近年来，各产业集群地强化平台思维，加强产业发展服务，积极转变传统思维，立足企业实际，强化主动服务，重点搭建互联网+、电商、直播等各类普惠性公共服务平台，全方位增强集群产业集聚能力。

即墨区通过工业互联网平台，采取政府购买服务方式，引进海尔卡奥斯等十大互联网改造服务商，同时从资金、技术等方面给予全程跟踪服务、助推企业转型升级；依托国有公司高质量打造青岛网红直播基地，引进拼多多直播平台产业带、墨云直播基地、青岛众泽网红孵化基地等8项目落地，打造4万平方米的青岛网红直播基地。

周村区制定专门政策促进电商平台建设，对入驻方达电商园的电商类企业、电商配套服务类企业，给予财政支持；与淄博职业学院、山东轻工职业学院、淄博机电学院、山东农业工程学院淄博校区等驻周高校建立了电商人才定向培养机制；鼓励纺织服装企业利用网络购物平台以及直播带货平台、重点客户微信群等多种渠道实现线上线下快速、精准、高效营销。

滨州市为适应纺织产业集群发展的需求，加快行业公共服务平台建设，先后建设完成研发、检验检测体系、环境保护体系、人才培训体系、现代物流体系、融资担保体系、品牌培育体系等六大体系，形成了良好的发展环境和完善的服务支撑。

三、产业集群面临问题

（一）共性问题

1. 融资难题 纺织产业一直处于被限制发展的产业地位，而且由于其自身的盈利能力远远低于现代新兴产业，长期受到国有金融机构排挤，融资难是纺织企业普遍存在的行业性难题。

2. 用工难题 纺织产业工人后继无人是产业发展最大的隐患。纺织产业工人普遍呈现年龄偏大、文化水平偏低，一线技术工人、专业技术人才、研发设计人员普遍缺乏，已成为不可忽视的热点问题之一。

3. 生产成本持续上升 企业用水用电用地、工人工资及福利、大宗原材料价格高位波动等生产成本呈持续上涨状态，造成企业运行成本压力持续加大。

4. 企业开工不足 受企业国内外订单不足、疫情防控形势严峻等多种因素影响，企业订单不足或无订单现象普遍存在，多数企业开工不足。

5. 市场需求低迷 近两年，国内外市场一直处于消费低迷状态，终端产品价格并没有因原材料价格上涨、企业用工成本增加等因素而有所变化。因疫情导致的国际国内消费群体购买力下降是主要原因。

（二）个性问题

1. 产品同质化竞争严重 多数产业集群为同类企业组成，存在产品同质同类不同价现象，竞争比较严重。

2. 多数企业规模偏小 部分集群企业为村内加工户规模有所扩大，规模较小、生产设备老化等。

3. 产品缺乏品牌优势 多数规模以下集群企业产品附加值低、市场带动力差；服装方面多是以贴牌生产经营为主，缺乏争创优质品牌的能力。

4. 自主创新能力不强 部分企业延续着家庭作坊式生产经营模式，生产效率较低，缺乏自主创新。

四、下一步工作打算

（一）省级层面

今年，山东省委、省政府将现代轻工纺织产业列入新旧动能转换"十强"产业，出台多项行动计划，加大政策保障供给，充分体现了省委、省政府进一步培优培强现代轻工纺织产业的坚强决心。同时，省工信厅制定出台了《现代轻工纺织产业 2022 年行动计划》，提出了多项任务措施和发展路径。山东省纺织服装行业协会迅速做出反应，抢抓落实，先后安排了这几个方面的工作。

1. 绘制山东省纺织服装行业产业链图谱 基于国内外发展趋势，在对全省纺织服装行业发展现状全面分析基础上，联合中国纺织建设规划院等有关专家，制定了《山东纺织服装产业链优化提升方案》，力争以一图完整展现全省纺织服装行业全貌，全面弄清山东省纺织服装行业具体产能、市场占有率、存在的短板与不足等，有针对性地进行强链补链，从整体上完善和强固纺织服装产业链。该方案系统谋划了棉纺织等 8 条纺织服装传统优势产业链，细化完善了"1 张图谱+N 张清单"。

2. 推进山东省纺织服装行业工业互联网平台建设 该平台于 2020 年 12 月，由中国纺织工业联合会信息化部授权联合建设。2022 年将进一步加大建设力度，充分发挥各方资源优势，建立完善纺织服装行业基础数据库，逐步实现行业发展全产业链数据可视化，加强工业互联网、智能技术平台对我省纺织服装行业高质量发展的赋能作用，同时为制定行业发展政策、做好发展规划等提供可靠数据支持。

（二）地方层面

1. 继续推进智能化技术改造 海阳市、即墨区等集群地人民政府都先后出台补贴支持政策等，鼓励积极引进智能装备和先进生产模式，加快推进企业数字化转型步伐。

2. 鼓励自主品牌开发建设 各集群地人民政府都非常重视品牌建设工作，他们鼓励企业创立自主品牌，并形成合力打造形成地域品牌，持续提升集群竞争力和影响力。

3. 推动纺织行业科技创新 各地都出台相关鼓励激励政策，支持企业加大科研投入，提升自主创新能力，面向国内乃至国际市场找准定位，提出发展赶超和自主研发目标。

4. 加快培育高端人才队伍 各地把纺织行业人才培养培育作为重点工作，有步骤有计划地组织相关人才培育活动，加快培育引领纺织产业转型升级的领军人物，打造有开阔思路、有国际眼光、有责任担当的企业家队伍。

供稿单位：山东省纺织服装行业协会

河南省纺织服装行业及产业集群发展概况

"十三五"期间，面对错综复杂的国内外经济形势，河南省纺织全行业深入贯彻习近平总书记关于制造强国的重要论述，坚持把制造业高质量发展作为主攻方向，深化制造业供给侧结构性改革，加快制造业"三个转变"，持续深入打好转型攻坚战，制造业高质量发展站在了历史的新起点。2020年以来，省纺织行业协会围绕省委省政府的工作安排，统筹国内国际两个市场、两种资源，引领河南省纺织行业打好基础，调整内容，行业发展不断迈向新阶段、新高度。

一、产业发展情况

据测算，2021年河南规模以上纺织企业主营业务收入约4000多亿元，约占全国纺织工业的9%，行业规模总量在全国名列前茅；主要产品纱、布、化纤、服装的产量在全国排名都较靠前。纯棉纱生产是河南纺织工业的一大优势，是全国重要的优质棉纱生产和供应基地。

2022年以来，河南省纺织工业落实省政府发展先进制造业集群的决策部署，培育纺织服装先进制造业集群，提升纺织服装产业链现代化水平，推动河南省纺织工业高质量发展。按照"锻长板与补短板相结合"的原则，河南省纺织行业正在全面落实河南省委、省政府实施的"六大行动"积极采取行动，提升重点集群、产业链核心竞争力。

（一）产业链不断创新融合发展

行业不断加强创新研发竞争力，培育纺织服装强势产业链。按照规模化、集约化、可持续发展要求，高水平、高标准引进印染、服装面料等项目，着力破解河南省纺织服装产业链中间环节制约。完善纺织服装交易平台。积极推动与棉花棉纱期货、郑棉e拍等密切关联的交易市场发展，拓展国内国际供销渠道，打造智慧高效的综合性行业采购平台，提高供应链快速反应能力。提升集群协同创新水平，优化集群创新布局，培育新型研发机构，组建企业创新联合体。培育国家级技术创新示范企业、纺织服装"独角兽"企业等。加强基础应用研究和前沿技术研究，发挥行业"国家棉花产业联盟""纺织服装河南省协同创新中心"等类似平台作用，强化联合攻关，着力解决一批"卡脖子"技术难题。鼓励集群企业加大研发投入，加快新品研发。配合相关部门发布集群创新产品目录，完善落实首台（套）、首批次、首版次奖励政策，强化新品推广应用。建设纺织服装集群公共技术服务平台，在行业推进"河南省纺织行业培训中心""河南省纺织服装学术交流基地""河南省纺织工业特色基地"等平台建设，推动技术创新成果转化。

（二）数字化推动产业高质量发展

发挥数字赋能作用，提升集群产业链融合发展水平。协会正在牵头建设"中国纺织服装大数据中心河南中心"，打造行业数字公共服务平台。提高纺织服装技术研发、质量检测、集中采购、市场营销、电子商务、金融服务、物流运输等数字技术配套服务水平。提升产业集群数字化公共服务能力，推进集群内企业资源共享，发挥规模优势，降低综合成本。加强纺织服装产业园区5G网络、人工智能、工业互联网、物联网等基础设施建设，鼓励纺织服装园区、集群整合各类资源，搭建线上线下一体的综合公共服务平台。

河南正加快纺织服装产业数字化，推动制造业与新一代信息技术深度融合，实施"5G+""人工智能+"计划，推进传统产业集群数字化、网络化、智能化，培育一批数字产业集群。加快"中国纺织服装大数据河南中心"、特色行业工业互联网建设，培育发展关联产业，推动行业企业上云，建设了裕丰纺织、龙山纺织科技、夏邑恒天等一批纺织服装智能工厂（车间）。行业正在加快先进制造业与现代服务业融合发展，大力发展服务型制造。积极创建国家级智能制造、服务型制造试点示范企业，和人工智能创新应用场景。

（三）特色纺织服装产业集群培育结硕果

围绕产业供给侧改革和"一带一路"建设，在纺织服装产业相对集中的地市，结合本地产业内容，行业引导各地市积极调整结构，突出本地特色，产业发展内容和质量不断提升。大力发展功能性纤维及高性能纺织纤维，培育河南省纺织产业发展的亮点和增长点。新乡、平顶山、商丘、鹤壁等市，正在大力发展高科技纤维及高性能氨纶、锦纶、粘胶纤维、碳纤维等不断推出新品种，质量不断提升，为河南省纺织产业转型升级、结构调整做好原料支撑；安阳市和商丘市正在实施印染产业规划，为行业向纵深发展打下良好基础。支持发展终端纺织产品。郑州市、信阳市、鹤壁市大力发展品牌服装中高档休闲、时尚、运动服装等，把非物质文化纺织品作为当地纺织产业发展新的增长极；南阳市、驻马店市等河南传统文化发达地区，传承发展老粗布、地毯及特色家用纺织品；郑州市、焦作市等大力发展土工布等建筑用纺织品，发展过滤与分离用材料，发展高端应用防护用品，交通工具用纺织品，安全防护用纺织品等产业用纺织品。夯实特色产业链。棉纺织、服装、印染、产业用、家纺等行业，一批高质量企业异军突起，成为行业发展的重要支撑，成为引领行业产业快速进步的主力军。在这些行业开展新技改提升行动，加快传统产业链转型升级，推动规模以上制造业企业智能化和绿色化改造全覆盖。大力发展绿色制造，培育了洛阳白马集团、平棉集团等一批绿色工厂。提高集群清洁生产水平，优化用能结构，按照碳达峰、碳中和时间节点，实施纺织服装制造业集群低碳减排工程。提升传统产业集群精深加工能力，推动产业链向终端、高端环节延伸，鼓励传统资源型集群加快向战略性新兴产业集群转型。提高产品技术附加值。加强对高技术、功能性、差别化纤维和纺纱先进技术，以及关键设备的研究。行业积极推广喷气纺纱和涡流纺纱，以及赛络纺、紧密纺、紧密赛络纺、嵌入式复合纺等具有特色的纱线品种，舞钢银龙集团等企业差异化纺纱取得了良好的效果，避免了同质化恶性竞争，提高产品附加值。

（四）纺织服装产业多元化发展见成效

实施纺织服装制造业头雁企业培育行动，配合省政府有关部门，打造了一批"链主"企业、制造业单项冠军企业、"专精特新"中小企业，鼓励支持大企业将省域内中小企业纳入供应链体系。安阳、商丘等地市针织服装产业链和供应链本地配套率继续提升。郑州、长垣、商丘等地医用防护纺织品产业链备份和灾害应急物资产业链供应链体系建设取得了快速发展。培育了一批集群综合性和专业性服务商，开展了纺织服装供应链创新与应用试点。做强了一批纺织服装集群发展载体，提升新型工业化产业示范基地建设水平，在行业倡导并鼓励发展了一批类似西平服装、汝州刺绣、光山羽绒服等纺织服装中小微企业园和专业园区。神马集团、新乡白鹭化纤和中纺绿纤等企业不断深化与国内重点区域、"一带一路"沿线国家与地区的产业链供应链合作，推动供应链多元化，更好融入新发展格局。培育了一批纺织服装品牌。郑州女裤企业大力发展自主品牌制造，涌现了一批如"娅丽达""逸阳"等行业龙头企业和知名品牌。郑州、新乡等地防护用纺织品企业，利用传统优势，多元化发展。在中小产业集群，行业企业注册和使用自主商标，研发生产品质好、附加值高、市场潜力大的新产品，加大品牌推广力度，提高品牌知名度和市场占有率。瞄准国内外知名品牌制造企业，行业广泛开展对接合作，大力实施精准招商，力争引进一批国内外知名品牌企业落户河南。积极认真开展品牌创建培训和诊断活动，指导重点企业实施品牌战略，推进品牌管理体系贯标。全省纺织服装企业积极创建名牌产品、优质产品、中国驰名商标，争创国家级工业品牌示范企业。

（五）产业集群承接延链补链内容不断丰富

行业强化集群产业链式招商，梳理集群和产业链短板弱项，加强与优势区域、优势企业交流合作，强化先进制造业、战略性新兴产业项目引进与落地。协助发布先进制造业集群招商引资指南，有序引导各地承接产业转移。在招商补链过程中，培育产业创新动

能。夯实棉纺基础，适度发展了印染，扶持化纤优势产业，壮大服装终端，拓展产业用纺织品，加强设备智能化改造，提高质量和效率，巩固河南纺织大省地位。针对产业链缺失的关键项目、技术、平台和人才，配合各地相关部门探索试行招商引资"揭榜挂帅"制度，对引进的重大补短板项目，按照"一事一议"方式给予重点支持。加快纺织服装企业的智能化、自动化改造，大幅提高生产效率，降低纺织服装成本。建设纺织服装智能车间、智能工厂，充分应用自动化、高速化、智能化生产设备再造生产工艺流程。以招商为抓手，推动传统纺织服装向先进制造、高端制造转型，提高生产效率。新乡市、周口市、信阳市、南阳市、商丘市等部分县区积极主动，纺织行业发展取得新成果。

（六）纺织服装产业生态初步建立

行业建立了以人才等要素为核心的纺织服装产业生态。根据企业、高校和科研院所的要求，相关部门配合建立了相应的人才引进政策，吸引并引进高层次纺织服装产业人才。依托中原工学院、河南工程学院等包含纺织服装类在内的高等学校，深化行业基础理论研究，构建了产学研交流平台。加强工程技术人员培训，依托行业培训班等多种渠道，提高专业技术人员职业素养和业务水平。正在引导建立纺织服装人才基金，弘扬"工匠精神"，营造创新氛围，支撑产业持续健康发展。配合相关部门围绕纺织服装产业链部署创新链、畅通供应链、保障要素链、完善制度链，构建集群产业链生态圈。制定了重点纺织服装产业链紧缺人才清单，强化国际一流科技领军人才和创新团队引进和培育。配合相关部门制定纺织服装产业链重点项目资金需求清单，鼓励银行对重点企业和重大项目实行主办银行制度和"白名单"制度。

在产业发展中强化纺织服装集群用地保障，配合相关部门提高土地节约集约利用水平和重大项目落地保障能力。实施环保差异化管控，确保产业链上下游企业协同生产经营。省政府有关部门以深化"放管服"改革和打造市场化法治化国际化营商环境，行业也在不断配合提高政府服务集群发展效能。围绕全要素生态，行业积极营造优异的营商环境，行业发展氛围浓厚。

二、产业集群发展及培育

根据河南省纺织服装产业发展现状，行业提出，产业发展更要关注发展方向、发展目标和发展路径，实现高质量发展。"十四五"以来，围绕产业供给侧改革和"一带一路"建设，行业不断提升，产业结构不断调整，高质量发展特征突出。

（一）积极调结构，突出区域产业特色

在纺织产业相对集中的地市，结合本地产业内容，地市积极调结构，突出本地特色，产业发展内容和质

量不断提升。

1. 特色纺织品发展增速加快 商丘市、鹤壁市、驻马店市、信阳市、南阳市等地市的纺织工业，以发展非棉天然纤维和差别化纤维等新型纤维为特色原料，以高品质纱线和织物为特色产品，进行开发和生产，取得了领域突破。行业将继续支持商丘市、驻马店市、平顶山市、焦作市、洛阳市、信阳市以及周口市发展高品质面料，为当地纺织产业转型升级提供产业结构调整支持。

2. 终端纺织产品发展有飞跃 郑州市、商丘市、信阳市、新乡市、鹤壁市和安阳市大力发展品牌服装中高档休闲、时尚、运动服装等；把非物质文化纺织品作为当地纺织产业发展新的增长极，规模和效益双丰收。商丘市、南阳市、鹤壁市、驻马店市、信阳市等河南传统文化发达地区，传承发展老粗布、地毯及特色家用纺织品，点亮行业增长。产业用纺织品在河南省发展潜力巨大，是产业发展结构调整的方向。郑州市、新乡市、焦作市、南阳市和平顶山市大力发展土工布等建筑用纺织品，发展过滤与分离用纺织品，发展高端应用防护用品，交通工具用纺织品、安全防护用纺织品等产业用纺织品，取得了显著成绩。

3. 高技术纤维产业快速发展 功能性纤维及高性能纺织纤维是河南省纺织产业发展的亮点，也是增长点。新乡市、平顶山市、鹤壁市以及商丘市，大力发展高科技纤维及其材料，高性能氨纶、锦纶、粘胶、碳纤维等不断推出新品种，质量不断提升，为河南省纺织产业升级结构调整做好原料支撑。

4. 行业结构调整有作为 行业根据全国区域工业发展导向以及中部地区工业发展方向，积极主动调整结构，有序承接产业转移，在部分地区有序退出相关产业。总体来看，新时代以来，行业以市场为导向，以科技为依托，产业高层次合作、淘汰落后、技术改造取得了阶段性成果，这也是河南省纺织工业高质量发展的需要。

行业高质量发展是各个子行业共同努力的硕果。棉纺织、服装、印染、产业用、家纺等行业，一批高质量企业异军突起，成为行业发展的重要支撑，成为引领行业产业快速进步的主力军。建设好行业发展的"四梁八柱"是行业发展的共同目标。

（二）发挥盟会长单位作用，锻造细分产业链集群

根据河南省政府《河南省先进制造业集群培育行动方案（2021—2025 年）》目标任务要求，落实省政府关于省级先进制造业集群重点产业链群链长制和盟会长制的工作要求，作为河南省纺织服装产业链的盟会长单位，按照行业要有担当、协会要有作为的工作安排，省纺织行业协会从以下方面开展了工作。

1. 子行业产业链发展有规划 河南省纺织服装产业链相对完整，包含了纺（棉纺织、毛纺、麻纺、丝）、织造、针织复制、化纤、印染、服装、服饰、家用纺织品、产业用纺织品、纺机、纺器等 11 个子行业。在纺织服装相关子行业组建重点产业链联盟，协助群链长、群链长责任单位开展工作。鼓励行业设立盟会长单位活动经费专项，根据各个子产业的发展进程，鼓励各个子产业联盟，参与先进制造业集群规划、产业政策、工作方案等拟订工作。

2. 产业链协同发展有平台 建立联盟并发挥联盟影响力、带动力，搭建上下游企业供需对接平台，发挥现有"国家棉花产业联盟""纺织服装河南协同创新中心"等平台作用，建好"河南省纺织行业培训中心""河南省纺织工程学术交流基地""河南省纺织工业特色基地"，协同破解科技创新、投资融资、绿色发展、转型升级等瓶颈制约与共性难题，打造一批"链主"企业、制造业单项冠军企业、"专精特新"中小企业，建设有竞争力的供应链体系，提高产业链和供应链本地配套率。推动产业链现代化水平提升，带动企业共赢发展。

3. 产业链企业发展有自律 纺织服装是充分竞争行业，保持产业发展良好秩序，维护产业链上下游企业合法权益，依法合规护链稳链，提高产业链、供应链稳定性，是盟会长单位的职责。省纺织行业协会牵头，并鼓励纺织服装各个子行业的产业联盟，带头落实产业政策，主动承担社会责任，树立良好产业链联盟形象。

4. 重点产业链发展有路径目标 近来，协会作为盟会长单位，协助群链长责任单位编制集群重点产业链图谱，编制重点产业链招商、人才、技术、平台、企业、项目、园区、融资、用地、环保等方面清单。这是"双长制"工作的要求，也是行业发展找方向、理思路、抓重点的关键举措之一。

5. 县镇域纺织集群发展水平有提升 纺织工业发展的特征，吻合了现阶段区域经济增长的抓手特点，是县域经济发展的重要动力源。乡村振兴战略的主要内容就是城乡融合，就是产城融合，纺织工业是产城融合的重要支撑。

纺织服装产业是县域经济发展的重要内容。邓州市穰东镇、安阳县柏庄镇、辉县市吴村镇、延津县王楼乡、博爱县柏山镇等一大批城镇，纺织成为当地的主导产业，成为县域经济的支撑，是产业扶贫的代表。不仅实现了"一人就业，全家脱贫"的产业生态，而且还出现了一大批生机勃勃的乡镇企业。夏邑县、太康县、新野县、汝州市、光山县、淮滨县、辉县市等一大批县市，纺织产业快速发展，成为当地经济的支柱，在带动就业的同时，实现了县域经济的第一产业迭代，带动了第三产业的快速发展。

三、行业发展中存在的问题和机遇

河南省是纺织大省，正由纺织大省向纺织强省迈进。河南纺织工业在快速发展、向纺织强省迈进的过程中，也存在一些不容忽视的问题：缺乏专业市场，缺乏"独角兽"企业；产业集群集聚程度不高，公共服务平台建设滞后；产业链条发展不平衡问题突出；受地域、人才、技术、市场等因素影响，品牌建设和时尚创意设计能力不足，与产业配套的面料、辅料等产业配套体系发展滞后等。

但是，随着居民收入水平提高和消费结构升级，个性化、多样化消费渐成主流，大众对中高端消费品的需求快速增长，以消费升级带动产业升级步伐不断加快，产业转型、结构优化更加迫切和突出，为此，中高端纺织品工业面临新的挑战和发展机遇，消费新热点正在形成，发展空间巨大。

河南省纺织工业也面临着新的机遇，抓住发展的"牛鼻子"，河南将建成经济大省的纺织高地。

供稿单位：河南省纺织行业协会

河南省服装产业发展概况

一、河南服装行业发展现状

（一）整体情况

河南省从事服装生产、设计、贸易的公司、工厂、机构和商户约 167000 家，从业人员约 480 万，年产各类服装 35 亿件，年销售 3300 亿元，在全国占比超 7%，拥有"品牌服装""加工贸易""针织服装""织布、辅料""服装定制"等产业集群以及女裤、中老年女装基地、针织童装、针织内衣基地、羽绒服加工贸易基地、职业装制造基地、男女裤装加工基地、毛衫加工基地、外贸服装加工基地以及服装设计研发、人才培育机构、中原工学院、河南工程学院、郑州轻工业大学等较为完整的"研、产、学、用"产业链体系及校企合作的职业教育联盟。

（二）发展特点

1. 产业规模快速扩张 "十三五"期间，全省产业规模每年以 2 位数增长，高于全国平均水平。在全国市场的占比不断快速上升，总体约占 7%，特别是郑州女裤，产量占全国市场份额曾达 50%；郑州中老年女装企业产量占全国份额约 30%。河南服装总体已经进入了追赶全国先进的快车道。新冠肺炎疫情暴发的近两年来，增长速度明显减缓。

2. "巧媳妇工程"如火如荼 行业协会引导企业在县、镇建"中心工厂"，在乡村建"卫星工厂"。"巧媳妇工程"在全省 158 个县市区全面推进，建成"巧媳妇"卫星工厂 6800 多个，成功整合培训 70 万"三无"人群成为服装产业大军，带动近 20 万贫困家庭脱贫，新增优质产能 1500 亿元。

3. "安家工程"特色园区快建快成 从实施锦荣置业、荥阳服装产业园、郑州纺织产业园服装加工区等工程起步，引导生产型企业向劳动力来源地转移，商贸企业向交通便利、市场功能完善的周边地区发展。一大批企业从租厂房，再到入驻服装特色园区，建设拥有自有产权的生产基地，从几十亩到几百亩，厂房面积达数万平方米。

河南阿尔本制衣有限公司入驻商水等县，原计划建一个 300~500 人的工厂，目前已发展到 6000 多人，二期已投入使用，计划用工 10000 人。

西平嫘祖服装新城，已经引入阿尔本、中哲、领秀服饰、爱慕内衣、新思维服饰、歌锦服饰、华之诺服饰等 40 多家省内外知名服装企业入驻，产能规模达 30 多亿元。

"淮滨临港国际服装城"是河南省重点工程，河南省服装协会"十三五"至"十四五"期间行业 1 号工程，项目总投资 23 亿元，占地 490 余亩，规划建筑面积 34 万平方米，将转化 30000 名农村富余劳动力成为现代纺织服装产业职工，预期产业规模为年产值 100 亿元，年利税 20 亿元，保障 30000 个家庭持续巩固脱贫致富成果，带动 15 万人安居乐业。目前二期招商进展顺利。

4. 一批国家级纺织服装产业集群迅速发展壮大
目前被中国纺织工业联合会命名的就有：

中国新兴产业基地县： 商丘夏邑县、周口太康县、信阳淮滨县；

中国纺织产业特色名城： 安阳市——中国针织服装名城、新野县——中国棉纺织名城、商丘市睢阳区——中国针织服装名城、新密市——中国品牌服装制造名城、西平县——中国服装制造名城、光山县——中国羽绒服产业名城；

中国纺织产业特色名镇： 安阳市北关区柏庄镇——中国童装名镇、南阳邓州市穰东镇——中国裤业名镇。另外周口项城、商水等一批纺织服装产业为主导的县正在创建产业特色中不断壮大。

5. "市场拓展工程"成效显著，服装商场遍布城乡 大型服装市场全省约有 200 家，每个省辖市约有 3~5 家，每个县城至少有 1~2 家，服装店、服装街遍布市县镇大街小巷。像郑州的银基、锦荣、世贸、大观等举不胜举的服装特色商贸城支撑着全省城乡市场繁荣。

6. "新零售"异军突起 行业协会通过多种方式建立了网络直播等基地，如大观国贸——中国原创设计师直播基地，目前入驻了 200 多家直播品牌和机构。协会连续 3 年举办"626 中国服装直播日"活动，2020 年 626 总交易额约 3400 万元，媒体总曝光量在 1.2 亿次左右；2021 年 626，713 位品牌和达人主播参与抖音 626 直播日话题互动，话题曝光量达 2000 万次，累计获赞 500 万以上；2022 年，626 直播共有来自十多个省市的 200 多个品牌、1000 多位主播参与云上联动，抖音话题曝光总量超 4000 万次。郑州火车站商圈三天直播带货总量合计 3500 多万元，产业带直播销售累计 700 余万元，合计带货 4200 余万元。不断刷新服装直播销售记录，扩大河南品牌国内外影响力。数字经济、场景经济、平台经济、共享经济广泛渗透，行业新模式、新服务不断涌现。

（三）重点集群、企业空间分布

1. 服装生产企业及产业集群遍布全省 18 个省辖市
主要有：

（1）郑州市：服装生产企业约 3000 家，服装服饰批发零售商户 67000 户，年产值 2000 万元以上的企业不计其数但大多未按规上企业申报。郑州女裤、郑州女装和中老年女装年产量超 500 万件的企业 5 家，超 300 万件的 50 家，超 200 万件的 100 家以上，超 50 万件的 150 家以上，10 万件左右的不计其数。其中以"中国女裤看郑州"享誉国内的女裤产业集群为郑州服装行业中坚力量，20 多家企业荣获省著名商标称号、中国驰名商标。

（2）安阳市：拥有较大规模纺织服装加工园区 10 个，企业总数 4000 多家，知名品牌服装企业 300 余家，年产针织童装、针织内衣等针织服装 12 亿多件，针织内衣在国内集聚区市场占有率约 20%，纺纱产能 40 万锭，坯布 21 万吨，主营业务收入 250 亿元，从业人员 18 万，是从业人数最多的产业之一。是河南省服装产业起步较早，产业发展链条较为完整的地区。

（3）商丘市：纺织服装制鞋规上企业 294 家（其中服装企业 152 家），年产各类服装 8.5 亿件，绒布 3260 万米，高中档牛仔面料 1000 万米、纱布 500 万米。夏邑县拥有纺织服装龙头企业 40 余家，纺纱规模 270 万锭，坯布产能 16 万吨，服装加工能力 1.5 亿件；虞城县服装加工企业 80 余家，其中规上企业 36 家，从业人员 2 万多人，纺纱规模 160 万锭，年产服装 3500 万件套、毛毯 600 万件、鞋 500 万双、袜子 800 万双、年产值 140 亿元，利税 3.5 亿元；睢阳区针织服装及相关配套企业 632 家，现有纱锭 50 万锭，年产纱线 10 万吨、织布产能 10 万吨、服装加工能力 6 亿件，年主营业务收入 155 亿元，利润 15.8 亿元，是长江以北四大针织童装、针织内衣生产基地之一，睢阳区为中国针织服装名城。

（4）周口市：作为传统支柱产业，周口市纺织服装规上企业主要产品产量始终在全省位居前列，其中纱产量占全省的五分之一，位居全省第二位；布量占全省的近三分之一，位居全省第一位；服装产量占全省的超三分之一，位居全省第一位。周口纺织服装产业集群也被列入河南省重点建设的 22 个千亿级产业集群之一，呈现规模化、标准化、集群化发展的良好态势，初步形成了集研发、纺纱、织布、染整、面料、服装、销售（电商）于一体的全产业链。

日前，年产婴幼儿无醛服装 2600 万件套、中高端服装 3000 万件套的阿尔本婴幼儿服装项目主体工程已完工，该项目将成为全国首家"0 碳""双标"婴幼儿无醛服装工厂。

项城医护服标志服、商水 ODM 加工、太康的纺织产业集群、扶沟的印染产业园、鹿邑毛衫集群、郸城的贴牌服装加工，以及淮阳、永城的服装生产都具有一定的规模，形成一定的产业集群效应。

目前规上企业 211 家，小微企业 1309 家，坯布产能 2500 万米，年产服装 5. 亿件，面纱 53 万吨。扶沟县纺织服装规上企业 27 家，纺纱产能 80 万锭，服装产

能 1800 万套；太康县纺织服装集群入驻企业 67 家，投产及在建纺织规模 170 万锭，织机 8000 台，服装产能 5 亿件。年主营业务收入 149.4 亿元、利税 24 亿元；商水县纺织服装产业呈现规模化、标准化、集群化发展态势；项城市纺织服装规上企业 35 家、服装企业 300 家，纺纱规模 20 万锭，年产各类服装约 1 亿件套，包括西服、休闲服、羽绒服、标志服、医护服、劳保服装等 300 多个系列品种。

（5）信阳市：信阳市与河南省服装行业协会合作，借助行业优势，大力引进、培育纺织服装项目，打造千亿级纺织服装产业集群。全市规模以上纺织、服装、服饰企业 154 家，其中纺织业 67 家，纺织服装、服饰业 58 家。

羽绒产业历经 30 多年的自身发展和承接发达地区产业资源，初步形成原材料供应—绒毛加工—布料辅料经营—服装生产—线下线上销售等独具特色的"羽绒全产业链"，光山县现有绒毛加工、辅料及服装生产企业 216 家、羽绒材料市场经营户 485 家、羽绒电商网店 5120 家、在全国拥有 8000 家以上羽绒服装个性化订制门店，有 10 多万人从事羽绒制品的生产、加工、销售，年生产、销售羽绒服、棉服 4000 万件以上，年产值达 70 亿元，是全国著名的羽绒材料集散地、羽绒服装加工基地和羽绒制品销售中心，2019 年 12 月被中国纺织工业联合会和中国服装行业协会评为"中国羽绒服产业名城"。

从 20 世纪 80 年代麻纺、毛纺到如今的化纤纺织，淮滨县积极打造"六大园区"，目前拥有化纤纺织企业 95 家，投产和签约的喷水织机达 3 万台，年生产能力 16 亿米。淮滨县品牌服饰、商城县品牌女装正蓬勃发展，息县和固始县正在打造 ODM 服装基地，纺织服装产业覆盖"七县"，形成全市产业一盘棋发展格局。

（6）驻马店市、开封市：两市的外贸加工基地，拥有企业 600 家以上。

（7）濮阳市：濮阳的羽绒服、棉服基地集聚了近百家服装企业。

（8）南阳市：南阳的邓州仅男裤生产企业就有 300 多家。

全省服装生产规上企业数千家，但多数未进行实际申报。郑州、周口、信阳、商丘、安阳等省辖市纺织服装产业正快速迈向千亿级产业集群。

2. 标杆企业引领发展 经过持续发展，河南省服装产业从过去名不见经传，到涌现出了一批标杆式企业，示范作用显著。如郑州的逸阳服饰、娅丽达服饰、若宇服饰、渡森服饰、周口阿尔本制衣、驻马店泌阳县丰盈制衣、新蔡县三元制衣、西平县中哲集团、新思维服装、领秀服饰，信阳淮滨苏美达、鹤壁新亚制衣、封丘县洋荣服饰、滑县允硕、商丘市若男佳人、乔治白服饰、赛琦服饰、圣新源服饰、溢丰纺织、烟花烫、蜜主播服装电商等一批龙头企业快速壮大；逸

阳、娅丽达、歌锦、渡森、思慕缇、黛玛诗、浩洋百惠等一批消费者信得过的自主品牌知名度显著提升。

3. 承接转移如火如荼 波司登、诺蔓琦、中哲、阳光集团、海澜之家、森马服饰、新日美服饰、宇恒服饰、良友集团等一大批中国服装百强企业抢滩登陆河南；大朗毛衫、诸暨袜业、嘉兴纺织等沿海特色服装集群式向我省转移的步伐加快。

（四）技术装备

产业素质不断提升。智能制造已成发展主流；信息技术已渗透到河南服装设计、生产、营销等价值链的各环节；智能化、数字化技术在设计生产、物流仓储、经营管理、售后服务等关键环节实现深度应用。服装企业智能化升级体现在生产制造端的智能化水平提升和品牌零售端的智慧门店建设两个方面。

目前，在整个生产流程中，规上企业自动化设备的使用率已经达到60%，重点企业基本实现了服装全流程自动化制造，以"自动裁床+智能吊挂系统+自动缝制单元或自动模板缝制系统"为主的流程自动化制造模式大量采用；智能化现代工厂、柔性制造、三维人体测量、服装3D可视化及模拟技术精准性大幅提高，服装定制快速发展。

信息技术已渗透到河南服装设计、生产、营销等价值链的各环节。仅郑州市就拥有1家工信部两化融合管理体系评定认证企业，1家河南省服务型制造示范企业，10家建立了省级企业技术研发中心，13家市级企业技术研发中心。云顶服饰的酷云B2M女裤产业互联网平台，构建了女裤产业集云化、平台化、自组织化、虚拟化、服务化、智能智慧生产为一体的产业级互联网+服务平台。领秀服饰的柔性女裤生产线制造，采用批量生产和个性化订制相结合的方式，提高了生产效率和产品适应度。

周口阿尔本制衣的EMS+自动吊挂、ERP、RFID带式智能衣片输送技术、自动缝制单元、模板缝制、大数据采集分析实现了生产流程、产品与互联网终端设备衔接，实现了自动化、数字化智能化全生产过程管理与控制，是省级智能制造标杆企业。周口的盛泰、庄吉，商丘的乔治白，信阳宇恒制衣等一大批服装企业都达到了数字化、智能化及技术层面的先进水平。

二、行业发展环境与趋势分析

（一）沿海服装产业转移利好河南

（二）产业发展空间向好

（三）智能制造赋能产业升级

（四）内需市场持续向好

（五）新旧业态融合发展，移动社交成为新消费引擎

（六）消费群体年轻化、个性化愈加明显

（七）时尚变革加速行业细分

（八）文化创意赋予时尚新内涵

（九）国际贸易增速放缓

（十）企业综合成本居高不下

三、河南发展纺织服装产业的基本判断

河南是发展纺织服装产业优势突出，具有竞争力的地方。

（一）纺织服装的产业特点与河南现阶段发展特征高度契合

服装产业具备市场容量大、导入难度小、吸纳就业多、带动能力强的产业禀赋，高度契合我省户籍人口多、劳动力资源丰沛，工业经济发展不充分，生产要素具有较大比较优势的经济发展阶段性特点。

（1）服装产业是经久不衰的产业。河南省有逾1亿人口的消费市场，蕴藏着巨大的综合性需求。

（2）服装产业是我省传统优势产业，导入难度小。此外服装附加值较为依靠品牌溢价，借助一个有一定支撑能力的口碑品牌，较短时间周期内便可产生效益。

（3）服装产业吸纳就业多。

（4）服装产业的产业带动效应突出，贯通一二三产业，具有很强的就业带动效应和关联属性。

（5）服装产业是稳增长、保稳定、保民生、防风险的民生产业。纺织行业中中小微型企业占比达到99.8%，是稳就业促增长的重要领域，也是保市场主体的重要领域。

河南外流人口大，劳动力结构性矛盾突出，这是问题，同时也是河南承接产业转移、发展服装产业的潜力和空间。河南服装应正视与沿海发达地区的差距，河南省人民政府办公厅正式印发《河南省人民政府办公厅关于促进服装产业高质量发展的实施意见》，为今后一个时期河南服装行业的发展指明了方向，确立了目标，谋定了布局，提出了任务要求，制定了支持政策和推动举措，为正在崛起的河南服装行业插上了腾飞的翅膀，河南服装行业将迎来一次改革发展的重大历史机遇。

（二）基本判断

河南是发展纺织服装产业优势突出，具有竞争力的地方，河南纺织服装产业前景广阔，大有可为。

四、河南发展服装产业的定位和基本思路

"十四五"期间，河南服装产业将致力于：

构建发展新格局，加快构建现代产业体系，协同国内外市场发展，建设具有可持续发展特征的产业生态；

打造"两化"深入融合特征明显的先进服装制造业体系，优化行业科技创新体系，加强行业原始性创新，尤其是推进智能制造的步伐；

构建高质量的行业供应链，优化创意产业链，推动产业价值链迈上中高端，引领时尚文化新动向，提升时尚话语权；

构建中原时尚文化体系，推动时尚文化创造力转化，树立一批有一定时尚话语权的知名服装品牌和产业集群，建设中原文化时尚新高地；

推进可持续发展，加大绿色制造，构建低碳、绿色、循环经济体系，推进社会责任工作，建立负责任产业形象。

到"十四五"末，河南省服装产业不仅仅是"打造世界工厂、实现万亿产业"，实现服装制造强省这一体量和规模的目标，更重要的是河南省产业在数字技术应用、智能化发展、模式创新等也要走在了同行业的第一方阵，在设计创意、产品开发、管理创新、品牌建设等方面都得到长足的发展，产业将基于品质化、个性化、多元化和绿色化消费需求的迭代，顺应从外延扩张到内涵式发展的转型升级逻辑，以创意设计为核心、科技创新为支撑、优秀文化为引领、品牌建设为带动、可持续发展为导向，构建数字经济时代集成创新的生态体系，走上创意高密集、资源高融合、产品高附加值的高质量发展之路。

并协同终端品牌，打造数字化、柔性化供应链，构建高质量产业的产业配套体系和全新的产业生态，重新定义数字经济时代的高质量制造，推动制造品牌和区域品牌的协同发展，为产业的渠道创新和商业模式创新展现更多的可能与空间。

到 2032 年，河南服装行业要成为我国时尚科技的主要驱动者、时尚的重要引领者、可持续发展的有力推动者，也要成为对国内外时尚产业发展有推动、有创造、有贡献的时尚强省。

五、纺织服装行业发展方向、路径、任务

未来河南省服装行业发展要坚持新发展理念，紧扣高质量发展，以"三品"战略和资源整合为重点，推动产业科技创新，转型升级；以劳动力素质提升为根本，加强专业人才培养和职业教育，营造弘扬企业家精神和工匠精神的长效机制和政策环境；坚持"产能为王"观念，坚持"完善产业链条"主线，努力开创产业、就业和经济社会发展的多赢局面。

（一）加快推进"巧媳妇工程"建设

（二）努力构建外贸体系

（三）集中打造产业集群

重点培育"五类产业集群"：

一是选择重点市县区高起点、高质量、高水平打造"面料集群"，通过选择性招商引资，补长短板，补上缺环，带动运输、包装、服务业发展，为县区导入百亿规模主导产业。

二是打造"品牌服装加工贸易集群"。

三是打造"服装定制产业集群"。

四是以西平嫘祖服装新城、安阳柏庄镇、商丘梁园区为基础，打造"针织服装产业集群"。

五是大力度培育毛衫技师，打造国内极具影响力和规模的毛衫加工集群。

（四）培育壮大骨干企业

支持以河南阿尔本服饰等企业占领更大市场，向百亿级规模冲刺；支持歌锦等品牌时尚女装、渡森等品牌男装全品类、利来针织等毛衫企业、宇恒服饰等羽绒制品企业为龙头，带动发展一批 10 亿级规模冲刺。

支持安阳市、商丘市针织童装企业的 100 家自主品牌优秀童装企业向亿元产值规模迈进。

支持烟花烫、蜜主播、海洋服饰等新电商企业发展壮大，支持大观国贸、银基等市场发展电商直播基地，发挥龙头示范作用。

（五）创新举办行业宣传推介活动

（六）大举开展行业服务

（七）政策引导行业转型升级

1. 以科技为支撑、绿色为导向，提升产出与供给质量 一是持续提升先进制造水平，二是提升纺织服装产品开发能力。

2. 文化引领，打造著名品牌 推动自主品牌建设，提升品牌价值和效应。引导企业增强以质量和信誉为核心的品牌意识，发展一批拥有国际知名度和国际竞争力的大型服装企业。将中原传统文化融入产品设计，融合传统文化，塑造区域品牌。

（八）关注市场发展，引领渠道变革

供稿单位：河南省服装行业协会

广东省纺织服装行业及产业集群发展概况

一、广东省纺织服装产业集群概况

截至 2021 年 12 月，广东省与中国纺织工业联合会建立纺织服装产业集群试点关系的地区共计 28 个，2021 年广州市海珠区被中国纺织工业联合会授予"中国纺织时尚名城"。结合各个产业集群的优势和特色，广东省纺织服装产业集群可分为以下六大类。

（一）出口贸易聚集，外贸发展强劲的产业集群

目前，广东有七个纺织服装产业集群试点地区被认定为外贸转型升级基地，分别是广州市增城区新塘国家外贸转型升级基地（纺织服装）、东莞市大朗国家外贸转型升级基地（服装）、广东省普宁市国家外贸转型升级基地（内衣）、深圳市龙华区大浪国家外贸转型升级基地（服装）、佛山市南海西樵纺织基地、中山市沙溪镇休闲服装基地、潮州市婚纱晚礼服基地。

依托雄厚的产业基础和出口贸易聚集的优势，在外贸转型升级基地的利好政策下，这七个纺织服装产业集群试点地区不仅在全国纺织工业和广东纺织服装产业居于突出地方，而且在全球市场具有重要影响力，是全球性的纺织服装产品生产基地，具备建设世界级产业集群的条件。如广州增城区新塘基地是全国最大的牛仔纺织服装生产和出口基地之一；年产 8 亿件毛衣畅销海内外，全球每六件毛衣就有一件产自大朗；潮州是世界婚纱礼服最大的生产出口基地之一，产品 90% 以上出口，主要销往欧美等二十多个国家和地区。

（二）以生产制造为主，产业链完整的产业集群

广东这类纺织服装产业集群以中小企业为主，具有规模大、配套齐、分工明确的核心竞争力，在生产制造和服装加工方面拥有突出优势，是全国纺织服装的生产基地。如"中国内衣名镇"广东省中山市小榄镇为全国男士内裤提供了 60% 的产能；"中国面料名镇"广东省佛山市南海区西樵镇年产各类纺织面料 40 亿米。

（三）商贸属性突显，流通能力强的产业集群

依托千年商都的天然优势，广州市越秀区形成了以白马服装市场、红棉国际时装城为首的流花商圈，海珠区形成了以广州国际轻纺城、广州红棉中大门为首的中大纺织商圈，经过多年的发展，越秀区、海珠区成长为以专业市场为主、商贸属性突显、流通能力极强的产业集群，承担着纺织服装交易市场的重要功能。

（四）商贸与制造规模相当，业态完整的产业集群

得益于多年的发展积淀，这类产业集群业态完整，不仅拥有规模庞大的制造企业、配套完善的产业链条，亦拥有成熟发达的市场体系，是广东纺织服装产业的中坚力量。如东莞市虎门镇形成了集研发、设计、生产、销售、服务于一体的完整产业链，除 3100 多家生产企业外，另有面辅料企业，物流、绣花、印染、洗水等配套企业，以及咨询、培训、设计、策划等配套服务机构共 1000 余家，实现全环节生产销售及配套。

（五）作为中国纺织产业基地市的产业集群

广东省汕头市、广东省普宁市、广东省开平市是广东仅有的三个中国纺织产业基地市。三个基地市均以纺织服装作为最大的支柱产业，政府高度重视产业发展，辖区内拥有一个或者多个特色产业集群，工业产值在全市经济占据较高的比例，在全省纺织服装产业具有重要影响力。如普宁市 2021 年全市纺织服装产业总产值达 1200 多亿元，拥有纺织印染服装企业 4000 多家、超过 30 万从业人员，是广东省纺织服装产业集群中总产值最大的县级市。

（六）没有被命名为名城名镇，但发展潜力不容忽视的产业集群

区别于以单一品类取胜的产业集群，这类产业集群无论生产制造还是商贸流通均无突出优势，但产业规模已远超其他产业集群，发展潜力不容忽视。如2021 年底白云区涉及纺织服装产业市场主体登记数 74586 户，占全区市场主体近 15%；番禺区目前有超 3.4 万家服装企业，涌现出比音勒芬、SHEIN 等一批聚焦快时尚服装产业的新兴龙头企业和知名品牌。

二、广东省纺织服装产业集群发展特点

新冠肺炎疫情、国内产能增加空间有限、成本上涨、劳动力短缺、能源供应、内需增长等因素对广东省纺织服装产业发展产生交叉影响。随着国家经济方向调整，各地政府的扶持、管理力度的不同，全省各地产业集群呈现出不同的发展特点。

（一）地方政府发力，产业发展逆势而上

针对广东省纺织服装产业集群的发展，省政府编制了相关的产业规划。2020 年 10 月，广东省工业和信息化厅、广东省发展和改革委员会、广东省科学技术厅、广东省商务厅、广东省市场监督管理局联合印发《广东省发展现代轻工纺织战略性支柱产业集群行动计划（2021—2025 年）》（粤工信消费〔2020〕119 号），指出广东省轻工纺织产业基础较好，是全球主要的轻工纺织生产基地之一。到 2025 年，形成产业特色鲜明、创新要素集聚、网络化协作紧密、生态体系完整、区域根植性强、开放包容，具有全球影响力和竞争力

的现代轻工纺织产业集群。2021 年 7 月，广东省人民政府印发《广东省制造业高质量发展"十四五"规划》（粤府〔2021〕53 号），规划现代轻工纺织产业细分领域纺织服装发展空间布局：优化广州、深圳时尚创意与品牌建设，增强品牌优势，提升纺织服装原材料产业物流与供应链的国际影响力。依托汕头、佛山、惠州、汕尾、东莞、中山、江门、湛江、阳江、潮州和揭阳等市纺织服装专业镇，强化纺织服装原材料及辅料、制品研制、设备制造等产业链优势环节，优化建设若干集研发、设计、生产等功能为一体的区域产业集群。

在规划的指引下，各地政府部门因地施政，出台了一系列相关政策。在当地政府的大力支持和利好政策的助力下，虎门镇、大朗镇、沙溪镇等产业集群逆势而上，克服疫情等困难因素，在稳定发展中实现逐步升级，向世界级产业集群迈进。虎门镇通过实施名师、名牌、名企、名园"四名工程"，拥有各类服装服饰注册品牌 50000 多个，形成了金字塔形的服装品牌架构，逐渐成为华南地区具有凝聚力和影响力的区域服装品牌中心；大朗镇委、镇政府高度重视毛织产业的发展，设立了大朗镇毛纺织行业管理委员会，构筑国内产业配套完善、综合实力强的毛织集聚区；沙溪镇政府积极探索抖音直播等新兴数字经济业态，主动谋划服装产业直播一条街，成功举办"抖音沙溪双十一嗨购节暨中山市第一届职业直播技能大赛"等活动，带动沙溪服装产业迈上销售新赛道。

（二）发力数字经济，推动产业集群走向智能化

在数字经济的背景下，广东省纺织服装产业集群已基本开启数字化转型的探索和实践，生产制造走向智能化，营销贸易走向电商化，产业上下游构建起具有系统效率的共生关系，企业的全链路数字化能力已然成为赢得当下和未来发展的核心动能。虎门镇积极与科研院所、研发机构合作，推动互联网、大数据、人工智能等信息网络技术与行业的深度融合，不少企业通过装备升级和技术创新，开发新型智能产品，涌现了一批科技创新成果：以纯集团个性定制服装商业生态平台，实现全过程数据化驱动和网络化运作；欧点、乾道、贝娜丝、奔踏、峻邦、老虎服饰等多家企业运用模板化生产、自动吊挂系统、自动裁床等设备，促进供应链的快速运转，加快推动虎门服装产业向技术高端化、创意多元化、产品时尚化、品牌国际化的时尚产业全面转型。沙溪镇正对 12 个村镇低效工业园进行改造升级，整备出土地资源，建设标准化厂房，让传统服装转型升级有了物理空间，扶持更多的服装企业完成智能化、数字化的变革，占地 7 万平方米的服盟国际科技园已基本建成，新落成的广东元一智造服饰科技有限公司车间引进了国际先进的针织 T 恤衫智能制造设备，改进了 T 恤衫的整体生产流程。

（三）产业转移加速，生产部分集中外迁

随着人力成本、土地成本的不断提升和生态环境、环保要求的不同，广东省产业集群中的生产部分正在向周边省份及东南亚地区转移，湖南、广西等地成为重要的转移承接地，纷纷出台利好政策吸引广东省纺织服装企业进行投资。

在东西部协作的背景下，粤桂纺织服装产业加强了合作，玉林成为广东牛仔产业集群的生产基地；东莞大朗 60 家毛织企业整体迁移纺织产业链，集中抱团进驻贵港；龙头企业泰森集团到岑溪投资兴建百亿级绿色生态内循环纺织产业聚集区。

（四）龙头效应明显，带动企业转型

广东省的纺织服装企业，注重技术改造、设备更新、产品研发，力图以创新驱动企业的自身发展。在各大产业集群中，龙头企业以国际性视野、前瞻性规划带动中小企业的转型发展，发挥龙头效应推动集群发展。以中山沙溪产业集群为例，霞湖世家仅用一年多的时间，实现抖音涨粉近 300 万人，直播单月销售额破千万元，半年商品交易总额达 1.54 亿元，带动了中山沙溪利用直播电商实现贸易高质发展；广东元一智造打造了首个智能车间，推动了更多服装企业开启智能化的转型。又如广州番禺产业集群，跨境电商希音（SHEIN）与 2000～3000 家中小厂商建立深度合作，在全球市场提供时尚、种类繁多且极具价格吸引力的服装产品，带动跨境电商在广东纺织服装产业高速发展。

（五）协会作用突显，公共服务逐步完善

广东省的各大产业集群，基本设立了协（商）会，服务于产业的发展，推动着产业的转型升级。各个协（商）会发挥着桥梁作用，协助政府部分贯彻落实政策，帮助企业和人才享用政策优势，争取政府扶持，同时积极为行业搭建不同的平台，建立起产业集群的公共服务体系，让集群的企业共享共赢，提供创新、展示、交流、推广等一系列服务。广东省服装服饰行业协会搭建了全省服装外贸转型升级服务平台，设立了广东服装外贸展示中心，推广产业集群区域品牌，帮助纺织服装产业集群和外贸企业转型升级。汕头市纺织服装产业协会着力建设全球纺织品采购中心、纺织工业园区、展会展览中心、纺织服装产业总部大厦"四大工程"，整合资源畅通产业循环。

（六）重视人才培育，大力弘扬劳模精神

在纺织强国目标基本达成的基础上，行业已经进入了高质量发展的新阶段。要攀登新的高度，需要以人为本，从人出发。当前，各地纺织服装产业集群高度关注人才培育，顺应新时期劳动者队伍结构性、趋势性变化。虎门发挥服装创意设计孵化器、万科创意时尚公社等平台作用，聚集了服装设计师约 2 万人，培植了数百名创业型设计师，包括中国十佳时装设计师、欧点创始人徐花，广东省十佳时装设计师、卡蔓创始人卡文等十余位省十佳时装设计师，纽方、意澳、艾加茜等知名品牌研发团队，及俪闻工作室等拥有300多人的设计团队；大朗建成了全省首个毛织人才驿站，为大专以上毛织人才提供7天免费住宿；和东莞职业技术学院共建大朗毛织产业学院，力争通过培育人才，将学生的作业变作品、作品变产品；成立新中欧设计研究院，下设毛织品牌专委会、毛织供应链专委会等8个专委会，为大朗毛织设计赋能。

不仅在培育人才方阵上发力，各地产业集群还积极推先进、树模范，大力弘扬劳模精神、劳动精神、工匠精神，发挥先进典型的带动和示范作用，推动了纺织工业先进生产力的巨大发展。2021年，《人力资源社会保障部 中国纺织工业联合会关于表彰全国纺织工业先进集体劳动模范和先进工作者的决定》（人社部发〔2021〕93号）的文件中，广东省服装服饰行业协会、广东省纺织品进出口股份有限公司、东莞市虎门服装服饰行业协会秘书处、比音勒芬服饰股份有限公司等11个单位荣获"全国纺织工业先进集体"称号，杨志雄、梁俊涛等32位荣获"全国纺织工业劳动模范"称号，曹宇昕、欧钜伦荣获"全国纺织工业先进工作者"称号，75%以上来自于纺织服装产业集群试点地区。

三、产业集群发展趋势

"十四五"时期，广东纺织服装产业面临新的发展形势：数字化转型已成为传统制造业升级的重要方向；传统的生产模式正向全球供应链协同模式转变；世界级纺织产业集群建设正在加快推进，服装产业载体呈现出功能相互融合的趋势；新业态新模式促使全渠道营销成为常态；文化自信与消费升级将推动时尚品牌不断创新发展。面临以上形势，广东纺织服装产业集群将在以下几大方面实现转型发展。

（一）蜕变为快时尚中心，布局全球时尚市场

为满足消费者日益增长的物质文化生活需求，同时顺应服装快时尚趋势，广东纺织服装产业集群将依托雄厚的产业基础和出口贸易聚集的优势，通过直播营销、跨境电商等新业态，布局全球时尚市场，在生产基地的功能上成长为全球快时尚中心。

同时，广东纺织服装产业集群将成为孕育中国"新一代时尚品牌"的重要平台，以新消费主力人群为目标，拓展聚焦细分市场，依托成熟的供应链体系，充分利用互联网时代下的全渠道、新模式进行营销，传递独特价值观和文化内涵，进一步影响全球的潮流趋势。

（二）打造"集中式管理，分散式生产"的新兴产业生态

在数字背景下，以"大、智、移、云"为代表的新一代信息技术与纺织服装产业深度融合，促进时尚产业设计过程、生产方式、商业运营、消费模式全面变革，为纺织服装产业注入强大新动能，加快现代时尚产业集群的培育发展。

广东纺织服装产业集群将构建线上线下相结合的大中小企业创新协同、产能共享、产业链供应链互通的新型产业生态，围绕产业发展需求，以科技为支撑，加快构建多层次的创新格局，突破传统服装产业发展的局限性，引领产业链各环节不断向高端提升，以"集中式管理，分散式生产"的模式成为全行业的产品创新、技术创新、模式创新示范中心。

（三）产业布局加速调整，促进区域协同发展

中国纺织工业联合会发布的《纺织行业"十四五"发展纲要》提出，按照"创新驱动的科技产业、文化引领的时尚产业、责任导向的绿色产业"发展方向，持续深化产业结构调整与转型升级，加大科技创新和人才培养力度，建成若干世界级先进纺织产业集群，形成一批知名跨国企业集团和有国际影响力的纺织服装品牌。"结构调整""科技创新""绿色发展"仍然是广东纺织服装产业的主旋律。

随着用工用地成本的持续上升和环保要求的不断提高，广东纺织服装产业集群将进一步加快生产部分的转移，保留并持续提高以数字为驱动的综合实力，与转移承接地形成良好互动、明确分工的关系，两地服装产业实现协同发展。在全面深化粤桂合作的背景下，两广纺织服装产业将进一步对接交流，在良性互动的基础上率先实现两地产业的协作发展。

（四）立足生产服务业，重塑产业新优势

未来，面向湾区、立足全国、服务全球，广东将以广州、深圳为核心引擎，以珠三角沿海经济带、各特色产业集聚地为重点，以先进制造、供应链服务、数字贸易、现代物流、品牌零售为着力点的先进制造基地网络。

广东纺织服装产业集群将通过全国乃至全球范围内的资源整合与优化配置，逐步形成布局优化、分工有序、紧密协作、优势互补的纺织服装产业竞争新格局，推动集群企业与信息服务、数字创意、智慧物流、现代供应链、会展经济等生产性服务业融合发展，成为全球纺织服装供应链协同的核心枢纽。

供稿单位：广东省服装服饰行业协会

广西壮族自治区纺织服装行业及产业集群发展概况

"十三五"以来，广西壮族自治区紧紧抓住建立中国—东盟自由贸易区及东部地区产业转移的历史机遇，以发展为根本，特色为中心，充分利用和发挥广西的优势，积极承接东部产业转移，大力发展纺织服装工业，集中力量发展精深加工产品和特色产品，促进产业链横向拓展和纵向延伸，形成了特色鲜明的纺织服装工业发展格局。

一、广西纺织服装和皮革工业集群概况

全自治区纺织服装与皮革工业拥有规模以上企业309 家，其中：棉纺织企业 22 家，丝绸企业 94 家，服装、服饰、制衣企业 91 家，洗毛、羽绒企业 49 家，无纺布企业 1 家，制革、制鞋、皮制品企业 23 家，剑麻制品企业 11 家，针织企业 3 家，印染、水洗企业 10 家，土工布等其他产业用纺织品企业 5 家；2021 年全行业实现工业总产值 243 亿元，完成工业投资 103 亿元。拥有广西纺织工业学校一所，在校学生 6000 名。

（一）重点产业集群情况

广西纺织服装和皮革工业主要由棉纺织业、茧丝绸业、服装业、羽绒业、制革业五大产业构成，拥有 5个国家级纺织服装产业基地：河池市宜州区、环江县（中国优质茧丝生产基地），玉林市福绵区（中国休闲服装名城），贵港市桂平市木乐镇（中国休闲运动服名镇），贵港市港南区（中国羽绒之乡）。

1. 棉纺织业 共有棉纺织企业 22 家，总规模约 80万锭，喷气、剑杆织布机 920 台，以生产纯棉和混纺纱、牛仔布为主，年产纱线 10 多万吨，牛仔布 9000 万米，工业总产值 35 亿元。近年来，广西棉纺织业将以提质增效为目标，重点发展特种、高档产品，积极发展适应市场需求的细特精梳无接头纱、紧密纺纱、新型竹节纱、色纺纱、新型纤维混纺纱等精特产品，转型升级应用紧密纺、喷气纺、高速气流纺以及喷气、剑杆织机等无棉卷、无接头纱、无梭布、精梳纱"三无一精"新型棉纺织技术，不断推动棉纺织产业结构调整和转型升级。

2. 茧丝绸业 广西纺织工业中茧丝绸业是最大板块，蚕茧和生丝产量分别占全国总量的 56.8% 和33.7%；目前，广西全区共有丝绸加工企业 94 家，其中缫丝企业 75 家、缫丝丝织企业 11 家、丝织企业 6家、家纺企业 2 家；全区缫丝生产规模 40 万绪，剑杆丝织机规模 664 台；2021 年实现生丝产量 1.45 万吨、坯绸产量 1867 万米，实现丝绸工业总产值近 90 亿元；缫丝工业整体技术水平和自动化程度明显提高，自动缫丝机普及率达 100%，生丝质量普遍达到 4A 级，部

分达到 5A、6A 级；丝绸工业除蚕丝加工外，不少企业已逐步向蚕丝被、捻线、绢纺、织绸、家纺等深加工和综合利用方向拓展，成为承接东部产业转移最成功的产业之一。广西已经成为我国乃至世界重要的桑蚕茧、丝生产基地。国家实施"东桑西移"工程，促进了"东丝西移""东绸西移"，广西茧丝绸业从茧丝原料大省逐步向加工制造大省转型升级。

3. 服装业 全自治区共有服装、服饰、制衣规模以上企业 91 家，广西的服装加工业主要集中在玉林市福绵区和贵港市桂平市木乐镇两大集群，早期以民营作坊和中小企业引领自主无序发展，自发形成产业聚集区。

玉林市福绵区是广西乃至西南较大的休闲服装生产基地，全区近 20 万人从事服装生产加工以及相关的产业，聚集了制衣、浆染、水洗企业 200 多家，形成了一条涵盖制衣、浆染、水洗、物流等相关产业配套发展的服装产业链，拥有各类水洗加工设备近万台套，联合浆染生产线 150 条，具备年浆染经轴棉纱 20 万吨，加工水洗服装 15 亿件（套）以上的生产能力，是玉林市五大产业集群之一。

贵港市桂平市木乐镇（含平南）服装年产量达 3亿件，其中，贵港的服装绝大部分来自桂平市木乐镇的休闲运动服，木乐镇（含相邻的平南县）共有针织面料织造厂 100 多家，面料销售商铺 100 多家，服装加工及配套辅料企业 300 多家，全部为民营企业，已形成基本完整的针织、印染、服装、绣花等生产产业链及销售渠道，形成了产、供、销和自主研发一体化的产业格局，成为广西最大的休闲运动服装生产基地。

4. 制革业 全自治区共有制革和皮革制品加工规模以上企业 23 家，年产轻革 2000 多万平方米，皮鞋2000 多万双；广西制革行业充分利用广西皮革加工的有利条件，通过提升装备水平，增强自主开发能力，降低污染物排放，发展环保节能的制革、皮鞋、箱包等皮革深加工项目，打造自主品牌，通过技术改造提升产品档次及附加值，促进产品的升级换代。

5. 羽绒业 羽绒业是贵港市港南区的传统特色优势产业，港南区发展羽绒产业集群具有资源优势、成本优势和区位优势，具有发展羽绒制品深加工业非常丰富的原料，羽绒业已经成为港南区的支柱产业，是全国四大羽绒加工基地之一，拥有羽绒加工规模以上企业 49 家，年原毛加工量约 15 万吨，年产羽毛片 9 万多吨，年产羽绒 2.25 万吨，占全国的 28%，占全世界的 22%，年产值近 60 亿元，从业人员近 3 万人，拥有800 多台分毛机，有 11 条水洗羽绒生产线。港南区

2007 年被中国轻工业联合会、中国羽绒工业协会评为"中国羽绒之乡"。

（二）纺织产品出口情况

根据南宁海关数据，2021 年，南宁海关纺织纱线、织物及其制品出口交货值 194.57 亿元人民币；服装、服饰及附件出口交货值 157.72 亿元人民币；皮革鞋靴、毛皮及其制品出口交货值 62.92 亿元人民币；南宁海关出口额多数为外省纺织产品过境出口，并非广西所生产，出口目的地为越南等东盟国家。

广西本地最大宗的出口纺织品为生丝，南宁海关检验检疫技术中心国家生丝及丝制品检测重点实验室，是全国检测业务量最大的生丝实验室之一，2015—2020 年，业务量连续 7 年位居全国全球同类实验室首位；正常年份每年检验出口生丝 5000～6000 个组批，折合 3000～3600 吨。

广西生丝以印度为主要市场，由于 2021 年 2 月 1 日，印度财政部宣布从中国进口的丝类产品，关税从 10%将提高到 15%，绸缎关税从 15%将提高到 20%，较大幅度增加了印度丝绸进口商的成本，2021 年由于疫情和出口印度加税的影响，广西生丝减产，生丝出口印度的数量大幅度下滑，2021 年，南宁海关检验生丝 1445 组批，折合 867 吨；南宁海关实际出口生丝 223.34 吨、双宫丝 6.24 吨，出口生丝＋双宫丝合计 229.58 吨，出口交货值 1.03 亿元人民币。

实际情况：正常年份，广西缫丝企业生产的生丝在江浙沪等其他省市检验或海关出口量每年不低于 6000 吨，目的地主要为印度、巴基斯坦、罗马尼亚和欧盟，出口额不低于 3 亿美元，生丝出口量占比不低于全国生丝总出口量的 50%，丝绸商品出口额占比不低于全国丝绸商品总出口额的 10%。

二、广西丝绸、纺织服装产业承接产业转移情况

近 20 年来，广西纺织服装工业发展以承接东部产业转移为主要特征，主要增量来自茧丝绸业和服装业。

（一）茧丝绸产业承接产业转移的主要成效

通过承接江、浙等省份茧丝绸产业转移，利用外来的资金、技术、人才、管理、品牌及市场销售网络，不断推进了"东丝西移""东绸西移"，使广西茧丝绸产业链逐步延伸，产业化水平进一步提升。江苏华佳投资集团有限公司、丝绸之路控股集团有限公司、江苏鑫缘茧丝绸集团股份有限公司、江苏恒源丝绸集团公司、浙江凯喜雅国际股份有限公司、山东淄博大染坊股份有限公司、浙江嘉欣丝绸股份有限公司、深圳同益新丝绸有限公司、杭州金富春丝绸有限公司等一大批经济实力、技术力量较强的东部企业纷纷进入广西投资办企业。到目前为止，广西丝绸行业中省外到广西各地投资、合作的丝绸加工企业共有 40 家，自动缫丝机产能合计 12 万绪，占广西自动缫丝机总规模 40 万绪的 30%；剑杆丝织机 444 台，占广西剑杆丝织机

总规模 664 台的 66.87%。壮大了广西丝绸工业，区内蚕茧自用比例由 2005 年的 35%上升到 2020 年的 90%以上；本地企业也在不断发展壮大，广西成为全国乃至全球缫丝业最集中的地方之一，广西缫丝业以生产规模著称，全球两家大缫丝企业集团：广西恒业丝绸集团、广西农投桂合丝绸集团是广西本地企业，自动缫丝机产能均超过 4 万绪，分别占广西总产能的 10%；全国乃至全球 1 万绪以上的 9 家大型缫丝厂全部在广西，小计 10 万绪，占广西缫丝产能的 25%；全国 8000 绪以上 1 万绪以下的 13 家大型缫丝厂有 10 家在广西；全区前 20 家缫丝厂小计 20 万绪，集中了广西总产能的 50%。

（二）服装水洗加工业承接产业转移的主要成效

玉林福绵区的服装产业是从模仿广东地区的企业开始的，凭借地域优势和相对低廉的劳动力成本吸引了广东、福建、浙江、江苏以及港澳台地区的服装加工产业向福绵区转移。2012 年 7 月，福绵管理区被中国纺织工业联合会、中国服装协会授予"中国休闲服装名城"称号，2018 年 11 月，被中国纺织工业联合会命名为全国纺织产业转移试点园区。

2016 年 9 月，玉林（福绵）节能环保产业园开工建设，至 2021 年 10 月，园区已建成运营面积 2814 亩，正在开发面积 686 亩；建成工业厂房建筑面积 98 万平方米；已投产热电联供 410 吨/小时，38 兆瓦背压式发电机组已经并网发电，工业废水处理厂日处理污水能力 20 万吨；已有签约入园企业 215 家，已竣工投产企业 128 家，试产企业 60 多家，在建企业 40 多家，其中已上规企业 39 家，2021 年，园区实现规上工业总产值 48 亿元；测算全年，玉林（福绵）节能环保产业园完成制衣 3 亿件，浆染棉纱 5 万吨，水洗加工 10 亿件，实现总产值超 100 亿元。

三、"十四五"期间承接纺织服装产业转移重点园区

2022 年，广西纺织服装与皮革工业将继续推进轻纺工业高质量发展，以"强龙头、补链条、聚集群"为指导思想，贯彻 2021 全自治区推进工业振兴大会精神，坚持强龙头、补链条、聚集群和强创新、育品牌、拓市场，顺应消费升级新需求，以推进企业项目投资来实现产业发展，进一步促进结构调整和优化升级。

"十四五"期间，全区除了已经投产运行的玉林福绵节能环保产业园、玉林福绵空港生态纺织服装产业园，还有贵港平南大湾区生态纺织服装产业园、梧州岑溪泰森新纺织产业园即将投产运行，玉林博白新生态纺织服装产业园、来宾三江口节能环保生态产业园在建基础设施建设也将加快。

全区纺织服装印染丝绸羽绒工业园区、相对集中区名单（含园中园）：

（1）玉林福绵节能环保产业园（已投产运行，全国纺织产业转移试点园区）。

（2）玉林福绵空港生态纺织服装产业园（在建，部分投产）。

（3）贵港平南大成工业园大湾区科技生态纺织服装产业园、莞南（毛织）产业园、中纺产业园（在建，部分投产，全国纺织产业转移试点园区）。

（4）梧州岑溪泰森新纺织产业园（在建，部分投产）。

（5）梧州市万秀区纺织品智造供应链环保产业园（在建）。

（6）梧州市蒙山县工业集中区丝绸工业园（部分投产运行）。

（7）来宾（象州石龙）三江口节能环保生态产业园（在建，正在规划和招商）。

（8）柳州柳北区白露工业园现代服装产业园（在建，部分投产，正在规划和招商）。

（9）玉林北流轻工产业园高端服装绿色制造基地（在建，部分投产，正在规划和招商）。

（10）广西博白城南工业集中区新生态纺织产业园（在建，正在规划和招商）。

（11）贵港市港南区桥圩镇中国羽绒谷产业园（在建，部分投产）。

（12）北海合浦铁山东港新兴纺织工业园（正在规划和招商）。

（13）防城港东兴跨境经济合作区纺织服装产业园（正在规划和招商）。

（14）恒逸、桐昆钦州高端绿色化工化纤一体化产业园（正在规划和招商）。

（15）三江口（忻城）茧丝绸产业园（在建，部分投产）。

（16）丝绸之路广西河池丝绸产业园（在建，正在规划和招商）。

四、广西纺织产业面临的问题和下一步发展思路

（一）广西纺织产业面临的问题

一是纺织工业在整个工业总量中所占比例偏小，产业结构不合理，2021 年，广西纺织工业产值 243 亿元，占广西全部工业总产值 22355 亿元的 1.09%；二是产业链不完整，产业发展不均衡，广西纺织工业产业链主要集中在生丝、坯绸、棉纱、羽绒、水洗牛仔裤、休闲运动服等中低端纺织加工业和低技术含量的产品方面，自主品牌服装、家纺等高附加值、高技术纺织工业很少；三是企业创新能力很弱，产品品种、

品质、品牌普遍处于国内平均水平以下，不能更好地满足消费水平升级需要，部分行业普遍企业规模小、实力薄、竞争力差，小散弱问题突出；四是茧丝绸业、服装业、羽绒业等传统优势产业低成本竞争的优势正在快速减弱，新的竞争优势还没有形成；五是原料资源优势没有变成产业优势，资源综合利用效率比较低，水洗、印染行业节能减排压力增大；因此，广西纺织工业调整产业结构，主动适应新常态，突破发展瓶颈，保持稳定增长，实施增品种、提品质、创品牌的"三品"战略，增强创新驱动发展动力，实现转型升级，将是"十四五"以及以后较长的时期的主要任务。

（二）下一步发展思路

为加快构建现代工业体系，推动工业高质量发展，自治区党委、政府决定从 2021 年起，组织实施工业振兴三年行动，出台了《关于推进工业振兴三年行动方案》和《关于推进工业振兴若干政策措施》，提出要坚持强龙头、补链条、聚集群和强创新、育品牌、拓市场，以推进企业项目投资来实现产业发展。提出要发展壮大特色轻工产业集群，构建优势明显、特色突出、质效优良的轻工产业集群，要全面对接粤港澳大湾区，积极承接产业转移，使广西成为纺织服装产业转移的重要目的地。

"十四五"期间，自治区工信厅出台了《广西轻工纺织产业集群发展"十四五"规划》和《广西纺织服装产业加快发展实施方案》，提出要重点打造玉林、贵港、来宾纺织服装产业基地和河池、梧州、百色茧丝绸生产基地，纺织服装产业按照坚持以纺织服装产业向千亿元产业发展为主线，以茧丝绸产业做强做大为突破，印染水洗产业全面提升为重点，做大存量、做优增量并举，创造条件发展服装和家纺深加工，以平台搭建、政策引导为手段，增强发展动力，推动广西纺织服装产业建链强链补链延链，振兴、推进广西纺织服装业高质量发展；以积极承接粤港澳大湾区产业转移，融入大湾区纺织服装产业链，与广东大湾区纺织服装印染产业构建互补型产业链的思路，加快纺织服装产业由初加工向产业链中高端发展。坚持工业精准招商，聚焦重大产业集群、关键产业链，加强重大补链项目谋划，开展好"行企助力转型升级"行动，促进广西纺织服装产业转型升级和加快发展。

供稿单位：广西壮族自治区工信厅纺织医药处

云南省纺织服装行业及产业集群发展概况

一、云南省纺织服装产业发展基本情况

2021年，全省规模以上纺织服装企业共59户，实现工业总产值64.6亿元，主营业务收入59.84亿元，利润总额4.96亿元，出口交货值0.69亿元。其中：纺织工业规模以上企业27户，实现产值28.3亿元；服装、服饰业规模以上企业20户，实现产值16.3亿元；制鞋业规模以上企业9户，实现产值4.5亿元；化学纤维制造业规模以上企业3户，实现产值15.5亿元。

2021年，全省规模以上纺织服装工业增加值同比下降28.4%；服装、服饰业工业增加值同比下降15.5%；制鞋业工业增加值同比增长42.9%；化学纤维制造业工业增加值同比增长1.6%。全年生产纱12681.98吨，同比增长2.7%；服装1266.53万件，同比增长2.4%；丝2790.7吨，同比下降6.7%；化学纤维42068吨，同比增长4.9%。

二、云南省纺织服装产业重点园区发展情况

云南省主要依托保山工贸园、开远市热电汽循环利用纺织产业园、陆良工业园、陇川工业园区、广南鞋服生产基地、镇康县边境特色工业园区承接东部纺织服装产业转移。云南省一批纺织鞋服专业园区正加快建设步伐，加快促进纺织产业聚集发展。这些专业园区正逐步成为云南省引进省内外重大战略合作伙伴，加快纺织服装产业，承接东部产业转移的重要基地和面向东南亚、南亚的重要的出口加工基地。下一步重点打造两个承接产业转移试点、示范园区，即：保山工贸园和开远市热电汽循环利用纺织产业园。

（一）保山工贸园

充分依托保山优势资源，按照"双城联动，产城融合、产业引领、错位发展、链接节点，融入生态"的发展理念，以承接东部产业转移为契机，重点发展化学纤维制造业、纺织业、纺织服装、鞋、帽、箱包制造业等产业及配套生产性服务业，着力将轻纺产业园打造成为云南省轻纺产业的龙头和核心集聚区、西部地区乃至全国重要的承接轻纺产业转移的示范基地。总规划面积1万亩，2017年被列为全国纺织产业转移示范园区，同时也列入了工信部、国家发改委等部门联发的《关于加强长江经济带工业绿色发展的指导意见》中的纺织服装产业优先承接导向园区。截至目前，园区轻纺产业园已累计建成标准厂房29万平方米，建成物流仓库18万平方米，5106套保障性住房建成入住，轻纺片区污水处理站已建成。已引进12户企业入驻，孚日集团保山梦圆家居有限公司项目、云南博翔科技弹性纤维生产项目、云南中柏韩美服装生产项目、保山恒丰纺纱项目、保山天纺纺纱项目、保山沃龙鞋业制鞋项目、云南格律丝新材料有限公司项目、云南丹迪新材料科技有限公司包覆纱生产项目、云南长坤新材料有限公司氨纶纱项目已投产。

（二）开远市热电汽循环利用纺织产业园

总规划面积4592亩，园区依托云南能投红河发电有限公司2台30万千瓦的火力发电机组统一供汽，激活传统的煤、电产业，推动热电汽联产一体化发展。主动承接东部产业转移，重点聚焦符合国家产业政策导向和以纺织为主导的产业项目。2019年被中国纺织工业联合会列为全国纺织产业转移试点园区。2020年，园区成功引入开远如佑纺织印染有限公司年产15万吨纺织服装全产业链项目，该项目总投资20亿元，用地528亩，新建厂房21万平方米，主要建设年产4.2万吨针织、7万吨梭织高档面料项目。项目一期工程占地400亩，2021年7月一期工程已竣工投产。已建成9条针织印染线，日产能70吨，2条机织高档家纺印染线，日产能12万米；喷气织机126台，日产能织布3万米；针织圆机50台，日产能12吨精品面料。

三、发展目标和重点

（一）发展目标

通过三年的产业推进，全力打造面向南亚、东南亚的特色鲜明、配套完善、带动力强的纺织服装出口加工基地。力争承接规模稳步扩大，增量带动效应更加凸显，承接项目质量持续提高，打造产业链竞争优势，建成1~2个全国承接产业转移试点及示范园区，示范作用明显增强。

2022年，纺织服装规上企业达65户，其中产值5亿~10亿元企业1~2户。实现产值70亿元以上。

2023年，纺织服装规上企业达75户，其中产值达5亿~10亿元企业3户以上。实现产值90亿元以上。

2024年，纺织服装规上企业达85户，其中产值5亿~10亿元以上企业达5户以上。实现产值达到110亿元以上。

（二）发展重点

茧丝绸加工业：重点发展生丝、丝绸服装服饰、丝巾、蚕丝被、蚕丝毯、蚕丝床上用品等精深加工产品。发展高端的叶绿素、蚕蛹油脂、蛋白及活性肽、蚕丝蛋白化妆品、蚕丝面膜等蚕桑资源多元综合利用产品。

纺纱织造业：重点发展混纺纱线、弹性纤维、坯布织造、织袜等产品。

服装加工业：重点发展西服、西裤、衬衫、茄克、时尚女装、女裙、休闲运动装、针织服装、职业装等产品。

鞋帽加工业：重点发展鞋材、休闲鞋、运动帽、登山鞋等产品。

四、主要工作措施

（一）加大招商引资力度，加快发展步伐

依托中国纺织工业联合会及东部省市专业行业协会或商会的平台优势，加大招商引资力度。建立与山东、福建、江苏、浙江、广东等产业转出地之间的紧密联系，瞄准国内纺织服装龙头企业、上市公司、重点出口加工企业，紧盯纺织服装产业关键配套企业，进行精准招商。约请有意向转移的企业赴滇进行调研考察活动。组织遴选云南省产业基础好、承接条件好、配套服务好、发展前景好的纺织产业特色园区赴省外开展招商推介，加大出口型企业的招商引资力度。加强承接产业转移的准入选择，注重链式承接，注重招商选资，促成一批符合产业导向的纺织服装产业合作项目签约、落地。

（二）强化项目服务，营造良好营商环境

加强跟踪服务，在企业入驻、技改创新、金融服务、公共平台等方面，给予落户企业全方位扶持，努力营造良好的营商环境。积极落实土地、厂房、资金、人才等要素保障，大力解决企业用工难、融资难等问题，千方百计为企业发展降成本、优环境。对新签约的大项目、行业龙头企业，实行一企一策，及时协调解决项目推进过程中遇到的问题。紧盯重大项目开工、续建、投产，全力推进纺织服装产业项目加快建设。

（三）优化产业布局，推进产业集聚发展

茧丝绸产业主要布局在保山、德宏、曲靖、大理等州市。以境内外优质蚕桑基地为主线，依托陆良产业园区、陇川工业园等园区布局发展。纺织服装加工主要布局在德宏、红河、保山、昭通等州市。重点依托云南芒市产业园区、瑞丽市进出口加工区、开远市热电气循环利用产业园、云南保山产业园区、中国（云南）自由贸易试验区红河片区等园区布局。鞋帽制造业主要布局在昭通、保山、文山、临沧等州市。依托云南保山产业园区、广南县滇南（国际）服装城、镇康县边境特色产业园等园区为承载主体，承接鞋帽产业转移，推进产业集聚发展。

（四）提升精深加工水平，提高市场占有率

大力发展茧丝精深加工，逐步完善茧丝绸产业链。鼓励采用清梳联合机、细纱机等先进适用装备，着力提升纺纱产品档次。加强产品形态、产品功能、生产流程及消费体验等各环节的创新，开发时尚化、个性化服装服饰产品。推进重点骨干企业加快高效智能装备的应用，力争实现智能化、数字化生产和管理，提升精深加工水平，培育名牌产品，提高市场占有率。

（五）推进境内境外联动发展，拓展国际市场

主动融入和服务"一带一路"建设，充分利用云南省与越南、缅甸等纺织新兴市场接壤的区位优势，支持沿边州市利用口岸优势，发展纺织服装加工、仓储物流及贸易等。鼓励国内外纺织服装企业通过云南"走出去，引进来"，加强跨国贸易和跨境原料、加工及产能合作。依托曼德勒缪达经济贸易合作区，加速推进我省轻纺产业向外扩张，以更加开放的视角，增进国际交流，夯实产业合作，拓展南亚东南亚市场。

（六）推进绿色发展，打造绿色制造体系

依据区域主体功能定位、资源环境承载能力、国土空间开发适宜性评价、绿色发展目标评价等要求，加强承接产业转移的准入选择、空间规划，确保转入项目符合国家产业政策和污染物排放标准、资源节约利用要求，杜绝产业转移中的资源浪费、污染扩散和低水平接盘。推进绿色材料、绿色生产技术的应用，实施绿色生产工艺，建设绿色工厂、绿色园区和绿色供应链企业，研发绿色纺织产品，打造纺织服装绿色制造体系。

（七）加强职业技能培训，提升工人技能水平

纺织服装属于劳动密集型产业，积极争取将纺织服装行业职业技能培训纳入全省职业技能培训目录，并获得培训补贴等政策支持，支持企业开展技能人才培养，提高职工整体素质，稳定用工队伍。支持引导企业完善激励机制，营造人尽其才、优秀人才脱颖而出的良好环境，改善纺织服装产业的就业环境，切实解决纺织服装产业招工难的问题。

（八）加大对外宣传，搭建产业交流平台

组织省内企业积极参加国内举办的面料辅料博览会、海峡两岸纺织企业家活动日、中国纺织投融资工作会、全国纺织服装产业园区发展论坛、纺织产业集群工作会议等大型会议，搭建产业交流平台，加强云南纺织服装产业的宣传。充分发挥主流媒体和重点新闻网站作用，大力宣传云南省重点园区承接纺织服装产业动态，为全面承接产业转移营造产业发展的良好氛围。

供稿单位：云南省工业和信息化厅

陕西省纺织服装行业及产业集群发展概况

纺织行业是陕西省重要的传统产业之一。近年来，陕西纺织国有体制改革实现了突破性发展，民营资本大幅提升，园区化、集群化承载作用进一步显现，经济运行效益明显提升，企业适应市场能力进一步增强。西安、咸阳老纺织企业通过退城入园、结构调整和技术创新，已焕发出新的生机；眉县常兴镇、乾县城关镇的一批民营企业，在当地政府的大力支持下，通过以装备换市场，也步入发展的快车道；榆林市多年来大力扶持羊毛防寒服产业发展，产量占全国的70%以上，榆林已成为国家羊毛防寒服名城。同时，以西安、咸阳、宝鸡为主的关中地区，也发展成为全国一个重要的职业装生产基地。

陕西省目前已形成以棉纺织为主体，包括服装、家纺、丝绸、印染、纺织机械器材、科研院校等全产业链的纺织工业体系。2021年，陕西省190家规上企业完成工业总产值405.81亿，增速同比增加12.7%，实现利润16.9亿元，同比下降32.9%。主要产品纱、布、服装、化学纤维分别达到36.42万吨、68172.7万米、8104.7万件和38325吨。

《陕西省"十四五"纺织行业发展规划》制定了"行业发展规模上台阶；产业结构更完善；产业集群发展显成效；科技创新能力上水平；时尚品牌建设有突破；绿色发展水平提高度；创新人才队伍强保障"七个发展目标。到2025年，全省规模以上纺织服装产业总产值确保完成800亿元，基本建成集新型纤维纱线、功能面料、智能装备、绿色印染、时尚家纺、品牌服装、产业用纺织品和渠道销售"八位一体"的现代纺织产业体系。

一、2022年陕西省纺织行业开展的主要工作

一是完善产业链条，加强园区建设。依托重大项目建设、新产业培育、重大科技成果转化和数字化"三品"工程等助力煤炭深加工、印染、棉花交易中心、蚕桑特色产业链条等产业链建设工作，继续深化传统产业结构调整和转型升级，形成优势互补、区域协同的产业布局，促进产业迈向中高端。明确省内园区发展定位，持续推动园区现有设备和工艺的技术改造和升级，不断提升产业集群的核心竞争力，推动园区上规模、提质量、增效益。

二是加强研发支持，引导成果转化。通过资金支持、科技项目引导和创新政策扶持等多种激励方式，一方面鼓励省内纺织服装龙头企业建立纺织技术研发部门，另一方面拓展企业与省内纺织服装高校的交流合作渠道，共同进行关键技术研发，提升产业自主创新能力，培育企业向"专精特新"发展。

三是搭建时尚平台，打造特色品牌。持续推进"丝路长安·中国国潮服装设计大赛"时尚平台搭建工作，利用好国家纺织服装创意设计试点示范园区—西咸纺织服装创新园的工作平台，逐步形成具备民族传承和陕西特色的设计产业，引领西部纺织服装产业走时尚发展之路。

四是推行清洁生产，倡导清洁能源。积极开展绿色材料、绿色工艺、绿色生产和循环发展的全产业链绿色制造体系建设，重点推进环保浆纱、生态印染、数码印花等行业关键技术的应用推广，不断降低高耗能生产加工环节的生产成本。

五是构建服务平台，推动重点工程建设。围绕科技创新、成果转化、产品检测和时尚发展打造一系列公共服务平台，为我省纺织服装产业发展提供硬件条件。联合政府、协会、高等院校和科研院所，共同打造"一平台三中心"的公共服务体系，努力推动产业要素整合、技术集成和融合发展。

六是加强人才培养，拓宽就业渠道。推进依托西安工程大学、西安美术学院、陕西服装工程学院等高等院校、高等职业院校与大型骨干企业进行战略合作，建立纺织服装人才培养培训示范基地，形成产学密切结合的技能人才培养模式，为人才流动、人才评价、能力提升等提供持续性和规范化的服务。

二、陕西纺织产业集群/产业园区概况

陕西省纺织服装产业集群通过结构调整和产业升级，已逐渐形成以西安、咸阳、常兴纺织工业园区为承载，以棉纺织、功能性服装为主导的产业格局；榆林羊毛防寒服产业通过大力推进园区建设，加快产品转型升级，加强区域品牌建设，榆林羊毛防寒服的品牌知名度不断提高；乾县城关镇棉纺织服装产业园区在政府的大力支持下也在悄然崛起；安康西北纺织服装集团按照"产业集聚、二三联动、以二帮三、产城互动"的总体思路和"上下游产业链完整，关联产业配套齐全"的产业布局，正在安康五里打造一个新型的纺织服装集聚区。国动西乡产业园项目投资总额约2.5亿元，建造12栋厂房，5个研发车间，2栋公寓及其他相关配套设施。园区以服装为主导产业，通过精准招商和专业化运营，将打造成陕西省一流的现代化产业园区。

（一）产业集群/产业园区主要发展特点

1. 持续优化产业布局 全省已拥有工信部"纺织服装创意设计示范园区"——西咸纺织服装创新园、

科技部"西纺文化众创空间"——西安工程大学时尚文化创意产业园、中国纺联"中国纺织产业基地市"——西安现代纺织产业园、中国纺联"全国纺织产业转移试点园区"——眉县常兴纺织工业园等17个建成及在建的纺织产业园区，西安、宝鸡、咸阳、榆林、安康和汉中等地市已经形成了以棉纱坯布、产业用纺织品、功能性职业装、羊毛防寒服和丝绸制品等为终端产品的相对集中、各具特色的纺织产业集群。

2. 注重产业转型升级，创新能力大幅提升 常兴纺织工业园实施了彩棉纺纱、喷气织机、印染技改、紧密纺等技术改造项目近20个，尤其是帛宇18万锭环锭纺纱生产线的建成，实现了常兴镇纺纱从15万锭到60万锭的突破。西安纺织工业园以军民融合为特色，以专精特新为方向，引导和鼓励现有纺织企业实施智能化制造，重点实施了多个产业用纺织品项目，不断做大做强了纺织服装主导产业。榆林纺织产业园依托高等院校技术支撑，加大新产品、新工艺的设计研发，每年推出主题鲜明、各具特色的新产品近千款，产品开发由中低端向中高端转变，由中老年向青少年和婴幼儿转变，由防寒保暖向冬季户外运动转变。

3. 构建服务平台，推动园区企业加快发展步伐 常兴纺织工业园2020年8月成立了西安工程大学眉县研究院、西安工程大学技术转移眉县分中心、西安工程大学知识产权眉县分中心，实现了科研与企业、社会资本的有效结合，为常兴纺织企业转型升级，打造品牌，平稳发展，提供了技术支撑和人才保证。西安市现代纺织产业园2021年5月牵头成立了由西安工程大学、陕西纺织科学研究院和西安纺织集团、陕西五环集团等13家企事业单位组成的新型纺织产业联盟。联盟遵循创新、协调、绿色、开放、共享的发展理念，旨在将纺织产业融入"双循环"发展格局，通过交流合作，资源共享，共同构建开放式、多层次、全链条的纺织产业互联互补生态体系。榆林充分发挥羊毛防寒服协会作用，当好政府部门的参谋和助手，努力加强党建和工会工作，积极开展宣传交流，组织业务培训和技能大赛，推动了纺织产业良好发展。

4. 一批新的纺织服装产业集群/产业园区正在涌现

（1）安康市西北纺织服装产业城，总规划占地3374.5亩，建设标准化厂房206栋，总投资153.66亿元，项目分四期建设。其中一期C区在建标准化厂房12幢，分别于9月底交付7~12号楼、10月底交付1~6号楼，西北集团按照"边建设边进驻"的发展思路，预计今年年底可以安排12家生产企业入驻新厂区投产。截至目前西北产业集团已促成招商意向签约产业链企业155家；签约资金124.66亿元，在汉滨区落地注册企业55家；已经暂用过渡性厂房投产的企业25家；同时带动9家社区工厂，投产的到位资金11.62亿元；出口创汇贸易额2520万元。

（2）西乡县国动产业园，为响应国家苏陕协作战略号召，国动集团在省市各级领导的关心和西乡县签订战略合作协议，五年内计划投资22亿元用于支持西乡脱贫攻坚工作。西乡县委县政府已将服装产业列为西乡县首位产业。为扶持服装产业在西乡的生根壮大，围绕产业发展初期的难点出台了涵盖用工奖励、培训补贴、设备补贴、房租减免、税收奖励、外贸奖励等一揽子的产业政策，努力打造政策高地。园区和西乡县政府共同投资建设了园区配套中心，水洗、印花、绣花、裁床、模板、充绒等设备企业共享使用，主要生产环节不出园区均可解决。

（3）中国西部·西安（温州）纺织服装产业园，由陕西创圆实业集团投资开发建设。产业园是西安市、临潼区重点建设项目。园区以完整的服装产业链为核心，以完善的服装产业配套为支撑，以完备的生活配套服务为保障，以市场化、标准化、精细化的现代服装园区运营管理，形成产业自聚集、自发展的新型产业发展模式。项目总体规划1000亩，首期已开发300亩，建筑面积43万平方米，投资10亿元。涵盖服装加工厂房32万平方米、交易平台6万平方米、生活配套3万平方米、布匹辅料市场2万平方米。截至目前入园企业已达200家，布匹辅料设备客户80家，园区年产总量1400万件，机械设备2500台，现有员工2000名。产业园将从产品设计开发、面料辅助采购、加工交易、仓储物流，打造立体式服务平台，引领西北中小服装企业产业聚集发展，完善服装产业链的整合。

（二）产业集群/产业园区发展存在问题

（1）陕西省各纺织工业园由于规划范围内已基本建设完成，目前普遍存在发展空间不足，不能满足建设用地需要，使许多招商引资项目落地受阻。

（2）由于政府领导对印染望而生畏，缺少印染企业目前已成为陕西纺织发展的瓶颈，全省除常兴纺织工业园建有一家印染企业外，西安、咸阳、乾县、榆林、汉中等多个纺织工业园都没有印染企业，导致省内纺织企业生产的坯布都要运到南方印染加工，不断加大了企业的生产成本，严重影响了纺织服装产业的发展。

（3）由于陕西省人口资源紧缺，且有许多青壮年原来都选择到南方打工，目前各园区普遍存在招工不足的问题，使许多想要落户的南方纺织服装企业纷纷离开。目前国动汉中市西乡服装产业园针对招工难、稳工难，成立了专业化的人力资源公司，从建立全国精准服装工人的大数据库到工人向园区的导流、从样板工厂蓄水外来员工到驻场服装企业协助管理员工，逐步探索出了一条保障服装用工的正确道路。

三、主导产业发展方向

（1）西安纺织产业园围绕纺织产业强链补链，全力推进五环水刺非织造生产线、元丰高新纤维材料生产线、际华三五一三搬迁改造、金翼智能制造创新示范企业等在建纺织产业项目建设，不断推动园区纺织产业聚集，延长了纺织产业链。

（2）榆林市编制《榆林市羊毛绒产业发展规划（2022—2030）》，将围绕毛纺产业建设恒力轻纺产业园、榆林轻纺产业园、榆林国际羊毛绒产品设计创新研发中心、羊毛绒产品质量检验检测中心、羊毛绒产品交易中心，推动榆林羊毛产业向低碳经济型、科技创新型、增长集约型可持续发展方式转变，将榆林打造成陕西省资源优势转化和一、二、三产业融合示范区，西部地区羊毛绒产业创新高地，中国功能性羊毛防寒服研发制造基地和中国优质生态羊绒及制品原产地。

（3）常兴纺织工业园发挥本地大型企业带动作用，以商招商、以企引企，尽快对接西北棉花交易中心+智能仓储+综合物流中心建设项目落地；尝试引进工装、家纺类末端服装制造企业，为下一步招引高端服装企业储备缝纫型技术工人；同时引进招引一批投资大、利税高的补链延链强链项目，真正实现纺纱、织布、印染、服装加工和纺织配套产业一体化全产业链，提升常兴纺织产业集聚度。争取在"十四五"末，将常兴纺织工业园建成西北地区最大的纺织企业集聚地之一，争取达到全国纺织产业集群标准，申报全国产业集群园区。

（4）西北纺织产业集团在安康着力打造集纺纱、面料生产、服装制造、毛绒玩具、雨伞、箱包、鞋帽制造；纺织服装交易市场、营销策划、研发人才培育、物流仓储、会展批发等关联产业融合发展的格局，通过努力将形成纺织服装全产业链聚集区。

四、持续培育产业集群，提升陕西纺织产业发展质量

（1）眉县常兴镇是陕西省纺织的后起之秀，协会领导多次到常兴镇调研纺织发展情况，为常兴纺织发展出谋划策。为促进常兴纺织快速发展，省纺织协会授予常兴镇"陕西纺织发展创新基地"称号，协会还和省纺织工程学会组织部分专家和常兴镇重点企业进行技术咨询与交流，并就"专家进企业"，帮助常兴民营纺织企业快速发展达成共识。2020年8月，经陕西纺织协会向中国纺织工业联合会推荐，眉县常兴镇纺织工业园被中国纺联授予"全国纺织产业转移试点园区"称号。

（2）2021年7月，陕西省纺织行业协会专程到汉中市西乡县国动服装产业园调研。通过听取汇报、参观园区、和当地政府及园区领导交流，认为西乡国动服装产业园良好的地理位置、极佳的服务设施，优惠的招商政策，已成为陕西省承接东部服装产业转移的一个示范园区，省纺织行业协会将把协助国动服装产业园做大做强，当作协会的一项重点工作来做，为陕西服装产业的发展做出新贡献。

（3）2021年11月，省纺织行业协会和省工信厅消费品处、西安工程大学纺织学院的领导和专家，走进安康西北纺织服装城项目进行深入的考察和调研，并就"十四五"期间安康地区丝绸业的发展和企业领导进行了详细的探讨和交流。预计该项目将引进纺织全产业链劳动密集型企业292家，创造60000个就业岗位、工业年产值超百亿元，国际出口、国内营销、电商等交易额超百亿，年创造税收超十亿元。

（4）2022年以来，协会主要领导陪同咸阳市工信局和西安工程大学的专家教授多次到乾县调研纺织服装产业发展情况，并力促陕西华润印染退城入园尽快落地。在县委、县政府按照"规划引领、项目带动、加强基础、完善功能、优化环境、提升品位"的工作思路指导下，乾县先后引进了投资5.3亿元的同润纺织、投资2.3亿元的中南越强纺织、投资1.6亿元的晨星纺织、投资1.8亿元的银华纺织、投资3.2亿元的雅尔艾服装生产企业等十多户纺织服装企业。乾县纺织工业园区已初步形成了纺纱、织布、服装加工及销售、批发一条龙生产。园区现有纺织服装从业人员2100人，拥有328台织机，年产布匹1400万米，其拥有纱锭325000锭，年生产各类防护服160万套。乾县纺织工业园目前已被列入省级重点工业园区，并入选国家发改委县级开发区名录库，并被评为陕西省劳动关系和谐工业园区县级单位。

五、协会组织建设及发挥作用

陕西省纺织行业协会是陕西省纺织行业的全产业链综合性协会，围绕做精做强陕西纺织服装行业，大力倡导"资源共享和优势互补"，不断延长陕西省的纺织服装产业链。协会下辖棉纺织、纺机器材、床上用品、学生装、服装家纺、纺织服装设计师、物产管理7个专业委员会，陕西丝绸行业协会也是纺织行业协会的副会长单位，协会的会员单位达到近140家。2019年以来协会做的主要工作如下：

一是积极对接中国纺织工业联合会和陕西省委，促成陕西纺织"十四五"规划的制定和落实。

二是积极对接重点产业资源和产业集群，并推动产业发展。

三是在中华人民共和国成立70周年之际，协会和中国纺织工业联合会的刊物《纺织服装周刊》联合开展了《科技三秦·文化陕西——中华人民共和国成立70周年，陕西纺织系列报道》。

中华人民共和国成立70年以来，陕西纺织服装行业取得的辉煌成绩，并涌现了赵梦桃、吴桂贤、姚穆、林秀英等一批享誉全国的先进模范和典型人物，始终是激励我们前行的榜样。

当前，陕西纺织服装行业中也有一批大企名企、专业院校、产业园区，产业具有了更坚实的发展基础。在科技创新、品牌建设、产品提升和产业发展上，陕

西也始终有一批先进企事业单位、有一批先进集体和个人、有一批志在西部经济发展的新兴投资者和开发者，在共同努力奋斗，快速地推进了陕西的纺织服装产业发展，提升了产业在全国的品牌知名度、形象和地位。

未来，我们还将继续共同携手，为振兴陕西纺织行业高质量发展做出贡献。

供稿单位：陕西省纺织行业协会

新疆维吾尔自治区纺织服装行业及产业集群发展概况

一、纺织产业发展概况

纺织服装产业作为新疆优势资源转换、吸纳就业潜力大的民生产业，在经济发展、支持农业、就业增收、改善民生、促进一二三产业融合发展、建立现代化工业体系等方面将发挥更加重要的作用。2014年以来，在国家及援疆省市大力支持下，新疆通过政策引领、机制创新、人才保障、服务优化等措施，进一步巩固国家优质棉基地地位，全面夯实产业发展基础，纺织服装产业已成为新疆工业经济"闪光点"，成为促进新疆国民经济和社会发展的支柱产业，关系民生与美化生活的基础产业，促进双向突破、合作交流与融合的优势产业，形成涵盖纤维制造、纺纱、织布、印染、服装、家纺、针织和产业用纺织品等领域较完整的产业链条，成为新疆工业经济高质量发展、增加就业岗位、改善人民生活以及巩固拓展脱贫攻坚成果与乡村振兴有效衔接的重要依托与坚实基础。

目前，新疆棉纺规模和技术水平居全国前列，织布、服装、家纺、针织等行业初具规模，产业集聚效应初显，整体实力和发展水平得到提升，就业规模显著扩大，已成为我国重要的优质棉纱生产基地，西部地区承接东中部地区纺织服装产业转移投资额最大、企业数量较多的地区之一。2021年，新疆纺织工业完成投资328.9亿元、比上年增长22.1%，规模以上纺织服装企业完成增加值94.83亿元、比上年同期增长16.4%，实现营业收入688.88亿元、比上年增长32.68%，由上年同期净亏损4.8亿元转为盈利20.14亿元。

（一）化学纤维制造产业

新疆现有化学纤维制造企业主要以生产棉浆粕和粘胶纤维为主。2021年，化学纤维产量77.5万吨、比2019年下降7.3%。其中：粘胶短纤70.2万吨，占全国粘胶短纤总量的19.3%。

（二）棉纺产业

到2021年末，新疆棉纺产能规模达到2146万锭，约占全国棉纺纱锭总数的18.5%。2021年，纱产量224.9万吨、比2019年增长22.6%。其中：纯棉纱176.8万吨、约占全国棉纱总产量的35%，化学纤维纱44.2万吨、占全国化学纤维纱总量的6.3%。2021年，新疆地产棉花就地转化率约为35%，约三分之二的新疆棉运往内地供纺纱企业加工使用，新疆作为中国优质棉基地的地位进一步得到巩固。

新疆棉纺企业广泛使用国内外先进的清梳联、细纱长车、自动络筒机等棉纺智能化设备及粗细联、细络联等自动化装置，紧密纺、赛络纺等新型纺纱技术也在生产中普遍使用。企业建成的集自动化、智能化、信息化于一体的棉纺智能化车间体现了国内棉纺行业发展的高水平，万锭用工仅15人。新疆棉纱已在国内外树立较高的品牌知名度，成为国内棉纺织行业不可或缺的中坚力量。

（三）织造产业

到2021年末，新疆拥有各类织机2.31万台。2021年，布产量7.02亿米、比2019年增长79.1%，占全国布产量的1.8%。

（四）印染产业

新疆在阿克苏纺织工业城、库尔勒经济技术开发区、阿拉尔经济技术开发区、石河子经济技术开发区布局发展印染产业，建设了印染废水集中处理的配套设施，具备日处理印染废水17万吨（阿克苏纺织工业城、库尔勒经开区、阿拉尔经开区各5万吨、石河子经开区2万吨）能力。共有8家纺织印染企业入驻上述园区，促进了产业链延伸发展。

（五）服装、家纺、产业用纺织品等终端产业

2021年底，自治区的服装、家纺、针织、产业用纺织品、织袜、手套、刺绣、地毯等各类终端产品生产企业数量占新疆纺织服装企业总数的80%以上。2021年，服装产量1.29亿件、比2019年增长61.3%，占全国服装总量的0.5%。

二、纺织产业集群发展特点

（一）形成产业集聚发展

形成以阿克苏纺织工业城、库尔勒经济技术开发区、阿拉尔经济技术开发区、石河子经济技术开发区四个综合性纺织服装产业基地为主导，喀什经济技术开发区、图木舒克—草湖工业园区、沙雅、呼图壁、奎屯、沙湾—乌苏、精河等重点纺织服装产业园区同步发展的产业格局。2021年新疆各地纺织服装营业收入超过10亿元的园区营收总和占新疆规模以上纺织服装企业营业收入的67%。

（二）固定资产投资呈现快速增长

2014—2021年，新疆纺织服装产业固定资产累计投资2582亿元，年均增长20.1%，成为自治区工业固定资产投资增长最快产业之一。其中：2019—2021年，新疆纺织服装固定资产累计投资846.7亿元，年均增

长 14.8%。

（三）有效承接产业转移

紧紧抓住国家支持新疆纺织服装产业发展促进就业有利契机、充分发挥土地、电力、劳动力成本低的优势，积极承接东中部地区纺织服装产业转移。2014—2021 年，吸引包括华孚、天虹、奥美、振德等纺织及医疗纺织品领域龙头企业在内的 1000 余家国内纺织服装企业来新疆投资设厂，极大提高了新疆纺织服装产业链供应链的韧性和竞争力。

（四）优化营商环境，营造良好氛围

印发了关于促进纺织服装产业发展的系列文件，形成了较为系统和完善的政策体系及相关配套措施。坚持兵地"一盘棋"，统筹纺织服装产业高质量发展，研究重大问题，部署重点工作，强化协同推进，狠抓推动落实。支持了工业园区基础设施、标准厂房和印染污水处理设施项目建设，提升了产业承载能力。强化了纺织服装职业技能培训，缩小了纺织服装产品运输成本与国内其他省市的差距，降低了纺织服装企业用电价格，增强了企业发展的信心和后劲。

（五）坚持走绿色发展之路

严格落实印染规划布局，按照集中、适度、节水、环保原则，坚持高水平、高标准、清洁化发展印染产业，规范建设项目环境管理，严守环保底线。引导新建印染企业和全产业链纺织服装企业印染生产环节向阿克苏、库尔勒、石河子和阿拉尔工业园区集聚，印发《印染废水排放标准（试行）》（DB65 4293-2020），在全国率先对废水含盐量进行限制。印发《关于加大支持纺织印染产业发展促进产业链延伸的通知》（新政办发〔2020〕32 号），支持印染企业建设印染废水回收及预处理设施，采用印染废水少排放、零排放技术及印染废水回用技术，坚决走绿色发展之路。

三、面临的挑战及下一步思路

（一）面临的挑战

外部环境存在的诸多不确定性，给新疆相关产品扩大出口带来外部风险。新疆纺织服装产业处于发展"爬坡过坎"关键阶段，产业链供应链缺乏弹性韧性，生产服务型产业基础薄弱，需要持续提高企业聚集和规模效应，不断提高产业本地化配套能力。

（二）下一步发展思路

总体思路：努力实现"三个转变"，一是从单一棉花原料路径发展向以棉花和化纤为代表的多元化原料路径发展转变；二是从以棉花种植、棉纱生产为主向科技、时尚、绿色为方向的棉纺织品、服装加工等全产业链转变，推动产业体系升级，形成完整产业链，增强产业链供应链弹性和韧性。三是引导产业逐步实现从"政策洼地"向市场化为主的"产业集聚高地"

转变。

增长目标："十四五"末，新疆规模以上纺织服装企业工业增加值年均增长超过 20%，产业发展水平位列西部省区前列。

重点任务：**一是着力建设国家优质棉基地和优质棉纱生产基地。**优化棉花良种选育，推动棉花规模化、标准化种植，推动实现优质优价，提高棉花质量，促进棉花产业链延伸，推进棉花产业和棉纺织产业高质量发展。**二是着力加强重点项目建设。**强化项目带动、投资拉动、融资联动，发挥对口援疆工作机制作用，推动莎车县睿灏纺织等一批重点项目建设，尽快建成达产、发挥效益。**三是着力提升产业链供应链现代化水平。**精准用活用好国家和自治区专项资金，加快培育壮大优势特色产业，支持引导产业优化升级和提质增效。充分发挥新疆石化资源优势，推进纺织化纤一体化发展，拓宽化学纤维在纺纱、织布、服装、家纺和产业用纺织品等领域应用。支持引导棉花和纺织服装全产业链发展，推动产业体系升级，推动延链补链强链。**四是着力推动产业集聚集群化发展。**集中打造一批开放平台、产业平台、科创平台等重点平台，提升工业园区等平台产业承载能力，支持培育一批重点示范产业集群，促进劳动密集型产业高效集约集聚发展。**五是着力推动技术创新和产品创新。**重点围绕差别化绿色粘胶纤维、生物质聚酰胺纤维、高品质棉纤维制品等产品和少水印染、低成本除盐等技术，支持企业与国内外知名高校、科研院所合作，建立技术创新联盟；积极推进更多企业建立国家级企业技术中心、国家认定企业工业设计中心、行业重点实验室等，促进产业科技成果转化应用。**六是着力强化品牌培育建设。**加快对有规模、有市场、有潜力的重点产业、企业和"拳头"产品进行品牌培育，培育一批科技创新能力强、消费引领能力强、竞争优势明显的优质品牌。**七是着力建设高素质产业工人队伍。**整合用好新疆职业教育培训资源和对口援疆省市教育资源，支持校企联合招生、联合培养，加强对企业员工国家通用语言、法律知识和技能素质等培训，打造稳定的高素质产业工人队伍，切实维护和保障企业员工合法权益。**八是着力推动节能低碳和清洁安全发展。**推进行业绿色低碳循环发展迈上新台阶，推进产业链高效、清洁、协同发展，为国内外消费市场提供更多优质绿色产品。**九是着力加强公共服务体系建设。**加快建设国家级棉花棉纱交易中心和乌鲁木齐国际纺织品服装商贸中心，鼓励国内行业机构、大企业等投资主体参与建设技术研发、检验检测、设计咨询、教育培训等公共服务机构和平台。

供稿单位：新疆维吾尔自治区工业和信息化厅

纺织产业集群行业分类报告

棉纺织行业

加快培育"新格局"下棉纺织产业集群竞争新优势

当前，产业集群已成为当代产业生存与发展最有效的组织形态，在汇聚生产要素、优化资源配置、营造产业生态等方面的影响将越发深刻。棉纺织产业集群在棉纺织行业发展中占据重要地位，正在成为我国棉纺织业发展的重要风向标之一，未来更将在生态发展等方面贡献重要的产业力量。

一、棉纺织产业集群的发展现状

本文涉及的"棉纺织产业集群"系由中国纺织工业联合会和中国棉纺织行业协会（以下简称中棉行协）命名的棉纺织产业集群试点地区（包括与化纤、印染、服装等行业协会共建集群），主要产品以各类棉型纱线、白坯布、色织布（含牛仔布）为代表。

（一）棉纺织产业集群的区域分布

截至 2021 年底，我国棉纺织产业集群数量 31 个，分布在 12 个省（自治区、直辖市），其中 68% 在东部地区，主要集中在江苏、山东、广东等省份；25% 在中部地区，主要集中在河南、湖北等省份；7% 在西部地区，分别在新疆维吾尔自治区和四川省。见图 1。

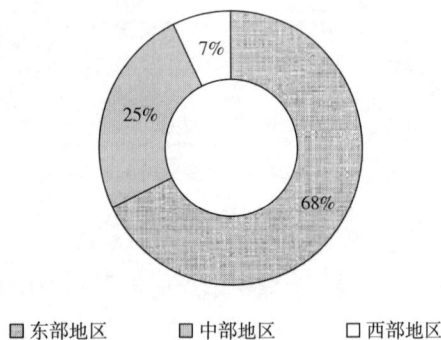

图 1　2021 年棉纺织产业集群的区域分布

从区域分布看，2021 年棉纺织产业集群中的中西部地区集群合计占比 32%，与 2018 年占比相比，增加了 6 个百分点。近年来，棉纺织产业区域转移进度加快，中西部地区随着承接产业转移逐步迈入"集群化"，对当地纺织产业发展做出了突出贡献。如新疆维吾尔自治区石河子市，凭借棉花原料、电价、税收优惠、运费补贴等资源和政策优势，承接了来自江苏等地区的转移投资；再如江西省奉新县，通过规划先行、强力招商来积极承接来自福建等地区的转移投资，经过多年的发展，由小到大，由弱到强，不断壮大，目

前已成为省内发展速度最快、产业链最长的纺织产业基地之一。棉纺织产业集群的布局更加合理，不仅增强了区域经济发展的平衡性与协调性，更将成为未来实现共同富裕的重要途径之一。

（二）棉纺织产业集群的重要贡献

棉纺织产业集群在棉纺织行业发展中的地位举足轻重，对当地经济和社会的发展做出了重要贡献。

1. 对棉纺织行业发展的贡献　2021 年棉纺织产业集群汇总数据显示，集群内企业数量约 2.4 万户，规模以下的企业占比 90% 左右，规模以上企业占比 10% 左右，企业结构与 2018 年相比基本稳定；工业总产值合计约 4000 亿元，与 2018 年基本持平；从业人员平均数 60 万人，占全行业的比重约 30%，占比与 2018 年基本持平；纱产量合计 530 万吨左右，占全行业的比重约 28%，占比较 2018 年提高 4 个百分点，布产量合计 106 亿米，占全行业的比重约 21%，占比较 2018 年提高 9 个百分点。见图 2。

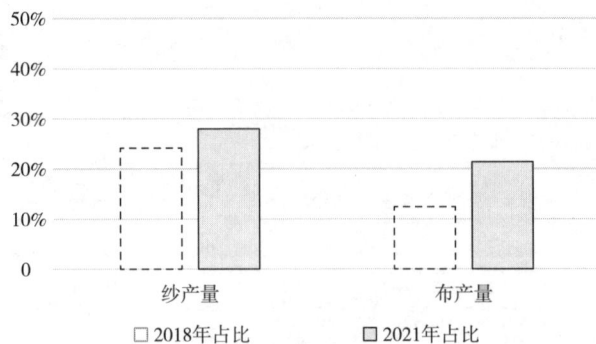

图 2　棉纺织产业集群产品产量占全行业的比重

近三年来，尽管全球经济受到中美贸易摩擦、新冠肺炎疫情、俄乌冲突等多重因素的持续影响，市场需求下滑，全行业下行压力不断加剧，面对纺织行业增速放缓、出口受阻等不利形势，棉纺织产业集群主动调整，工业总产值、从业人员数量保持基本稳定，产品产量占全行业的比重稳中有升，为棉纺织产业的平稳健康发展做出了重要贡献。

2. 对地方经济社会发展的贡献　棉纺织产业在经济、就业、纳税、稳定等方面对地方经济的社会贡献作用巨大。从 2021 年棉纺织产业集群的纺织工业总产值规模看，高于 100 亿的集群数量占比 50%，比 2018 年提高了 20 个百分点。据了解，棉纺织产业集群的纺

织工业产值在当地工业产值中的比重一般在 30%~40%，部分集群可达到 50%~60%。近三年，受到新冠肺炎疫情影响，集群中有条件的企业转产医用防护服、罩衣等防护物资，既稳定了疫情期间企业的生产经营，又为抗击疫情做出了积极的贡献。

棉纺织产业集群大多集中于县域和乡镇，当地棉纺织产业的发展在构建工农互促、协调发展的新型产业关系中具有特殊作用，与乡村振兴同频共振。在赛迪顾问公布的 2021 年全国百强县榜单中，位列前十名的百强县全部为纺织产业集群所在地，其中包括两个棉纺织产业集群所在地，分别为排名第一的昆山市和排名第三的张家港市。

（三）棉纺织产业集群的发展特点

在政府支持、协会引导、企业转型的共同努力下，集群企业通过积极主动的转型升级，总体实现了良好有序的发展，资源集聚效应明显、制造水平有效提升，在棉纺织产业竞争中的优势得到进一步夯实。

棉纺织产业集群的发展主要表现出以下特点：

一是大中小企业和谐共存，共同构建良好的产业生态。基于产业集群良好的产业基础和经营氛围，集群龙头企业的引领带动和中小企业的快速成长共同构建了良好的产业生态。一方面，规模以上企业在集群经济中起到了重要的稳定器作用。根据 2021 年棉纺织产业集群汇总数据，规模以上企业中 23% 的企业营业收入超过亿元；从业人员数量占比集群从业人员总数的 64%，完成了集群纺织工业总产值的 79%、出口交货值的 87%、利润总额的 82%；人均产值高于集群企业平均水平 20% 以上，人均利税高于集群企业平均水平 25% 左右。另一方面，规模以下企业不断发展壮大，创造出新的增长点，是集群经济不可或缺的重要组成部分。如山东省临清市，集群企业中 20% 的规模以上企业完成了 90% 的工业产值，保障了集群经济的平稳发展，同时该市下属的金郝庄镇，以中小企业为主力军，疫情期间在当地政府的鼓励和支持下，快速反应、灵活调整、互帮互助、逆势而上，近三年间规模以下企业数量占比提升 10 个百分点，超过了规模以上企业数量。

二是高度重视产业地位，不断完善产业链条。完整的产业链能够产生巨大的吸附效应，强链补链成为产业集群的必修课，多个省份的集群推行"链长制"。江西省由副省长亲自担任省纺织服装产业链长，组建纺织服装产业链创新联合体，通过引进重点项目、精准配套政策，以集群为载体，做大做强产业链条；河南省新野县，成立链长制专项工作机制，由县级干部牵头，绘制产业链图谱，按照"一个产业链、一套班子、一个方案、一抓到底"的原则，着力产业链下游的关键项目；山东省郓城县，始终把纺织产业作为"一把手工程"来抓，对每个重点项目、重点企业，都明确一名县级领导干部作为联络点，成立一个工作班

子，实行全托式服务，全力协调并解决项目建设和生产经营中存在的困难和问题。

三是践行绿色发展理念，聚焦绿色制造体系。在"双碳"背景下，建设基础设施、优化生态环境、规范运行管理、协调产业发展，积极推进绿色制造体系的建设，部分地区将碳排放强度指标纳入综合绩效考核各类评价中。湖北省汉川市马口镇、襄阳市樊城区等集群的龙头企业成功创建国家级绿色工厂，部分特色产品被认定为绿色设计产品；湖南省华容县，大力发展二次能源和水资源循环利用，实现污染防治从"末端治理"向"源头预防"转变，多家企业列入了省级清洁生产示范企业，成功创建了省级绿色工厂，由政府部门牵头积极推动创建"绿色纺织产业园区"。

四是注重提升经营质效，全面推进高质量发展。在保持规模和市场份额基本稳定的基础上，集群企业更加倾向于向深加工、高附加值转型。在政府与协会的引导和培育下，下游服装、家纺、针织领域中高端知名品牌商高要求、严验厂的共同作用下，集群企业高支纯棉精梳纱、再生环保色纺纱、差别化特种纱线、高档色织布面料、新工艺牛仔面料等特色产品的订单档次不断实现突破，在科技创新、研究开发、知识产权、智能制造等方面表现抢眼，获得了多项专利技术，国家级、省级、纺织行业"专精特新""隐形冠军""智能制造示范"等荣誉称号，国家和省市科技进步奖等，为提升集群整体竞争力做出了重要贡献。

五是积极扩大区域品牌影响力，为产品注入附加值。各产业集群地政府，集群地纺织协会、商会等牵头组织集群企业抱团参加国际纱线、面料展会，推广集群品牌形象。如江苏省湖塘镇、沛县，山东省临清市、夏津县等集群，政府配资补贴参加展会，企业开设直播通道，加大对区域品牌和集群形象的宣传报道力度和深度，逐步提升产品附加值和溢价能力。

六是加快传统产业转型升级，不断注入新的发展活力。为了推动棉纺织传统产业转型升级，集群地政府成立工作专班，建立常态化的挂钩联系制度；面对各类成本持续增长、产业向外转移、环保压力加大等发展瓶颈，大力发展总部经济型。如山东省临清市，定期研究产业规划实施中的问题，实行个性化培育，引导中小企业以经济适用为原则对技术装备进行改造升级。江苏省湖塘镇，从配套加工向自主开发转变，按照"高起点、高标准、创新型、生态型"原则，重点发展新材料、新技术、新工艺、新产品，强化产学研合作和标准建设。江苏省先锋街道在行政区划调整同期，重新规划产业的空间布局，优化产业结构，精准定位海外客户，着力于研发、设计、品牌、营销等环节。

二、棉纺织产业集群发展中存在的问题及对策

近年来，尽管棉纺织集群保持了较为平稳的发展，

中棉行协跟踪数据显示，集群企业经济效益指标总体表现仍不及全行业平均水平，集群中规模以下企业工业总产值、利润总额增速均低于规模以上企业增速。在市场竞争加剧的形势下，集群中小企业经营压力持续加大。总体看，集群在发展中存在如下一些共性问题。

（一）产业支持力度不够

部分产业集群大力发展高新技术产业、服务型产业等新兴产业的同时，对纺织产业的定位摇摆不定，支持力度不够。根据中棉行协对棉纺织产业集群调查（以下简称集群调查）的反馈情况看，被调查的集群中有半数左右的集群地尚未就纺织产业制定"十四五"发展规划或指导意见；据调研了解，较多集群对于中小企业的政策和资金支持力度不足且不够精准。

棉纺织产业集群的长期发展需要从政府层面进行顶层设计，解决经济外部性问题，如推出创新制度安排、提升公共服务水平、鼓励创新成果加快转化为现实生产力等。同时，加大对中小企业纾困解难的政策支持，并确保政策落实到位和有效帮扶。

（二）公共服务平台建设不足

我国纺织产业中90%以上为中小企业，棉纺织产业集群更是以中小企业为主，除了生产经营，大多数企业不具备足够的人力、物力、财力在信息网络、技术研发、质量检测、管理创新等方面开展相关活动。对此，公共服务平台建设的作用显得至关重要，是产业集群转型升级、提升整体竞争力的重要支撑。集群调查结果显示，被调查的集群中超过60%的集群尚未建立公共服务平台，相关服务更是滞后于产业发展的需要。

升级公共服务体系，是培育集群竞争新优势的有力保障。集群地方政府、管理结构、科研院所、重点企业、行业协会等各方应通力合作，优化各主体发展环境，创建公共服务平台，向集群企业提供高质量、精准化的公共服务，助力集群企业整体提升发展。

此外，集群企业可组织成立行业协会，抱团取暖、形成合力，积极发挥采购、协作、自律、维权等功能，共同营造公平竞争、有序发展的发展环境。

（三）用工紧缺、人才储备不足

近年来棉纺织工业智能化的加速推进，生产效率持续提升，用工水平不断下降，尽管如此，纺织工业仍属于劳动密集型工业，用工总规模依然较大。据调研了解，棉纺织产业集群企业一致反映用工紧缺的问题，一方面很多人才外流到大城市，留在县镇的年轻人不愿意从事纺织行业；另一方面随着时代发展，纺织行业对从业人员不断提出新要求，企业员工素质同样面临挑战。

各集群应根据自身产业特点，综合运用线上、线下多种培训方式，邀请研究机构、院校、企业等方面专家，为经营管理、技术研发、专业技能等不同层面的人才制定中长期培训计划。同时注重对二代或三代接班人的培养。

三、加快培育竞争新优势

"十四五"期间，我国对打造产业集群的重视程度提升到前所未有的新高度，对中小企业政策支持力度也不断加强。棉纺织产业集群迎来了新的发展机遇期，应立足产业链核心基础，发挥区域资源要素优势，塑造竞争新优势，向着现代化先进制造业产业集群加速前进。

（一）锁定行业发展方向

"十四五"期间，我国纺织行业定位于科技创新、品牌时尚、绿色发展，棉纺织产业集群的发展将以绿色化、数字化、智能化作为培育集群竞争新优势的落脚点。

一是加快构建绿色制造体系。当前正处于构建绿色制造体系的最佳机遇期和风口期，产业集群应把握时机，规划建设绿色园区，为区域经济发展创造更大的生态系统产值（GEP）；鼓励具备条件的企业创建绿色工厂，为获取资源、资本、市场、人才、政策等带来更多的空间。

二是深度融合数字与实体经济。与产业集群规模效应相同，"数字经济"同样符合规模报酬递增的规律，具有明显的网络效应。产业集群应利用先天的规模优势，统筹搭建数字化信息服务平台，融合信息和科技手段，承接电商下沉县域市场，提高集群中小企业的参与度，实现集群优势的持续积累和放量扩大，加快打造新经济增长极。

三是加快推进智能化建设。棉纺织产业集群内有条件的企业，应加快智能化改造，建设智能化车间、智能化工厂，优化生产流程，提高生产效率，并以此应对缺工问题。

（二）提升集群区域发展协调性

不同区域的棉纺织产业集群应分别落实产业发展重点，发挥各自优势，协调发展。通过推进产业链供应链上下游精准对接，形成跨区域联动发展效应，打造具有竞争力的产业链供应链生态体系。

东部地区的产业集群，应重点加强利用国际国内资源的能力，发展全球领先水平的研发、设计、品牌中心及棉纺织智能制造、高端制造示范基地，提升在全球价值链的分工定位；引导培育集群内龙头企业成为单项冠军、专精特新、小巨人等领先企业，带动实现大中小企业融通发展。

中西部地区的产业集群，以原料、土地、劳动力等资源条件为基础，充分发挥后发优势；依托龙头企业带动中小企业快速成长，拉动相关配套产业的联动，尽快完善服务配套和综合投资环境，吸引龙头企业扩大在中西部地区投资力度；扩大农村富余劳动人口本地就业规模，提升劳动技能，带动乡村振兴，助力集群地区的工业化和城镇化建设。

（三）推进高水平产业集聚发展

纺织行业"十四五"发展纲要提出，将"推进高水平产业集聚发展"作为发展重点任务之一。

一方面，推动建设世界级纺织产业集群。成熟产业集群地区应发挥产地型专业市场和产业链配套优势，突出先进、绿色制造优势，建设高水平、现代化和智慧型产业集群，提升区域品牌影响力。新兴产业集群地区应以产业园区为载体，与成熟地区紧密协同发展，建设现代纺织产业制造基地，并积极融入全球纺织产业供应链。

另一方面，创新集群间产业转移合作模式。支持东部地区集群通过托管、共建等形式支持中西部地区集群的发展。鼓励东部地区集群科技创新成果在中西部、东北地区集群孵化转化。产业集群地政府部门应加大对产业龙头企业跨区域布局的关注，通过吸引龙头企业走进集群，通过兼并重组、建立基地等方式，带动集群中小企业融入供应链体系。

结束语

国家"十四五"规划纲要中提出要"加快培育先进制造业集群"，纺织行业"十四五"发展纲要中明确了"运用现代科技推动建设一批世界级纺织产业集群"的发展目标。未来，中棉行协将与棉纺织产业集群共同推动培育新兴的、和谐的、先进的棉纺织制造业集群。

供稿单位：中国棉纺织行业协会

毛纺织行业

毛纺织产业集群发展现状与展望

近年来，面对复杂严峻的国内外形势和诸多不利因素影响，以毛纺原料集散、初级加工，毛纺纱线、面料、羊毛衫等产品生产流通为主的毛纺织产业集群，持续调整升级、优化布局，做好"六稳"，落实"六保"，统筹疫情防控和区域发展，较好地完成了"十三五"主要目标任务；各产业集群以毛纺制造业为依托，充分发挥市场在资源配置中的决定性作用，促进牧工贸全产业链有效联动，加强合作、应对挑战，努力恢复基础、巩固经济，稳步实现"十四五"良好开局。

一、总体情况

中国纺织工业联合会自2002年开展纺织产业集群试点工作以来，到目前共有16个地区与中国纺织工业联合会、中国毛纺织行业协会（简称中毛协）共同建立了产业集群试点共建工作关系（表1）。

表1 毛纺织产业集群名单

序号	产业集群地区	特色产业及名称	共建单位	时间
1	河北省清河县	中国羊绒纺织名城	中国纺联、中毛协	2002年
2	河北省南宫市	中国羊剪绒毛毡名城	中国纺联、中毛协、中产协	2004年
3	河北省高阳县	中国毛巾·毛毯名城	中国纺联、中毛协、中国家纺协会	2009年
4	内蒙古鄂尔多斯市东胜区	中国羊绒纺织名城	中国纺联、中毛协	2017年
5	江苏省常熟市碧溪镇	中国毛衫名镇	中国纺联、中毛协	2004年
6	江苏省张家港市塘桥镇	中国棉纺织毛衫名镇	中国纺联、中毛协、中棉协	2004年
7	江苏省吴江市横扇镇	中国毛衫名镇	中国纺联、中毛协	2004年
8	江苏省江阴市长泾镇	中国粗纺呢绒名镇	中国纺联、中毛协	2017年
9	浙江省湖州市织里镇	中国品牌羊绒服装名镇	中国纺联、中毛协	2009年
10	浙江省桐乡市濮院镇	中国羊毛衫名镇	中国纺联、中毛协	2002年
11	浙江省嘉兴市秀洲区洪合镇	中国毛衫名镇	中国纺联、中毛协	2007年
12	山东省禹城市	中国半精纺毛纱名城	中国纺联、中毛协	2009年
13	山东省海阳市	中国毛衫名城	中国纺联、中毛协	2004年
14	广东省汕头市澄海区	中国工艺毛衫名城	中国纺联、中毛协	2004年
15	广东省东莞市大朗镇	中国羊毛衫名镇	中国纺联、中毛协	2002年
16	宁夏回族自治区灵武市	中国精品羊绒产业名城	中国纺联、中毛协	2006年

毛纺织产业集聚地区主要分布在河北、内蒙古、江苏、浙江、山东、广东、宁夏等地，涵盖了羊毛及特种动物纤维初级加工、纱线、面料、毛衫等多个产品门类，发展至今，逐步形成了相互关联、优势互补的产业链、供应链分工协作体系。

数据显示，截至2021年末，16个毛纺织产业集群地区实现工业总产值2407亿元，同比增长4.43%，实现利润总额135亿元，同比持平；销售利润率5.61%，同比下降0.25个百分点。集群内企业户数约4.24万家，其中规模以下企业数量占比98%，工业总产值占比69%，从业人员55.77万人，同比减少1.78%。

近两年，在构建以国内大循环为主体、国内国际双循环相互促进的新发展格局宏观背景下，国内市场和流通渠道再造逐步成为集群发展的支柱，内销比重整体有所提升，外向型企业通过优化供给持续支撑出口。

根据中国海关统计数据，2021年我国毛纺织原料与制品出口总额130.1亿美元，同比增长27.6%，较2019年出口额增长6.0%，恢复到疫情前水平，表现出毛纺制造大国强劲的出口韧性（图1）。

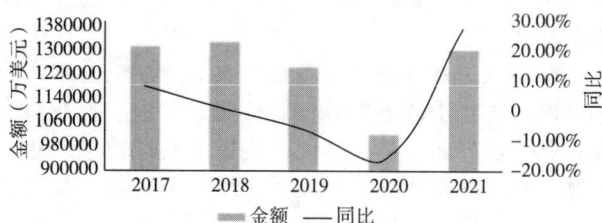

图1　2017—2021年毛纺产品出口总金额与金额同比情况
资料来源：中国海关

不同原料的毛纺产品出口形势则呈现了不同的态势。出口毛纺产品对羊毛原料使用仍未恢复至疫情前水平，2021年羊毛原料及羊毛产品出口额累计38.3亿美元，同比增长23.01%，但仍低于2019年出口水平8.1%，为近五年出口水平的第二低点；出口毛纺产品对山羊绒原料使用则呈现跃升，山羊绒原料及山羊绒产品出口额累计16.5亿美元，同比增长37%，较2019年水平增长9.3%，为近五年最高出口水平（图2）。

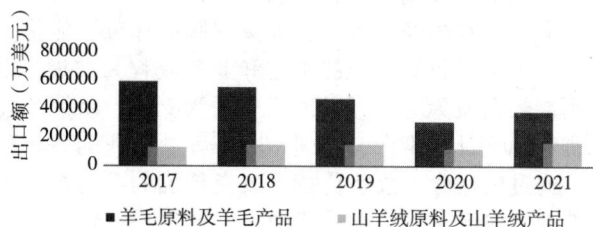

图2　2017—2021年不同原料毛纺产品出口变化情况
资料来源：中国海关

毛纺各类中间产品出口均呈现增长，但从中长期来看，仍处于历史相对低位。毛纱线出口3万吨，同比18.2%；出口额9.9亿美元，同比增长23.2%，较2019年出口额仍低8.5个百分点。毛织物出口2178万米，同比增长7.1%；出口额3.6亿美元，同比增长8.1%，但仍然处于近五年低位，较2019年出口低达46.7%（图3）。

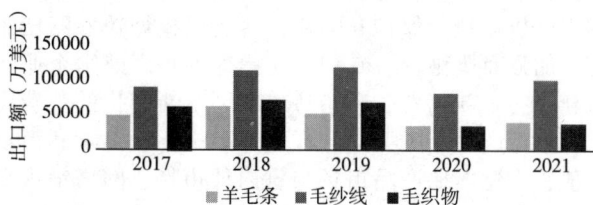

图3　2017—2021年毛纺各类中间产品出口变化情况
资料来源：中国海关

毛纺成品出口稳定复苏，突出反映了目前毛纺产品结构的变化。毛针织服装出口额13.7亿美元，同比增长41.2%，较2019年增长17.1%。

二、毛纺织产业集群发展特色

近年来，毛纺织产业集群以产业链为纽带，龙头企业带动中小企业，配套协同发展，在提升地方区域品牌竞争力和国际影响力的同时，持续推进两化深度融合，走新型工业道路，不断提质增效，优化产业结构，为我国毛纺织产业高质量发展提供了有力的支撑。

1. 专业分工促进产业链协同创新　专业分工、配套协同是毛纺织产业集群典型的特征，也是集群企业成本控制、快速市场反应的核心基础。河北省清河县充分发挥原料集散优势，逐步优化分工，完善分梳、纺纱、织造等环节，逐步向精深加工延伸；浙江省桐乡市濮院镇，广东省东莞市大朗镇、汕头市澄海区，具有集纺纱、编织、染整、辅料生产、机械制造、检验检测、科技服务、物流配送等在内的完备产业链，专业化协作和快速反应能力、地区规模经济优势明显。

2. 品牌培育提升产业竞争优势　区域品牌是产业集群地区巨大的无形资产，打造集群区域品牌已成为促进集群升级发展的重要战略，为地方招商引资和未来发展创造有利条件。以羊毛衫、羊绒衫等终端产品为主的产业集群加快向文化创意、设计、品牌等价值链高端延伸，以绒毛原料初加工产品为主的绒纺产业集群依托原料优势逐步向精深加工的产业链下游延伸。以实施增品种、提品质、创品牌为重点的"三品"战略持续推进，带动了毛纺织产业集群从供需两端协同发力，不断提升产品品牌和区域品牌共同提升。

3. 龙头企业凸显带动作用　龙头骨干企业是毛纺织产业集群升级发展的主力军，带动效应强大、示范效应明显、辐射效应突出。内蒙古鄂尔多斯东胜区纺织以羊绒产业为主，原绒产量约占内蒙古产量的二分之一，全国产量的三分之一和世界产量的五分之一。现有绒纺企业200多家，规上企业4家，大型龙头骨干企业1家，依托中国绒纺高端品牌"鄂尔多斯""1436"等和绒纺加工企业鄂尔多斯羊绒集团，通过自身研发设计、渠道拓展、产能跨区域乃至国际布局，使本地产业集群企业实现资源与能力互补，在增强各自竞争力的同时，发挥整体优势，打造产业特色鲜明的"中国羊绒纺织名城"的称号。充分发挥大集团引领带动中小羊绒企业转型升级的优势，有效整合本地区与羊绒资源相关的生产、销售、电子商务以及资本运作各环节的资源，抱团取暖，为鄂尔多斯羊绒产业发展做出努力。

4. 依托互联网+数字平台赋能产业发展　在数字经济时代，集群政府鼓励企业加速发展产业+互联网的运营模式，从销售渠道扩展到整个生产供应链，大企业与中小企业，运用信息技术、大数据平台、电子商务等信息化、数字化手段，由生产型向生产服务型转型。清河、濮院、大朗等毛纺织产业集群把发展电子商务作为公共服务平台服务的重点突破口。为了更加贴近符合国内消费"线上"化趋势，浙江濮院镇加快了数字化矩阵建设，不仅终端产品实现线上消费，更搭建起了数字纱线、数字面料、数字商品、数字设备、数字生产线、数字车间、数字工厂、数字商户、数字门店、数字市场、数字物流等数字系统，围绕产业+互联网+数字模式飞速发展。广东省大朗镇，近年来从生产基地向现代毛织商贸城转变，有 4 个大型专业市场和12 条毛织专业街，近年来政府抓住互联网+电商平台，通过原创设计、新型纱线、智能制造三大发展趋势，建成七大电商直播基地。截至 2021 年，大朗已建成大朗数字贸易产业服务中心、京东物流供应链大朗基地等七大直播基地，积极通过新业态、新平台、新渠道推动大朗毛织产业的转型升级。

5. 逐步推进生产智改数提升品质和效率 近几年各地政府出台政策、鼓励引导集群内的龙头企业，通过技术创新、设备改造，逐步提升生产智能化、数字化水平。清河县宇腾羊绒的南冠智能纺纱数字化车间，建有一个智能分梳数据库，利用物联网技术和设备监控技术可掌握产销流程，可针对用户需求分梳所需的羊绒。该车间实现了数据化管理、高效的计划调度管理、生产作业管理、车间条码及看板管理、MES 生产线数据采集，使工业化与信息化深度融合，极大推动了产业升级。同时，毛纺织产业集群逐步从产品设计智能化、关键工序智能化到供应链优化管控等方面着手，通过引进新设备新技术、改造淘汰落后设备，加大投资，培育新型生产方式，探索规模化个性化定制，不断增加发展后劲。

6. 深化国际发展和交流合作 近年来，毛纺织产业集群通过搭建国际平台，持续推进集群国际化进程。鄂尔多斯自 2018 年起，连续举办"中国（鄂尔多斯）国际羊绒羊毛展览会"，吸引了巴基斯坦、伊朗、澳大利亚、蒙古国等 50 多个国家和地区的采购商、参展商，是推动各国深度参与"一带一路"和中蒙俄经济走廊建设的重要渠道，也成为展示内蒙古对外开放的重要窗口。2022 年，国际毛纺织组织（IWTO）第 91 届国际毛纺大会在桐乡市濮院镇举办，大会为行业带来全球最新的发展趋势、研究成果、市场信息和与终端零售业的对接，为毛纺织产业集群开阔思路、加强与国际同行交流、促进合作方面创造条件，在提升区域品牌知名度和影响力，推进产业集群的国际化进程中发挥积极作用。

三、毛纺织产业集群未来发展的思路

"十四五"期间，纺织行业确定了新的定位，即"国民经济与社会发展的支柱产业、解决民生与美化生活的基础产业、国际合作与融合发展的优势产业"。

毛纺织产业集群应根据行业的新定位，突破瓶颈找准适合自身发展的着力点，进一步促进行业向低碳经济型、技术进步型、增长集约型的可持续发展方式转变。立足新发展阶段、贯彻新发展理念、构建新发展格局，进一步推进行业"科技、时尚、绿色"的高质量发展。

1. 以创新理念为先导带动科技创新 毛纺织产业集群地区在"十四五"期间，应集合政府、行业协会和企业等多方面力量，共同解决集群共性技术的瓶颈问题。针对行业共性关键技术，组织平台各方智慧协同攻关，注重技术研发和引进消化能力的培育，建立产、学、研相结合的新型行业技术创新示范综合体，服务于技术和产品开发能力弱、管理水平低下的产业集群中小企业，为企业提供全面的创新服务，提升小企业创新能力和技术、经营、管理水平；同时引导有实力的企业加大核心技术、重大关键共性技术、前沿技术等方面的投入，加强科技创新成果的使用和转化，注重提升差异化、高端化毛纺产品的比重。政府还应积极鼓励企业创造、使用和保护知识产权，重点支持发明专利申请，推动专利技术产业化；探索建立科创基地，为提高产业集群创新能力营造优越的发展环境。

2. 以互联网+智能+数字工业打造智慧型产业集群 毛纺集群地区根据毛纺织加工特点和企业发展需要，在完善顶层设计基础上，鼓励企业积极参与以数字信息的方式与实体经济融合，以关键制造环节智能化为核心，以掌握制造企业的工艺和业务流程为前提，以端到端数据流为基础，以网络互联为支撑，将智能技术贯穿到设计、生产、管理、服务等制造业的各个环节，通过信息化、数字化技术改变传统的毛纺织加工制造业，将新一代信息技术通过互联网在线连接到毛纺织产业上，用"智慧纺织""互联网+智能+数字工业"来改变传统发展模式，让生产更加智能化、数据可视化。从而降低能源消耗，减排降碳，降低运营成本和用工，提高生产效率，让生产制造产生更多利润。

3. 以产品文化内涵增强品牌价值竞争力 品牌是一种无形资产，对提升产品竞争力，促进区域经济增长有着重要的作用。毛纺织产业集群地区在立足"双循环"的新发展阶段，政府应通过扶持政策引导龙头企业创知名品牌、中小企业创特色品牌意识，树立知识产权保护意识，健全创新、创意和设计的产权制度。支持企业主导或参与制（修）定各级各类标准，加强知识产权创造、保护和运用，落实侵权惩罚性赔偿制度，加强商业秘密、专利、商标等保护。鼓励企业通过新业态、新消费、新趋势，满足不断变化的消费需求，丰富产品品类，提升区域产品文化、美学和市场价值，构建本地产品市场与省内外市场、网络销售平台的品牌链，扩大区域品牌影响力，发挥引擎作用，实现企业与区域品牌共生共享，促使区域品牌、制造品牌和产品品牌价值竞争力的不断升级。

4. 以吸引培育高技能专业型人才为重点 毛纺织产业集群在高质量发展过程中，创新驱动，技术与知识型人才与其密切关联、互为支撑。集群地区需要深入实施人才优先发展战略，储备人才培训计划，提高对专业高技能人才培育的资金支持，定期通过院校、行业协会举办专业技术培训班、职业继续教育等方式，提升现有技工专业能力和素养，注重培养职工工匠精神、创新精神，从而建立多层次、多类型的高素质应用型、复合型人才队伍。在吸引人才、留住人才方面，重点引进和培育有绿色生产、智能制造、创意设计、新材料开发等专业背景的人才，政府为企业创造更宽松、更优越的人才引进政策，落实纺织行业创新引领型人才的奖励、落户、安居、科研、收益、生活等方面的政策，发挥政府引导作用，建设通畅、高效的人才输入管道。倡导企业通过建立良好的企业文化，创建和谐劳动关系，提高高技能专业人才队伍的稳定性。

5. 以绿色可持续为理念稳步提升绿色发展 毛纺织产业集群地区应建立适应"双碳"目标需要的综合服务体系，制定和完善绿色标准体系，倡导绿色环保的生活方式和消费理念。鼓励有能力的企业以绿色原料、绿色设计、绿色生产、循环应用为抓手，建立责任研发体系、采购体系、生产体系、物流体系，强化绿色低碳循环发展理念，深化环境责任和市场责任。支持毛纺织企业应用新技术、新设备、新工艺进行绿色化节能技术改造，推动集群地区龙头企业采用清洁生产工艺、先进节能技术和高效末端治理装备，提升可持续发展的能力。研究重点纺织产业集群生态环境状况和相关环保要求，识别生态环境敏感区和脆弱区，开展综合生态环境影响评估，加强环境应急预警领域的合作交流，提升生态环境风险防范能力。

6. 提升毛纺织产业在国际市场中的影响力 我国是全球最大的羊毛制品加工国和消费国，多年来为欧、美、日等国际主要羊毛消费市场提供稳定、优质的毛纺制成品，在国际产业链供应链之间具备更加多元化的深度合作基础。随着"一带一路"倡议推进实施，《区域全面经济伙伴关系协定》（RCEP）签署，将进一步推动我国毛纺产品的出口，增加贸易和投资往来。毛纺织产业集群应着力构筑开放共赢、内外联动、扎根本地的产业链全球布局。支持龙头骨干企业全球布局，共建科创平台，强化重要资源、技术、产品多元化供应和互利合作。实现"走出去"和"引进来"相互促进。

面对新形势新需求，中国毛纺行业协会将与各产业集群地区一起，与时俱进、协同创新，为区域经济发展提供支撑，以新发展理念引领行业健康，可持续、高质量发展走向纵深。

供稿单位：中国毛纺织行业协会

化纤行业

集聚产业优势　构筑行业高地

近年来，国际环境错综复杂，国内化纤行业发展进入与"双循环"、消费升级、能耗"双控"等相伴而行的新常态，同时新冠肺炎疫情暴发、国际地缘政治冲突等超预期突发因素对国内外经济运行带来很大冲击。面对复杂多变的局面，我国化纤工业积极推进结构调整和产业升级，产业链配套更趋完善，一体化龙头企业的竞争力、抗风险能力显著增强，行业科技创新和品牌建设持续推进，我国化纤工业整体保持了平稳、可持续的发展态势，其中化纤产业集群发挥了重要且积极的作用。

一、我国化纤产业集群发展现状

（一）化纤产业集群的基本情况

目前，全国纺织产业集群试点地区中有 8 个化纤

相关的集群，包括杭州市萧山区衙前镇、瓜沥镇，桐乡市洲泉镇，江阴市周庄镇，宜兴市新建镇，常熟市碧溪街道，太仓市璜泾镇和仪征市真州镇等。从区域分布来看，8 个化纤产业集群全部分布在浙江省和江苏省。从主营产品来看，全部是以聚酯涤纶及相关产品为主。除璜泾镇因近几年单纯的化纤加弹产业发展较慢，退出了此次集群复查之外，其余 7 个集群都运行良好（表1）。此报告的所有数据不包含璜泾镇。

化纤产业集群的发展不仅事关地方经济的繁荣，也影响着整个化纤工业的发展和运行。目前，依托产业整体优势，在新冠肺炎疫情防控常态化下，集群经济仍保持稳健发展势头。

表1　7 个化纤相关的纺织产业试点集群 2021 年主要经济指标

试点集群	产业集群企业户数	工业总产值（万元）	主营业务收入（万元）	利润总额（万元）	全部从业人员平均人数	化纤产量（吨）
桐乡市洲泉镇	95	5196491	6019914	356189	18511	6971773
萧山区衙前镇	578	3135994	7667537	315356	17721	1895514
萧山区瓜沥镇	565	4001346	4459838	162529	30758	—
江阴市周庄镇	708	2904112	1972868	101827	13447	2856607
宜兴市新建镇	64	780433	767579	26640	5788	720291
仪征市真州镇	114	1038355	985120	57720	5365	613195
常熟市碧溪街道	397	794790	814442	5465	8837	280000

注　表中数据为规上和规下企业合计。

（二）产业集群发展特点

从产业结构来看，我国化纤产业集群可分为产业链上下游垂直延伸型、横向扩展型、纵横交叉促进型等三种类型。从发展模式来看，不同于一些中小企业为主的纺织产业集群，化纤产业集群大多以大型龙头企业带动周边企业整体发展的模式为主。

1. 龙头企业对于化纤集群发展的支撑和引领作用突出　化纤产业集群中，拥有恒逸、桐昆、新凤鸣、三房巷等一大批营业收入超百亿元甚至超千亿元、产业链上下游配套的龙头企业。这批企业重视自身的科研投入和人才培养，已经发展成当地的支柱企业、行

业的中坚力量，也走在世界化纤发展的前列。

化纤产业集群基本依托大型化纤企业进行延链、强链式发展，集群内化纤骨干企业对区域经济的贡献率较高，支撑并带动集群经受住了疫情的冲击并快速恢复发展。据此次复查统计，2021 年 7 个化纤产业集群的经济运行指标基本恢复到疫情前的水平，甚至部分集群已经超过疫情前水平。例如，桐乡市洲泉镇2021 年纺织产业工业总产值和利润总额比 2019 年分别增长 11.3% 和 67.2%，萧山区衙前镇纺织产业 2021 年利润总额比 2019 年大幅增长了 95.4%。恒逸集团、荣盛集团所在的杭州市萧山区衙前镇、瓜沥镇以及桐昆

集团、新凤鸣集团所在的桐乡市洲泉镇，化纤企业占当地工业总产值或营业收入的80%左右，是支撑其经济的顶梁柱。周庄镇骨干重点企业中，以三房巷、华宏为代表的化纤纺织企业也占到一半以上，化纤纺织工业占当地工业总产值比重达31%。新建镇以华亚化纤、索力得为代表的化纤纺织企业占当地工业总产值比重近70%。碧溪街道的化纤制品年产量约占常熟市总产量的80%。真州镇以怡人化纤、仲兴环保、菲霖纤维为代表的化纤纺织企业占当地工业总产值比重近50%。

2. 集群产业链配套较为完善 对区域经济发展而言，当产业链足够长、足够强，将有助于当地产业更从容地应对突如其来的风险，以竞争优势拓展更大市场。近十余年来，化纤产业集群产业链延伸趋势明显，上游原料和下游市场自主配套能力大幅提升。如，萧山区衙前镇实现了涤纶、锦纶、氨纶等主流化纤及其纺织产品的全覆盖，拥有石油化工—小分子单体—合成高分子单体—合成纤维的特色产业链，化纤功能区不仅是支撑该镇经济的顶梁柱，在产业布局、市场开拓、科技创新、品牌建设、发展循环经济等方面更是成为先进、成功的典范；江阴市周庄镇集群内纺织产业已经形成了一整套均衡的产业链，从上游的原料、聚酯切片，中游的涤纶短纤维、化纤纱，到下游的染色、织布以及配套的服务行业均有布局；宜兴市新建镇也已形成集聚合、纺丝、经编、织造、染整五位一体的链体产业经济；常熟市碧溪街道的化纤类规上企业主要从事化纤纺丝生产和加弹，加弹等后加工能力在全国同类产业集群中位居前列；仪征市真州镇形成了由仪征化纤和地方化纤企业提供主要原材料聚酯切片、涤纶短纤维、涤纶长丝，下游制品企业加工制造非织造布、车用内饰、人造草坪等，非织造机械企业提供针刺机，配套服务企业提供充足的包装、复合材料、粘接材料的完整的产业链条。

3. 节能减排、绿色发展成为产业集群发展的重要任务 "十三五"以来，化纤行业贯彻绿色发展理念，持续推进节能减排和提高清洁生产水平，绿色发展成效明显。"十三五"期间，化纤行业单位产品综合能耗下降13.8%，绿色制造体系不断完善。

积极引导化纤企业开展节能降耗、减排治污、绿色生产，在化纤行业内全面落实"碳中和、碳达峰"，对标开展能源"双控"，推进绿色化纤业发展，探索绿色发展新路径，是化纤产业集聚发展的重要工作。

由于我国化纤产业聚集度高这一显著特点，在绿色生产方面，化纤产业集群特别是区内的核心企业一直发挥着示范和引领作用。恒逸集团、荣盛集团、桐昆集团、新凤鸣集团、三房巷集团等，厂区、园区管理规范、功能完善、配套更齐全，在节能降耗、防污治污、绿色生产方面取得显著成绩。例如，以桐昆集团牵头的"绿色多功能差别化聚酯纤维制造与应用技术集成创新"被工信部列为绿色制造系统集成项目，该装置既能发挥大产能规模优势，又可通过在线添加装置，实现多品种小批量柔性化生产；恒逸集团通过自主立项、自主研发，采用全新配位化学结构的钛系催化剂及复合催化体系，成功开发出与锑系催化剂产品同等质量的长丝级无锑环保聚酯产品；江苏索力得新材料集团有限公司和桐昆集团股份有限公司已入选工信部绿色制造体系建设名单（绿色工厂）。此外，集群内绝大部分规上化纤企业都进行了GB/T24001—2016环境管理体系、GB/T45001—2020职业健康安全管理体系以及GRS全球可回收标准认证。

（三）化纤产业集群在发展过程中所遇到的共同问题

随着各种要素成本的不断上升，我国化纤行业已经进入高成本时代，行业发展也进入了高质量发展的新阶段。低成本发展模式曾经是我国化纤工业的快速发展的支撑点和驱动力，如今这种优势早已经不复存在，却已成为行业可持续发展的阻力。同时目前的化纤产业集聚区主要集中在东部发达地区，这些地域方面的一些限制也给化纤工业发展带来一定的困扰。总结起来，我国化纤集群发展面临以下主要问题：

（1）企业快速发展与要素保障之间的难题异常突出，尤其是项目推进中涉及的能耗指标、环境容量、土地指标等难题。随着国家及地方政府出台了能源发展规划，对进一步构建现代能源体系明确了新的要求。化纤行业经过多年的技术进步，整体生产制造水平和能源利用效率已达到国际领先水平，但由于化纤企业规模相对较大，因此在地方能耗指标（总量指标和新增指标）方面存在较大困难，这为企业进一步在当地做大做强带来了新的难题。

（2）集群和企业的快速发展与人才需求之间的矛盾凸显。虽然近年来企业突出产业人才特别是高技能人才开发，进一步改善高技能人才发展环境，但是企业之间对人才的竞争也越来越激烈，而各类人才对待遇要求也比较高，对企业引才育才造成了很大压力。

（3）企业融资难度较大的问题也不容忽视，特别是一些中小化纤企业普遍存在融资贵、融资难的问题，在近两年新冠疫情影响、产业发展较慢、市场需求不振的环境下，这一问题就显得更为突出。

（4）以中小企业为主的产业集群，大部分生产企业无法达到规模经济，而且人才与技术等生产要素相对缺乏，信息化、智能化应用水平不高，技术创新能力、管理创新能力都亟待提高。

（5）集群地整体创业环境需进一步改善。集群地急需协调二、三产业共同发展，特别需要加快激励机制、科研技术创新、物流、投融资、生活休闲、医疗卫生等城市配套设施的建设进程，不断创造更加有利于产业发展的优良环境。

二、我国化纤产业集群未来发展方向和政策措施建议

伴随着国家政策的调整与经济结构的转变，科技创新对经济的贡献度将逐步提升，"专精特新"这类企业也将快速发展。化纤产业集群要积极把握这一发展机遇，继续加大科技创新和技改投入，加快推进产品结构优化和产业链延伸，实现化纤产业"产业一体化、生产规模化、产品差异化、技术专业化、管理精细化"的产业升级。同时，化纤产业集群也要坚持走绿色可持续发展之路，大力推进节能降碳技术推广应用，积极推动清洁生产改造，广泛开展绿色工厂、绿色产品、绿色供应链体系建设，加强废旧资源综合利用，加快低碳转型与产业升级发展相互促进、深度融合。

未来，化纤产业集群的发展方向是，以产业高质量发展为目标，以提升整体竞争力水平为手段，以科技进步提高产业层次，以名牌创建提升产业品位，以产业聚集推动产业发展，以管理创新增强行业素质，全面提升产业集群发展水平，为带动地方经济发展和推进化纤产业升级做出重要贡献。

建议地方政府对集群发展加强指导和管理，加强政策支持和引导，具体建议做好以下工作和事项。

1. 加大财税政策支持，进一步减轻企业负担 一是利用好国家现有财政专项资金，对化纤企业绿色制造、智能制造、纤维新材料等重点领域关键技术研发应用给予扶持。二是研究出台普惠性的减税降负措施，帮助企业渡过当前难关。

2. 鼓励和支持企业进行智能化建设和改造升级 进一步提高产业集群信息化水平，抓住政府推广实施互联网+产业集群模式的有利契机，构建信息化条件下的产业生态体系和新型制造模式。

3. 加强人才政策支持，加强研发创新支持 充分利用产业集群的优势，继续与高校、科研机构建立产学研用协同创新网络，建立产业集群研发中心，建设产业、产品协同研发平台；组建化纤纺织行业技术研发创新联盟，强化产业链整合和供应链管理，推动协同创新。

4. 促进集群内外的交流与合作 一是建立或发挥好当地相关行业协会的作用，加强集群内企业间、上下游企业的信息交流，推进协同合作，积极组织或承办行业内相关论坛、年会等大型活动，逐步打造和提升集群的知名度和影响力；二是积极加强与全国性行业协会的联系，建立与上下游产业集群的交流机制，拓展相关产业链，组织企业参加行业重要活动、专业论坛、大型展会等，促进企业人才、技术、资本、服务、信息等创新要素的跨区域流动与资源共享。

5. 搭建集群公共服务平台，提升公共服务质量 特别是对于一些没有大型企业主导的集群地，更需要加快提升集群公共服务水平，要积极搭建各种投融资平台（上市扶持、小额贷款、贷款担保等）、人才交流平台、产学研合作平台、配套协作平台、物流服务平台等，弥补中小企业在资金、人才、技术等方面的不足，提升本土产业配套能力，强化产业集群集约化优势。

供稿单位：中国化学纤维工业协会

针织行业

针织行业产业集群发展现状与展望

一、针织产业集群的基本概况

中国纺织工业联合会命名的产业集群中，针织产业集群共35个，其中名镇22个，名城13个。

从行政区域上统计，浙江8家，江苏5家，山东5家，福建3家，广东8家，河南2家，江西1家，吉林1家，辽宁1家，河北1家。见图1。

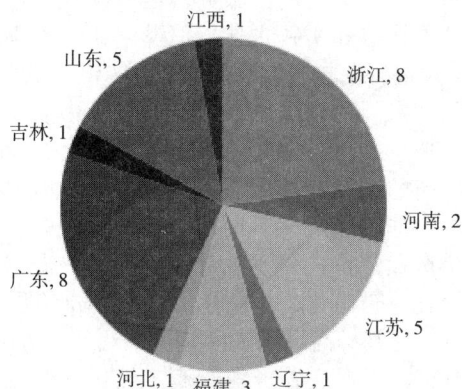

图1　针织产业集群地区分布

从产业分布上统计，针织服装8个，针织7个，内衣9个，袜子4个，童装1个，经编3个，泳装1个，手套3个，花边1个，线带1个，其中义乌是袜子、内衣、手套、线带4个名城称号。见图2。

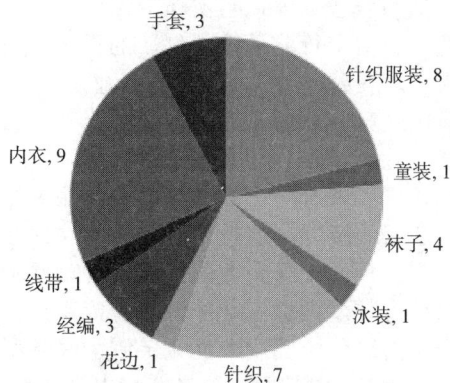

图2　针织产业集群产业分布

据不完全统计，截至2021年底，35家针织产业群共有企业约5.5万户，其中，规上企业3554户，约占集群企业户数的6.4%；从业人数约143万人，规上

企业从业人数约61万，占集群从业人数的43%。2021年，产业集群主营业务收入同比增长17.5%，两年平均增长3.9%，其中，规上企业主营业务收入占集群主营业务收入的65.5%，同比增长19.8%，两年平均增长5.3%，营收增速高于全国针织规上企业6.5和3.3个百分点；利润总额同比增长39.5%，两年平均增长13.9%，其中，规上企业利润总额占集群全部利润总额的61.8%，同比增长34.2%，利润增速低于全国针织规上企业5.2个百分点，两年平均增长10.6%；出口交货值同比增长14.9%，两年平均增长2.4%，其中，规上企业出口交货值占集群全部出口交货值的69.1%，同比增长13.3%，两年平均增长3.6%。与2018年相比，产业集群规上企业的规模和质量都有明显提升。

产业集群主要以生产加工为主，受原材料和劳动力成本影响大，中小微企业数量多，抵御外部风险能力偏弱，尽管营收增速高于针织行业整体增速，但出口增速和利润表现却低于针织行业整体增速，产业集群在品牌发展、设计研发、数字化转型等方面仍有巨大的提升空间

二、针织产业集群的发展特点

1. 产业结构持续优化，产业发展更趋均衡　产业集群普遍建立了"链长""链主"制度，由主管产业的政府领导和当地龙头企业分别担任，围绕当地产业特点出台相关政策，开展"强链、补链、延链"等工作，培育具有竞争力的规上企业和"专精特新"企业，引进外部龙头企业和产业链相关资源，补齐产业链短板，大力实施"三品"工程，集群产业结构得以持续优化，产业竞争力不断提升。

空间布局上，针织产业由东部沿海向内地梯度转移，发达地区受土地、劳动力等要素制约，发展空间受限，部分集群通过探索"共建共管共享"的产业飞地模式在中西部地区或"一带一路"沿线国家合作共建产业园。同时，部分地区将纺织服装列入重点发展产业，加大政策支持力度和招商引资，如河南、江西、安徽等省的纺织服装产业增长迅速，吉林、辽宁、河北、新疆、广西等地以袜子、文化衫、手套、内衣家居服等为代表的针织服装产业蓬勃发展。针织产业在空间布局上发展更趋均衡。

2. 产业转型升级加速，公共服务平台建设卓有成效　各集群地政府高度重视针织产业的发展，通过制

定一系列产业政策和设立专项财政资金等多种方式，引导、扶持集群企业加快设备更新、技术改造、科技创新和品牌化发展，集群企业整体设备先进程度、自动化、智能化水平显著提升，全成型袜机、一线成型电脑横机、全成型圆纬机快速发展，AGV 小车、自动挂纱、自动落布、智能吊挂、自动裁床、自动提花机、机械臂等机器换人智能装备在集群龙头企业中示范应用。建设产业园区，将分散在各地的中小微企业搬进园区，排除了消防、安全隐患，通过污水集中处理、集中供热等方式，实现废水、废气达标排放，供热模式由"零散耗能型"向"集约经济型"转变，推动集群产业向规模化、集约化、专业化、绿色化方向发展。深入实施"三品"战略工程，大力扶持设计研发、文化创意产业，推动产业由加工制造向时尚化、品牌化发展，初步形成制造品牌、区域品牌、消费品牌协同发展的时尚体系。引导企业内外销联动，增强市场风险抵御能力，构建国内国际双循环相互促进的新发展格局。大部分产业集群联合第三方专业机构编制了产业发展规划，对产业发展进行顶层设计和科学指导。

针对产业集群中小微企业众多，加工生产为主，品牌意识不强、设计研发能力欠缺、创新能力不足、招工难、融资难等共性问题，产业集群地通过整合国内外资源，建设公共服务平台，提供产品信息、产品检测、研发设计、质量认证、生产营销、电子商务、交流培训等服务，为企业提供全方位技术服务支持，成为集群产业转型升级的重要支撑。

产业集群的发展正从规模速度型粗放增长转向质量效率型集约增长，经济发展动力正从要素驱动增长向创新驱动增长转变。

3. 两化融合水平提高，数字化成为产业发展新动能 随着新一轮科技革命和产业变革深入推进，数字化转型成为产业发展的必然趋势。各集群地政府纷纷抢抓国家政策机遇期，相继出台一系列促进产业数字化转型的政策措施，在推进企业装备自动化、智能化更新的同时，大力推动地区工业互联网平台建设和企业两化融合深入开展。以企业"上云"，数字化车间、智能工厂建设为抓手，一方面建设一批数字化转型的标杆企业，对当地企业起示范引领作用，同时由政府牵头联合第三方服务机构建设工业互联网等数字化转型公共服务平台，以轻量化、模组化、低成本方式为中小微企业提供数字化解决方案。如山东即墨，涌现出了即发织染缝一体柔性化制造、酷特智能 C2M 个性化定制、恒尼智造双创驱动协同设计、瑞华集团小单快返等一批在国内叫得响的智能制造典范；江西青山湖，华兴针织和众拓制衣建成"5G+智慧工厂"，针纺企业生产效率提高了 20% 左右，人员节省了 30% 左右；浙江诸暨大唐，基于袜业产业链和企业的共性需求，以工业互联网为支撑，建设袜业产业大脑，促进规上工业企业数字化转型应用全覆盖，全面引领袜业数字

化、智能化转型；吉林辽源，基于 5G+边缘计算技术，建设全新的智慧园区和袜业大数据中心，实现纺织袜业上下游供应、组织运营、用户关系等全产业链条线上综合服务。浙江象山，以时尚产业人工智能创新应用示范中心、数字时尚（服装）产业大脑等平台为依托，AI 等技术在针织产业的应用已初见成效。

电商和直播等新零售业态在产业集群蓬勃发展，线上线下加速融合。地方政府除了出台一系列政策支持电商发展外，还通过建立电商直播基地、深化与阿里、抖音、快手等平台的合作等方式，积极推动流量经济与产业的深入融合。

三、针织产业集群的发展趋势

1. 加强科技创新，建设先进制造业集群 产业集群要注重产业升级与科技创新，与高校、科研院所开展产学研合作，引进创新服务机构，以集群骨干企业作为关键连接点和实践主体，加强创新技术应用与平台建设，加快研发与创意成果的落地转化，鼓励和推动企业争创国家技术创新中心、企业技术中心、工业设计中心。建立产业链协同创新机制，形成大中小融通、上下游协同的创新产业生态，注重先进技术的交叉融合和跨界协作，立足国际前沿，进行从设备、纤维到制品的全产业链协同研发设计，引导消费需求，不断提高个性化、时尚化、品质化的针织品供给质量与效率，推进产业基础高级化、产业链现代化。着力强链、补链、延链，不断完善产业配套，优化产业结构。加大对龙头企业的引入与培养力度，加快培育"链主"企业、"专精特新"，实现产业集约化发展。

建立知识产权保护机制，营造健康有序的科技创新环境，激发企业的创新活力。推动产业集群由加工制造为主向创新驱动转变，由规模扩张向高质量发展迈进。

2. 发展数字经济，建设数字产业集群 数字经济推动着制造与服务、虚拟与实体的深度融合，是促进产业链协同、催生行业系统性创新的重要力量。产业集群要大力发展数字经济，加快全产业链数字化转型，打造具有国际竞争力的数字产业集群。

引导企业"上云、用数、赋智"，推动全产业链、创新链的协同、融合与创新；强化公共服务平台，加快成熟、适用的智能制造技术、装备及软件在集群企业中的推广应用，提升企业的发展韧性与活力；打造基于新兴信息技术的数字化车间、智能工厂，发展智能化生产、网络化协同、个性化定制、服务型制造等新模式、新业态、新应用；推动跨境电商、直播电商、内容电商等的融合发展；依托数字技术打通产业边界，建立高效的协同创新体系和供应链体系，提升技术创新与应用、产品开发与供给的质量和效率，提高产业集群的竞争力。

3. 提升创意设计能力，建设时尚产业集群 立足

国内市场消费升级需要，融合中华优秀传统文化、当代美学内涵和流行趋势，提升针织产品的创意和设计水平，培育一批具有民族文化承载意义的自主品牌。建立趋势研究发布中心，建设时尚创意公共服务平台，营造适合时尚创意的文化环境，引进来、走出去，通过开展设计大赛、时尚节、参加国内外知名展会、时装周等，培育和扶持一批优秀品牌和设计师走向国际时尚发布平台，打造具有符号意义的中国时尚象征的"大师、大事和大牌"，增强主流时尚话语权和影响力，培育和引导时尚消费潮流。

加强人工智能等信息技术在客群分析、趋势研究、产品设计中的应用，研究新消费方式尤其是新一代消费群体的消费行为和生活方式，以数据分析驱动设计创新，以人工智能提升设计效率。

提高品牌意识，深入实施"三品战略"，加强自主品牌发展，创新和完善产业集群区域品牌的运作机制，通过制定区域品牌团体标准、建立质量认证追溯体系，统一对外推广等措施，充分发挥区域品牌对中小企业品牌孵化器和加速器的作用，推动制造品牌、消费品牌、区域品牌相互联动、彼此加持，不断提升创意设计能力、趋势研究能力、宣传推广能力、品牌缔造能力，打造融合民族特色、时代特征、世界潮流的时尚生态。

4. 聚焦可持续发展，建设绿色产业集群 产业集群要围绕"双碳目标"，建立可持续发展生态体系。加强生态针织品的研究与开发，不断提升针织产品的节

能环保加工水平，重点推进可降解、循环再利用、原液着色等绿色纤维应用；加大对织造、印染、成衣缝制等环节的节能减排工作力度，建设绿色工厂，实现厂房集约化、原料无害化、生产洁净化、废物资源化、能源低碳化，促进产业绿色低碳循环发展。

强化技术创新和管理，推进资源能源的高效循环利用，进一步推广热能、水资源、染化料等的回收循环利用技术；深入推进废旧纺织品循环再生体系构建，提高废旧针织产品的综合利用水平；加大节能减排工艺、技术和装备的研发和推广力度，发展应用自动化、数字化、智能化印染装备；全面推进印染绿色制造体系建设，强化产品全生命周期绿色管理，推进产业链协同治理，打造绿色供应链、生态产业链。

普及绿色发展理念，倡导绿色消费引领绿色设计和绿色生产，助力行业节能、节水等循环发展新技术的研究开发和推广应用。加快绿色低碳技术攻关，积极对接碳交易市场，用好绿色金融工具，完善绿色标准与认证体系，建立可持续时尚追溯体系，在《纺织行业推进碳达峰、碳中和行动框架方案》基础上，通过政策支持引导优势企业先行先试、树立样板，以绿色原料、绿色设计、绿色生产、绿色消费为抓手，推动全产业链制造高效化、清洁化、低碳化、可循环化，持续推进产业集群生产方式的绿色化转型。

供稿单位：中国针织工业协会

家纺行业

2022 年中国家纺产业集群发展报告

产业集群是产业现代化发展的主要形态，是决定地区经济发展乃至影响国际经济竞争力的战略性力量。国家高度重视推动制造业高质量发展、构建现代化产业体系，多次强调"打造有国际竞争力的先进制造业集群"，为行业加快培育发展产业集群指明了前进方向、提供了根本遵循、注入了强大动力。

一、家纺集群概述

早在 2002 年，中国纺织工业联合会就开展了纺织产业集群试点工作，主要分为市、县、镇三级。截至 2022 年上半年，中国家纺产业集群试点单位为 22 个（后附表 1 名单，不包括以家纺为主的山东滨州、江苏南通国际家纺产业园 2 个中国纺织产业基地市），覆盖家纺企业 24000 余家，从业人员逾 46 万人。2021 年实现工业总产值 2075.5 亿元，规模以上企业产能占比约为 46.08%。主营业务收入 2011.27 亿元，近三年年均增长 3.6%；利润总额 115.73 亿元，近三年年均增长 11.39%。出口占比约为 26%。

（一）区域分布

家纺产业集群主要分布于浙江、江苏、河北、山东、安徽、四川及新疆等地，其中浙江省与江苏省分布较广泛，涉及 15 个家纺产业集群，工业产量占家纺总量的 70% 以上（图 1）。

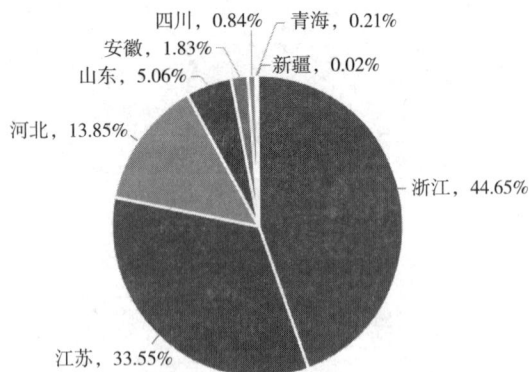

图 1　家纺产业集群工业总产值地域分布

其中，浙江省包含杭州市临平区，萧山区新塘街道、义桥镇；海宁市许村镇；桐乡市大麻镇等 9 个集群，2021 年实现工业总产值 926.7 亿元，占家纺总量的 44.65%。江苏省涵盖南通市通州区川姜镇、海门区

三星镇、苏州市吴江区震泽镇、七都镇等 6 个家纺产业集群，工业总产值 696.3 亿元，占家纺总量的 33.55%（图 2、图 3）。

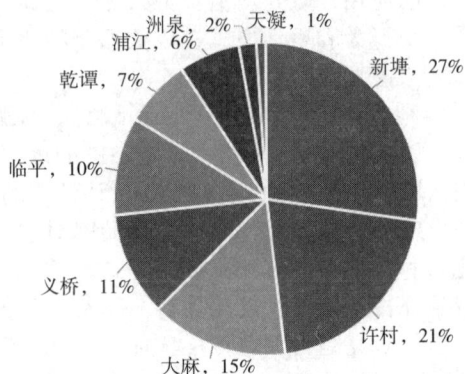

图 2　2021 年浙江省家纺产业集群工业总产值分布

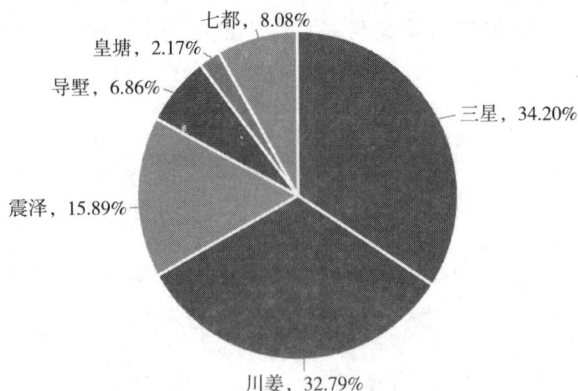

图 3　2021 年江苏省家纺产业集群工业总产值分布

（二）产品类别

现有的 22 个家纺特色产业集群，囊括了家纺行业主要品类，其中床品集群 9 个，布艺集群 3 个，毛巾、地毯、蚕丝被集群各 2 个，羽绒被、家纺面料、床垫布、静电植绒集群各 1 个。随着供给侧改革持续深化，调结构促转型发展理念扎根实体经济，家纺产业集群认真落实国家高质量发展方针，围绕床品（包括蚕丝被、羽绒被、床垫布等在内）、布艺、毛巾、地毯这家纺四大板块，细分品类、差异化发展，并不断向大家居衍生产品探索发展。

床上用品产业所占份额最大，占据家纺产业的半壁江山。以成品套件、羽绒被、化纤被、蚕丝被及绗缝被等各种被类产品为主，重点集群年产量约 80716 万（条/套），其中规模以上企业产量约占 54%。2021年实现工业总产值 1091.13 亿元，占总量的 52.57%（图4）。

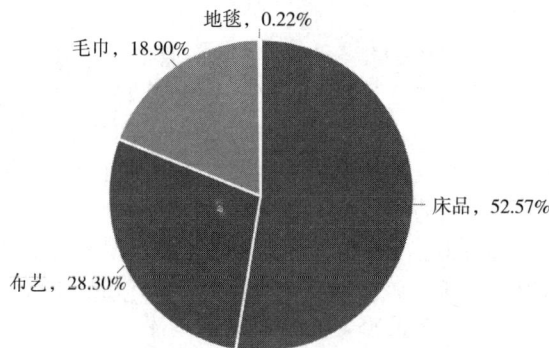

图4　家纺产业集群主要品类产值分布

布艺集群主要分布于浙江省嘉兴市、杭州市及江苏省部分地区，产品主要包括窗帘布、沙发布、功能性布料等。2021 年布艺产业集群实现工业总产值 587.36 亿元，其中规模以上企业产量占比约为 68%，重点产业集群布产量约 703347 万米，占家纺总量的 28.30%。

毛巾产业集群主要集聚在河北省保定市高阳县和山东省潍坊市高密市等地区，以生产各类毛巾和巾被类产品为主。2021 年毛巾产量约 51.2 万吨，其中规模以上企业占比约为 42.6%。实现工业总产值 392.37 亿元，近三年年均增长 4.7%。

地毯产业集群主要聚集于青海省西宁市以及新疆维吾尔自治区和田地区，产品以机织地毯、手工羊毛地毯为主，极具地域特色。其中机织地毯企业基本均达到规模以上生产水平。

二、近年集群工作举措与成效

回顾"十三五"期间，家纺产业集群稳步发展，区域特色品牌加快形成与完善，社会影响力不断提高，对行业和当地经济发展发挥了积极促进作用。产业集群中的专业市场积极探索新渠道建设，采用信息化、互联网技术提升市场现代化发展，构建线上线下、批发零售、内销外销融合发展的新体系，市场中的电子商务、微商专区等得到快速发展。同时，行业依托各类平台资源，针对集群产业的集中度和发展特色，加快推进"机器换人""节能减排""提质增效"等技术改造在集群中的实践与应用，加快建设新型现代化产业集群。研究提出了世界级家纺产业集群概念与特征，并积极推进先行区示范区共建工作。

（一）品牌建设工作立体推进

区域品牌对产业经济带动越发显著，产业集群紧紧围绕家纺产业做精做强，区域品牌与区域经济互促互进。众多集群以区域品牌形式亮相展会和对外开展交流，扩大了区域品牌的影响力。叠石桥和余杭荣获中国纺织工业联合会授予的中国家纺区域品牌试点地区；通州获得工信部产业集群区域品牌试点；海门、海宁被列入共建世界级家纺产业集群先行区。

（二）区域协同发展有效落实

完善供应链互补，优化资源配置，实现相邻集群区域协同发展是集群工作的重要课题。近年来，各集群政府不断探索尝试并取得了积极效果。如南通纺织集群主要集中在通州区川姜镇和海门区三星镇，二者分别以志浩市场和叠石桥市场为主导，差异化发展，相互促进。为进一步放大产业集聚效应，增强两大市场活力，南通市委市政府总揽全局、着眼长远，提出统一实施两大市场协同发展的战略，于 2020 年底正式挂牌成立江苏南通国际家纺产业园区。两年来在园区党工委、管委会领导下，打通上下游供应链，积极对接外部资源，进一步推动南通家纺产业高质量发展。在未来打造世界级家纺产业集群工作中将发挥更加重要的作用。

（三）质量标准工作扎实有效

中国家纺协会从 2017 年开始，已连续召开四次中国家纺质量大会，制定《家纺行业质量白皮书（2017—2020）》，面向全行业广泛征集质量提升典型案例，并予以公布推广。高阳县狠抓技术升级，通过设备提升助力产业提质增效；海门区针对行业中小企业推行质量合作社模式，保障产业健康发展；通州区通过团体标准的制修订工作，引领产业标准化、规范化运行，有效填补空白，补齐短板；大麻镇把产业数字化作为产业转型升级的主要手段，提升产业的竞争力。震泽镇推进"文商旅农"传承历史经典，重拾千年古镇的文化自信，助力丝绸产业转型升级。

（四）设计创新能力明显提升

近年来，行业设计创新能力明显加强，同时消费者对家纺产品的个性化需求，进一步促进创新能力的提升。行业大赛规模扩大，形式不断丰富，新增设的"震泽丝绸杯"设计大赛，与"海宁杯""张謇杯"共同构成行业三大赛事。"十三五"时期，"三大赛事"参赛的作品达 2.45 万件（幅），聚集了企业开发、院校研究和中外文化的优势资源，促进了中国元素与国际流行的融合，为研发创新不断注入活力。

（五）科技研发力度不断增强

各产业集群坚持创新发展，加大研发创新投入，大力发展具有自主知识产权的名牌企业和产品，培育壮大一批科技含量高、特色突出的骨干企业和小巨人企业，激发产业创新发展新活力，做强做大绿色、科技、时尚的家纺产业。

三、当前面临的问题及未来发展方向

"十四五"时期,我国将在全面建成小康社会的基础上,开启全面建设社会主义现代化国家的新征程,未来主要任务是如何满足人民日益增长的"美好生活需要"。面对世界百年未有之大变局和我国由高速增长阶段转向高质量发展阶段的深刻转型,中国经济发展的国内外环境已发生深刻变化。特别是 2022 年以来,国内点状疫情反复,物流、人流、货流受限,企业产销衔接压力加大;加之全球范围内通胀持续上升,中美经贸合作受限,俄乌冲突加剧致能源价格上行,原料成本居高,国内外市场需求走弱,企业经营显著承压。面对错综复杂的国内外局势,企业如何应对、集群如何发展、行业如何破局,是未来一段时期工作的主要任务。

(一)强化集群调研,引导行业发展

中国家纺协会始终把集群工作摆在尤为突出位置,常抓不懈。协会通过国家统计局、海关总署及跟踪的企业集群定期编制运行分析、出口数据,按时编制《中国家纺行业发展报告》,将有效信息及时反馈给集群和企业。未来协会将更多地深入实践,进一步加强调查研究。一方面加大集群走访调研力度,掌握实际情况,掌握一手数据。另一方面及时总结调研情况,针对各集群发展特色,协助地方政府编制产业规划等参考指导性文件。政企协"同",坚持"政府引领、企业担当、协会助力"的主基调,融创并举,让 1+1+1>3,让 1+1+1 = "实"。

(二)发挥平台优势,展示集群特色

中国国际家用纺织品及辅料博览会作为亚洲最大的家纺博览会,已成功举办 27 届,2016 年开始,由以往一年一展,调整为一年春秋两展。"十三五"期间,家纺展作为品牌推广主要阵地,先后已有南通、余杭(原)、海宁、桐乡、高阳、青海等十七个产业集群以区域品牌形式亮相展会。未来,中国家纺协会将更加深挖平台潜力,深耕细分领域,保障展会平台的同时,充分利用中国家纺大会、各专业分会年会、质量大会、设计大赛、流行趋势、供应链精准对接、中家纺"一网一刊两微两号"融媒体等多平台,多渠道、多形式,全面助推产业集群特色发展。

(三)加快自动化、智能化升级步伐

"十三五"期间,家纺行业虽然在两化融合领域取得不错成效,但发展不平衡不充分的基本矛盾依然存在。家纺行业仍属于劳动密集型产业,智能化制造整体水平还有待提升。尤其是中小企业,采用先进自动化、智能化生产设备的投入较大,改造升级意愿不强烈。因此,首先要从集群工作入手,教育引导企业。从自动化设备、智能化软件入手,应用"互联网+""大数据+"和"智能+"推进企业改造升级,建立现代化企业运营模式,实现从采购、生产、销售及物流等各个环节的相互联通,助力提质增效。

(四)整合资源、打通堵点,构建高质量供应链体系

在新的发展时期,要不断向产业链上下游延伸,融合研发数字工厂、智能仓储、物流管理、售后服务、金融帮扶等服务,由传统制造型企业向制造服务型企业发展,提升产业链效率。同时,还要加强区域合作,促进区域间的协调发展和平衡发展,建设一批特色明显、优势突出、公共服务体系健全的新型产业集群。优化产业布局,切实解决发展不平衡不充分的矛盾,满足人民日益增长的美好生活需要。

(五)构建直播电商综合培育体系

产业集群要推动传统店铺转变思想,发展"网红+直播+电商",定期举办有影响力的直播活动。搭建直播带货综合服务平台,为商户提供内容策划、摄影拍摄、短视频制作等服务。制定完善的售前、售中、售后服务体系,保障消费者权益。同时,从知识产权、家纺文化、品牌特色等方面,加大专业人才培养力度,保障人才队伍专业可靠。

(六)构建绿色发展新模式

坚定贯彻绿色发展理念,推进家纺产业绿色发展新模式,全面提升环保意识,践行绿色发展责任。致力建设绿色工厂、绿色园区,构建从原料、生产、营销、消费到回收再利用的高端家纺产业循环体系。加快采用新技术、新工艺和新装备,加快淘汰落后产能,优化流程,提高资源综合利用水平。加大再生纤维等环境友好原料的使用比例,推行生态设计,开发绿色家纺产品,提高产品能效环保低碳水平。加快回收利用进程,加强边角余料、废水热能,以及废旧家纺产品的回收再生利用,切实提高回收利用综合水平。

面对当前错综复杂的国内外形势,我们要深刻领会党中央的战略意图,胸怀"两个大局",深刻领会习近平新时代中国特色社会主义经济思想,把提升我国产业集群竞争力放在更重要位置来抓来谋。通过现代化特色集群建设,全面推进区域产业与小城镇建设的协同发展,有效推动地区现代物流、电子商务、设计研发、贸易中介、旅游文化和住宿餐饮的提升发展。我们要不忘实业报国初心,牢记强国富民使命。踔厉奋发、笃行不怠,全力推动"十四五"时期家纺产业集群高质量发展。

表1　中国家纺产业集群汇总

序号	集群地区	命名称号
1	河北省高阳县	中国毛巾·毛毯名城
2	江苏省南通市通州区	中国纺织产业基地市 中国家纺名城
3	江苏省南通市通州区川姜镇	中国家纺名镇
4	江苏省南通市海门区三星镇	中国家纺名镇
5	江苏省苏州市吴江区震泽镇	中国亚麻名镇 中国蚕丝被家纺名镇
6	江苏省丹阳市导墅镇	中国家纺名镇
7	江苏省丹阳市皇塘镇	中国家纺名镇
8	江苏省苏州市吴江区七都镇	中国家纺面料名镇
9	浙江省海宁市许村镇	中国布艺名镇
10	浙江省杭州市萧山区新塘街道	中国羽绒家纺名镇
11	浙江省杭州市萧山区义桥镇	中国床垫布名镇（之乡）
12	浙江省浦江县	中国绗缝家纺名城
13	浙江省桐乡市洲泉镇	中国化纤名镇 中国蚕丝被名镇
14	浙江省桐乡市大麻镇	中国家纺布艺名镇
15	浙江省建德市乾潭镇	中国家纺寝具名镇
16	浙江省嘉善县天凝镇	中国静电植绒名镇
17	安徽省岳西县	中国手工家纺名城
18	山东省高密市	中国家纺名城
19	四川省彭州市	中国家纺名城 中国休闲服装名城
20	青海省西宁市	中国藏毯之都
21	新疆维吾尔自治区和田地区	中国手工羊毛地毯名城
22	浙江省杭州市临平区	中国家纺名城
23	江苏南通国际家纺产业园	中国纺织产业基地市
24	山东省滨州市	中国纺织产业基地市

供稿单位：中国家用纺织品行业协会

长丝织造行业

2022 年中国长丝织造产业集群发展报告

长丝织造产业是纺织工业重要的面料制造环节，是产业规模优势的集中体现，是实现价值的重要节点，在行业发展中发挥着基础性作用。长丝织造行业也是增长最快的纺织产业之一，化纤长丝织物产量从 2000年的 41 亿米上升到 2021 年的 557 亿米，年平均增速超过 13%。

长丝织造有明显的产业集聚现象，形成了多个各具特色的产业集群。近年来，长丝织造产业集群紧扣高质量发展主题，不断巩固、发挥产业优势，引领全行业提升基础能力和产业链现代化水平，实现了由单一规模扩张向注重产品技术创新和品质提升的转变。

一、产业集群基本情况

截至 2021 年 12 月，我国长丝织造产业集群拥有 1个名城、6 个名镇，分别是江苏省苏州市吴江区的盛泽镇、七都镇和平望镇，浙江省的长兴县、长兴县夹浦镇、嘉兴市秀洲区王江泾镇以及福建省的晋江市龙湖镇。目前，江苏省宿迁市泗阳县经济开发区、盐城市大丰区小海镇，河南省的周口市太康县、太康县先进制造业开发区和信阳市淮滨县已经有明显的产业集聚现象，安徽省宣城市郎溪县、湖北省黄冈市罗田县、江西省九江市德安县的化纤长丝织造产业也已呈相对集中态势。

从产业规模来看，据协会统计，2021 年底我国长丝织造行业织机规模达到 79.5 万台，其中喷水织机 73万台，同比增长 7.4%。据统计，苏南、浙江、福建等原有产业集群喷水织机规模为 42.4 万台，苏北、安徽、河南、湖北、江西等新兴产业集群喷水织机规模为 30.6 万台。传统产业集群规模基本稳定，正处在提高产量，调整产品结构、提升产业附加值的关键时期；新建集群规模仍处于扩张期，产能还未完全释放。中国化纤长丝织造产业集群已逐步发展为"以沿海发达地区为产品研发和销售基地，以中西部地区为产品生产加工基地的产业分工格局"。

各产业集群特色鲜明，各有侧重，又自成体系，共同形成了中国强大的长丝织造供应链网络，在推动企业专业化分工协作、有效配置生产要素、降低创新创业成本、节约社会资源、促进区域经济社会发展、提升产业国际竞争力等方面发挥正着重要作用。

二、产业集群发展情况

经过多年的发展，我国长丝织造产业集群已逐步发展壮大，集聚了一大批上下游从事化纤、织造、印染生产的企业，已经形成从化纤纺丝、织造加工、印染整理、服装制造和市场销售等较为完整的纺织产业链。同时也形成了原料采购、产品销售、物流配送、信息流通、技术咨询等全流程的供应链体系。一些地区的集群销售收入占本地企业的 80% 以上，产业集群对区域经济的支撑作用不可忽视。

目前，盛泽镇拥有纺丝、织造、印染及后整理加工为一体的完整产业链优势，有十几万台无梭织机，生产加工能力居行业领先水平，约占全国化纤面料产量的 1/5，产品种类丰富。位于盛泽镇的东方丝绸市场和位于柯桥区的中国轻纺城市场是全球化纤长丝纺织品的集散中心，全球超过一半的化纤面料在此进行交易。平望镇产品种类较为丰富，在仿真丝、仿麂皮、户外休闲运动服装面料等领域都有涉及，也是全球单体最大的全消光熔体直纺聚酯纤维生产基地之一。长兴县是全国里子布、床品用磨毛布、窗帘布和产业用衬布的主要生产地区。龙湖镇是我国户外运动用面料的主要生产地区。王江泾镇以仿真丝类、特色女装类产品为主。七都镇以床品、窗帘等家纺类产品为主。

三、集群发展举措及成效

近三年来，各产业集群产业结构不断完善，一方面资源向优势企业靠拢，研发力量增强，技术进步与创新有所突破，数字化水平明显提升；另一方面各集群产业链不断完善，产品应用领域不断扩展，尤其是产业用领域发展潜力巨大。

1. 科技创新实力强劲　为促进产业高质量发展，各产业集群积极营造有利于创新创业创造的良好发展环境，推动制造业优势产业和企业增产增效、做大做强。引导企业与科研机构开展精准对接，支持校企共建研发平台，推进一批产学研合作项目，鼓励企业积极申报技术专利，推动应用功能性差别化纤维、高档面料、高性能产业用纺织品等产品研发。行业科技创新取得新进展。

2. 绿色生产成果显著　在环境保护和绿色生产方面，各产业集群在污水 100% 处理的基础上，加大了中水回用的力度，目前各主要产业集群喷水织机污水处理率均已达100%，中水回用率大幅提升。当前，中国长丝织造产业集群污染治理能力得到显著提升，纺织企业废气、废水实现有效处理，整个产业实现了绿色化、清洁化发展。

3. 数字化进程步伐加快　各集群积极探索"传统产业+数字"的发展新模式，大力推进工业互联网建设，推动工业企业数字化转型升级，推动数字经济和实体经济深度融合。运用"工业互联网+"，实现智能制造，创造纺织行业规模制造新优势。其中，夹浦镇以"散户入园"为契机，以小微园数字化转型为核心，全力打造小微园综合服务中心，以纺织云平台为载体，建立健全共享机制，实现纺织产业数字化管理。

4. 产业协同效果增强　在产业协同发展方面，各产业集群在协会的引导下，积极鼓励中小企业引进新装备、新工艺和新产品，大力引进营销、技术、管理人才，走"专精特新"之路；落实支持中小企业发展政策，发挥产业基础优势和龙头企业领军作用，推动中小型企业与龙头企业建立稳定的产、供、销关系，培育纺织服装行业全产业链。同时，鼓励企业积极发展产业相配套的商贸、金融、科教等服务业，推动产业由单一功能向综合功能转变。

5. 多措并举引领产业转型升级　为响应国家产业集群号召和更好地满足市场需求，各传统产业集群以建设高水平的产业集群为目标，多措并举加快集群的转型升级，提升发展能力；强化产业规划引导，促进产业集群科学有序发展；提升龙头骨干企业带动作用，强化专业化协作和配套能力；加强区域品牌建设，推动要素集聚和价值提升；提高产业集群信息化水平，建设智慧集群；提升创新能力，增强集群竞争优势；提升公共服务能力，支撑产业集群转型升级。

四、面临的形势

化纤长丝织造产业是纺织的新兴产业，也是竞争力强劲的产业，产品种类多、功能丰富、开发空间大。同时，产业投资省、效率高、进入门槛低，因此近年来产能明显扩张。集群以中小企业为主，面临着适应世界百年未有之大变局的考验和构建"双循环"新发展格局的要求，发展环境错综复杂，不稳定性不确定性因素增强。行业面临的形势主要有：

一是生产要素制约。中国长丝织造产业集群主要集中在环太湖地区，盛泽镇、王江泾镇、长兴县等地受环境容量制约，土地、环保等资源要素匮乏，导致企业扩产能、上新项目受到制约。加之水、电、天然气等价格上涨，企业规范运行成本增加，技改内生动力不足。

二是内外需求不振。在国际政治经济形势严峻、疫情散发、欧美通胀高企、原油价格震荡等外部环境的影响下，企业订单少、批量小、交货急、利润薄。从市场需求来看，多重因素影响下，中低收入消费群体缩减非刚需开支，纺织服装行业的消费需求动力不足，市场前景存在较大不确定性。

三是同质化竞争严重。当前，普通低档产品正面临前所未有的激烈竞争，只能依靠低价来销库存、保生产，经营销售难有突破，在行情不好的时候，依靠大规模批量生产的企业往往容易经营困难，利润空间日益微薄。

四是自主创新不足。现阶段，还有相当一部分长丝织造企业缺乏自主创新能力、产品研发能力。产业集群有利于技术在集群内企业间推广，但也会在一定程度上遏制企业自主研发的动力，导致同类企业的产业结构进一步趋同，集群技术创新模仿有余而消化吸收及自主创新不足。

五是人才短板明显。当前，产业集群内中小企业发展面临人才缺乏的困境，一线工人老龄化、青黄不接，"一线工人断供、技术工种断代"风险正在加大；同时缺少专业人才，特别是新产品研发、软件设计、自动化生产、数字化改造、时尚设计、品牌策划、企业管理等方面的专业人才。

五、发展重点及方向

1. 提升产业集聚度　以"总量控制、等量置换、兼并重组、淘汰落后"为核心，以"属地管理、因地制宜、内部消化"为方针，积极推进织造产业产能整合。另外，积极提升纺织产业集群辐射力，鼓励集群创新发展与优势纺织品区域布局规划、目的地市场建设有机结合，引导龙头企业强化产品、技术、品牌创新，进一步拓展市场。

产业集群还需整合土地资源，积极引导企业改建多层厂房，提升厂房容积率，提高产业承载空间，壮大产业集群，为企业提供规划更科学、配套更完善的发展空间，扩大产业集群优势。

2. 做大做强优势产业　随着我国长丝织造产业的快速发展，常规化纤产品在产能相对过剩、生产成本上涨等因素的影响下，竞争力逐渐被削弱。各产业集群需根据自身特点，通过引导企业主动调整产品结构，主攻优势产品，逐步提高产品质量和附加值，有效规避常规化纤产品的低价竞争。

3. 重视"专精特新"企业培育　深入开展"标杆企业培育"专项行动，强化高新技术企业成长分类扶持和靶向服务，持续更新高企培育库。梯度培育创新型领军企业、制造业单项冠军企业和"专精特新"企业，加快实现科技成果转化。建设完善中小企业服务平台和创业创新平台，健全中小微企根据不同阶段企业空间、资金、人才、市场推广等差异化需求，构建梯度培育机制，强化专项支持政策和精准化、个性化服务指导，助推企业加速成长。

4. 提升产业数字化水平　持续推进纺织企业数字化车间、智能工厂建设，着力打造"未来工厂"，鼓励企业引进国内外先进的自动化生产设备、流水线，实施"机器换人""机器人换人"；引导已成型的企业对现有设备进行改造，提升设备自动化、数字化、智能化程度。重点支持龙头企业推进工业技术软件化，形成细分领域基于数据智能分析的软件应用，打造行业智能制造标杆。协助企业构建信息处理中心，集成数据收集、处理及应用，提升企业现代化管理水平。

5. 强化技术创新和产品创新 围绕纺织产业链"短板"和"卡脖子"技术，支持集群内企业积极参与国家、省重大科研项目"揭榜挂帅"，开展关键技术、共性技术和前沿技术攻关。支持龙头企业牵头组建创新联合体，强化龙头企业与中小企业的创新协同，组织实施一批产业链协同创新项目，推动产业整体创新能力提升。进一步集聚和优化行业创新资源，为纺织产业发展提供技术研发、工业设计、检验检测、知识产权、人才培育、成果转化等全链条创新服务。引导企业差别化发展，着力提升产品创新和产品品质，培育产品可持续创新能力，走创新驱动发展之路。鼓励企业自主创新，培育具有自主知识产权的核心产品，促使企业提高产品附加值，防止低档次竞争，实现纺织服装产业的可持续发展。加大产品开发力度，找准市场定位，坚定不移地提高产品附加值和经济效益。

6. 加强品牌培育 积极培育发展前景好、创新能力强、管理水平高的龙头企业，鼓励龙头企业做大做强做优，强化龙头企业的示范引领作用，依托龙头企业的品牌影响力助力产业集群影响力的快速提升。

7. 注重人才培养 在人才培养方面，各集群政府应积极引导企业对员工进行系统培训，不断挖潜人才创新潜力；在企业管理方面，针对集群内当前仍有不少企业是家族管理模式，集群政府应引导企业了解现代企业制度，并帮助企业在管理方式方法上转型，顺利向企业发展的第二阶段迈进。

8. 绿色制造、清洁生产 集群要引导企业继续全面无死角地落实喷水织机污水处理和不断提高中水回用率，并按照绿色生产要求，积极推广和倡导企业采用清洁生产技术，采用无害或低害的新工艺、新技术，开发应用新型绿色纤维、绿色染化料和助剂等，大力降低原材料和能源消耗，实现少投入、高产出、低污染的目的。鼓励企业开发再生资源主题产品，积极推广使用再生纤维和再生能源。主动建设绿色工厂，引导绿色生产，发展绿色园区，实现生产过程集约化、清洁化和智能化，打造绿色供应链，构建从原料、生产、营销、消费到回收再利用的全产业链绿色循环生产体系，推动全行业可持续发展。

9. 主动融入双循环 集群需引导行业企业增强信心，理性认识原料价格波动和市场需求变化，合理安排生产；深刻认识错综复杂的国际环境带来的新矛盾新挑战，增强机遇意识和风险意识，防范化解各类风险隐患。要把工作重点放在提高发展质量上，办好自己的事，充分发挥产业链供应链优势，加大研发投入和科技创新，提高发展质量，提升产品档次，提高国际竞争力和话语权，主动融入双循环发展新格局，在危机中育先机、于变局中开新局。

供稿单位：中国长丝织造协会

产业用纺织品行业

2022 年中国产业用纺织品产业集群发展报告

自 2002 年中国纺织工业联合会开展产业集群试点工作以来,中国产业用纺织品行业已经先后推荐有 17 家地方政府集群参与试点。这些集群涵盖了医疗与卫生用纺织品、土工用纺织品、建筑用纺织品、过滤与分离用纺织品、合成革用纺织品、绳(缆)网类、线带类纺织品、衬布等领域,主要分布在浙江、江苏、山东、湖北、福建、河北、辽宁等地区。产业集群已经成为中国产业用纺织品行业的重要组成部分,在各个产业集群内部围绕核心产业积聚了大量相关企业,企业之间既有良性竞争也有上下游企业间合作,产业集聚优势和辐射效应进一步显现,为地方经济的发展和行业转型升级做出了重要贡献。近三年以来,行业新增产业集群 3 家,试点集群中已有 4 家集群的年经济规模超过 100 亿元。

产业集群作为区域性具有专业化特征的生产系统、创新系统和公共管理系统的统一体,既是广大企业聚集和地方经济发展的重要载体,也是区域创新体系的重要组成部分,更是我国各项经济政策的直接作用体,也是当前我国产业结构调整和转型升级的重要着力点。

"中国过滤布名城"浙江省天台县 2002 年 12 月成为中国纺织工业联合会第一批试点单位,是我国产业用纺织品行业领域最早的产业集群之一。截止到 2021 年 12 月 31 日,产业用纺织品行业 17 家产业集群分布为:浙江 5 家,江苏 4 家,山东 3 家,湖北 2 家,福建、河北和辽宁各 1 家。这些产业集群主要从事非织造布原料、卷材、设备等生产销售,产品涉及医疗与卫生用纺织品、土工用纺织品、过滤与分离用纺织品、革基布等类别。

我国产业用纺织品是新能源、新材料、环境保护、医疗卫生等领域不可或缺的基础材料,国内大力发展新兴产业的举措给产业用纺织品带来了广阔的成长空间。而产业用纺织品产业集群作为我国纺织工业的重要组织形式,在各级政府的推动下得到了快速发展。2002 年我国产业用纺织品的纤维加工总量只有 208 万吨,到 2021 年底已经达到 1938.5 吨。行业规模以上企业的非织造布产量 2002 年为 63.25 万吨,2021 年达到 820.5 万吨。

根据国家统计局数据,2021 年产业用纺织品行业规模以上企业(非全口径)的营业收入同比下降 13.3%,但两年平均增长 13.9%;利润总额同比下降 58.7%,但两年平均增长 19.2%。

2021 年,随着防疫物资相关产品销售及价格的回落,行业的盈利水平出现明显下滑,与此同时,营业成本的增加也是导致行业盈利能力下降的另一个重要原因。根据协会统计,2021 年样本企业的原材料价格指数达到 87.4,相比 2020 年(70.9)和 2019 年(53.7)涨幅明显,样本企业中 60% 的出口企业表示海运费的上涨对其生产经营产生较大影响。

截止到 2021 年 12 月 31 日,中国产业用纺织品行业协会的主要经济指标见表 1~表 4。

**表 1　2021 年中国产业用纺织品行业纤维
加工量(按应用领域计算)**

类别	纤维加工量 (万吨)	同比 (%)
医疗与卫生用纺织品	381.2	-11.3
过滤与分离用纺织品	170.3	5.3
土工用纺织品	124.7	6.9
建筑用纺织品	95.5	8.5
交通工具用纺织品	73.8	2.9
安全与防护用纺织品	50.2	12.6
结构增强用纺织品	139.5	0.5
农业用纺织品	87.8	2.5
包装用纺织品	122.7	4.9
文体与休闲用纺织品	46.9	3.8
篷帆类纺织品	281.0	4.9
合成革用纺织品	107.5	-0.8
隔离与绝缘用纺织品	52.2	4.4
线绳(缆)带类纺织品	92.9	9.6
工业用毡毯(呢)类纺织品	56.3	10.4
其他	56.0	3.9
合计	1938.5	1.2

数据来源:中国产业用纺织品行业协会

表2　2021年我国产业用纺织品行业主要经济指标增速（规模以上企业）

项目	单位	产业用纺织品	非织造布	绳、索、缆	纺织带和帘子布	篷、帆布	其他产业用纺织品
营业收入	%	-13.3	-22.2	8.8	18.2	23.0	-20.2
营业成本	%	-7.5	-14.3	7.7	15.0	23.0	-15.0
毛利率	%	16.3	16.4	14.3	15.3	16.6	17.0
	百分点	-5.3	-7.7	0.9	2.4	-0.0	-5.1
利润总额	%	-58.7	-69.8	19.1	72.7	38.7	-62.5
利润率	%	5.5	5.5	4.9	5.1	6.4	5.5
	百分点	-6.1	-8.7	0.4	1.6	0.7	-6.2
产成品周转率	%	17.6	17.8	19.2	15.9	13.7	21.1
总资产周转率	%	1.2	1.1	1.2	1.3	1.4	1.1

数据来源：据国家统计局数据整理

表3　2021年产业用纺织品行业及主要产品出口情况

产品名称	出口额（亿美元）	出口额增速（%）	出口量增速（%）	出口价格增速（%）
产业用纺织品行业	538.7	-44.9	-6.2	-41.3
未列名纺织制成品（含口罩）	129.4	-75.2	-13.1	-71.5
非织造布	45.4	-10.0	-1.3	-8.9
毡布、帐篷	44.0	49.6	96.2	-23.7
产业用涂层织物	42.7	34.9	23.7	9.0
线绳（缆）带纺织品	30.6	23.4	18.9	3.8
尿裤卫生巾	25.2	11.3	6.7	4.4
帆布	24.6	29.3	18.9	8.8
合成革、革基布	23.5	42.2	26.4	12.5
非织造布制防护服（含医用防护服）	21.8	-80.3	-51.1	-59.6
产业用玻纤制品	21.2	32.3	13.3	16.8
包装用纺织品	18.4	22.6	-63.4	234.9
医用敷料	13.0	10.6	4.3	6.1

数据来源：据中国海关数据整理

表4　2021年产业用纺织品行业及主要产品进口情况

产品名称	进口额（亿美元）	进口额增速（%）	进口量增速（%）	进口价格增速（%）
产业用纺织品行业	72.2	-11.4	-11.4	0.0
非织造布	10.6	-5.9	-17.0	13.4
产业用玻纤制品	8.4	10.4	5.6	4.6
产业用涂层织物	6.9	25.7	13.3	10.9
尿裤卫生巾	6.3	-21.3	-27.3	8.2

续表

产品名称	进口额（亿美元）	进口额增速（%）	进口量增速（%）	进口价格增速（%）
结构增强用纺织品	6.0	15.2	3.4	11.4
安全气囊	5.8	7.8	7.3	0.4
医用敷料	2.9	19.1	-33.5	79.2
线绳（缆）带纺织品	2.9	21.2	6.5	13.8
合成革、革基布	2.5	-0.1	-2.7	2.6
未列名纺织制成品（含口罩）	2.5	-79.6	-61.4	-47.1
安全带	2.3	8.4	-1.4	9.9
线绳（缆）带纺织品/线	2.2	-9.3	-9.2	-0.1

数据来源：据中国海关数据整理

一、我国产业用纺织品产业集群的特征

中国产业用纺织品行业的产业集群所从事的行业多与国家的环境保护、医疗与卫生、基础设施建设等领域密切相关，近些年国家在这些领域的大规模投资直接刺激了相关产业集群经济的快速发展。如江苏省阜宁县的环保滤料产业、山东省德州市陵城区的土工材料产业、湖北省仙桃市的医疗与卫生纺织品产业、江苏省支塘镇的非织造布及非织造设备产业等在国家相关政策的推动下得到了较快发展。

山东省德州市陵城区连续多年举办土工合成材料院士论坛或产业创新发展论坛，推动行业技术交流，带动集群技术升级；陵城区专门成立了德州市产业用纺织材料产业技术创新联盟，推动产业的技术进步和转型升级。全区土工合成材料产业共有各类企业198家，其中规模以上企业89家，均为民营企业，目前，全区现有各类土工合成材料生产线500多条，可年产各类土工合成材料80万吨，是全国规模最大、品种最全的土工合成材料生产基地之一。

江苏省常熟市支塘镇利用挂职科技特派员开展《蓝火计划》的契机，分别与天津工业大学、南通大学紧密合作、积极为无纺产业集群企业搭建产、学、研合作平台，多次组织相关企业到大专院校进行洽谈合作事项，有关院校也组织了相关专家、教授来产业集群和企业进行考察和商谈，从而进一步加快了企业科技创新的步伐。

福建省尤溪县专门编制了《尤溪县纺织工业发展规划》，并陆续出台了《关于进一步扶持纺织企业加快发展的若干办法》《进一步加快纺织产业转型升级实施方案》《纺织企业技术改造专项行动计划》及贷款、财政支持等一系列政策措施，重点扶持革基布产业的发展，已经取得了较为明显的成效。

河北省安平县拥有全国丝网专业展会——中国安平国际丝网博览会，同时积极组织当地企业家走出去，参加产业用纺织品行业组织的各类展会和发展论坛，交流技术，开拓视野，这些都取得了良好的效果。安平县重点推动建设和完善了公共服务平台，分别是政策平台、园区平台、物流平台、研发平台、检测平台、市场平台、会展平台、信息平台、人才平台等九大平台，全方位为集群和企业提供周到服务，推动丝网织造产业发展和升级。

山东省惠民县的绳网产业服务平台建设日趋完善。一是山东滨州绳网产业集群服务中心已挂牌运营。服务中心是主要面向全县绳网中小企业的一站式、专业性、综合性服务平台。二是中国（李庄）绳网会展中心项目完成规划设计，正在抓紧进入施工阶段。三是惠民绳网质量检测中心挂牌成立，进一步推动惠民绳网质量检测、技术研发工作迈上新台阶，同时加快了行业标准制定步伐。四是惠民县与中国网库集团联合，力争用1~2年的时间打造50个绳网品牌，实现网络销售收入50亿元的目标。

浙江省平阳县萧江镇重点推进技术研发和产品开发。一是以企业技术中心为主体，打造研发平台。镇塑包纺织行业共有省级企业技术中心1个，县级企业技术中心8个。三年来，萧江镇塑包企业不断加大研发投入力度，实施科技创新。二是以中国塑包纺织产业峰会为载体，打造塑包纺织产业交流和展示平台。三是以相关学会为依托，打造产业创新联合体。

浙江省长兴县的衬布、非织造布产业正在逐步从原来的中低档热轧非织造布衬布向经编、圆机、喷水织机等中高档有纺衬布转型，逐步由原来单一、低附加值产品向高附加值产品提档升级。集群的衬布和非织造布企业竞争实力不断提升，涌现出浙江金三发、紫琅衬布、王金非织造布、盛发印染、莱美科技等一系列龙头引领企业，并形成了名牌产品梯队格局等等。

行业集群经营主体发展特点：

1. 互惠共生 产业集群这种共生体的形成会导致经济组织内部或外部的直接或间接的资源配置效率的改进，既能够带来经济组织效益的增加，也能带来整体社会福利的增加。产业集群共生能产生大量剩余，从而使集群内创新的参与者取得合作的好处而增强各自的实力，进而取得集群外的竞争者无法得到的创新优势。

2. 竞争协同 专业化分工相互协作是产业集群的一种主要创新方式。企业的空间集中，提高了竞争强度，同行竞争更趋激烈，迫使企业不断创新和降低成本，形成了集群的竞争协同性。集群内的企业尽管存在创新的相互依赖，但逐利是企业的本性，因此群内的企业之间也存在竞争，而且这种竞争遍布于集群的各个角落。竞争使企业始终保持足够的动力和高度的警觉性和灵敏性，并在竞争中发展壮大。

3. 相互依存 集群企业内部成员不是孤立的个体，而是深深根植于当地社会文化、历史传统、制度和空间背景中的单元，其创新过程也根植于当地复杂社会文化环境和制度环境中，产业集群合作创新正是依赖于这种根植性而强化了产业集群创新的路径依赖。

4. 知识资源互补 用户、供应商和分包商以及企业交流信息并进行相互学习时，强化了包括创新过程中的企业间和其他机构成员，像大学和其他高等教育机构、私立和公共研究试验室、咨询和技术服务商及管理机构的良性互动。

5. 组织的开放 产业集群经营主体能够保持创新网络与外界资源的互动，尤其是对国内外相关产业技术发展和市场信息的及时了解，保证创新活动适应外部环境的最新变化，提高了与国内国际市场的对接能力。

二、我国产业用纺织品产业集群发展的成绩

1. 集群所在地政府重视集群工作，公共服务逐步完善 各地方政府将集群作为发展经济的重要载体，对集群工作给予了重要支持。地方政府与专业机构合作制定行业发展规划，确定产业发展的战略目标、重点任务和实施方法，并就企业的发展在土地、用电、信贷和设备购置等方面给予了很多优惠政策，帮助企业快速发展。地方政府有专门的领导联系重点企业，协助企业解决发展过程的问题。政府还积极完善各种公共服务，打造面向企业的研发、检测、融资、信息和人才培养的服务平台，解决企业发展的共性问题。江苏阜城街道办事处通过市场手段规范行业发展，引导企业在科技、品牌、营销上创新，与协会和检测机构共建公共服务平台，非织造布企业的规模、产品档次和品牌影响力都得到了迅速提高，产业竞争力全面提升。

2. 关键技术在产业集群发展过程中发挥了重要作用 各产业集群将提高技术创新能力作为产业发展的重要突破点。首先鼓励企业进行技术创新，对于技术创新活动给予资金支持。还鼓励企业与中国工程院、东华大学、天津工业大学等高校和科研院所联系，在产品开发、高端人才引进和专业技术人员培养等方面展开合作。浙江天台县把推进技术创新作为转变增长方式的主要手段，以环保滤料科技研发为平台，加强与东华大学、东南大学等高校及科研院所的紧密合作，鼓励企业重点开发高温空气过滤、水过滤领域的新产品。湖北省彭场镇将医疗卫生产品创新作为企业转型的动力。针对国际市场严峻，仅仅生产传统卫生用纺织品企业生存压力非常大的状况，骨干企业注重技术创新和新产品开发，将产品结构向医疗用纺织品升级，提高了企业的竞争力，避开了企业发展的瓶颈。

3. 集群内骨干企业快速发展 骨干企业在集群的发展中能够发挥极强的带动和示范作用，政府对骨干企业的发展给予了大量的支持，同时还通过招商引资引入外地企业入驻集群，提高了集群的活力和发展动力。山东宏祥化纤集团不仅是德州陵城区土工集群的骨干企业，同时也是国内土工行业的领头羊，为当地产业的发展培养了大量的经营、管理和技术人才，培育了大量的同类企业，使得产业不断发展。江苏阜城街道办事处通过招商，引进上海科学研究院和大连华隆环保有限公司等行业内骨干企业入驻，带动当地的江苏东方滤袋环保有限公司、江苏阜升环保有限公司、江苏蓝天环保有限公司等当地企业也快速发展，这些企业的规模、技术水平和盈利状况与行业内的上市公司已经"并跑"，甚至部分有所超越。

4. 集群内产业链日渐完善 产业集群日益认识到只有在集群内部形成相对完整的产业链条才能充分发挥产业集群的竞争优势，降低交易成本，提高盈利能力和抵抗市场风险的能力，所以产业集群将完善产业链条作为一项重要的战略。湖北省彭场镇主要生产各种医疗与卫生用纺织品，在发展过程中，产业链向上游延伸，生产非织造布卷材并进行功能性整理，基本满足了自身发展要求，彭场镇还通过引入恒天嘉华，补足了高端医用纺织品原料的短板。江苏省阜城街道办事处的骨干企业向上游原料产业发展，投资高性能纤维原料项目；部分企业向下游发展，发展与滤袋配套的过滤器生产和安装工程服务，向用户提供系统服务，不仅能够获得更多的利润，而且还提高了集群作为一个整体对用户的品牌影响力。

5. 行业协会对产业集群发展提供了大力支持 中国产业用纺织品行业协会将产业集群作为推动行业发展、提供专业化产业服务的重要平台。协会领导每年对产业集群进行调研，了解集群发展状况，诊断集群发展过程中存在的问题并向中国纺织工业联合会和国家相关部门汇报反映，给集群产业发展和企业的经营提供咨询建议，引导集群有序健康发展。每五年制定一次行业发展规划，指导产业发展。协会每年定期召开一次产业集群工作会议，交流各地的发展经验，提供合作机会，研讨发展中的重点问题。与产业集群共同举办技术和市场活动，帮助集群解决技术难点，提高集群的区域品牌影响力。

三、对我国产业用纺织品集群的探讨

现象一：产业集群内企业普遍存在突出表现为创新意愿比较强，但"技术、市场机会认知度较低"的强烈反差，存在"心欲腾飞力不足"的问题。

现象二：产业集群内企业的研发机构设置数量有所提高，但是普遍存在"质量不高"的现实，公共技术平台建设和合作研究需要产业集群资源再凝聚。

现象三：产业集群内企业的"产品开发和商业化能力"急需提升。无论是传统还是新兴产业集群都面临产品开发和商业化能力提升的问题。

现象四：产业集群开发激励政策的制定最为迫切。传统产业集群的"低端锁定"有待突破、产业基础高级化和产业链现代化是中国产业集群发展过程中最紧迫而重要的问题。

现象五：各产业集群要制定与国内国外"双循环"理论发展相关的发展规划，从新产品研发、行业标准制定、市场拓展等方面制定长远谋划，力争从"跟跑"变为"领跑"。

四、我国产业用纺织品产业集群发展启示

要从"规模导向"转变为"创新导向"，以"创新能力"提升作为各项集群政策制定的核心价值导向。政府的政策引导社会资源的配置，发挥了关键导向和杠杆作用。

要从"产业分割"转变为"融合发展"，以技术融合发展作为产业集群政策制定的基本思路。既定的基于统计意义的产业划分，以及基于"高技术"和"低技术"的产业划分都不符合产业集群发展的客观实际。

要从"低水平竞争"转变为"高水平竞争"，将领军企业培育作为产业集群政策制定的突破口。领军企业是产业集群内产业链各环节分工的"组织者"、是链接产业集群内外部创新资源的"桥梁"、是集群内其他企业最直接的"示范者"、是高水平竞争的"驱动者"。

要从"单打独斗"转变为"系统发展"，以建立高水平的产业配套体系作为产业集群政策制定核心内容，中国产业用纺织品行业协会制定的"十二五"规划、"十三五"规划，真正释放"集群互动优势"，形成"集群创新体系的力量"指南。

要从"单点支撑"转变为"平台支撑"，以公共服务平台建设作为产业集群政策制定的重要支点，使我们认识到产业集群优势的发挥在于"共享"和"互动"。

供稿单位：中国产业用纺织品行业协会

服装行业

2022 年中国服装产业集群发展报告

产业集群是一种高度网络化的产业组织，是我国纺织服装产业发展重要的组织形态。服装集群体量庞大，在落实"六保""六稳"任务，实现保产业链供应链稳定，保市场主体及保居民就业，有效拉动地方经济"保基本民生"，实现"稳投资"中发挥着不可或缺的作用。

一、基本情况

截至 2021 年 12 月底，与中国纺织工业联合会建立了产业集群试点共建关系的纺织产业地区 210 个，其中以服装为主导的产业集群 64 个，占全部纺织产业集群的 30.47%。

64 个服装产业集群分布在 15 个省级区域，从地域分布来看，东南沿海的广东、福建、江苏、浙江五省的集群数量占据了半壁江山，数量达到 35 个；从产品品类上统计，生产休闲运动服装的集群最多，数量达 13 个，童装集群的数量紧跟其后，达到 10 个，服装制造集群 8 个，男装集群 6 个，羽绒、牛仔及裤业集群各 4 个，羊毛羊绒集群 3 个，皮革皮草、泳装、内衣集群各 2 个，女装、领带、衬衫、婚纱礼服、棉服、西装及防护服集群各 1 个。

据中国服装协会不完全统计，2021 年服装集群共有规模以上企业 4259 户（全行业 12653 户），实现营业收入 6080 亿元（全行业 14824 亿元），工业总产值 6546 元，其中出口交货值 718 亿元，利润总额 372 亿元。

2019—2021 年是不平凡的三年，受新冠肺炎疫情冲击、原料价格波动、货运价格高涨、部分地区限电限产等因素影响，2021 年服装产业集群各项指标较 2018 年同期均有不同程度的下降（表1），但从各项指标发生变化的比例中可以看出，服装产业依旧是有活

表 1 服装产业集群各项指标变化

指标	2018 年	2021 年	变化幅度
集群数量（个）	67	64	-3
规模以上企业（户）	5248	4259	-18.85%
工业总产值（亿元）	7349	6546	-10.92%
主营业务收入（亿元）	7128	6080	-14.70%
盈利总额（亿元）	408	372	-8.82%

注 2018 年及 2022 年数据均为不完全统计数据

力、有韧性、有担当的产业，服装集群在整个服装产业中发挥着中流砥柱的作用。

二、发展特点及创新点

（一）世界级产业集群先行区建设持续进行

习近平总书记在党的十九大报告中明确指出，支持传统产业优化升级，加快发展现代服务业，瞄准国际标准提高水平。促进我国产业迈向全球价值链中高端，培育若干世界级先进制造业集群，建设世界级先进制造业集群成为国家战略。近年来，中国纺织工业联合会积极开展世界级产业集群先行区试点的共建工作，各项工作陆续展开。2019 年以来，经过各地领先集群的申请、中国纺织工业联合会审核通过并建立试点共建关系的"世界级纺织产业集群先行区"共有 12 个，另有杭州市临平区艺尚小镇以及深圳市龙华区大浪时尚小镇两个"世界级时尚小镇先行区"共建试点。在这其中，有 5 个以服装为主导的产业集群参与建设世界级产业集群先行区合作（表2）。

表 2 以服装为主导的产业集群参与 建设的世界级产业集群先行区

地区	称号
山东省青岛市即墨区	世界级童装产业集群先行区
广东省东莞市虎门镇	世界级纺织服装产业集群先行区
江苏省常熟市	世界级秋冬装产业集群先行区
广东省深圳市龙华区大浪时尚小镇	世界级时尚小镇先行区
浙江省杭州市临平区艺尚小镇	世界级时尚小镇先行区

"世界级纺织产业集群先行区"和"世界级时尚小镇先行区"的建设将成为其他集群在发展规划、科技创新、品牌建设、绿色发展等方面的排头兵和引领者，对推进中国服装行业迈向世界产业链中高端，为我国实现时尚强国、制造强国、质量强国目标发挥重要作用。

（二）数智化水平显著提升

三年来，集群积极围绕产业链构建创新链，数智化水平显著提升，企业经营管理及生产制造水平取了长足的进步。常熟市积极推动与人工智能、大数据、区块链等数字科技融合创新，让数字经济成为推动常熟传统产业转型升级的新动能。积极对接致景科技、

飞榴科技等国内纺织服装领域知名数字化服务企业，切入产业链各环节，快速形成对常熟服装产业链的数字化服务能力和集聚效应，加速服装产业数字化转型；福建省石狮市引导纺织服装企业实施"机器换工"，支持纺织服装企业"上云上平台"，以卡宾服饰、鹏泰服饰等数字化改造示范项目为引领，大力推广建设智能制造单元、智能生产线、智能车间、智能工厂。2019年—2021年三年间全行业累计投入技改资金82.8亿元，年均增长18.5%；湖州市织里镇通过"童装产业大脑"建设，运用大数据和人工智能，开发"一键设计""一键用工""一键智造""一键团购""一键金融"五大功能模块，打破数据壁垒，疏通企业堵点，解决企业难点，破解童装设计、产业用工、产能调配、材料采购、金融需求等五大问题，实现资源互补和产能高效利用。

（三）产业结构不断优化

消费的分级和直播电商的蓬勃发展加速了渠道的分化，调整优化产品结构和产业结构以适应国内市场需求，成为服装产业必修课。浙江省海宁市是传统的中国皮革皮草服装名城，但皮革皮草类服装有明显的季节性特征，销售淡旺季明显。自2019年起，海宁凭借完善的产业链资源和雄厚的产业基础由"一季皮装"向"四季时装"扩张发展，并通过举办海宁中国服装（春夏装）展不断提升时尚服装特别是四季服装实力及对外影响力；河北磁县在童装产业上不断转型升级，服装由童装、劳保装扩展为童装、劳保装、学生装、西装、夹克、衬衣、长短裤、短裙、羽绒服等。品类的丰富不仅能优化产业结构，实现集群增收，更能为集群增强抗风险的能力，为高质量发展打下坚实基础。

步入新时代，高质量发展成为时代和产业发展的主旋律。产业发展空间是实现高质量发展的基础，在各地新增工业用地困难的情况下，盘活存量低效用地非常关键。浙江省平湖市一方面对服装等传统产业低小散企业加快腾退，鼓励企业创建"三名"企业，另一方面加快淘汰落后产能，加大"四无"企业（作坊）清退。三年间共淘汰整治"低小散"企业（作坊）1500家以上；辽宁省兴城市通过"依法退出一批、整合升级一批、培育壮大一批"，实现家庭作坊式生产向专业化生产转变。通过提供技术改造、金融扶持、供应链整合等措施，打造集工业厂房、仓储物流、孵化中心、库房及基本设施于一体的泳装产业园区。通过"腾笼换鸟"，集群的产业结构得到优化。

（四）区域合作多向深化

当前，城乡融合和城市群建设成为推动区域经济融合平衡发展的重要方向。随着时尚资源向东南沿海及中心城市迁移，卫星城市及中西部地区逐渐承接了制造产能。江西省于都县凭借良好的区位条件及丰富的劳动力资源，近年来大力推动服装业发展，从土地、资金等层面出台具有比较优势的"服装十条"优惠政策，加快产业承接、招大引强步伐，吸引了200余个国内知名品牌入驻，实现产业规模化集聚，形成了近三年年均复合增长率5.91%的"于都速度"；海宁牢牢抓住杭州杭派女装优质产业资源向外加速转移的契机，依托杭海新区完善的时尚产业配套成为杭派女装的主要承接地，2021年的工业生产总值较2018年逆势增长15.57%。

他山之石可以攻玉。产业集群间走访、协作、联动不断。中山市沙溪镇探索"飞地"联动发展，联合国内、省内、市内集聚基地资源，组织企业到杭州、宁波、江阴、石狮等集群地学习产业发展先进经验，形成优势互补、错位发展、产业联动、合作共赢的区域经济格局，提高集群吸引力，协同参与"粤港澳大湾区时尚走廊"建设。2020年，虎门童装品牌企业联合会在赴江浙考察交流期间，与温州市瓯海区童装批发商会正式签订了《友好商会协议书》，双方成为友好合作商会。还常态化举办虎门服装服饰企业交流会，整合协会内部资源，促进协会会员面辅料企业与服装企业现场对接，促进产业链上下游企业合作。

（五）彰显社会责任与行业担当

2020年初，新冠肺炎疫情突如其来，防护服等抗疫物资告急。服装产业积极响应国家部署和号召，再一次承担起应有的社会责任，以高度的国家情怀和行业担当转产防疫物资，为我国的防疫工作作出了基本保障与重要贡献。辽宁省丹东市、河北保定市容城县、江苏省常熟市、福建省晋江市、山东省汶上县等多地纷纷出台相关措施鼓励并引导具有资质的企业转产防疫物资，为疫情防控应急物资储备保障做出了重要贡献。作为老牌轻纺名城，丹东纺织产业基础雄厚，但没有一家企业专门生产防护服，企业纷纷临危受命、快速转产。2020年12月，高新区被中国纺织工业联合会授予"中国防护纺织名城"称号。如今，丹东已发展成为我国东北地区最大的防护服生产基地，高新区防护服日产能已达到40万套/天，医用口罩日产能达到180万个/天，产量占辽宁省产量的80%，出口量占全国的15%。福建省晋江市工信局牵头出台鼓励企业转产疫情防护应急物资11条措施，争取市财政1400万元专项资金定向激励企业转产疫情防控应急物资，并组建工作专班全面包办、代办转产企业除生产之外的一切事务，以保障转产企业全身心投入生产组织。2019年底至2020年疫情期间，全市累计有超过278家企业转产防疫应急物资，口罩、防护服等产品从零起步，至高峰期时日产量达到2000万片、20万套以上，实现了"半个月造出一个新产业"的晋江速度。

（六）全面服务纵深推进

纺织服装行业具有多业态融合、产业纵深长的特征，服装产业的发展不仅离不开链上各环节企业的运转，离不开跨地区、跨产业的合作，也离不开物流、金融等产业的辅助和支持。时至今日，单一部门的引领与支持力度已显力道不足。产业的发展需要从更高层次、更大范围调动各路资源，全方位畅通产业链要素循环。

纺织服装产业是很多省份重点发展的产业方向之一。截至 2022 年 5 月底，全国共有 7 个省级行政区在纺织服装产业链/开发区中实行链长制，由省级领导牵头，直接负责产业链的发展。

在服装集群所属的 44 个市县中，有 21 个采取了"链长制"工作机制，政府的全面服务向纵深推进。2019 年 2 月，山东省汶上县委、县政府相继出台了《关于实施县级领导包保重点工业企业的通知》，13 位县级领导负责包保 30 家重点企业，以季度为频率对重点企业进行深度走访，并制定个性化扶持政策，精准扶持，推动全县工业经济高质量发展。2020 年 5 月，荆州市沙市区岑河镇出台政策，对所有落户项目实行"一个项目、一名区领导、一个工作专班、一个项目秘书"的专项服务，替企业解决后顾之忧。2021 年 3 月，市委办公室市政府办公室印发《市领导挂钩联系重点产业链工作方案》的通知，明确聚焦品牌服装等 4 条特色优势产业链。通过强链专班支撑保障、专属政策固链稳企等措施，加快推动创新链和产业链"双向融合"，着力增强产业链的稳定性和竞争力。

（七）绿色发展深入人心

近年来，暴雨、高温等极端天气频发，人们深感恶劣气候带来的不便性与绿色发展的紧迫性，双碳目标被纳入经济社会发展全局，绿色发展成为各行各业的价值共识。中国纺织工业联合会于 2021 年 6 月正式启动了"中国时尚品牌气候创新碳中和加速计划"，计划将在有关部门指导下和技术机构支持下，推动一批中国纺织服装行业品牌企业、制造企业参加"30·60 中国纺织服装碳中和加速计划"，推动重点产业集群开展"气候创新 2030 行动"，并引导气候创新行动碳中和先行示范。随后集群纷纷支持响应，盛泽镇发布了《盛泽纺织产业集群碳中和愿景》，柯桥区发布了《中国绍兴·柯桥气候行动宣言》，艺尚小镇所在的杭州市临平区发布了《"碳达峰、碳中和加速计划"倡议书》，三个集群先后官宣加入中国纺织工业联合会"气候创新 2030 行动"。

根据"绿色"这一中国纺织服装行业的新定位，三年来各地集群同心协力并取得了一定的成效，企业用能结构逐渐优化、单位产品综合能效明显下降。青岛市即墨区通过推进清洁生产和精益生产来降低消耗，减少回修，提高坯布利用率，减少废品率；通过工艺创新，重点突破节能、节水、节材及环保清洁型关键共性技术，积极研究采用少水或无水印染工艺技术，缩短工艺时间，实现节能降耗。通过推进精益生产，加强生产环节的精细化管理，杜绝在采购、过量生产、库存、运输、质量缺陷等方面的浪费，以最有效的方式降低成本、提高工效、增加效益；中山市大涌镇内所有重点污染物工业废水处理率达 100%，污水回用率达 60% 以上，处理后排放的工业废水中 COD（生化需氧量）不高于 50mg/L，低于国家和省标准达标排放，镇内洗水企业均通过专家组验收成为清洁生产企业。

（八）时尚高地建设步伐加快

伴随我国新消费的转型升级和文化自信的重新树立，以国风国潮为代表的"中国风尚"已深入人心。各产业集群不遗余力地挖掘自身区域文化，发挥各自特长，试图让传统文化焕发新机。潮州大力推动传统工艺美术产业与婚纱礼服产业的深度融合和创新发展，加快文化产业发展步伐，推动中国刺绣艺术研究院成立，举办了中国刺绣艺术（各绣种）交流展等全国性活动，进一步加强与全国各地刺绣艺术等传统工艺文化的学习交流，推动刺绣与婚纱礼服等产业的深度融合和创新发展，鼓励企业积极探索区域特色产业发展新模式。泉州市丰泽区企业加强与时尚流行、文化创意元素有机结合，不断挖掘"海丝"千年历史文化名城的内涵，打造富有闽南特色的时尚产业集群。

各地还通过举办各类大赛促进时尚资源与人才的聚集。泉州丰泽区举办首届"刺桐杯"国际设计大赛，组织专家对 10733 件参赛作品进行初评、复评、终点评，深入企业定向推介大赛优秀作品，并通过举办优秀人才设计成果对接会，促进优秀设计作品和设计人才落地。深圳市龙华区大浪小镇的"大浪杯"中国女装设计大赛、东莞市虎门镇的"虎门杯"国际青年设计（女装）大赛、浙江海宁的"中国服装好设计"、浙江嵊州"中国领带名城杯"国际丝品花型设计大赛等赛事均是地方选拔优秀作品及人才的闪亮舞台，年轻的设计人才和他们极富创造力的作品对促进集群时尚度、引领力、多元化、高端化起到了重要推动作用，集群在时尚高地的建设上更进一步。

三、集群发展的影响因素

（一）全球产业链布局调整

近年来，全球化遭遇逆流，保护主义抬头。2018 年以来的中美贸易摩擦和 2020 年以来的新冠肺炎疫情跌宕更是加速了全球产业链布局调整。效率与安全的平衡成为供应链布局的重要考量。许多跨国订单选择了回迁原国或转移他国，全球产业链面临短链化、内向化、聚集化的趋势，这让深嵌全球价值链（GVC）的中国产业链出现了空心化的风险。产业集群作为产业链密集分布的阵地，面临重大的风险与不确定性。

（二）国内外市场需求不足

服装作为一种可选消费品，其销售深受经济景气程度的影响。从国际方面来看，无论是以美国、欧盟、日本市场为代表的全球主要消费市场，还是"一带一路"沿线国家为代表的新兴经济体都深受疫情反复、供应链中断、通货膨胀等因素的影响，消费需求走弱、复苏形势起伏稳。从国内市场来看，虽然我国宏观经济持续恢复，但是经济增速回落比较明显，反映出我国经济存在下行压力。疫情对就业、收入的冲击深度影响居民的消费信心与购买力，消费特别是可选消费品复苏难度进一步加大。

（三）劳动力结构及需求改变

近年来，随着社会经济的发展，"鲍莫尔"现象现身中国，劳动力特别是年轻的劳动力加速从"进步部门"的制造业流转至"停滞部门"的服务业。这种现象一方面是中国经济发展的标志，一方面也是制造企业正面临的一大难题。不仅仅是一线技工以及传统专业技能人才紧缺，随着信息基础设计和新生产范式、商业模式的更迭，行业的人才需求结构也在随之改变，经营管理、设计研发、市场营销等环节的中创新型、实用型、复合型人才也一样紧缺。同时，劳动力要素的地域偏好也在强化，一些内陆及中西部省份更有人才"引不进、留不住"的尴尬局面。

（四）企业融资难度加大

中小微企业是服装产业的"毛细血管"，是产业发展的重要支柱，但一直被融资难、融资贵等问题所困扰。首先，2021年国家经济刺激力度较大，融资环境较为宽松，随着经济逐步复苏，央行两次上调准备金率，信贷政策趋向紧缩，各银行也逐步收紧融资金额，贷款审核和发放手续更加严格，企业融资难度加大；其次，中小微企业在企业经营的过程中经常面临货款拖欠严重、账期不匹配的难题。信用体制不完善和信用环境缺失导致资金流动性不足；与此同时，中小微企业因固定资产少、存货价值低等现实也容易造成在传统的金融机构出现抵押担保的价值较低，财产抵押实力不足的状况。

四、集群升级的指导意见

（一）提升集群治理和服务能力

充分发挥地方政府对服装行业的规划引导和政策支持，结合当地实际，聘请专家学者、专业机构制定切实可行的产业规划及行动方案；出台相关政策鼓励引导企业以高端化、数智化、绿色化、时尚化、品牌化为发展方向，在技术升改、扩展规模、创立品牌、提升质量、改善服务方面作出提升，以促进区域产业的快速健康发展；推动构建制造服务一体化的产业政策体系，精简行政审批事项，简化办事环节，推行"一站式"政府服务，提高服务质量和办事效率，让企业办事更为方便快捷，树立"保姆式"服务理念，解决企业除生产外的后顾之忧。

加大财税政策支持力度，落实增值税留抵退税、研发费用加计扣除、社保费缓缴政策等相关政策，助力企业纾困解难；发挥财政资金的引导作用，加大对服装产业载体建设、科技创新、设计研发、节事活动、人才选育等项目的支持力度，引导产业加快升级；增强金融支持力度，支持金融机构根据服装产业特点创新金融产品和服务，加大信贷支持力度，对小微企业给予担保额度、期限、费率等政策倾斜，加速"活水"注入企业生产运营步伐。

（二）坚守产业新定位

坚守新时代产业的新定位，围绕"科技、时尚、绿色"方面持续发力。在科技方面，抓住新一轮产业革命带来的机遇，通过技术创新和模式创新不断提高集群的生产技术水平和经营管理水平，鼓励企业"上云、用数、赋智"，推动服装产业在设计、生产、管理及服务等各个环节向数字化、智能化、网络化方向发展，提高行业的精益化、柔性化、服务化水平，形成向全球价值链高端延伸的竞争力。在时尚方面，深度挖掘集群各地、各区域的文化价值，形成特色化、差异化的价值IP、品牌及产品，推进中华优秀传统文化在服装中的创新性发展和创造性转化，构建具有文化自信的时尚护城河。在绿色方面，鼓励集群积极加入"气候创新2030行动"，科学引导当地产业有序开展碳达峰、碳中和工作。鼓励龙头企业先行先试、树立样板。在产业园区、工业园等产业载体实行能耗监测和生态环境监测，高标准处理工业三废，向生产清洁化、能耗低碳化、工艺绿色化方向发展。

（三）强化内核自练内功

精准定位集群主导产业，有针对性地进行固链强链补链延链工作。以地域资源禀赋为基础，以核心特色产业为支撑，以未来发展为导向开展精准招商，做到"断链补链""短链延链"，打造稳定又强大的产业链条。培育壮大"链主"企业，增强专业化配套能力，打造上下游联动、分工明确、优势互补、高效协作、抱团发展的新产业组织体系。

在产业结构方面，打造"各美其美、美美与共"的和谐局面。大型集群要具有更高的格局与眼光，聚焦聚力产业基础高级化、产业链现代化方向，向世界级产业集群努力发展；中小型集群关注自身特色和细分领域，加强深耕自作，培养更多的"隐形冠军"和"专精特新"企业。向特色化、专业化方向发展。

在人才队伍建设方面，根据产业链布局人才链。通过政府、行业、企业及院校联动，深化校企合作、产学研融合，根据产业转型升级的新目标及新需求不断丰富拓展行业培训的内容、渠道和手段。鼓励集群以优惠的政策引进高端技能和设计人才落户及就业，提升企业和集群的技术工艺和创意设计水平。

（四）深化集群外部协同

积极融入国内国际双循环的新发展格局。国际方面，全球经济复苏的不确定性和地缘政治问题正在对我国的服装行业产生深刻影响，积极抓住 RECP 协定与"一带一路"建设的机遇，开展更全面、更深入的区域产业合作，引导并鼓励企业参与全球产业链供应链布局重构。国内方面，立足国家发展战略和区域发展体系，高质量优化区域布局，深化区域产业合作。各集群在绿色低碳成为共识的当下，以流域经济的视角统筹区域协同和产业布局，东部沿海加强对创新资源、时尚资源集聚，中西部地区加快产业配套建设，承接产业转移，服务乡村振兴，力争培育成为特色制造基地。深化集群开放合作，形成上下游联动、分工明确、优势互补、高效协作、抱团发展的新产业组织体系，促进服装产业良性发展。

供稿单位：中国服装协会

全国纺织产业集群汇览

——纺织产业基地市（县、区）

中国纺织产业基地市

江苏省江阴市

一、集群概况

纺织工业一直是江阴市的传统支柱产业，也是江阴市的母亲工业，经过多年的发展，已经形成了化纤、纺织、印染、服装等完整的产业链。2021 年，江阴市规模以上纺织企业共有 530 家，完成开票销售收入 1608.49 亿元。全市开票销售收入前 50 名工业企业中纺织行业有 12 家。

二、集群发展亮点

1. 行业结构调整已见成效 在 2019 年以来的三年期间，随着不断向产业链上下游延伸，江阴纺织形成了以化纤、毛纺、棉纺等纺织面料上游环节，印染、织造等中游环节和服装设计制造等下游环节在内的上下游协同发展、较为完整的产业生态链。据不完全统计，目前江阴纺织服装产业链上重点企业有 330 余家。

2. 以镇为中心的区域产业群日趋明显 江阴市周庄镇为"中国化纤名镇""中国棉纺织名镇"；江阴市祝塘镇为"中国针织服装名镇"；江阴市顾山镇为"中国针织服装名镇""全国第二批特色小镇"；江阴市长泾镇为"中国粗纺呢绒名镇"；江阴市新桥镇荣获"中国纺织服装名镇""全国第二批特色小镇"。

3. 产业水平不断提升 2019 年，江阴市纺织工业完成投资项目 105 项，列入全市重点重大项目的有 12 项。2021 年，完成工业投资项目 89 项，列入全市重点重大项目的有 17 项。近三年江阴市纺织工业技改投入资金每年超 40 亿元，主要围绕提升装备水平，提高劳动生产率，节能减排增效进行大规模的改造。目前棉纺织行业的三无率（无卷、无结头、无梭化）基本达到 100%。新型纺纱（气流纺、喷气涡流纺、紧密纺、赛络纺等等）的广泛应用；毛纺关键工序都引进了具有国际先进水平的四罗拉细纱机、自络筒等，装备水平在全国同行业名列前茅，达到国际先进水平；化纤行业引进了美国杜邦公司、德国巴马格的先进装备，由原来的间接纺改成了熔体直纺；服装 CAD/CAM 全面应用，自动裁剪系统、自动吊挂生产流水线在服装行业普遍应用。2019 年江阴纺织企业通过省级鉴定的新产品有 4 家企业的 20 种产品，2021 年为 3 家 13 种产品。

4. 平台建设已见成效 江阴纺织拥有国家级企业技术中心 1 家、省级企业技术中心 10 家、无锡市企业技术中心 18 家。由江阴市政府投资 7000 多万元建造的国家纺织产品质量检测中心于 2009 年底通过了相关部门的验收，为广大纺织企业及时掌握质量指标提供高水平检测平台。江阴市政府还专门拨出专项资金用于企业家队伍的培训，每年组织企业家赴著名院所集中培训，举办各类企业家研修班，组织企业人才参加各类培训。通过培训学习，提高企业家队伍的整体素质。借助江阴高级职业技术学院这个平台，通过定向招生、委托培训等多种方式，为江阴广大企业培养技工队伍。

三、当前产业发展存在的问题及下一步工作打算

1. 特色亮点不够突出 江阴纺织服装产业虽然规模很大，但特色亮点还不够突出，在国际国内行业影响力不高。对比南通家纺、福建晋江运动装等集群，江阴尚没有形成明显且响亮的区域形象。

2. 品牌创建乏善可陈 江阴大部分纺织服装企业缺少自主品牌和原创性设计研发，主要为美邦等品牌代加工，或者进入欧美大型商超供应链，少有自主品牌出口海外。

3. 用工成本制约明显 作为劳动密集型行业，招工难、用工贵、工人年龄层次偏高等成为中国沿海纺织服装企业普遍面临的问题。

目前，我市纺织服装产业经过长期的发展取得了一定成果。下一步，我们将围绕纺织服装产业链，突出产业集群的发展特点和优势，不断做高产业能级、做强产业竞争力。

一是坚持科学规划引领，促进纺织服装产业集群集约发展。高标准、高定位制定工业园区升级改造规划，努力打造产业定位清晰的优质细分产业集聚区。

二是坚持质量品牌引领，做强纺织服装产业整体竞争实力。聚力实施"三品"战略，推动智能化改造、数字化赋能。

三是坚持模式创新引领，构建纺织服装产业发展全新格局。推动企业经营模式向"线上+线下""销售+体验""展示+交易"等新零售模式的转变。引导中小企业聚焦主业，走"专精特新"国际化道路。

供稿单位：江阴市行业管理中心

中国纺织产业基地市 中国休闲服装名城 中国羊绒制品名城

江苏省常熟市

一、集群概况

纺织服装业是常熟市三大支柱产业之一，也是重要的民生产业和特色产业。其产业链覆盖从化学纤维制造到原料、辅料、面料织造、印染及后整理、服装服饰生产、专业市场销售等过程。秋冬装、休闲男装、针织绒类产品在国内外享有较高的知名度。拥有纺织服装专业市场以及支塘无纺、梅李经编、古里纬编等若干个特色产业名镇。

常熟市现有纺织服装企业5000余家，其中规上企业512家，约占全部规上企业总数的三分之一，2021年完成规上工业总产值518亿元，同比增长18.4%，占规上产值比重的11.4%。依托常熟中国服装城，在波司登、千仞岗、日禾戎美等龙头企业带领下，产业链发展日趋完整。常熟中国服装城是目前全国大型服装专业市场之一，依托350万平方米经营面积、3.5万户市场主体等流量、规模优势，突出"数字化转型"和"全流程再造"，以"科技研发""时尚策源"推进服装产业差异化发展。

二、集群发展亮点

1. 推进智能化信息化，引领产业质态攀升 通过有针对性开展评测诊断服务、深化示范创建及标杆引领等措施，对纺织服装企业开展诊断。2021年常熟市获评苏州智能车间38家，居苏州市第二，其中纺织服装业4家。积极推动华为云（常熟）工业互联网创新中心、悠扬"纺织云"、云微坊等平台建设。近三年，已有100余家纺织服装企业对生产、控制及仓库方面进行智能化改造，项目总投资约28亿元。

2. 重视数字化转型，迎来新的发展契机 积极推动与人工智能、大数据、区块链等数字科技融合创新，让数字经济成为推动常熟传统产业转型升级的新动能。积极对接致景科技、飞榴科技等国内纺织服装领域知名数字化服务企业，切入产业链各环节，快速形成对常熟服装产业链的数字化服务能力和集聚效应，加速服装产业数字化转型。

3. 抢占直播风口，迈向新零售时代 以智慧商城建设为总目标和总抓手，抢抓线上直播营销快速发展的历史变革机遇期，不断扩大专业市场零售份额，积极提升常熟男装区域品牌影响力，为全国纺织服装专业市场零售化转型探索全新发展路径。2021年，常熟纺织服装产业带直播销售额60.6亿元，累计产业带直播带货主播及账号6443个，新零售品牌678个，直播机构及其服务机构71家，直播基地7家。2021年常熟市网络零售额总量继续稳居苏州各区市第一，其中服装城区域占比超过70%，交易额超650亿元。

三、当前产业发展存在的问题及下一步工作打算

常熟市纺织服装企业发展至今，在技术创新、高端品牌、智能化信息化等方面仍有较大进步空间。下阶段，常熟市将以时尚创意重塑产业发展核心优势，做大做强做优以秋冬装产业集群、高端面料为重点的纺织服装产业，构建现代纺织服装产业体系。

1. 强链补链形成集聚优势 重点引进培育秋冬装自主品牌、加工设计、研发营销等领域企业，打造全要素市场供应链。壮大行业龙头企业，围绕建设"世界级秋冬服装产业集群先行区"，充分发挥波司登的品牌影响力。引导古里针织、梅李经编、支塘无纺等纺织特色产业集群向高端化特色面料产业基地发展。

2. 智能改造培育内生动力 加快产业数字化建设，大力培育和引进智能化服务机构，鼓励企业建立智能车间，树立标杆企业。发挥工业设计中心、技术研究院的作用，推进企业服务型制造。打造市场增值服务以及线上线下融合的新模式、新业态。

3. 原创设计打造文化高地 依托聚道时尚设计中心，培育小众、多元的设计师风格和品牌。发挥"云裳小镇"平台作用，打造"时尚创意"重要载体。依托服装设计师协会，与上海设计师协会加强联动，实现高端技术、人才合作。对接东华大学等高校院所，通过实习实践、产学研项目等培育新生力量。

4. 构建平台优化双创环境 放大服装城贸易试点和苏州跨境电商政策优势，实现长三角中小纺织服装外贸企业无票免税出口。抢抓直播电商发展风口，引育相关企业，对接淘宝等电商平台，研究制定专属政策，打造千亿级纺织服装直播电商名城。

供稿单位：常熟市人民政府

中国纺织产业基地市

江苏省张家港市

一、集群概况

纺织产业是张家港市重要支柱产业之一，产业基础扎实，集聚度高，形成棉纺织、毛纺织、针织、服装、化纤、印染等多品种、宽领域的产业格局。目前，全市纺织企业3100余家，其中规上企业344家。2021年全市规上纺织企业完成主营业务收入558.9亿元，同比增长9.4%；利税总额8.25亿元，同比下降34.7%；全年实现进出口总额517.8亿元，同比增长13.2%；占全市进出口总额的18.4%。2022年1-4月，全市规上纺织企业完成主营业务收入165.49亿元，同比增长1.67%，增速比1-3月放缓3.1个百分点；利税总额3.32亿元，同比下降3.2%，其中纳税1.83亿元；实现进出口总额150.5亿元，同比增2.6%，其中纺织原料进口跌幅继续扩大，同比减少43%，纱线、织物等出口增速回落至34.3%，服装出口基本持平。

二、集群发展亮点

1. 龙头企业优势明显 全市百家骨干企业中，纺织企业数量占到1/10，其产能规模与产品品质等方面在国内乃至国际市场中享有较高的知名度和市场话语权。华芳集团、澳洋集团、骏马集团和东渡集团位列中国民营企业500强。

2. 品牌意识有所增强 张家港市服装生产企业经过多年市场积累，逐渐形成了一批具备区域影响力的自主品牌，如东渡集团"伊思贝得"品牌童装、大唐纺织"大唐公主"品牌床上用品、千里马袜业"舒跑"品牌系列袜子等。

3. 技术装备不断升级 近年来，纺织企业以技术创新为驱动，以智能制造为抓手，不断提高技术装备水平、生产效率和环保能力。目前，全市规上纺织企业中80%的纺织装备达到国内国际先进水平。

4. 产业布局稳步推进 目前张家港市共有国泰集团、华芳集团和澳洋集团三家纺织企业被认定为苏州市总部企业。华芳、澳洋、东渡、国泰、天宇等骨干企业纷纷走出张家港、走出国门，将生产基地、工厂布点在中西部、苏北或者东南亚、澳洲、南非等地，通过优化资源要素配置提升核心竞争力。

三、下阶段行业发展重点

坚持强优势、补短板发展原则，通过实施智能制造、技术驱动和品牌提升等工程，开展补链延链强链活动，进一步推动纺织产业高端化、产品时尚化和企业绿色化发展。

1. 坚持规划引领，推动行业发展 围绕《张家港市纺织行业高质量发展规划（2020—2025）》和《张家港市印染行业发展规划（2020—2030）》，紧抓三大重点产业链条，做强毛纺链，做优棉纺链，补齐化纤链，进一步加大研发投入，向精品化、高端化发展。推动纺织产业加快转型升级步伐。

2. 坚持特色发展，做强产业集群 拓展纺织链条，形成区域协同效应。丰富本地产品品类，关注纺织高价值领域，补充本地产业链条，重点关注和招引国际国内具备高端技术、高附加值产品和知名终端消费品牌的纺织企业。

3. 坚持科技领先，推进智能制造 加强对纺织服装产业中的关键技术领域的技术创新和改造项目、节能技术推广、企业技术中心认定、人才培训、自主品牌建设、企业信息化应用等，按照国家、省、市有关政策的规定，通过专项资金予以配套或奖励，引导纺织企业加大创新投入。

4. 加强校企合作，强化人才培养 支持企业与学校合作，开展职业技能培训，合力打造实训基地，为技能型人才快速融入企业拓展新的渠道。创新人才引进政策，拓宽人才引进的渠道，加强高端人才的引进和交流，为企业高质量发展提供有力支撑。

5. 拓展营销渠道，延伸产业链条 鼓励有条件的区镇和企业向广东、浙江等先进地区学习，主动融入国内国际双循环。一方面，主动顺应内外贸一体化的发展趋势，鼓励联宏纺织等企业利用直播电商等渠道开拓国内市场，不断提升消费体验，满足群众消费升级需求；另一方面，抢抓RCEP生效机遇，积极"走出去"，探索发展纺织服装类跨境电商、海外仓等外贸新业态新模式，在东南亚等地布局建设海外基地。

供稿单位：张家港市工业和信息化局

中国纺织产业基地市　中国家纺名城

江苏省南通市通州区

一、集群概述

通州是闻名全国的"纺织之乡"，在家纺产业界，素有"世界家纺看中国，中国家纺看通州"之称，形象生动地反映了通州家纺业的地位作用和对外影响力。通州区是家纺名城，拥有全国规模较大的绣品面料市场——南通家纺城，拥有全国规模较大的家纺生产基地，其产能和销售在国内名列前茅。

全区家纺产业销量占全国的 20%，占世界的 10%。通州先后荣获中国家纺名城、国家新型工业化产业示范基地、全国产业集群区域品牌试点地区。2021 年成功申报"南通州家纺"集体商标，"南通州家纺 STHBF 及图"集体商标获准注册后，必将对进一步加强通州家纺区域品牌创建创新，提升品牌核心竞争力和行业凝聚力发挥重要推动作用。

通州家纺产业基础雄厚，2021 年家纺产值达 325.38 亿元，应税销售达 334.81 亿元，市场交易额超 1150 亿，家纺电商交易额 460 亿元，外资到账 2623 万美元。家纺商户 4000 余家，研发设计单位 200 余家，拥有中国驰名商标 7 个。2021 年度持续增强发展动能，全年新开工亿元以上项目 6 个；不断优化产业结构，新增 1 家南通市示范智能车间。

二、集群发展亮点

1. 家纺企业集聚提质　做大做强本地企业，鼓励现有家纺企业通过产能整合，争创品牌，现拥有中国驰名商标 7 个。加快智能车间改造，提高劳动生产率，增加自身竞争力，去年集群企业技改投入超 40 亿元。

2. 家纺产品扩类发展　示范基地重点打造中国南通家纺城微供市场，专注定位年轻群体，走个性化、多样化、品质化路线，通过税费、物业管理费减免等奖励政策，目前集聚商户超 500 家，2021 年全年的交易额超 110 亿元。开辟了基于新消费、新零售的全新 B2B 渠道，带动周边创业就业人群近 30 万人，重新提振家纺产业繁荣。

3. 创意家纺加速推进　打造大数据设计平台，引进上海逸尚云联旗下 POP 平台，与家纺城研究院联合开发，整合设计资源，利用平台优势，准确把握家纺产业时尚流行趋势，提升产品核心竞争力。目前，示范基地内已集聚 200 多家创意设计企业，3000 多个设计师入驻。加大现有家纺网络平台企业扶持，建立线上线下推广模式，推动找家纺网、91 家纺等平台做大做强。

三、当前产业发展存在的问题及今后发展思路

1. 存在问题　一是规划空间有限，土地资源紧张。由于早年经济发展是以土地粗放扩展为代价的，加剧了土地供需矛盾，本地区土地资源瓶颈制约非常突出，于是成为了历史遗留问题。此外，外来务工人员数量已超过常住人口数量，人口总量持续增加，土地资源日益紧张，规划空间十分有限。加之拆迁成本越来越高，拆迁难度越来越大，进而影响了本地区的整体发展空间。二是创新驱动不足，抗风险能力差。近年来，已逐步由粗放型向质量效益型转变，但由于本地区中小微企业较多，不少家纺企业的创新意识薄弱、创新驱动不足，自身附加值不高，只满足于来料加工、贴牌加工的定位，处于产业链的中低端市场，市场适应能力弱，也造成了其抗风险能力差的特点。

2. 发展思路　坚定不移壮大"一主一新"主导产业，推动产业链垂直整合、上下游联动发展，构建集群式发展格局。"一主"，即加快家纺产业转型升级，推动数字经济和实体经济，鼓励企业实施智能化改造、积极培育企业品牌、助力骨干企业参与行业标准制定，提升产品竞争力和行业话语权。"一新"，即超前谋划临空产业，围绕航空新材料、航空内饰、空港物流等细分领域，推动空港产业园建设。探索建立企业绩效综合评价体系，围绕能耗强度、亩均财政贡献率等方面，实施差别化用地、用水、用电等政策措施，促进资源要素合理配置、高效利用。

供稿单位：南通市通州区发展和改革委员会

中国纺织产业基地市　中国家纺名城

江苏南通国际家纺产业园区

南通家纺产业集群，作为全国最大的家纺产品生产和集散中心之一，拥有涵盖"织、染、印、成品、研发、物流"的完整家纺产业链。以海门叠石桥和通州川姜为核心，构建了"两大市场+两大集群"的新格局。

一、集群概况

1. 市场份额全球领先　目前两大家纺市场建筑面积约 200 万平方米，有近 2 万家经营商户，2021 年市场交易额超 2300 亿元，国内销售占全国比例 50% 以上，出口总量占全国比例 30% 左右，成为规模庞大、特色鲜明、优势突出、影响力强、覆盖面广的产地型专业市场代表。

2. 产业集聚优势明显　以家纺市场为核心，周边集中了全市 90% 以上的家纺制造企业，形成特色鲜明的家纺产业集聚区。2021 年，规模以上家纺企业 195 家，实现工业产值 183.29 亿元，主营业务收入 178.68 亿元，实现利润 11.19 亿元，出口交货 53.24 亿元人民币，从业人数达到 17667 人；规模以下家纺企业 3895 家，实现工业产值 183.57 亿元，主营业务收入 181.58 亿元，实现利润 8.05 亿元，出口交货 50.34 亿元人民币，从业人数达到 72661 人。

3. 产品品类齐全丰富　南通家纺聚集了众多的家纺品牌，囊括了高中低档床上用品，拥有套件、被子、枕芯、床垫、毛巾等众多产品。经营 200 多个系列、560 多个品牌、1000 多种家纺产品。

4. 品牌创建成效初显　致力品牌打造正成为南通家纺的新亮点，宝缦、凯盛、金太阳、蓝丝羽等品牌获得中国驰名商标，拥有一定的市场知名度。

二、集群发展亮点

1. 渠道丰富　市场采购贸易、跨境电商、直播电商等新业态贸易渠道不断兴起，并快速发展，2021 市场采购贸易报关出口 6.51 亿美元、比上年增长 5.85%，其中"一体化"通关 5.78 亿美元；跨境电商出口 3184 万美元、比上年增长 7.06%；市场采购贸易与跨境电商融合报关出口 1026.11 万美元；近三年来涌现出南极人杜尚、黛恒等众多头部和腰部直播电商企业。

2. 研发提升　南通家纺专业市场周边聚集设计工作室两百余家，张謇杯家纺设计大赛、画稿交易会、流行趋势发布等为南通家纺设计能力的提升和设计力量的集聚创造了有利条件。园区家纺企业与清华大学、东华大学、中央美院、苏州大学等百余家高等院校、科研机构建立了紧密的产学研合作联系。率先推动家纺中小企业在智能化生产、信息化管理、数字化运营等方面先试先行，建设大数据创新中心、鼓励企业智改数转、打造供应链平台、建立营销新模式等方面，全面推动家纺行业数字化升级。

3. 品牌亮点　南通家纺依托强大的生产制造能力，积极推进品牌化发展，通过区域品牌、市场品牌、企业品牌的打造，行业影响力不断攀升。"南通家纺"在全国影响力和知名度大幅提升，成为享誉业界的区域品牌。家纺产业集群拥有中国驰名商标 10 个，江苏省著名商标 32 个、南通市知名商标 58 个，4 家企业被国家工信部认定为工业品牌培育试点示范企业。

三、当前产业发展存在的问题及今后发展思路

当前纺织产业集群发展存在着量大质低、企业发展基础薄弱后劲不足、创新高质量发展瓶颈多难度大等问题。江苏南通国际家纺产业园区今后的发展思路为：

1. 推进"大数据"赋能家纺产业，推动产业能级持续提升　围绕家纺产业数字化转型，加强培训引导，提升企业家数字化转型意识；加大对外招商，吸引阿里云、海尔卡奥斯等一大批数字化领军企业赋能家纺，从设计、生产、销售等领域推动成立设界、凯盛、找家纺网等一批试点项目，推动家纺产业践行数字化转型工作稳步启航。

2. 继续组织举办张謇杯等赛事展会活动，持续提升南通家纺影响力　继续通过大型赛事展会活动提高南通家纺知名度与影响力。通过各大活动加强资源的整合和优化，释放设计潜力，展示时尚魅力，促进南通家纺产业与时尚文化的碰撞与交流；通过创意设计赋能南通家纺高质量发展，提升南通家纺对外影响力。

3. 全面开展家纺行业质量提升行动，推动家纺产业高质量发展　坚持以产品质量、品牌培育、知识产权保护为抓手，全面开展家纺行业质量提升行动，推动企业质量源头治理，力促产业链发展壮大，推进家纺产业高质量发展。扎实推进知识产权保护工作，全面深化知识产权产出、运用、保护机制，不断发挥知识产权对家纺产业高质量发展的支撑和引领作用。

供稿单位：江苏南通国际家纺产业园区

中国纺织产业基地市

江苏省海安市

海安市位于江苏省东部沿海地区，市域总面积1184平方公里，人口87万，辖10个区镇，拥有国家级开发区、省级高新区、省级商贸物流园区。2021年，海安在全国中小城市综合实力百强、中国最具投资潜力中小城市百强县市、全国工业百强县中排位均靠前。

一、集群概况

自2019年成功复评"中国纺织产业基地市"以来，纺织产业集群培育成效明显，形成集纺、织、染、后整理、服装生产加工、纺织机械为一体的完整产业链，色织布、锦纶长丝、蚕茧产量、真丝机织面料年产量江苏第一。

2021年全市共有规模以上企业262家，全市规上企业1146家，纺织业占比22.86%，其中亿元企业81家，全市占比24.7%；规上纺织企业实现产值502.95亿元，全市实现工业应税销售1842.8亿元，纺织业占比27.3%，其中出口交货27.12亿元，占比29.9%。年化纤生产能力389354吨，棉纱锭50万锭，棉布织机4088台，纱10.8万吨，布4.10亿米，蚕茧产量1.8万吨，年产生丝5700吨，年产真丝机织面料3100万米。

海安纺织业集群化发展趋势明显。新引进的纺织项目向现代纺织科技园、锦纶新材料产业园、化纤产业园集聚，形成纺织板块，催生集群效益。

二、集群发展亮点

三年来，海安市抢抓《中国制造2025》战略机遇，采取"低位淘汰、中位提升、高位渗透"策略，大力实施"三品"工程，鼓励生产模式、服务模式、商业模式创新，加快企业产业调整、产品优化、经济转型，引导全市纺织业迈向数字化、网络化和智能化，促进纺织业迈向中高端。

1. 强化顶层设计，提供产业政策保障 海安市专门成立纺织产业培育办公室（由市自然资源局负责）编制海安纺织产业"十四五"发展规划，制订新型工业化发展意见，产业集群培育、全产业链培育、创新型行业单打冠军企业考核办法等一系列激励性政策文件，鼓励企业创新驱动、高质发展，形成板块规模，加速向专业园区集聚，助推集群发展。

2. 强化科技创新，提高企业研发实力 市政府每年牵头举办"创新创业在海安""两院（中国科学院、中国工程院）专家走进海安"和"服务企业科技行"等多种形式的产学研活动，将行业顶级专家请到海安，走进企业，推进亿元以上纺织企业产学研实现全覆盖。建成院士工作站，国家级企业技术中心、博士后科研工作站、国家认可实验室（CNAS）、中国纺织科学研究院（海安）纤维新材料产业技术研究院等科技创新平台，获江苏省科技进步二等奖二项，中纺联科技进步一等奖一项，联发纺织获评工信部国家技术创新示范企业。

3. 强化金融服务，增强企业供血能力 海安市政府、行业协会和纺织企业每年举办"银政企攀新高"活动，出台《海安市常安纺织产业园绿色金融扶持政策》，吸纳金融界人士加入行业协会，努力降低企业融资成本，缩短信贷资金周转时间，提高服务效率，免除企业后顾之忧，增强发展后劲。

4. 强化协会作用，积聚抱团发展能量 市政府、市工商联重视行业协会工作，构筑政企、企企之间的桥梁和纽带，各商会制定行业诚信体系建设标准，开展行业交流、技能竞赛和质量评比，加强产业配套协作，组织参加展览、展会、论坛，邀请专家学者开讲座、做调研，指导企业错位发展、抱团发展，避免恶性竞争。

5. 强化能耗双控，推进产业绿色发展 鼓励企业开发节能降耗、循环利用技术改造，推进屋面光伏工程建设，将印染业全部企业纳入实时监控监测网络，实行企业绩效评价机制，坚决淘汰落后纺织产能。建成国家循环经济试点示范企业1家，工信部国家级绿色工厂1家，省级绿色工厂1家，工信部绿色设计产品1个。

三、当前产业发展存在的问题及主要措施

1. 存在问题 一是自主创新能力有待提高；二是品牌效应发挥的还不够；三是装备智能化水平不高；四是用工难、融资难困扰企业发展；五是能耗总量和污水处理能力的不足制约了行业发展。

2. 主要措施 一是加快向专业园区集聚；二是扩大终端产品比重；三是融入"一带一路"倡议；四是提升绿色制造水平。

供稿单位：海安市纺织产业培育办公室

中国纺织产业基地市

江苏省宿迁市

一、集群概况

高端纺织是宿迁传统优势产业，产业门类全、分布范围广、带动能力强，是打造长三角先进制造业基地的"压舱石"和"先行军"。近年来，宿迁市委、市政府聚焦打造千亿级高端纺织产业目标，以增品种、提品质、创品牌"三品"战略为抓手，集成政策支持，强化项目引培，加快转型升级，全力推动产业集群化、智能化、品牌化发展。2022年全市高端纺织拥有规模企业567户，占全市企业总数的23.7%，实现产值617.2亿元。

二、集群发展亮点

1. 产业链条不断健全 经过多年发展，全市高端纺织产业已形成包含上、中、下游多个环节及其细分领域，集"纺织装备、纺丝（纺纱）、织造、染整、服装"于一体的产业链条，构建起涵盖棉纺、毛纺、化纤纺、绢纺、织布、针织、产业纺织品、服装、服饰、家纺、印染等产品门类较为齐全的产业体系。

2. 产业地位显著提升 从龙头企业看，恒力集团把织造板块、化纤板块放在宿迁，体量在全集团分别占比50%、10%；恒逸集团把聚酯纤维生产环节放在宿迁，体量在全集团占比30%；桐昆集团把聚酯纺丝、加弹织造等产业环节放在宿迁，体量在全集团占比25%；盛虹集团把聚酯纺丝、加弹织造环节放在宿迁，体量在全集团占比60%；赛得利集团把粘胶短纤维产业环节放在宿迁，体量在全集团占比25%。

3. 集聚效应逐步增强 所辖大部分县区将高端纺织产业作为重点发展的特色产业，已形成规模集聚效应。沭阳县先后被授予"全国纺织产业结构调整突出贡献奖""全国纺织产业转移试点园区""全国纺织产业转移示范园区""江苏省纺织产业集群推动先进单位""中国包覆纱产业基地""国家提花遮光面料产品开发基地""国家墙布及窗帘产品开发基地"，并规划建设全国首家智能针织产业园。泗阳县着重打造化纤家纺产业链条，是中国长丝织造协会授予的"中国泗阳长丝面料产业园""省级化纤纺织产业集群"。宿城区形成了以恒力工业园、箭鹿纺织工业园、财茂科工贸城为纺织服装产业基地的产业体系，荣获"省级精纺面料产业集群""江苏省纺织服装名城"称号。宿迁经济开发区建设了宿迁市江南大学产业技术研究院，主攻纺织新材料产品研究。

4. 推进举措强而有力 制定《宿迁市"十四五"工业经济高质量发展规划》，将高端纺织列入全市六大主导产业之一，明确发展方向、重点目标、推进举措。制定《关于加快重点产业链培育推动产业集群集聚发展的意见》，将化学纤维、纺织服装两条产业链作为重点产业链着力培育，健全完善市领导挂钩联系机制，制定年度工作计划，统筹确定了产值培育、招商引资、项目建设、企业培育、帮办服务等重点工作22项。

三、下一步工作打算

下一步宿迁将锚定高端纺织千亿级产业目标，全力以赴做总量、提质量，重点发展差异化、功能性、高性能化学纤维，大力发展品牌服装、高档家纺、产业用纺织品，持续放大"中国纺织产业基地市"效应，打造名副其实的"新兴纺都"。

1. 以项目引建为抓手，打造产业发展引擎 按照"强链、补链、延链"方向，应用产业链招商热力图，借助产业大脑，精准编制产业链招商图谱，精细谋划产业专题招商活动，努力招引一批重大项目。

2. 以企业培育为核心，夯实产业发展基础 持续实施企业培育"5321"工程和链主企业培育三年行动计划，推动纺织服装中小企业走高技术、专精特新、股改上市发展道路，重点培养一批技术密集、成长性好、附加值高、竞争力强的骨干企业。

3. 以科技创新为动力，激发产业发展动能 充分发挥企业创新主体作用，开展新产品、新技术、新工艺、新业态创新，打造一批具备自主知识产权和核心竞争力的创新型企业和高水平研发机构。

4. 以政策集成为保障，优化产业发展环境 依托企业服务云平台，用好产业链问题清单制，做到入企服务常态化、精准化，及时协调解决企业在生产经营中遇到的难题。整合金融、用地、能耗、环保、人才等资源，全力加大对高端纺织产业发展的支持力度，为企业生产经营保驾护航。持续推进惠企政策落实，帮助市场主体纾困解难，着力促进宿迁市高端纺织产业平稳健康发展。

供稿单位：宿迁市工业和信息化局

中国纺织产业基地市

浙江省杭州市萧山区

一、集群概况

萧山化纤纺织产业集群，是全区产值规模最大的制造业集群。2021年全区化纤及纺织规模以上工业企业498家（化纤制造101家），其中年营业收入十亿元以上的企业有13家、亿元以上的企业有152家。涌现出一批以化纤及纺织制造为主业的总部企业，恒逸集团、荣盛集团、兴惠化纤、三元集团、开氏集团、航民实业、永盛集团等一批行业龙头企业入围财富世界500强、中国民营企业500强和中国民营企业制造业500强。这其中，集聚了荣盛、恒逸等龙头企业，产业链结构完善，产业能级提升，引领作用明显。

2021年，全区纺织行业规上工业总产值达484.22亿元，出口交货值达82.73亿元，利润总额达27.28亿元，全部从业人员平均人数为61831人；化纤行业规上工业总产值达531.68亿元，出口交货值达49.65亿元，利润总额达52.04亿元，全部从业人员平均人数为20497人。2021年新诞生荣盛、恒逸2家世界500强企业。2021年6月，浙江省经济和信息化厅公布2021年产业集群（区域）新智造试点名单，全省36个产业集群（区域）列入新智造试点。其中，萧山化纤产业集群以总量规模大、全产业链生态体系完整、创新举措突出等优势成功入选。

二、集群发展亮点

经过30余年发展，萧山区已培育形成贯穿上中下游的化纤全产业链。2020年全区化纤纺织总产值达850亿元，区内实际化纤产能超过500万吨，约占全国化纤总产量的8.5%。萧山区拥有恒逸、荣盛等行业领军企业，也有兴惠化纤、柳桥集团等行业龙头企业，还有一批各具特色、分布在产业链各环节的中小企业。

萧山区化纤行业还拥有领先的数字化基础。恒逸石化、传化智联等12个工业互联网平台列入省级平台，累计培育区级以上化纤行业工业互联网平台20个，实现了化纤行业规上企业上云全覆盖和智能化改造全覆盖。由多家单位参与的萧山化纤大脑建设联盟，汇聚涵盖了化纤制造、数字化服务、技术研发、金融服务、供应链物流等多元业态的建设力量，并在顶层设计上做出了体系化的部署。在此基础上，萧山区依

托领军企业已建设的工业互联网平台，建成了化纤大脑1.0版。该版本围绕化纤产业生态、新智造应用、共性技术、集成服务等场景板块，开发集成、引进接入应用场景49个，开通场景35个，覆盖企业超过3000家。

化纤大脑已经开发了化纤地图总览等诸多特色应用场景，有效解决行业企业的实际问题。以共享托盘为例，针对托盘存在重复使用率低、占用工厂大量库位、资金占有成本大等问题，建立SaaS级平台，打通生产数据流、供应链数据流、物流数据流，形成应用闭环，目前服务企业6000余家，每年可降低企业物流成本5亿元。

三、集群发展思路

让"老树"开出"新花"，智能制造是萧山化纤纺织产业转型升级的关键手段之一。近年来，萧山"搭平台、育人才、聚服务、促保障"，进一步丰富企业智能化改造的技术能力、专业人才、服务资源和资金要素供给。比如加快企业智能化改造诊断覆盖，构建"企业提需求—政府买服务—机构供诊断—企业享服务—专家成效评价"的闭环，确保企业"改得好"。截至2020年底，全区累计建设省级数字化车间（智能工厂）8家、市级工厂物联网试点30个，化纤产业规上企业上云全覆盖。

如今，萧山的化纤产业又有了新的进阶之路。在2022年萧山制造业高质量发展大会上，化纤产业再次站到了聚光灯下——明确新材料是萧山发展的三大支柱产业之一，其中先进纺织化纤材料行业成为其重要组成部分，并且明晰了三条产业链：纤维新材料产业链、高端功能性材料产业链和国际结算（石化材料）产业链。

下一步，萧山将聚力建设"实验室+共同体"，以院企联合实验室精准突破瓶颈技术，以创新共同体重点攻关产业升级；建设"硬载体+软服务池"，线上线下同步推进长三角（杭州）制造业数字化能力中心建设、新智造公共服务平台建设以及服务资源生态池和行业解决方案池搭建。

供稿单位：杭州市萧山区经济和信息化局

中国纺织产业基地市　中国经编名城　中国皮革皮草服装名城

浙江省海宁市

一、集群概况

近三年来，海宁市以市场为导向，积极调整和优化纺织产业结构，通过引导技改投入、制定产业政策、举办大型经贸活动等一系列措施，推动纺织产业坚定不移稳增长，壮大发展规模，转型升级发展取得重大突破。2021年，全市共有纺织企业9738家，从业人员10.3万人，完成工业产值859.51亿元，其中规上企业755家，完成工业产值751.63亿元。

二、集群发展亮点

1. 制订产业政策 在对重点区域、重点平台、重点企业开展专项调研后完成《"十四五"时尚产业发展专项规划》的编制。同时，制定出台了《海宁市时尚产业高质量发展行动方案（2021—2025）》（海政办发〔2021〕51号），明确实施创新引领、企业蝶变、品牌建设、数字赋能、平台提质、影响拓展"六大行动"的工作举措。

2. 优化人才体系 起草了《关于积极引育时尚产业人才的若干政策意见》，着力引育紧缺高技能人才，提升时尚产业区域人才竞争力。举办"中国好设计""海宁家纺杯"等设计比赛，"以赛代评"搭建选拔人才舞台。依托"时尚商学院"平台举办服装服饰版权维权、RCEP对纺织行业的影响、纺织业双碳责任等各类讲座和培训。

3. 做好数字化、智能化升级 海宁经编产业集群新智造试点入选浙江省2021年产业集群（区域）新智造试点名单，成为全省28个产业集群新智造试点之一。引导家纺企业进行智能立体仓库建设、AGV小车等自动化运输设备运用等推进智能化改造。

4. 完善产业链条 梳理产业链关键领域和薄弱环节，从服装产业着手，编制产业链地图，为推进产业链上下游合作，大中小企业融通发展和精准招引奠定基础。引荐意大利设计师与家纺城合作、土耳其设计师与北服海宁时尚园合作。

5. 实施品牌培育 实施品牌战略，规划海宁时尚产业品牌发展梯队，完成涉及220多家企业300多个品牌的调研摸底，制定企业品牌提升专项奖励政策。实施"潮城优品、行销天下"工程，在袜子行业先行先试，探索建立"海宁精品袜子"团体标准认证体系，对达到认证标准的产品统一授予识别标志，打响"优质时尚产品海宁造"品牌。同时，实施产品质量检测监管体系，建立动态调整机制，确保海宁时尚纺织产品的高质量。全面提升"海宁家纺"区域品牌的形象认知，以加工制造品牌和终端消费品牌有效支撑区域品牌的不断发展。

6. 成立服务机构 创建海宁经编产业创新服务综合体，为经编企业提供金融、检测、知识产权、环保等全方位服务。在综合体创新工作带动下，全市经编产业研发活力大幅提升，2021年全市经编产业研发投入7.4亿元，研发投入强度3.08%，企业积极申报新产品，平均规上企业10项以上新产品开发成功。成立海宁市许村家纺版权服务中心，开辟版权快速登记通道、侵权行为快速处置通道、侵权行为快速认定通道、版权纠纷快速调解通道四大通道，全力推进家纺版权保护工作。

三、当前产业发展存在的问题和发展思路

1. 存在问题 一是自主创新能力有待提高，纺织企业产品研发能力整体相对较为薄弱；二是产业结构有待优化，整个区域内小微型企业占较大比例，缺少规模大实力强的龙头企业在科技创新、两化融合、品牌建设等高端领域难以有大的突破；三是外部环境波动影响行业稳定，受中美贸易冲突、原材料价格波动影响，导致利润空间的挤压。

2. 发展思路 一是助推集群布局科学完善，形成"一核引领、两翼齐飞、一廊联动"的产业布局，二是推动产业链条强化升级。建立产业链"资源库"，服务好产业转型发展。加强产业链对接，定期举办产业链优质企业对接会，搭建面对面沟通平台。整合时尚产业相关展会活动，着力扩大品牌影响力。三是优化资源平台整合重构。设立时尚产业研究院，分产业下设分院。搭建设计师平台，链接国内外优秀设计师资源，为企业与设计师互动提供桥梁，推动更多优秀设计人才和机构落户。

供稿单位：海宁市经济和信息化局

中国纺织产业基地市

浙江省桐乡市

一、集群概况

桐乡市纺织产业门类齐全，产业链完整，涵盖化纤、毛纺、棉纺、绢纺、经编、植绒、印染、羊毛衫和服装等各个领域，一直以来是桐乡的优势产业、支柱产业、富民产业，在桐乡经济发展中发挥着举足轻重的作用。经过多年发展，桐乡已成为国内主要的时尚产业纺织品生产基地，许多产品已在国内占有相当的份额。同时，桐乡市被中国纺织工业联合会命名为"中国纺织产业基地市"，拥有中国蚕丝被名镇——洲泉镇和中国家纺布艺名镇、中国沙发布生产基地——大麻镇等6个纺织产业类的中国产业名镇。

2021年全市纺织业实现工业产值1062.39亿元，全部纺织产业企业出口额182.34亿元（统计数），从业人数约183010人；有规模以上纺织企业660家，其中超亿元以上企业155家，上市公司4家；规模以上纺织企业实现工业产值1119.16亿元，实现利税16.74亿元。全市纺织产业细分行业毛衫、涤纶长丝、蚕丝被、沙发布四种产品市场占有率国内排名前列，纺织产业已成为桐乡市的支柱型民生产业。

二、集群发展亮点

1. 数字化转型步伐加快 2019年以来深入贯彻落实《加快"数字桐乡"建设的决定》，举办全球工业互联网大会，加快推进产业数字化改造，大力推进智能工厂、数字车间建设，推动研发设计、生产制造等全流程智能化，加快制造业数字化转型。启动化纤、毛衫等优势主导产业的"产业大脑"建设，国内化纤行业首个国家工业互联网标识解析二级节点正式上线，28家成功接入，节点标识注册量超6000万个。

2. 品牌企业培育成效明显 打造区域品牌和终端品牌，通过品牌建设，提高产品品质。在区域品牌推广主要有"濮院毛衫""洲泉化纤""洲泉蚕丝被""大麻家纺布艺"等。在企业终端品牌创建上充分发挥龙头企业的示范和带动作用，目前主要有"金鸡""桐昆""新凤鸣""浅秋""圣地欧""褚老大"等知名本土品牌，同时大力支持电商品牌的建设，逐步形成了宝利博纳、欧丝璐、简狐和玛思蓓丝等一大批知名的"淘品牌"。

3. 行业绿色化转型提速 重点改造提升化纤、纺织、服装等传统制造业，使之发展质量和效益达到国内先进水平，使之发展质效得到全面提升。开展新一轮印染行业整治工作，通过兼并重组等形式，对老旧企业实施关停，搬迁进园区，提升行业绿色生产能力。注重节能减排工作，如化纤行业龙头企业桐昆集团与院校合作先后主持完成国家工信部"绿色制造系统集成项目"，并获评工信部工业产品绿色设计示范企业和国家级绿色工厂。

三、当前面临的问题及今后发展思路

当前集群面临的问题有受新冠肺炎疫情影响，行业整体经营困难；生产经营成本高位运转，受大宗商品价格居高不下的影响，纺织行业企业经营成本上升；产品附加值不高，主要集中在利润较低的制造环节，行业效益水平不够高；设计创新能力、品牌运营能力和营销渠道掌控能力有待进一步提升。

集群今后的发展思路为以下几个方面：

1. 规划引领，打造千亿产业集聚 围绕毛衫、化纤、服装和家纺制造等区域特色产业，高标准推动园区建设。加大毛衫创新综合体、化纤制造业创新中心等大平台建设，推进产业链向上向下延伸，提升行业、企业整体实力。

2. 结构优化，凸显产业集群优势 以结构调整促进纺织制造业的转型升级，以设计、品牌建设为突破口，创新企业的组织结构、商业模式。构建分工更合理、运作更高效的产业分工体系。加大人工智能、物联网等新技术与传统产业结合，推动企业数字化升级。

3. 要素集聚，提升产业集群质量 要以建设毛衫创新综合体、化纤制造业创新中心为契机，加大资源要素聚集，不断整合设计研发、质量检测、信息技术商贸物流等生产性服务体系，重点实施公共科技创新服务平台、产业创意园、区域品牌、产业研究院等工程，形成支撑产业升级和创新发展的现代生产性服务体系。加大政策文特、金融支持和土地要素供给，完善园区功能，为推进产业发展创造良好环境。

供稿单位：桐乡市经济和信息局

中国纺织产业基地市

浙江省绍兴市柯桥区

柯桥区是工业大区、纺织大区,纺织业是柯桥的支柱产业、母亲产业,经过多年发展,柯桥区纺织业不断发展壮大。自创建纺织产业集群试点地区以来,柯桥区进一步发挥产业集群优势,紧紧依托"产业+市场"的先发优势和"融杭接沪"的区位优势,打造世界级现代纺织产业集群。

一、集群概况

柯桥区现有规上纺织企业 758 家、规下纺织企业8272 家。2021 年实现规上纺织产值 1189.63 亿元,占全区规上工业的 52%,其中印染业 503.54 亿元,织造业 338.26 亿元,化纤业 335.46 亿元,纺织服装业12.36 亿元,分别占比 42.3%、28.4%、28.2% 和1.0%;年产能 PTA42.92 万吨、化纤 255.18 万吨、印染布 217.03 亿米、针织布 38.61 万吨,具有较完整的产业链。2021 年,规上纺织从业人员 18.24 万人,企业实现主营业务收入 1004.74 亿元,利润 55.92 亿元。纺织品出口 633.8 亿元,占出口比重的 73.3%。轻纺城市场群实现成交额 2338.88 亿元,同比增长 8.12%;轻纺城网上市场实现交易额 701.68 亿元,同比增长15.59%。做强跨境电商园,建成中国轻纺城跨境电商监管中心和中国轻纺城跨境电商公共服务中心两大落地载体,通过完善业务闭环、出台激励政策、开展培训推广、对接高校资源、落户本地物流等举措,跨境电商发展较好,海关监管方式下清单出口累计申报1741 万美元、结关 1329 万美元,成为推动柯桥区外贸发展新的重要增长点。大纺织业总投资超 80 亿元,占工业投资的 55%。

二、集群发展亮点

1. 科技创新 鼓励印染企业加大研发,全区 109家印染企业中,国家高新技术企业数量从 2020 年的 62家增长到 2021 年的 75 家。2021 年,全区印染企业新产品产值 165.21 亿元,占全区规上工业企业新产品产值的 20.4%。2021 年,柯桥区织造印染产业大脑特色应用成功获得省级"揭榜挂帅"试点。织造印染产业数字供应链平台应用场景获全市数字经济系统多跨场景应用大赛二等奖。目前,织造印染产业大脑政府侧门户 1.0 版已上线到省产业大脑门户。

2. 培大育强 柯桥区"凤凰行动"成果显著,"西大门""越剑智能"两家大纺织类企业上交所主板

上市,"迎丰科技"上交所主板过会,全区企业上市工作实现历史性突破。另有纺织相关上市后备企业近 10家,纺织产业上市集群已初步形成。"用电消费券"被认定为全省抓工业十佳典型案例。柯桥区列入 2021 年省小微企业园建设提升重点县(市、区)。同时,浙江省现代纺织工业研究院作为浙江省绍兴市现代纺织产业集群发展促进机构,成功获得制造业高质量发展资金预算。

3. 提升效益 实施印染企业全域提升行动,深化"亩均论英雄"改革,引导倒逼印染企业淘汰落后、节能降耗、节水减排、技术创新、市场拓展,真正实现提质增效高质量发展。亩均税收从 2020 年的 15.05 万元/亩,提高到 2021 年的 23.5 万元/亩,同比增长55.6%,亩均增加值从 2020 年的 174.97 万元/亩,提高到 2021 年的 211.94 万元/亩,同比增长 21.1%,实现了跨越式发展。

三、当前存在的问题和下步打算

当前,柯桥纺织产业受新冠肺炎疫情防控、俄乌战争等综合影响,面对"订单难保、员工难稳、成本难降"的复杂局面:订单减少。受疫情和国内外形势影响,纺织印染企业订单普遍减少,员工不稳。前期通过发放补贴、提高收入的形式留工过年,现又因为订单不足、生产要素上涨,企业出现亏损,部分企业被迫裁员或降薪;成本上涨。货物运输成本上升,水电气等生产要素价格也上涨,增加了企业的生产边际成本。

下一步工作重点:一是推进传统制造业改造提升。做好越城印染企业跨区域承接工作,推进五大印染组团全部顺利投产。深入开展印染企业全域改造提升,推进产业高质量发展。二是引育"数字产业"。围绕纺织产业链,培育网上轻纺城、环思智慧、瓦栏文化、数制科技、印染大脑、有数派等多个纺织工业互联网服务平台,激励企业从资源上云逐步向管理上云、业务上云、数据上云升级。三是持续开展落后产能淘汰和低效再开发。优化淘汰标准体系向能耗、环保、质量、安全、技术等"四法一政策"转变。扎实推进低效工业用地"二次开发"。四是深入开展"三服务"活动。实现规上工业企业驻企服务员全覆盖,及时帮助解决企业反映的困难和问题。

供稿单位:绍兴市柯桥区经济和信息化局

中国纺织产业基地市

浙江省兰溪市

一、集群概况

20 世纪 60 年代，兰溪棉纺织厂建成，兰溪纺织产业由此发端，并逐步成为支柱产业。牛仔布出口量、纯棉弹力休闲面料产量全国领先，入围全国棉纺织行业百强企业 13 家、牛仔布行业主营业务收入十强企业 3 家、国家级专精特新小巨人企业 1 家、省级专精特新中小企业 5 家，拥有丰田、必佳乐等世界先进织机 3 万余台。截至 2021 年底，兰溪纺织企业达 548 家，其中规上企业 153 家，规上企业总产值 260 亿元，占全市工业总产值的 32%，利润 4.66 亿元，亩均税收 8.7 万元。

二、集群发展亮点

1. 全力推动智能化改造 2019 年着手创建全国纺织智能制造示范市，出台《关于兰溪市创建纺织行业智能制造示范市的决定》，形成了中小企业数字化改造的"4+X"模式，47 家试点企业效益提高 12.3%。中国纺织工业智能制造现场会在兰溪召开，织造（棉纺织）产业大脑列入省第一批行业大脑建设试点。

2. 全力推进低效整治 前期已出清低效纺织企业 141 家、面积 2415 亩，腾出用能约 5 万吨标煤。

3. 全力支持扶优扶强 鑫兰、金梭、鑫海等一批龙头企业通过兼并重组，进一步做大做强。兰创集团整合资源建设印染产业园。合一、华尔等一批专精特新、小巨人企业通过差异化发展实现转型。

4. 全力谋划平台建设 一是建设纺织工业互联网平台。目前，2 家企业签约上云，上云织机数量 338 台，其他设备 16 台。二是搭建棉纺织供应链平台。累计为 26 家纺织企业提供供应链解决方案，为纺织企业累计授信 1.05 亿元，完成棉纱采购交易 135 笔。三是打造棉纺织产业创新服务综合体。进驻 22 个创新服务实体，为企业提供检验检测、标准咨询等服务，实现质量基础"一站式"技术服务。

三、下一步的规划

（一）当前存在的问题

1. 行业增长乏力 自 2019 年起，纺织行业逐渐走入瓶颈期，各项指标低于全市平均水平。2021 年底规上企业产值较 2019 年同期增长 7.3%，但低于全市增速 17.4 个百分点；规上企业销售收入同比增长 15.6%，但低于全市水平 14.7 个百分点；规上企业利润总额同比增速低于全市水平 47.3 个百分点；纺织规上企业亩均税收同比下降 3.2%。

2. 低效用地较多 从 2020 年亩均评价结果看，纺织产业仍有零税收企业 27 家，占地 235 亩。395 家规下企业占地约 1500 亩，其中亩均税收 3 万元以下有 236 家，占比 59.7%。

3. 同质化竞争严重 153 家规上企业中，有 89 家生产白坯布，且集中销往广州、福建、绍兴等市场，相互压价、恶性竞争现象突出。2006 年，白坯布利润约 1 元/米，到目前压缩到只有 0.2~0.3 元/米。

4. 产业工人老龄化 纺织从业人员近 4 万人，多为本地员工，平均年龄 50 岁，其中一线产业工人平均年龄 53 岁。

（二）下一步工作计划

1. 打造"631"标志性成果 到 2024 年规上企业产值力争达到 600 亿元；高耗低效企业出清 300 家以上；迭代升级棉纺织产业大脑，建成省级"未来工厂"1 家以上。

2. 推进十大攻坚行动 结合纺织企业现状，全面摸清家底，逐家研判分析，实施"一企一策"，推进数字化改革、"腾笼换鸟"、产业链延伸、兼并重组等十大行动，明确责任领导、牵头单位、当年目标和 3 年目标，以"不达目的决不收兵"的态度，坚决打赢纺织产业转型升级攻坚战。

3. 健全三项工作机制 一是建立专班推进机制。成立由市委市政府主要领导任双组长的领导小组，建立工作专班，实体化办公。二是建立难题破解机制。市委常委会每月听取工作汇报不少于 1 次，分管市领导每周现场推进工作不少于 1 次，梳理难点堵点痛点，集中力量解题破题。三是建立"赛马比拼"机制。健全工作制度、考核制度，落实工作责任，将纺织产业转型升级工作完成情况列入单位年度考核内容。

4. 出台一批扶持政策 一是支持做大做强。对年度销售额首次达到 100 亿元、50 亿元的企业，分别给予 5000 万元、500 万元奖励。二是支持改造提升。对引进前瞻性、带动性、关键性的"机器人"等装备的企业，按 15% 给予补助；对实施数字化的企业，按 50% 给予补助；对国家级、省级"未来工厂"的企业，分别给予 500 万元、300 万元奖励。三是支持主体培育。对"小巨人""隐形冠军""专精特新"企业，分别给予 100 万元、30 万元、10 万元奖励。

供稿单位：兰溪市经济和信息化局

中国新兴纺织产业基地县

安徽省宿松县

一、集群概况

至 2022 年底，宿松县拥有纺织服装集群企业 480 余家，从业人员约 2.5 万人，总产值达 138 亿，规上纺织服装企业 46 家，全年完成产值 54 亿元，同比增长 16.4%，产值占比 35%。其中纺织业 35 家，60 万锭纺纱能力，完成产值 39.6 亿元，同比增长 10%，产值占比 25.7%；服装加工业 11 家，完成产值 14.5 亿元，同比增长 37.5%，产值占比 10%。

现拥有纺织服装领域省级专精特新企业 4 家，省级专精特新冠军企业 1 家，国家级专精特新"小巨人"企业 1 家、省级技术创新示范企业 2 家、省级企业技术中心 2 家，省级工业设计中心 1 家，博士后科研工作站 1 家，纺织服装柔性制造工业互联网平台 1 个，此外宿松县经济开发区还与安徽工程大学、合肥国家大学科技园共建了纺织服装研究院和双创平台。

二、集群发展亮点

1. 产业基础好 宿松的自然、人力资源丰富，尤其是在纺织服装产业方面，纺织服装是宿松的优势产业、主导产业，县内 4 所中等职业技术学校每年可订单培养、校企合作培养各类人才近万人。初步形成了服装类以红爱实业、纺织类以顺源智纺、箱包类以华恒轻工、皮革类以亿博皮革为龙头的现代纺织服装产业链体系。

2. 发展目标实 按照省市部署，宿松积极参与长三角产业分工合作，聚焦纺纱、服装两个优势方向：一方面，带动现有纺织服装产业迈向规模化、智能化，加速推动产业做优做强；另一方面，培育或招引一批经济效益好、科技含量高的上下游及配套企业，建设品牌服装智能制造基地，形成聚集效应。预计到 2025 年，全县纺织服装行业总产值超 200 亿元，税收贡献超 5 亿元。

3. 招商方向广 主要是聚焦 5 大块，一是服饰箱包。重点发展高档品牌休闲服定制、箱包新材料等。二是纺织制造。积极引入棉纺织、长丝织造等行业龙头企业，大力发展家用、车用纺织品。三是皮革制品。依托亿博皮革园，推进皮革制品深加工，建设皮革产业集聚区。四是辅料包装。着力引进拉链、纽扣等服装辅料生产线。五是服装装备。主要是推进纺织服装现代化生产工艺技术和装备应用。

4. 承接平台优 宿松省级经济开发区拥有县城和临江两个园区，总规划面积 50 平方公里，入园企业已达 280 余家，建有 20 万平方米标准化厂房和公租房，服装服饰、箱包类中小企业可直接拎包入驻。固定资产投资亿元以上的优质项目可单独供地建设。目前，宿松县经济开发区临江园区两个 5000 吨级宿松港区公用码头及现代物流园正在建设，后发优势凸显。

5. 政策力度大 宿松享有长三角一体化发展、长江经济带、中部地区高质量发展等宽领域多层次的政策叠加和支持，且上海证券交易所、安徽省经信厅对口帮扶，环境容量、土地指标等较沿海地区宽松，水电气等综合经营成本相对低廉，特别是川气东送管道天然气价格优势明显。

三、集群未来发展计划

1. 加大政策扶持，强化政策引领推动 积极做好省市各项奖补政策宣传贯彻、申报兑现等工作，保障宿松县中小企业健康发展。探索试行开展"亩均效益"评价工作，配套出台县级实施意见，促进企业提速增效。

2. 推进重点项目，力促企业转型发展 探索实施企业 ABCD 四级分类培育壮大计划，积极参与长三角分工合作，聚焦纺纱、服装两个优势方向，鼓励引导优势企业运用大数据、云计算、物联网等工业互联网技术，并借助科技创新方面政策，带动纺织服装产业迈向规模化、智能化。

3. 积极搭建平台，深入推进产学研合作 围绕纺织服装等主导产业和高新技术产业发展，广泛征集企业技术难题和技术需求，借助省经信厅对口帮扶和省直管县优势，加快建立以市场为导向、以企业为主体的共性服务与供需合作平台，完善企业、项目服务机制，创优一流营商环境。

4. 主攻"智能制造"，提升企业"智造"水平 以"三化"改造为核心，加快数字化车间建设，在园区推进建设一批绿色智能化工厂、在乡镇中小型企业中推进实施一批智能化技术改造项目，不断推动制造业的数字化、网络化、智能化转型升级。

供稿单位：宿松县科技经济信息化局

中国新兴纺织产业基地县

安徽省望江县

一、集群概况

2021年，望江县纺织服装企业593户，实现工业总产值153.1亿元，占工业总产值比重75.9%；其中规上工业企业42户，实现工业总产值122.5亿元。实现利润5.56亿元，其中规上工业企业实现利润4.84亿元。全行业从业人员21000余人，其中规上企业12000余人。

望江县产业链齐全，已基本形成轧花—纺纱—织布—印染—服装制作的粗线条产业链，中间环节织布和印染相对薄弱，针线、纽扣、面辅料等生产环节亟待补链。望江纺织服装产业规模在"十三五"期间已稳居工业经济半壁江山；近年来，行业占比递增趋势更加明显，通过招商引资，重点项目落户望江呈新一轮加速发展态势。全县纺织行业从业人员众多。纺织服装工人达10万之众，其中在童装之都浙江织里打工和创业发展人员在8万人左右。

在望江脱贫攻坚工作中，纺织产业接纳了大量的贫困户就业，为脱贫摘帽做出重要贡献。纺织服装工业不断发展壮大，使得人流、物流、资金流和信息流快速向城区聚集，带动了建筑房产业和商贸服务业的发展，加速了城市化发展进程，推动了三产发展和社会全面进步。

二、集群发展亮点

1. 突出产业定位 始终坚持纺织服装首位产业、首位发展的地位不动摇，集聚全力人力、财力、物力全力支持纺织服装产业发展，并将首位产业发展纳入年终目标考核机制。2021年，建立了望江县纺织服装产业链"链长制"工作机制，实行县委书记、县长、县人大主任三领衔负责。

2. 政策倾斜支持 设立首位产业发展基金2亿元，用于培育增量，吸引适合全县发展的纺织服装产业优质项目进入，促进重点项目快落地、快建成、快投产和稳运行。

3. 平台建设加速 重点招商引资项目密集落户，2019年以来新开工的示范产业园、中国纺织服装产业新城、亮亮轻纺科技产业园、长岭扶贫产业园等项目一期已建成标准化厂房60万平方米，为承接产业转移提供了重要平台。

4. 创新成果显现 运用先进科技对传统产业进行技术改造，实施创新发展成为纺织服装企业的自觉选择。通过创牌申证和"四化"改造，现拥有省级企业技术中心2家，省高新技术企业3家，国家级绿色工厂1家，国家级绿色产品1个；规上企业全部通过ISO900质量管理体系认证。

5. 品种日趋多样 围绕"增品种、提品质、创品牌"，三年来望江服装制造的时尚化和高端化迈上了一个新的台阶：百川纳运用非遗文化"望江挑花"元素，开发生产了20款箱包品种；云艾堂利用本地艾草资源，推出了艾枕、艾垫、床单、手套、保暖服饰等15款系列保健日常用品。童装城电商销售多以个性定制安排设计生产，品种数目繁多；建立纺织服装质量检验监测中心，其主旨就是对线上产品进行质量监管，维护望江服装的质量声誉。

三、产业发展存在的问题和下一步工作打算

1. 存在问题 主要是产业链短板突出。印染面料是望江纺织服装产业链的短板环节，也是堵点、痛点。望江纺织服装产业要实现省、市提出的目标——打造千亿纺织服装产业集群、建成全国纺织服装名县，就必须解决印染环节问题，只有扩大印染产业规模，才能做大做强纺织服装产业。望江县规划建设纺织印染产业园，需要省市领导乃至中国纺联予以关心和重视。

2. 下一步工作举措 一是把规划做好。注重规划引领，加快望江纺织服装产业"十四五"规划评审及"两图谱"设计方案。根据规划细化年度工作方案；根据图谱"按图索骥"、精准招商。二是把招商做实。继续加快推进平台建设，把纺织服装产业承载平台做实。做好扩增量、优存量文章，加大头部企业招商引资力度。三是把服务做优。启动纺织服装行业工业互联网平台，从政策、资金、办公、待遇等各方面支持纺织服装商会的工作，确保行业协会在强链补链延链中发挥作用。四是把宣传做响。依靠中国纺联在行业内的影响力，借力望江元素的各类商协会和在望江投资的各类企业，全方位宣传望江纺织服装的产业基础和优势，进一步唱响望江县"安徽纺织服装第一县""做服装、去望江""中国纺织产业基地县"等品牌和声誉，提振业内人士来望江投资的信心、决心。

供稿单位：望江县科技经济信息化局

中国纺织产业基地市　中国经编名城

福建省福州市长乐区

一、集群概况

纺织产业是长乐的传统支柱产业、重要民生产业。近年来，长乐纺织抢抓福州滨海新城建设和长乐撤市设区重大机遇，努力克服新冠肺炎疫情以及国际贸易摩擦等因素带来的不利影响，充分发挥产业集群和规模优势，抢占产业链、价值链高端环节，不断提品质、创品牌、增品种，产业转型升级步伐加快，产品竞争不断迈向中高端、智能化领域。

全区共有纺织企业 1305 家，其中规上纺织企业 282 家，其中产值超亿元 135 家。2021 年完成产值 2443 亿元，其中规上纺织企业实现产值 2384 亿元，同比增长 11%，占全区规模以上工业比重 68.18%。今年 1-4 月份规上纺织企业实现产值 850.2 亿元，同比增长 11.2%。

二、集群发展亮点

1. 跻身全国县级纺织产业三强　先后被授予"中国纺织产业基地市""全国纺织模范产业集群""全国纺织行业创新示范集群""纺织产业集群创新发展示范地区"和"全国超千亿产值纺织产业集群地区"等荣誉称号，奠定了纺织业国内领先地位。列入"福建省工业和信息化省级龙头企业名单"的有 15 家；永荣控股、恒申控股等企业进入"中国企业 500 强""中国民营企业制造业 500 强"，实现从"苯→己内酰胺→聚合→锦纶新材料→纺织品后加工"一体化的全产业链；长源纺织集团、新华源集团、金源纺织集团、翔隆纺织等保持"中国棉纺织营业收入排名 100 强"；东龙、永丰、德盛、欣美、航港等经编优势企业经编面料、花边产品开发位居国内前列；印染节能降耗、清洁生产规范整治正在全面展开，恒申集团的连江可门纺织染整工业园加紧建设，宏港、东龙等染整企业通过国家印染行业规范条件。

2. 在全国形成了"三张名片"　一是全国最大的锦纶民用丝生产基地之一，被评为"全国化纤（锦纶）产业知名品牌示范区"，年产能达 150 万吨，占全国产能的 40%；二是全国最大的经编花边面料生产基地之一，被评为"中国经编名城"，占全国产能的 60%；三是全国最大的化纤混纺纱生产基地之一，先后被评为"中国短纤混纺纱特色产品生产基地""中国粘胶纱特色产品生产基地"，年产量 330 万吨，占全国产能的一半。锦江科技已建成"国家级企业技术中心"，10 多家企业建立"高新技术企业"，20 多家企业建立"省级企业技术中心"；长源纺织、恒申科技、永荣锦江等已建立"院士专家工作站""博士后工作站"等。

3. 形成两条比较完整的产业链　长乐是福建省重点打造的 12 个超千亿元产业集群之一和纺织行业发展最重要的支撑区，已形成 CPL（长乐周边）、化纤原料（涤纶、锦纶、氨纶）、经编（含花边）、染整和化学短纤维、棉纺两条产业链，同时推动了纺织机械（鑫港纺机、航韩机械）的发展。同时，锦纶企业向上游延伸，恒申集团连江可门申远、永荣控股集团石门澳聚酰胺一体化项目，以及连江可门绿色纺织产业园等建设投产，打开了长乐纺织产业发展愿景，增强了化纤新材料、棉纺纱线、面料织造、印染后加工、服装、等行业发展和国际竞争的优势。

三、集群今后发展思路

下一阶段，长乐将大力实施化纤产业链链长制、"百亿工程"，以恒申集团、永荣锦江等龙头企业带动，实施炼化一体化战略，加速申远、永荣等己内酰胺项目的扩建投产。上游向聚酰胺、聚酯等化纤原料、生物基材料、生态可降解材料、再生可回收利用纤维等产业链推进，下游向功能性纺织品、产业用纺织品以及纺织深加工的产业链延伸发展。依托福州新区长乐功能区、临空经济区、闽江口工业区等工业园区，培育打造更多的单项冠军产品、冠军企业，培育发展功能性纺织品生产基地。力争到 2025 年，力争培育百亿级链主企业 4 家，千亿级产业链 1 条。

供稿单位：福州市长乐区工业和信息化局

中国纺织产业基地市

福建省永安市

一、集群概况

永安市纺织产业起步于 20 世纪 70 年代初期，产业发展社会氛围浓厚、基础扎实，是福建省老纺织工业基地，拥有大量技术人才和产业工人。目前永安市是福建省重点纺织产业集中区，纺织产业总量在福建省内陆山区居第一位。

2021 年，全市拥有纺织企业近百家，其中 51 家市属规上纺织企业，实现工业总产值 217.28 亿元，占全市工业总产值的 17.2%，主营业务收入 168.38 亿元，利润总额 1.64 亿元，从业人数 8316 人。规上纺织企业中包括 4 家纤维、15 家纺纱、20 家织布、10 家染整、1 家皮革、1 家服装。规下企业共有 48 家，工业总产值 21.64 亿元，主营业务收入 18.77 亿元，利润总额 1125 万元，从业人数 853 人。受原材料价格上涨和疫情影响，主要产品产量有增有减，全年累计印染布产量 10.44 亿米，比上年增长（下同）20.7%；纱产量 19.84 万吨，比上年增长（下同）-10.1%；化学纤维产量 6.04 万吨，比增 -49.2%；布产量 7.42 亿米，比增 -10.5%，较好地执行完成纺织产业"十三五"规划目标，产业保持持续平稳健康发展势头。

二、发展亮点

1. 发挥政府政策优势，打造优质纺织产业集群 立足永安市拥有大量技术人才和产业工人，发展纺织产业基础较好，近年来，永安市委、市政府高度重视纺织产业的发展，2019 年将纺织产业集群作为工业振兴计划的三大主导产业集群，成为《永安市关于当好经济发展排头兵产业行动计划（2019—2021）》的重点任务。

2. 注重提升产品水平，增强企业竞争力 聚乙烯醇（PVA）纤维产业是永安市在全国有影响的特色产业和优势产业，2021 年该产品产量 3.25 万吨，占全国聚乙烯醇（PVA）纤维产量 40% 左右，其中水溶性纤维产量约 3 万吨，市场占有率高达 70%，其在产能、品种、质量、产品附加值等方面保持全国领先水平。

3. 加快装备更新换代，满足市场竞争的需求 近年来纺织企业选择用智能化水平高的先进设备来弥补劳动力的不足。先进装备的使用不仅提高了产品质量和档次，而且有效地缓解了用工压力，实现了由单纯量的增加向质量品种效益型转化，增强了企业市场竞争力。

三、集群发展存在的问题

1. 企业上下游配套能力较弱 大部分纺织企业以传统产业为主，采购商和供应商"两头在外"，产业层次低，设备、技术老旧，高科技新兴技术投入不足。

2. 企业创新意识较淡薄 2021 年纺织产业研发费用共 3307 万元，仅占营业收入（1683805 万）的 0.196%。因对行业前景迷茫，导致大多数纺织企业信心不足，转型升级的资金方面投入严重不足。

3. 企业融资能力不足 近年来国家加大对经济结构的调整，将劳动密集型行业由就业优先型转为限制型发展类行业，而永安市多数纺织企业属传统纺织产业，导致失去了国家相关政策方面的支持力度。

4. 企业用工问题日显突出 近年来外地工人占比逐渐下降，特别是纺纱、织布类企业绝大部分是本地工。本地年轻人喜欢外出务工，外地工人又难以招进来，导致企业招用工难、员工不稳定，呈现严重的老龄化现象。同时，因劳动力成本不断增长、生产要素矛盾日益突出，对产品质量的稳定造成了不利影响，成为制约企业生产发展的主要瓶颈。

5. 企业生产经营环境不稳定 受新冠肺炎疫情形势的影响，国内外市场需求波动明显，纺织企业原材料价格上涨，加上交通物流成本的提高，导致国内外产品销售严重受滞，产品积压严重，企业周转资金不畅，使得大多数企业经营困难。

四、下一步工作重点

1. 强化招商引资 充分发挥原有的产业基础和特色优势，巩固提高"中国纺织产业基地市"，认真落实好纺织产业发展规划，加大招商引资力度，推进纺织产业转型升级。

2. 强化龙头引领作用 依托宝华林拥有的中国产业用纺织品行业协会聚乙烯醇（PVA）产业用纺织品研发基地，继续加强永安市产业用纺织品的发展。

3. 强化企业产品创新能力 鼓励企业成立科创中心，加大对科技创新的人、财、物的投入，力促各企业之间转型升级，通过引进新技术、新设备，提高纺织企业的科技创新能力，推动纺织企业绿色发展、智能化发展，提升无人化改造程度。同时加大引进专业高层次人才，利用现代信息技术和互联网技术对生产流程、生产工艺和生产过程进行数字化改造。

供稿单位：永安市工业和信息化局

中国纺织产业基地市 中国泳装产业名城

福建省晋江市

一、集群概况

纺织产业是晋江市传统优势产业。晋江市纺织业主要集中在龙湖、金井、深沪、东石等镇及经济开发区五里园、安东园，产业链主要由化纤、织造、染整等三个环节构成，产品涵盖化纤、机织面料、针织面料、非织造布等。2021年规上企业267家，规上产值1195亿元，占比达17.3%，营业收入911.33亿元，利润额45.09亿元，全部从业人员平均人数5.16万人，资产总计632.23亿元。

经过多年产业发展，晋江市已打造出一条具备较强产业竞争力的纺织产业链条，其中：化纤业主要依靠百宏、逸锦、锦兴等龙头企业支撑，发展态势持续走好，全市年涤纶产能已超过300万吨，成为华南地区重要涤纶丝生产基地。织造业通过持续技改提升，已拥有一批国内外前沿生产装备，生产工艺、产品质量处于国内领先水平，涌现出了一批港益、信泰等细分领域的专精特新企业。机织坯布远销国内外市场，针织产品除就近配套晋江鞋服品牌之外，还进入斯凯奇等品牌的供应链。染整业现有企业150多家，年染整加工坯布产量40多亿米，其中华宇、信泰、向兴、凤竹等企业生产工序已涵盖织造、印染、后整理等环节，形成全链条生产格局。

二、集群发展亮点

1. 产业链条完整 全市形成了较为完整产业体系，建立起专业市场和较为完善的市场网络。特别是化纤面料已形成聚酯纤维、织造、印染、后整理一条龙生产体系，并大量就近配套本土运动服装企业。

2. 品类结构齐全 晋江纺织业范围涵盖了从服用纺织品到家用、产业用纺织品，从婴童服装到成人服装，从内衣到运动、休闲、正装等为较完整的产品结构，市场竞争力逐步增强。

3. 区域聚集明显 晋江市经济开发区"一区十四园"的建设推动总体产业布局更加集中，原料运输、上下游企业连接更加紧密，既节约了成本，又带动了规模效应，加强了整个产业的竞争力。

4. 产品竞争力提升 机织企业引进大量全球高端设备升级换代，坯布处于全球领先地位；针织业专注细分市场，涌现出夜光达（反光功能材料）、信泰（经编网布）、普斯特（飞织横编成型鞋面）、龙之族（生物纺织涂层材料）等一批专精特新企业。

5. 市场覆盖面扩大 机织坯布除远销广东、江苏、湖北等地外，还延伸到欧洲、东南亚等市场，针织产品除就近配套晋江鞋服品牌之外，还进入斯凯奇等10多个品牌的供应链。

6. 品牌效应突出 拥有百宏、信泰、向兴等纺织头部企业，龙头企业数量及规模居全省前列，分别培育了17家、21家、16家省、泉州市、晋江市纺织产业龙头企业。

三、当前产业发展存在的问题、下一步的规划举措和工作打算

1. 存在问题 化纤方面，涤纶丝一枝独秀，缺失锦纶丝、氨纶丝项目，未来只能从差别化、功能性方向去补短板。印染方面，印染企业中，大多数企业以承接面料贸易商（布行）委托染布加工，企业产出效益低下。后整理方面，涉及定型、涂层、复合等10多个工序，现有企业总体规模偏小、布局分散、技术水平粗放，除少数为纺织、印染规模企业自晋江配套项目之外，大多属于家庭作坊式企业，主要承接面料贸易商（布行）委托加工，分布零散。

2. 下阶段工作方向 首先要增量培育。支持本地化纤、纺织企业延伸布局氨纶项目以及差别化、功能性锦纶项目、纺纱项目；打造绿色智能染整产业园，实施安东园标准化建设提升工程，分批次推进一批标准化试点项目，吸引汇聚一批成长型绿色高端面料整理成长型企业，提升高端面料自给率。其次是科技创新。建立新材料产学研常态化对接机制，定期邀请中纺院、闽江等院校开展技术成果推广，对接企业技术需求，力争一批功能性面料科技成果在晋江纺织企业落地转化；宣传推广华宇、信泰等智能化、数字化样板标杆经验，鼓励引导更多纺织企业对接智能化、数字化技术资源，加快智能化、数字化转型升级。最后是渠道拓展。鼓励企业赴上海纺织展等全球影响力大展会设置晋江面料专区，组织企业抱团参展，拓展订单来源；协同省纺织服装供应链协同创新联盟，搭建纺织上下游产能对接平台，策划纺织上下游产能对接活动，助力纺织上下游产业链循环畅通，提升面料自给比例。

供稿单位：晋江市工业和信息化局

中国新兴纺织产业基地县　中国棉纺织名城

江西省奉新县

纺织产业作为奉新县的主导产业之一，是奉新县第一个百亿产业。通过十几年的发展，产业规模不断壮大，产业结构不断优化。奉新县紧紧围绕完善提升纺织服装产业链链长制为发力点，从完善产业链体系建设、推动产业链项目招引、强化产业链质量提升等方面着手，力求推动产业集群创新发展。

一、集群概况

奉新县现有规上纺织企业 28 家，2021 年度纺纱规模 250 万锭，占全省纺纱总量 46.4%。年产各类纱线 60 万吨以上，另有涤纶短纤 20 万吨、针织面料 3 万吨、印染 4 万吨以上的生产规模。纺纱龙头企业金源纺织、宝源彩纺、华春色纺公司生产规模分别占据江西省前三名，单个企业生产规模达到 40 万锭左右。金源纺织为香港联交所上市公司（中国织材），并且连续两年（2018 年、2019 年）入选全国棉纺织行业竞争力百强企业、优良发展型企业榜单。2021 年，奉新县纺织产业实现营业收入 135.94 亿元，同比增长 14.83%，利润 15.4 亿元，同比增长 33.29%。

二、集群发展亮点

1. 以链长制为抓手，完善产业链体系建设　强化组织保障，全力推进纺织产业链长制，形成由县领导担任链长及副链长，县工信局牵头负责具体协调工作、相关县直单位担任成员强强配合的多层次管理模式。掌握产业链发展情况，协调推进纺织产业链发展规划，着力谋划纺织产业高质量发展。

2. 以链长制为契机，建立产业链月调度机制　树立大局意识、主动作为，建立纺织服装产业链链长制工作调度推进机制，严格执行产业链月报送制度。每月调度了解纺织服装产业领域制定出台的政策措施、典型经验、链长活动、产业招商等方面工作动态。及时收集纺织服装产业链工作推进中涉及项目审批、行政许可、用工、用能、用地、税收等困难问题，形成纺织服装产业链问题台账，持续推动链长制工作走深走实。

3. 以园区平台为载体，推动产业链项目招商　围绕"做强企业、做大产业"的转型升级理念，充分利用国家级集群金字招牌及龙头企业在业界的影响力，围绕行业发展方向及重点，借助各类专业活动，大力宣传奉新纺织，实现培大扶优、整体推进。加大"外引"力度，强化"招商选资"理念，加大"内扶"力度，培育龙头企业，大力扶持现有企业发展壮大，鼓励纺织企业通过联合、并购、重组，做大产业规模，提高产业整体竞争能力。结合以商招商、小分队招商等多种模式，着重引入再生纤维、长丝织造、中高档针织面料、高水平印染后整理、服装及家纺加工企业，进而引进家纺专业市场，形成市场与产业互动共赢的良好发展模式，向高附加值的深加工产业环节延伸，不断延链、补链、壮链，真正形成完整的产业链条。

4. 以服务企业为重点，强化产业链质量提升　一方面要积极为纺织企业开展工业企业技术改造备案，另一方面持续贯彻落实工业企业特派员、政府事务服务代表文件精神，推动入企帮扶。深入企业了解实际生产经营情况，认真了解企业当前存在的运输受阻、招工用工、供应链断裂、缺少资金等困难和问题，及时帮助企业解决难点、痛点、堵点，助推企业做大做强。

三、集群未来发展思路

一是巩固"奉新纱线"产品优势。加快发展高档针织纱、高档精梳纱线、多种纤维混纺纱线、色纺纱以及功能化化纤混纺等优势产品，提高产品附加值。二是积极拓展新产品，瞄准新能源、节能环保、建筑工程、水利工程、汽车制造、军工特需等重点领域，加快研制一批产业用领域纺织新产品，攻关一批碳纤维复合材料开发应用等关键技术，拓宽纺织产品的应用领域，围绕花色、品种、款式、功能等方面，加强时尚服装、家纺等下游新产品开发，鼓励企业采用新技术、新工艺和新材料，开发时尚潮流、健康舒适、绿色安全的功能性产品。三是提升产品设计创意，深入研究纺织服装服饰的消费需求和时尚前沿，融合传统文化创意和现代时尚设计，开发个性化、定制化纺织产品，吸引一批创意设计机构、平台或人才，培育一批专业化服装设计企业，注重产品文化融合，提高纺织服装产品的附加值。

供稿单位：奉新县工信局

中国纺织产业基地市

山东省淄博市淄川区

一、集群概况

纺织服装产业是淄川区的主导产业之一，自2013年被中国纺织工业联合会命名为中国纺织产业基地市以来，经过多年发展，纺织产业布局更加合理，形成了纺织、服装、化纤、专业市场等丰富业态以及从纺纱直至服装成衣、床上用品的完整产业链条。全区共有纺织服装企业200余家，服装加工户2000余户，从业人员达5万人。

二、集群发展亮点

1. 加大政策落实力度，品牌产品竞争优势明显
2019年，鲁泰纺织被国家出入境检验检疫局评为"中国出口质量安全示范企业"，生产的衬衫、色织布、高支高密纯棉坯布、纱线4个产品被国家市场监督管理总局认定为"中国名牌"。2020年，鲁泰纺织被评为"山东省纺织服装行业2020年度企业文化建设先进单位""山东省纺织服装行业2020年度模式创新先进单位"，荣获"山东省纺织服装行业'十三五'科技发展突出贡献奖"；鲁丰织染入选山东省纺织服装行业重点培育品牌企业。2021年，鲁泰纺织入选国家级制造业单项冠军示范企业、国家重点人才工程企业；鲁丰织染入选省级制造业单项冠军示范企业。

2. 推行先进管理模式，提高行业整体管理水平
2019年，鲁丰织染继续推进LTPS（丰田管理模式）应用，减少生产等待时间、库存占用时间等七项浪费，深入实施工艺改造。2020年，面对低迷的市场需求，鲁泰纺织分别从产品、营销和渠道升级三个方面提出解决方案：产品方面，研制出具有持久功效的抑制病毒面料，经过4级免烫加工，达到舒适保型、安全防护的持久性能，跨场景穿着等高技术产品推向市场；营销方面，着重推出了"3+1"营销模式，从以往只注重面料及成衣销售，到目前从纱线端就开始做好全流程产品的营销及研发；渠道方面，鲁泰搭建数字化展示平台，用于线上推广，将产品素材数据化，打破了时间和空间的局限。

3. 创新发展模式，提升智能制造数字化水平 鲁泰纺织通过了国家两化融合贯标，建成试样工厂智能车间。2021年，鲁泰纺织加大与新经济企业合作力度，

与阿里巴巴旗下犀牛智造签订战略合作项目，一期已经建成正式生产，总投资7000万元，建成4条缝制线，年产针织产品200万件。通过智能制造赋能，提升生产效率，降低运营成本。

4. 坚持内外贸结合，积极开拓国际市场 引导骨干企业在巩固国内市场的同时，积极走国际化经营之路。鲁泰集团的产品出口率达到60%以上，市场覆盖30多个国家和地区，在7个国家设立了19家控股子公司、3个办事处和40多个生产工厂，实现了"国内总部+欧美日设计+东南亚生产"三点协同发展的国际化布局。

5. 狠抓节能减排，促进纺织企业绿色发展 鲁泰纺织开发半缸染色、溢流染色、小浴比染色等工艺，开展再生水回用项目建设，使用大通量膜回用技术进行印染废水过滤，2019年入选工信部"第四批绿色工厂"，2020年入选工信部"重点用水企业水效领跑者"。

三、下一步工作打算

1. 进一步加强政府协调服务 充分发挥职能部门作用，从资金、土地、技术、行政资源等方面对纺织产业给予重点支持，积极为企业提供规划指导、行业标准、数据统计、信息咨询、教育培训、技术交流等全方位服务，制定行规行约，加强行业自律，促进行业有序竞争、规范发展。

2. 狠抓产品质量安全 引导纺织服装各专业协会利用多种形式，宣传国家有关法律法规，严格遵守宣传童装、内衣等行业标准，提高企业产品质量意识。协调工商、质监等部门，运用法律手段，加强对纺织企业的督导检查，发现问题及时纠正，对触犯法律法规者依法处理。

3. 建立和完善产业集群创新平台公共服务体系 通过政府投入、争取上级扶持和发动企业参与，积极构筑集产品研发、质量检测、教育培训、信息服务、现代物流、电子商务于一体的公共服务体系，促进产业集群在更大范围、更宽领域整合生产要素，提高集群的生产水平和整体实力，辐射带动区域经济发展。

供稿单位：淄博市淄川区工业和信息化局

中国纺织产业基地市

山东省淄博市周村区

一、集群概况

周村丝绸纺织产业历史悠久，是著名的"丝绸之乡"，被誉为"金周村""旱码头"。周村区丝绸纺织行业按照"紧盯前沿、打造生态、沿链聚合、集群发展"的要求，着力提升产业发展规模和质量，近三年保持了稳中有进的发展态势，取得了积极的进展和明显成效。

截至 2021 年底，全区丝绸纺织产业工业总产值 52 亿元、主营业务收入 45.54 亿元、利润 2.74 亿元，分别同比增长 31.5%、24.5%、63.3%。大染坊集团被评为国家制造业单项冠军示范企业，丝绸织造总量在全国同行业中名列前茅，是一家具有全产业链的生产企业；兰雁纺织是集纺纱、织布、染整、服装为一体的国内大型牛仔产品生产企业；恒利纺织是专业从事化纤长丝类、超细高密类纺织品综合性生产企业，与法国迪卡侬公司建立了全球战略合作伙伴关系。

截至 2021 年，全区丝绸纺织企业拥有国家级企业技术中心 2 个；国家级工业设计中心 1 个；全国针圈织物染整技术研发中心 1 个；省、市级工程实验室 7 家；市级企业技术中心 4 家、工业设计中心 1 家。拥有一批在全国同行业领先的科技成果，大染坊集团自主研发的《真丝多组分高档家纺面料可控染色关键技术研发及产业化》项目获得全省纺织行业科学技术进步二等奖；海润丝绸公司被批准为"国家丝绸交织面料产品开发基地"；祥源公司被批准为"中国印染行业植物染料印染产品开发基地"；恒利纺织被批准为"中国化纤功能性精品面料生产基地"。

大染坊、兰雁、恒利、华业、飞狮等骨干企业先后从日本、瑞士、意大利、德国、美国等国家引进了国际先进的生产设备，形成装备精良的专业生产线。全区骨干企业 70% 的装备达到国际先进水平。

二、发展亮点

1. 重集聚，形成区域品牌优势 注重发挥区域产业优势，全力推动丝绸纺织产业园园区建设和大染坊集团、飞狮公司等龙头企业"退城入园"工程，进一步整合丝绸纺织资源，完善区域供给、配套链，力争将周村丝绸纺织产业打造成同行业特色产业突出，品牌优势明显的优势产业。

2. 强创新，提升核心竞争力 鼓励企业科技发明

和技术创新，推动丝绸纺织企业由规模驱动转向创新驱动。一方面以大染坊国家级企业技术中心，国家级工业设计中心为基础，带动全区企业开展自主创新；另一方面，完善"政产学研金服用"创新体系，鼓励企业与大院、大所、大校和金融机构的合作，全面提升企业创新驱动力。

3. 促转型，加快产业提档升级 着力抓好恒利纺织总投资 6.5 亿元年产 1.5 亿米高档环保面料和研发中心项目等一批行业重点技术改造项目建设，鼓励企业实施智能化改造和"机器换人"，推动产业链向上游延伸，产品向中高端迈进，加快产业转型升级"腾笼换鸟"。

4. 育人才，筑牢行业人才基础 全面实施人才兴区、人才兴企战略，推进企业家三年培训计划，落实人才优惠政策，深化企业与高校、职业技校的校企合作，引进和培育企业发展所需的各类人才，进一步厚实丝绸纺织行业的人才支撑和智力支持。

三、集群未来发展思路

1. 推进产业强链补链，突出集群发展优势 充分发挥龙头企业规模效应及行业带动作用，提高中小企业质量效益水平和为大企业配套能力，建立产业合作机制，打造更强创新力、更高附加值、更安全可靠的产业链供应链，营造大中小企业融通发展的良好产业生态。加强重点项目策划，用足、用活、用好惠企政策，把政策红利落实到具体企业、具体项目。

2. 强化创新发展，突出品牌建设 着力提升企业研发能力，加大对丝绸纺织企业研发平台培育力度，深入开展与科研院所的合作，促进先进研究成果向工业产品转化。组织企业参加各类展览会及赛事，集中展示和推介周村区丝绸纺织优势产品，提升区域品牌影响力和市场占有率。

3. 深入挖掘文化潜力，探索产业转型升级新路径 深入挖掘周村纺织文化、丝绸文化潜力，促进周村的商业文化与丝绸纺织产品设计结合、古商城旅游开发与展示丝绸纺织文化产品结合，实现"丝绸纺织传统产业+文化创意+高科技=丝绸纺织新兴产业"的转型升级。

供稿单位：淄博市周村区人民政府

中国纺织产业基地市

山东省昌邑市

一、集群概况

昌邑市纺织产业基础好、规模大，是传统支柱产业、民生产业。经过多年发展，产业已形成纺纱、织造、印染、后整理、服装、家纺等门类齐全的产业链。拥有年纺纱 120 万锭、年织造 38 亿米、年印染 26 亿米、年加工超纤合成革 3000 万米的生产能力，拥有规模以上纺织印染企业 72 家、规模以下纺织印染企业 536 家。

目前昌邑市已发展成较大的装饰布、床品面料生产基地和棉纺织品交易市场，形成以园区企业为核心、上下游产业集聚发展的良好态势，也是山东省为数不多具备纺丝、加弹、织布、印染加工、国内外销售一体化能力的印花布生产基地；绒面超纤产业产值占全国 90% 的市场份额，是亚洲最大的绒面超纤生产基地之一。

2021 年，规模以上纺织印染企业实现工业总产值 89.18 亿元、营业收入 78 亿元、利润 412 万元、从业人员 1.36 万人；规模以下纺织印染企业实现工业总产值 26.55 亿元、营业收入 25.63 亿元、利润 329 万元、从业人员 0.44 万人。2021 年，集群主要产品产量为纱 10.3 万吨、布 8.4 亿米、印染布 18.3 亿米、超纤产品 2279 万米。2021 年规模以上纺织印染企业实现产值占全市规模以上工业总产值的比重为 12%，在拉动地方经济增长、稳定就业、打造对外开放新高地等方面起着十分重要的支撑作用。

二、集群发展亮点

1. 品牌建设持续推进 近三年来，集群积极引导相关企业引入先进质量管理方法，持续提升标准创新能力。截止 2021 年底，产业现有商标 200 件左右。其中，驰名商标 2 件、马德里商标 3 件。

2. 两化融合不断深入 昌邑市创新服务方式，以纺织行业共性工艺流程——坯布质量检验轻量化、低成本改造为切入点，联合服务商选取试点中小企业按一定设备数量比例免费安装云数字验布系统。

3. 科技创新能力逐步提升 2019 年以来，产业新增国家高新技术企业 3 家，国家级制造业单项冠军 1 家，山东省级制造业单项冠军 1 家，山东省级"专精特新"企业 1 家。研发投入实现三年连续攀升，新增 1 个项目列入山东省重点研发计划，实现创新品牌数量

占全市创新平台的 25%，有力提升了企业在整个行业的竞争力。

4. 文化建设及人才培养方面积极拓展 潍坊市九久家纺有限公司与西安工程大学联合共建"西安工程大学—九久家纺研究院"。昌邑市华裕丝绸有限责任公司建立了茧绸文化博物馆。山东华晨彩装科技有限公司现已拥有中国手绘丝绸倡导品牌"青华丝"、中国植物染倡导品牌"青云染"、中国健康文创家纺品牌"岐祥家纺"，以及文创集合品牌"华晨文创"。

5. 产业园区不断完善 依托纺织印染行业龙头企业，集聚基础设施、资金、人才等要素资源，引导产业集群发展，鼓励印染企业向柳疃工业园区转移，以产业聚集促产业分工，带动产业升级，统一为企业提供蒸汽、污水处理等服务，降低企业运营成本。

三、当前产业发展存在的问题和下一步的规划举措及工作打算

存在问题：一是产业结构不合理，原材料单一，多数产品以中低档为主，缺乏高附加值产品、终端产品；二是企业技术创新、设计创新、装备自主创新等能力不强；三是集群企业多属于传统产业，融资面临渠道窄、成本高、渠道险等问题；四是用能成本上升，成本压力增加；五是劳动力成本上升、高素质人力资源不足；六是近年来受新冠肺炎疫情及国际形势影响较大。

规划打算：一是积极对接用活各种政策，扶持企业发展。借助山东省标志性产业链重点突破这一东风，积极帮助企业对接上级政策资源，加强分类指导，推动相关政策、资源向纺织超纤产业集聚。二是支持领航型企业加快研发创新、品牌、供应链等核心能力建设，大力发展纺织新材料新产品研发、品牌服装设计、高端家纺智能制造、超纤高端面料成品等，加快向产业链、价值链中高端迈进。三是分类指导、跟上服务，培育更多的"专精特新"中小企业、单项冠军、瞪羚企业，实现产业链企业的梯次培育，稳固产业上下游供应配套。四是以智能化、绿色化为重点，鼓励实施智能制造工程，推动 5G、大数据、人工智能等新一代信息技术在产业深度应用，培育更多的智能制造场景、数字化车间、智能制造工厂。

供稿单位：昌邑市工业和信息化局

中国纺织产业基地市

山东省滨州市

长期以来，纺织服装行业作为滨州市国民经济与社会发展的支柱产业、解决民生与美化生活的基础产业、国际合作与融合发展的优势产业，在带动就业、增加税收、支撑发展等方面发挥了重要作用。

一、集群概况

一是滨州市纺织产业链条相对完整，涵盖了纺纱、织造、化纤、印染、家纺、服装服饰、产业用纺织品等整个产业链条的各个细分领域。二是规模优势明显。滨州市纺织服装产业集群作为全省超千亿级纺织产业集群，截至 2021 年，共有规上纺织服装企业 186 家，高新技术企业 21 家，从业人员 30 余万人，2021 年集群实现营业收入 1710 亿元，纱产量 61.7 万吨，服装产量 2418.5 万件，布产量 8.6 亿米。三是龙头带动有力。现有上市纺织企业 2 家，魏桥创业集团连续 10 年入选世界 500 强，2021 年位居第 282 位；华纺股份连续 9 年被中国印染行业协会评为"十佳企业"；愉悦家纺位居中国家纺行业十强第三位；亚光家纺是重要的家用纺织品生产和出口基地，综合指标列全国同行业第二位。四是科技支撑强劲。集群内拥有国家级企业技术中心 2 个，国家级工业设计中心 4 个，国家级制造业单项冠军企业 3 家，"国家认可实验室"认定（CNAS）5 所，国家级质检中心 1 个，国家家用纺织品检测中心 1 个，工信部重点跟踪培育纺织服装品牌企业 2 家。

二、集群发展亮点

1. 科技创新促进产业转型升级 魏桥纺织"基于数据流的智能纺纱工厂关键技术及产业化"、愉悦家纺"纳米碳素复合纤维与功能产品产业化成套技术及应用"、东方地毯"无乳胶环保地毯生产技术"等项目荣获中国纺织工业联合会科技进步一等奖；华纺股份、愉悦家纺、东方地毯获批国家级工业设计中心；魏桥纺织、华纺股份荣获中国纺织行业专利银奖，亚光毛巾荣获专利优秀奖；魏桥纺织、华纺股份分别荣获第九届、第十届全国纺织企业管理创新成果一等奖。

2. 项目建设带动产业提质增效 魏桥纺织投资新建两座绿色智能化纺纱工厂。华纺股份智能绿色印染工厂投产运行，HFCPS 云制造平台系统累计注册供应商超过 2 万家，服务 14 大门类，71 个行业客户，年交易额超 70 亿元。嘉嘉家纺、向尚运动服装智能化技改项目从厂房改造、设备安装到投产，充分展现了"魏桥速度"。亚光家纺三套意大利自动输送料系统设备投入使用，实现了染色工序提料、配料、称量、输送等过程全部实现自动化、智能化。

3. 品牌竞争推动产业高端发展 魏桥纺织是 ISO 9001 质量管理体系、ISO 14001 环境管理体系、ISO 45001 职业健康安全管理体系和 ISO 50001 能源管理体系认证企业，出口棉纱均达到国际 2013 乌斯特公报 25%～5% 的水平。愉悦家纺拥有悦麻、馈客、绘睡等 12 个一线品牌，先后荣获中国驰名商标、中国名牌、工信部重点跟踪培育的中国服装家纺自主品牌企业、2021 年中国纺织服装品牌竞争力优势企业等重要荣誉。亚光家纺的 LOFTEX 现已成为世界家纺业界知名的品牌，连续 10 年获得中国纺织工业联合会重点跟踪培育的家纺服装自主品牌企业。

三、当前产业面临的主要问题和困难

一是贸易风险依然存在。从长远来看，若美国、欧盟等国家和地区政府、零售商、消费者对我国相关纺织服装产品抵制，将会对滨州市纺织品出口企业产生较大的不利影响。二是产业结构不够优化。当前产业链主要集中在前端，上游纺纱的营业收入占比 60% 以上，下游服装占比仅为 1%。三是时尚元素仍需提升。与同作为世界级产业集群先行区的青岛即墨和东莞虎门相比，在规上企业个数、行业专业市场、拥有省级以上名牌等方面还存在薄弱环节。

四、下一步工作打算

下一步，将继续打造世界纺织家纺服装产业基地，优化产业体系，推动纺织服装行业向创意时尚行业转变。一是坚持创意引领。构建以企业为主体、市场为导向、产学研相结合的创新创意体系。二是加强品牌创建。强化品牌打造，创新品牌运营模式，拓展品牌营销渠道，打造一批市场影响力大、美誉度高的"大牌"。三是助推数字转型。引导家纺服装企业建设智能化生产线，推动智能工厂建设，精细化推广智能化装备。

供稿单位：滨州市工业和信息化局

中国新兴纺织产业基地县

河南省夏邑县

一、集群概况

夏邑县纺织产业集群规划总面积 19.44 平方公里，先后荣获"中国新兴纺织基地县""中国棉纺织名城""国家火炬高端纺织服装特色产业基地""河南省服装产业基地""河南省知名纺织产业集聚区""河南省高新技术产业开发区"等荣誉称号。产品种类包含化纤、棉纺、毛纺、化纤纺、织布、印染、服装等多个领域。2021 年，全县纺纱规模 300 万锭，织布能力 20 万吨，服装加工能力 2 亿件，实现产值 350 亿元。

夏邑县拥有缝纫线大洋纱线、运动休闲品牌赛琪体育、织布企业华鹏纺织、河南省最大绒布生产企业世贤纺织等企业。引进了迪卡侬、翁利、杰克琼斯、巴拉巴拉、罗莱家纺、庄娇等知名品牌 27 个，培育了天女花、富太太、牧羊驼等自主品牌 39 个。

建设占地 1950 亩，包括标准化厂房、分布式能源站、天然气管网、综合管廊、污水处理厂、生态自净区等项目的生态印染科技产业园，实现了完整的纺织服装产业链条，形成了纺织产品高端化、服装产业品牌化、印染行业绿色化的特点。

纺织产业是本县的主导产业，政府高度重视纺织产业发展。纺织产业规上企业 120 家，规上企业占比 60.6%，在建企业 17 家。2021 年完成主营业收入 350 亿元，实现利润 40 亿元，从业人员 5 万余人，纺织工业总产值占地方工业总产值达到 59.49%，在地方经济发展中占有举足轻重的影响和地位。

二、集群发展亮点

2019—2021 年，纺织行业规上企业从 75 家增长到 120 家，从单一纺纱产品到实现涵盖纺纱、织布、印染、服装等产业链条；新增投资 150 亿，纺纱规模从 180 万锭增加到 300 万锭，织布能力从 12 万吨增加到 20 万吨，服装加工从 1.2 亿件增加到 2 亿件，工业营业收入从 180 亿元增加到 350 亿元，利润从 18 亿元增加到 40 亿元。集群内有省、市级研发中心 45 家，纺织服装检测检验中心、纺织产业研究院等公共服务平台 6 家。

抓创新，提升企业产品科技含量和生产效率。制定了《夏邑县人民政府关于加快制造业高质量发展的若干意见》《夏邑县人民政府办公室关于深化科技体制改革推进创新驱动发展的实施意见》等 16 项政策文件；投资 3000 多万组建高标准的"夏邑县栗兴纺织服装产业研究院"，设置有科技研发中心、实验室、检测检验中心、创新创业中心、会议室、培训室等；设立智能化改造基金 5000 万元，大力推动科技创新。

抓服务，不断优化营商环境。对招商项目审批事项，简化工作程序，实行跟踪问效；优先保障企业项目用地；利用融资平台，帮助企业融资 124 亿元；组织"春季集中招工"专项招工活动；全面推行"123456"软环境治理工作机制。

抓延伸，着力补齐印染短板。按照配套产业链规划，建设了河南印染产业园，其生产工艺技术、装备工艺和管理水平在国内处于领先水平。

三、当前产业发展存在的问题和下一步的规划举措

产业链不够完善，创新龙头企业及品牌企业数量少，产业创新能力不够高，融资成本高。需要引进头雁企业、大型骨干企业，引进先进技术，提升区域创新能力及产品竞争力。

到"十四五"末，纺织产业对全县经济社会发展的综合带动作用更加突出。纺织企业发展到 300 家以上，其中规上企业发展到 200 家以上，纺纱规模达到 500 万锭，服装加工生产能力 3 亿件，织布能力 30 万吨，建成国家级纺织服装研发中心 1 处，争创中国名牌或驰名商标 2 个以上，逐步形成纺纱、织布、染整、家纺、服装一条龙的产业化生产格局，实现营业收入 500 亿元，税收收入 10 亿元以上。规模以上工业单位产值能耗下降 5 个百分点。

引进龙头企业和品牌企业，破解印染瓶颈制约，完善上下游产业链条。与东华大学、武汉纺织大学等多家高校院所建立更紧密的产学研合作关系，加大各个研发中心和产业研究院建设力度。

加强配套服务设施，强化智慧园区平台、纺织服装检测检验中心、物流平台、综合服务平台等公共服务平台建设与运营，提升产业集群的内部管理水平及服务能力。新建 1 个仓储物流平台、1 个检验检测平台、1 个研发设计平台、1 个综合服务中心，为区内企业提供全方位服务。

供稿单位：夏邑县工业信息化和科技局

中国新兴纺织产业基地县

河南省固始县

一、集群概况

固始县现有纺织服装企业 329 家，包括纺织类 181 家、针织服装类 148 家，其中规模以上企业 20 家，年销售额超亿元的 10 家，利润总额达到 5.9 亿元，出口创汇近 1 亿元，拥有各类纺织设备 35000 余台，从业人员达 5 万余人。年产布 30 亿米、服装 300 万件、针织衫 1000 万件、各类高档针织品 300 万件。2022 年全县纺织服装工业总产值 220 亿元，占全县工业产值的 55.3%。

二、集群发展亮点

1. 产业工人充足，夯实产业发展基础 作为劳务大县，固始常年在外务工人员达 70 万人，其中在江浙地区从事纺织服装产业 20 万人以上，尤其盛泽镇等地聚集的普通熟练工人、技术管理人员高达 10 万余人。

2. 区位优势明显，抢占产业转移先机 固始县是河南面向华东的东南大门，是"东引西进"的桥头堡，受中原城市群、皖江经济带和武汉城市圈交叉辐射，既处于信阳、合肥、阜阳小经济圈辐射的交汇中心，又处于郑州、武汉、南京大经济圈的内腹地。沪陕高速、固淮高速、宁西铁路、312 国道、339 省道和 204 省道纵横穿境，合肥机场、阜阳国际交通港近在咫尺，京广、京九铁路傍依而过，南信合高铁过境设站，淮河固始港建成通航，形成了"公路、铁路、水路、航空一体化"的交通格局。

3. 基础配套齐全，促进产业提质增效 2022 年，豫东南包括豫皖交界地区唯一的生态印染园——信阳市生态印染园获批在固始建设。强化土地供应，做好土地储备，以国土空间规划编制和"三区三线"划定为契机，建立 2 亿元资金池闭环运行，储备 1000 亩标准地和 4000 多亩有效土地，加快推动重大项目的谋划包装，解决单独批地的难题，积极争取纳入全省范围统筹用地指标。鼓励老旧企业升级改造、新建企业规划建设光伏发电、雨水收集池等节能设施，加快推动园区污水处理厂中水管网铺设，实现生产效益与绿色环保的统一。正在规划建设对园区的供热项目，初步供热管网布局图已出。全力争取电力项目改造专项资金，正在有序实施总投资 8000 万元的三个专供园区项目，全面提升供电能力。积极推动入驻企业周边道路建设。确保项目建设不因基础配套滞后受到影响，确保企业投产不因基础配套滞后造成损失，着力提升产业发展的硬环境。

4. 服务企业周到，打造一流营商环境 率先全面推进企业投资项目承诺制、一枚印章管审批等关键事项改革，开办项目超市优化服务流程，职能部门通过集中办公、一体服务、容缺办理、极简审批的方式，帮助社会资本及时完成项目申报。

5. 平台日益成熟，铸就坚实发展后盾 聚焦主业主责，全面剥离开发区社会管理职能，在全市率先推进开发区"管委会+公司""三化三制"改革，让开发区"轻装上阵"，形成"一区两园"空间布局，集中精力抓招引、抓项目、抓服务，所有产业项目从签约、拿地、开工、建设、竣工，到投产、达效，每个环节都有责任人，主动帮助企业跑办手续、解决问题，有效发挥了经济发展主阵地、主战场、主引擎作用。

三、集群发展规划

1. 扩大产业集群规模 持续做大做强，加大集群效应，融入全市、联动周边，借助德清、吴江等友好县区产业优势，共同打造千亿级产业集群。按照信阳市委市政府"1335"布局，全县纺织服装产业"十四五"主营业务收入达到 500 亿元的目标不再遥远。"长丝—纺织—印染—服装"的产业链条不断完善，固始将成为新的全国知名纺织服装产业集聚地。

2. 加快产业升级步伐 以"抓产出、促质效"为导向，改进招商引资图谱，筛选招引企业名录，注重延链强链补链，突出高端、智能、融合发展，积极招引培育新产品、新技术、新模式、新业态，产业逐步迈向中高端水平，产品从低端的毛坯布，向高端时尚纺织、潮牌商品靠近，打造中部地区具有强大影响力的服装基地。

3. 快速提升创新能力 高端创新资源和要素进一步向纺织服装产业集聚，创新人才、创新意识、创新技术大量集聚，助力产业升级、产品迭代，基本实现从订单式、代加工向自主设计、自主产销跨越，从工业经济、产业园区向知识经济、高科技产业增长极跨越。

供稿单位：固始县先进制造业开发区

中国新兴纺织产业基地县

河南省淮滨县

一、集群概况

截至目前，淮滨县拥有纺织服装企业 183 家，其中规模以上企业 82 家，2021 年纺织服装主导产业实现主营业务收入 152 亿元。先后荣获中国针织服装产业转移示范区、中国新兴纺织产业基地县、中国针织服装智能制造基地、河南省纺织服装营商环境先进县、中国针织工业协会副会长单位、河南开发区"新型产业链"金星奖、全省模范劳动关系和谐工业园区等荣誉称号。

1. 纺织产业 拥有纺织生产企业 138 家，高新技术企业 2 家，签约投产喷水织机 4.52 万台（套），年生产坯布 20 亿米以上。纺织生产前端有倍捻、加弹、整浆并三种工艺，产品有雪梨纺、单线格、乱麻、泡泡绉、泡泡格、四面弹、尼丝纺等 200 多个种类，从低端到高端、从窄幅到宽幅都能生产。目前，已形成以川大纺织、浙商纺织、刚辉纺织、永常织造、中纺织造等企业为代表的纺织产业集群，喷水织机拥有量位居全省第一位，占全国的 4%，占全省的 61%。为做强产业，淮滨县按照"纵向拉长、横向配套"的发展思路，正在规划建设纺织服装交易市场、纺织检验检测中心、纺织科技大厦、纺织后道整理产业园等产业配套和延链项目。以上项目全部建成投用，淮滨纺织产业的承载能力将明显增强，基本实现上下游配套。

纺织产业在做大做强的同时，淮滨县引导企业加大研发投入力度，鼓励企业与高校、科研院所合作建设研发机构，目前已建成市级工程技术研究中心 2 个、检测平台 1 个。

2. 服装产业 拥有服装加工企业 45 家，高新技术企业 1 家，年产服装 3000 万件。依托君子林服饰建设智能时尚服装产业园，发展以智能服装为代表的各类功能性服装，不断提升服装产品的科技含量和附加值。服装产业拥有市级工程技术研究中心 1 个。河南君子林服饰股份有限公司与洛阳理工学院开展产学研合作，拟合作建立河南省智能服装工程技术研究中心。苏美达服装率先在服装企业建立职工培训中心，为新招录的工人提供专业化、系统化的岗前、岗中全周期技能培训，实现岗位培训与高效生产的有效衔接。

二、集群发展亮点

在县委、县政府的坚强领导下，淮滨县产业集聚区秉承高质量发展理念，以"二次创业"为契机，把制造业高质量发展作为主攻方向，聚焦县十三次党代会提出的建设中西部地区重要化纤纺织基地和服装外贸基地的发展目标，县产业集聚区深耕不辍、行稳致远，始终把拉长产业链条作为今后一个时期产业招商的主攻方向，持续在纵向拉长、横向配套方面下功夫，抢抓长三角地区先进制造业高速发展的利好时机，在淮滨设立长三角协同创新区，形成协同一体化发展。

1. 主导产业规模日益凸显 2019 年以来，围绕纺织服装主导产业持续开展圆链招商工作力度，抢抓长三角地区纺织产业转移的利好时机，主动承接纺织产业转移，三年来共签约项目 107 个，合同金额 259.7 亿元，为淮滨纺织服装产业高质量发展提供强有力的支撑。

2. 研发平台规模增长明显 获批纺织服装类高新技术企业 3 家、科技型中小企业 7 家、省级工程技术研究中心 1 家、市级工程技术研究中心 1 家、市级企业技术中心 10 家、省级众创空间 1 家、检验检测平台 1 个、发明专利 1 项、实用新型专利 44 项。

3. 转型升级成效显著 引导企业加大智能化、信息化改造力度，通过数字赋能实现企业提质转型发展。在中西部纺织服装交易中心建立 5G+工业互联网平台，纺织企业在生产端通过安装数据采集器和数字化管理系统，通过系统可以实时掌控机器运转、生产产量、工人工作效率和设备停机等情况，实现管理精细化，提高生产效率，降低用工成本。

三、当前产业发展存在的问题

1. 建设发展资金短缺 县先进制造业开发区承担着全县工业发展的重任，开发区在资金筹措和融资方面渠道窄，严重制约了产业集聚区的建设与发展。

2. 招商项目落地慢 招商洽谈的项目由于受基础设施及用地等客观因素制约导致招商引资项目落地慢，特别是一些优质项目不能及时落地，给产业发展扩容提质造成较大影响。

3. 产业链条亟待完善 纺织产业前端的原料丝加工和末端的印染后整理环节缺失，生产所需的原料丝需从江浙等地购进、生产出的坯布需运往江浙等地印染企业进行染整，增加了企业的生产经营成本，纺织产业无法实现闭环发展。

供稿单位：淮滨县产业集聚区管理委员会

中国新兴纺织产业基地县

河南省太康县

一、集群概况

太康县曾因盛产棉花被誉为"银太康"。该县立足棉花资源、人力资源和原有纺织产业基础，于2009年建设太康县产业集聚区，以纺织服装、装备制造、节能环保、食品加工为主导产业，积极承接产业转移，引进江浙粤闽及港澳台等地纺织企业入驻。

2021年，太康县产业集聚区建成区面积达到18.3平方公里（总规划面积23.35平方公里），累计入驻企业137家、项目217个。集聚区规模以上企业实现增加值130.5亿元（其中工业增加值123.85亿元），同比增长1.5%；实现利税31.5亿元（其中工业26.7亿元），同比增长1.4%；工业用电量6.7亿度，同比增长8.1%；规模以上企业实现主营业务收入448.6亿元（其中工业425.1亿元），同比增长1.2%。从业人员6.7万人（其中工业6.2万人），固定资产投资完成49.8亿元。

太康纺织产业集群入驻企业68个、项目72个，其中规上企业投产及在建纺织规模达到176万锭，喷气、喷水、圆盘织布机规模达到10000台，其中：已投入倍捻机180台、浆丝机13台、喷水织机6000台、喷气织机400台、智能圆盘织机518台。形成了"全国有影响的差异化纱线及弹力面料生产线"等集群效应，为河南省实施"百千万"亿级优势产业集群培育工程做出了重要的贡献。

二、集群发展亮点

2019年至2021年这一时期，是太康县产业集聚区转型升级、加快突破、特色产业集聚成势的三年。三年间，太康县委、县政府把产业集聚区作为推进转型发展攻坚的突破口和主阵地，采取了一系列扎实有效的措施和政策，全面推进产业集聚区二次创业、高质量发展，努力把产业集聚区建成先进产业集中区、经济发展核心增长区、科学发展示范区、带动县域经济快速发展和城乡一体化的先导区。产业集聚区在复杂经济形势下保持良好发展态势，对全县经济增长的带动作用持续增强。产业集聚区建成面积从14平方公里发展到18.3平方公里，入驻企业从82家增加至137家，入驻项目从98个增至217个，总投资从408亿元增长到559.7亿元。

2019年，太康县产业集聚区先后荣获"棉纺织产业集群创新发展示范地区"、省产业集聚区"二次创业"典型案例等荣誉，成功举办河南纺织服装产业高质量发展论坛等活动。

2020年，太康县产业集聚区疫情防控和复工复产的先进做法两次被中央电视报道，成功举办2020河南纺织高质量发展论坛等大型活动，先后荣获"河南省三星级产业集聚区""河南省优秀产业集聚区""十三五区域经济发展杰出贡献奖"等荣誉和称号。

2021年，太康县产业集聚区在2021年10月全省开发区建设"金星奖"评选活动中，被评为"河南十佳最具成长潜力开发区"；被2021（第四届）亚洲经济大会授予"2021年度最具投资价值园区"。

三、集群未来发展思路

以"棉纺织产业集群创新发展示范地区""中国棉纺织名城""中国长丝织造产业基地"为载体，瞄定江浙粤闽及港澳台等地高新技术，力争每年承接3个以上总投资5亿元以上的纺织产业转移项目。发展壮大银鑫棉业、昊晟纺织、通泰纺织、盛鸿纺织、中福织造等龙头企业，加快推动纺织品交易市场、鸿发织造、中亿织造、全智能化12万纱锭生产线等项目投产达效。以科技自主创新和产业结构调整为核心引领，建设创新研发中心和检验检测服务平台、技能培训平台、现代物流平台、专业交易平台，争取在2025年建成全省纺纱规模最大的纺织产业园、全省布料生产规模最大的织造产业园、入驻纺织项目30个以上，总投资超200亿元，产值达到300亿以上，到2035年打造成为中原地区纺织制造的重要组成板块。

供稿单位：太康县产业集聚区管理委员会

中国纺织服装产业基地市

广东省汕头市

一、集群概况

汕头纺织服装产业历经 40 多年发展，已成为全球纺织服装产业链最完整，供应链最先进的核心基地之一，工业总产值超千亿元。汕头纺织服装成品销往全球各地，特别是内衣产量占全球 40%，国内全行业的65%，得到海内外客户的高度认可。经过多年的发展和沉淀，以家居服装、针织内衣和工艺毛衫为主的纺织服装产业，从"三来一补"加工模式，逐步发展成为汕头重要的支柱产业之一。已形成纺纱、织造、印染、面辅料、成品到配套销售的完整产业链，产品涵盖男女服装、礼服、毛衫、内衣、家居服等超过 20 个门类，每年生产逾 10 亿件内衣、家居服装销往全球各地，线上线下多个平台齐发，包括商贸市场、电商配套、快递物流、仓储配送等。

2022 年，汕头市纺织服装规模以上企业达 750 家，实现工业总产值 1093 亿元，占全市工业总产值的32.2%，产业出口额突破百亿元。

二、集群发展亮点

1. 完善的产业链优势 汕头作为国内大型内衣、家居服生产基地，拥有齐全的内衣种类，是国内外知名的内衣产业集群。拥有近八千多家内衣纺织生产工厂，形成了从捻纱、纺纱、织造、染整、面辅料、服装成品的完整产业链。

2. 产品品类优势 汕头拥有产品品类齐全的优势，而且多种品类占据国内生产和开发的优势，包括文胸、内裤、保暖内衣、无缝内衣、塑身美体内衣、家居服、运动休闲内衣、泳装、吊带裙、保暖裤等。其中，文胸、常规内衣、家居服等这些消费者普遍接受的内衣产品是最具优势的产业。

3. 集中的特色产业集群优势 汕头拥有以潮阳谷饶和潮南两英、峡山、陈店四大"中国针织内衣名镇"为基础的潮汕内衣产业集群，是我国最大的针织内衣、家居服和内衣面辅料、内衣配件原产地，其产能规模占全国同行业的 50%，产品在国内外消费市场享有盛誉。

4. 更多更广的品牌分类优势 汕头内衣品牌更多更广，几乎涵盖了所有档次和类别。

三、集群未来发展计划

1. 高标准筹办"中国·潮汕国际纺织服装博览会" 自首届潮汕国际纺织服装博览会成功举办后，汕头市就在家门口举办展会，推广品牌。未来还将继续吸引更多全国各地产业集群来汕头参展观展，继续扩大区域品牌影响力，汇聚人流、物流、资金流、信息流，全力将纺织服装博览会打造为全国纺织服装界新的晴雨表、风向标和经济增长新引擎。

2. 高质量建设纺织服装总部大厦 打造产业服务基地和产业智造中心，将汕头纺织服装总部大厦打造为汕头新地标，为纺织服装产业发展提供顶层支撑。

3. 高效推动产业"四大工程"建设 在加快建设总部大厦工程的同时，推进全球纺织品采购中心、纺织工业园区、展会展览中心等工程建设，为产业高质量发展注入强劲动力，实现从"纺织服装大市"到"纺织服装强市"的蝶变。

4. 引进上游企业延链补链 汕头市将继续引进全国产业链标杆企业、国际品牌供应链企业，吸引更多优质项目落地。通过打造各生产、服务环节，赋能纺织服装全生态，推动打造具有全球标杆效应的现代纺织服装产业链、供应链枢纽。

5. 推进创新驱动，提升市场竞争力 纺织服装行业是制造经济与创新创意的高度融合，近年来，汕头纺织服装正在进行产业升级。集群将继续推进全球纺织服装品牌设计师孵化中心落地，通过设计大赛，增进行业产品设计开发的协同交流与能力提升。提升产品核心内涵，推动汕头纺织服装名品、名企、名产业走向全球。

6. 发布《汕头纺织服装产业十条》 汕头正聚力打造一流营商环境、厚植产学研发展土壤、强化配套设施建设，构建超 2000 亿元纺织服装产业集群。为释放投资强引力，《汕头纺织服装产业十条》提出通过固定资产投资、企业快速入驻、企业经济贡献、高层次设计人才、总部企业落户等方面的奖励措施，以及企业免租补贴、行业展览展会补贴等，助推汕头纺织服装产业高质量发展。

供稿单位：汕头市工业和信息化局
汕头市纺织服装产业协会

中国纺织产业基地市

广东省开平市

一、集群概况

纺织服装产业是开平市历史悠久的优势产业，也是开平市三大支柱产业之一，经过改革开放40多年的发展，行业规模不断扩大，以区域为基地，以产品为纽带，通过龙头企业带动，已形成了化纤、纺纱、织布、染整、制衣于一体的完备的产业链条。

截至2021年12月，开平市区有各类纺织服装企业约267家，2021年纺织企业工业总产值（当年价格）81.52亿元，规模以上纺织企业59家左右，主营收入超亿元6家，规模以上纺织企业工业总产值（当年价格）达60.67亿元，全行业从业人员约2.27万人，生产总值在全市支柱产业中居前列，主要产品年产量：合成纤维113562.2吨、牛仔布7833万米、规上牛仔服装3738.03万件，出口到近60多个国家和地区。

二、集群发展亮点

开平纺织服装产业的特色和优势在于借助侨乡优势，与国际市场紧密相连，有着良好的产业基础，有较大的行业发展规模，品质优良，设备先进，是广东省较大的化纤纺织服装工业制造基地、出口基地。

2019—2021年是攻坚克难的三年，面对百年变局与新冠肺炎疫情的艰难考验，开平市政府、企业全面落实党中央、国务院决策部署，坚持"稳字当头、稳中求进"的工作总基调，持续深化转型升级，加大环保力度，传统产品在原来的基础上加大创新，纺织服装产业规模以上工业企业保持平稳运行。

开平市大力推进创新驱动，发展壮大高新技术企业集群，在2019年修订了投资准入负面清单、2020年发布了《开平市关于开展质量提升行动的实施方案》，推动产业升级力促经济发展。同时，开平市还将加快构建以创新为引领的现代服务业体系，加快发展商贸物流业，大力发展节庆会展业，以及积极发展科技服务业，多业并举，全面提升开平市现代服务业综合竞争力。

三、集群未来发展思路

展望未来五年，开平市产业发展将发挥传统产业优势。化纤纺织服装产业，将积极发挥骨干企业信迪、奔达等龙头企业带动作用，加快新旧动能转换，带动服装行业健康发展。

打好"侨牌"，实际上，多年来开平市纺织产业集群的中小企业生产的早已不仅仅是所谓的内销的低档产品，而是已经参与到国际竞争当中、侨乡特有的气质使开平市产品具有一定竞争力的产品。全球任何一个普通牛仔服装订单需求，都能够快速地在开平市集群企业当中得到响应，供应链的配套能力、产业的协同效率都相对较高。企业之间劳动力的"认证"习惯，很好地解决了企业自己本身在旺季淡季的人力资源切换，也让集群的生产力始终保持旺盛的生命力。

加快淘汰落后产能，整治散乱污企业，完善污染治理、社会服务等配套设施，开平市区2019年以来以前所未有的力度推进生态文明建设和环保整治工作，积极配合中央、省环保督察，全面办结上级交办案件。从严落实河长制，铁腕整治工业污染源，加强潭江流域综合治理，划定全市生态保护红线。关停、搬迁、升级改造"散乱污"企业，潭江新美断面水质如期达标。

2022年是"十四五"规划的推进落实之年，纺织行业作为开平市国民经济的重要组成部分，肩负着义不容辞的光荣使命。新周期，开平市纺织行业将以习近平新时代中国特色社会主义思想为指导，贯彻落实中央经济工作会议精神，进一步加强与中国纺联、兄弟协会及政府部门的沟通学习，提升纺织服装技术含量，刷亮"开平牛仔，时尚风采"名片，完善全产业链制造体系，推动制造高端化、智能化、绿色化、服务化、安全化转型升级。

供稿单位：开平市纺织服装行业协会

中国纺织产业基地市

广东省普宁市

一、集群概况

纺织服装产业是普宁的传统产业、支柱产业、特色产业,在全国纺织服装工业以及国内外市场具有突出地位。近年来,普宁市紧紧围绕"商贾名城、创新之城"定位,贯彻新发展理念,推动纺织服装产业供给侧结构性改革,依托练江流域印染行业整治和电子商务迅猛发展势头,以普宁市纺织印染环保综合处理中心为载体推动产业集聚发展,带动纺织服装产业整体优化升级,为全市经济社会发展提供强力支撑和引领作用。

2021 年,全市纺织服装企业达 6000 多家,总产值 1206.84 亿元,纺织服装产业从业人员 34 万人,纺织服装产业电商从业人员超 30 万人。2021 年 7 月 4 日,被商务部认定为"国家外贸转型升级基地(内衣)",是全省新增的一个纺织服装基地。随着电子商务持续高速发展,2021 年全市电子商务交易额达 826.34 亿元,同比增长 24.91%;快递业务量累计完成 167671.74 万件,同比增长 34.54%;快递业务收入累计 80.28 亿元,同比增长 6.43%。

2019—2021 年,普宁市共有 24 个纺织服装、印染印花类技改项目通过完工验收工作,申报入选省级促进经济高质量发展专项企业技术改造资金项目库,共获得专项财政补助资金 6236.08 万元。至 2021 年 12 月 15 日,全市有效注册商标数 60995 个,纺织服装类的商标有效注册量为 27291 个,占普宁市商标总数的 44.74%,其中驰名商标 3 个(名鼠、雅爵、珠密琪);著名商标 8 个(秋盛、伊凯琳、依雪妮、柏堡龙、妮可儿、名翰、黛柔、彬盛)。

二、集群发展亮点

1. 政策引领,规划先行 近年来,普宁市先后制定出台了多项政策,为增强产业竞争力、培育产业集群、构建现代产业体系提供了政策保障。2021 年,普宁市还邀请中国纺织建设规划院编制《普宁市纺织服装产业"十四五"发展规划》,为普宁市"十四五"时期纺织服装产业规划了战略目标和发展方向,提出高质量发展的定位和路径。近期,普宁市谋划在普宁东部创新新城打造"潮汕内衣产业城"项目,旨在构建"产城人文旅"紧密融合的新型产业生态体系和全球内衣产业链总部与潮汕文旅融合发展基地,力争成为全球内衣供应链枢纽、中国内衣研发设计中心、华南产业智能制造试验基地和粤东传统产业数字化升级示范基地。

2. 推动入园,集聚发展 印染作为纺织服装产业链的主要生产环节,近年来,为推进纺织印染企业整合升级、节能降耗、集聚生产,解决练江流域污染问题,实现纺织服装产业的规模和效益双提升,普宁市按照"产业集聚、企业集中、统一治理、土地集约"的原则规划建设普宁市纺织印染环保综合处理中心,积极推行"领导小组+管委会+投资公司"的管理模式,完善园区管理运营机制。目前,已建有印花通用厂房、印染厂区、污水处理厂、集中供热供气项目、工业供水厂及管网配套工程以及园区道路、管网等项目,已有 65 家印染、印花、洗水企业入驻园区,其中 55 家已建成试产、运营。

三、产业发展存在的问题及下一步工作思路

1. 集群发展存在的主要问题 一是纺织服装行业多以中小微企业为主,生产工艺和技术水平落后。二是纺织印染企业在服装的研发、设计、质检、名牌创造、展示和信息发布等附加值产业环节发展不足,导致拥有自有品牌较少。三是劳动力成本不断上升,加之棉麻、纺纱等原材料价格上涨,企业融资难等因素叠加影响,纺织服装产业生产成本持续增加。四是缺乏龙头企业带动上下游企业协同发展,企业间竞争十分激烈。

2. 下一步工作主要思路 转变思想观念,增强传统纺织服装产业优化升级的紧迫感;扎实推进《普宁市纺织服装产业"十四五"发展规划》落地实施,促进纺织服装产业优化升级;大力支持企业开展技术改造、技术创新,加快产业绿色化循环化改造升级,推动 5G 技术和工业互联网赋能纺织服装产业集群数字化转型升级,提升产业链、供应链现代化水平;加快推进"潮汕内衣产业城"项目落地实施,构建"产城人文旅"紧密融合的新型产业生态体系和全球内衣产业链总部与潮汕文旅融合发展基地;继续落实相关惠企政策措施,助力优化营商环境。

供稿单位:普宁市促进纺织服装产业转型升级
工作领导小组办公室

中国纺织产业基地市

陕西省西安市灞桥区

一、集群概况

西安现代纺织产业园是西安市灞桥区人民政府和西安灞河新区管委会于2009年批准设立的，主要承接西安地区纺织企业外迁整合、提升改造。本着"一年起好步、三年配套完、五年成规模、八年建成园"的阶段性目标，西安现代纺织产业园真抓实干、迎难而上，强力推进园区规划、征地、拆迁、招商、外宣、融资、基础设施和项目建设工作，现代化的新型产业园区目前已初具规模，已成为灞桥区工业经济发展的重要板块。

园区现有纺织服装类企业9个，其中建成投产项目6个，在建项目三个（分别是：投资9.18亿元的五环水刺非织造生产线项目，投资5.5亿元的际华三五一三搬迁改造项目，投资3亿元的元丰高新纤维材料基地建设项目）。园区纺织服装类企业主要以纱锭、布匹、职业装、校服、床上家居用品为主。纺织服装类企业2019年至2021年年产值分别为：8.16亿元、7.52亿元、8.9亿元，纺织服装企业年产值占园区工业总产值45%以上，现有员工3000余人。在建纺织服装类企业全面建成后，纺织服装类企业年产值将达到20亿元。

园区纺织产业优势：一是园区纺织产业的基奠很深，企业在资源、人才、市场等方面具备传统优势。二是入园企业创新意识逐步增强，五环、元丰等企业在搬迁过程中已开始进行技术革新，有意识留存区域，布局产业。三是建链、补链、强链理念深入人心。

二、集群发展亮点

2021年5月12日，园区牵头成立新型纺织产业联盟，联盟由纺织产业园管理办负责日常管理运行，目前成员13个，包括西安工程大学、陕西省纺织科学研究院2家技术单位，北京华体世纪体育场馆经营管理有限公司、西安纺织集团、陕西五环（集团）、际华三五一三、陕西元丰纺织、陕西金翼服装、陕西锦华服装有、陕西路安特实业、西安赛狮鞋业、陕西金兰服装、西安赢铄实业等11家企业。

联盟遵循创新、协调、绿色、开放、共享发展理念，旨在将纺织产业融入"双循环"发展格局，联盟成员单位通过深化交流、合作，促进信息、资源共享，有效推进产、学、研深度融合，实现产业链协同发展，关键技术协同创新，服务体系共建共享，产学研协同推进，共同构建开放式、多层次、全链条的纺织产业互联互补生态体系。下一步，联盟还将联合银行、基金等金融单位，积极搭建金融服务平台，持续拓展联盟新功能，为纺织产业高质量发展注入强劲动能。

三、产业发展存在的问题

（1）缺少印染成为灞桥区纺织产业链短板，希望中国纺联及省市领导给予支持。

（2）末端产业生产门类少、规模小，灞桥区将进一步培育拓展，希望中纺联及省市领导在区域合作相关政策方面给予支持帮助。

（3）园区规划范围内已基本建设完成，下一步，园区将面临发展空间不足、项目无法落地问题。

四、下一步规划

1. 高效利用现有地块 发挥好西纺集团、五环集团、元丰公司、际华3513的上下游产业链关系，对闲置土地的用地性质进行调整，吸引更多高质量纺织产业类企业入园。为进一步发展纺织产业提供空间保障，延长纺织产业链。提前对下一步计划拆迁的惠东、惠西村调整用地性质，主动对接自然资源和规划局，合理对该区域进行规划编制，完善现有园区整体产业规划及布局。

2. 定期摸排，建立入园企业闲置自建厂房摸查台账 根据园区主导产业，结合企业自身实际，确保园区和企业之间信息互通、资源共享，以达到统筹企业做好以商招商，嫁接更多高质量项目入园发展的目的。

3. 争取扩展园区规划范围 "十四五"期间，抓住市、区国土空间规划编制机遇，建议将园区规划范围向东南扩展至蓝田界，向东北扩展至洪庆保护区边界，将惠东、惠西整体纳入规划范围，力争新增规划面积2平方公里（具体根据规划情况确定）。全力配合相关部门，加强提供相关基础材料，同时启动该区域范围内基础设施规划设计建设，尽快达到"八通一平"具备承载项目的能力。

供稿单位：西安市灞桥区西安现代纺织产业园

中国新兴纺织产业基地

宁夏回族自治区吴忠市利通区

一、集群概况

利通区现代纺织产业发展主要集中在吴忠金积工业园区纺织产业区和扁担沟镇宁夏恒丰同利巾被厂。吴忠金积工业园区纺织产业区（原利通区现代纺织产业园）于2010年由利通区规划建设，产业园位于利通区东塔寺乡境内，规划总面积575公顷，分两期建设。截至目前，已入驻的54家企业中，规模以上企业10家，纺织产业从无到有、迅速壮大，纺纱规模达到43万锭，并形成了年生产加工2万锭差别化纤维、1万锭羊绒纱、5000万米家纺面料、200万件裘皮服饰、1000万件服装的产能规模。初步形成了集纺纱、织布、成衣于一体的产业链。

2021年全区纺织产业规模以上企业10家（含同利巾被厂），完成工业总产值13.4亿元；解决就业5200多人，纺织产业平均用工人数为0.3万人。2021年园区纺织企业支付职工劳动报酬达2.2亿元，在促进就业、脱贫富民方面发挥了积极作用。目前纺织产业园区正常生产企业18家，半停产企业4家，全面停产企业32家。

二、集群发展亮点

1. 产业承载能力持续提升　规划建设的现代纺织产业园区自建设以来，基本实现了给排水、电、暖、路、天然气、通讯及场地平整等"七通一平"。共建设园区道路15.9公里、给排水管网60公里、供电线路86公里、通信线路30公里、绿化面积60亩。建设110千伏变电站一座（周闸变）有效降低企业用电费用和用电负荷。"三废"处理设施基本完善，建设日处理50吨垃圾集中处理站一座。

2. 产业集聚效应初步显现　近年来，利通区纺织产业初步形成了分工明确、差异发展、优势互补的产业集群。形成了羊绒分梳、纺纱、织布、服装于一体的纺织产业链。相继培育了恒丰纺织、恒和织造等国内外知名企业，基本形成了以宁夏恒丰集团、宁夏精艺裘皮、森格里等纺织企业为主的棉、绒、皮生产综合产业园。截至2022年7月，规模以上企业10家，实现工业产值8.5亿元，同比增长6.44%。

3. 品牌影响力逐步提升　充分挖掘利通区民间工艺技术，以生态纺织产业园为平台，着力打造装饰品、皮毛绒加工等民间艺术品品牌，扶持万绨旎、恒利等服饰企业发展壮大。建设以企业为主体的创新体系，引导恒丰、精艺裘皮等企业率先运用"互联网+工业"，提升企业智能化水平。

4. 企业科技活力逐步增强　坚持人才融合，拓展绿色发展空间，培养一批本地领军型创新型实用型人才，鼓励精艺裘皮制品等企业以四川大学等高校为依托，在科学研究、科技开发、企业技术难题攻关、技术培训等方面开展多渠道、深层次、多形式的合作，使研发中心真正发挥作用。

三、存在的问题

1. 纺织产业链不全，集群发展效应不明显　利通区纺织产业中间大两头小，产品附加值低，主要集中在产业链中间段的纺纱、织造环节，缺乏印染、成衣加工、品牌开发等高中端产业链，研发、物流和培训等配套产业还是总部经济，没有在利通区形成规模效益。规模以上企业中均以纺纱、织布为主，由于原料、印染、深加工等相关环节缺少，未形成集纺纱、机织、针织、印染、服装、物流、培训为一体的完整纺织产业链。

2. 染整配套未跟上，高端产品开发受限　由于利通区缺乏清洁、环保、节能的染整产业，导致目前纺织产业深加工发展不平衡、缺少高端布料生产环节，因此，纺织行业发展受限制，延伸度不够，还停留在低附加值层次上。比如恒丰瑞斯特的高端防静电服饰项目到目前没法投产。

3. 企业竞争力不强，品牌建设不力　受生态环境、贸易壁垒等多重环境影响，特别是下游服装企业"三来一补"企业较多，市场竞争激烈，部分纺织产品依赖贴牌出口，不利形势反作用于上游纺织行业，对上游的纺纱行业盈利空间存在挤出效应，造成产品附加值低，竞争力较弱和出口利润较低，未形成品牌效应和有效的市场竞争力，致使部分中小企业抵御风险能力较弱被迫停产，生存发展压力突出。目前园区羊绒分梳企业基本处于停产状态。

供稿单位：吴忠市利通区工业信息化和商务局

全国纺织产业集群汇览

——纺织产业特色名城

中国童装加工名城

河北省磁县

一、集群概况

磁县位于河北省南部，属河北省邯郸市管辖，是邯郸纺织产业中服装产业聚集发展区，尤其以劳保纺织和童装加工为主导产业，带动与劳保服装生产加工贸易相配套的产业聚集发展，初步形成了纺织童装劳保制衣、纺织家纺布艺、水洗印染、印花绣花、辅料经营等上下游产业链，集研发设计、产品检测、贸易会展和仓储物流于一体的劳保纺织童装产业集群。

截至 2021 年底，磁县规模以下企业和规模以下企业都有较大发展，其中，规上企业 1 家、工业总产值 2360 万元、主营业务收入 2100 万元、利润额 330 万元、从业人数 90 人；规下企业 405 家、工业总产值 41.78 亿元、主营业务收入 39.38 亿元、利润额 5.91 亿元、从业人数 2.23 万人。纺织工业占地方工业总产值的比重达 5.3%，在磁县经济发展中发挥了重要作用。

二、集群发展亮点

1. 园区建设成效显著　2019 年以来，以完善童装城园区基础设施建设和内部管理为工作重点，完成了童装城园区职工公寓的改造，园区景观绿化初具规模，绿化面积达到 9.2 万平方米，绿化覆盖率达 30% 以上。

2. 招商引资成效显著　2019 年，磁县采取全员招商、以商招商、展会招商的办法，先后引进到山东省威海市联桥集团到磁县投资建厂，成功落户磁县童装城园区。

3. 协会作用有效发挥　磁县童装协会于 2019 年换届后，全力促进全县童装产业发展，有力推动了磁县童装产业的发展。一是重视宣传，加大磁县童装的宣传推广力度。二是充分发挥桥梁和纽带作用，组织企业参加各种展会开幕式 20 多次，有力推介了磁县童装。

4. 国家荣誉连续获评　2020 年 7 月，在"第二届中国童装产业（青岛）博览会"期间，磁县被中国纺织品商业协会授予"最具特色童装产业集群"称号。2021 年 6 月，磁县被中国纺织品商业协会授予"全国童装产业示范集群"荣誉称号，聚鑫制衣的"盛世龄童"和亿瑞制衣的"金兴华"自主服装品牌分别被中国纺联流通分会和中国服装协会授予"中国服装成长型品牌""中国服装成长型品牌——电子商务品牌"。

5. 产业服务不断加强　2019 年，磁县童装协会与磁县信用联社合作、河北银行和齐鲁村镇银行等签订了信贷合作协议，并与磁县信用联社建立磁县童装产业集群"双基共建"示范区，举行了启动和揭牌仪式，为磁县童装企业提供信贷支持搭建了平台。

6. 认真履行了社会责任　磁县在为童装企业服务的同时，还各级引导企业发行社会责任。组织企业开展精神文明县城创建活动、注重扶贫济困和慈善事业、在疫情期间和汛期为社会捐款。同时，磁县企业还安排残疾人就业岗位 650 多个，为磁县的社会稳定做出了贡献。

三、当前产业发展存在的问题、发展要求

1. 存在问题　企业负责人思想保守。磁县多数服装企业以家族式管理为主，规模小，管理不规范，财务不健全，经营方式落后，企业间信息不共享。

研发设计薄弱。多数企业研发投入不足，只注重生产效益，不注重产品研发，致使企业品牌知名度低、标识不规范、影响力小。

产业布局落后。磁县纺织童装产业主要集聚在原商都批发市场和童装城园区，多数企业是前店后厂，功能分区不明显，服装生产与加工、原辅料经营、设备销售、物流等混合在一起，影响管理和产业发展。

2. 发展要求　改造童装城园区。对每栋厂房进行分层切块，适应不同企业的需求，让有一定规模或发展潜力的纺织童装企业或相关产业链的企业进驻童装城园区，吸引外地纺织童装企业和面辅料生产、销售企业入驻童装城园区，建成集生产、研发设计、电商平台、物流快递、水洗印染、产品展示、面辅料供应等纺织童装产业链的上下游产业于一体的综合产业园区。

建立共享工厂。在童装城园区建设童装生产共享工厂，购买设备和机器，由政府组织力量利用现代化的生产技术和模式进行童装生产或销售，为其他纺织童装企业提供样板或模式，引导全县纺织童装企业走上健康、现代化发展道路。

建立人才培训机构。依托磁县职教中心基础资源和培训平台，实行教、学、研相结合，配备专业师资，开设专业课程，进行专业培训，为磁县纺织童装产业发展提供人才支撑。

供稿单位：磁县贸促会

中国羊绒纺织名城

河北省清河县

一、集群概况

清河羊绒产业是河北省十大特色产业之一，该产业始于20世纪70年代末，历经40余年的发展，目前已成为全国最大的羊绒加工集散地之一、全国最大的羊绒纺纱基地和全国重要的羊绒制品产销基地之一，素有"世界羊绒看中国、中国羊绒看清河"之称。

全县拥有羊绒分梳设备数量超过5万台、粗纺纱150条、精纺5万锭、电脑横机近10000台。拥有各类羊绒企业2100多家，其中具有一般纳税人资格的企业1170余家；固定资产投资1000万元以上的深加工企业180多家，亿元以上企业20家。全县年产销山羊绒6000吨，年产销绵羊绒5万余吨，年纺绒线1万余吨、织衫2500万件。羊绒品类商标注册量4000余个，拥有"清河羊绒"国家地理标志证明商标1个；中国驰名商标4个，中国服装成长型品牌60个，在行业和消费者中获得了较好的美誉度。2021年羊绒行业实现营业收入317亿元。

二、集群发展亮点

1. 做强标准品牌 坚持向标准发力，一方面，委托国内知名指数编制机构——杭州数亮科技股份有限公司编制了具有价格晴雨表之称的"清河·中国羊绒价格指数"，目前已累计发布指数信息80期，指数评论解读40余期。另一方面，积极参与山羊绒国家行业标准修订完善，进一步提升清河羊绒的竞争力、影响力和辐射力。

2. 狠抓工业设计 建成羊绒原创设计展示中心，与中国十佳时装设计师林姿含、设计师顾远渊、中国台湾"针织女王"潘怡良等行业知名设计师签约，针对每个品牌特点，开发出一系列具有现代时尚水平的羊绒服饰，致力打造全国羊绒服饰设计高地，提升清河羊绒服饰的原创设计水平。

3. 狠抓智能化改造 制定出台新的扶持政策，引导企业开展"装备革命"，目前，已引进一线成型智能设备200台（套），同时，加快羊绒智慧工厂和数字车间建设，建成中汇智能针织工厂，大力推广柔性织造和个性化定制，提升供应链协同和快速反应能力。

4. 狠抓科技创新 加大对羊绒与棉、麻、真丝等纤维混纺产品的研发，开发出短袖、T恤、卫衣、连衣裙等春夏产品，推动产业从单一的以保暖为主的羊绒制品向着四季皆宜的大服装品类拓展。

5. 培大创响品牌 制定出台优惠政策，鼓励实体企业在大中城市和高铁、机场等交通枢纽，设立工厂店、直营店、旗舰店，积极布局线下高端市场。加大对企业参展扶持力度，积极组织企业参加各类线上、线下展会，增加企业品牌曝光度。每年举办一届中国清河国际羊绒及绒毛制品交易会，以展促销、以展扬名，提升清河羊绒影响力。

6. 积极发展新业态 大力发展电子商务，每年通过网络销售的羊绒衫、毛衫等2000万件以上，年销售额达125亿元。2021年阿里研究院发布的淘宝村数量排行中，清河县淘宝村数量达到65个，位列河北省第一位。

7. 特色小镇建设成效显著 争取债券资金1.8亿元，按照"产业+市场+旅游"方向，对羊绒小镇进行了全面改造提升，打造集智能制造、电子商务、旅游休闲、创新创业等要素于一体的产业发展平台。

三、当前产业发展存在的问题

（1）产业链条还存在薄弱环节，工业设计、品牌创建、柔性制造、研发创新等仍是短板。

（2）产业发展急需的设计、制版、美工、运营、直播及纺纱挡车工等专业人才短缺，在一定程度上制约了产业发展。

（3）智能制造能力不足，数字化水平不高，供应链不完善，产品同质化严重，陷入低价恶性竞争。

（4）产业布局亟待优化，企业分布散乱，没有形成分区聚集，致使供热、污水处理等生产成本增加，同时也缺少有针对性承接江浙沪深加工企业转移的招商引资项目承载平台。

四、集群未来发展思路

以实现高质量发展为方向，以构建新型产业生态为主线，以不断提高"个性化、多元化、时尚化、品质化"产品供给质量和效率为路径，促进产业向价值链高端延伸，努力打造"科技、时尚、绿色"的新时代清河羊绒产业。并从以下几个方面着手：巩固原料主市场地位；加快引进智能化设备；努力提升工业设计水平；加强品牌建设步伐；发挥电商龙头带动作用；加强羊绒小镇建设，充分发挥好龙头拉动作用；规划建设绿色循环产业园区，打造北方毛纺之都；建设羊绒职业学院，强化政产学研合作。

供稿单位：清河县羊绒小镇综合管理中心

中国羊剪绒·毛毡名城

河北省南宫市

一、集群概况

2018 年，南宫市被中国毛纺织行业协会评为"中国毛绒纺织特色产业基地"，南宫市段芦头镇被中国毛纺织行业协会评为"中国绒毛分梳名镇"，南宫市薛吴村乡，被河北省工信厅评为"河北省毛毡产业名乡"。2019 年，南宫市"精品羊绒服装服饰产业集群"列入省重点支持的特色产业集群之一。2021 年南宫市段芦头羊绒升级基地被河北省工信厅评为"小型微型企业创业创新示范基地"，被中国畜产品流通协会评为"中国（南宫）羊绒小微企业成长示范服务园区"，并成立国家毛纺织产品质量监督检验中心（北京）南宫工作站。2021 年南宫市人民政府被中国畜产品流通协会评为"十三五"期间绒毛行业突出贡献单位。

南宫市引进了安美桥、德泓、鸿熙服装三家行业龙头企业，促使南宫市羊绒产业由羊绒精梳向精纺羊绒面料、羊绒服装等高端产品发展，同时在东部经济开发区设立了洗染整公共服务平台，在段芦头镇建立羊绒精梳产业中小企业公共服务平台。

二、集群发展亮点

南宫市的特色产业集群为"精品羊绒服装服饰产业集群"，该产业集群涵盖羊绒、羊剪绒、毛毡、服装、纺织等多个相关行业。主要产品涵盖精梳羊绒、羊绒面料、羊绒围巾、羊皮面料及服饰、精品女装、户外运动服饰，以及羊剪绒、毛毡制成的帽子、衣领等产品。

1. 产业发展现状 全市共有梳绒机近 7000 台，从业人员 4 万余人，主要生产山羊绒、绵羊绒、牛绒、驼绒以及绒纱、衫、被等，山羊绒多数以出口为主，貉子绒、绵羊绒等主要销往浙江、江苏一带用于纺纱。年产销山羊绒约 2000 吨、绵羊绒 1.3 万吨，分别占全国总量的 17% 和 15%。年产特种动物无毛绒 1200 吨。

2. 品牌建设方面 南宫市成立了南宫市羊绒行业协会、南宫市毛皮行业协会、南宫市毛毡行业协会，与中国畜产品流通协会、中国纺织工业联合会等国家级协会合作对接紧密，组织企业集体参加时尚深圳服装展、大朗毛纺织产品交易会展等国内外展会，企业品牌影响力明显提升。拥有安美桥、西贝伦、卡莉朵拉、戴布拉芬等自主品牌，在全国 A 类商场及购物中心拥有近 400 家直营店，营销网络遍布国内 40 多个大中城市。

3. 创新能力 南宫市段芦头羊绒升级基地被河北省工信厅评为"小型微型企业创业创新示范基地"，被中国畜产品流通协会评为"中国（南宫）羊绒小微企业成长示范服务园区"，并成立国家毛纺织产品质量监督检验中心（北京）南宫工作站。集群内拥有科技型中小企业 108 家、高新技术企业 4 家、专精特新中小企业 1 家、省级以上创新平台 1 家。

4. 产品产能情况 2021 年，南宫市"精品羊绒服装服饰产业"营业收入实现 81.3 亿元，增加值占 GDP 比重为 14%，龙头企业达 5 家，规上企业占比近 50%，省级公共服务平台 1 家。现年产时尚女装 80 万件，羊绒面料 35 万米，羊绒围巾等制品 10 万件；高档毛革一体服装皮料 50 万张，毛革服装鞋帽手套制品 6 万件；冲锋衣、防雨防风夹克等系列户外服装 300 万件；校服工装制服等 70 万套。

三、未来发展措施

1. 进一步推进小微基地建设 推进南宫羊绒精梳基地内国家羊绒质量监督检测中心南宫站的建设。不断推进该基地的融资平台建设，为小微企业提供足够的发展资金，加快企业转型升级的步伐。

2. 推进标准引领 加大与协会及南宫市行业龙头企业的交流合作，共同推进中国绵羊绒交易标准体系建设，维护绵羊绒的行业地位，提高产品价值，并规范羊绒行业加工等级。

3. 推进龙头企业研发平台建设 加快推进安美桥、鸿熙服装、耿氏同盈等龙头企业的发展，加快龙头企业的数字化转型和研发能力提升，特别是企业内部的研发平台建设，并向整个产业集群进行辐射，带动集群产业链条不断完善、转型升级。

4. 积极推进小微企业"专精特新"发展 不断引导小微企业走"专业化、精细化、特新化、新颖化"的发展路线，推动小微企业专利申请和技术研发，增强自主创新能力和核心竞争力，发挥企业家精神和工匠精神，将培育中小企业与做强产业相结合，加快培育一批专注于细分市场、聚焦主业、创新能力强、成长性好的专精特新"小巨人"企业。

供稿单位：南宫市科技和工业信息化局

中国毛巾·毛毯名城

河北省高阳县

高阳县传统纺织业基础浑厚，具有 400 多年的发展传承。始于明末，兴于晚清，盛于民初，腾飞于改革开放时期，进入 21 世纪更是取得长足发展。先后被评为中国纺织之乡、中国毛毯之乡、中国纺织基地县、中国毛巾·毛毯名城、国家外贸转型升级示范基地县、中国家纺巾被流通示范基地和中国领航创新产业集群。

一、集群概况

全县有纺织生产企业 4000 余家，从业人员 12 万人，2021 年规模以上企业 76 家，规下企业 4221 家；拥有宏润、三利、荣仪、永亮、柏立信、图强等多家在全国颇具影响力的大中型纺织企业；年产毛巾 50 亿条、毛毯 4.5 万吨，占全国毛巾、毛毯总产量的三分之一。到 2021 年底，纺织产业产值达到 431 亿元，占全县工业总产值的 70% 左右。

1. 链条完整 经过多年积累，形成了集"纺纱、织造、印染、后整、销售"于一体的完整产业链条，设计研发、质量检测、配件供应、物流配送等配套一应俱全。

2. 产品多样 高阳纺织产业现有棉织品毛巾、床上用品、婴幼用品、化纤类干发巾、擦车巾、毛毯、厨卫用品、酒店用品等多种产品；涵盖工艺设计、旅游运动、功能性产品和一次性用品等多个领域。

3. 市场完备 拥有全国最大的毛巾专业批发市场之一——高阳纺织商贸城。同时积极开拓"线上"市场，2000 多家纺织企业建立了网上销售平台，被授予全国第 2 个直播基地县。

4. 品质可靠 拥有纺织类中国驰名商标 4 个（三利、永亮、智阳、瑞春），河北省名牌和优质产品 14 个，自主产品标识 8441 个，品牌拥有量在河北省县级中名列前茅。集群拥有省级"专精特新"中小企业 7 个、省级"专精特新示范"企业 3 个、企业研发机构 17 个、省级数字化车间 4 个。

二、集群发展亮点

1. 狠抓技改升级 依托宝发、宝丰等本地企业，积极培育、扶持县域纺织设备制造产业做大做强，进一步延展、强化产业链条，助推纺织产业加快设备整体升级步伐。

2. 发展循环经济 建成了日处理 26 万吨的县级污水处理厂，完成了年加工 4 万吨再生水利用项目、污泥深度脱水技改项目。

3. 规范研发机构建设 三利、永亮、荣仪、卡缦等 24 家企业，被认定为河北省规模以上工业企业研发机构；瑞春、永亮、蓝瑞等 4 家企业被认定为河北省"专精特新"中小企业。

4. 推动工业设计应用 制定出台了《关于促进工业设计产业发展的若干政策措施》。设立高阳县工业设计发展专项资金，自 2019 年起连续 5 年，每年安排 200 万元资金用于支持工业设计发展，用于工业设计中心建设、购买设计服务、工业设计活动举办、专业设计机构和人才引进、设计成果转化、服务平台建设、宣传推广、奖项奖励等。

5. 编制发布"河北·高阳"纺织指数 "河北·高阳纺织指数"是综合展示高阳纺织产业发展变化的指数，为政府在产业的政策投放提供决策依据，为企业在市场开拓和产品创新方面提供数据支撑。指数门户网站已于 2021 年 5 月上线，9 月 26 日在中国纺织供应链大会上正式发布。

三、集群目前存在的问题

1. 无序竞争 大部分企业以传统市场销售为主，压价销售造成产品品质持续下降。低价竞争造成产品质量堪忧。

2. 创新乏力 一是不注重品牌建设，二是不注重使用新材料，三是不注重知识产权。

3. 设计同化 大部分以纺织企业低端需求为主，由于设计师水平限制，一些个性化、高端设计需求难以满足。

4. 人才短缺 高端管理人才、设计人才和 IT 专项人才的紧缺，是制约高阳产业发展最大的症结。

四、下步工作安排

1. 打造"品牌工程" 一是加大品牌"龙头"建设，二是加强品牌创新能力，三是加大品牌宣传力度。

2. 打造"人才工程" 一是多层面开展专项培训活动，提升专业技能水平，二是帮助企业从国内外引进专业技术人才，三是积极争取各大高等院校与高阳县职业技术学校、大型纺织企业合作办学、建设分校或培训实践基地，为纺织产业转型升级提供人才保障。

3. 打造"线上工程" 一是打造线上销售"龙头"，二是完善相关配套建设。

4. 打造"平台工程" 加快与北京中联智创公司洽谈合作进程，通过津津乐道产业育城中心运营，解决高阳传统特色产业税收低、产值低、品牌溢价能力弱的问题。

供稿单位：高阳县工业和信息化局

中国男装名城

河北省容城县

一、集群概况

服装业是容城的特色支柱产业，兴起于 20 世纪 70 年代，从发端、成长、壮大，经历了四十余年的时间，逐步发展成为县域特色产业。2002 年，容城服装产业被河北省政府命名为"十大特色产业"，2006 年 1 月，容城被中国纺织工业协会和中国服装协会命名为"中国男装名城"和全国纺织产业集群试点。雄安新区成立后，容城服装产业既面临难得的历史机遇，更面临巨大的挑战。容城县传统产业转型升级企业外迁，企业数量减少，澳森、津海、集宏兴等 10 家规上服装企业主导组建了容城雄源服装科技发展有限公司，与涞源县签署战略合作协议，打造容城服装智慧新城项目。金森服饰分别在山东、邢台、邯郸设立了 6 个分厂，中天纺织、格瑞斯在邯郸临漳、大名设立了分厂。因为新区规划建设征迁工作，部分服装企业在拆迁区域范围内，企业的拆迁对服装企业的生产经营造成了一定影响。

截至 2021 年底，在产服装企业 87 家，总产值 55 亿元，其中规模以上企业 9 家，总产值 10.3 亿元。95% 以上服装产品属于梭织类，主要产品为衬衫、西服、休闲、棉服等男装品种。

二、集群发展亮点

1. 实施龙头带动，引导产业整合升级发展 2019 年河北雄源服装科技有限公司投资建设雄源智慧新城项目，占地 650 亩，规划建筑面积 40 万平方米，集服装研发、设计、生产、销售和服装展览、工业旅游等功能于一体。截至目前，已建成集合工厂 3 万平方米，完成投资 3.28 亿元，招收当地工人 500 余名，现有 8 条圣瑞斯智能吊挂生产线，年产西服 30 万套，产值 3 亿元。

2. 引导企业拓展业务，转产疫情防控物资 积极引导企业申报省疫情防控重点物资生产企业，目前容城县已有保定澳森制衣有限公司、保定集宏兴服饰有限公司、河北卓依服装有限公司、保定津海服装股份有限公司等 4 家服装企业列入河北省疫情防控重点物资生产企业名单。2021 年 9 月澳森制衣、集宏兴服饰、津海服装等 3 家企业荣获"河北纺织服装行业捐助抗疫先进集体"称号。

根据新冠肺炎疫情防控需要，完成总投资 2000 万元的保定澳森制衣口罩及医用防护服十万级净化无菌无尘生产项目，年产 150 万件防护服及 1 亿只口罩，填补了新区医用防护服、手术衣和医用口罩产能的空白。为新区疫情防控应急物资储备保障做出了重要贡献。

3. 强化产业宣传推介，努力打造容城服装文化品牌 2019 年、2020 年、2021 年连续三年组织重点服装企业组成展团参加时尚深圳展。作为代表雄安新区参展的容城服装，展出了西服、衬衫、户外、羊绒外套、时尚职业装、羽绒服等数十个品类多细分的容城特色服装服饰品牌，打响了雄安新区服装品牌在国内外的知名度和影响力。容城服装立体化呈现，创意与商业并行，设计与趋势引领，带来了诸多时尚元素，惊艳出位，以厚积薄发的一流智能制造功力，展示着中国男装名城的领先水平。

三、集群发展存在的主要问题及下一步工作打算

1. 明确产业发展方向 为保障新区重点项目建设用地需求，3 年来共搬迁腾退服装企业 102 家，外迁转移 30 家。新区的高端定位要求必须从产业角度对转型进行深入解读。需要从政策、环境、产业基础等多方面通过具体的科学调研，尽快为容城服装找准定位，明确发展方向。

2. 培育有影响力的品牌，营造有吸引力的研发设计环境 知名品牌的空白，限制了容城服装的辐射面和影响力；研发设计的缺失，限制了容城服装的人才聚集度和吸引力。成功的品牌，是长期文化的积淀和质量品质的保证，同时也离不开成熟的市场运作，容城服装有深厚的文化底蕴，也有可靠的质量品质，但在品牌运作上希望得到成功企业家的指导和帮助。

3. 下一步工作打算 一是持续做好搬迁企业对接帮扶。用好"雄安""中国男装名城"两张名片，加大企业一对一帮扶力度，确保外迁企业落得住、发展好，加快雄源服装智能制造基地二期等转移项目建设。二是引导扶持企业加快升级步伐。持续推进服装产业设计升级、品牌升级，进一步加强与专业院校、知名设计师对接合作，提高研发设计创新能力，搭建企业集聚平台，强化品牌建设，提升工艺水平和产业链整体竞争力。

供稿单位：容城县科技和信息化局

中国丝网织造名城

河北省安平县

一、集群概况

安平丝网起源于明朝弘治元年，历经500多年发展，从最初的绢罗加工生产，逐步形成了从拔丝、织网到滤器制品、织机制造的完整产业链。产值从不足百万元，到突破800亿元。丝网产业已成为安平的特色产业、主导产业、支柱产业，被列为河北省首批4个省级智慧产业集群、省级重点支持的107家县域特色产业集群，先后荣获"国家外贸转型升级示范基地""中国丝网之都""中国丝网织造名城"等荣誉称号。

全县共有丝网工贸企业1.3万余家，从业人员21万余人。丝网产品共有编织类、焊接类、非织造类、冲拉类、制品类、拉拔类6大系列，400多个品种，6000多种规格，广泛用于交通水利、畜牧养殖、建筑装饰等工农业生产生活和航空航天、石油化工等高精尖领域。国内外设有销售门店1.3万家，拥有自营出口权企业1950家，年出口量3.6万标准箱，出口总额达37亿元以上。其中编织类丝网产销量、出口量均占全国80%以上。

二、集群发展亮点

1. 构建布局合理的现代化产业新体系 安平县以"构建现代产业体系、培育千亿级产业集群"为目标，科学谋划丝网转型发展思路，全力打好产业规划布局组合拳。产业规划高端定位。先后编制了《安平县丝网产业振兴计划》《安平县丝网产业"十四五"发展规划》，为丝网产业转型升级提供路径支持。政策支持高位推进。充分发挥财政资金的杠杆效应，制定出台了《安平县促进经济高质量发展若干意见（试行）》，在引进国际高端设备、标准制定、品牌建设、挂牌上市等方面制定扶持奖励措施，用政策为丝网集群发展插上腾飞的翅膀。

2. 不断夯实产业集群高质量发展基础 安平县把高新技术开发区作为推进产业集群发展的主力军、主战场，全力打造在全球丝网行业具有领军地位和竞争优势的产业创新高地。做大园区夯平台。结合国土空间规划，谋划建设了占地25平方公里的省级高新区，累计投入近15亿元用于基础设施建设，为引进重大项目、实现创新发展筑牢了平台支撑。对接雄安促融合。

借助毗邻雄安新区的区位优势，推进雄衡协作区安平核心区建设，并在核心区谋划建设一批丝网、绿色建材项目，全力打造服务雄安的高端制造基地。做强配套优环境。高标准配建聚成物流园区，成功搭建智慧物流系统，共开通国内运线1200余条，实现了制造业与物流业互促互融、联动发展。

3. 全力打造丝网产业链条发展新生态 面对新冠肺炎疫情冲击下产业链重构的现实挑战，安平县认真贯彻新发展理念，紧紧围绕"产业振兴强县、结构调整富民"，不断完善丝网产业发展链条。招强引优延链条。以创造千亿级产业集群为目标，全面推进"链长制"，推动丝网产业延链、强链、补链、固链。先后引进建成了垃圾焚烧发电、绿峰环保等一批对产业发展具有重大带动作用的支撑项目，为产业高质量发展打造了新动力引擎。会展经济增效益。为巩固安平县在全球丝网行业的领军地位，创新发展会展经济，连续举办了21届丝网博览会。第21届国际丝网博览会达成销售意向29.8亿元，展览成交额12.2亿元，在全球经济下行的情况下取得了丰硕的成果。

三、集群存在的问题和未来发展思路

1. 存在的问题 一是丝网产业群体大、规模小的现状仍未改变。大部分产品处于中低端，产品附加值低、品牌效应低，辐射带动能力弱。二是龙头带动作用不够。企业间缺乏有效的技术合作与产业链分工，缺乏有效协同。三是经营理念落后。企业管理者普遍存在经营理念滞后问题，产业起步于低端，产能过剩，利润空间缩小，恶性竞争加剧的问题日益显现。

2. 未来发展思路 下一步，安平将充分发挥政府引导、行业指导、市场主导的作用，进一步加强丝网行业的国际交流与合作，不断提高中国丝网品牌在国际国内的知名度和美誉度。一是规划引领、明晰路径，着力打造以高新区为发展内核的丝网产业发展格局。二是搭建终端、完善链条，支持企业向上游研发、设计和下游成品制造及服务延伸，鼓励在外企业进行全球布点、全球协作。

供稿单位：安平县发展和改革局

中国羊绒产业名城

内蒙古自治区鄂尔多斯市东胜区

一、集群概况

园区 2021 年工业总产值为 31.6 亿元，其中绒纺产业产值为 24.96 亿元，占园区全部工业总产值的比重为 78.9%；2021 年共生产羊绒衫 350 万件、围巾、披肩 77.5 万条、纱线 669 吨；2021 年规模以上绒纺企业主营业务收入完成 20.8 亿元。

二、集群发展亮点

1. 行业信息化建设 鼓励建立政府—金融机构—龙头企业—中小微企业联动机制，打造面向骨干企业和中小企业的云制造、云服务和工业互联网平台，推动园区骨干企业核心信息系统上云、设备上云、数据上云，减少用工依赖；对企业财务、采购、销售、库存、生产、门店、客户等进行数据化分析、评估、预测，提高企业科学决策水平；引导中小企业加快两化融合进程，提升装备水平，改进生产工艺、提高产品质量，发展适合中小企业智能制造需求的产品、解决方案和工具包。加快应用扁平化、柔性化生产模式，建立快时尚、快消费生产体系，敏锐捕捉趋势潮流，精准产品研发和设计，快速生产和配送，及时反馈市场消费信息，提高产品的有效性和适销性，有效扩大市场规模。

2. 科技发展情况 积极推动龙头骨干企业加大设备更新改造力度和投入，着力提升产品研发能力和市场响应能力，取得了良好效果。主要以龙头企业鄂尔多斯羊绒集团为主导，推进智能制造工程，重点完成针织、机织设备升级改造，特别是更新 10 年以上效能低下的纺织设备，成效明显；通过智能化改造项目的实施，降低产品单耗，解决生产环境温湿度匹配问题，设备效率提升了 10%，针织产能提升 15 万件，机织面料及成衣产能提升 1.5 万件。为进一步提升龙头企业的行业示范引领作用和影响力，鄂尔多斯羊绒集团投资 1.25 亿元，完成羊绒产业绿色设计技术产业化示范线、信息化建设等 4 项加工领域关键技术项目攻关，备受行业高度关注。

3. 品牌建设情况 "十三五"期间，东胜轻纺园区积极推动区域品牌建设，重点构建产品品牌、企业品牌、区域品牌和城市品牌四位一体的品牌体系，进一步提升园区品牌化发展水平；园区所在地罕台镇批准成为"国家羊绒特色小镇"，东胜区成为中国纺织工业联合会等国家级行业协会命名的"中国羊绒产业名城"和"中国高品质羊绒生产加工基地"，有力提升鄂尔多斯羊绒产业国内国际影响力，巩固提高羊绒产业在区域经济发展中的支柱地位。

4. 质量建设情况 为了打击和杜绝羊绒制品制假售假行为，维护本地区羊绒产业及产品形象，为中小微羊绒企业推广地区品牌助力，羊绒协会秘书处经调研、论证并征求协会成员企业意见，决定以协会名义推出质量认证标识。该标识由协会成立质量管理部门专人负责管理，并对贴标产品进行质量把关，所有产品均经过拥有第三方检验资质的检验机构进行检验（或抽验），达标的产品方可贴上此质量标识。贴标产品必须是羊绒含量在 95% 以上的羊绒制品。凡是入驻园区企业必须实标成分，以纯绒制品为主，纯绒制品必须贴标。申请贴标的企业必须与协会签署质量承诺保证书，以此确保贴标商品的质量和各项指标的真实性。

三、集群经济发展中存在的问题和下一步举措

今年国内羊绒制品消费市场疲软，消费者对羊绒制品的购买力下降，导致中小微羊绒企业销售量有所下降。此外，受人力成本和关税等影响，部分外销纺织品生产订单向东南亚国家转移。

下一步，通过对园区内羊绒产业涉及边境贸易、加工贸易、跨境电子商务、外贸信息服务企业培育对象扶持补助，对园区基地、协会及平台建设给予适当补贴支持，加快园区对外贸易发展，承接加工贸易订单，推动跨境电商不断开拓业务，支持协会发挥其应有的作用。帮助绒纺企业通过检验检测提高产品质量、打造绒纺产品品质，推动地区羊绒原产地标识的认证、应用，推动现代羊绒产业园服装设计发挥作用，支持园区中小绒纺龙头企业发挥示范带动作用，另外针对新冠肺炎疫情对中小绒纺企业造成的外贸订单减少等负面影响，帮助中小绒纺企业渡过难关。

供稿单位：鄂尔多斯高新技术产业开发区
轻纺产业园管理办公室

中国西装名城

辽宁省大连市普兰店区

一、集群概况

纺织服装产业一直是普兰店区经济发展的支柱产业，也是普兰店区对外的一张靓丽名片。历经近40多年的发展，以大杨集团为龙头的服装产业逐步发展壮大，已经发展成为大连纺织服装产业集群的龙头和全国著名的服装加工基地。

全区现有服装加工企业161户，从业人员达1万多人，各类专业技术人员占职工总数的7.5%。2021年全区133户规上工业企业完成产值225亿元，其中20户规上纺织服装企业产值达17.8亿元，141户规下纺织服装企业产值实现2.5亿元，占全区工业企业总产值的8%左右。全区服装产业主要产品有西服套装、羽绒服、时装等，以西装最为知名，产业基础雄厚，品牌影响力大，做工精湛，产品远销世界各地，2012年被授予"中国西装名城"称号。

普兰店区纺织服装产业起步于20世纪70年代末期，从布匹贩运到户机加工，从家庭作坊到创办企业，由分散到集聚，发展至今具有广泛的群众基础和较大的市场影响力。其中皮杨中心产业区已形成了以服装服饰加工为主导的产业体系，其发展受到国家、省、市、区各级政府的重视和支持。园区内以大杨集团为代表，目前已集聚服装服饰企业60多户，产业集群效益明显。

二、集群发展亮点

1. 制定发展政策，鼓励产业做强做大 为推动普兰店区的服装纺织产业做大做强做优，根据《大连市提升产业链现代化水平工作方案》，制定纺织服装产业链三年行动计划及2021年度工作方案，以龙头带动、项目推动、创新驱动、区域联动为路径，全面贯通纺织服装产业链，提升普兰店区纺织服装产业在全国乃至全球产业链中的影响力和竞争力，实现产业高质量、可持续发展。

2. 培育创新能力，提升产品品牌价值 近年来普兰店区纺织服装企业纷纷进行智能化、数字化改造，逐步实现生产过程数据采集分析、生产过程管控高度集成、生产过程动态优化，已形成一整套高水准的生产加工工艺体系，并逐渐激发出品牌意识。大杨集团作为普兰店区纺织服装龙头企业，多年来致力打造具

有领军地位的品牌梯队，其中集团旗下创世品牌已发展成为当今中国高级男装的代表品牌之一，先后获得"中国驰名商标""中国名牌产品"等国家级荣誉称号，并获得中国服装协会颁发的中国服装品牌品质大奖。

3. 强化服务意识，提升平台服务水平 普兰店区扎实推进特色工作秘书服务全覆盖工作，做到政企联系常态化，处理问题有抓手，真正把为企业服务做到实处；加大公共服务平台建设，占地1.2万平方米、建筑面积9200平方米、总投资8000万元的中国西装名城服装博览中心项目已投入使用，同时已建成5G基站227个，能够充分满足纺织服装企业5G应用场景需求。其中大杨集团成功申报全国工业互联网企业库，其"支持深度定制与即时体验的全品类服装个性化定制项目"获评国家新型信息消费示范项目。

三、当前产业发展存在的问题、发展要求，下一步的规划举措和工作打算

1. 当前产业发展存在的问题 产业链发展不均衡，因大连市乃至辐射周边整体原料市场需求不足，难以吸引大型面料生产企业投资建厂，缺少配套的大型专业市场，产业链发展不平衡，削弱了竞争力；创新发展尚显不足，近几年来由于外部环境的影响，一些纺织服装企业利润下降甚至出现亏损，使一些小微企业没有资金投入到新产品、新技术的研制中去；品牌建设还有差距，同上海、江苏、广东等南方地区相比还有一定差距，缺乏品牌整体战略构架，设计人才外流现象较为严重。

2. 下一步的规划举措 集群规模明显扩张，"以智能制造、模式创新、市场开拓"为主要方向，强化在西装、工装等领域的优势地位，提升城市品牌影响力，补齐纺织服装产业链的薄弱环节；产业体系优化升级，依托皮杨产业园的基础，发挥资源禀赋与产业基础优势，将皮杨打造成为省级产业集聚区；骨干企业示范引领，以大杨集团等个性化定制龙头企业为引领，确立个性化服装定制产业的核心地位，培育出辐射东北亚面向全球市场的定制品牌。

供稿单位：大连市普兰店区科技和工业信息化局

中国防护纺织品名城

辽宁省丹东高新技术产业开发区

一、集群概况

辽宁省丹东高新技术产业开发区（简称"丹东高新区"）成立于 2012 年 12 月，建区以来，丹东高新区工业经济实现稳步增长，特色产业亮点突出，创新能力稳步提升，服务理念不断创新，园区建设水平持续提高，形成了以纺织服装、生命健康为主导的产业发展新格局，为实现全面跨越奠定了坚实基础。2014 年被辽宁省人民政府批准为省级高新技术产业开发区。

近年来，丹东高新区已形成纺织服装、生命健康、先进装备制造为主导产业的发展方向。截止到 2021 年底，拥有纺织服装加工企业 360 余户，纺织服装实现营业收入 20 亿元以上。2021 年纺织服装产业实现营业收入 47 亿元以上，防护纺织品实现营业收入 30 亿元以上。

丹东高新区防护纺织品产业以生物基尼龙 56 纤维制品为龙头，以职业防护、军用防护、户外运动防护、应急救援防护及高性能系列助剂为主导产品，集聚优耐特、五星纺织、华洋服装、新龙泰服装等一批骨干企业，初步构建由原料、纺织、印染到服装加工的完备产业链，创新能力不断提升。新冠肺炎疫情以来，医用防护产品发展迅速，高新区防护服日产能已达到 40 万套，医用口罩日产能达到 180 万个。

二、集群发展亮点

1. 注重宣传，提高丹东防护纺织品产业的知名度 2020 首届丹东时装周暨防护纺织产业发展合作洽谈会盛大开幕，丹东期望通过一年一度的时装周活动，推出服装产业高质量发展，丹东高新区被授予"中国防护纺织品名城"称号，有效利用媒体、路牌、长廊、互联网等媒体宣传丹东品牌。在新冠肺炎疫情严重影响下，通过"双循环"和高品质发展叫响丹东品牌。我们相信，丹东轻工业品牌的叫响，成为丹东经济发展的引擎，成为丹东轻工业特色发展的必然选择，成为丹东轻工业高质量发展的重要保障，成为市场主体形成竞争优势的核心价值。

2. 防护园建设紧抓发展契机 2020 年，面对国内严峻的疫情防控形势，国家紧急出台多项支持产业政策，除国内医疗防护物资生产企业迅速响应外，包括

服装企业在内的一批制造业企业积极响应国家号召转产医用防护物资。随着新冠肺炎疫情海外的不断暴发和蔓延，海外已有超过 200 多个国家出现新冠肺炎病例，国外疫情防控形势严峻，医用防护服和医用口罩等防护物资成为全球稀缺物资，海外市场缺口十分巨大。我国作为世界医卫防护用品的生产大国，长期占据着世界企业产品产能的 80% 以上，这势必推动我国医卫防护产业的持续增长。

三、下一步的规划举措和工作打算

1. 创新驱动有待进一步增强 完善创新体系，鼓励和支持企业创建和升级创新载体，建立防护用品技术研究院，支持企业为主导建立产业技术创新战略联盟和公共技术服务平台，打造创新技术转移转化平台。

2. 龙头带动作用有待增强 重点培育创新引领型企业、龙头带动型企业，推动全面提升生产、销售、服务、人才和管理水平，形成发展新动能，培强做大骨干企业。建立防护领域的"专精特新"企业培育库，积极培育省级单项冠军企业。

3. 融合互动能力亟待增强 积极开展与支持纺织防护企业与军事科学院系统工程研究院军需所、东华大学、大连工业大学、辽东学院等科研院所及高校的多领域合作，推进军民融合创新示范基地建设，促进军民技术双向转移，创建成果快速转化的新机制。积极引导企业向服务型制造转型，支持软件信息服务业发展，鼓励企业开展网络化协同制造、供应链管理、业务流程再造等，以迅速作大丹东纺织防护产业。

4. 开放推动有待加强 鼓励新上纺织防护产业项目向高新区集聚，形成资源共享、优势互补、互利共赢的发展局面。规划建设纺织防护专业化园区，推动丹东纺织服装产业由当前的"分散无序"向"集中有序"布局。推动和提升高新区防护纺织制品产业核心基地、振安纺织化学品园、振兴功能纺织面料园和前阳服装成品加工园的建设，充分发挥丹东纺织一核三园的载体功能，成为壮大丹东纺织服装产业的孵化器，力争在丹东创建国家开发区防护纺织品示范基地。

供稿单位：丹东高新技术产业开发区管理委员会

中国运动户外服装名城

辽宁省东港市

一、集群概况

1. 发展现状 东港市纺织服装产业集群历经 30 多年发展，形成了研发设计、印染、纺纱、制衣的纺织服装完整加工产业链，服装加工以代工生产为主，以自主品牌生产为辅。集群通过不断优化资源配置，深化供给侧改革，实现了成本、效率集约发展，区域品牌效应逐步显现。在产品设计研发、系统管理、营销渠道建设、资源整合以及文化与模式创新等方面不断突破，已建立基础稳固、特色明显、链条完整的产业集群。

2. 产业规模 东港市纺织服装产业主要以运动户外服装加工为主，是辽宁省重要的服装加工和出口基地，斯凯奇、波司登等国内外知名品牌在东港市建立了生产基地。东港市现有纺织服装企业 147 户，年产服装产品超过 4000 万件，产值 32.9 亿元，占全市工业总产值的 1/5；吸纳产业工人 22600 人，占全市工业产业工人的 1/3；年出口供货值 20 亿元，占到全市出口贸易额的 1/4，主要出口日、韩、欧、美等国家和地区。其中，规模以上企业 19 户，年产值 18.2 亿元；吸纳产业工人 7430 人。

二、集群发展亮点

1. 产业链协同创新发展 东港市服装企业以代加工世界和国内知名品牌为主，通过企业信息化、数字化两化深度融合的提高，特别是近年来科技创新水平的进步，加工品质、加工技术、加工成本等方面都具有优势。在保证加工优势的同时，还注重加强自主品牌建设。东港市纺织服装产业的各项技术处于国内先进水平，企业积极开展技术改造、设备更新、工艺改进，以提高机械化、自动化程度。

2. 技术创新机构 为推进产学研合作，加快创新步伐，东港市与辽东学院服装学院签署战略合作协议，深化产、学、研合作，发挥各自优势，双方共建户外纺织服装公共技术平台。辽东学院服装学院通过平台建设、项目开发和人才培养，为东港市服装企业提供产品开发，教育培训以及技术服务。

3. 政策支持 为了推动产业发展，市委市政府积极推出《中国制造 2025 辽宁丹东实施方案》《关于落实沿边沿江地区土地出让价格的实施意见》《扶持工业企业发展暂行办法》《扶持运动户外服装产业发展暂行办法》等一系列优惠政策支持纺织服装企业的发展。

4. 举办时装周系列活动 2020 年首届（中国·丹东）时装周吸引了域外近 300 户企业，16 对企业成功签约，通过整合优质的产业资源，推动产业链上下游和区域间的交流合作，助力科技与时尚的进一步融合，营造更具创新协同性的产业生态。

三、存在的主要问题

1. 自主品牌缺乏 东港市纺织服装企业多以代加工为主，自主品牌企业在整个行业中占比较小，产品附加值不高。

2. 行业影响力较小 国际知名运动户外品牌阿迪达斯、斯凯奇、探路者等都在东港做代加工，东港生产加工的产品品质可以说是世界一流，但行业在国内的影响力却很小，知名度不高，这也制约了东港自主品牌的发展。

四、未来发展思路

1. 推动代工企业提档升级 引导企业由单纯的来料加工向设计加工、柔性化生产转变，并逐步过渡到打造自主品牌，实施品牌化运营和品牌化发展。

2. 推进产业园区发展 加快推进辽宁丹东前阳户外服装产业园建设，充分发挥辽宁丹东前阳户外服装产业园和已建成的大孤山纺织服装产业园的承载优势，承接沿海省市的产业转移，进一步提高产业集聚度。

3. 拉长扩宽产业链条 加大上下游产业链企业的招商力度，逐步完善面辅料、研发设计等产业链条协同配套能力，改善纺织服装产业结构，进一步增强东港市纺织服装产业综合竞争能力。

4. 加强产学研协同合作 充分发挥与辽东学院服装学院战略合作协议作用，紧跟纺织服装产业发展趋势，结合东港市企业实际需求，深化产、学、研合作，推动产业高质量发展。

5. 提升"运动户外服装名城"品牌价值 充分利用好"名城"金字招牌，组织企业广泛参与国家级行业展会、推介会，吸引更多的关注和认知，擦亮、叫响"中国运动户外服装名城"品牌。

6. 强化服务指导 充分发挥、辽宁省运动户外纺织服装产业联盟、丹东市纺织服装行业协会等协会、联盟的协调指导作用，整合省、市优势资源，促进产业互补、项目互助、资源共享、资本联动、多赢发展。

供稿单位：东港市工业和信息化局

辽宁省兴城市

一、集群概况

兴城市地处辽宁省西南部,"辽西走廊"中部,得天独厚的自然条件,为兴城泳装产业的发展创造了良机,2010年兴城被授予"中国泳装名城"称号。近年来省市县各级政府对兴城泳装产业的建设与发展高度重视,提出要把兴城泳装打造成泳装标准的制定者和风向标,建成世界泳装之都。

截至2021年末,共登记市场主体为4828户(其中企业登记2738户,个体工商户登记2090户),其中税务登记925户,生产企业有1659户,规上企业15户,从业人员6万余人,实现年均泳装产量约1.7亿件(套)、工业总产值约110亿元(其中规上企业约3.51亿元)、主营业务收入约105亿元(其中规上企业约3.5亿元)、利润额总额约5亿元(其中规上企业约1600万元),注册商标达到1325个,其中全国驰名商标3个,辽宁省名牌产品10个、辽宁省著名商标28个。

无论是从产业结构调整、产业集群发展方面,还是从提升城市品牌、增强城市竞争力、规划工业布局方面,泳装产业都是地区经济的重要组成板块,对优化地区工业经济结构、缓解城乡就业压力起着重要作用。

二、集群发展亮点

1. 建设并运营国家工业互联网标识解析综合型二级节点 依托斯达威集团旗下兴标壹网络科技公司,建设并运营国家工业互联网标识解析综合型二级节点(葫芦岛)的优势,以标识科技为支撑,以设计创新为引领,在"后疫情"时代和加快产业转型升级的背景下,斯达威泳装超级产业园坚持创新发展,鼓励贸易新模式和新业态集聚,不断加快市场转型、产业升级和供应链创意,从品质升级、产业链整合、数字化转型、新零售模式等方向着手,带领兴城泳装品牌、商企和传统专业市场寻找新方向、构建新未来。兴标壹网络平台节点已于2020年11月25日正式启动,目前已接入企业100家。

2. 建设"小城品牌园",打造全国泳装品牌孵化中心 有着30余年制作泳装历史的英华泳业制衣有限公司与米兰一流设计概念团队和顶级制衣工匠携手打造的"范德安"品牌,以悠远的品牌文化、过硬的产品质量和丰富的创意元素,成为时装泳衣的风向标。

如今,已在中国、美国、意大利、俄罗斯、菲律宾等国取得20个商标注册权、86个外观专利及实用新型专利权,产品远销全球13个国家和地区。辽宁英华纺织服饰集团有限公司于2019年8月开始建设"小城品牌园",目前已进入试运营阶段。一期主要采用自运营模式,将全产业链引入其中,同时引进国际、国内知名品牌入驻。目前,已与西班牙4个品牌和国内10余个品牌洽谈,借助其大数据分析平台推进泳装品牌孵化,积极做好兴城泳装地域品牌的创意策划和宣传,逐步将葫芦岛兴城建设成为全国泳装品牌孵化中心。

三、产业发展存在的主要问题

1. 产业链不完善 存在泳装生产企业的简单集聚,上下游产业链不完善,尤其是上游产业链,集群效益发挥不够。

2. 科技创新能力不强,缺乏可持续发展能力 集群内多为中小微型企业,进行创新需要投入大量成本,还具有很大的风险性,绝大部分泳装企业成为代加工厂。

3. 智能制造转型意识不强 企业仍以劳动密集型工业模式为主,智能制造意识不强,劳动力需求较大,企业无数字化智能化改造认识,而招工难又成为企业发展的瓶颈,智能制造转型迫在眉睫。

四、下一步工作

1. 吸引上游企业入驻兴城 通过优化布局和调整产品结构,使兴城泳装产、销在市场占有更大的份额,进一步提升兴城泳装在全国的知名度,以吸引域外上下游企业入驻兴城。

2. 增强企业科技创新能力,推进泳装持续发展 引导企业走"高新技术"和"专精特新"发展之路。鼓励泳装企业加强产学研合作和自主创新,研发专精特新产品,应用专精特新技术,提升产品档次和品质,提高产品知名度和市场影响力,增强企业竞争力和整体素质。

3. 推进泳装企业提质升级 按照辽宁省"数字辽宁、智造强省"的总体方针,加快推进兴城泳装智能化、数字化改造,着力打造"原创、时尚、智造、绿色"数字化泳装产业集群。

供稿单位:兴城市人民政府

中国袜业名城

吉林省辽源市

一、集群概况

辽源袜业纺织产业集群成立16年来，发展迅速，截至2021年末，已建设厂房和附属设施145万平方米，各类企业入园1210户，拥有袜机设备4万台（套），年生产能力35亿双，全年用电量2.2亿度。园区直接间接就业4.5万人。其中，包括全国181所高校3000余名大学生在园区创业、就业，创办袜厂和三产企业143户，带动就业近万人。

园区拥有知识产权725项，其中发明专利11项、实用新型专利81项、外观专利及软件著作权专利633项，在申请专利94项。取得国家级、省级以上资质荣誉130多项，是国家袜子标准制定和检测基地，是全球链条最完善的专业生产棉袜的大型工业园区之一。

以东北袜业纺织工业园为主导形成的产业链条，对全市经济增长的贡献率逐年提高。园区年产值突破百亿，新增从业人员每年的总收入超过3亿元，对全市增加经济总量、财政收入和城镇人均可支配收入起到了重要拉动作用，也对社会稳定、拉动消费作出了重要贡献。

二、集群发展亮点

1. 新基建建设 建设5G+智能制造，引进全球先进的机加设备，为智能化设备的研发和量产提供高质量配件保障。对工业互联网和大数据中心等改造升级，实现纺织袜业上下游供应、组织运营、用户关系等全产业链条线上综合服务，打造全国智慧纺织袜业行业新标准；以纺织袜业大数据平台为基础，将纺织袜业大数据产品化。

2. 大众创业、万众创新 为了全面推进大学生创业企业的快速发展，基地一方面为创业大学生免费提供厂房、袜机等硬件条件，另一方面成立了大学生创业指导中心，进行跟踪服务，实施全方面多角度的创业指导和"保姆式"及"一站式"服务，为大学生们提供高效优质的服务。

3. 新渠道拓展 园区在新形势下的市场新业态中，大力推行"人人是网红、人人当主播"，并给予直播企业扶持政策。发展电商和直播等新零售业态，打造一批袜业线上品牌，对接阿里、天猫、京东、拼多多、唯品会等各大电商平台及网红、直播及小视频平台，发力亚马逊等跨境电商平台，全渠道引流，实现线上销售渠道全覆盖。

4. 品牌建设 全面推进宣传打造"东北袜业区域品牌"，大力推进园区企业自主品牌的申请及运营工作，在园区内开展"一厂一品"活动，评选一厂一品优秀企业，目前，已拥有自主品牌636个，省级名牌15个，省级著名商标20个，自主品牌建设硕果累累。

三、当前产业发展存在的问题

1. 资金压力大，融资成本过高 建议政府协调金融机构通过低息或贴息贷款等低成本融资方式解决企业融资困难。

2. 人才总体结构还不够合理 多年来，东北作为国家老工业基地，始终致力于转型发展，但由于人才特别是高端人才的缺乏，导致与南方等地发达地区差距仍在加大。

3. 企业盈利空间缩小 目前，辽源市部分企业产品同质化竞争日益加剧，加之辽源市轻工纺织企业多数为中小型企业，抗风险、抗压能力不强，企业盈利水平不同程度下降。

四、下一步的规划举措和工作打算

"十四五"期间，以支持产业集聚研发设计中心等产业发展基础设施和公共服务平台建设，完善技术改造公共服务体系；努力实现生产自动化、园区信息化、管理数据化，以"互联网+袜业工业服务平台、创业创新孵化基地"建设为重点，不断提高棉袜在国内外市场的占有率，纺织袜业突出"品牌"。抢抓国内袜业产业转移机遇，坚持品牌发展战略，强化生产基地建设，推进袜业全产业链发展。推动传统产业开展制造业智能化、安全化、绿色化、高端化等技术改造提升综合示范为目标，进一步加大传统产业技术改造服务体系建设，推动综合改造示范提升，提升产业基地公共服务能力，加快传统袜企智能化改造升级步伐，促进袜业纺织产业转型升级。着力实施投资拉动、项目带动、创新驱动发展战略；以品牌共享为基础的区域产业品牌建设为中心，面向国际、国内两个市场，进一步加大技术改造和技术创新工作力度，延伸和拓宽产业链条，打造先进制造业特色载体，全力打造国内最大的棉袜生产基地。

供稿单位：东北袜业纺织工业园

江苏省张家港·德积

一、集群概况

作为国内集中的包芯纱产业集群所在地，德积享有"中国包芯纱名城"的美誉。集群现有纺纱产能350万纱锭，年产各类包芯纱65万吨，包括氨纶包芯纱、仿兔毛包芯纱、TR包芯纱、TC包芯纱、色纺包芯纱、棉麻混纺包芯纱、纯涤包芯纱、包覆丝等八大类共计千余个品种。2021年度，集群工业总产值107亿元，占全市纺织行业工业总产值的19%，主营业务收入116亿元，利润1亿元，现有规模以上企业97家，规模以下企业225家，带动就业人数近4万人。

二、集群发展亮点

1. 腾退低效工业用地，盘活存量用地，全力打造江苏德积高端纺织产业园 为推动产业转型升级，全面提升产业竞争力，集群腾退低效用地470亩，关停散乱污企业62家，全力打造江苏德积高端纺织产业园项目。这座全市乃至全省的纺织产业转型示范园，集绿色、科技、智能于一体，总投入近百亿元，建成后年产值可超65亿元。2021年11月20日，园区已正式揭牌并处于加速建设之中，项目计划共分三期进行，一期预计于2022年底竣工投产。

2. 夯实安全生产基础，筑牢安全生产防线 在腾退低效用地的同时，集群严格落实安全生产措施，扎实开展各项安全工作。近三年来，组织消防安全培训、生产现场安全促进会、工伤预防改善项目、及时处置演练等大型活动13次，常态化开展各类中小型培训、讲座近50次。筑牢了安全生产防线，保障了集群企业生产的安全稳定。

3. 营造良好的产业发展环境，进一步提升集群品牌影响力 围绕产业发展的重点方面，政府出台了多项扶持政策，努力营造良好的产业发展环境，包括《张家港市高端纺织项目认定规则（试行）》、技改补助政策、研究中心（载体）补助政策等。

4. 充分发挥行业商会的桥梁纽带作用 集群充分发挥行业商会作为政府和企业间的桥梁纽带作用，行业商会在坚持党建引领、服务立会的宗旨之上，为企业搭建可靠的发展平台，提供多样的精准服务；努力承接政府职能，充分发挥上情下达，下情上传的"纽带"作用；在各项行动中，商会引导企业积极发挥"领头羊"作用，起到了很好的示范引领效果；商会倡导企业履行社会责任，鼓励企业争当公益型企业，彰显时代担当，近五年来，商会及会员单位各种形式的捐赠价值超过300万元。作为张家港市较为活跃的商会之一，张家港市包芯纱行业商会连续三年获评张家港市"四好商会"称号。

三、当前存在的问题及规划

当前，因新冠肺炎疫情反复、封控措施导致了物流不畅、产业配套无法衔接、订单冷清、成本要素上升等一系列问题。集群企业压力较大，需求收缩，市场疲软，供应冲击供过于求导致库存积压，利润空间受到挤压。

同时，用工结构性矛盾仍旧突出，有六成以上企业的职工平均年龄超45周岁，管理、专业技术岗位人才短缺，"厂"与"工"的主要矛盾还是集中于物质待遇方面，对企业稳定就业提出了带来了一定压力。

此外，集群整体的发展层次仍不算高，品牌意识、技术水平、标准化建设等方面有待提升，由于部分企业的自主创新能力相对薄弱，产品的同质化竞争依然存在，利润空间略显不足。

四、下一步集群将重点做好以下工作

全力打造江苏德积高端纺织产业园，抢占发展机遇，助推产业转型升级，不断增强集群核心竞争力。要促使进驻产业园集群企业设备提档升级，努力培育一批行业龙头企业和专精特新企业，实现产业高质量发展。

持续加大技改力度，增加研发投入，为集群发展注入新活力。围绕产品创造、产业创新，支持引导广大企业持续加大研发投入，鼓励集群企业的生产厂房向空中求发展，节约集约用地，规模化扩容增量，深度挖潜，提速增效，为集群发展注入新的活力。通过装备提升、工艺升级、专业招商、集约发展等多种方式，实现创新增效，品牌争优。

紧扣集群服务工作，着力构建"张家港·德积包芯纱"品牌战略。要加强与中国纺联、中国棉纺织行业协会的联系与对接，协同做好服务集群发展的各项工作，以多样的形式深化集群各项服务，让纺织产业集群共建工作取得实效。

供稿单位：张家港市包芯纱行业商会

中国安防用纺织品名城

江苏省如东经济开发区

一、集群概况

如东生命安防特色产业基地以研制、开发、生产服务于国家应急安全、安全生产和个体安全防护的防护手套、防护眼镜、防护面罩、防护鞋、防盗报警系统、火灾探测报警产品等为基础，汇聚了世界500强企业霍尼韦尔安全防护、强生轻工、恒辉安防、汇鸿安全、赛立特安全等国内外知名骨干企业，吸引了一大批关联配套企业，产业集聚优势初步显现。2021年实现工业总产值223.2亿元，其中规上企业产值222亿元。企业主营业务收入221.23亿元，其中产品销售收入219.06亿元，实现进出口总额218.56亿元，上缴税费总额3.98亿元。基地从成立至今，取得了一系列优秀管理经验。

二、集群发展亮点

1. 强化组织保障 成立了由如东县分管领导为负责人的国家火炬如东生命安防特色产业基地发展领导小组，成员包括县发改、安监、科技、财政、环保等有关部门分管领导，建立安全产业发展重大问题协调机制，实现产业发展、技术研发、安全监管等工作有机衔接；成立安防产业发展专家咨询委员会，制定重点领域专项规划，定期发布和修订重点行业投资指导目录，为政府招商引资、产业布局、配套投资、政策倾斜提供依据；建立联席会议制度和督查督办等工作推进机制，实行责任制和绩效考核管理。

2. 建立基地管理服务框架 增加公共产品服务供给，补齐短板，改造传统引擎，推动产业创新，制造业升级。结合基地功能、产业链条对产业发展要素的需求分析，最终集成基础设施、运营组织和配套服务一体的整体服务体系框架。

3. 建立基地建设长效工作机制 充分发挥区位、交通、生态优势，积极将应急产业融入长三角城市群协同发展大局，重点承接长三角产业转移，并初步建立区域组织协调机制、创新项目落地机制、政策激励机制、学习交流机制等作为重要保障措施。制定切实可行的工作方案和细化的推进措施，确定阶段性工作

重点，制定时间表和路线图，确保落实到位。努力构建推动安全产业发展的常态化、长效化机制，全面提升工作质量和水平。

4. 建立基地发展动态管理机制 定期开展安防产业发展阶段性评估、论证，及时研究处理产业发展过程中出现的新特点、新问题，成立专家组对园区内企业进行摸底调研，对企业面临的困境予以研究解决。

三、集群未来发展思路

1. 加大政策扶持力度 积极采取租金补贴、贷款贴息、经营扶持、股权投资等方式，做大做强高端安全防护装备产业，积极发展安全服务产业，完善相关上下游产业链，推动重点企业、骨干企业、高成长性中小企业的发展。

2. 加大财政税收优惠力度 凡属于安防产业固定资产投资的项目，投资总额过亿元或经济带动力强、科技含量高的新建安全产业项目，以及跨国、跨省、跨市安全产业企业将总部、生产基地及研发中心入驻基地的项目，可采取"一事一议"的办法，给予政策支持。

3. 建立健全投融资体系 加强与各类金融机构的合作，与江苏银行、平安银行、民生银行等签署战略合作协议，为企业融资开辟更多的"绿色金融通道"。推动信用中介机构、担保机构和商业银行的"信、保、贷"联动业务，建立以企业信用为基础的流动资金贷款机制。

4. 创新招商引资模式 拓宽多方面、多层次地招商引资渠道；大力推行委托招商、中介招商、网上招商等新型招商方式，提高招商引资效率；通过参加展会、合作洽谈会、单项引进、组团招商等多种形式，实现招商引资的重大突破；根据产业链的薄弱环节，制定目标招商区域，设立招商机构或招商总代理，对引进成功项目按投资额度的一定比例进行奖励；积极营造良好环境，大力推进以商招商。

供稿单位：如东经济开发区经济发展和科技局

中国羽绒服装制造名城

江苏省高邮市

服装产业作为高邮市工业三大传统产业之一，在富民增收、吸纳就业、税收贡献中处于重要位置。经过多年的培育和发展，高邮市于 2006 年被授予"中国羽绒服装制造名城"，是省内唯一的羽绒服装制造基地，也是很多世界知名品牌的羽绒服装生产厂家集结地。

一、集群概况

1. 产业集群特征明显 从产业分布看，2021 年，全市纺织服装行业共有各类企业 350 余家，其中规上企业 46 家，主要集中在开发区、高邮镇、龙虬镇、三垛镇，集中度较高。从产业规模看，纺织服装规上企业全年实现开票销售 43.4 亿元，与同期持平，占规模总量的 5%；实现入库税收 2.3 亿元，同比增长 1.6%，占规模总量的 11%。从产业工人看，高邮市拥有一批技术熟练的本地产业工人，现有服装工人约 4 万人，其中本地工人占比达到 90% 以上。

2. 龙头带动作用显著 纺织服装龙头企业贡献突出，波司登制衣曾获得高邮市纳税特殊贡献奖，多次蝉联扬州工业百强、高邮纳税十强；国联制衣、永盛纺织多次获评高邮市纳税先进企业。2021 年，服装业龙头企业波司登制衣公司实现开票销售 20.6 亿元，同比增长 12.5%；入库税收 1.2 亿元，同比增长 54.4%。纺织业龙头企业经纬纺织实现开票销售 7.2 亿元，同比增长 30.9%；入库税收 2888 万元，同比增长 37.7%。

二、集群经济发展中的亮点

1. 集群发展彰显特色 高邮市纺织服装企业大多集中在城区和近郊，并按照现代产业集群发展模式进行培育打造，羽绒检测、物流配送、创意设计、行业融资担保平台等生产性服务业近距离开展服务，产业集聚度逐年提高，集聚区域影响力明显增强。

2. 加工能力优势突出 丰富的服装劳动力和良好的产业基础是高邮宝贵的优势。依托约 4 万服装熟练工人，高邮市已成为一线品牌高端羽绒服装制造的首选之地，波司登、巴拉巴拉、艾莱依等众多品牌在高邮放单量稳中有进，为高邮市赢得了"没有不敢接的大单，也没有不能接的难单"的美誉。全市羽绒服装年生产量达 2000 万件，占省内羽绒服装加工总量的四分之一，其中波司登羽绒服在高邮市年加工生产量达 400 万~500 万件。

3. 智能制造成效凸显 近年来，高邮市加大智能制造引领，推动重点企业引进与应用"智能吊挂系统+自动缝制单元或自动模板缝制系统+全自动立体仓储物流系统"为主的全流程自动化制造模式。波司登制衣公司引进德国奔马自动智能裁剪生产线、全自动模板机和智能吊挂生产线等国际先进设备，将原厂改造成为四个服装生产全流程智能化工厂，建成波司登智能制造产业园。另有国联制衣、利华制衣、天宇制衣等重点企业应用智能吊挂系统，提高生产、管理效率。

4. 平台搭建资源共享 组建服装行业协会，制订服装协会章程和自律公约，推动协会内部所有会员企业诚信经营，抱团发展。依托省服装节平台，引进来、走出去，连续多年举办"高邮服装与品牌商外贸商对接交流"活动，组织企业拜访重点品牌商和产业加工集群，深化集群间合作交流，推动产业链优势互补。

三、存在的问题

目前，高邮市纺织服装行业主要存在以下三方面问题：一是服装企业生产方式多以贴牌、代加工为主，企业技术开发投入动力不足；二是技术型人才缺乏、人工老龄化等问题造成企业招工困难；三是服装行业相关配套产业链不完整，增加企业实际生产成本。

四、下一步工作计划

1. 聚焦技术改造，助力企业智能升级 用足用好各级专项扶持政策资金，鼓励推动企业实施智能化改造，提高产品技术含量，加大自主品牌建设投入，全力打造基于大数据、互联网等新一代技术的智能工厂、智能车间。

2. 坚持创新发展，推动自主品牌建设 强化品牌定位，以培育区域特色品牌为主体，着力推动部分有实力、有特点的企业走"定制化"和"小众化"道路，向品牌化方向转型，实现高邮市从纺织服装生产大市向品牌强市的转变。

3. 抓好招引培育，促进产业集聚发展 整合全市各方面资源，加快领军企业培育。依托龙头企业的产业优势和丰富资源，瞄准国内外一流企业，加大招商引资力度，推动产业链延伸、强化，打造集物流、生产、营销、展示等功能的特色产业基地。

供稿单位：高邮市人民政府

中国纺织服装名城

江苏省沭阳县

一、集群概况

高端纺织产业是沭阳县三大主导产业之一。近年来，沭阳县始终坚持"工业强县、产业兴县"战略不动摇，聚焦千亿级纺织产业培育，不断强化产业链思维，在补齐产业链中找项目，在延伸产业链中求突破，在建强产业链中谋增长，以产业来聚商、促商、旺商，着力培育一批"拆不散、搬不走、压不垮"的产业集群。短短十几年时间，高端纺织产业实现了从少到多、产业从弱到强、品牌从无到有、发展从自觉到自信的华丽转型。目前，全县汇集桐昆集团、红柳纺织、新东旭纺织等规上企业190多家，建成全国首个智能针织产业园，拥有优质包覆纱、室内空气净化面料两个国家级生产基地，产品涉及包覆纱、家纺、智能针织三大板块，形成涵盖"机械装备—纺丝—加弹—织造—印染—成衣"等较为完整的产业链条，获批"中国纺织服装名城、全国纺织行业高质量发展示范园区、全国纺织产业转移示范园区、全国纺织产业结构调整突出贡献奖、国家智慧型纺织园区试点"等荣誉，拥有绿色聚酯长丝、电子提花机、缝纫线、绒布类浴袍、化纤床上用品、纯棉床上用品六个"单打冠军"，包覆纱入选工业和信息化部重点培育"区域品牌"，"沭阳纺织"已形成具有鲜明特色的区域品牌。尤其是中国民营500强、全球长丝产量第一的桐昆集团在沭投资150亿元兴建年产300万吨长丝、90万吨加弹等项目，目前该项目已实现部分投产，让沭阳纺织产业真正形成从"一根丝"到"一块布"的完整产业链条，引领沭阳纺织产业由"高原"走向"高峰"。

2022年，沭阳县汇集600多家纺织服装类生产企业，其中规上企业192家，年产包覆纱12万吨，新型弹力纱线5万吨、纱锭约60万锭、化纤弹力丝7万吨、针织丝袜8亿双、各类高档针织品1000万件，实现工业总产值197亿元，利润总额10.9亿元，吸纳从业人员4.9万人，为解决当地群众就业问题做出了突出贡献。

二、集群发展亮点

沭阳县按照"增品种、提品质、创品牌和提升智能化、信息化水平"的思路，全力打造"全产业链"竞争新优势。一方面，突出智能制造，推动质量变革、效率变革和动力变革。以"智能化"为突破口，兴建全国首个智能针织园区—沭阳智能针织产业园和省级众创空间—沭阳智能纺织科技综合体。目前，智能针织产业园24.5万平方米标准化厂房全部投入使用，获批省级科技产业园。智能纺织科技综合体吸引近60家入孵企业和创新创业团队入驻，形成"科技+人才+产业+生活"新模式。另一方面，大力实施科技创新，以"5321"工程和"智能化改造、数字化转型"为抓手，积极引导现有企业开展"设备换芯、生产换线、机器换人"，推广应用新技术、新业态、新模式、新标准等，大力培育一批专精特新、小巨人、单项冠军、链主企业。目前，集群内拥有纺织类国家高企20家、省级以上研发机构25家，市级以上智能车间13个，"沭阳包覆纱"入选工业和信息化部发布的《重点培育纺织服装百家品牌名单》17家"区域品牌"名单，智能纺织科技综合体获批省级众创空间，受到人民日报、新华日报等多家主流媒体关注报道。

三、下一步发展举措

1. 建设智慧园区 在产业园区"一区多园"总体布局的基础上构建"1+N"大数据平台，计划投资1500万元，包括智慧招商（产业发展地图）、项目全周期管理、经济运行BI分析、电子政务与企业公共服务云平台、智慧生态大数据平台、智慧园区市政信息管理系统、智慧园区环保与安全监控预警一体化平台、智慧党建平台等功能，实现园区管理服务智慧化。

2. 建设科技综合体 项目计划投资35亿元，规划用地340亩，规划建设面积约40万平方米，2020年启动一期建设，建筑面积25万平方米。其中，建设综合研发楼6万平方米、孵化厂房12万平方米、职工宿舍及人才公寓6万平方米、其他配套设施1万平方米。围绕创新研发、创业孵化、加速培育、公共服务、生活保障五大模块建设，形成集众创、苗圃、研发、孵化、加速器等功能于一体的科技综合体。

供稿单位：沭阳经济技术开发区管理委员会

中国家纺名城

浙江省杭州市临平区

一、集群概况

临平区是浙江省最年轻的区，2021年4月杭州市进行行政区域调整，将原余杭区以运河为界，分设临平区和新的余杭区。运河以东部分为临平区，辖7个街道、1个镇，共有社区127个、村57个，区域面积286平方公里，户籍人口58.34万人，实际服务管理人口约157.61万人。临平地处长江三角洲圆心地，是杭州东北的门户，处于G60科创大走廊和杭州城东智造大走廊的交汇点，是杭州融入长三角、接轨上海的桥头堡。

家纺产业是临平区的传统优势产业，也是临平区三大主导产业之一，素有"丝绸之府"的美誉，20世纪80年代末，装饰布产业开始起步，形成了从研发设计到终端产品销售的全产业链，产品涵盖窗帘布艺、沙发布艺、静电植绒、花式纱线等，主要销往美国、欧洲、中东等国家与地区，其中中高档装饰布在国际装饰布领域深有影响。

目前，临平区有家纺企业4000余家，其中规模以上企业118家，产值超亿元企业35家，拥有各类织机2万余台，从业人员6万余人。2021年，全区118家家纺规模以上企业实现工业产值94.02亿元，主营业务收入95.60亿元，利润总额5.45亿元；出口11.57亿美元，同比增加21.67%，占全区出口总额的22.79%。

二、集群发展亮点

经过近40年的产业发展，临平区家纺产业集群形成了以众望股份、真北集团、米居梦家纺、艾可家纺、华辰新材股等知名装饰布企业为主的产业格局。2020年9月，众望布艺股份有限公司在上海证券交易所主板挂牌上市，成为全国首家装饰布上市企业。此外，区家纺企业先后与世界500强宜家、美国家具巨头ASHIEY、美国百年家具品牌BRANHARDT、全球酒店集团金沙集团、中国知名家具商美克美家、顾家工艺等客户合作。临平区先后被授予中国家纺产品出口创新示范基地、中国纺织行业创新示范集群等。

临平家纺产业集群公共服务平台——杭州临平家纺行业协会成立于2000年6月，是全国社会组织5A级协会。协会坚持以"服务于产业，服务于企业"为发展目标，积极当好"政府的参谋、企业的帮手"。近年来，伴随着临平家纺产业集群前进步伐，协会把扩大服务渠道、完善服务措施等放在工作首位，增强协会在会员中的吸引力、影响力和号召力。每年开展海内外参展、政策传递、信息传播、品牌培育、人才引进、专业培训、考察学习、行业交流、上下游产业链对接等形式多样的服务内容，为广大家纺产业会员打造一个凝心聚力产业集群服务公共平台。

临平家纺产业集群将进一步加强行业上下游互动，充分利用临平区家纺产业链完整、配套全面、人力资源丰富的优势，保障信息通畅，建立起新型的企业间互利共赢的关系。同时，持续推动跨界合作，实现家纺行业与软装、家具等行业紧密配合协作，实现资源利用最大化；进一步加强国际交流合作，助力企业"走出去"，支持先行企业拓展国际市场空间。

三、存在的问题

从企业角度看，发展出现两极化，好的企业无论规模，还是精细化管理、科技创新、品牌效益等，都越来越好；有些企业却处于停产或半停产状态。从行业角度看，产品成本越来越高，订单越来越少，利润越来越薄，绝大多数企业仍然以加工订单为主，而且自主品牌盈利水平不高，特别是研发能力、创新能力不足，行业整体形势不容乐观。

新冠肺炎疫情暴发后，企业停工造成员工无法正常生产，企业与客户之间因无法交货，造成企业产品积压，资金回笼缓慢，造成客户拒绝收货现象。企业反馈订单明显不足或面临取消，企业认为主要是受国内外市场疲软，市场消费萎缩影响。在行业调研中，众望布艺、奥坦斯、米居梦等行业骨干普遍反映市场后期订单需求不足。

物流虽有缓解，但仍是企业普遍面临主要问题。临平装饰布企业大部分以出口美国、欧洲、中东市场为主，外销的比例占目前全产业的80%以上，东南亚物流成本还在持续增长，欧美、中东海运成本虽下跌了30%左右，但物流实效仍然不确定。同时还有贸易摩擦、汇率、交期等外贸共性痛点。近年来，国际市场素色、平板面料在沙发、家居环境中大量使用，市场需求旺盛，该类产品新工艺、新技术迅猛发展。如大量喷水织机上线，其生产的素色、平板面料虽然在品质上与色织面料有差距，但其产量高、价格低，在国际低端市场具有很大竞争力。

供稿单位：临平区经济信息化和科学技术局

中国针织名城

浙江省象山县

针织业是象山县的传统优势产业和外向型经济主导产业，在经济增长、稳定就业、增加税收、外贸出口等方面发挥着重要作用，发展至今已形成纺、织、染、印、绣、制衣及辅料等分工明确、配套完整的产业链。先后荣获"中国针织名城""中国针织服装出口生产基地""国家级出口针织服装质量安全示范区""国家纺织人才培训基地"等国家级荣誉称号，为宁波南部地区对外开放打出了一张靓丽名片。

一、集群概况

2021 年全县拥有针织企业 700 家，其中规上企业 181 家。181 家规上企业实现工业总产值 111.02 亿元，同比增长 16.85%；实现营业收入 109.80 亿元，同比增长 18.08%，实现利税总额 3.97 亿元，同比增长 9.55%；实现外贸出口总额 56.85 亿元，同比增长 40.28%。

二、集群发展亮点

1. 加快科技创新突破，推进传统优势提升　推进行业两化融合工作。引导企业发展智能制造，打造智慧供应链，稳步推进海润制衣等数字化实施建设等工作，企业"上云、用数、赋智"进程不断加快。落实县委县政府对推进针织业高质量发展目标要求，引导企业开展行业"专精特新"的培育和做专做精，宁波马菲羊纺织科技有限公司荣获宁波市 2021 年度高新技术企业。

2. 加快产品自主创新，优化产业市场结构　成立中国针织名城国际交易中心，以"内外贸并举、线上线下同步，支持内销"的战略政策，打造一"针"连"三地"针织电商直播基地、网红旅游打卡基地、针织电商供应链基地，创建"做针织、找象山"的供应链品牌。以市场为契机，切实改变外贸代工生产模式，努力振兴自主品牌效应，实现从依赖出口市场逐渐转向国内市场。

3. 加快人才队伍建设，提升产业软实力　高层次、高水平的人才队伍是行业创新的基础。发挥象山县纺织服装产业联盟职业技能等级认定机构作用，积极推行技能教育、职业教育，不断完善产学研用协同育人模式。根据企业需求，每年制定培训计划并实施；组织企业创新创业、时尚设计、职业技能等大赛，为象山县纺织服装企业解决应用人才紧缺问题。

4. 加快低小散乱整治，推进绿色产业目标　开展对全县低、小、散、乱印花企业的整治工作，达到合理布局、优化环境、减少污染的目的，努力实现既要"金山银山"、又要"绿水青山"的印花行业发展目标。2021 年，象山县 9 家印染企业，其中恒大印染、新光印染、鹰星针纺通过市级清洁生产企业，恒达印染、鹰星针纺通过市级、省级节水型企业，能通印染、甬南针织通过市级节水型企业。

三、下一步重点举措

1. 加快推进智能制造和柔性生产　推进"机器换人"设备投资和改造，推动生产加工智能化改造升级。打造数字化车间、智能工厂，争创省级"机器换人"试点、智能制造标杆企业、两化融合贯标试点。打造智能化云平台，构建协同创新生态网络。加快推进象山针织云平台项目建设，积极推动企业上云。强化供应链的数字化，提高供应链智能管理水平。

2. 精准合理调整市场，危机中寻找新机遇　发挥中国针织名城国际交易中心的平台作用，助力象山县纺织行业打通内销渠道，深耕国内市场。通过外引和内注的经营模式，适当调整内外贸比例，打造线上线下交易市场同步的营销环境，形成有影响力的纺织销售基地。

3. 适时调整产品结构，积极构建自主品牌　在提供传统外贸服务的基础上，对纺织服装产品进行自主开发、设计，由传统的 OEM 模式逐步向 ODM 模式转型。进一步发挥象山县纺织服装产业联盟品牌服务指导站的作用，引导企业走品牌创新之路。

4. 引进培育科技人才，以人才创造新价值　加强象山县纺织服装行业人才队伍建设，深化与浙江理工大学等高校合作，推进象山县纺织服装产业在面料研发、产品开发、创意设计方面人才队伍的建设。通过"引进来、走出去"的方式，全面提升行业整体创新水平，多渠道吸引来象发展纺织服装专业人才。

供稿单位：象山县纺织服装产业联盟

中国男装名城 中国针织名城

浙江省瑞安市

一、集群概况

瑞安是浙江省重要的现代工贸城市，是民营经济的先发地区，温州模式的重要发祥地，目前已培育形成汽摩配、新材料和机械电子三大主导行业和服装制造等六大块状产业集群，并于 2004 年 1 月荣获"中国男装名城"称号，2010 年荣获"中国针织名城"称号。2021 年底全市服装企业 350 家，针纺企业 90 家，总共有 440 余家大小企业（其中规上企业 94 家），就业人员达 3.2 万人。2021 年实现产值 129.5 亿元（即主营业务收入），其中规上企业据统计部门口径产值约 45.6 亿元。

二、集群发展亮点

1. 注重产品开发 首先注重设计队伍建设，千方百计引进人才，全行业现拥有 500 多名设计人员，比前期增长了 15%。其次注重外出考察学习，并且积极到全国各展会观摩。另外通过网络 POP、有线网等媒体，寻找灵感开发产品适应市场。如碧星针织、雅美娜等公司采用新型原料，引进自动裁床、自动悬架等新设备，开发创新出诸多新产品，畅销欧洲市场。

2. 不断提升产品质量 首先是普遍运用先进设备，其精准度、出产量逐渐增强，质量效率明显提升。另外在注重原材料及产品检测的同时提升管理水平。如高氏杰公司投入数千万元与夸克企业顾问有限公司合作，引进了一套独特完整的企业量化管理模式。推动公司的规模化、流程化、标准化和职业化建设，形成企业发展的新动能。健力粘扣带公司在引进高新技术的同时，对现有设备进行改造，仅自动产能技术攻关一项，每月就能节电几十万度。

3. 积极适应市场需求 近几年外贸生意受到影响，当地企业将眼光迅速投向内贸市场。如威尔豪派公司把原本销往欧洲的女装转向内地，赢得了消费者青睐。与此同时，瑞安服装针纺行业面对新形势，不断调整自己的产品结构。如创维制衣、莘滕嘉尔利等企业的西装生产都保持了长盛不衰。鸿明织带、达峰纺织等企业在营销方面坚持"两条腿走路，内外销并举"的战略，不断推出新颖产品积极参加广交会、义博会。

4. 转变经营模式 由于劳动力成本等因素，瑞安服装针纺行业从生产加工型逐步向营销型转变，把终端营销推向全国各地。值得一提的是，在三年疫情期间，基达、英博伦等企业响应政府号召，主动生产防疫服、防疫口罩，并无偿捐献给抗疫第一线，受到了瑞安市政府的表彰。

三、集群未来发展规划

未来五年，瑞安服装针织行业要力争实现"六个推进"。

1. 推进结构调整，提升产业格局 推动企业做专、做精、做特、做新，加快产业由劳动密集型向知识密集型转变。由生产导向型向消费导向型转变，扩大企业规模，形成规模优势。

2. 推进科技进步，提高制造水平 着力提升生产装备自动化水平，加速行业工业化与信息化的融合和综合应用。推广自动输送系统、模板缝制系统以及三维人体测量"互联网+"等技术的应用，推动制造水平的整体提升。

3. 推进品牌建设，提升市场份额 针对目前瑞安市知名品牌不多的现状，抓好主体产品质量，提升设计水平，加强产品创新和文化创意。健全服务体系，努力保持"温州市先进质量管理基地"荣誉称号，提升品牌内涵和增值以及市场份额。

4. 推进人才建设，提高队伍素质 人才是产业发展的"永动力"，一是要打造一支诚实守信，社会责任强的优秀企业家队伍，二是要建设一支专业化较高的管理、营销、高技能人才队伍，三是要建设一支有工匠精神的职工队伍，并建立良好的用人机制和激励保障体系。

5. 推进公共服务优化发展环境 政府要在完善落实产业政策优化体制上做文章，创造公平公正的非公经济发展环境，在搭建公共服务平台上办实事。行业商（协）会在服务会员、宣传政策、协调关系、促进产业发展上发挥职能作用。

6. 推进和谐企业发展和党工共建工作创建 行业现有温州市、瑞安市劳动关系和谐企业七家，争取在"十三五"期间进一步推进劳动关系和谐企业建设。以行业工资集体协商为平台，努力加强职工队伍的凝聚力和向心力。

供稿单位：瑞安市服装商会

瑞安市针纺行业协会

中国服装制造名城

浙江省平湖市

平湖市服装产业起步于 20 世纪 80 年代，经过近 40 年的持续发展，服装产业已经成为平湖市的特色优势产业、时尚产业，呈现出行业集聚度高、产业特色鲜明、出口创汇能力强、骨干企业众多、创新活力强等特点。

一、集群概况

平湖市现有服装生产制造企业 1000 余家，年产各类服装 3 亿件（套），其中羽绒服产量约 2 亿件（套）。锐步众多企业与华伦·天奴、阿玛尼、乐斯菲斯、波司登等国内外知名品牌建立了长期合作关系，服装产品出口日本、欧洲、美国及"一带一路"沿线等 100 多个国家和地区。

近年，受新冠肺炎疫情影响，行业出口与发展受限。2021 年，平湖市拥有服装规模以上企业 84 家，实现工业总产值 80.04 亿元、工业销售产值 78.71 亿元，产销率达98.3%；实现主营业务收入 81.42 亿元，缴纳税金 2.21 亿元，实现利润总额 1.38 亿元。

平湖市注重产业内外贸一体化协同发展。依托当地服装市场和平台，时尚羽绒服品类已成为平湖服装产业的重要生力军，全年市场销售达 400 亿元以上。全行业从事服装生产、贸易、零售、电商等人员（含规下）达 5 万多人，直接及间接带动了当地居民的就业致富和三产服务业的蓬勃发展。

二、集群工作亮点

1. 加强设计研发 加强与中国纺织工业联合会、中国服装协会、中国服装协会羽绒及皮革皮草服装专业委员会的联系对接，大力引进金顶奖、中国十佳、省十佳时装设计师以及知名专业设计机构，整合各类设计资源，培育本土设计师与设计型企业，进一步引导服装企业与市内外专业设计机构、设计师的深度对接，促进设计研发能力快速提升。

2. 完善平台公共服务功能 依托综合体 9+2 及"行业标准体系、检验检测中心、行业研究机构、工业互联网"四位一体全产业链创新服务体系，有机更新各体系支撑及协作单位，充分发挥各体系功能作用，进一步探索市场化运作模式。

3. 持续举办时尚活动 自 2013 年以来，已经成功举办 9 届中国·平湖服装设计大赛（羽绒类）、中国羽绒服时尚周等一系列时尚类活动，吸引了众多国内知名服装设计师、时尚界大咖、专家和平湖市服装企业积极参与，扩充设计资源储备。连续 8 年组织参加中国国际服装服饰博览会，通过展会充分展示平湖服装的独特魅力。

三、集群目前存在的问题

1. 设计研发力量薄弱 目前平湖市服装企业设计研发能力较薄弱，创新意识虽然有很大提高，但大多数企业没有设计师和设计团队，纯粹开展设计服务的设计型企业和机构较缺乏，导致平湖市服装企业在生产上方向不明，未形成趋势预判、设计开发、样衣生产、渠道订货、大货生产、市场营销等节奏鲜明、良性发展的生态闭环。

2. 资源集约节约利用率低 服装企业占用土地超4000 亩，产值仅 113.28 亿元。一方面，在服装销售淡季时，大量机器和人力闲置；另一方面，企业对爆发式订单响应程度较弱，无法及时把闲置资源合理规划进订单需求中，由此造成资源大量浪费。

3. 市场流通有待规范 一是季节性销售特征显著。羽绒服作为季节性商品，旺季只有在秋冬季，而春夏季节淡季期一半以上的店铺不开张营业，导致资源浪费。二是假冒伪劣时有发生。在正牌产品和假冒产品间存在巨大的利润空间，部分企业及经营户为了获取该部分利益，以次充好，以假充真。

四、下一步工作重点

1. 加强服装企业设计与品牌创新建设 引导服装企业加强自主研发设计能力建设，鼓励与专业机构开展设计合作。加强自主品牌创建推广，深入挖掘特色品牌服装文化，根据企业发展特点，创新运用线上、代理、线下直销、产店合作等商业模式，并加快完善自主营销网络。

2. 开展服装行业发展及整治提升行动 以提振服装产业持续发展为目标，采取改造提升为主，关停淘汰为辅的手段。多部门联动，按照安全生产、"三改一拆"、市场监管、统计等方面开展全面提升与整改。积极培育"三名"企业，提升企业科技创新、品牌培育、质量管理等方面水平。

3. 推动企业数字化转型，提升智能制造和管理水平 鼓励服装企业加快智能化改造，建设一批典型示范样板企业，推进"机器换人"，不断提高劳动生产率。深化应用"互联网+、大数据、云计算、物联网"等信息技术，与服装产业在研发设计、产品生产、经营管理、市场营销等各层面的融合。

供稿单位：平湖服装文化创意园

中国长丝织造名城　中国衬布名城

浙江省长兴县

一、集群概况

长兴县地处长三角中心腹地，太湖西南岸，北与江苏宜兴、西与安徽广德交界，区域面积 1430 平方公里，常住人口 64 万人，素有"鱼米之乡""丝绸之府""太湖明珠"美誉。作为全国家纺面料、服装辅料、窗帘布的重要供应地之一，长兴纺织产业已基本形成从原料、织造、印染后整理到终端产品的相对完整的产业链，主要产品有涤纶化纤丝、化纤织物、经编织物、非织造布、家用纺织品、医用和卫生纺织品等品种。

作为全县最大的民生产业，长兴纺织现有生产与经营单位 2000 余户，从业人员近 7 万人，规上企业 294 家，其中织造企业 217 家，化纤生产企业 7 家，非织造布企业 26 家，印染企业 14 家，家纺成品生产企业 10 家；共有纺织机械近 10 万台，其中喷水织机 8.7 万台，加弹机 1600 余台。2021 年，全县纺织规上企业共实现产值 366.9 亿元，占全县工业产值 30%，营业收入 372.9 亿元，利税 21.1 亿元，利润 14.8 亿元。全县共生产化纤长丝机织布 70 余亿米、印染布 25 亿米、非织造布 20 余万吨。长兴也先后荣获"中国长丝织造名城""中国衬布名城"等称号。

二、集群发展亮点

近年来，为加快促进纺织产业绿色、健康、可持续发展，长兴依托现有规模优势，持续推进纺织转型升级，着重做好产业链不断延伸，重点实施企业培育与产品创新。

1. 全力推进产业提升　以浙江省传统制造业改造提升分行业升级试点创建为契机，持续推进传统制造业转型提升，分类实施纺织行业转型升级，以点带面推动"低散乱"纺织企业（个体户）公司化重组、规模化集聚、现代化提升。全县纺织企业基本实现入园集聚，喷水织机污水处理率达到 100%，中水回用率达到 80% 以上。同时，启动印染行业深化整治提升，全面推进印染企业工艺装备升级、污染治理能力提升及数字化改造，引导印染企业向上下游延伸产业链，向数码印花领域转型。经过近三年的不断改造升级，长兴县纺织产业规模化、集群化、现代化转型趋势凸显，整个产业实现了高质量、可持续发展。

2. 持续优化产业结构　紧扣高质量发展要求，充分发挥集群优势，着力建、补、延链，持续推动纺织产业结构调优，产业链逐步完善，配套产业不断加强，化纤纺丝、织造、印染、家纺成品的产业链进一步完善。产业用纺织品行业也逐步从传统服装里衬领域，大规模向医疗护理用纺织品方向拓展，由延链、补链阶段转向强链阶段，实现了纺织产业终端产品的突破性进展。

3. 全面提升创新能力　积极引导纺织企业引进新产品、新工艺和生产装备的技术环节，鼓励纺织企业建立研究院和技术中心，搭建科技创新平台，开发差别化、功能性面料，走"专精特新"之路。近三年，长兴纺织产业高档产品比例稳步提升，生产产品已从普通平纹磨毛布、衬布转向高附加值的窗帘遮光布、窗纱、大提花墙布、卫生防护等差异化、功能化产品，实现多元化发展，产品结构进一步优化。

三、下阶段工作重点

1. 持续推进产业转型升级　紧扣高质量发展要求，持续推动纺织产业改造提升，促进产业调整、发展与升级，积极鼓励纺织企业引进新工艺、新设备，实施数字化、绿色化改造，引导纺织产业由劳动密集型、资源消耗型向技术密集型、资源节约型、环境友好型转变，走品牌引领、创新驱动、绿色生态的纺织产业发展之路。

2. 加快打造纺织全产业链　以现有产业链为基础，以建链、延链、补链、强链为重点，通过强强联合、招商引资等方式，积极向终端、高端延伸产业链，做特纤维产业，做强长丝织造产业，做精印染及后整理产业，做响家纺服装产业，做大产业用纺织品产业，逐步做大服装、家纺、产业用纺织品等领域份额，打造现代化纺织产业集群。

3. 稳步推进产业创新发展　加快企业技术创新体系建设，切实提高企业自主创新能力，培养研发自主品牌，增强产业核心竞争力。积极发展第三方设计服务，支持设计成果转化。鼓励企业加大工业设计投入，推动工业设计与企业战略、品牌深度融合。同时，组织召开企业培训、学术研讨会等交流活动，提升企业科技创新能力。

供稿单位：长兴县经济和信息化局

中国竹纤维产业名城

浙江省安吉县

一、集群概况

安吉竹产业在国内外具有影响力。安吉的立竹量、商品竹年产量、竹业年产值、竹制品年出口额、竹业经济综合实力五个指标名列前茅。先后荣获"中国竹乡""中国竹地板之都""中国竹凉席之都""中国竹材装饰装修基地""中国竹纤维产业名城","安吉竹纤维"列入了全球仅有的两个亚太经合组织 APEC"一村一品"推荐项目之一。安吉已经形成集产品生产、市场营销和技术研发为主导的竹纤维产业集群,包含卫浴系列、服饰系列、婴童系列、家纺系列、厨房系列、美容系列、礼品系列为主的系列产品。截至 2021 年,安吉县共有竹纤维企业 500 多家,行业总产值 8 亿元。

二、集群发展亮点

1. 搭建各级平台,助推产业升级 首先是人才平台,加强竹纤维企业队伍建设,加大企业与高校、科研院所的人才对接;其次是信息平台,建立微信公众号,发布行业信息、推广宣传安吉竹纤维以及通告竹纤维行业开展的各种活动,及时发布有关国内外参展信息,政策;还有服务平台,建立了知识产权联盟,并获得了国家备案,同时还进行了专利导航项目,为安吉竹纤维行业进行保驾护航。

2. 参与标准制定,提高话语权 完成了安吉县竹纤维行业协会企业联盟标准的制定,逐步规范行业的无序竞争,使得安吉竹纤维产业渐渐步入正轨,还参与了浙江农林大学、安吉竹产业局牵头的竹产品分类标准的起草。

3. 营销网络多元,合力驱动明显 目前企业以加盟商、经销商、礼品商、电子商务、旅游以及微信朋友圈、抖音直播等各种销售渠道为主,以各种展会,博览会为辅,积极宣传推广竹纤维产品。

4. 发挥协会作用,提升产业形象 于 2011 年 9 月成立了安吉县竹纤维行业协会,是全国第一个竹纤维行业协会,拥有自己的集体商标。承接亚太经合组织

APEC 安吉竹纤维一村一品牌项目事宜。组织抱团采购,结合产业链上下游,组织协会成员参观考察生产厂家,集体抱团采购以便获得最优惠的采购成本。协会充分发挥知识产权联盟的作用,联盟围绕以知识产权为纽带,以专利协同运作为基础,促进知识产权与竹纤维产业发展深度融合。协会加大力度与政府职能部门联手整治竹纤维市场,打击侵权行为,号召行业诚信经营。安吉竹纤维行业协会还分别评为湖州市、安吉县 4A 级社会组织;竹纤维行业协会被认定为消费教育基地,竹印象购物超市以及球龙袜业荣获"省四星级旅游商品购物点"等。

协会会员企业还获得中国休闲礼仪用品金银奖,获得多个深圳礼品展金凤凰奖项,上海竹博会获得金银奖和优质产品奖,获得四川宜宾竹产品金奖等等诸多荣誉。

5. 大力宣传推广,提高产业知名度 央视二套《一根翠竹挑起百亿产业》、央视六套节目分别采访了安吉竹纤维行业的龙头企业竹印象,对竹纤维产品进行了细致的拍摄,提高了安吉竹纤维行业的知名度和美誉度。

三、下一步工作思路

1. 树品牌,扩大影响力 牢固树立品牌意识,加大力度进行安吉竹纤维品牌推广。组织、指导和鼓励企业争创驰(著)名商标和名牌产品、区域品牌的组织创建。

2. 重创新,提高竞争力 鼓励提升技术创新和研发能力;鼓励拓展"互联网+"销售模式。加强互联网思维学习,紧跟互联网时代步伐,让安吉竹纤维互联互通。鼓励支持企业建设市场终端。

3. 强保障,重研发 通过各类推广、包装和宣传工作,提升安吉县保障工程,提升竹纤维产业在国内外的影响力和市场地位。重点支持竹纤维新材料、高附加值产品的研发及产业化应用。

供稿单位:安吉县竹纤维行业协会

中国领带名城

浙江省嵊州市

一、集群概况

嵊州领带产业起步于 20 世纪 80 年代，经过 30 多年的发展，形成独树一帜、特色鲜明的产业集群。现有领带专业生产企业 200 多家，2021 年上规企业 41 家，上规企业领带工业总产值 25.26 亿元，占全市 4.65%；主营业务收入 26.45 亿元，占全市 4.98%。年产领带 1.1 亿条；从业人员 3 万余人。与 2019 年相比，规上企业数量及经营数据都有较大幅度的下降。

1. 产能集中 具有领带生产系统完善的产业链，生产总量约占全国的 90%、全球的 70%；产品出口全球六大洲 100 多个国家和地区，拥有 1460 多台高档电脑提花剑杆织机及上万台其他纺机，是全球高档织机较集中的地区。

2. 时尚引领 连续举办 17 届"中国领带名城杯"国际丝品花型设计大赛，引领时尚设计潮流，培养优秀设计人才。为主参与制订《领带》行业及国家标准，新国标于 2021 年 10 月执行实施；为主参与制订浙江制造《通用领带》标准，该标准于 2017 年 10 月实施。

3. 平台充分 "中国领带城"及"国际会展中心"产品交易中心是连接企业与市场最直接的供需平台。浙江省嵊州领带技术创新服务平台，设立有花型资料库。此外，浙江省领带真丝产品质量检验中心以及"中国领带在线"和省级领带外贸预警平台、嵊州真丝·领带产业创新服务综合体等公共服务平台，分别发挥着不同的作用。

二、集群发展亮点

1. 注重产品技术研发，有效推进科技进步 集聚地发挥科技创新引领作用，着力在行业关键环节实施研发与应用。巴贝集团高密度全龄人工饲料工厂化养蚕产业化二期项目，以蚕丝生产为基础，丝产品研发设计为核心，丝制品营销为支撑，着力打造拥有丝品全产业链的中国丝高地。另外，数码提花组合全显技术及在真丝产品的应用等技改项目，有效推进了集聚地科技进步。

2. 举办设计原创赛事，推进区域品牌提升 三年来，集聚地连续举办十五到十七届"中国领带名城"杯国际（嵊州）丝织品花型设计大赛。发掘和培养优秀丝织品花型设计人才，提升花型自主创新设计能力，引领时尚潮流。收到国内外来稿近 6000 幅，评出获奖作品 234 件。成为纺织行业具有影响力的领带服饰设计专业赛事，为广大设计爱好者所关注，对区域品牌提升起到重要作用。

3. 持续实施品牌建设，积极拓展市场空间 采用多种方式，推动区域品牌建设与市场空间的不断提升。一是组织知名企业参与产品标准的修制订。新《领带》国标的 12 家起草单位，集聚地单位与企业有 10 家，确立标准引领者产业地位。二是扩大区域品牌影响力。充分使用"嵊州领带"集体商标，宣传区域品牌。三是组团参观参展。多次组织企业参加上海服装服饰博览会等专业展会，共组织各类展会二十多次，积极拓展市场空间。

三、产业发展存在的主要问题

一是消费市场受休闲化潮流扩大及疫情持续影响，需求走低趋势增大，产能过剩现象更加突出。二是受国外传统品牌影响的限制，产业自主品牌出口难以突破。三是领带消费市场主要在欧美日等西方国家，价格话语权掌握在采购商手中，产品定价权提升难。

四、下一步发展思路

1. 适应市场变化 正确面对新冠肺炎疫情在国外长期得不到有效控制而带来的领带消费市场持续走低的趋势，早做市场锐减对企业带来的经营不利影响评估，在资金准备、人员调整、产品延伸转型、设备改造等多方面适应市场变化，及时规划企业的发展方向。

2. 调整产品结构 充分发挥由领带织造延伸转型的高端面料织造优势，在服装面料及其他纺织类产品上重点进行调整、引导发展，形成新集群，打造百亿新产业，进入新的行业增长快车道，带来柳暗花明新局面。

3. 推进经济发展 以产品结构调整转型为动力，依赖政府有效规划及政策支持，形成新的产业集聚地，依托领带更紧密系住地球的同时，更广阔的面料市场将使集聚地走得更远更稳，实现地方经济的更好发展。

供稿单位：嵊州市领带行业协会

浙江省浦江县

一、集群概况

绗缝家纺产业是浦江县三大传统支柱产业之一，以骨干企业为龙头，几千家加工点为载体，数万人的加工队伍为依托；以棉纱、棉布、喷胶棉等原辅料到产品的设计、开料、拼缝、绣花、制缝、水洗、检验、包装等形成了一条龙生产格局。

行业现有绗缝家纺企业450余家，产品外向度80%以上，市场稳固占领美国、加拿大、澳大利亚、西欧、日本、韩国、中东等60多个国家和地区，深受国内外客商青睐。据税务部门统计显示，绗缝行业2021年实现税务开票销售收入47.86亿元，上缴税收1.63亿元；2021年浦江县有绗缝家纺跨境电商企业257家，跨境出口额在500万元以上的企业71家，其中出口额500万（含）~1000万元企业42家、1000万（含）~5000万元的企业18家、出口额5000万（含）~1亿元的企业9家，1亿元（含）以上的企业2家。

二、集群发展亮点

浦江县重视宣传"中国绗缝家纺名城"的美誉，数年来组织引导多家骨干企业积极参加美国、德国、泰国等海外展和上海家纺展等国内大型展会，委托专业公司设计展台，塑造浦江绗缝企业整体形象，充分利用专业性、大规模的会展平台，展示浦江绗缝产品的品位和企业形象。2021年受原料价格、运输成本等因素影响，行业利润受到挤压，外贸影响比较大。相关部门和协会克服困难继续组织企业线上线下同步出展，线下累计组织36家企业共计68个展位在上海、义乌、澳门参展；线上陆续组织企业参与商务部门组织的2021浙江出口网上交易会等。

对内，持续引导企业修炼内功，2021年汇鸿、康佳、森得利等多家骨干企业及时调整内外销比重，关注国内市场变化，拓展内销市场。千百卉品牌目前在国内已开设了直营专柜六七十家，市场效应不错。

浦江绗缝产业已进入转型提升的新阶段，新冠肺炎疫情下的企业危机意识增强，积极探索优化经营模式，加强设计研发与市场开拓。2018年浦江县绗缝协会与武汉纺织大学合作成立了浦江县家纺设计研发中心，为会员企业提供产品设计、打样服务，并进行原材料加工工艺等多个生产环节的技术研发。中心至今总计开发设计整理图稿47646件（其中原创画稿8207件、产品包装及广告、标志设计439件、整理收集国内外市场适销对路画稿39000余件）。研发中心工作经过三年有序开展，对绗缝产业起到了促进作用，取得了显著成效。

三、存在问题

浦江绗缝在快速发展的过程中，绝大多数企业因各种因素或受固有思维方式的影响，几乎未有改变固有的生产方式。调查中发现，区域经济的局限以及经营思路的禁锢使得制约企业发展的深层次问题未能有效解决，在此期间累积形成的结构性、素质性矛盾日益突出，已成为绗缝产业做大做强的重要桎梏。主要体现在以下四个方面：

1. 缺少产业平台 "中国绗缝家纺名城"是中国纺联和中国家纺协会授予浦江一张响亮的家纺名片，但有牌无城，有产业无市场。

2. 产业链过短，配套半径过长 绗缝产业链从纺织、印染、水洗、绗缝、到包装，跨度大，呈现中间大两头细的态势，上下游配套明显滞后于绗缝产品的发展，其中主要表现为整个绗缝家纺产业缺乏印染配套企业。

3. 品牌建设滞后 浦江绗缝家纺企业在构建营销渠道、创立品牌方面严重滞后，贴牌生产养成的惰性成了国内市场开发的制约点，使浦江绗缝很难从制造商向经销商和品牌商迈进。

4. 无标生产带来无序竞争 由于没有产品标准的制约，在订单争抢中，低价和模仿成绗缝企业的主要竞争手段，从而导致形成偷工减料、抄袭设计的不良现象，不仅影响产品品质，还造成市场状态无序。

浦江县在政府工作报告中提出，今后五年要提升传统产业，加强绗缝产业质量基础设施建设，推动GB18383国家强制性标准修订，打造浙江制造品牌，破解绗缝产业发展困境。2022年完成绗缝检测实验室资质认证，为绗缝企业提供技术支撑；制定浙江制造团体标准；加大绗缝家纺产业的研发设计力度，注重浦江元素与产业融合，打造品牌，推进高质量发展。

供稿单位：浦江县人民政府

中国针织（无缝内衣）名城　中国针织（袜业）名城　中国针织（手套）名城　中国线带名城

浙江省义乌市

一、集群概况

针织手套是义乌市特色的优势行业之一。2021年全行业609家手套企业，拥有全自动魔术手套机等31000台，生产魔术手套17.8亿双，真皮手套1450万双，太空棉手套3.15亿双。完成工业产值36亿元，主营业务收入32.3亿元，从业人员17100人，经济总量占全市工业经济总量的4.5%左右。

无缝内衣行业，义乌市有无缝生产制造企业约400余家，经营户1200家，从业人员10万余人，拥有无缝织造设备3.5万台，其中意大利圣东尼电子提花针织机约2.5万台，产品类型包括束身美体内衣、时装、休闲装、运动装、家居服、泳装、特殊医用服装等，产品主要销售欧美、日韩等30多个国家和地区。2021年，义乌市无缝织造行业产能297亿元，产量占全国的73%，全球的51.6%，利润收益17.43亿，纳税总额9.51亿，出口额174万元。

袜业也是义乌市的优势产业之一，特别丝袜行业成为全国袜业之冠。2021年，本集群企业960家，工业产值158亿元，其中规上企业62家，工业产值42.09亿元，超亿元企业共7家。出口交货值28.25亿元，同比增长3.6%。全行业主营业务收入157.66亿元。利润总额5.28亿元，应交税收6.67亿元。全部从业人员56236人，全行业资产159.28亿元，同比增长3.1%。

线带产业方面，义乌市共有线带企业314家，其中规上企业62家（2021年度新上规），从业人员达到20300多人；主要生产彩色缎带、纱带、绸带、螺纹带、三色带、牙边带、金银葱带、弹性带、文胸带、钩编松紧带、斜纹带、丝光缎带、提字松紧带、氨纶花边带、格子带、钩边带、背包带、工具带、吊装带、电脑提花带、消防水带和丝线、缝纫线等41大类4100多个品种；2021年生产销售各类线带产品35万吨，工业销售产值75亿元，占全国线带生产企业销售额20%以上。

二、集群发展亮点

1. 大力实施品牌战略　一是发挥企业主体作用，全面加强质量管理工作，夯实名牌争创基础。二是充分发挥政府和各有关部门职能，为品牌建设创造良好的发展环境。三是扶优扶强，发挥名牌带动作用，促进义乌市产业结构优化升级。

2. 大力推进智能化、数字化改造提升　积极鼓励企业用新技术、新工艺、新设备、新材料对企业现有设施、工艺条件、生产服务等进行改造提升。全力推动企业自动化、智能化改造，实施"互联网+"战略，支持企业将互联网技术、理念与传统制造业融合创新。智能化、数字化技术改造贴息比例提高到20%，同时充分运用好"亩产论英雄"绩效评价机制，倒逼企业转型升级。

3. 积极推动网络销售新生态　积极引导传统企业和电商平台相结合，用两条腿走路，加快企业营销转型升级；引导企业从单一实体店面向实体和网络店面双管齐下的经营模式；制定并有效宣贯、实施电子商务政策，组织企业参与电子商务操作培训。

三、集群未来发展思路

（1）以转型升级为核心，推进创新创业与相关产业融合发展，发挥创智功能，激发传统产业活力，促进流行时尚元素与传统产业融合，打造具有强大竞争力和区域特色的线带产业集群。

（2）着力围绕增强企业效益，打好降低企业经营成本"组合拳"。大力开展纺织等行业企业减负行动，降低企业经营成本，促使纺织等行业企业降本增效。

（3）着力围绕提升产品品质，加大三名企业培育，实施名企工程，培育一批规上高新技术和科技型企业；创建一批知名品牌，促使义乌市纺织工业转型升级。

（4）发展和壮大龙头企业。鼓励行业内企业通过整合重组等方式做强做大，对有重要示范和带动作用的重点企业，集中市场、技术、资金等资源进行扶持，形成一批具有较强国际竞争力的领军型企业。

供稿单位：浙江省无缝织造行业协会
浙江省义乌市袜业行业协会
义乌市手套行业协会
义乌市经济和信息化局

中国过滤布名城

浙江省天台县

一、集群概况

产业用布作为天台县工业经济七大主导产业之一，主要生产机织过滤材料和针刺非织造过滤材料。全行业有统计单位 637 个，其中规上企业 34 家，亿元企业 6 家，主板上市企业 1 家，高新技术企业 12 家，被工信部定为全国精专特新小巨人企业 2 家。全行业有各类织机 3000 多台，目前是全国最大的机织过滤布生产基地之一。全行业有针刺非织造过滤布生产线 65 条。全行业生产的各类滤布产品有 50 多个产品，1000 多种规格。据统计，2021 年，全行业实现销售产值 68.5 亿元，同比增 9.7%，位列全县主导产业第四位，出口交货值 6.6 亿元。其中规模上企业实现销售产值 21.3 亿元，首次突破 20 亿元，出口交货值 3.9 亿元。

二、集群发展亮点

1. 不断完善工业扶持政策，认真制定天台县产业用布行业"十四五"发展规划 根据每年工业经济运行中出现的新情况，天台县制定了《天台县人民政府办公室关于加快推进制造业高质量发展的若干意见》，对企业在政策层面加大扶持力度。2020 年，天台县委托上海东华大学，并由平桥镇政府、天台县产业用布行业协会协同参与，制定了《天台县产业用布行业"十四五"发展规划》。

2. 全力拓展特色化产业用布园区建设 天台县立足于土地资源相对稀缺的实际，将与花前产业用布功能区毗邻的 1500 亩用地调整为县数字经济创业园，鼓励天台县产业用布行业重点企业的传统产业数字化转型项目入驻该园区。同时，还计划在平桥镇始丰溪南边建立面积达 700 多亩的产业用布拓展小区，并计划在该区块内建设 1~2 个产业用布小微企业创业园，以满足企业发展的空间要求。

3. 企业培育、企业上市取得重大突破 2021 年 10 月，严牌股份在深交所创业板成功上市，为天台县产业用布行业开启了充分利用资本市场，以求跨越、裂变发展的新篇章。同时，天台县大力推进"小上规、规股改"工作，三年来，全行业完成股改 9 家。

4. 全行业技术创新有重大突破 据统计，三年来，获评浙江省新产品 60 多个。新增高新技术企业 6 家。严牌公司、华基公司分别在 2020 年、2021 年被国家工信部定为精专特新小巨人企业。

5. 产业链延伸取得新进展 目前，天台县有各种纺织纤维企业 8 家，各类纤维生产线 70 多条。强盛公司年产 200 套高温过滤终端设备项目已经投产，标志着天台县产业用布行业产业链向后端延伸迈出了实质性步伐。

6. 有效开展培训，鼓励企业参加各类展会，积极参加全国技术竞赛 三年来，每年和浙江理工大学合作开办天台产业用布产业技术提升和转型升级高研班，为校企合作提供平台。2021 年 10 月，与中国环境保护产业协会袋式除尘委员会合作，在天台县召开了"全国袋式除尘技术创新论坛"。三年来还抱团参加"中国国际产业用纺织品及非织造布展览会"，大力宣传"浙江天台——中国过滤布名城、全国机织过滤布生产基地"品牌，扩大了"天台过滤布"在国内外市场的影响力。天台县还积极组织企业选手，赴江苏阜宁参加全国纺织行业缝纫工（滤袋）职业技能竞赛，严牌公司陈双莲在 2021 年的赛事中，荣获第一名，并于 2022 年荣获全国五一劳动奖章。

7. 加强行业标准化建设 三年来，天台县以建设"浙江省产业用布商标品牌基地"为契机，大力推进业内企业生产标准化工作。2019 年，天台县产业用布行业协会制订了天台县机织过滤布、针刺非织造过滤布 2 个团体标准并发布。2021 年，华基公司作为第一起草单位，与中产协联合制定了《全国工业烟尘超低排放用滤袋技术标准》。恒泽公司为主制订"浙江制造"产品标准。

8. 推进行业公共平台建设 为更好地展示和宣传"中国过滤布名城"，天台县平桥镇政府拟准备投入资金 300 多万元，创建涉及面积 1000 多平方米的"天台县滤料博物馆"。2021 年，天台县被中产协授予全国"十三五"十大优秀公共服务平台称号。

三、当前行业发展面临主要困难

（1）新冠肺炎疫情将继续影响全球经济复苏进程，国际市场不确定性增大，未来几年行业发展面临更错综复杂的形势。

（2）各类人才相对匮乏，制约企业做大做强。

（3）用地政策全面收紧、企业空间制约突出。

供稿单位：天台县产业用布行业协会

中国服装商贸名城

安徽省合肥市瑶海区

一、基本概况

安徽时尚街区汇集了十多个单体专业市场以及 V TO MAX 胜利广场地下商城、信地城市广场、中星城、元一时代广场等综合性配套商业。专业市场营业面积约 50 万平方米，经营商铺 5500 个，从业人员 3 万余人，拉动配套加工、交通物流、餐饮服务等就业人员 10 万余人。目前，年交易额约 400 亿元。2019 年 9 月 29 日，"安徽时尚街区"揭牌成立，2019 年 12 月，瑶海区荣获"中国服装商贸名城"称号，2020 年 11 月，瑶海区荣获"中国纺织服装流通大奖——转型升级特别创新奖"。2021 年，街区法人单位超 5000 户、个体工商户超万户。

二、集群发展亮点

1. 积极推进街区基础建设工作 一是区政府投入数亿元资金，对街区景观、道路、外立面等进行改造，提升街区形象，方便群众出行、购物，为街区发展提供优质公共设施基础；二是推动地标建设，在街区树立地标性建设，增加带有街区意境的装饰点缀，营造安静、休闲、有艺术美感的购物体验环境。

2. 开展各项活动，提升市场信心 自 2019 年 9 月 29 日以来，街区为提升市场地位，提振市场信心，开展了一系列的活动，全力推动"安徽时尚街区"建设。2019 年 12 月 12 日，在 2019 安徽国际纺织服装产业博览会上，"安徽时尚街区"旗下白马、中绿、四季青和宝业家纺集体亮相，完美演绎安徽潮流、时尚、原创品类；2019 年 12 月 13 日，安徽时尚街区与安徽时尚小镇对接，围绕安徽服装行业发展、区域合作、科技创新，强强联手进军时尚；2020 年新冠肺炎疫情后，瑶海区以安徽时尚街区为样本，全面开启直播新纪元，推动安徽短视频直播基地在安徽时尚街区核心区揭牌，直播企业汇聚时尚街区；2020 年 9 月 29 日，2020 长三角服装产业一体化发展高峰论坛暨"安徽时尚街区"原创基地产品发布会在合肥瑶海举办，展现街区发展新貌，推动街区前行；2021 年 11 月 3 日，2021 安徽时尚街区产业发展峰会暨中国服装原创设计基地规划发布会在合肥召开，标志着安徽时尚街区发展进入新篇章。

3. 推进专业市场转型升级 为有效应对新经济环境对传统批发零售行业的冲击，专业市场采取不同模式，进行升级改造。如白马服装城紧紧抓住直播网红经济风口，成立电商直播基地、安徽短视频直播基地，带领市场经营户开展网络直播销售，积极推动原创品牌设计基地建设、成立原创品牌设计集合店，整合省内纺织服装产业资源，打造产业链闭环。

4. 打造中国服装原创设计基地 为提升安徽纺织服装产业、塑造合肥特色鲜明的时尚街区、改善区域性整体面貌、加快专业市场转型升级、推动产业立区落地，成立中国安徽服装原创设计小镇建设推进领导小组，进一步厘清政府、市场、企业的各自责任，形成合力高效推动项目建设。

三、当前产业发展存在的问题、发展要求，下一步的规划举措和工作打算

1. 存在问题 一是产业链尚未形成，竞争优势不明显。主要以批发零售为主，上游的设计、生产、加工缺乏。随着市场经济的发展，同行竞争，市场批发、零售渠道逐渐缩小，市场占有率下降，导致市场经济下滑。同时，缺乏上下游产业链的支撑，在设计、生产、展厅等方面严重缺乏，产品创新不够，缺少以客户需求为导向的思维，品牌效应不够，市场知名度和美誉度越来越低，难以形成较高的、持续的、稳定的盈利。二是缺乏品牌发展氛围，尚未形成自主品牌梯队，更缺乏在全国有影响力的龙头企业和知名品牌。

2. 下一步规划举措 一是打造创新产业平台。围绕基础管理、业态布局、经营模式、渠道拓展、品牌塑造、公共服务平台建设、信息技术应用、对外交流合作、区域产业链协同等全面推进站前路商圈升级发展，打造现代化、专业化、时尚化的服务业集聚区，重点包括时尚氛围创建行动、时尚商品集聚行动、时尚平台支撑行动、时尚产业优化行动、时尚理念传播行动。打造中部时尚中心、区域原创品牌基地以及直播基地，重点引进趋势发布中心、设计师工作室、打板中心、样衣中心、品牌总部、徽派文化中心、时尚沙龙以及检测检验、人才培训、外贸代理、品牌孵化、电商集成、商户培育等综合服务机构。

供稿单位：合肥市瑶海区长淮街道办事处

中国手工家纺名城

安徽省岳西县

一、集群概况

手工家纺产业是岳西县的传统产业，以绗缝工艺被、蚕丝被、手工布鞋等为主产品，全棉布、棉麻布、丝绸、竹纤维等为主要原料，采用裁、拼、缝、贴、绣花、盘花等各种工艺手法精制而成，产品极富手工艺特色。

全县现有手工家纺产业链企业 412 家，其中规模以上企业 18 家，年销售收入亿元以上企业 8 家。手工家纺产品分为四大类：一是手工绗缝工艺被，年生产能力 3120 个品种 1500 万套；二是手工布鞋，年生产能力 30 万双；三是服装，年生产能力 500 万套；四是丝织品，年生产白厂丝 220 吨，坯绸 160 万米，蚕丝被 12 万床。2019 年规模以上企业利润总额到达 934.26 万元，2020 年到达 1295.39 万元，2021 年到达 1936.91 万元。

岳西县手工家纺业在传承传统技艺的基础上，逐步融入了现代工业的生产方式，成为岳西县重要的民生产业和支柱产业。岳西县手工家纺产业总产值、利税、出口产品交货值、资产总额、从业人员等各经济指标均居全县各产业前列，占全县工业比重分别为 43.3%、39.2%、97.8%、22.3%、67.5%。手工家纺业以其技术装备优、规模大、从业人员多、品牌响，位居岳西县家纺、汽配和农产品深加工等三大支柱产业之首。同时，岳西县手工家纺业形成"公司+基地+农户"模式，直接带动 3 万多农户，人均年增收入 3000 多元，家纺产业的发展也反哺了岳西人民，助推了岳西在安徽省率先实现了脱贫摘帽。

二、集群发展亮点

近三年来，围绕建立品牌文化，突出产品特色，提升核心竞争力等内容，岳西县打造出一系列优质品牌。"咏鹅""天馨"和"天玺"牌工艺被、"养生"牌手工布鞋、"馨梦丝源"牌蚕丝被等产品，在国内同行业中享有盛誉。其中"咏鹅""天馨""天玺"牌工艺被均获得"中国驰名商标""国家免检产品""安徽省名牌产品""安徽省著名商标"称号，天鹅、天馨两企业均为国家级农业产业化龙头企业，养生鞋业公司被评为"安徽省最具成长力中小企业"，其产品被授予

"21 世纪养生保健精品"称号，"最佳旅游商品"，全国妇联在国际交流活动中，将养生布鞋作为中国典型传统手工艺品馈赠外宾。与此同时，手工家纺企业的技术改造步伐逐年加快，一批技改项目正在进行并逐步投产，如天鹅公司年产 30 万套高档工艺被项目、天馨公司迁建项目、宇鸿公司中国手工家纺名城项目、联丰公司 10 组自动缫丝建设项目、长宁公司 20 台剑杆织机改造及年产 3 万床蚕丝被项目等。通过技术改造，生产规模和技术装备水平正在快速提升。岳西县各大企业通过产学研相结合的方式，不断丰富传统工艺，不断开发设计新材料、新款式产品，仅绗缝被产品的品种已达 3000 多个，全行业获国家新型实用型专利技术已达 158 项，能够快速适应市场变化和满足市场多种需求。

三、当前产业发展存在的问题、发展要求，下一步的规划举措和工作打算

当前岳西县纺织集群存在的问题主要集中于以下几点：集群的集体效率低；忽视品质管理和品牌建设；专业市场地位下降；行业协会的作用没有充分发挥；经济效益下滑；开拓国内市场存在困难。

发展要求是以结构调整为主线，以创新为中心，加大技术改造力度，加快产业升级，稳定工艺被龙头产品生产，大力发展服装加工业，做精做细茧丝绸行业，构建传统手工、新兴服装加工出口、特色产品加工、新型丝绸产品生产等行业布局合理、结构优化的纺织业新体系。

下一步，岳西县将围绕该要求针对纺织集群开展一系列的举措，包括坚持走新型工业化道路；用信息化带动产业的升级；合理发挥政府职能，完善外部环境；培育区域诚信文化，常态化开展"四送一服"工作，高效服务实体经济发展，贯彻落实岳西县"十四五"工业发展规划，力求实现对试点共建区域及劳动密集型产业在项目、资金、税收等方面予以倾斜，以利于产业结构调整和升级，并且加大对纺织产业政策的扶持力度。

供稿大单位：岳西县科技经济信息化局

中国革基布名城

福建省尤溪县

一、集群概况

自 1987 年尤溪县创办第一家纺织服装企业以来，尤溪县纺织产业经历起步—发展—兴盛三个发展阶段，20 世纪 90 年代初，坂面、西滨、西城等乡镇先后创办一批乡镇集体所有制纺织企业，标志着尤溪县纺织产业正式起步。2003 年以来，广益纺织、格利尔印染、中泰纺织等一批纺织企业先后入驻尤溪经济开发区埔头园、城西园，标志着纺织产业进入了快速发展阶段，基本形成了纺纱—织布—染整—服装（涂层）的产业链和具有地方特色的革基布集群雏形。2009 年被中国纺织工业联合会、中国产业用纺织品协会、中国棉纺织协会联合授予"中国革基布名城"集群称誉，2016 年，全县纺纱生产能力突破 120 万锭，年产各类纱线 35 万吨以上，被中国棉纺织行业协会授予"中国混纺纱名城"集群称誉。

二、集群发展亮点

2021 年尤溪县规模以上纺织企业 66 家，1～12 月完成产值 237.6 亿元，同比增幅 15.3%，占全县规模工业总量 54.5%。2021 年纺织企业列入省市技术改造 11 项，总投资 21.8 亿元；计划完成投资 12.5 亿元，1～12 月实际完成投资 13.6 亿元，占计划完成投资 108.8%。为发展壮大尤溪县纺织产业，尤溪县紧紧围绕现有的纺织产业基础，在锦纶、民用纱、革基布三个产业链方向取得了一定成绩。

1. 锦纶产业链 以现有鑫森、丰帝两家锦纶长丝制造企业为龙头，2021 年锦纶长丝产能已突破 12 万吨。其中鑫森合纤年产 12 万吨差别化、功能性改性锦纶纤维目前已完成厂房建设，部分设备已订购。下一步尤溪县将积极推进与东华大学、中国纺织科学研究院的对接合作，研发新一代差别化、功能性锦纶民用丝，同时，利用尤溪县生产锦纶长丝的优势，加大对下游喷气、喷水及花编企业的招商，尤溪县锦纶产业链将继续发展壮大。

2. 革基布产业链 利用尤溪县现有纺纱—织造—染整—涂层机织革基布产业链优势，进一步提高尤溪县机织革基布的产品质量。特别是格利尔印染公司研发的新型节能 PU 革基布染色工艺的应用，提升了机织染整布的产品质量，降低了生产成本，提高市场竞争力；依托尤溪县华泰布业、正泉布业、鸿日针织等转型的针织革基布生产企业，逐步提升了尤溪县针织革基布产品比重。下一步将引导企业发展无纺革基布，进一步丰富革基布产品种类，打造名副其实的"中国革基布名城"区域品牌。

3. 棉纺产业链 尤溪县顺源系列（隆源、旭源）纺织有限公司被市列为百亿重点企业，目前尤溪县顺源、隆源、旭源高端纺纱项目已完成部分投产，力争 2022 年突破 100 万锭，2025 年突破 200 万锭，同时，围绕纺纱—织造—染整产业链向下游延伸，目前顺源纺织已收购尤溪县华扬纤纺年产 10 万吨涤纶纤维项目，到 2025 年，将顺源纺织系列企业打造成百亿级集团企业。

三、存在主要问题

产业链条不全 一是革基布方面：大部分纺织企业主要以纺纱—织布—染整—涂层（制革）产业链为主，其上游所需涤纶、粘胶等原料全部依靠外供，制革后的下游箱包、鞋材应用企业基本为零，目前较低端的机织革基布与县内相对高端的制革企业难以匹配。二是纺纱方面：目前还没有与顺源、隆源等生产的混纺高支民用纱相匹配的下游织造、染整、服装生产企业，所生产的纱线直接全部销往异地。三是锦纶方面：尤溪县还没有与锦纶长丝（鑫森、丰帝）配套的上游聚合切片产业，下游配套的长丝织造、染整、服装等产业链条还未形成。辐射带动能力不强，区域竞争优势不明显。

四、集群下一步发展方向

尤溪县将紧紧围绕以提高产品竞争力为目标，以产品高端化为导向，以产业链延伸为重点，以技术创新为支撑，以培育龙头企业和产业招商为抓手推动尤溪县纺织产业转型升级。

1. 推动纺织企业"智能制造"建设 2021 年尤溪县顺源纺织被国家工信部列入企业上云典型案例；尤溪县旭源纺织将打造 5G 智慧生产车间开始投入生产，随着新一代信息技术与纺织产业的融合应用，加快尤溪县纺织产业数字化转型。

2. 加强纺织企业"技术创新"建设 引导支持纺织企业加快新技术的引进、消化、吸收、创新，使企业向专、精、特、新方向发展。

供稿单位：尤溪县工业和信息化局

中国童装名城

福建省泉州市丰泽区

一、集群概况

近年来，丰泽区纺织服装产业不断发展壮大，产业链日益成熟发展，涵盖纺织、漂染、抽丝、成衣加工生产、辅料生产、纺织机械制造、市场营销、服装学校等各个领域，特别是童装的生产与制造占据整个纺织服装产业的一半以上。

2021年，丰泽区规模以上纺织服装产业集群共计19户，全部从业人员平均人数3173人。规模以上工业产值达38.94亿元，占全区规模以上工业产值的14%，比重居纺织服装、包袋鞋业、机械电子、树脂工艺四大行业之首。行业利润达3.28亿元，其中匹克集团超17亿元，为丰泽区经济的持续增长继续发挥了重要支撑作用。

目前，丰泽区已涌现出一批服装知名品牌企业，拥有虎都等上市公司，匹克、虎都、嗒嘀嗒、玛米玛卡等4项中国名牌产品，匹克、旗牌王等5项中国驰名商标，简艾等11件福建省著名商标，虎都、匹克等国家免检产品和12件泉州市知名商标。服装产品的门类不断扩大，品种齐全，已形成休闲装、运动装、茄克、童装、西裤、内衣、牛仔服装等门类较多的主导系列产品。

二、集群发展亮点

1. 企业"智造"加快升级 匹克、简艾等优势企业扩大生产规模，采用多种方式引进和购置国内外先进适用装备，淘汰老旧设备，树立技改成效标杆，发挥示范带动作用，提升行业整体装备水平。匹克、虎都推行"机器人"数控自动化示范生产线，设立智能车间，逐步向智能工厂转变。

2. 企业技术改造步伐加快 虎都、匹克等纺织服装企业不断加大技术改造的资金投入，大量引进国内外先进的服装自动裁剪机、自动车缝、整烫等系列机组，形成制作过程自动流水线。目前丰泽区拥有匹克、维林森等省级企业技术中心，虎都、维林森等市级企业技术中心，匹克、维林森、虎都等三家泉州市行业技术开发中心。

3. 企业定制化生产持续推进 鼓励企业开展个性化定制、柔性化生产，全区一半规模以上的工业企业已经具备了按照用户订单自动排产和动态调度能力。虎都与北京神州集客电子商务合作，利用"V+线上平台客户数据库"开发线上时尚平台；匹克公司开发PEAKID平台，通过平台，消费者可以选择在不同款式的篮球鞋、运动鞋以及运动服装上进行颜色、材质配置。

4. 富有闽南特色的服装文化底蕴不断提升 简艾、罡晟等企业加强与时尚流行、文化创意元素有机结合，不断挖掘"海丝"千年历史文化名城的内涵，打造富有闽南特色的时尚产业集群。

三、存在问题及下一步工作举措

当前，受中心城区规划的制约，丰泽区纺织服装产业存在载体受限、企业要素成本上升、企业融资困难等问题。下一步，丰泽区将弘扬"晋江经验"，推进质量变革、效率变革、动力变革，打造纺织服装等三个年产值超百亿元的主导支柱产业，勇当跨越赶超排头兵。

1. 发挥龙头带动作用 引导和推动匹克等龙头企业与国内外知名企业联合发展，逐步提升产业分工地位，融入、参与其生产网络和营销服务体系，形成"一企兴带动一业兴"的联动效应。

2. 创新引领发展 以工业化为核心，大力实施科技强区战略，坚持创新驱动发展，不断强化企业创新主体地位，引导匹克等核心骨干企业增资扩产，在新产品、新技术、新工艺等方面进行创新、应用，加快实施互联网+和应用电子商务，不断提升企业市场竞争力。

3. 提升企业家管理水平 主动对接市委人才"港湾计划"，鼓励企业建立高层次的人才培训机制，用好"清源讲堂"平台，培养一批高水平的专业高级人才和一批既懂技术又具有高水平经营管理的企业家。

4. 着力优化营商环境 营造亲商、惠商、安商的发展环境，结合"马上就办、一线推动、办出实效"转作风、提效能活动，充分发挥行业协会的引导和服务功能，树立"丰泽童装"区域品牌在消费者心中的良好形象，引进行业品牌企业，增强行业凝聚力。

供稿单位：泉州市丰泽区工业信息化和科技局

中国休闲服装名城　中国休闲面料商贸名城

福建省石狮市

一、集群概况

石狮以纺织鞋服产业为立市之本，先后获得中国休闲服装名城、中国休闲面料商贸名城、全国纺织模范产业集群、中国服装产业示范集群等荣誉称号。经过 30 多年的发展，石狮纺织服装产业形成了坚实的制造基础、庞大的就业群体、发达的商贸体系和较强的产业集群，撑起了石狮经济的半壁江山。

2021 年全市共有规模以上纺织服装工业企业 304 家，实现产值 779.72 亿元。产业优势明显。一是产业链条齐全。集聚 8000 多家纺织鞋服及配套企业，从业人员超 16 万人，年产梭织针织服装超 8 亿件、童装超 2 亿件、印染布 45 亿米。二是电商支撑强劲。是福建省"互联网+纺织鞋服产业"试点市，90%纺织鞋服企业嫁接电子商务销售渠道，有一支 3000 多人的网红直播队伍。三是市场带动明显。全市限额以上纺织鞋服商贸企业 523 家，年交易额超千亿元，先后被评为全国十大布料市场、全国十大服装批发市场、全国重要纺织机械市场。

二、集群发展亮点

2019 年以来，石狮主动融入双循环新发展格局，积极抢抓电商发展等机遇，深入实施市场采购贸易等改革，成功转变环保升级、新冠肺炎疫情期间消费模式变迁等危机为契机，引导纺织鞋服产业顺应市场需求转型升级，努力走上高质量发展道路，主要亮点有：

1. 核心环节得到巩固　围绕巩固印染、辅料等核心优势环节，出台印染行业分级管理、五金辅料行业提质增效等政策，引导、倒逼印染、辅料行业加快技改升级。

2. 蓝海领域实现超车　瞄准校服产业"新蓝海"，在国内率先建设集产、展、销为一体的校服专业市场，先后获得"中国校服产业创新基地""中国校园服饰名城"荣誉称号。

3. 市场空间不断拓宽　主动顺应网络时代发展趋势，电商发展指数在全国百强县中名列前茅、居全省第一，全市纺织服装企业超 90%完成嫁接电子商务销售渠道。

4. 产业效率明显提升　对产业全链条进行数字化改造和智能化升级，先后组织 60 家成长型企业实施 119 个精细化管理提升项目，推动 200 家工业企业上云。

三、集群目前存在的问题和未来发展思路

与此同时，石狮纺织服装产业发展仍然存在一些问题，包括缺乏龙头带动、存在产品同质化、研发创新薄弱、金融活水不足等。针对以上问题，石狮将围绕行业发展新定位，在打响"三大品牌"、实现"三大提升"、破解"三大问题"上下足功夫，推动纺织服装产业实现高质量发展。

1. 打响"三大品牌"　一是印染品牌，加快印染行业转型升级步伐，进一步优化调整分级评定指标体系，推广节能环保、自动化新工艺与新技术。二是辅料品牌，灵活把握市场发展趋势，深化品牌创建和质量提升，积极开发多功能、高附加值的辅料产品；三是校服品牌，持续推动童装行业向校服方向延伸，打造"买校服、到石狮"的市场氛围。

2. 实现"三个提升"　一是提升销售市场，坚持扩充总量、提升质量，形成电商企业集聚发展态势，加快推动市场采购与跨境电商融合发展。二是提升产品质量，加大龙头培育工作，对标杆企业予以政策倾斜，充分发挥标杆企业的示范作用。三是提升产业基础，发挥技改补贴"乘数效应"，加快推进工业园区标准化建设，进一步完善物流配套体系。

3. 破解"三大问题"　一是环保问题，做好三大染整集控区园区规划与区域环评工作，加快污水处理厂提标改造工程进度。二是金融问题，创新金融服务，提高政策性融资担保公司、产业股权投资基金的运作实效。三是人才问题，发挥中纺联"一院一馆两中心"作用，在产品检测、技术研发与推广、知识产权保护等方面产生更大效益。

供稿单位：石狮市工业信息化和科技局

中国针织服装名城

江西省南昌市青山湖区

一、集群概况

青山湖区针纺产业起步于20世纪80年代初期，经过40多年的发展，从分散到集中、从集中到集约、从集约到集群，已成为全国知名的针织服装产业基地。青山湖区是"中国针织服装名城"，也是"全国纺织服装创意设计试点园区"和"传统产业优化升级省级纺织产业试点单位"，同时还被评为省级"三品"战略示范试点城市和省级新型工业化产业示范基地。全区现有针织服装企业2000余家，其中规模以上工业企业数达到204家，占全区规上工业企业总数的70%，占全市纺织类规上工业企业数的56.6%，年产各类针织服装20亿件，从业人员6万人，年产值达400亿元。

二、集群发展亮点

三年来，省市区大力推动传统产业优化升级，青山湖区纺织产业结合自身特点，积极破解产业层次偏低、配套不完善、自主创新能力薄弱、龙头企业规模不大、服务产业功能不强等现实问题，较好地实现了"加工型"向"加工型+品牌经营型"的转变，实现了"外贸出口型"向"外贸出口+内销"双循环的转变，全区外贸销售占比由原来的95%以上，逐步缩减到80%左右。

1. 打造品牌提升价值 于2020年成功注册"青山湖针纺"区域品牌。同时，抓自主品牌打造，鼓励企业与国内外知名品牌建立合作关系，利用品牌授权商业模式加快转型升级。

2. 培育企业增强后劲 加快培育一批旗舰型的规上企业和产业龙头企业。全区规上针纺企业户数由2017年的116户增长到当前的204户，净增88户，规模以上针纺企业总数占全市规上纺织服装企业总数的近60%，东申针织、华兴针织、众拓制衣成功入选全市百户工业重点企业。

3. 智能制造提高效率 加大政策扶持力度，鼓励企业引入智能化生产设备。目前，全区推广应用智能装备达5000台套，华兴针织智能化吊挂生产线项目被评为省级智能制造示范项目，华兴针织和众拓制衣新上项目成功入选全市首批"5G+智慧工厂"培育项目，针纺企业生产效率提高了20%左右，人员节省了30%左右。

4. 做实平台补产业链 一方面，做实承载平台。建设了一批标准厂房，吸引了设计、研发、销售、制造等

100多家生产链关键环节企业入驻平台。另一方面，优化配套平台，聚焦面料采购、检验检测、产品展示等产业链薄弱环节，全面提升全区现代针纺产业竞争能力。

三、当前产业发展存在的问题

1. 产业结构不够合理 全区90%以上针纺企业以贴牌代加工为主，由于过度依赖贴牌生产、加工盈利的惯性思维作用，大多数企业主要精力和资源都投在外贸销售上，内贸市场份额严重偏小，仅占20%。

2. 出口成本急剧上涨 纺织原材料价格上涨较快，涨幅达到30%，同时，各类辅料（纸箱、胶带等）也紧随上涨，特别是出口物流成本比去年上涨了50%以上，企业运营成本居高不下，利润进一步下降。

3. 产业风险不断扩大 随着国际环境的不断变化，加之国内各种成本上升趋势的不可逆，低端的纺织产业链转移将会不可避免。青山湖区纺织企业以中低端产品为主，如果不探索产业转型新路径，整个产业将面临生存难题。

四、下一步工作举措

1. 提升平台承载力，着力破解空间不足的问题 以"亩均效益综合评价"为抓手，加快盘活闲置用地和低效用地，有序实施工业企业"腾笼换鸟"，拓展产业发展空间。

2. 提升品牌影响力，着力破解内销不旺的问题 充分发挥行业协会的作用，制定"青山湖针纺"区域品牌的制造标准，通过举办"时装周"、时尚T台秀场和针织时尚发布会等，打造针纺产业IP，讲好"青山湖针纺"故事。

3. 提升创新驱动力，着力破解效率不高的问题 开展数字化和智能化改造，加快5G、工业机器人、自动化控制系统等技术和装备在针纺行业生产环节的应用，打造一批智能制造应用示范工厂，力争重点企业智能化应用率达到80%以上。

4. 提升项目带动力，着力破解链条不全的问题 围绕创意设计、产品研发等产业链薄弱环节，聚焦长三角、珠三角、闽三角等发达地区，引进行业龙头企业入驻，带动本土企业提档升级。

供稿单位：南昌市青山湖区科技和工业信息化局

中国羽绒服装名城

江西省共青城市

近三年，共青城市坚持通过谋划要点、优化升级、服务调度、举办活动、培育龙头、引进项目、运营平台等措施来推动共青城市纺织服装产业高质量发展，推动纺织服装产业集群优化升级，取得了较好的成效。

一、集群概况

近年来，按照"生产换线""设备换芯""机器换人"和"退民房进厂房"的思路，加快完善"创意设计、标准化生产、展示展演、电商销售"产业链业态，实现了产业量质齐升。2021年，全年生产羽绒服装8578万件，针织服装2263万件，涤纶布41986万米，棉纱和化纤纱4919吨，整个产业拥有大大小小530多家生产型企业（其中规模以上企业105家，规模以下企业430家）和110多家电商、物流、包装、研发设计、检验检测等生产型服务业配套企业，全年实现工业总产值258.1亿元，主营业务收入272.8亿元，利润30.0亿元，分别占共青城市整个工业的51.3%、50.93%和52.6%，整个纺织服装产业带动共青城市超过3万人就业，占本地常住人口的近40%，大约70%的家庭都和这个产业有着密切联系。

二、集群发展亮点

1. 理清发展思路，出台产业政策 以获批九江市服装产业优化升级试点地区为契机，出台了《共青城市传统产业优化升级补助资金暂行管理办法（2021—2022年）》，成立了产业优化升级工作领导小组，每年拿出不少于2000万元，专项用于扶持纺织服装产业优化升级。

2. 搭建活动窗口，扩大品牌影响 依托共青城市大学城8所大学8万大学生得天独厚的优势资源，举办了中国服装集群时尚动态秀、羽绒服装产品动态展、首届"鸭鸭杯"大学生直播大赛等系列专项活动，另外，连续两年举办了2020首届共青城羽绒服装周和2021江西纺织服装周暨第二届共青城市羽绒服装周，集中展示了江西省纺织服装行业发展成果。

3. 引进顶尖人才，强化原创设计 积极探索"院士+研究院+产业园"的发展新思路，引进了总投资50亿元的武汉纺织大学共青城纺织服装产业研究院及鸭鸭产业园项目，建设羽绒服装设计中心、羽绒指数中心、智能化标准工厂直播基地等业态，有效解决了共青城市纺织服装企业原创设计能力薄弱、科技含量不高、款式不新、附加值不高等问题。

4. 推广智能制造，提升竞争能力 采用"智能化生产、网络化协同、个性化定制"的智能制造模式。共青城市引进了得体智造，通过建设智能工厂，共享数字工厂，推动传统低小散生产加工企业，以"拎包入住"集约式发展的方式进入厂园，建立"平台接单，按工序分解，多产线协同"的小单快反共享制造模式。

三、当前产业发展存在的问题和下一步规划举措

1. 存在的问题 一是自主品牌建设缺失。共青城市虽为羽绒服产业基地，但出口方式主要以贴牌为主，企业长期处于从属地位，自有品牌、自主开发比重较低。二是技术创新能力不足。企业基础研究和研发投入不够，只是通过引进设备来提升自身技术水平，技术创新、原创设计开发能力偏弱，销路一直较为单一。三是产业用工缺口较大。受共青城市人口因素影响，纺织产业用工缺口较大，影响了订单交付。

2. 下一步规划举措 一是突出做好产业引导。围绕建链、补链、强链，高标准，全面加快工业化、信息化"两化"融合发展，打造纺织服装产业电子商务平台的孵化中心，实现线上线下有机结合。积极搭建产业集群创新服务平台，为技术和产品开发能力弱、管理水平低下的中小企业产业集群提供优质服务，增强企业创新能力和技术、经营、管理水平。二是突出加强品牌建设。强化品牌定位，以塑造共青城市纺织服装整体品牌形象为引领，以培育区域公用品牌和产品品牌为主体，以构建品牌营销体系为载体，大力实施纺织服装品牌战略，建立层级递进的品牌培育与推广机制，实现共青城市从纺织服装生产大市向品牌强市的转变。三是突出搞好工人引入。聚焦共青城市纺织服装产业服装工人需求，坚持服务大局、高标准统一建设产业员工社区，包含公寓、宿舍、食堂以及文化站、运动场所、娱乐室等设施。同时，在员工购房、子女教育等方面提供优惠政策，多措并举吸引一批外地员工来就业。

供稿单位：共青城市工业和信息化局

中国苎麻纺织名城

江西省分宜县

一、集群概况

分宜县有上千年的苎麻种植和夏布织造历史，近三年来，在国家和省、市各级部门的大力支持下，分宜县将麻纺产业作为新时代分宜振兴主打产业来抓，在苎麻提质扩面、剥麻技术攻关、终端产品生产等方面下功夫，苎麻产业经济迅速发展，总量规模不断扩大，骨干企业不断涌现，产业层次不断提升，对全县经济的支撑和带动作用日益增强，获得"中国夏布之乡""中国苎麻纺织名城""国家级苎麻标准化种植示范区""国家级生态原产地产品保护"系列荣誉。

至2021年末，全县苎麻纺织服装产业内有企业329家，从业人员4529人，其中规上企业25家。规上企业营业收入31.4亿元，同比增长50.9%。外贸出口1.87亿元，同比增长5.6%；全产业利润总额2.24亿元，其中规上企业利润总额1.18亿元，同比增长9.8%。

二、集群发展亮点

1. 产业链不断完善 分宜县是江西省内苎麻资源的主要产区，苎麻种植面积占全省的三分之一，分宜县依托资源优势，麻纺产业逐渐实现产业化、规模化经营；同时，分宜的苎麻纺织产业从原材料采集运输到半成品、成品的生产分销，已基本形成了相对完整的产业链。

2. 产业规模不断扩大 2021年，全县精干麻15535吨，麻条1000吨，苎麻纱1007吨，苎麻混纺纱线5950吨；纯苎麻布产量19650万米，同比增长4.8%；苎麻混纺布产量1150万米，同比增长5.5%；苎麻夏布床上用品5760万米，同比增长16.9%。

3. 自主创新能力不断提升 近年来，分宜在制订产业发展政策过程中，鼓励支持企业自主创新，大力推进企业技术创新、产品创新、品牌创新，技术进步不断加快。恩达公司的"苎麻产品精深加工工程技术研究中心"研制出"植物色素染料"印染苎麻夏布技术。

4. 龙头企业支撑不断增强 龙头企业恩达公司对麻纺产业发展支撑作用明显。近年来，公司发展规模不断扩大，效益不断提高，实力不断增强。2021年，恩达麻世纪公司实现主营业务收入16.7亿元，同比增长104.7%，占规上麻纺企业总营业收入的53.2%。目前恩达麻世纪在生产、销售、产品开发和创汇方面均居全国苎麻纺织行业前列，该公司也位居中国纺织服装企业竞争力500强企业和中国麻纺织行业竞争力10强企业。

5. 品牌优势不断凸显 分宜县鼓励企业根据市场需求的不断变化去培育和拓展麻纺织品国内外消费市场，加大支持麻纺织消费文化、品牌的宣传以及实施麻纺织名牌战略，目前已培育了一批麻纺织"中国名牌"和"省名牌"。

三、下一步工作打算

1. 壮大主导产业，进一步提高产业集群规模 一方面，要依托现有产业基础，提升传统产业集群。不断提升产业发展优势，打造一批具有较强竞争力、带动力和辐射力的龙头企业。另一方面，要充分发挥比较优势，加快发展新兴产业。根据分宜县目前产业基础及比较优势，集中力量发展苎麻纺织产业。

2. 培育龙头企业，进一步激发产业集群活力 一是着力培育壮大龙头企业。坚持培大育强与招大引强并举，重点引导、服务、扶持主导产业中的龙头企业发展。积极推行"一企一策"，鼓励企业加大有效投入。不断发展壮大主导产业中的中小企业，充分发挥其在产业集群中的带动、辐射、示范、信息扩散等作用。二是围绕龙头抓好配套。通过构建围绕龙头企业的初加工、精加工、深加工配套协作体系，产前、产中、产后环节专业体系，生产、加工、销售"一条龙"配套经营体系，细化产业分工，拓展生产环节，延伸产业链条，促进龙头企业与集群内配套企业的相互协调和共同发展。

3. 拓展招商思路，进一步加快产业集群发展 采用集聚上下游产品、降低综合配套成本、拉长产业链、培育优势支柱产业为主要内容的集群招商方式，促进分宜苎麻产业集群形成从种植、脱胶、纺纱、织布、印染到家纺成品的完整产业链条不断发展壮大。

4. 提高创新能力，进一步积蓄产业集群后劲 注重提高企业的自主创新能力，将技术创新与市场需求、技术改造相结合，在技术改造过程中强化技术创新，进而实现创新—技改—创新的良性循环，有利于增强产业核心竞争力，积蓄区域产业集聚和集群发展的后劲。

供稿单位：分宜县工业和信息化局

中国品牌服装制造名城

江西省于都县

一、集群概况

2021 年，于都县纺织服装企业达 3000 余家，其中规模以上企业 121 家。全行业主营业务收入 602.32 亿元，同比增长 15.95%。规模以上企业 114 家；规模以上企业实现营业务收入 159.60 亿元，同比增长 26.52%；规模以上企业利润总额 10.55 亿元，同比增长 16.37%。

于都纺织服装产业近几年发展主要体现在"影响更广、链条更全、品牌更优、势头更强"。影响更广：成功举办第二届中国（赣州）纺织服装产业博览会（举办 10 场大型活动，吸引 100 余家主流媒体关注，258 家企业洽谈合作，达成近 100 亿元订单金额）、中国服装论坛高端制造与设计协同创新峰会，行业内优质资源不断汇聚，产业影响力和美誉度不断提升。链条更全：纺织服装十大平台已建成运营，FDC 时尚产业综合体、红星面辅料商城投入使用，北京服装学院（于都）培训中心、武汉纺织大学于都牛仔产业研究院、省级检测中心已建成运营，江西卫棉纺织、星途科技公司等重点项目竣工投产，产业链条不断补强固延。品牌更优。先后引进赢家服饰、厦门宝姿、上海日播、兴雪莱、安踏等一批品牌企业，培育发展了莱素、仔衣库、歌润达等一批本土品牌企业，2021 年，全县拥有纺织服装品牌 306 个，被评为"中国品牌服装制造名城""中国服装优质制造创新示范基地"。势头更强：2021 年引进纺织服装项目 42 个，签约金额 78.2 亿元，现全县纺织服装企 3000 余家，其中规模以上企业 121 家；全行业工业总产值达 602 亿元；被评为"国家纺织服装外贸转型升级基地"。

二、集群发展亮点

于都纺织服装产业围绕"制造"这一核心，基础优势不断增强、制造水平不断提高、制造优势日益彰显。

"十三五"以来，于都纺织服装产业加快产业承接、招大引强，实现产业规模化集聚，形成了产业发展的"于都速度"。一方面，娜尔思、宝姿、珂莱蒂尔、哥弟、达衣岩、初语、生活在左等 200 余个国内知名品牌云集于都，龙头企业和品牌效应显现，形成了于都纺织服装产业的集聚效应并带动当地企业整体制造水平提升；另一方面，一批中小企业聚焦优势领域快速发展，女装、童装、运动休闲、牛仔等产品品类不断丰富，小单快反的弹性制造供应能力持续增强。持续优化工艺流程，在整个服装制造流程上不断采用较为先进的技术工艺，产品的优质制造水平稳步提高。

同时，坚持把优化营商环境作为"一号改革工程"，持续深化"放管服"改革，探索推进"全产业一链办"、工程建设项目"一站式集成"审批、惠企政策"免申即享、即申即享"等改革，"无事不扰、有求必应"的营商环境加快形成。组建 34 支精准帮扶企业工作队，118 个"店小二"单位服务 300 余家企业，选派 41 名优秀年轻干部赴企业挂职，为企业提供更精准、全周期服务。三年来，累计为纺织服装企业减税降费 3639 万元。

三、当前产业发展存在的问题及下一步的规划举措和工作打算

一是用地指标严重不足。由于近几年于都纺织服装产业发展迅猛，原工业园区范围已基本被开发利用，为将于都县打造成为赣州纺织服装产业带核心区的规划还有很大的用地差距。二是人才培养与产业发展不同步。为提高工作效率，改善产品质量，服装设备和技术升级已是大势所趋，对服装实用型、技能型人才的需求越来越多。迫切需要大量从产品设计到产品制作加工的各个环节各个层次的技术人才，尤其是一线机器操作技能型人才。而这些人才的培养相对滞后。三是产业转型升级融资难、资金压力大。纺织服装产业转型升级，必须从信息化、数字化、智能化入手，才能在业界形成比较优势，但需要大量的资金支持才能实现。而当前纺织服装企业存在融资难，机器设备、存货等动产不能作为银行抵押物，资金流难以保证。

"十四五"期间，于都县将推进服务改革，加强政府对纺织服装产业发展的指引和领导作用；发挥于都服装发展办公室等政府相关部门及行业协会职能，强化规划引导和综合管理，推动技术创新、产能升级、公共服务平台等重点建设项目落地实施；改革资源配置机制，全面引导社会资源向创新集聚；提高资源配置效率，形成政府引导作用与市场决定性作用有机结合的创新驱动。

供稿单位：于都县纺织服装产业发展中心

中国针织名城　中国童装名城

山东省青岛市即墨区

一、集群概况

纺织服装产业作为即墨传统优势产业和第二大支柱产业，是全国最大的针织服装加工优质制造基地之一。即墨区拥有纺织服装服饰企业5608家，年产各类服装约8.1亿件，年产值约450余亿元。近年来童装产业快速发展，童装企业发展到近3000家，年产童装近3亿件，与湖州织里、广东虎门并称为全国三大童装生产基地。2021年规模以上纺织服装企业81家，实现产值142亿元，占全区比重11.1%，同比增长13.8%。

二、集群发展亮点

1. "童装"和"针织"为两大产业优势　即墨的服装产品中，童装是最主要的产品品类，且以针织童装为主。产品品类中童装占52.3%，内衣和卫衣分别占30.0%和13.7%。

2. 产业链条完整、龙头企业多　即墨纺织服装产业链涵盖化纤、纺纱、织造、染整以及服装、家纺、产业用三大终端和纺机，产业链完整度高。各环节均有龙头企业，这些企业不仅在即墨本地，甚至在全行业都有相当强的影响力。

3. 产业发展多元化转型　一是新材料应用领域，即发长期专注于壳聚糖纤维的研发，获得多项专利并起草了行业标准；二是新技术领域，即发在国内首次将超临界二氧化碳无水染色技术实现产业化；三是新业态领域，利用内容电商形成了大量客流，并成功引流至线下，自发形成了一级产地市场，成为区域单品类集散中心。

三、产业集群发展存在的问题

1. 产业处在价值链低端　以贴牌代工为主。即墨以贴牌代工为主的企业数量占比达65.2%，以设计加工和工厂品牌业务为主的分别占22.2%和12.0%，品牌运营企业不多，仅占0.6%。研发设计能力弱。即墨已有的设计加工企业中，产品的原创设计能力不够，专业的研发设计人员配备和机构设置也很少，行业共有各级企业技术中心仅32个。

2. 发展理念仍然传统　经调研，即墨60%的纺织服装企业把招工、43%的企业把订单作为当前面临的最主要问题，从侧面说明即墨多数企业的发展理念依然是传统的多接订单、扩大产能模式。

3. 运营模式依然不变　品牌运营仍以代理和加盟为主，通过实体店数量的增长来拉动规模。即便已经转换为目前的内贸为主，但多数企业的业务模式依然是接单加工为主，部分外协。虽然个别龙头企业有创新，成为产业发展亮点，但整体看仍以满足客户基本需求、保证品质和交期为经营目的。

四、下一步工作打算

1. 实施品牌培育提升行动　建立品牌项目培育库，对入库项目重点倾斜资源；加强对企业品牌创建营销指导力度，积极培植企业自主品牌；积极推广凯利融通IP品牌运营模式，推动即墨童装产业联合会与迪士尼进行IP品牌授权合作，扩大IP在即墨童装企业转化规模。

2. 实施数字赋能行动　深入推进"高端制造业+人工智能"攻势，顺应互联网与实体经济融合发展新趋势，发挥线上国家级"工业互联网创新示范平台"、线下"互联网+中小企业公共示范平台"作用，大力输出推广即发、酷特等企业创新模式，引导不同类型企业进行符合自身发展实际的互联网工业改造。

3. 实施创新能力提升行动　引导鼓励企业加大新技术、新材料研发力度，增强自主创新能力，不断提升核心竞争力。加大基础创新支持力度，促进即发CO_2无水染色技术等一批重大基础创新技术加快产业化，实现行业领域颠覆式变革和产业链再造。

4. 实施产业转型升级行动　重点在纺织新材料、印染工艺、智能制造、模式创新等方面提升产业水平，引领纺织服装产业向个性化、功能化、品牌化、国际化发展。支持企业开发感应、抗寒、防火等时尚与科技相结合的功能性面料，拓展培育产业纺织品、生命科学纺织品等新领域，大力发展服装时尚创意产业，提升纺织服装行业时尚设计、品牌运营水平。

5. 加强专业人才的引进培养　高度重视产业人才的引进培育。加强技能型人才培养，为纺织服装企业与技工学校、技师学院、职业技术学校之间的合作牵线搭桥；重点引进设计师、打版师、管理人才、研发人才等各类专业人才；在住房、就医、教育等方面加大投入，把国内外高端的工作室、研发中心、设计团队、培训学校等引进来，全面提升纺织服装产业技术创新、管理创新、模式创新和产品创新水平。

供稿单位：即墨区工业和信息化局

山东省枣庄市市中区

一、集群概况

枣庄市是山东省的"南大门"和著名的"铁道游击队"故乡。市中区是枣庄市的经济、商贸、教育和金融中心，地处环渤海和长三角两大城市群之间的淮海经济区中心，苏鲁豫皖交汇处，京沪高铁的中间站，区位优越，交通便利，能源富集，工业基础功能齐全，产业设施协调配套。纺织服装产业是市中区的传统支柱产业和重要的民生产业，在繁荣市场、扩大出口、吸纳就业、增加农民收入、促进城镇化发展、城市转型等方面发挥着不可替代的重要作用。

目前，辖区拥有纺织服装企业300余家，从业人数5万余人。产品门类齐全，形成了纺纱、织造、漂染、印花、刺绣、针织服装、梭织服装、家纺、化纤、毛纺等上下游较为完善的产业链条，独具地方特色。

二、集群发展亮点

1. 园区建设，成为产业转移的重要载体 目前，辖区内已建成两个纺织园区，即省级"枣庄经济开发区"和市级"税郭纺织工业园"。两个园区都建立了相应的组织机构，成立了管委会，配备了专职工作人员。税郭镇政府在产业规划的基础上，对纺织园区进行高标准建设，实现了六通一平和污水集中处理，建设了覆盖园区的集中供热管网，使印染企业成本大大降低。

2. 技改投入持续加大，装备水平不断更新 近年来，全行业每年技改投资均保持在10%左右。杉客公司、超时制衣的数码印花设备居国内一流，可进行静电植绒、热固油墨、高周波压花、热转印、数码直喷等工艺加工。一大批国际国内先进的织造、染整、印花、刺绣、缝纫设备替代了原有的落后陈旧设备，整个产业链都有了质的飞跃。

3. 注重科技创新，创建区域品牌 目前，集群内有省级技术中心2家，市级技术中心7家，工程技术人员500余人。其中正高3人，副高40余人，人才梯队趋于合理。集群不断加强同知名院校合作，积极开展产、学、研互动。

4. 打造电商平台，助推产业发展 目前全行业80%以上的规模企业，都建立了网站，网上业务已成为企业开拓市场的主渠道。区纺织协会牵头创建了市中纺织电商平台。

三、集群面临的问题

一是产业基础弱。区域产业、企业整体实力不强，产品仍处于产业链中低端。

二是专业人才缺。随着新技术、新工艺、新设备的广泛应用和新时尚、新潮流、新趋势的市场需求，培养、引进、造就一支理想的职业经理人、专业技术人才以及成熟稳定的职工队伍，是当务之急。

三是大型企业少。市中区纺织企业数量虽多，但小而散，大型龙头核心企业少，龙头企业带动作用不明显。

四、下一步发展思路

1. 打造区域品牌 通过政府引导、企业参与、市场化运作的方式，以共享公共品牌建设为引领，整合各方资源，抱团创建区域品牌来实现市中纺织企业的融合、发展、壮大，从而带动区域经济发展。为推进产业集聚化发展，区政府将在枣庄经济开发区设立实体展示、交易平台，按照纺纱、织造、漂染、印花、刺绣、针织服装、梭织服装、家纺、医用纺织品等专业门类，将市中区规模以上以及成长性较好的约50家企业和产品进行集中展示，让外来客商高效率地了解情况，进而有针对性地选择企业进行深入交流、洽谈。

2. 加快推进枣庄经济开发区纺织工业园和税郭纺织工业园建设 两个园区统筹兼顾，融合发展。以两个园区为依托，发展区域性的大型纺织品专业市场。规划和建设大型的面料辅料市场，通过各种渠道对外招商，既引进生产服装的原材料，也引进与服装产业配套的各类经营公司，加速推进产业集聚整合，形成服装生产、纺织制线、水洗印染、织布家纺和物流、商贸、信息、展示、设计、品牌孵化为一体的纺织服装名城。

3. 优化产业结构 鼓励和支持企业在稳定国际市场的同时积极开拓国内市场，坚持两条腿走路，内外贸并举，由过度依赖欧美出口市场逐步向"一带一路"沿线国家发展。眼睛向内，开拓有着14亿人口的国内市场。

4. 重视和发挥协会作用 以政府购买服务的方式，在转型升级资金项目的申报，涉企评优奖励，企业评价、产品评价、认证等工作中放手协会去做。认真听取协会意见，支持协会组织企业参加纺织服装博览会、订货会。

供稿单位：枣庄纺织服装协会

中国棉纺织名城

山东省广饶县

一、集群概况

纺织产业是广饶县最早发展形成的产业，对全县经济社会的发展做出了重要贡献。2019年以来，广饶县纺织企业积极应对疫情冲击，县委县政府出台了系列助力企业复工复产的政策措施，企业在市场低迷的大背景下，积极挖潜增效，转变发展方式，聚力攻坚促转调，以自主创新、品牌建设和两化融合为支撑实现转型升级。

目前，全县规模以上纺织企业19家，集群企业共形成年产能纺纱110余万纱锭、织布6600万米、帘子布1.2万吨、无纺布5.4万吨。2021年，19家规模以上纺织企业实现工业总产值36.9亿元。

二、集群发展亮点

1. 技术创新不断推进 广饶县以东营科技职业学院为依托，建设了广饶县新旧动能转换创新创业示范中心，着力打造产教研融合共同体。纺织产业现拥有省级以上企业技术中心2家，行业技术中心1家，拥有纺织类专利23项。

2. 企业产品质量不断提升 目前，广饶县所有规模以上纺织企业均通过了ISO 9001体系认证，接近4/5的企业建有内部质量检测实验室，很好地保障了产品的质量及消费者的合法权益。全县纺织产业的品牌建设社会影响力显著提升。

3. 人才引进培育力度不断加大 出台《关于加快实施人才强县战略深化人才发展体制机制改革的意见》，设立3000万元人才发展专项资金，制定28项政策措施、13项引育计划。目前，全县已与70余家高校院所的300余名高层次人才建立合作关系，有力推动了技术迭代和成果转化。

4. 产业数字化进程进一步加快 大力推进"优势产业+人工智能"深度融合，通过开展培训、智能诊断、打造标杆等手段，产业智能化水平进一步提高。目前已为6家纺织企业完成智能诊断。制定出台了《广饶县企业上云实施方案》，利用3年时间，培育上云企业1000家，加快推动企业从制造向"制造+服务"转型。截至目前，全县已有5成纺织企业完成山东企业上云公共服务平台注册。约2/3的规模以上纺织企业试水电商。

三、当前产业发展存在的问题及下一步举措

1. 产业链较短，产品品种较单一 行业产品相对较单一，产业链不够完整。产品基本以纯棉纱线及纯棉坯布为主，相对较单一，生产工艺处于产业链的中前端，没有形成完整的产业链条。原料采购受制于棉花市场，产品销售受制于下游服装、家纺市场，产业受市场因素影响较大，不利于企业风险控制。

2. 员工流失比较严重，留不住年轻职工 目前企业职工基本以周边农村剩余劳动力为主，且中年妇女所占比例较高，大学本科以上毕业生仅占不到10%，职工文化层次相对偏低。

3. 企业规模总体偏小，市场优势不足 企业精、深加工能力相对较弱，分工协作和专业化程度较低，最终产品比例不高，高附加值特别是掌握核心技术、有定价权的产品较少，市场竞争缺乏明显优势。

下一步，广饶县将全力推动企业转型升级，实现纺织产业高质量发展。一是推动高水平技术改造。以实施"易审批、零增地、高水平"的技改项目作为突围路径，支持纺织企业开展"脱胎换骨式"的技术装备改造，引导和鼓励纺织企业采用各类新型纺织技术更新改造落后生产能力。二是加快发展新型纤维、产业用纺织品。积极开拓高性能纤维、生物质纤维和功能性差别化新型纤维织造和产业用纺织品等领域，依托山东恒鹏卫生用品有限公司、山东海威卫生新材料有限公司等企业，加快开发推广医疗、环保、应急防护等产业用纺织品。适应养老、运动休闲等消费升级需求，开发健康舒适、绿色安全、易护理等功能性纺织品。三是加大纺织产业品牌培育力度。引导纺织企业弘扬诚信精神与工匠精神，加强从原料采购到生产销售全流程质量管控，推进产业"品质革命"。鼓励企业参加具有国际影响力的纺织服装博览会、产业论坛等，对接国内国际流行趋势前沿。四是推动产业数字化转型。推动工业互联网、大数据、云计算、人工智能、区块链、5G等新一代信息技术在纺织服装行业深度应用。

供稿单位：广饶县工业和信息化局

中国毛衫名城

山东省海阳市

一、集群概况

毛衫产业是海阳的民生产业、功勋产业、时尚产业，也是从业人员心中的母亲产业，发展至今已有五十余年的历史。海阳毛衫产业集群现拥有企业450余家，规上企业54家，电脑横机30000余台，其中岛精、慈星等全成型电脑横机拥有量已经超过400台，个体加工户5000余家，从业人员12万余人，年加工毛衫4.5亿件以上，年销售收入超过160亿元，是海阳名副其实的支柱产业。海阳市现在是毛衫产业加工基地，中国毛衫名城是海阳市的靓丽名片。

2019至2021年，在中国纺织工业联合会、中国毛纺行业协会、中国针织工业协会等行业组织的科学指导和关心支持下，海阳针织毛衫行业有效应对了新冠肺炎疫情、海运货柜运费上涨等因素带来的冲击，推动整个产业保持了稳字当头、稳健发展态势。

二、集群发展亮点

1. 一是海阳市委、市政府扶持产业发展的力度明显加大 连续出台了海政发〔2019〕26号《海阳市人民政府印发关于鼓励海阳市针织毛衫产业创新发展扶持意见（2019—2021年）的通知》、海政发〔2020〕17号《海阳市人民政府关于印发关于积极应对新冠肺炎疫情推动针织毛衫企业平稳健康发展的意见的通知》、海政发〔2021〕53号《海阳市人民政府关于印发海阳市针织毛衫产业高质量发展补充意见的通知》以及海办发〔2022〕4号《关于深入实施"工业立市"战略加快推进工业经济高质量发展的意见》等扶持政策。产业专项扶持资金由以往每年的2000万元增加到3000万元，产业发展基金规模设立为5亿元，从点、线、面等方面全方位助力产业发展。

2. 龙头骨干企业对产业发展起到了中流砥柱作用 亚琦纺织的年销售收入达到6亿元，清鸿制衣的产值年均增长1亿元，锦源毛衫、金得利制衣、盈通毛衫、华洋工艺品等骨干企业进行技术改造的投入超过2亿元，规上企业的年均增长速度超过20%。

3. 公共服务平台数量和服务质量明显提升 市政府投资4亿多元打造海阳毛衫产业创新园，山东杰瑞纺织科技有限公司投资2亿元打造海阳针织毛衫设计研发中心，慈星股份与市政府联合打造海阳全成型电脑横机设计研发院，国际针织毛衫城、海阳毛衫检测检验中心等传统公共服务平台与时俱进进行了功能提升。

4. 海阳毛衫产业集群参与市场竞争的差异化优势日益彰显 市政府对企业购置全成型电脑横机给予购机价格20%的补贴，英伦纺织、锦泓智能、锦诚制衣等企业示范引领行业内企业新上全成型电脑横机，培育了海阳毛衫产业集群参与市场竞争新优势。

三、集群目前存在的问题和下一步发展思路

伴随产业的国内外市场发生深刻变化，海阳毛衫产业存在的问题日益表现出来，主要表现为产业和产品结构不合理，行业内企业高度依赖外销，内销市场业态始终没有建立起来，实施品牌战略的效果不明显，产业微笑曲线的两端短板严重，等等。

下一步，海阳市将进一步加大对产业的扶持力度，适时继续出台新的扶持政策。继续加大公共服务平台建设力度，鼓励社会组织创建新型服务平台，不断增加公共服务平台数量，提升公共服务平台服务产业发展能力。继续大力实施品牌战略，通过举办海阳毛衫编织艺术节、奖补企业参展等形式，示范引领海阳毛衫逐步走向品质化、品牌化路子，全方位提升海阳毛衫品牌知名度和美誉度。

供稿单位：海阳市针织毛衫行业协会

中国男装名城

山东省诸城市

诸城市自 2003 年与中国纺织工业协会（现中国纺织工业联合会）建立集群试点关系，被评为"中国男装名城"以来，不断加大扶持力度，促进产业集聚，推动转型升级，推动服装纺织产业向高档化、功能化、时尚化、品牌化发展，打造"时尚名城"。

一、集群概况

诸城市服装纺织产业是诸城市工业的主导产业之一，现已形成以新郎希努尔、桑莎、中纺金维等企业为龙头，从纺、织、印、染、整到成衣、童装、西装、休闲服装、牛仔等种类齐全的全产业链式发展格局。集群以结构调整为主线、以技术创新为动力、以实施名牌战略为引领、以优势产业和龙头企业为核心、以促进产业升级为目标，推进产品向时尚化、个性化、品牌化、功能化方向发展，健全原料、纺纱、织造、设计、成衣、营销、售后等完善的服装纺织产业链，培强做大自主品牌，创建知名度高、美誉度高的区域性品牌，加快服装纺织产业由加工制造向时尚生产转型，打造"时尚名城"。

规模以上企业发展到 58 家，形成了男装、女装、童装、休闲装等全面发展的服装纺织工业格局，桑莎集团、普兰尼奥、中纺金维等龙头企业辐射带动作用日渐突出。从运行监测分析和重点企业、重点项目调研情况看，各项经济指标稳步增长，服装纺织行业实现了高质量发展。2021 年，开工实施技改项目 4 项，总投资 11 亿元，完成投资 1.4 亿元，实现总产值 74.3 亿元、主营营业收入 66.7 亿元、利润 1.2 亿元，分别同比增长 36.7%、14.3%、26.4%，分别占全市比重的 6.3%、5.4%、4.9%。

主要产品包括纱、胚布、印染布、西装、西裤、衬衣、牛仔及休闲服装、针织服装，形成了年产纱 5 万吨、坯布 1 亿米、印染布 1.5 亿米、西装 550 万套、西裤 530 万条、衬衣 450 万件、牛仔及休闲服装 800 万件、针织服装 2 亿件（套）的生产能力，被评为山东优质服装纺织生产基地。

二、集群发展亮点

1. 研发设计服务平台建设日臻完善 健全完善质量检测平台，培育形成以市检测中心为龙头、以大型企业检测室为补充的检测检验体系，全市纺织品在产品性能、产品质量等方面进行检验检测，并区分不同产品和不同商超需要，进行检验分类，直接通关出口，将不同产品一次发往国外不同城市和超市。积极推进现代物流平台建设，加快推进现代物流业与先进制造业融合发展，引进青建优迈建设了一个集网购平台、保税展示、线下体验、商品交易于一体进口商品集散交易中心。

2. 企业两化深度融合水平不断提高 在工业互联网建设推进、两化融合重点企业培育、两化融合管理体系贯标试点创建、企业上云开展、企业信息化提升改造等方面，均取得了突出成绩。

3. "走出去"战略成效显著 桑莎集团、迪尼姆牛仔等企业实施"走出去"战略，转移低端，引进高端，优化产能布局，推动整体转型，取得明显效果。

4. 产品创新步伐加快，高端定制化日趋成熟 鼓励服装纺织企业走自主创新，研发行业关键技术、突破核心技术，加快科技成果转化。

三、集群发展存在的主要问题

1. 品牌建设和时尚创意设计能力不足 诸城市服装纺织产品销售以贴牌加工为主，有较强竞争力的知名品牌数量少。

2. 产品技术研发水平和精深加工有待提高 目前，大部分服装纺织企业面辅料尤其是高档面辅料仍需从国外采购，纺织技术研发不能满足面辅料的需求，纺织技术研发成果不能实现转化。

3. 企业招工难的问题比较突出 大多数的企业有订单，而没有足够的劳动力去生产。有 50% 以上的企业存在招工难现象。部分企业职工平均年龄逐年增大，新招的年轻劳动力缺乏，在人力资源的供给上出现断层或递减现象，影响到整个行业的发展。

4. 高素质技术工人和高级管理人才缺乏 服装纺织产业属于劳动力密集型产业，需要大量一线有技能创新、创造能力的生产工人。企业面临高端研发技术人员、研发设计人才、管理人才难以获得，一线技术工人难招的两难困境。

5. 部分企业订单供需不平衡 今年仍有部分外贸出口企业受新冠肺炎疫情影响，国际市场存在供需不确定性。部分服装企业订单量减少，加上企业产品创新不够、智能化设备使用不够、生产效率较低、利润不高、信息化管理程度低等问题，导致行业发展供需不平衡。

供稿单位：诸城市工业和信息化局

山东省高密市

一、集群概况

家纺产业集群是高密的支柱产业，是全国重点纺织服装产业集群，已形成纺、织、染、缝纫加工、市场销售配套完善的产业体系，先后获得"山东省十大工业产业集群""山东省纺织服装产业基地""中国家纺名城""中国安防用品产业名城""消费品工业'三品'战略示范城市"等荣誉称号，并多次被中国纺织工业联合会、中国家纺行业协会表彰为集群工作、统计工作先进单位。2021 年，高密纺织服装产业集群咨询指导委员会办公室被人力资源和社会保障部、中国纺织工业联合会表彰为全国纺织工业先进集体。

全市已拥有化纤能力 13 万吨，纱锭 230 多万锭，织机 6 万多台，职工近 4 万人。主要产品有棉纱、坯布、装饰布、床上用品、巾被、服装、防护手套等，年产纱 30 万多吨、坯布 18 多亿米、粘胶短纤维 8 万多吨、巾被 7 万多吨。2021 年，全市 207 家规模以上纺织服装企业完成工业总产值、主营业务收入、利润总额分别为 187.3 亿元、170.3 亿元、7.1 亿元。三项指标占规模以上工业比重分别为 37.6%、34.8%、23.4%。

二、集群发展亮点

1. 着力打造行业品牌　近年来，产业的研发能力和产品技术含量大幅提升，催生出一批在国内外颇具影响力的高端品牌。目前行业拥有 2 件中国名牌、5 件中国驰名商标、5 件山东省名牌和 6 件省著名商标。

2. 建设中小企业服务平台　自 2020 年以来，积极发挥市级公共平台的枢纽作用，针对中小微企业实际需求，设立八个服务窗口，高效、便捷地服务企业。在疫情期间，主动对接中小企业的需求，累计为困难企业免费招工 7000 余人次，解决资金缺口 8000 多万元，为中小企业提供小额贷款 300 余笔，解决企业短期过桥资金紧缺的问题。

3. 强化生产保障服务　针对新冠肺炎疫情影响，高密市为纺织服装企业提供精准服务：一是第一时间制定纺织服装企业疫情防控工作方案，积极推动纺织服装企业复工复产。二是通过发放调查问卷、实地走访等形式，深入了解企业问题诉求。三是建立"一企一策""一对一包靠"重点项目工作机制，推动重点项目尽快投产达效。四是组织工信、交通、公安、卫健等部门，组建保企业物流运输先锋队，积极协调解决企业交通运输、业务交流不畅的问题。

4. 全力促进产学研深度融合　通过参与全市"双招双引"，努力为企业、高校、国家级行业协会"牵线搭桥"。与武汉纺织大学合作共建高密研究院，推动高校科研成果本地转化。牵线中国纺织工程学会与众合服装，成立针织布印花技术研发中心。推动东华大学与孚日集团联合成立家纺新材料应用产业联盟。引导大昌纺织与武汉纺织大学、际华集团和恒天集团，研发新型阻燃服装面料，填补国内空白。借助物产中大欧泰的力量，推动产业链整合。推动建设零碳纺织智造园，力争打造成北方针织领域规模最大、技术最先进的纺织产业园和北方地区的纺织集散中心。组建了山东省特种防护手套产业技术创新战略联盟。

三、当前产业存在问题及下步规划举措

当前高密市家纺产业存在以下问题：一是生产成本大幅上涨。受国际形势动荡、原油和能源价格上涨，行业原材料价格也普遍上涨，造成企业成本大幅上涨。二是市场和订单有所转移。目前印度、东南亚等国家和地区对疫情基本不再管控，国内许多地区加大了招商引资力度，造成一些订单转移这些地区。三是行业下步形势不明朗。受国际形势、环保政策等因素影响，企业和行业面临问题更加复杂。

为了更好地推进家纺产业发展，推进措施如下：一是坚定企业发展信心。引导企业科学研判形势，积极应对当前复杂形势，充分发挥企业在质量、信誉、机制等方面的综合优势，深挖国内外市场潜力，加快线上线下融合发展。二是提升产品竞争力。鼓励企业加大研发经费投入，积极建设国家级研发平台，建立与高校、科研院所长期紧密的产学研合作关系，着力提高品牌和产品对市场的适应性。三是落实好惠企政策。重点将国家、省、市出台的惠企政策进行汇总梳理，通过开展"送服务进企业"活动，宣传解读落实到位，增强企业发展后劲。

供稿单位：高密市人民政府

中国手套名城

山东省嘉祥县

一、集群概况

嘉祥县位于山东省西南部，紧邻济宁主城区。纺织手套产业是嘉祥县独具特色和竞争力的重要产业，对吸纳社会就业、增加出口创汇、提高农民收入等方面具有重要意义。

集群内拥有手套生产加工及配套企业 393 家、加工户 1500 多户，自营出口权企业 24 家，年产手套 1100 多万打，带动就业 8 万多人，其中手套企业覆盖全县各个镇街，加工户覆盖全县 85% 以上村居。2021 年实现销售收入 22.6 亿元，销售收入、上缴税金增幅均达到 15% 以上。拥有技术中心 47 家，专利产品 60 多项。产品涵盖了纺纱、棉花加工、手套、服装、床上用品等，主要销往欧美、日本、韩国等 30 多个国家和地区，以及国内 50 多个主要城市。滑雪手套产销量占全国的 60% 以上、山东省的 95% 以上，先后被授予"中国手套名城""山东省手套产业集群""山东省十大影响力产业集群""中国产业集群竞争力百强""中国产业集群品牌 50 强""国家纺织产业集群试点地区"等荣誉称号。

嘉祥以纺织手套为主的产业集聚区及企业发展较好，手套产业园和圣润纺织工业园分别成功申报省级跨境电商产业聚集区、省级体育产业示范基地和功能性腈纶纱国家生产基地。山东建华中兴手套股份有限公司制定的生产标准上升为行业标准。

嘉祥滑雪手套国内市场占有率达 62.58%，国际市场份额占我国滑雪手套国际市场占有额的 76.38%，是全国企业密集度高、产量大的滑雪手套生产基地。预计到 2023 年，全县手套产业可实现主营业务收入约 31 亿元。

二、集群发展亮点

嘉祥县委县政府打造了良好的营商环境，注重引导企业加大科技创新的投入，促进了产业集群的快速健康发展。2019 年底，新冠肺炎疫情暴发，山东建华中兴手套股份有限公司等企业抓紧调整设备转产生产防护服、口罩等防疫物资，其中建华手套生产医用一次性口罩 300 万件、医用外科口罩 100 万件，美诺思生产医用防护服 26 万件，极大地缓解了当时因疫情突发而防疫物资紧缺的情况；2020 年，嘉祥县成功举办了 2020 全国纺织行业党建工作经验交流会和 2020 中国（嘉祥）手套产业云展会，积极推动纺织产业创新发展，深度参与国际交流合作，为构筑新发展格局、促进经济复苏发展作出贡献；鉴于新冠肺炎疫情的影响，秉着"零接触"的原则，2020 年 11 月 16 日嘉祥成功举办了"中国（嘉祥）手套产业云展会"，紧扣"线上"特点、开展"云上"交流，本届云展会以"冰雪产业 互联共享"为宗旨，邀请了来自俄罗斯、日本、韩国、意大利等国家以及国内 100 余家企业参加。此次展会通过线上线下相结合的办会方式，面向全世界展示了嘉祥手套产业辉煌的历史和巨大的发展潜力，同时也积极推动手套产业创新发展，深度促进了国际交流合作。2021 年，为助力北京冬奥会，嘉祥县企业山东建华中兴手套股份有限公司向山东冰雪健儿捐赠 50 套防切割滑冰服。这种滑冰服采用了轻薄的防切割复合材料制造而成，能够有效保护运动员在冰面高速滑行时发生碰撞而产生的巨大伤害。

三、存在的问题和下一步规划举措

目前，嘉祥县的手套产业集群目前也面临着科技创新能力不足、产业链低端、产业集群度不高、高端人才匮乏、核心竞争力不强等问题。

下一步，嘉祥县将积极推进企业建立数字化纺纱生产系统、智能化织造生产线系统；推广基于工业互联网的全流程自动化绿色化生产技术装备、服装柔性化生产与个性化定制技术、纺机智能制造技术。引导手套、纺纱、服装、家纺等企业建设智能化生产线，建设纺织行业工业互联网公共服务平台与安全监测防护体系，促进产供销信息共享，防范信息安全风险。重在集约集群、转型升级。全面对接"中国制造 2025"和"互联网+"行动计划，坚持世界眼光、国际标准、放眼全局、聚焦重点，以市场需求为导向，以龙头骨干企业带动产业链发展为重点，以自主创新和技术改造为支撑，积极开发新产品，提高产业用纺织品、服装、家纺、冰雪运动服饰等终端产品比重，推进产业协同化、集群化、智能化、绿色化发展，形成引领经济发展的新动能。

供稿单位：嘉祥县工业和信息化局

中国休闲服装制造名城

山东省汶上县

在中国纺织工业联合会的帮助指导下，汶上县紧紧抓住"产业培育、企业培植、项目建设"三个关键，精准发力，努力打造"汶上休闲服装"区域品牌，实现了质量效益双提升。

一、集群概况

汶上县拥有深厚的纺织文化和产业基础，经过十几年的快速发展，规模不断扩大，拥有纺纱、织布、后整理、服装成衣加工、水洗、研发、品牌服装销售、物流等较为完整的产业链条，纺织服装产业已由汶上的传统产业发展为民生产业、支柱产业、特色产业。

截至目前，全县拥有纺织服装注册企业 695 家，从业人员 6 万余人，年产各类服装 4 亿余件，占全国服装总产量的 1.3%。全县拥有先进气流纺纱机 50 万锭、津田驹喷气织机、意大利自动络筒机 7500 余台。拥有大型自动裁床、自动拉布机、服装绘图仪、3D 扫描测量仪、数码绗缝机等服装加工生产设备 3.8 万台（套）。2021 年全年实现主营收 222.3 亿元，同比增长 10.0%，实现利润 732.5 万元，同比增长 111.4%。汶上纺织服装产业在财政贡献、提供就业、保障民生方面发挥着重要作用。

二、集群发展亮点

1. 装备水平持续提升 纺织产业方面，拥有带自动落纱细纱长车、水洗机、烧毛机、拉幅定型机、预缩机等设备，整体装备水平较好。服装产业方面，拥有自动裁床、激光切割机等各类先进设备数万台（套），90% 的企业采用模板、吊挂系统等先进设备。

2. 实施品牌共创新模式 在省轻工集体企业联社的支持下，启动汶上县县域特色产业培育示范工程，选取纺织服装产业作为产业培育对象，对纺织服装业明确了开展品牌共创发展新路线，启动网红直播基地跨地域共创项目，举办了"汶上县纺织服装产业'品牌共创'论坛"。成立了汶上县纺织服装产业"品牌共创小组"。

3. 数字化水平显著提升 大力实施纺织服装产业数字化提升工程，不断引导企业使用工业互联网技术、搭建工业互联网平台，促进产业向智能化、数字化发展。鸿瑞轩、爱丝制衣、大爱服装等企业上线 MES 系统，大幅提高生产管理效率。

4. 人才支撑能力加强 实施汶上县纺织服装产业创新人才引育工程，自 2018 年以来，"纺织服装产业创新人才引育工程"先后引进纺织服装领域领军型人才 5 名，骨干型人才 21 名、创新型实用人才 78 名，培养企业家和中层管理人才 531 人次，引进品牌建设、电商孵化等专业团队 10 个，为产业发展提供了强大的人才支撑。

5. 科技创新能力提高 汶上县纺织服装产业研究所被认定为省级新型研究机构、省级科技成果转化中试基地，汶上县纺织服装产业研究所与山东纺织工程学会建立战略联盟，共建汶上研究中心，共同研究课题，解决产业技术难题。

三、产业发展存在的问题及下一步工作打算

纺织服装企业大多以来料加工为主，缺乏自主品，利润空间处于价值链低端，"中间强两端弱"，研发设计和市场营销环节缺失，企业同质化严重。纺织服装用工秩序混乱，造成企业招工难、用工难。

下一步，以智能制造、自主品牌为主攻点，拓展设计研发、检验检测、品牌销售等环节，推动全产业链提档升级，擦亮中国休闲服装制造名城品牌。一是提升加工制造水平。全面推进智能制造、柔性化制造。加快 5G、人工智能、工业互联网在行业内的推广应用，提升装备数控化、智能化水平，普及计算机辅助设计制造系统，打造一批数字车间和样板工厂，全面提升制造能力和生产效率。二是助推大项目建设。建立纺织服装产业重点企业和重点项目库，靠上服务，实行一企一策加大扶持力度，跟踪项目建设进度，及时协调解决项目建设中出现的问题，争取重点项目早完工、早达产、早见效。三是培育一批自主品牌。围绕电商直播跨地域协作，探索设立山东省县域特色产业跨地域协作示范基地（电商直播），推进汶上县纺织服装产业电商直播平台建设，推进跨境电商平台建设，着力培育自主品牌。四是持续优化发展环境。持续实施服务助企工程，从企业需要出发，把"被动服务"更多转向"主动引领"。依托"惠企政策宣传月"活动，把"企业找政策"更多转向"送政策进企业"，帮助企业对接政策干货、精准享受政策红利。

供稿单位：汶上县工业和信息化局

中国土工用纺织材料名城

山东省德州市陵城区

一、集群概况

陵城区纺织业的主导产品是土工合成材料系列产品。目前全区共有规模以上企业28家。拥有各类生产线210条，生产能力达到60万吨。主要产品有土工布、土工膜、土工格栅等60多个品种，产品全国市场占有率达到42%以上。在土工合成材料产业链条中，陵城区已基本涵盖了所有产业链条的终端产品，已形成了比较完整的产业链。

2021年该产业实现营业收入19.42亿元，税收3463万元。2022年第一季实现营业收入3.47亿元，税收402万元。

二、集群发展亮点

1. 产业特色明显 依托宏祥新材料、建通工程等骨干企业，不断加大研发投入，以新技术推动生产工艺进一步改良，向自动化、数字化、智能化方向发展，促进生产效率进一步提升，实现传统产业优化升级。围绕特色纺织这一传统优势产业，陵城区以新一轮高水平技术改造和招商引资为引领，进行延链补链强链，实现传统产业优化升级

2. 品牌影响力强 特色纺织产业凭借优良的发展环境、雄厚的产业基础、较大的企业群体、完整的产业链条、领先的研发能力、较高的市场占有率，被中国土工合成材料工程协会和国际土工合成材料学会中国委员会联合授予全国首家"中国土工合成材料生产基地"称号，被中国纺织联合会授予"中国土工用纺织材料名城"称号。全国市场占有率达到42%以上，展毯类销售更是占到全国近一半的市场份额，已成为全国土工材料生产基地。

3. 技术水平高 近年来，各企业注重在生产流程中采用了国际先进的技术设备，目前进口设备3000多台套，占全部设备的10%以上，企业通过消化吸收再创新和集成创新，产品的设计、加工、检测手段明显提高。

4. 产学研融合程度深入 产业企业不断扩大与高等院校、科研院所的合作与交流，建立起以企业为主体、市场为导向、产学研结合的创新体系，2021年陵城区纺织产业研发投入达3.2亿元，研发投入强度达到3.02%，规上企业从业人员7306人，研发人员1154人，占比15.8%。宏祥新材料股份有限公司与东华大学、清华大学、中铁第一勘察设计院等十余家高校、科研院所建立了产学研合作关系，参与制定国家标准、行业标准16项、获省级以上项目4项，拥有发明专利9项，计算机软件著作权6项。

三、存在问题及发展要求

1. 人才引进困难 专业性、复合型人才不足。由于陵城区对高端人才缺乏吸引力，难以留住高端人才，加上北京、青岛等邻近城市对人才的虹吸效应，导致中高端人才流失现象较为普遍。

2. 创新能力不足 部分企业局限于引进技术进行简单模仿和制造，缺少对技术进行消化和二次创新，自主创新的产权保护意识淡薄。部分中小企业缺乏创新的动力和机制，研发能力较弱，不注重"产学研"创新平台的利用。

四、下一步规划举措

1. 大研发力度，进行产品升级和扩大应用范围 一方面鼓励和扶持重点企业进行技术改造和产品研发，另一方面建立公共服务平台和合作委托研发平台，加大新产品研发、行业关键技术和共性技术的研发力度，解决行业产品升级中的共性问题，实现区域范围内的资源共享，以期达到调整产品结构，提升产业层次的目的。

2. 加强跨行业合作，研发符合市场需求的新产品 传统的功能简单、性能一般的产品同质化竞争严重，产能过剩；工程市场正在对产业用纺织品的性能和定制化提出越来越高的要求，需要企业与高分子工程、岩土力学、土木桥梁等细分领域的专业人才，以及跨领域的复合型专家人才进行更深层次的合作。

3. 加强对外合作 由于中国基础设施建设及环保工程的巨大市场和其他发展中国家无法相比的生产技术和能力，世界土工材料行业跨国巨头都将中国作为最重要的布局板块之一，如美国GSE、加拿大索玛、英国坦萨等都已在中国设立代理商或合资企业。英国坦萨曾经委托宏祥为其贴牌生产土工材料产品。

4. 差异化和高端化发展 在陵城区土工材料行业里，每个企业有不同的特质和产品。主管部门、协会和企业之间应加强协调，优化资源分配，各企业产品向差异化发展，用途和质量高端化，尽量避免同质化。

供稿单位：德州市陵城区工业和信息化局

中国棉纺织名城

山东省夏津县

一、集群概况

棉纺织是夏津的优势传统产业，起步于 20 世纪 80 年代，经过近四十年的发展，实现了从棉花种植到纺织、服装加工的几次跨越，形成了以华芳纺织、仁和纺织、天润纺织、丰润纺织为龙头的棉纺织产业集群，是闻名全国的"中国棉纺织名城"。截至 2021 年底，全县新型纺织产业集群及配套企业 166 家，包括纺织企业 96 家，织布企业 11 家，服装加工企业 24 家，家纺企业 19 家，毛纺企业 2 家，棉花育种企业 2 家，仓储物流企业 12 家。

2021 年集群营业收入达到 108.55 亿元，其中主导产业收入 81.85 亿元，55 家规模以上企业营业收入约 70 亿元，占全县规上企业的 46%；集群从业人员 1.7 万人，纳税达 1.77 亿元。纺纱规模 220 万纱锭，年产纱线近 40 万吨，布匹 9000 万米，服装 3000 万套，家纺 500 万件；其中纱线产量约占山东省的 6%、德州的 50%。

二、集群发展亮点

1. 生产设备优良、技术水平高 近年来，夏津县纺织产业智能化水平不断提升，96 家企业中有 65 家具有"清梳联"流水线，设备自动化率达 75% 以上，特别是 2020 年以后，天润、新时兴、瑞生等企业购置村田优宝络以及托盘型自动络筒机等设备，在"清梳联"的基础上，应用"粗细联""细络联"，逐步实现了自动化、智能化，提升了企业的产品质量和档次，用工下降到每万锭 30 人以内，节省人工成本 70% 以上，市场竞争力明显增强。

2. 产业数字化蓬勃发展 仁和纺织与智能化服务商-山东动脉智能合作，量身定制研发了"夏津仁和纺织细纱在线系统"，该系统是一款基于人机互联、有效提高生产效率的信息化管理平台。可实现异常自动告警，机台运行、停机、故障、检修全程状态跟踪。生产效率、统计准确率得到了大幅提升，节省细纱盘存人工，降低用电量。

三、存在的问题

虽然近年来通过不懈努力，夏津棉纺织产业取得一定成绩，但仍存在企业发展不均衡、生产成本高、融资难、管理制度不健全等许多亟待解决的问题。面对存在的困难和问题，夏津县将坚持"靶向意识"，强弱项、补短板、快发展，进一步优化发展环境，加大扶持力度，推动棉纺织产业集群快速健康发展。

四、下一步规划举措和工作打算

夏津县纺织产业集群重点在产业园区建设和产业数字化转型两方面发力。

1. 强化纺织产业园区建设 初步建成开发区"新型绿色纺织产业园区"及乡镇"新型纺织智慧产业园区"，逐步形成以中国纺织品制造基地、中国纺织品贸易基地和中国纺织技术开发基地为内涵的中国纺织名城。

一方面依托经济开发区建设"绿色纺织产业园区"。夏津县经济开发区是省级经济开发区，总面积 33.3 平方公里，基础配套设施齐全，规划三个产业园区，即绿色纺织新材料产业园、新型纺织产业园、家纺产业园区，将在现有基础上推动纺织新材料产业向中高端迈进，带动夏津县纺织业进一步拉长纤维产业链条，定位于服装、家纺用合成纤维的差别化产品、新型聚酯纤维、再生纤维、产业用纺织品专用纤维的研发生产，打造中国最大的纺织新材料产业基地。

另一方面是打造新型纺织智慧产业园区。在宋楼镇、南城镇等乡镇，逐步建成"新型纺织智慧产业园""智能纺织车间"。在园区内重点打造若干个智能样板车间，实现纺纱的智能化控制、车间环境的智能监控、物流的自动配送，引领新型纺织产业逐步实现"机器换人"。

2. 推进纺织产业数字化转型 一方面打造新型纺织行业智能制造标杆工厂。通过优化业务流程，补齐信息化短板，连接核心设备，辅助经营决策，实现企业向数字化、网络化、智能化的全面升级，将仁和纺织打造成全国纺织行业的智能制造标杆；另一方面，以仁和纺织为模板，为纺织产业数字化转型打造统一的定制化方案，在行业内复制推广，在精益化管理、数字化、自动化、网络化、智能化方面，综合提升企业水平，使新型纺织产业集群实现整体数字化转型。

以新型纺织产业数字化为基础，腾讯云将投资 5.6 亿元在夏津县建设腾讯云工业云基地及夏津纺织工业互联网产业基地，并进一步建设产城融合创新应用中心、供应链金融智慧云服务平台、工业互联网培训机构以及短视频直播基地。

供稿单位：夏津县工业和信息化局

中国半精纺毛纱名城

山东省禹城市

一、集群概况

禹城市是我国半精纺纱线的发源地，拥有制定半精纺行业标准的鲁银集团禹城羊绒纺织有限公司和以行业研发创新为代表的山东德信羊绒科技有限公司，形成了集纺纱、针织、后整理、染色于一体的产业链条，拥有大小规模纺织企业近百家。

2015年，鲁银集团禹城羊绒纺织有限公司和山东德信羊绒科技有限公司通过了国家印染行业准入，取得了行业印染的通行证。鲁银集团禹城羊绒纺织有限公司高效利用该项专利，按照最新的排放标准，新上节能节水染色设备，真正实现绿色发展的要求。山东德信羊绒科技有限公司是一家专业研发与生产针织、机织高端差别化纱线的企业，拥有国家专利21项，多次获得山东省技术创新奖。生产的"德信"系列羊绒、蚕丝及其混纺纱线产品，市场占有率28%，在国内同类产品中领先。

二、集群发展亮点

1. 强化规划引导 坚持科学合理利用各类资源，不断提高资源利用率，加强环境保护工作，注重生态和环境安全。按照统筹协调的原则，促进分散、粗放向集中、集约科学发展方式的转变；坚持规划先行，紧密结合出台的《禹城市半精纺产业"十四五"产业发展规划》，进一步加快禹城半精纺毛纱产业发展步伐，发展壮大产业集群。

2. 加大扶持力度 加大政策宣传、贯彻落实力度，积极引导企业充分用足用好财税优惠政策，强化对政策落实情况的监督检查，切实把优惠政策薄到实处。同时，充分发挥财税部门的职能作用，积极研究制定财税配套政策，促进产业发展。对一些重点项目，市政府给予一定配套资金支持。切实落实国家新税法规定的增值税转型税收政策，采取多种形式引导社会资源向半精纺产业倾斜。

3. 理顺体制机制 坚持把发展体制机制建设作为建设中国最大半精纺产业基地的重要载体，解放思想、探索创新，逐步理顺组织领导体制和政策支撑体系，不断增强自我发展的能力。扶持有条件的企业利用市场手段融资，着力破解融资难题。

4. 优化创业环境 德州高新技术产业开发区前身为禹城高新技术产业开发区，2015年9月，被国务院批准为国家高新技术产业开发区，是山东省唯一一家设在县级市的国家高新区。园区总规划面积68.15平方公里，功能分区科学，基础设施完善，实现了"九通一平"。

5. 充分发挥服务平台和行业协会作用 充分发挥行业协会作用。充分利用半精纺产业协会，制定行业规范，搜集统计行业信息等工作，为会员企业经营决策提供数据支持。服务平台与行业协会的创设为半精纺产业更好更快发展提供强有力的资讯支持和服务保障。

三、产业存在的困难和问题

1. 企业运营成本上升 一是环保投入较大。因排放标准提高，企业需新增印染设备，改革污水处理工艺，增加污水智能检测设备。二是原材料价格上涨。羊绒、羊毛、棉、绢丝等主要原材料价格上涨幅度较大，生产成本居高不下。三是人工成本升高。

2. 企业用工紧张 受工序连续运转、环境差、劳动强度高、工资水平不高等影响，企业招工困难。二胎政策放开之后，人员流动性增长25%，用工队伍不稳定，影响企业长期发展。

3. 产品研发投入不高 受限于工艺及设备影响，产品研发创新力度不足，产品附加值低。

四、将来的工作打算

1. 设立产业专项资金 根据产业发展需求，设立产业专项资金，重点为企业提供品牌建设、人员招聘、专业培训、展会展览等产业提升方面的公共服务。

2. 加强公共创新服务平台建设 加快建设德州高新区中央创新区，构建集研发、孵化、加速、实训、检验检测、成果转化、金融服务为一体的公共创新创业载体，打造全周期孵化平台。

3. 提升管理水平 加大对企业家培训力度，定期组织企业家赴先进地区培训学习，开展新旧动能转换和企业管理创新研修活动，邀请国内知名专家来禹城市集中授课。支持鼓励集群建立现代企业制度。

4. 保障用工需求 充分利用传统媒体和新媒体等多种平台，做好纺织企业用工信息发布、职业介绍、职业指导和推荐培训等工作，定期举办各类劳动力招聘会，大力引进专业技术人才。依托高铁优势，组织开展高铁沿线城市技能人才招聘活动，吸引高铁沿线城市技能人才到禹城市就业发展。

供稿单位：禹城市工业和信息化局

中国棉纺织名城　中国蜡染名城

山东省临清市

一、集群概况

近年来，临清市深入推进供给侧结构性改革，大力实施新旧动能转换重大工程，持续加大纺织业技术改造力度，不断延伸产业链条，加快推进产业转型升级，目前，已形成集棉花加工、纺、织、染、服装为一体的产业集群化发展格局。年产各类纱线 18.6 万吨、布 7.1 亿米、服装 3000 万件。2021 年全市规模以上纺织服装企业实现工业总产值 91.24 亿元；主营业务收入 92.56 亿元。

二、集群发展亮点

1. 坚持规划引领，优化发展环境　2021 年，市政府委托中国棉纺织行业协会科学编制了《临清市纺织服装产业"十四五"发展指导意见（2021—2025年）》，先后研究出台了《临清市"企业上云"行动实施方案》《临清市人民政府关于印发临清市工业企业"亩产效益"评价改革实施方案（试行）的通知》《关于对"亩产效益"评价企业试行差别化价格政策的通知》《关于加快制造业强市建设的实施方案》等一系列扶持政策，市政府成立了由分管副市长牵头，市工信局、发改局、科技局等相关部门和镇办公室为成员单位的纺织服装产业转型升级工作专班。强化上门服务，实行个性化培育，实现了"培育一个点、带动一条链、壮大一个产业"。

2. 加大技改力度，实施新旧动能转换　鼓励引导企业持续加大技术改造力度，广泛应用先进的数字化、智能化设备，以国际一流的设备占据市场竞争的制高点。一是推动以三和纺织集团为代表的大型纺织企业，新上项目普遍采用国际一流的高端智能化设备。二是鼓励有实力的骨干企业坚持高起点建设，以国内先进纺织企业为标杆，提高企业装备水平。三是引导资金实力一般、但有新增产能需求中小纺织企业，以经济适用为原则，购买二手设备进行数字化改造，以较小的投入实现技术装备的改造升级。

3. 坚持纯棉纺纱方向，打造高品质棉纺区域品牌　在坚持纯棉纺纱方向的同时，积极引导企业紧跟市场需求，研发生产精梳强捻、反捻、竹节纱、紧密纺、紧密赛络纺等附加值高、市场竞争力强的差异化棉纱品种，有效避开了棉纱常规品种的激烈竞争，走出了一条差异化、高档次、多品种的特色产品经营之路。

4. 持续抓好创新，高标准打造研发平台　纺织企业不断加大科研投入，积极提升自主创新能力，一些重点企业的科技研发投入占产值的比重达到 2% 以上。2020 年 5 月，聊城市三和纺织服装产业研究院在临清注册成立，纺织服装产业研究院发挥自身人才、技术优势，瞄准行业技术前沿，开展新工艺、新技术的研发工作。

三、产业发展存在的困难和问题

虽然做了许多工作，但产业发展仍存在一些问题和不足：一是除几个骨干企业外，其他纺织企业整体装备水平相对落后，智能化、信息化水平有待进一步提高；二是临清棉纺纱线的区域品牌效应发挥不明显，高品质"临清棉纱"品牌效应亟待提升；三是企业研发能力不足；四是企业家队伍与高质量发展要求的高级复合型人才还有一定的差距。

四、下一步发展的方向和目标

1. 延伸产业链条，提高服装家纺等终端产品比重　在临清市现有纺织产业的基础上，大力发展中间和终端生产环节，延伸产业链，加快服装自主品牌建设，提升产品文化内涵以及品牌建设，提高家纺服装产品占纺织产业总产值的比重。

2. 加强技术改造，提高企业发展质量和效益　加强技术改造，提高纺织服装企业数字化水平。鼓励龙头骨干企业对接行业发展先进技术，积极开拓项目源，实施重点项目投资计划。通过配置短车集体落纱、单锭检测及半自动打包等装备提升中小企业自动化水平。

3. 强化品牌建设，提高产品知名度和占有率　一是强化已有品牌的培育，加强三和纺织、馨雅纺织、恒发卫生用品、联创实业等现有自主品牌的建设；二是鼓励骨干企业注册自己的产品商标；三是重点打造"临清棉纺织"区域品牌的影响力和知名度。

供稿单位：临清市工业和信息化局

中国绳网名城

山东省惠民县

一、集群概况

惠民县历年来高度重视新型绳网产业发展，截至2021年底，全县拥有规上绳网企业64家，规下纺织企业720家，其中主营收入超亿元企业5家。全县绳网产业从业人员超7万人，各类织机7000余台（套），密目式安全网、安全平网等主要产品远销国内外。

在统筹疫情防控和经济社会发展中，惠民县绳网产业开拓创新、奋力争先，不断提升创新能力和市场开拓能力，高质量发展取得明显成效。2021年，全县绳网产业实现工业总产值224亿元，同比增长14.23%；利润9.67亿元，同比增长14.98%。

二、集群发展亮点

1. 实施"强链"工程，夯实转型发展之基 培"强"龙头。探索以"创业—孵化—集群"为核心的内生驱动机制，拥有自营进出口权企业63家、省级高新技术企业10家、科技型中小企业64家、省级"专精特新"中小企业6家，加工业户7000余户，从业人员7万余人。

做"强"产品。实施"绳网产品制造+设计"提升工程，拓宽产业内涵，从单一型建筑安全网的基础上，累计开发防护网、体育网等24个系列200余种规格的绳网产品，广泛应用于建筑、体育、军事等行业领域。

塑"强"品牌。健全完善绳网企业品牌培育管理体系，建成全省第一个省级网具质量检验检测分中心（工作站），与欧盟GS标准等国际标准接轨。

2. 实施"建链"工程，拓宽品质赋能之道 突出高端化。研发深海养殖用网，提升耐侵蚀性、耐磨性等性能。六角足球网等8类产品打入巴西奥运会，滑雪场围网打入滑雪世界杯并成为2022年北京冬奥会指定产品。

突出智能化。打造"绳网产业+互联网+人工智能+大数据"融合发展模式，惠民县绳网数字经济园区被评为"省级示范型数字经济园区（试点）"全面分析产业供应链和需求研发导向。

3. 实施"固链"工程，强化战略制胜之举 注重创新驱动。培育国家级高新技术企业8家、科技型中小企业36家、省级企业技术中心4家、研发服务平台2家、企业实验室8家，专业技术研发人员达100多人，高级技工达800多人，研发经费年均超过2500万元，发明、实用新型等各项专利达247个。

注重园区带动。培育绳网国际创新产业园、绳网物流园等系列集群平台。总投资50亿元的大通·惠民绳网国际智慧物流产业园是化纤绳网专业园区，涵盖科技研发、电子商务等十大领域。

4. 实施"保链"工程，坚守动能转换之要 畅通循环拓市场。实施"互联网+绳网"双网融合工程，发展中国淘宝村20个，绳网电商数量3000余家，自建企业网站400余个，线上年交易额突破15亿元。产品出口德国、日本、阿联酋等40多个国家和地区。

简政放权优服务。成立全市首家镇级审批中心，累计下放政务服务审批事项115项，实现南部6镇约24万群众"少跑腿""就近办"的人性化需求。

三、集群发展面临的主要问题

1. 产品创新能力不足 企业与科研院所之间合作不够，产品技术创新不足，设计能力、科技含量较低，严重制约了惠民绳网产业集群整体创新能力的提高。

2. 企业利润空间逐步缩小 融资难、融资贵尚未根本解决，成本大幅提高、工业用地指标不足等生产要素制约了企业的提档升级。

3. 政策调整对供求平衡的影响 受新冠肺炎疫情、国家宏观调控政策影响，导致建筑用化纤绳网需求不足，市场供给空间受到制约。

四、下一步工作重点

1. 实现企业产品营销电商化 设立区域办事处为主转为线上营销为主，规模以上工业企业线上销售份额占比达到50%以上。

2. 实现线下产品展示化 进一步完善绳网原料、产品、海淘等特色展厅。

3. 加快服务平台建设 启动李庄绳网物流贸易中心、绳网主题广场等项目，加快项目建设；增强公共服务平台能力，突出科技研发、人才培训、信息动态和咨询管理。

4. 加快产学研联合 选择基础好、发展潜力大的企业作为试点，与东华大学、山东省塑料工业检测中心等高校院所建立合作关系，共同研发，切实提高创新能力。

供稿单位：惠民县工业和信息化局

中国棉纺织名城

山东省郓城县

一、集群概况

郓城县棉纺织产业基础较好，从原料购进、产品销售、设备维修和配件销售等已形成较为完整的市场，增强了抵御市场风险的能力。

集群内现有纺织企业394家（规模以上162家），其中纺纱企业140家、纱锭317万枚，5万纱锭以上的企业11家；化纤企业11家，年产化纤12万吨；织布业户24家，织机2737台；无纺布企业3家；服装加工企业24家。

2021年，实现主营业务收入95亿元、利税6.5亿元（规上企业）。2021年规模以上企业162家，纱总产量522974吨，棉纱总产量505751吨，棉混纺纱总产量16757吨，工业总产值141.23亿元，利润总额10.85亿元，应交所得税0.68亿元，本年应交增值税3.58亿元，资产总计74.80亿元，年产值占全县的44%，实现利税占全县的36%；规模以下企业225家，工业总产值50.18亿元，利润总额4.25亿元，应交所得税0.21亿元，本年应交增值税0.98亿元，资产总计25.04亿元。年产值占全县的17%，实现利税占全县的13%。

二、集群发展亮点

1. 产品品种、品牌、品质得到提升 郓城县政府制定和完善扶持、激励企业技术创新的特优政策措施，引导企业重视发明，提高专利申请的积极性和主动性；主动参与产品国家标准、行业标准的制修订工作；强化品牌意识和品牌创建力度，不断提高产品质量和企业的诚信度，为品牌建设夯实基础；进一步提升区域产品知名度，积极培育区域品牌和自主品牌，提高产业集群的综合实力。

2. 设备智能化、自动化水平提升 积极贯彻落实国务院《关于进一步加强淘汰落后产能工作的通知》，鼓励纺纱企业积极采用清梳联合机、精梳机、紧密纺、全自动转杯纺、涡流纺、细络联合机、自动络筒机、无梭织机、先进的浆纱机，提高"三无一精"产品的比例；配备有资源优势的产业用装备，扩大纺织生产

领域，增加产品附加值。三年来，郓城县纺织企业新增加的先进设备，自动化程度较高，多数企业万锭用工在50~60人，个别企业能达到30人左右。

3. 节能降耗，提质增效明显改善 郓城县政府不断加快棉纺织产业节能降耗的升级步伐，配合企业引进世界上先进的纺织生产设备，降低能源消耗、人力成本，提高生产效率，并且有些企业已经实现了智能化生产。把握市场需求，针对传统产业链条推陈出新，改善生产环境，节能降耗，产品质量也得到明显改善。

三、产业发展存在主要问题

1. 企业规模小 大型龙头企业少的问题比较突出，现有工业企业中，绝大多数企业体小力弱、产业链短、产能小，没有形成知名品牌。企业层次不高、竞争力不强。大多数企业产品结构单一，且初级产品、中低档产品多，优质产品特别是高科技、高附加值的产品少，抵御市场风险能力较弱，企业税收整体下降。

2. 融资困难大 受金融环境和担保圈的影响，绝大多数企业已很难从金融机构获得融资，造成部分企业资金链断裂，个别企业因缺少流动资金无法维持正常生产经营。由于融资难、融资贵，也直接影响了新项目的落地和在建项目的建设进度。

四、下一步规划举措

1. 加快传统产业提升 推动传统产业向智能制造、协同制造和绿色制造方向发展，促进传统产业提质增效、转型升级。

2. 做大做强骨干企业 坚持以体制创新、技术创新和管理创新为动力，把培植骨干企业作为推进工业强县的重大战略，充分发挥企业纵向延伸、横向联合的能力，形成更具竞争优势的产业集群，着力打造一批核心竞争力强、规模与品牌优势突出领军型龙头企业，培育一批具有较强创新能力的企业，打造创新型产业集群。

供稿单位：郓城县工业和信息化局

中国品牌服装制造名城

河南省新密市

一、集群概况

品牌服装是郑州和新密着力打造的千亿级产业，是新密重要的优势产业之一。新密市委、市政府高度重视发展服装产业，着力推动服装产业转型发展，实现了从代加工到自主品牌的跨越发展，从服装制造业向服装时尚创意产业发展的良好转变。

目前，新密市服装类企业 156 家，年产服装 1.1 亿件，拥有以服装为主导产业的省级产业集聚区，有国家高新技术企业 1 家、科技型企业 50 家、中国驰名商标 1 个、河南省著名商标 8 个、名牌产品 2 个，建立研发中心 6 个，实现年产值 200 亿元，以国际（郑州）时尚总部港、女装原创产业园为代表的一批重大科技产业园区落地建设。先后荣获"中国品牌服装制造名城""中国服装优质制造基地"称号，工信部"全国纺织服装创意设计试点园区"，千亿级品牌服装产业生态链日益完善，"好服装、新密造"的品牌效应更加凸显。

二、发展亮点

1. 优化营商环境，助推高质量发展 近年来，新密市结合供给侧结构性改革、新旧动能转换相关政策，在政策、资金、技术等方面研究制定针对性措施，对服装产业予以精准扶持

2. 开启多方合作，推动产业升级 与中国纺联、河南省服装协会等部门深度对接，在产品贸易、品牌建设、行业参展和人员培训等方面持续合作，形成了政府、企业、协会三方互为支撑的产业发展新格局。

3. 调整产业结构，优化产业布局 近几年，新密市服装产品结构调整的步伐进一步加快。一些品牌知名度和市场占有率高的企业，依据自愿互补的原则，通过联合、兼并、收购等多种形式，完成了生产要素的优化组合和资源的合理配置，实现由粗放型向集约型的转变。

4. 活动引领发展，打造区域品牌 近年来，新密市委、市政府依托服装产业优势，以"科技、时尚、绿色"为服装产业发展的新定位，充分利用"中国品牌服装制造名城""中国服装优质制造基地"两大平台的优势，成功举办三届中国（河南）国际大学生时装周，强力推介了新密、宣传了新密，取得了丰硕成果，

美丽新密、时尚新密的名片愈发闪耀。

5. 打造精品园区，提升创新能力 围绕新密市经济发展水平和时尚产业布局，依托新密市地域文化特色，加大对精品园区的培育力度。市委、市政府积极构建产学研深度融合体系，联合河南工程学院、锦荣产业新城成立了河南省首家"时尚产业研究院"。

三、集群未来发展思路

1. 加快转变政府职能，促进产业集群发展 充分发挥产业政策和行业规划的导向作用、正确引导和扶持服装产业优化升级，紧紧抓住郑州服装市场外迁的机遇，通过财税政策、地方配套支持手段，给服装产业必要的优惠政策，营造宽松的产业发展环境。

2. 加快推进载体建设，搭建产业发展平台 继续完善园区基础设施、配套齐全，实施绿化、美化、亮化工程，投资环境不断提升。未来，豫发密兰小镇将继续发挥大学生时装周的影响力和凝聚力，不断强化时尚文化创意产业的招商运营，通过产业数字化升级，实现从单一服装产业链构建向时尚产业生态圈营造转变，为产业发展提供良好的外部空间和产业发展大平台。

3. 拉长服装产业链条，做大做强专业板块 实施"走出去、引进来"战略，与境外资本和国际、国内知名企业进行"嫁接"，尽可能引进一批高档服装企业，特别要把更高技术水平、更大增值含量的纺织生产环节和研发机构承接过来。加快培育市场、打造行业贸易中心，依托市场不断引进国内外知名品牌的加盟。

4. 提高科技创新能力，创建新密服装产业大品牌 走创新之路，区域品牌、企业品牌、产品品牌的共同支撑产业发展。持续办好中国（河南）大学生时装周，开展流行趋势发布、服装设计大赛、高端产业论坛等活动，提升新密市服装产业知名度和影响力。

5. 培育重点龙头企业，推动产业做大做强 深入推进服装行业"个转企、小升规、规改股、股上市"，培育"专精特新"中小企业，加快培育年主营业务收入超亿元企业，打造一批创新能力强、有竞争优势和产业担当的"功勋企业"，引领新密市服装产业发展壮大。

供稿单位：新密市科学技术和工业信息化局

中国针织服装名城

河南省安阳市

一、集群概况

安阳是河南省最大的针织布织造基地和印染基地，全国最大的针织童装品牌中心之一。全市现有纺织服装企业4000余家（含个体工商户），其中知名品牌服装企业有800余家，针织制造企业64家，规上印染企业16家，较大规模服装加工企业3000余家。2021年，全市规上纺织服装企业营业收入24.8亿元，占规上工业比重1%；规上纺织服装企业从业人员平均人数6993人，年产纱6.69万吨、布3563.7万米、服装2055万件（套），全市童装产量占全国市场份额的30%，0~3岁婴幼童装产量占全国市场份额的70%。

在空间产业布局上，北关区突出"中国童装名镇"，重点发展棉纺、织布、印染、童装；滑县重点以牛仔服装加工企业为龙头，棉纺织、水洗等企业配套、家用纺织为重点；文峰区（高新区）发展高档针织童装。安阳市的纺织服装产业已形成了包括纺纱、印染、针织、家纺、服装、电子商务、物流等门类齐全的纺织服装产业体系，成为大中小企业联动、上下游协作互补、产业配套完备、集聚效应显著的优势产业集群。

二、集群发展亮点

1. 抓集群整治，优产业生态 针对纺织服装产业集群进行综合整治和优化升级，先后组织多次会议，开展摸底排查、审批规划"回头看"、正、负面清单制定、"三合一"整治等系列工作。取缔违规住宿和使用明火、大功率电器商户2200余户。从企业环境保护、工艺装备、现场管理、厂容厂貌、消防安全等方面制定出企业优化升级标准。通过"依法退出一批，整合升级一批，培育壮大一批"，有效地提高了产业集聚度和环保治理水平。

2. 抓重点项目，补产业链条 按照高质量发展要求，以纺织服装产业链为主线，强链、延链、补链，形成上下贯通、左右协同的产业发展新生态，集中建设一批重大项目。一是中信环保印染示范园，整体建设进度完成90%，部分厂房已达到入驻条件，目前已入驻4家企业；二是佰源针织园，部分厂房已投产，办公楼配套设施已全部完工，目前已入驻瑞祥、汕慕2家织布企业；三是豫之锦高端纺纱项目，项目一期已竣工，建设标准化厂房30000平方米，建成6万锭精梳紧密纺生产线的纺纱车间和倍捻车间，两个车间设备

都已安装到位，已正式投产，截至目前，累计产值已超过5000万元。

三、当前产业发展存在的问题

1. 纺织服装产业转型升级还不够快 虽然安阳市纺织服装产业转型取得了积极进展，但仍存在着一些问题亟待解决。一是生产工艺水平不高。大部分企业生产设备落后，工艺水平不高，为知名品牌、高端品牌代加工能力差，生产的产品以中低端为主。二是规模化程度低。全市拥有纺织服装各类市场主体5000余家，但龙头企业少、法人企业少、规上企业少，对经济社会发展的支撑带动能力不强。三是知名品牌少。中国驰名商标和中国十大童装品牌还没有一家，与庞大的产业体量不对称；四是纺织服装专业技术工人、重点人才缺乏。

2. 产业配套服务能力严重滞后 如北关区全区纺织服装企业每年布料需求32万吨，产能12亿件（套），工人超过6万名，但柏庄镇区住宅、市场、学校、医院等配套供给严重不足。如何使纺织服装企业既能招来工人，又能留下工人，让工人安居乐业、安心就业是急需解决的突出问题。

四、下一步的规划举措和工作打算

1. 实施招商引资带动工程 瞄准国内纺织服装200强企业，通过举办大型招商推介会、聘请招商顾问、委托招商、以商招商等方式，围绕产业链的重要环节、重要领域、重要企业开展重点招商，着力引进面料、印染、针织生产、质量检测、电子商务、服装设计等产业发展环节的重要企业，提高招商引资的针对性和效益。以中信印染产业园、针织面料产业园等为载体，开展招商引资工作。

2. 实施市场主体培育工程 对经营形势好、成长潜力大、属于重点发展领域的纺织服装重点企业加大政策扶持和土地、资金等资源要素倾斜力度，实现重点链条重点企业重点突破，引导纺织服装个体户进行"个转企"，纺织服装企业进行"企升规"，规上企业研发活动全覆盖，有能力的企业为知名品牌企业"代加工"。

供稿单位：安阳市纺织行业协会

中国棉纺织名城

河南省新野县

近年来，新野县认真贯彻落实市委、市政府"两轮两翼"发展战略，依托全省规模大、行业竞争力强的纺织服装主导产业，以建设全国纺织服装生产基地为目标，按照"提升纺纱、主攻面料、发展终端、塑造品牌"的发展思路，深入开展延链补链强链行动，加快产业转型升级步伐，优化营商环境，纺织服装产业形成全产业链发展格局。

一、集群概况

纺织服装业是新野县工业经济的支柱产业，也是县域经济发展的主导产业。目前，全县拥有纺织服装企业71家，纱锭规模200万锭，织机3000余台，其中10万锭以上棉纺企业4家，年产纱线30余万吨，坯布2.6亿米，吸纳就业3.5万余人，纱线产品涵盖5~120支纱，产品远销广东、江苏、福建等20多个省及美国、日本、欧盟等16个国家和地区，成为全省最大的纺织服装产业基地县和鄂豫皖毗邻区域性纺织服装产品交易中心，被河南省政府列为全省重点扶持的10个纺织服装产业集群之首，获得中国纺织工业联合会授予的"中国棉纺织名城"称号。县产业集聚区成功申报为省中小企业特色产业集群（纺织服装）。在2021年中国棉纺织行业协会公布的"2020年度棉纺织行业竞争力百强名单"中，新野县新纺公司排名第九。2021年，全县38家规模以上纺织企业占规模以上工业增加值的60.2%，实现总产值96亿元，同比增长1.5%。

二、集群发展亮点

1. 锐意进取，产业转型取得新突破 加大对龙头企业的培育，支持新纺公司、罗蒙服饰等龙头企业实施"高端化、智能化、绿色化、服务化"四化改造，推动产业链和价值链提升。上市企业新纺公司建成投产总投资6.2亿元的3万吨针织面料染整项目，打通纺织服装产业染整瓶颈，形成全产业链格局，实现纺织服装产业"质"的飞跃。

2. 强力招商，筑巢引凤添动能 成立链长制专项工作机制，深入梳理纺织服装产业链发展现状，绘制产业链图谱。按照"一个产业链、一套班子、一个方案，一抓到底"的原则，着力招引面料、服装、家纺、鞋帽等产业链上关键项目，先后引进了罗蒙服饰、好事多公司、佰信服饰等8个项目，补齐了产业链中的服装短板，加快了由纺织大县向纺织服装大县的转变。

3. 奋楫笃行，双循环高质量发展 引导新纺公司立足市场、产业和企业发展实际，利用新疆的政策优势，积极在新疆布局生产基地，先后建厂3个，生产规模折合纱锭80万锭。纺织服装企业采取"订单式"生产、"线上+线下"结合等形式，与越南、孟加拉国、柬埔寨等建立境外供应链合作关系。2021年产业进出口贸易额5700万美元。

三、产业发展存在的问题

1. 产品竞争力不强 产品结构比较单一，高新产品较少品牌效益、质量效益发挥不充分。

2. 企业创新能力弱 企业的技术创新和制度创新难以满足现实需求。

四、下一步规划及工作打算

1. 加大政策扶持力度 发挥好县先进制造业发展专项基金作用，加大纺织服装企业的税收贡献奖励、"三大改造"、科技创新、信息化建设、品牌创建、出口创汇等方面的奖励支持。优化企业发展环境，简化审批流程，实行服务承诺制、限时办结制、责任追究制，完善联审联批机制，不断提高部门办事效率和服务质量。

2. 明确产业发展重点 对照产业链图谱，重点推动在纺纱、织布、染整、面料、服装、家纺等重点领域，做强做大做优纺织服装产业链。力争到2025年，纺纱板块扩规模提效益，全县纱锭规模达300万锭；面料板块上档次提质量，全县织机达到3500台；印染板块规模化、技术化、品种化；服装板块扩品种提品质，全县服装企业年产服装200万件；努力打造200亿元规模的产业集群。

3. 强化发展要素保障 强化资金支持，引导各金融机构创新金融服务方式，增加对纺织服装企业信用贷款、担保贷款的额度。强化用地保障，对纺织服装产业重点建设项目优先安排申请建设用地指标。强化能耗保障，推动用能、环保等有限指标向纺织服装企业倾斜，努力实现项目施工不受或少受影响。强化用工保障，积极培养和引进产业劳动力、高层次产业技术和管理人才，为纺织服装产业发展提供充足的人才储备。

供稿单位：新野县发改委

中国羽绒服产业名城

河南省光山县

一、集群概况

2021年，光山县有羽绒服、棉服各类生产加工企业300多家；绒毛及辅料加工企业32家；市场经营门店460多家；外出个性化定制户近8000户；羽绒（服装）电商网店5000多家；全县有10多万人从事羽绒产业的生产、加工、销售、经营，年生产销售各类服装4000万件，年产值80亿元。现有纺织服装"规上"企业27家，其中服装类10家，纺织类6家；服装类代表企业有：宇恒、利佳等，纺织类代表企业有金丝路、群力化纤、鹏程手袋、富邦非织造布等，羽绒类代表企业有新兴羽绒、兴旺羽绒等企业。

二、集群发展亮点

2019年12月，光山县被中国纺织工业联合会和中国服装行业协会联合命名为"中国羽绒服产业名城"；2020年11月，被国家特产之乡组委会授予"中国羽绒之乡"称号。

光山县羽绒服产业有近40年的发展历史；产业基础好，产业氛围浓，产业链全，产业集群特征明显。从业人员众多，全县羽绒行业从业人员达10万余人，其中熟练缝纫工3万多人，产能潜力大。从业者年人均收入达4万元，户均20万元，为全县脱贫攻坚及当地经济发展做出了巨大贡献。

三、目前存在的问题和下一步工作重点

产业布局分散，企业规模偏小，集聚效应不明显；品牌不优，名牌产品少，大规模企业少，龙头带动作用不强；税收贡献率不高，富民不强县；企业招工、用工难问题比较突出。

在未来的工作中，光山县将以"项目为王"为抓手，以建设"中国羽绒服产业名城""中国羽绒之乡"、三年实现百亿产值为目标，以"优化产业布局，培育龙头品牌，壮大产业集群，推动智能化改造，实现高质量发展"为工作思路，突出"两个重点"，抓好"六项工作"。

"两个重点"，即聚力抓好"一个园区，一个市场"，就是紧盯羽绒服装专业园区和羽绒博览城建设为重点；一是用三年左右的时间打造建设一个占地350亩，厂房面积30万平方米，入驻企业30家，解决就业5000人，年产值30亿的羽绒服装专业园区。二是2022年5月1日正式启动羽博城运营，该项目规划用地面积约315亩，总投资金额超15亿元，可容纳230家商户入驻，全面提升羽绒材料市场，力争建成北方最大的羽绒服装批发集散地。将"一个园区、一个市场"作为"十四五"期间光山县纺织服装产业重点打造的两个高地，突出光山羽绒特色与亮点。

"六项工作"即：一是产业规模聚集，逐步改变当前产业的散、小、乱状况，科学规划，合理布局，扩大规模，聚优经营，提升形象，形成产业规模集聚；二是龙头与品牌培育，重点培育以寒羽尚服饰等为代表的本土服装企业，以及宇恒、良友、博莱雅、利佳等为代表的外贸代工加工企业，聚力打造"光山羽绒""寒羽尚""金鸳鸯"等一批本土品牌，实施龙头带头，品牌引领，提升市场竞争力；三是加大人才培养，充分利用河南技师学院光山分校的职业培训力量，加强校企合作，加大缝制技工和专业技术岗位及企业管理人员的培训，实现人人持证上岗，解决招工难问题；四是政策引领，继续保持现有的厂房、设备、研发、招工、招商等各项优惠政策支持，并对企业技术改造、智能化改造、绿色化改造等方面给予奖补；五是招商引资，牢固树立"项目为王"的理念，转变招商观念与思维，招大商、招善商，以商招商，创新招商招工方式，"招工即招商"，逐步引领和带动本地企业与产业的发展提升；六是电商推动，坚持做好产业与互联网的融合发展，充分利用电商、抖音、直播带货等多种业态，持续培育网络电商人才，做大做强特色产业，推动纺织服装产业实现高质量发展。

供稿单位：光山县羽绒服装行业协会

中国医护服装产业名城

河南省项城市

一、集群概况

项城市服装产业的发展是从劳保服装开始起步，经过"手工制作、家庭作坊、农民办厂、引进合资"慢慢演化而来，至今已有40多年的历史，医护服生产闻名全国。

2022年，项城市服装产业注册企业1200多家，其中规模以上企业43家，纳税企业836家，年产各类服装近亿套，从业人员近5万人，产品主要有护士服、护士鞋、护士帽、手术衣、医用口罩、医用手套等。除医护服外，还辐射到高中档西服、休闲服、羽绒服、标志服、劳保服等多个系列品种。2022年纺织服装规上工业企业营业收入83.61亿元。占地350亩医护服产业园项目正在建设中，2023年上半年可入驻30多家企业。项城市先后被评为国家消费品工业"三品"战略示范城市，河南省制造业高质量发展综合评价示范市。

二、集群发展亮点

1. 医护服产业发展优势突出　项城位于中原经济区的东南板块，处于中原经济区与皖江经济带、长三角经济区等东部发达地区联系的主要通道上，与东部发达地区中心城市交流与合作关系密切，是重要的劳动密集型产业的转移承接区，具备进一步做大做强的基础和条件。

2. 服装行业公共服务体系初具雏形　2012年，项城市服装行业协会成立，现有会员120多家。拥有国家名优品牌6个，省著名商标3个，省优品牌13个，市级品牌28个；国家高新技术企业5家，省级工程技术中心2个，河南省专精特新中小企业5家，建成省级智能工厂、智能车间8个，河南省中小企业公共服务示范平台2个，制造业与互联网融合发展示范企业2家，省级质量标杆企业1家。2022年与中原工学院共建中国（项城）医护服装研发中心和河南省纺织产品质量监督检验院项城分院，为纺织服装企业提供高端面料研发和检测服务。

3. 医护服产业发展广泛　预计到2030年，先进制造业开发区将以医护服装产业拉动相关商贸服务业发展。就业岗位超过9万个，主营业务收入达到850亿

元，建成区面积19.60平方公里。单位生产总值能耗比降低20%以上，循环经济发展良好，商贸物流、公共服务体系进一步完善。城镇居民可支配收入年均增长9%以上。

三、集群存在的问题和未来发展规划

1. 大企业不大不强，小企业不精不专　企业多为中小企业，产品以加工生产、贴牌销售为主，缺乏自主知识产权与品牌产品。大企业"大而不强"，小企业"小而不精"，销售模式单一，同质化竞争普遍存在。

2. 产品附加值低，结构不尽合理　产品仍旧以中低档为主，结构比较单一，缺少高附加值、功能性、差异性的产品。低档服装产品生产能力过剩，市场急需的高新技术产品开发和生产空白。

3. 对研究开发投入少，对品牌培育的重视不够，转型升级进程缓慢　不少企业不同程度地存在"重模仿、轻创新""重引进、轻消化"现象，而技术创新、设计创新、装备自主创新等能力不强，与发达地区有较大差距。企业采用新技术的主要形式46.1%靠购买新设备，35%靠仿制新产品。目前，项城市服装产业研发投入占销售收入比重不足1%，61%的服装企业没有注册商标。

未来，项城市将通过引进大型产能与本地企业合作，发挥大型产能的引领作用和"鲶鱼效应"，推进知识、技术和信息传播，提高产业整体发展水平。推行"一企一策一事一议"机制，引进3~4家300人以上医护服生产项目，具备承接一手订单能力的企业，形成项城医护服产业核心。在重点乡镇培育中心村工厂，加速产业集聚。从产业基础、发展要素、相关产业互补以及经济水平四个维度，加速产业集聚；政府充分发展财政资金杠杆撬动作用，在厂房建设、厂房租赁、企业宣传、订单推进等方面给予政策扶持，支持中心村工厂建设运行。借力周边资源，推动产业做大做强。依托山东、江苏产业发达地区，扩大产业规模；鼓励本地企业与省内集群内的企业合作，利用集群的产业资源，扩大本地企业的规模，支撑产业做大做强。

供稿单位：项城市人民政府

中国服装制造名城

河南省西平县

一、集群概况

西平县产业集聚区在县委、县政府的坚强领导下，重点培育发展服装生产主导产业，与中国纺织工业联合会、中国服装协会、河南省服装行业协会深度合作，服装产业在西平焕发出勃勃生机。至目前，西平县产业集聚区有纺织服装企业62家，其中规模以上企业21家，服装产业工人7000余人，服装品类涵盖女装、童装、针织衫、棉服等多种品类，年生产各类服装8000万件，产值50亿元，上缴税收3500万元。2021年全县纺织服装产业进出口共完成34785万元。纺织服装产业已成为推动县域经济高质量发展的强大引擎。相继被评为"中国纺织服装转移试点园区""国家智慧型纺织园区试点""中国品牌服装制造名城""河南省服装名城名镇"。

二、集群发展亮点

1. 打造强有力的智能制造快速反应生产基地 出台纺织服装产业发展优惠政策，吸引东部地区优质品牌企业及供应链企业产业转移。按照"核心工厂+卫星工厂"模式，构建新型供应链。从单品类突破，在打造兼具弹性制造供应能力和实战培训能力的核心工厂基础上，将县内近100家小微企业，培育成为专业化、精细化的卫星工厂，形成互补生态链，形成单品类加工规模优势。

2. 服装产业向"产业+市场"模式发展 建立电商产业园，建设3万平方米的电商产业园。加强行业宏观调研，建立行业动态数据库，建立订单、汇总、分配、评估平台，优化产能资源配置；利用互联网开拓销售渠道，提高服装销售额，提升传统市场品牌影响力，鼓励企业发展"实体店+网络销售"模式。

3. 规划建设服装设计创意中心 在嫘祖服装新城规划建设1万平方米的设计创意中心正在建设中。积极与国内外设计公司展开合作，吸引国内外知名服装设计师在该中心开办设计工作室。加强服饰文化建设，深度挖掘西平嫘祖服饰文化，弘扬嫘祖文化的发明创造精神，定期举办嫘祖服饰文化论坛以及服装设计大赛，塑造嫘祖服饰文化形象，提升西平县服装产业的辐射范围和影响力。

4. 创新融资方式、助力企业发展 发挥"平台+资金"的引导效应，提升核心竞争力。在完善纺织服装供应链平台的基础上，积极推动健链强链补链，"十四五"期间，每年新增10万平方米以上标准厂房，让企业"拎机入住"；推进工业园区产城融合，完善配套服务，着力打造宜业、宜居、宜游的产城融合区。

5. 高标准规划建设嫘祖服装智能制造学院 高度重视人才培训，制定中长期人才培训计划及相关扶持政策，职业技能和创业等培训，发挥缝纫技术培训优势，建立高端、中端和低端三级人才培训体系。

三、集群经济发展中存在的问题、发展要求和下一步的工作打算

1. 用工难问题 用工难是一直困扰服装产业发展的第一难题，下一步要继续与中国纺联和省服装协会合作，大力推动"巧媳妇工程"。成立西平县人力资源产业园，动员企业与多家人力资源公司合作，政府拿出一定的人力资源再就业培训资金，成立服装培训学校，培育有理想守纪律技术精的产业工人。

2. 缺少大型龙头企业的带动 加大龙头企业引进的力度，在珠三角、长三角等服装产业链条完善的地区设立招商办事处驻地招商，瞄准全国百强服装企业开展"点对点"招商，吸引一批实力雄厚的企业如云蝠集团、泰普森、荣利服饰等知名服装品牌来西平县投资，用他们的经营理念、知名品牌带动西平县服装产业更快、更好地发展。

3. 服装产业链不完善 继续加强与中国纺联、省服装协会的合作，延链、补链招商。做好产业发展定位，重点向智能针织产业和知名服装品牌企业侧重。推动纺纱、织布、印花、服装加工和电商销售全产业链条发展，实现产业集聚，形成集聚效应。

4. 企业接单能力不足 鼓励贸易先行，支持企业间的联合协作。引进知名贸易公司，形成巨大的接单生产能力，引导企业，实现资源优化配置，逐步改变"小、散、弱"单打独斗的局面。

5. 基础设施不完善 建设专业服装市场。规划布局规模较大的专业服装市场，突出批发功能，完善电商平台等配套设施建设，以发展大市场推动产业大提升。

供稿单位：西平县产业集聚区管理委员会

湖北省襄阳市樊城区

一、集群概况

化纤纺织产业在樊城区已有近五十年的发展历史，是樊城区工业经济的传统支柱产业和重要民生产业，对扩大就业、改善民生发挥着重要作用，也是樊城区产值过百亿元的支柱产业。经过多年发展，行业内培养了一大批熟练的技术工人，生产工期短，产品质量好，订单承接力强，涤棉混纺产品占据全球市场 90% 的份额，树立了樊城纺织在全国的重要地位。樊城区连续多年被中国纺织工业联合会和中国棉纺织行业协会评为"中国织造名城"，被省经济和信息化厅评为"湖北省重点成长型产业集群"。

截至 2021 年底，樊城区有 200 余家纺织企业，其中规模以上工业企业有 55 家，完成工业总产值 95.2 亿元，同比增长 27.2%，高于全区平均水平 10.4 个百分点，占全区规上工业比重 40% 以上，占全市纺织产业总产值的 1/5；主营业务收入达 73.6 亿元，同比增长 22.2%；实现利润总额 0.8 亿元，上缴税金总额 0.9 亿元，全部从业人员平均人数 11387 人。主要生产纱线、坯布、服装和化学纤维，2021 年，纺纱产量为近 8 万吨、坯布产量为 6.2 亿米、服装产量为 990 万件、化学纤维 9.1 万吨。

集群现已拥有 2 个"中国驰名商标"、7 个"省级名牌产品"和 3 个"省级著名商标"，1 个国家级企业技术中心，1 个省级企业技术中心，1 个省级工程研究中心，44 项专利技术。

二、集群发展亮点

1. 政策扶持力度不断增强 樊城区委、区政府高度重视纺织工业发展，明确了纺织产业作为樊城四大支柱产业之一的重要地位，先后为产业集群内际华三五四二、金环新材料等 50 余家企业争取重大工业项目设备投资补贴、技术改造设备补贴、省级智能制造试点示范企业补助、企业进规奖励、特色园区厂房租金补助、数字化车间补贴、绿色制造补贴 5000 余万元。通过这一系列的优惠政策的落实，为纺织企业的快速发展提供了较好的发展平台。

2. 产业综合水平不断提升 际华三五四二先后获评中国棉纺织行业竞争力百强企业，"纤维高频转移式柔态稳固成纱及高档面料制造关键技术创新及其产业化"项目荣获中国纺联科技成果优秀奖、"一喷八根纬纱细特高密宽幅织物及生产方法"荣获中国纺织行业专利银奖。际华三五四二、金环新材料被授予"隐形冠军科技小巨人"，天王服饰被授予"隐形冠军培育企业"。

3. 转型升级步伐不断加快 永发纺织等企业上马进口自动络筒机，减少了用工、用电，降低了生产成本，纱线产能提高 20%。湖北金环 4 万吨的绿色生物基纤维素纤维项目，产品环保、生产过程无污染；泰明实业采购新型喷气织机，产能增加 20%，能耗降低 10%；宝福来纺织等多家企业淘汰有梭织机，购入喷气织机，织布产能提高 4 倍，节省用工 60% 以上，产品应用更加广泛，实现了由"口袋布"向服装、家纺等高附加值面料转型。际华三五四二实现纺织印染全流程绿色化设计、生产和管理，制造技术绿色化率提升 20% 以上，资源环境影响度降低 15%；博拉经纬深度净化处理硫化氢和二硫化碳废气，回收单体硫黄和液态二硫化碳，达到超低排放标准。

三、下一步工作思路

当前，樊城纺织产业集群已形成了一定的规模，但存在产品单一、产业结构不优、装备技术水平落后、融资难融资贵、用工成本过高等一系列问题。下一步，樊城将积极探索推进纺织产业高质量发展的有效措施，为集群的持续健康发展奠定坚实基础。

1. 加大技改投入，推动纺织企业转型升级 推动纺织行业两化融合，鼓励企业推行数字化、智能化、绿色化、减量化生产，开展智能改造、机器换人，减少用工。

2. 推动产品升级，提升纺织产品附加值 重视纺织产业的差异化发展，引导企业调整产品结构，降低中低端棉纱、短纤、坯布等同质化竞争，扩大高技术含量、高附加值产品的开发和生产，实现产品升级、效益升级。

3. 延伸产业链条，优化纺织工业产业结构 招引水刺无纺布生产企业，吸引湿巾、面膜、纸尿裤等个人清洁用品生产企业来樊设厂发展。引入功能性、高品质面料，重点发展床上用品、餐厨用品、沐浴用品等多系列产品生产，通过补齐、延长纺织产业链条，提升纺织产业整体水平。

供稿单位：襄阳市樊城区经济和信息化局

中国服装制造名城

湖北省汉川市

一、集群概况

汉川市纺织服装产业是湖北省重点成长型产业集群。经过多年发展，已形成了纺纱、制线、织布、印染、服装生产、物流、销售于一体的全产业链条。全市纱锭规模近 300 万锭，主要产品为化纤纱、涤纶线、缝纫线、纱线等纺织品，缝纫线产量占全国五分之三以上，马口镇是"中国制线名镇"；已形成汉正服装城、浙商产业园、裕华服装产业园、北河工业园、德州工业园、华中皮草城"五园一城"为载体的服装产业集群，主要产品有时装、皮草、劳保服等，同时集聚各类拉链、布料等服装辅料企业，年服装加工能力约 3 亿件，皮草年生产能力达 28 万件，年出口皮草近 2 亿美元，是"湖北省（皮草）外贸转型升级示范基地"；2021 年 12 月汉川被中国纺联正式命名为"中国服装制造名城"，逐步发展成全国最大的服装产业加工集散地之一。

截至 2021 年底，全市共有纺织服装企业 3000 余家，规模以上纺织服装企业共有 203 家，其中，纺织企业 94 家（制线企业 68 家，染整企业 7 家，其他 19 家），服装企业 109 家（时装企业 45 家，皮草企业 64 家）。规上企业工业总产值为 713 亿元，占全市规上工业总产值的 45.6%，增加值占规上工业增加值的比重达 42.4%，主营业务收入 676.6 亿元，利润额 25.7 亿元，企业从业人数 4.32 万人；规下企业工业总产值 124.9 亿元，主营业务收入 112.4 亿元，利润额 7.16 亿元，企业从业人数 9.68 万人。汉川市纺织服装产业对推动全市经济社会发展、增强民生就业具有巨大的拉动作用。

二、集群发展亮点

1. 规划引领，明路径 聘请专业机构制定了《汉川市纺织服装产业发展专项规划》，以融入武汉都市圈发展战略为指引，以质量效益提升为核心，以创新驱动、协同发展为动力，坚持高端化、智能化、服务化、绿色化、品牌化转型升级方向，以汉川市产业集聚区为依托，积极引进优质企业，强化信息平台建设，突出品牌优势，注重项目推动、基地支撑、龙头带动、集群发展，形成创新驱动、优势突出、结构合理、地域协调的纺织服装产业发展新格局，打造湖北省纺织服装产业基地。

2. 政策驱动，促转型 出台了《中共汉川市委 汉川市人民政府关于促进实体经济高质量发展的实施意见》（川发〔2018〕12 号），每年拿出超 4000 万元推动全市各产业转型升级、高质量发展。三年来，在以名仁纺织、际华三五零九、鱼鹤制衣、天励服饰、雅利达制衣等为代表的纺织服装龙头企业带动下，通过"机器换人，设备换芯"，实现了生产效率和企业效益双提升。

3. 优化环境，增活力 开展"千名干部进企业"活动和建立产业链链长制，实行"保姆式"服务，紧扣建链、强链、补链、延链，提升产业链、供应链现代化水平，推动项目早落地、早投产，累计为企业解决用工、融资、用地、基础设施配套等各类问题 289 个。优化融资服务，积极搭建政银企合作平台，常态化开展金融"面对面""银企对接"等活动，为纺织服装产业三年共融资 23.5 亿元。

三、纺织服装产业存在的问题及下一步打算

1. 存在的问题 一是产业层次偏低。汉川市服装企业普遍是中小微企业，多以代加工生产为主，产业层次偏向低端，整体竞争力不强，应对国内外环境变化的能力不足。二是上下游企业协同配套性差。汉川市纺织服装产业链呈现研发销售"两头在外"的局面，没有实现真正意义上的全产业链贯通，各环节因链条阻点较多，上下游协同效益不明显、整体抗风险能力较弱。三是企业管理落后。汉川市纺织服装企业多为个体户或小规模纳税人，大多沿用家族式管理模式，缺乏现代企业管理制度，生产经营较为粗放，重眼前利益、轻长远发展，品牌意识和进取意识不强。

2. 下一步打算 大力实施"链长制"，围绕"5+5"产业链发展格局，紧扣建链、强链、补链、延链，提升产业链、供应链现代化水平。大力实施工业经济倍增计划，全力打造纺织服装 1 个千亿级产业集群。以中国纺联指导为依托，狠抓创新驱动、园区建管、品牌建设，不断扩大产业集群效应。

供稿单位：汉川市经济和信息化局

中国非织造布产业名城

湖北省仙桃市

近年来，仙桃市委、市政府审时度势，确定非织造布产业为仙桃经济发展的"首位产业"，旗帜鲜明提出打造"四基地两中心"，高标准规划建设非织造布产业园，全力促进非织造布产业产能升级、结构升级、品牌升级。

一、集群概况

2021年，全市规上非织造布企业145家，占全市规上工业总数的26.7%，全市有出口实绩的非织造布企业283家，具有国内"医用两证"企业87家，获得CE、FDA资质认定并被商务部列入"白名单"企业159家。2021年实现产值298.5亿元，占全市工业29%，出口额51.9亿元。集群企业发展至3000余家，从业人员达8万人以上。非织造布生产线120余条，年产量扩大到90多万吨；当前，全市口罩日产能10亿片，防护服日产能100万件。

二、集群发展亮点

1. 产业链条加速延伸 全市非织造布产业基本形成集机械设备制造、原料生产、制品加工、辅料配套、包装印刷、物流运输、研发检测、商检报关、交易市场、人才培训于一体的全产业链条，产品涵盖建筑、医疗、日用、环保、电子、汽车、航空航天等32大类130多个品种。

2. 支持力度不断增强 市政府先后出台了关于支持非织造布企业科技创新、技术改造、上市等高质量发展的系列政策，从土地、信贷、税收、奖补、办证等方面统筹考虑，引导产业向高、纵、深、广方向转变。

3. 产业平台逐渐完善 "国家非织造布外贸转型升级基地""中国非织造布制品生产基地""中国非织造材料供应基地"已批复授牌；"仙桃防护物资应急储备基地"2022年4月交付使用；"国家非织造产品质量监督检验中心（湖北）""国家非织造布技术创新中心"开始运行。

4. 自主创新取得突破 坚持以创新驱动企业发展，坚定不移走自主研发道路。恒天嘉华被中国纺联授予"2021年度中国纺织工业联合会产品开发贡献奖"；道琦公司被认定为省级智能制造试点示范企业；拓盈公司推出轻便透气防护服；正欣公司对产线的编程、模具全部予以改造；瑞康医用研发出石墨烯口罩。

5. 产学研用深度合作 2020年5月，成立了仙桃非织造布产业学院，成为全国首个以非织造布学科命名的专业学院。2021年3月，仙桃与武汉纺织大学签订市校合作协议，以科技创新推动换道超车，打造特色品牌。

6. 项目建设推进顺利 目前，仙桃市有非织造布建设项目119个，其中技改项目106个，项目总投资达177.92亿元。非织造布产业园区已入园项目共43个，总投资111.7亿元。

三、存在的主要困难和问题

1. 市场过度饱和，企业发展后劲不足 彭场镇集聚了全市80%非织造布企业，规上企业从2019年55家增加到2021年78家，多为口罩生产、设备制造等企业，随着市场饱和，产能严重过剩，企业订单大幅减少，库存积压增多，部分企业处于间歇式生产状态。

2. 原料价格上涨，企业生产成本增加 在原材料价格方面，包装纸从2019年的5200~5800元/吨上涨到现在的1.1万~1.2万元/吨，耳带筋从2019年的1.6万元/吨上涨到现在的2.1万元/吨。与2019年相比，制品加工的原辅材料普遍上涨，导致生产成本变高，在销售价格基本持平情况下，企业利润出现下降。

3. 招工留工困难，企业出口订单减少 非织造布企业属于劳动密集型企业，且仙桃市传统生产线占比较大，国内疫情散点频发，工价一度涨幅50%，高薪支出让部分企业出口订单不能及时交付，亏损严重，导致不敢接单。

四、下一步发展举措

1. 立足"三个支点"，助力企业快速发展 以金融服务为支点，促进企业发展提级扩能；以科研开发为支点，促进产品生产提档升级；以人才培育为支点，促进产业建设提质增效。

2. 落实"三项举措"，聚力产业集群打造 始终坚持"产业第一、项目为王"理念，重点在抓招商引资、提产业能级、建自主品牌上下功夫，不断优化非织造布产业结构，形成国内最完备的非织造布产业链。

3. 打造"三个平台"，擦亮支柱产业招牌 高起点宣传，打造推介平台；高水平办展，打造交流平台；高质量推进，打造贸易平台，擦亮"中国非织造布产业名城"金字招牌。

供稿单位：仙桃市经济和信息化局

中国服装商贸名城　中国女裤名城

湖南省株洲市芦淞区

株洲市芦淞区服饰产业经过 40 年的发展积淀，已经形成了集研发设计、生产加工、经营销售、仓储物流、配套服务等于一体的产业集群。"中国女裤名城"已经成为芦淞区享誉全国的金字招牌。女裤加工厂超 3000 家，年总产量超 3 亿条。

一、集群概况

1. 技工贸产值总量规模持续扩大　2021 年达到 1114.5 亿元，比去年增长 9.8%，规模以上工业产值增长 1.5%，商贸零售额增长 26.2%。中小工业企业及个体营业收入 724.4 亿元，占总产值的 65%。

2. 专业市场群转型发展成效显著　株洲市芦淞区拥有 38 家专业市场，是"中国服装商贸名城"、全国十大服装批发市场、中国服装品牌孵化基地。产品销售辐射全国 20 多个省市 230 多个县市区。本土天猫服饰网店达 1000 家；服饰抖音店 4000 多家。

3. 全产业链市场主体高水平集聚　芦淞区服饰产业集群有各类市场主体 42650 个，涵盖全产业链环节。共有法人企业 1400 家，个体 41250 家，从业人数 23.2 万人。其中，中小工业企业 1016 家，产值占集群总产值的比重 38.0%。

二、发展亮点

1. 强化品牌建设，扩大集群影响力　芦淞区培育了近 1000 个本土服装品牌，涌现出湘影、湘纯等知名女裤品牌。此外，株洲素白荣获 2021 年"中国原创设计师品牌"，二狼狐轩、魔美名作等 20 余个本土品牌先后被评为"中国成长型服饰品牌"。

2. 突破创新发展，提升集群竞争力　株洲素白研发自然环保面辅料，华升株洲雪松研发出超高支苎麻面料，参与制定了近 30 个苎麻国家和行业标准。同时，线下销售向线上线下融合的新零售转型，"衣哥严选"直播基地年带货能力超 25 亿元。湖南天泽华丽数字科技公司成为湖南首个"淘宝直播示范基地"，金帝市场获评"中国纺织服装电商直播基地"，芦淞服饰产业集群线上年交易额近 120 亿元。

3. 聚集产业要素，增强集群带动力　成立了由国内顶尖行业专家组成的服饰产业联合会专家委员会，组建了湖南株洲新媒体服饰产业学院，开展"服装裁剪"扶贫车间员工培训项目等各类社会培训超 1 万人次。推进了银企对接，华融湘江银行授信 50 亿元额度支持服饰产业发展；株洲农商行、建设银行、农业银行为服饰企业贷款 2.15 亿元。

4. 优化公共服务，凝聚集群成长力　成立集群发展促进中心，以"促进中心+产业联盟（行业协会）+平台公司"运行模式，促进政企沟通、公共服务活动、产销对接等。引培 50 多个行业协（学）会和中介服务机构，为集群发展提供第三方优质服务。

三、存在的问题及下一步打算

株洲市芦淞纺织服饰产业集群存在的问题主要有知名原创品牌缺乏、本土服饰加工企业工艺水平不高、链条关键环节供需矛盾突出等。未来，将以打造全国一流的服饰产业集群为目标，推进智能化、绿色化、服务化改造，力争 2025 年支撑全市服饰产业总规模达到 1500 亿元。

1. 聚焦研发设计，在培育品牌上求突破　大力实施"百名原创设计师引培工程"，加快打造设计师共享服务平台和面料图书馆，支持原创设计师品牌参加国际、国内赛事，培育一批服装设计领军人才。加大品牌推介力度，着力打造全国知名品牌，不断提升区域品牌含金量。

2. 聚焦智能制造，在提升质效上求突破　培育壮大依伽依佳、威萨朗等智能制造企业，积极推广 3D 试衣镜、智能 O2O 定制等系统，推动服饰生产线加快智能化、自动化技术改造，精准高效满足市场需求。

3. 聚焦销售转型，在拓展市场上求突破　积极培育服饰直播带货等新业态、新模式，打造一批电商示范基地，推动芦淞服饰市场群向"原产地市场""智慧市场"转型。大力发展跨境电商，推动芦淞服饰"抱团出海""借船出海"。

供稿单位：株洲高新技术产业开发区
董家塅片区管理委员会

湖南省华容县

华容县 2007 年成为首批"湖南省纺织产业基地县"，2012 年被中国纺联授予"中国棉纺织名城"称号；2016 年、2019 年复评保牌。

一、集群概况

华容县目前有纺织企业 79 家，其中规模以上纺织企业 37 家，规模以下企业 42 家，产值过亿元的企业 26 家。拥有环锭纺 98 万锭，转杯纺 6000 头，织机 1750 台；2021 年生产纱线 23.5 万吨，无纺布 1.25 万吨，工业帆布 182 万米，童装 630 万套，童鞋 350 万双，成衣 410 万件，出口巾被 6000 吨；完成工业产值 265.86 亿元，占全县工业总值的 34.2%，其中规模以上企业完成产值 215.85 亿元；实现利润 7.9 亿元；直接从业人员 1.3 万人。同时，带动了棉花种植、轧花及物流等近 10 万人，是华容县的支柱产业。

二、集群发展亮点

1. 产业结构不断优化 2019—2021 年，纺织产业加大招商引资和技改扩改力度，累计投入 39.5 亿元，实施新上和技改扩改项目 43 个，促进转型升级。纺纱、织造、印染企业以高新技术改造淘汰落后产能，吸纳国内外先进工艺技术，提高自动化、智能化水平，先进装备占比达到 90% 以上，新产品率达 25%。

纺织行业有省级高新技术企业 12 家，2019 年以来新技术推广应用项目 39 项，科创纺织、科力嘉纺织宝丽纺织、华耀纺织、新美佳服饰等纺织企业均拥有发明和专利技术。

以智能化、绿色化为方向，引进国际国内最先进的纺织装备和工艺技术，发展现代纺织企业。湖南福尔康医用卫生材料股份有限公司水刺无纺布采用的德国先进装备，岳阳宝丽纺织品有限公司采用喷气织机、无梭剑杆织机。推广应用紧密纺、赛络纺、电脑喷墨印花、3D 服装设计等先进工艺，产品品质不断提升，科创纺织是工信部新一代人工智能产业创新发展重点任务揭榜单位，湖南省智能制造示范工厂，湖南省"小巨人"企业；科力嘉纺织与经纬纺机、东华大学等单位合作，是工信部智能制造新模式样板试点单位，湖南省智能制造示范车间，湖南省"小巨人"企业；宝丽纺织被中国纺织工业联合会授予"专精特新"中小企业称号。

2. 园区承载能力越来越强 石伏生态纺织工业园县财政已投入资金 6.7 亿元，完成了水、电、路、通讯、污水处理等基础设施建设，2019—2021 年新入园纺织项目 23 个。杨家桥创新创业园已建成 20 万平方米标准厂房和 1000 套员工公寓，已入驻服装企业 29 家。

3. 公共服务体系更加健全 建立了湖南省纺织工程技术中心、岳阳科力嘉乌斯特纺织检测服务中心等技术服务平台，与东华大学、江苏纺织工业设计院、湖南轻纺设计园建立了长期技术协作关系，为纺织企业创新发展提供技术支撑。建立了投融资管理服务中心、产业引导基金和政府性融资担保公司，为企业解决融资难题。县职业中专、就业局等单位为纺织企业提供人才支持。

三、主要困难和问题

1. 外部环境的不确定性对纺织企业影响较大 由于中美贸易摩擦，棉花原料价格居高不下，企业生产成本上升；新冠肺炎疫情造成人员、物流"梗阻"，对企业生产经营影响较大。全行业流动资金缺口在 5 亿元以上。

2. 缺乏高素质人才 由于受地域、报酬等方面的限制，难以留住高素质的纺织人才，影响企业技术创新。

3. 产业水平不高 中低档产品比重高（75%），产业链条不长，缺少 100 英支以上高档纱线、高端服饰等，尚无中国驰名商标和中国名牌产品。

4. 投资信心不足 受外部市场环境影响，企业运行困难，盈利空间不断收窄，发展前景黯淡，企业投资积极性受挫。

5. 印染行业制约全产业链发展 现在各级政府谈"染"色变，很难新上印染项目，对织造、服装行业造成较大影响。

华容县棉纺织产业列入了湖南省纺织产业"十四五"发展规划中重点扶持发展的产业集群。今后，华容县将围绕纺织产业高质量发展，认真落实纺织产业"十四五"规划，搞好顶层设计，完善政策措施，加大扶持力度，补齐发展短板，拉长产业链条，不断提升纺织产业总量和质量。

供稿单位：华容县工业和信息化局

中国服装商贸名城

广东省广州市越秀区

一、集群概况

据统计，2021年越秀区纺织服装规模以上（批发零售类）企业76家，亿元以上15家。流花商圈是越秀区纺织产业集群的主要分布区域。流花商圈泛指以环市西路为中心，南至流花路、北达广花路、西接广园西路、东连解放路的"流花—矿泉商圈"，占地面积约2.3平方公里。目前，商圈内聚集服装类专业市场47家，占地面积约26万平方米，总商户12000多家，培育出凯撒、哥弟、歌莉娅、比音勒芬、路卡迪龙等众多国内知名服装品牌。

二、集群发展亮点

1. 多措并举，推动专业市场"四化"转型升级　认真贯彻落实市关于专业市场转型疏解三年行动计划，坚持"五个一批"转型疏解思路，即"转型升级一批、转营发展一批、拆除关闭一批、搬迁疏解一批、规范整治一批"，通过技术、品牌、渠道和经营模式的改革创新，"一场一策"积极助推辖内服装专业市场走"品质国际化、平台展贸化、推广网络化、产业服务深度化"发展道路。

2. 试点先行，提升时尚产业竞争力　面对国际贸易持续低迷，越秀区逆势而为，抢抓市场采购贸易集聚区拓展试点机遇，推动新大地服装城成为广州市首批市场采购贸易试点集聚区，打通流花商圈时尚产业市场和产品参与国际市场竞争的"快车道"：包括推广"线上海关"提升通关效率；为中小微外贸企业量身订制信保方案；加大政策辅导，强化融资支持，鼓励其参与网上展会抢抓订单；构建符合中心城区实际和外贸发展特点的市场采购贸易运行规则和监管制度。

3. 会展引领，加强时尚产业发展交流　越秀区以流花商圈为阵地，成功打造"中国流花国际服装节"金字招牌，并已连续举办12届，成为商圈标志性盛事；成功举办首届广州国际网红产业交易会开幕式暨2020国际网红经济发展（广州）论坛，头部电商平台、直播电商服务机构、行业领军人物、品牌方与供应链基地、网红带货达人等全产业链各方深度参与。

4. 整合资源，汇聚时尚产业发展合力　为助力广州加速打造时尚之都，越秀区率先于2020年8月成立广州时尚产业联盟。该联盟由美妆、服装、箱包、鞋业、精品等时尚相关产业商协会、龙头企业发起，汇聚区内时尚产业各领域的精英力量，致力于提升时尚产业品牌竞争力、分享时尚产业发展战略机遇、打好时尚产业联盟组合拳、打造全新行业交流与宣传平台。

5. 完善配套，打造时尚产业发展生态圈　越秀区致力于推动数字技术、知识经济、会展经济发展，引领流花商圈时尚产业高质量发展。一是打造花果山超高清视频产业特色小镇。以花果山小镇为载体，引进扳手科技、雷曼光电、南方超高清等28家超高清视频全产业链企业和平台落户，为流花商圈时尚产业数字化发展提供保障。二是打造国家商标品牌创新创业基地、国家版权贸易基地（越秀）。

三、下一步举措

1. 提升流花国际时尚品牌影响力　整合省、市、区的商（协）会资源及各市场主体资源，打造流花国际服装节、越秀时尚周、国际采购节等王牌营销活动，重塑流花时尚特区、国际时尚消费及采购中心的品牌内涵，提升"流花"品牌的时尚影响力及国际影响力。

2. 加大专业市场优化升级扶持力度　充分结合白马服装市场、红棉国际时装城、壹马服装市场、广州UUS等龙头市场创建国家级示范市场的契机，推动广州市鼓励建设品牌总部，给予市场改造试点等更大力度的相关政策扶持。

3. 以会展为抓手推动时尚产业升级　进一步加大对服装时尚产业政策、资金支持力度，协助对接服装、时尚产业高端资源，支持越秀区强化服装设计和品牌发布功能。鼓励企业用活会展资源，加强行业交流互动，提升时尚产业创新设计能力和品牌孵化能力，培育国内外知名的服装品牌展会及高端时尚发布会，进一步扩大流花商圈时尚产业知名度和影响力。

4. 以设计师孵化平台为核心培育孵化基地　支持区内龙头市场聚集优质资源，打造青年设计师孵化平台，一站式、多元化解决品牌成长困境，孵化潜力品牌，孵化青年设计师，产业协同发展。促进专业市场向时尚创新、设计研发、品牌培育、营销推广等高端产业功能转型。

供稿单位：广州市越秀区商务局

中国纺织时尚名城

广东省广州市海珠区

一、集群概况

海珠区位于广州市中心城区核心腹地，区位优越、交通便利、人文荟萃，作为"中国纺织时尚名城"，拥有雄厚的纺织时尚产业基础。区内的中大纺织商圈是我国纺织服装产业链枢纽，拥有广州国际轻纺城、广州红棉中大门、珠江国际纺织城、长江（中国）轻纺城等为代表的面辅料专业市场63个，总建筑面积约300万平方米，商铺约2.3万间，周边直接从业人员数超10万，关联产业人群超200万，主要经营面辅料商品10万多种，年营业额超2000亿元，年实现税收24.5亿元，是国内首屈一指的面辅料纺织品交易集聚区、服装时尚设计策源地，是辐射全国、影响全球的重要纺织产业枢纽，在业界素有"全国面料看广东、广东面料看中大"的美誉。

二、集群发展亮点

1. 抓谋篇布局，强化顶层设计 海珠区委、区政府高度重视中大纺织商圈的提质发展，出台系列专项方案政策，设立国际纺织时尚中心推进建设办公室，引导商圈逐步疏解落后业态，配合周边城中村更新改造实施腾笼换鸟策略，大力引进材料科技、时装设计、数字经济等新业态，围绕纺织时尚产业"补链""强链"，打造中心城区专业市场升级改造、产城融合样板。目前，广州轻纺交易园、珠江国际纺织城被确定为广州市专业批发市场转型升级创新激励试点市场，培育了汇美集团、例外服饰等一批本土服装美妆品牌，汇聚了金顶奖获得者邓兆萍为主的设计师群体超2万人，中国（广东）大学生时装周、广州时装周、面料趋势周等具有业界影响力的时尚活动定期在区内举办。

2. 抓试点建设，推动整体提升 为发挥龙头带动发展的示范效应，中大纺织商圈"4+2"综合提升项目自2020年正式实施。按照"不突破建筑总量、确保安全、有利于整体环境改善"原则，建立联合会审机制，优化审批流程，指导圈内龙头及骨干市场开展试点项目改造提升，成效显著。广州国际轻纺城计划投入5亿元，构建"原创设计、科研创新、时尚趋势、产业联盟"四大中心，全面实现产业升级。珠江国际纺织城建立了全区专业市场中最大的直播电商基地，帮助时尚产业搭上直播经济快车道，吸引近2000名设计师和500家服装企业集聚，多家企业年营业额破亿元。

长江纺织城、宽大辅料城、海关东等专业市场也根据商圈转型方向开展外立面、内部装修等综合改造，实现市场面貌美化、硬件改善、经营环境提升。

3. 抓数字赋能，助力提质增效 商圈主管部门与阿里云合作，运用"钉钉"APP平台，开发商圈经济发展数据系统，摸查登记经营商户1.26万家，涵盖商户类型、主营产品、营收税收、人才结构等数据内容，并以数据摸查为契机，深入挖掘重点企业，优化地区商事主体质量。

同时，商圈依托"百布"成品布交易平台、FDC面料图书馆等信息化平台，通过物联网、云计算、大数据技术整合升级纺织产业供应链，以科技、创新赋能推动面料贸易、成衣制造环节高质量发展。区内全国纺织服装"独角兽"企业致景科技公司为中小纺织企业提供集群数字化转型解决方案，助力传统纺织、服装产业开展"云板房""云工厂""云仓储"等数字化改造，累计服务织厂8000余家，覆盖全国近30%的织造产能。

三、存在问题

1. 高端业态占比有待提升 作为集散型专业市场商圈，商户性质大多为贸易型个体工商户，整体业态仍以批发销售为主，面料研发等高附加值业态占比有待提升。

2. 城中村改造推进方向尚未明确 邻近商圈的五凤、凤和村改将为商圈高质量发展释放新的物理空间，但为贯彻落实住建部《关于在实施城市更新行动中防止大拆大建问题的通知》（建科〔2021〕63号）要求，目前五凤、凤和两片区改造需待政策进一步明朗化再推进。

四、下一步计划

按照《中大国际纺织时尚中心推进建设总体工作方案》统一部署，着力巩固"中国纺织时尚名城"建设，推进中大纺织商圈向"国际纺织时尚中心"发展目标迈进，综合发挥重点市场示范带动作用、重点商协会纽带链接作用及重点行业活动宣传影响作用，推动商圈转型升级、高质发展。

供稿单位：广州市海珠区中大国际创新谷
管理服务中心

中国内衣家居服装名城

广东省汕头市潮南区

一、集群概况

纺织服装业是潮南区的支柱产业，占据潮南工业的半壁江山。回顾潮南的工业化进程，潮南纺织服装产业从改革开放初期的"三来一补"加工起步，到20世纪90年代开始高度重视技术发展，发展成为目前全国最大、纺织服装生产企业最密集的家居服装、内衣和内衣面辅料及其配件原产地之一。全区共创建国家级纺织服装名镇3个，潮南区获得"中国内衣家居服装名城"和"全国服装（内衣家居服）产业知名品牌示范区"等称号。

2021年，全区纺织服装企业3395家，完成工业产值708.34亿元，同比增长8.97%；其中规上工业企业324家，完成规上工业产值568.24亿元，同比增长14.5%，占全区的60.8%。

二、集群发展亮点

1. 产业集群逐步形成 潮南区的服装产业起步早、发展快，产业链完整，基础雄厚，以纺织印染中心为核心和依托，聚合辖区内的服装加工企业、专业市场和销售主体，着力打造"一核多元"纺织服装产业平台，形成集原料生产、面料加工、服装设计、批发零售、出口物流于一体的完整产业链，提升产业集聚效应。

井都片区以纺织服装及配套为主导产业，目前片区内的纺织印染环保综合处理中心已建成，获评"中国纺织印染循环经济产业园示范基地""广东省首批特色产业园"，入驻企业138家，其中印染企业125家，2021年印染园区企业实现工业产值82.72亿元。

两英片区所在地两英镇是中国针织名镇、广东省科技创新试点镇，乡镇企业十分发达，片区以纺织服装产业链条的上下游环节延伸作为转型升级出发点，发展高端服装定制、品牌运作、设计研发、电商展销，推进产业向研发、创业创新的方向发展。

2. 规模优势比较明显 潮南区的纺织服装产业经过多年发展，不断调整优化产业结构，加快传统产业升级改造，提升区域品牌影响力和产业整体竞争力，已形成企业总量大、名牌品牌多、产业链齐全的规模优势。

全区拥有纺织服装生产企业3420家（规上351家）、专业服装及原材料辅料市场23个、从事纺织服装上下游产品销售贸易商铺约7000家。全区拥有纺织服装类高新技术企业14家、省级工程技术研究中心5家，市级13家，市级企业技术中心9家。

潮南纺织服装产业链门类齐全，以终端产品内衣家居服为龙头，形成了从纺纱、织造、印染到服装加工整条产业链，与服装配套的拉链、商标、衬布、缝纫线、绣花线、花边、织带、纺机配件等都能在本地得到配套供应，服装面辅料自给率不断提高，构成了较为完善的服装产业体系。

3. "互联网+产业"结合度高 潮南区利用服装产业品牌聚集地的优势，依托阿里巴巴、京东等大型电子商务服务平台，通过引导企业参加"中国质造"等有影响力的项目，推动内衣家居服装等商品进行网上销售，大力培育集群产业、集群产品和集群网商。全区共拥有8个淘宝镇和50个淘宝村，荣获全国淘宝村百强县的称号，是汕头市最多淘宝村的区县，峡山成为汕头市拥有淘宝村最多的镇（街道）。

三、下一步发展思路

打造纺织服装产业集聚区，以区委区政府"2+2+4"产业发展格局为核心，顺应当前线上线下经济融合发展趋势，主动对接广东省轻工纺织战略集群五年规划，依托3个"国字号"纺织服装名镇，积极发展风尚内衣、家居家纺、品牌童装等细分产业，力争到2023年将纺织服装特色产业打造为1000亿级产业集群。大力推广直播电商，促进实体经济与网络经济互补，加快制造业与服务业融合，积极适应大众消费模式。目前布局在两英龙岭的纺织服装产业集聚区，已启动产业规划编制工作，规划面积675亩。

建设纺织服装综合市场，打造纺织服装产业从原纺织布料、辅料、成品、服务配套集贸市场，作为纺织服装产业发展基础配套，打通供应链各个生产、服务环节，赋能纺织服装全生态，实现从"纺织服装大市"到"纺织服装强市"的转变。

供稿单位：汕头市潮南区工业和信息化局

中国工艺毛衫名城

广东省汕头市澄海区

一、集群概况

汕头市澄海区位于广东省东部韩江三角洲，濒临南海，下辖3个街道和8个镇，总面积345.23平方公里，户籍人口78.91万人。2004年1月，澄海区被中国纺织工业联合会、中国毛纺织行业协会授予"中国工艺毛衫名城"称号，并被确认为全国纺织产业基地市（县）产业集群试点单位。2021年，澄海区纺织服装产业集群企业数约3000个，从业人员约4.85万人，产业总产值约81.13亿元，服装产量约1.6亿件，60%出口欧洲、美国、俄罗斯、中东、东南亚、南美等50多个国家和地区。

二、集群发展亮点

1. 明确目标，制定政策，为产业发展提供良好的环境 在制订行业发展规划上，引导产业向集群化发展。在政策引导上，从项目引进、产业扶持、规费减免、企业融资、技术创新、人才引进等方面，认真贯彻落实《广东省进一步支持中小企业和个体工商户纾困发展的若干政策措施》《汕头市助企纾困十三条》《汕头市澄海区进一步扶持企业健康发展若干措施》等一系列扶持和服务纺织服装产业发展的政策文件。

2. 建立完善公共服务平台 以市场采购为抓手，打造贸易新业态服务平台。建设宝奥城市场采购贸易方式试点，全面完善试点软硬件配套，搭建汕头市采购贸易联网信息平台，配置建设汕头市澄海区市场采购贸易服务中心和市场采购贸易试点海关监管场所。进一步促进澄海纺织服装产业转型升级，带动区域内更多中小微企业参与对外贸易。

三、发展存在的主要问题

1. 规模小，发展慢 全区纺织服装产业中企业占比低。企业中小型企业和微型企业户数占比每年均超过95%。近年来纺织服装规模发展缓慢，全区纺织服装行业登记的生产企业增长速度还未能达到全区市场主体的平均增速。

2. 品牌商标缺乏 一直以来，澄海区毛织服装业基本上是沿着"自发式"的道路发展，缺乏明确的定位，发展方向不明确，重点发展战略不突出。目前，"中国工艺毛衫名城"还未作为集体商标实施应用，缺乏服饰类文化载体和展览中心。

3. 产业链不够完善 澄海区纺织服装产业链不够完善。产业高端增值链发展不足，面辅料基本依赖进口和外地供给，缺乏适应生产发展的毛织服装原辅料专业市场；现有纺织服装批发市场（成品销售市场）主要在仁美市场和中山南路沿街商铺，商住混杂，缺乏管理，难以形成产品专业展示平台。

4. 高端人才少，研发投入不足 人才紧缺是制约澄海区纺织产业发展的瓶颈之一。企业管理停留在初级管理水平上，信息化管理在澄海区纺织产业中仍处在起步阶段，尤其是大部分小企业是作坊式的管理。很多企业仅依靠一两个设计人员从事产品开发工作，产品开发能力薄弱，只能以模仿产品为主。

5. 贸易出口形势不稳定 近年来，随着原材料、劳动力成本的逐年上涨，以及人民币汇率不稳定等因素叠加影响，企业的利润空间进一步缩小。国际上纺织服装贸易保护主义有所抬头，对纺织服装出口产生较大影响。另外，越南、印度等的纺织服装产业在国际市场上兴起，也使我国出口优势弱化。

四、下一步工作思路

1. 推动产业链协同创新和纺织服装产业集群优化升级 针对纺织服装产业集群产业链的薄弱环节和痛点，通过以支持核心企业发展的"强核"措施，促进核心企业形成集约化生产服务平台，推动产业集群企业集结成产业联盟，优化产业链分工合作。

2. 培育龙头骨干企业 通过政策扶持，淘汰落后的生产企业，鼓励有条件的企业进行体制创新，促进其发展成为龙头骨干企业，发挥龙头企业和知名品牌在产品辐射、技术示范和营销网络等方面的核心带动作用。

3. 支持鼓励企业积极开拓国内外市场 支持区纺织服装协会举办澄海纺织服装博览会，构筑行业展销平台，展示澄海区纺织行业的整体实力；组织企业抱团参加海内外大型展会，借助重点展会平台，宣传推介澄海纺织服装区域品牌。

4. 充分发挥纺织服装协会的作用 完善和健全纺织服装协会的组织体系，促使协会在行业规划、行业自律、信息交流、标准制定、应对贸易壁垒、沟通政企关系等方面发挥作用。

供稿单位：汕头市澄海区工业和信息化局

中国婚纱礼服名城

广东省潮州市

一、集群概况

潮州是"中国婚纱礼服名城"。潮州婚纱礼服是非物质文化遗产潮绣与现代时尚元素完美结合的产物。经过三十多年的传承和发展，潮州已成为国内外最大的婚纱礼服生产集聚地和出口基地之一。

潮州市不断擦亮"中国婚纱礼服名城"金字招牌，目前以生产婚纱礼服为主的服装生产企业 600 多家，年产婚纱礼服 600 多万件（套），婚纱礼服产业年总产值约 40 亿元。潮州婚纱礼服产品 90% 以上出口，主要销往美国、西班牙、智利、匈牙利、俄罗斯、芬兰和东南亚、日本以及中东等二十多个国家和地区，在国际上拥有婚纱礼服制造出口基地的美誉。外贸出口年交货值 4.3 亿美元，在潮州八大特色产业集群中排名第二。近年来，潮州婚纱礼服产业集群多次被中国纺织服装专业媒体、行业协会授予"中国纺织行业十大活力集群"称号。

二、集群发展亮点

1. 出台政策，促进服装产业提质增效 近年来，潮州市通过"一篮子"政策措施，为服装产业高质量发展注入强大动能，有力促进潮州市服装礼服企业加快发展步伐，有效推进行业提质升级，努力把婚纱礼服产业培育发展成潮州有特色、有规模、有竞争力的支柱产业，为潮州经济高质量发展提供更加强有力的支撑。

2. 搭建平台，提升金字招牌的知名度与影响力 为进一步帮助企业开拓海内外市场，壮大婚纱礼服产业发展规模，潮州市积极搭建展示交流平台，与中国服装设计师协会结为战略合作伙伴，先后举办了潮州婚纱晚礼服时尚周和中国（潮州）国际婚纱礼服周，通过举办婚纱创意设计大赛、行业高峰论坛、礼服时尚秀等活动，汇集国内优秀婚纱礼服品牌企业和海内外精英时尚设计师，吸引来自美国、加拿大、西班牙、法国、德国、意大利等世界各地众多知名品牌和经销商莅潮参会，不断将潮州婚纱礼服的针尖艺术和"中国婚纱礼服名城"城市名片推向国际。

3. 传承国粹，推动传统与时尚融合发展 近年来，潮州大力推动传统工艺美术产业与婚纱礼服产业的深度融合和创新发展，加快文化产业发展步伐，推动成立中国刺绣艺术研究院。

4. 培育扶持，促进服装企业发展壮大 潮州市积极推进工业企业"小升规"行动计划，完善中小微企业投融资机制，深入开展民营服装骨干企业走访及政策宣贯活动，不断优化服装企业营商环境。充分发挥财政资金效应，深入推动服装企业开展新一轮技术改造及创新平台建设，促进服装企业转型升级、提质发展。

三、下一步工作计划

1. 继续加大政策扶持 一是支持服装礼服企业建设研发设计中心，积极申报各级研发设计中心和工业设计中心；二是支持企业品牌创建推广，加强计划和项目化管理、考核；三是支持有条件的企业申报省产业重点企业、重点品牌以及国家、省品牌培育试点企业；四是加大科技文化创意园项目扶持力度，力促入园企业加快建设；五是对企业发展总部经济、两化融合、电子商务等方面继续给予有效支持。

2. 加强平台建设 一是提升科技文化创意园服务能级。引导企业做好与专业服装设计机构、品牌运营机构的深度对接，集聚一批研发设计、品牌营销、电子商务、教育培训类等专业人才，加快创意园功能提升，争创省级特色工业设计示范基地和中国工业设计示范基地。二是办好婚纱礼服系列活动。通过举办婚拍活动、服装设计大赛、婚纱晚礼服时尚周等活动，不断扩大潮州市婚纱礼服企业品牌影响力和市场知名度。三是加强电子商务平台建设。加快推动电商平台落户潮州市，以"互联网+"助力产业转型升级，依托大型电商平台的优势资源和服务能力，帮助企业建设电商集聚区。

3. 加强宣传和区域品牌推广 加强宣传推介工作，充分发挥潮州市各新闻媒体和相关网站、微信平台等媒介作用，加大对婚纱礼服产业成功经验的宣传力度。鼓励企业在国内外主流媒体和服装专业报纸杂志等开展企业宣传，提升"婚纱礼服名城"区域品牌的知名度和影响力。

4. 加强人才保障 实施聚才引智战略，围绕行业紧缺工种开设专题招聘会。深化产教融合对接，构建婚纱礼服产业人才培养体系，探索订单式人才定向培养模式。

供稿单位：潮州市工业和信息化局

广西壮族自治区玉林市福绵区

一、集群概况

福绵服装产业起步于20世纪70年代末期，发展于80年代，崛起于90年代，有"世界裤都"的美称。以休闲服装制造为主，涵盖印染、浆纱、纺织等行业，其中，浆纱、织布行业为上游产业链、印染行业为中游产业链、制衣及配套为下游产业链，是广西乃至西南地区较大的休闲服装生产基地。

2021年，福绵区聚集纺织服装企业2800多家，产值达290亿元，300多家重点企业聚集产业园。其中，纺织服装规模以上工业企业41家，总产值达16.99亿元，同比增长51.67%，主营业务收入16.99亿元，从业人员达12万人以上。纺织产业是福绵区主导产业。

2016年以来，福绵区以工业园区为载体，承接粤港澳大湾区产业转移，其中以玉林（福绵）节能环保产业园、玉林（福绵）生态纺织服装产业园、玉林福绵国际电商牛仔轻纺城为主要载体，承载企业涵盖印染、纺织、制衣、设计、销售、商贸、物流等环节，形成完整纺织服装产业链和产业生态。

二、集群发展亮点

2019—2021年，福绵区坚持深入实施工业振兴行动，重点发展纺织、服装等主导产业，推动纺织服装产业建链延链补链强链。2021年实现新签约35个项目，合同投资额100.56亿元，项目涵盖纺织品、纺织面料、服装生产等各领域；重点引进浙江亘美集团建设福绵亘美高端服装智能数字化全产业链已试生产，完全投产后年产值将超50亿元。

玉林（福绵）节能环保产业园在2019年获自治区工信厅授牌命名为"广西福绵绿色纺织轻工业园"、2020年成为自治区改革集成试点园区、2020年获"广西壮族自治区特色小微企业示范园"称号。2021年玉林（福绵）生态纺织服装产业园获"广西壮族自治区特色小微企业示范园"称号。

三、当前产业发展存在的问题、发展要求

福绵区纺织服装产业通过强基础、培龙头、扩规模等多元化发展举措，竞争优势凸显，发展成效显著。但是随着大环境的客观影响和产业发展的瓶颈制约，福绵区纺织服装产业发展面临的内外风险空前上升，因此必须增强忧患意识、坚持底线思维，随时准备应对更加复杂困难的局面。

四、下一步的规划举措和工作打算

在新冠肺炎疫情常态化的情况下，继续实施疫情防控重点保障企业贷款贴息、小微企业贷款风险补偿、缓缴社会保险费、创业担保贷款扶持、阶段性延长社会保险补贴和岗位补贴期限等政策。

加大用地支持。优先支持纳入重点招商清单的优质企业项目所需建设用地，引进及培养更多的龙头企业，保障园区纺织服装产业向高质量发展方向迈进。

加大财税支持。统筹财政专项资金，加大对福绵区纺织服装产业发展的支持力度，主要用于支持基础设施及标准厂房建设、工业孵化及产学研基地建设、教医商住等园区配套设施及公共服务平台建设、企业技术创新及智能化改造、品牌建设、智慧园区等方面。落实增值税降税率政策及相关配套改革政策。

供稿单位：玉林市福绵区经济贸易和科学技术局

中国家纺名城　中国休闲服装名城

四川省彭州市

一、集群概况

彭州家纺服装产业历经十余年发展，现已建成华茂、龙洋、盛泰、万贯四大园区，是西部地区规模大、产业链完善的家纺服装产业集群，先后获得"中国家纺名城""中国休闲服装名城""全国纺织服装创意设计试点园区"等荣誉称号。

作为成都市家纺服装产业的主要承载地，彭州按照"以产兴城、以城促产、产城相融"的发展思路，企业转型发展的愿景强烈，涌现出以今时秀、奥澜贝迪、诚鑫皮革等为代表的一批优秀企业，截至 2021 年 12 月，彭州家纺服装园区占地 2960 亩，建成标准化厂房约 223 万平方米，园区家纺服装企业数为 304 家，其中规上企业 6 家、规下企业 298 家，工业产值 17.4 亿元，利润额 4464.9 万元，解决就业 1.5 万人，纺织工业占地方工业总产值 2.9%。

二、集群发展亮点

彭州家纺服装产业抓住发展机遇，创新发展模式，家纺服装产业从无到有，从小到大，从弱到强，产业规模已初步形成。

1. 主动纾困解困，打造良好营商环境　搭建彭州市企业供需对接平台，进一步统筹好产业链，帮助企业开拓营销和采购渠道，畅通产业链和供应链，打通上下游产业链，降低企业生产经营成本，促进彭州市市域内循环。

2. 统筹疫情防控、复工复产工作，助力产业发展　在疫情期间进行全面摸排，指导和帮助园区家纺服装企业开展疫情防控工作，做好企业高风险地区人员登记，落实疫情防控各项措施，保障企业员工身体健康，最大限度地减轻企业损失。全程开通办证绿色通道，鼓励园区具备生产疫情防控物资条件的企业转产口罩和防护服等疫情物资，积极协助企业办理转生产手续，助力企业转危为机正常生产。

3. 调整产业发展目标，深化转型升级　结合成都市、彭州市产业发展新战略，调整产业发展目标，按照《成都市人民政府办公厅关于印发成都市以新消费为引领提振内需行动方案（2020—2022 年）的通知》文件精神，编制《彭州市家纺服装产业发展规划（2019—2030）》，进一步分析彭州家纺、服装产业未来发展的有利因素与不利因素。结合家纺服装产业发展情况，调整

重心，坚持以"稳增长稳市场主体保就业"的工作基调，制定惠企的财税、融资、子女就学、就业等系列政策，完善基础设施建设，稳住园区经济平稳运行。

2020 年，盘活家纺服装园区企业 40 余家，清理闲置家纺服装用地约 12 万平方米。2021 年，市政府花巨资改造牡丹大道延伸段南段道路，大大提升了园区货运流通能级，进一步改善外部形象，活跃园区产业氛围，畅销了园区产品。

三、当前产业发展存在的问题

1. 园区运营能力偏低，入驻企业质量不高　园区运营商缺乏宏观科学的发展规划，偏重短期的投资效益，重招商卖房，轻产业发展。

2. 技术装备水平不高，劳动力生产率低　家纺服装产业基础薄弱，园区企业以中小微企业为主，缺少行业内有知名度、影响力的行业龙头企业。

3. 专业技术人才缺乏，产品研发能力弱　据统计，彭州市家纺服装企业人才缺乏，大学生寥寥无几，大多数企业职工队伍大中专以上学历仅占 10%，其余大多数为高中生以下学历。

4. 产业链不完整，竞争优势不明显　园区企业无法共创共享、抱团发展、资源共享，影响了企业做大做强。

四、下一步举措和工作打算

1. 积极争取上级支持，引导企业聚集发展　积极争取四川省、成都市加大支持力度，制定《成都家纺服装产业生态圈总体规划》，高位切入，推进家纺服装产业生态圈建设。

2. 提高品牌运作水平，做强做实"双名城"　大力推动园区设计研发、品牌培育、人才引进、企业生产改造以及家纺服装产业相关联产业发展。

3. 加强人才队伍建设，打造时尚创意名片　下一步将在创意设计试点园区（平台）的硬件设施的建设、引进全国著名设计师、鼓励创意设计作品与园区企业深度合作等方面给予更多的政策和资金的专项扶持。

4. 完善基础配套服务，推动企业抱团发展　加快园区生产性和生活性服务业发展，配套建设交通物流、卫生教育、休闲娱乐、商业住宿等基础设施，保障高端人才及产业工人生产生活需要。

供稿单位：彭州市工业开发区管委会

中国工装面料名城

四川省乐山市井研县

一、集群概况

井研县纺织产业起步于 20 世纪 80 年代，经过 30 多年的沉淀和发展，已形成"纺纱—织布—印染—服装"较为完整的工装（职业装）生产产业链。目前，井研县共有纺织企业 125 户，其中：规模以上纺织企业 42 户，主要从事功能性工装面料纺织、印染和服装生产。

截至 2021 年底，实现销售收入 71.5 亿元、利税 1.57亿元；拥有纺织熟练工 8500 人、技术人员 2025 人；拥有纺纱 13 万锭、织机 6520 台（其中喷气织机 2350 台）；染整 6 条线，年织布量达 4.89 亿米，超过全省总量的 36.5%，印染布 11516 万米，约占全省总量的 20% 左右。井研县现有纺织企业进出口经营许可备案企业 27 家，2021年实现自营进出口 4025 万美元，非自营出口 3400 万美元，产品销往美国、意大利、荷兰、丹麦、阿联酋、斯里兰卡、孟加拉国、墨西哥、缅甸、中国香港等十几个国家和地区。纺织工业在地方工业总产值的占比为 36.54%，是井研县的传统优势产业和支柱产业。近年来，产业集群企业设备不断更新，技术不断创新，产品不断提质上档升级，"中国工装井研造"品牌效应日益显现。

二、集群发展亮点

1. 精心制定产业规划，政策激励促企业发展 一是重点规划工装全产业链基地，打造"纺织印染服装全产业链小航母"。二是出台《井研县关于促进重点产业的实施意见》激励政策，支持纺织服装业转型升级、提质增效、上档升级。鼓励支持企业提升装备和工艺水平，补贴新增喷气织机、纺纱生产线、先进电脑缝纫机设备的企业。三是协助企业成功申报省市工业发展专项资金 1283 万元。

2. 搭建公共服务平台，积极开展公共服务 组建乐山市中小企业服务中心井研分中心和井研县中小企业服务中心，为中小微企业提供免费咨询服务。支持意龙科纺集团申报"乐山市院士（专家）工作站"，支持其建设污水化验室，促进纺织产业集群的绿色发展。

3. 产业转型升级，提升核心竞争力 一是加快淘汰落后产能。近 3 年共淘汰有梭织机和小剑杆织机 3000 台，新增喷气织机 1150 台。二是注重品牌建设，积极争创名牌。井研县工业集中区管委会 2017 年成功创建"全省纺织服装产业知名品牌创建示范区"。支持意龙科纺集团、玉扬纺织公司、银山织布厂等企业把品牌文化作为企业质量管理的重要内容，争创名牌产品、驰名商标、著名商标。三是支持意龙科纺集团两化融合管理体系贯标试点工作，推进企业信息化、数字化两化深度融合。四是积极支持纺织龙头企业意龙科纺集团 IPO 上市。

4. 节能降耗减排治污，建设绿色循环经济 完成 10 蒸吨以下燃煤锅炉淘汰或清洁化改造工作。所有浆纱设备运行企业均按要求自建污水处理设施，浆纱废水经处理后循环使用，达到零排放。印染废水处理执行《纺织染整工业水污染物排放标准》（GB 4287—2012），并按照《四川省岷江、沱江流域水污染物排放标准》（DB 51/2311—2016）进行提标升级改造，安装 COD、NH_3-N、TP 在线监测系统，与市、县环保监管部门联网，废水实现达标排放。

三、当前产业发展存在的问题和需求

1. 受国际市场影响较大 受中美贸易摩擦、增值税税率降低等因素影响，出现订单减少、成本上升、账期拉长、人工成本增加等情况。企业家对贸易前景和投资前景持观望态度，部分企业已减产观望，部分规下企业已停产或转产。

2. 高质量发展任重道远 设备落后、产品单一、专业人才缺乏现象仍然存在，纺织企业大而不强，自主创新能力弱，抗风险能力弱，结构优化转型升级需要较长时间。

3. 融资难问题仍然存在 传统纺织产业不是金融机构融资支持的方向。

4. 产业链需要继续拓展 加宽加厚才能实现共同发展。

四、下一步的规划举措和工作打算

大力推进绿色智能制造，突出以工装为主的全产业链重点项目建设，合力打造"世界工装井研造"品牌，扩大井研工装制造的社会影响力。筹备组建乐山市纺织服装协会，发挥纺织协会桥梁纽带作用。积极参与纺织行业对集群发展形势和竞争力分析评价工作；积极推动本地区纺织企业自律性社会责任建设，大力推广《中国纺织企业社会责任 CSC 9000T》，为中国纺织工业联合会对产业集群地区实施 CSC 9000T 的各项组织、培训工作创造必要条件。

供稿单位：井研县经济和信息化局

中国羊毛防寒服名城

陕西省榆林市

一、集群概况

榆林市位于陕西省最北部，地域辽阔，适宜畜牧业发展，形成羊毛绒传统产业。1989 年初，榆林企业研制出以本地绵羊毛为填充物的防寒服。经过 30 多年的发展，榆林成为全国最大的羊毛防寒服研发、生产、销售基地之一。2013 年，中国纺织工业联合会、中国服装协会授予榆林市"中国羊毛防寒服名城"称号。集群内主要是羊毛防寒服和绒纺产业。羊毛防寒服是以机织物或针织物为主要面料和里料，以绵羊毛絮片为主要填充物制成的服装，具有回弹性好、吸湿性强、透气柔软、防风保暖、适穿人群广泛等特点。山羊绒品质高，平均细度在 14.5 微米左右，长度在 35 毫米以上，"榆林白"高品质山羊绒闻名全国。

产业集群现有企业 330 户，其中，规模以上企业 30 户，规模以下企业 300 户。2021 年，完成工业总产值（现行价格）28.9 亿元，从业人数 1.2 万人。

二、集群发展亮点

1. 加强区域品牌建设 榆林市发布启用"榆林羊绒"区域公共品牌及 LOGO，提升榆林羊毛绒产业区域的影响力和品牌竞争力。连续举办七届榆林羊毛绒产业博览会。大力推进产业标准化建设，支持产业协会、企业参与标准的起草，FZ/T 08001-2021《羊毛絮片服装》行业标准，DB 61/T530-2021《防寒服通用技术规范》地方标准，T/YAWG 1001-2019《羊毛防寒服》团体标准先后实施。

2. 大力推进园区建设 榆阳轻纺产业园按照"一次性规划、分步实施"原则，建筑总面积 15 万平方米的标准化厂房、研发及后勤服务楼和地下停车位。已建成 5 万平方米的标准化厂房、研发及后勤服务楼，2020 年 6 月开园投运。

3. 加快产品转型升级 企业依托专业院校技术支撑，加大新产品、新工艺的设计研发，每年推出主题鲜明、各具特色的新产品近千款。产品开发由中低端向中高端转变，由中老年向青少年和婴幼儿转变，由防寒保暖向冬季户外运动转变。从 2019 年开始，榆林市连续三年参加国际冬季运动（北京）博览会。向"相约北京"系列冬季体育赛事张家口工作人员和志愿者赞助羊毛防寒服，为我国第十四届运动会和残特奥会裁判员、技术官员供应正装。

4. 完善社会责任体系 全产业建立履行社会责任报告制度，开展公益献爱心活动，企业为抗疫志愿者、福利院、特困户、环卫工人等捐羊毛防寒服系列产品总价值近千万元。推进产业信用体系建设，营造良好的诚信生产、经营环境，为社会提供优质产品和服务，在构建和谐劳动关系、节约资源、保护生态等方面发挥积极作用。

5. 发挥产业协会作用 市羊毛防寒服产业协会履行职能，提升服务水平，被中国纺联命名为"全国纺织行业党建工作先进单位"，被榆林市民政局评为"4A级社会组织"。协会发挥桥梁和纽带作用，当好政府部门的参谋和助手，维护会员企业的合法权益。开展宣传交流，组织业务培训活动，增强协会的凝聚力。加强民营企业专业技术职称评审申报，形成政工和专业技术团队。

三、产业发展存在的问题和未来规划举措

产业链不完整，生产周期长，运输成本高；商贸渠道不宽，市场拓展难度大；科技创新能力弱，产品结构单一，同质化严重；技术人才紧缺，管理滞后，生产出现用工荒；新冠肺炎疫情和暖冬气候的双重压力，季节性产品严重滞销。

委托中国纺织工业企业管理协会联合中国纺联产业集群工作委员会、中国纺联流通分会组建项目组，编制《榆林市羊毛绒产业发展规划（2022—2030）》。努力通过九年的发展，推动榆林羊毛绒产业向低碳经济型、科技创新型、增长集约型的可持续发展方式转变，将榆林打造成为陕西省资源优势转化和一二三产业融合示范区，西部地区羊毛绒产业创新高地，中国功能性羊毛防寒服研制基地和中国优质生态羊绒及制品原产地。

在将来的工作中，推进生产集约化，利用资源优势，形成产业集聚效应；推进产品高端化，开展创研深度融合，丰富产品品类，提升产品品质；推进运行数字化，实行"两化融合"，提升产业链、价值链发展效率与水平；推进企业品牌化，加强"榆林羊绒"区域品牌和企业自主品牌宣传推广，增强产业竞争力；推进合作多元化，加强合作，推进"一带一路"沿线贸易交流，实现协作共赢。

供稿单位：榆林市工业和信息化局

中国藏毯之都

青海省西宁市

一、集群概况

南川工业园区依托青海资源优势和浓郁的地域文化特色，围绕"藏毯之都"建设，打造世界羊毛地毯制造中心，建成以藏毯生产为龙头的特色毛纺织产业集群。现有藏毯绒纺生产企业16家，其中规上企业6家，规下企业10家。现有从业人员1170余人。藏毯生产企业6家，圣源、喜马拉雅、天玺多吉、藏羊国际4家企业正常生产经营；卡比特已于2019年停产，藏羊停产待重组。绒纺生产企业10家，柴达木、青藏绒毛、百汇纺纱、雪舟、雅乐、瑞丝、夏唐等7家企业正常生产；唐古拉、云泰2家企业正在建设，大自然停产待重组。

2019年以来，受新冠肺炎疫情和市场双重影响，园区藏毯绒纺产值和出口额均呈下降趋势。2021年完成生产总产值9亿元，完成出口额1亿元，年纳税额1407万元。藏毯绒纺产值占工业总产值的5.8%。

二、集群发展亮点

2021年6月7日，习近平总书记调研南川工业园区青海圣源地毯集团有限公司时强调，"推动高质量发展，要善于抓最具特色的产业、最具活力的企业，以特色产业培育优质企业，以企业发展带动产业提升。青海发展特色产业大有可为，也大有作为，要积极营造鼓励、支持、引导民营企业发展的政策环境。要加快完善企业创新服务体系，鼓励企业加大科技创新投入，促进传统工艺和现代技术有机结合，增强企业核心竞争力。要把产业培育、企业发展同群众就业、乡村振兴、民族团结更好统筹起来，相互促进、相得益彰"。

园区时刻牢记总书记指示精神，紧紧围绕总书记指示全面开展工作，用实际行动回报党中央和习近平总书记对园区发展的殷切期望。园区依托藏毯绒纺产业发展，培育园区藏毯绒纺行业高新技术企业2家，科技型企业6家，省级企业技术中心1家，市级科技研发中心3家，国家级专精特新"小巨人"企业1家，"国家知识产权优势企业"1家，国家级"绿色工厂"1家，"绿色产品"1家，省级"绿色工厂"1家。已拥有专利数81件，其中发明专利2项、实用新型75项，软件著作权3项。科技成果转化2项：阿克明斯特

机织藏毯工艺研究及产业化示范和毛麻混纺纱线工艺研究及应用项目。攻克了"洗毛污水除杂提脂预处理技术""超声波低耗水染色技术""超临界二氧化碳染色技术"等技术难题，有力推动了藏毯产业向高端化发展。园区藏毯绒纺行业拥有品牌和商标9件。其中，中国驰名商标3件，青海著名商标2件，省级名牌产品2件，中国名牌产品1件。

三、下一步工作打算

1. 明确定位 按照"3+2+1"产业发展定位和产城融合发展思路，全面统筹园区用地，完成时代大道两侧工业用地"腾笼换鸟"，"僵尸企业"兼并重组。以手工藏毯为特色，绒纺、机织地毯为支柱，文化旅游创意为潜导，现代服务业为依托，做优做强藏毯绒纺产业。

2. 明确目标 园区现以现有产业为基础，充分利用"西宁大白毛"及周边省区羊毛资源，延长产业链条，构建以藏毯为核心，集"洗毛—分梳—粗纺—染纱—织毯"和"洗绒—分梳—精纺—机织"为一体的藏毯绒纺产业集群。打造西北绒毛交易中心、洗毛中心、分梳中心和绒纺加工中心，建设藏毯工艺研发中心、展示销售中心，打造"世界藏毯之都"。加快藏毯产业国际化，建成以青海省为中心，辐射周边省区和中亚地区，集藏毯研发、加工、展销和原辅材料交易为一体的国际性藏毯之都。

3. 明确方法 一是加快藏毯绒纺企业资产重组、加强企业技术改造、促进大中小企业协调发展，发展服务型制造，提升园区藏毯绒纺企业综合实力。二是加快科技创新体系建设，加强行业关键技术突破，推动藏地毯行业模式创新，提升藏毯企业产业创新发展能力。三是优化产品供给结构，完善藏毯行业标准体系，大力推进品牌建设，大力实施质量战略，提升质量保障能力。四是推进智能工厂（车间）建设、培育发展大规模个性化定制，推进藏毯智能制造。五是加强纺织绿色制造基础管理、开发推广先进绿色制造技术，加快构建绿色制造体系，加快绿色发展进程。

供稿单位：西宁市经济技术开发区
南川工业园区管委会

中国精品羊绒产业名城

宁夏回族自治区灵武市

一、集群概况

羊绒产业是灵武市的特色产业、主导产业和优势产业。2003年，灵武市高起点、高标准规划建设了以羊绒精深加工为主的产业园区，2010年，国务院批准升级为国家级高新技术产业开发区，现有羊绒企业73家。

经过多年的持续发展，灵武羊绒产业形成了集羊绒分梳、绒条、纺纱、制衫、面料为一体的完整产业链，现已发展成为引领全国羊绒产业发展的排头兵、全国乃至世界重要的羊绒集散地和羊绒制品加工基地，享有"世界羊绒看中国、精品羊绒在灵武"的美誉。

园区先后被国家有关部委授予"中国精品羊绒产业名城""中国灵武优质山羊绒分梳基地""中国灵武国际精品羊绒之都""国家火炬计划羊绒产业基地""中国产业集群品牌50强""国家新型工业化产业示范基地""第一批国家绿色园区""中国县域产业集群竞争力100强""全国纺织模范产业集群""2012年中国纺织服装行业十大产业园区""加工贸易梯度转移重点承接地""中国反制产业集群试点地区""国家外贸出口转型升级专业型示范基地""国家出口工业产品质量安全示范区"等称号，并列入中国纺织产业集群试点地区。

二、集群发展亮点

1. 集群效应逐步显现 羊绒产业实现了由初加工向精深加工、由初级产品向高端产品、由贴牌产品向自主品牌、由松散型经营向产业集群发展的四个转变，形成了一批先进生产设备、一批优秀产业工人、一批羊绒产业创新技术的良好局面。

2. 创新能力显著增强 鼓励企业与高校、科研机构通进行互动合作、资源共享，申报科技创新后补助项目51项，争取实施国家及区、市各类科技计划重大重点项目及一般科技研发项目38项，争取项目资金近2亿元，申报各类专利近千件，授权专利累计量达到460余件，其中发明专利累计拥有量达到73件。

3. 公共平台日臻完善 对标创新驱动发展新要求，加快创新平台建设，拥有国家级检测机构和重点实验室4家，工程技术研究中心、新型研发机构、企业技

术中心、技术创新中心等21家。同时，积极打造综合智慧服务平台，建设智慧园区项目，激活园区管理多维"经络"，为园区入驻企业提供精准服务。

4. 风险化解取得成效 加快羊绒产业发展，促进企业发展提档升级，积极化解羊绒产业风险，梳理制约羊绒产业发展的突出问题和症结，强化税收优惠、贷款融资、企业技术创新、品牌培育和人才培养等方面支持力度，羊绒产业实现"二次腾飞"。

5. 人才队伍日渐壮大 坚持人才"引育用留"，围绕"纺织产业人才高地"建设，吸纳从业人员4393人，其中各类高层次人才1421人，累计柔性引进西安工程大学、天津工业大学、天津科技大学等各类人才272人，累计争取各级人才专项资金228万元。

三、产业发展存在的问题及下一步打算

羊绒产业产能普遍发挥不足，总体上基地产业还是以羊绒产业为主导，结构过于单一，延伸发展纺织产业链条、带动发展配套产业链条动力略显不足。羊绒产业规模大而不强、企业数量多而不优，产业复合程度不够、聚合效应不够突出。且受羊绒产业系统性金融风险影响，园区三大羊绒企业破产重组，品牌发展也受到影响。羊绒企业品牌意识不强，在培育品牌、创新品种方面投入不足，缺乏有竞争力、影响力的国内国际品牌，产业附加值低。

下一步，灵武市将围绕羊绒生产工艺、产品设计、产品销售"三个国际一流"目标，巩固提升原料端、生产端、市场端"三个优势"，大力推进智能制造、绿色制造、个性制造"三个制造"，深入推进增品种、提品质、创品牌"三品战略"，在原料定价、研发设计、标准制定、品牌建设、市场开拓、人才培养、公共服务平台建设等关键环节实现突破，推动基地羊绒纺织产业量级做大、能级做强、品牌做优；着力打造国际精品羊绒之都、羊绒原料价格发布中心、全国原绒集聚区和加工中心、全国精品羊绒制品研发和生产中心、全国羊绒制品流行趋势发布中心、全球精品羊绒交易中心。力争2025年，羊绒纺织产业工业总产值达到50亿元。

供稿单位：灵武市人民政府

中国手工羊毛地毯名城

新疆维吾尔自治区和田地区

一、集群概况

2021年，和田地毯生产区主要分布在和田市、洛浦县、策勒县。截至目前，和田地区正常运行的地毯企业有24家（其中：皮山县2家、墨玉县1家、和田市4家、洛浦县9家、策勒县8家），年产能达23万平方米，地毯企业从业人员1000余人，产量达11.5万平方米（其中机织地毯5.5万平方米），比去年同期增长6.5%，实现总产值3526万元，比去年同期增长6.9%。和田地区围绕经济高质量发展要求，狠抓落实，在地毯产业发展方面取得了较好的成绩。自从第三次中央新疆工作座谈会召开以来，中央及自治区加大了对纺织服装包括地毯产业的扶持力度，这一产业得到了前所未有的发展。

二、集群发展亮点

1. 出台扶持政策，促进产业发展 和田地区继续抓紧抓好手工羊毛地毯产业，采取多种渠道，大力发展手工地毯，在原制定的发展规划基础上，对现有手工羊毛地毯生产企业进行优化，进一步提升手工羊毛地毯品质，相继制定出台了纺织服装产业优惠政策，给予手工地毯生产企业产品运输补贴、电价补贴，从而全力保障和田手工羊毛地毯产业健康发展。

2. 开展专业化培训，提高业务水平 在以往人员培养的基础上，协调人力资源和社会保障部、妇联等部门对和田地区从事手工地毯编织的从业人员进行培训，开展"冬季攻势"活动，对企业员工进行专业化培训，切实提高地毯编织水平，有力推进地毯产业发展。通过培训，员工掌握了高档地毯编织方法和规则，编织水平和质量把关能力有了明显提高，为今后发展和田手工羊毛地毯产业培养了一批人才，为提升和田地毯产品品质提高保障。另外为进一步加强地毯从业人员整体素质，培养一支具有较强专业知识水平和实践经验的图案设计人才队伍，地毯协会与自治区计算机培训中心CAD部联合举办了地毯图案设计和质量检验培训班，共培训了35名优秀图案设计人员。通过各类专题培训，地毯图案设计综合能力及技术水平有了明显提高，其中部分人员已具备了独自创作及设计的能力。

3. 强化品牌培育工作 深入推进地毯品牌、名牌创建活动，重点抓好地毯龙头企业、骨干企业的培育、提升工作。通过努力，和田地毯有限责任公司"和玉"牌地毯获得"中国驰名商标"称号，新疆纳克西湾手工地毯开发有限责任公司"纳克西湾"牌地毯获得"新疆著名商标"称号。

三、存在的主要问题

1. 产品订单明显减少，销售困难 因新冠肺炎疫情和旅游业消退等原因，手工地毯一直销售困难，部分产品订单因客户的时间限制被取消，疆外销售订单大幅下降，市场占有率降低。

2. 地毯产业无传承人员，产业面临后续断路危机 目前和田地区从事地毯产业的绝大多数人员为年龄较高的地毯编织技师，缺乏年轻一代的继承和发扬精神。

3. 地毯行业协会经费无法保障，机构作用发挥受阻 和田地区手工羊毛地毯行业协会是2011年按照"地毯产业规划"要求成立的一家服务型社会团体，一直发挥着服务地毯企业、综合协调产业发展布局的作用，但近期因活动经费紧缺，机构无法正常运行，行业服务未能正常进行。

四、下一步举措及工作打算

1. 开展地毯专业人员培训，强化专业技术人才队伍 联合自治区经济和信息化培训中心，聘请地毯行业专家学者，分批次开设地毯专业短期培训班，从图案设计、技术创新、营销、企业管理等方面培养一批专业技术人才队伍，进一步解决地毯品质差、技术跟不上的问题。

2. 发挥社会团体作用，切实增强企业凝聚力 发挥和田地区手工羊毛地毯行业协会职能作用，全面聚集企业、合作社等各方力量，以协会为中心，采用服务和管理等双重运作模式，统一地毯品质，打开国内外销售渠道，为产业发展提供更好的服务环境。

3. 设立地毯产业文化中心，大力宣传产业优势 参照其他行业模式，以地毯博物馆为主题，打造地毯产业旅游文化中心，政府出资录制高质量的宣传片，通过现场展示、历史文化推介、促销、直播带货等方式，向客商和游客以及网民全方位宣传手工地毯。同时，在和田地区各大酒店、宾馆悬挂和铺设手工地毯，从而让更多的人认识和了解和田地毯。

供稿单位：和田地区手工羊毛地毯行业协会

新疆维吾尔自治区石河子市

一、集群概况

截至 2021 年底，石河子市共有 23 家纺织企业，其中，棉纺企业 13 家，毛纺企业 1 家，织布企业 5 家，集棉纺、印染、织布为一体企业 3 家，产业用纺织品生产企业 1 家。其中，规上企业共有 13 家。

2021 年，规上纺织企业完成工业总产值 32.29 亿元，完成工业销售产值 28.14 亿元，实现营业收入 36.2 亿元。2021 年累计生产棉纱 12.6 万吨，生产棉布 9542 万米，服装、毛巾和棉网产量分别为 6.6 万件，298 吨和 6524 吨。缴纳各类税费 1767.5 万元，累计获得纺织服装专项资金补贴 13643.6 万元，平均在岗职工 6604 人。

二、集群发展亮点

1. 积极吸纳少数民族员工就业 纺织服装产业是劳动密集型产业，是吸纳农村富余劳动力和促进就业的主力军，为新疆少数民族员工就业和乡村振兴做出了巨大贡献。石河子纺织服装企业充分利用纺织服装发展优惠政策，积极吸纳少数民族员工，年均新增招录少数民族员工就业 3000 人以上。

2. 开展民族团结共建活动 新疆是少数民族聚居区域，各民族团结互助是最显著的特征。各纺织服装企业结合实际，积极开展民族团结共建活动。累计帮助少数民族员工解决生活工作中的实际困难 9371 件次，促进了民族团结繁荣进步。

三、存在的问题

1. 关键要素缺少且成本高，缺乏竞争优势 一是北工业园区缺少统一蒸汽来源，印染所需蒸汽以天然气锅炉为气源，价格较高，二是 2021 年底以来纺织服装企业原材料成本过高，流动资金严重不足。三是印染企业用水成本高，印染企业承担的综合水费为 9.58 元/立方米。

2. 产能利用率不高，大量资产闲置 按 2021 年开机设备计，产能利用率为 79.3%，与国家平均水平 79.5% 基本相当；如按一万锭年产 1440 吨棉纱计，产能利用率为 57%，即有 69 万锭产能闲置。

3. 产品同质化严重，产业链层次低 纺织服装产业产品结构单一，各企业产品为竞争关系。主要产品是棉纱，其中 60 支以上纱线占比不到 2%。产业配套不完善，落棉、车肚棉等副产物消纳能力弱，价值体现不足。

4. 下游需求不足，运输成本高 受疫情影响，下游纺织服装产品生产企业订单减少，对纱线的需求较少。加之远离内陆市场，产品运距长、运费高。以长途运输（不含倒短费用）每吨 850 元招标价格计算，现行出疆运费补贴标准无法弥补运价成本。

5. 用工和融资困难且成本高 一是纺织服装产业对技术人才的吸引力不强，并且技术人才年龄偏大和流失严重；纺纱工、织布工招工难度大、培训成本高。二是近年来纺织服装产业不景气，国有银行将纺织服装行业列入风险等级高的行业，导致企业获得银行贷款难度加大、成本增加。

四、下一步工作打算

对现有存量产业在延链补链、用人和技改方面进行扶持，引导企业向高支纱、织布和印染等方向发展，支持企业进行节能、设备改造升级等技术改造。积极承接东部地区产业转移，支持产业链下游企业，以集聚一批个性化、有特色的企业，不断增强纺织服装产业综合竞争力。

通过技术改造，提高纺纱全过程管理水平，从而实现棉花和纱线质量提升，降低纺纱成本；建立综合性面辅料和机械、配件维护服务中心；建设印染为核心产学研深度融合的产业化创新平台；建立石玛沙纺织服装产业联盟等方式促进纺织服装产业区域融合发展。

紧抓服装产业绿色化、时尚化、个性化定制的发展趋势，引进东部沿海地区成衣制造厂商合作，围绕个性化服务向产业链下游延伸，打造具有影响力的特色纺织服装品牌。对纺织服装出口贸易按贸易额给予一定的资金奖励扶持，鼓励本地服装企业从内向型转为外向型。

通过鼓励各银行机构引导银行机构积极作为，落实好国家有关优惠政策，主动精准帮扶纺织服装企业；对接融资平台，有效降低融资费用；广泛吸收各类社会资本，推动降低企业年化担保费率、创新供应链金融产品和服务等金融政策，应对当前复杂的国际形势和中美贸易摩擦带来的不利影响。鼓励企业积极吸纳少数民族地区富余劳动力，培育高质量产业工人；完善纺织服装人才培养模式，缓解企业的用工难、用工荒问题。

供稿单位：石河子市工业和信息化局

全国纺织产业集群汇览

——纺织产业特色名镇

河北省肃宁县万里镇

一、集群概况

万里镇针纺产业起源于 20 世纪 50 年代，从最初的边角料加工起步，经过 60 年的发展，已基本形成了织布、印花、制衣、销售、科研于一体的较系统的龙形产业链条，成为万里镇经济社会发展的特色主导产业，在富民强镇方面发挥了巨大的作用。

全镇拥有各类生产企业 760 家，外加家庭作坊摊点共计 1000 余家，针纺服装类电商 1200 个，从业人员 2 万余人，年生产各类文化衫、保暖内衣 7 亿件，年产值 110 亿元。保暖内衣产量占全国同类产品的 40% 以上，文化衫产量占全国同类产品的 70% 以上，注册服装品牌 100 多个，其中"小喜蝶""金喜蝶""星之光""暖倍春"被评为河北省知名品牌，"小喜蝶"被评为河北省著名商标，成为华北地区乃至全国文化衫和保暖内衣的重要生产基地之一。

二、集群发展亮点

近年来，万里镇高度重视针纺产业，大力实施各种举措促进针纺产业健康发展。

1. 协同第三方和针织行业协会积极开展调研工作 挖掘万里镇针纺产业潜力，制定了专业产业发展规划，确定发展方向，优化产业布局，充分发挥本地针纺产业聚集优势，补齐短板，为本地针纺产业健康有序发展打下了良好基础。

2. 大力建设针织产业园 已经建设好的源发针纺展销中心为万里镇针织企业提供了良好的展销平台。目前万里镇正在此基础上建设占地 200 亩、投资 11.5 亿元的港宁针纺科技产业中心，进一步完善园区功能、齐全相关配套设备，为引进外地针纺企业提供良好的软硬件环境，促进针纺产业聚集。

3. 注重培育龙头企业 鼓励本地企业进行产品创新，发挥龙头企业的规模带动效应，构筑以名牌企业为龙头、以品牌辐射带动相关产业集群的发展格局。引导龙头企业创新发展，加大设计研发力度，积极引进智能制造技术，提升智能化生产水平，带动整个产业创新发展。

4. 组织有代表性的企业到先进地区开展学习和观摩 持续宣传推广创新自主品牌，增强针纺企业对科技创新的信心，引导企业创立、做强自主品牌，争创有影响力的商标，提升自主品牌知名度和美誉度，开拓国内和国际市场，逐步实现针纺产业品牌化。

5. 加大针对企业创新研发的扶持力度 在打造龙头企业过程中，引导有条件的企业走服装定制道路。通过深度满足顾客的个性化需求，提供更多个性化服务来增加附加值。积极与相关高校合作交流，引进专业设计人才，提高本地设计水平，融合多方面元素，用设计创新引领带动针纺服装产业发展，提高市场竞争力。

6. 举办针纺服装文化节 不断加强针织产业的宣传报道，营造良好社会氛围的同时，提升全镇针织产业的知名度，吸引更多优质企业入驻针织产业园，为打造针织产业聚集区贡献力量。

三、集群下一步规划举措

下一步，万里镇将大力实施建园区、强电商、育龙头、创品牌战略，进一步提升中国针织服装名镇的知名度，逐步实现针织产业由大变强的转变，从而促进针织产业的高质量发展。

1. 向产业集群化发展——建园区 以建设港宁针纺科技产业中心为载体，引进外地知名针纺企业，打造具有影响力的针织产业集群，提升万里镇针织产业知名度。

2. 向产业多元化发展——强电商 借助电商兴县战略的实施，依托众慧电商孵化基地等平台，积极培育本土电商及网红，通过直播带货等新兴手段，大力拓展销售渠道。

3. 向产业规模化发展——育龙头 以培育龙头企业为抓手，发挥龙头企业的带动作用和规模效应，提升企业科技创新能力，强化培树品牌意识，从而促进针纺产业整体提档升级。

4. 向产业高端化发展——创品牌 引导企业加大产品研发创新力度，把针织产品做精做细，在拥有自主品牌的基础上，做强自主品牌，助力本地针织产品从制造到质造的跨越。同时借助地方打造"肃心匠作"区域品牌的有力时机，进一步提升本地针织产业的美誉度，促进针织产业高质量发展，实现针织产业品牌化。

供稿单位：肃宁县万里镇人民政府

中国裤业名镇　中国棉服名镇

辽宁省海城市西柳镇

一、集群概况

海城市西柳纺织服装产业集群位于沈阳现代化都市圈和辽宁沿海经济带的交汇节点。境内沈海、丹锡高速公路，中长、沟海铁路和哈大、盘海营高铁纵横交错，一小时经济圈涵盖沈阳、大连、营口三个自贸试验区和辽中南城市群全部的机场、港口。

围绕西柳服装专业市场，在西柳镇及其周边形成了以裤装、棉服、大码女装、时尚女装和童装为主打产品的特色纺织服装产业集群。全省为其配套的各类企业和加工业户1万余家，吸纳就业40余万人。全市生产企业和业户6800余家，年纺纱产能5.3万吨，织布染整能力4.3亿米，服装产销量7.5亿件。以宏基工业城、恒大工业园、服创产业园三大园区为核心的西柳纺织服装产业基地入驻企业150余家，年销售收入525亿元。

西柳服装专业市场占地4.5平方公里，拥有摊位2.3万个，经营从业人员6万余人。市场经营服装服饰、面料辅料、针织家纺、小商品等40大类2万余种商品，辐射面由东北地区扩大到全国各大关联市场，并通过一般贸易、加工贸易、边境贸易、市场采购贸易、跨境电商等方式打入国际市场。2021年，集群货物吞吐量达160万吨，市场交易额实现905亿元，线上交易额为178亿元。经过不断的努力、发展，集群先后荣获国家外贸转型升级示范基地、全国十大纺织专业市场、全国流通领域现代化示范市场和省级服务业示范集聚区等称号，并于2020年9月成功获批东北首个国家市场采购贸易方式试点。

二、集群发展亮点

1. 做实市场采购贸易试点　海城西柳服装城纳入第五批市场采购贸易方式试点后，加速西柳专业市场转型升级，统筹推进试点建设工作，充分释放试点政策红利。按照市政府下发的《辽宁西柳服装城市场采购贸易试点工作任务分解表》，细化分解15项任务，由班子成员包保并逐项调度推进。2021年，累计备案供货商6052家、外贸公司38家、报关行6家，出口报关1725票，出口货值21920万美元。商品出口至德国、意大利、沙特阿拉伯、也门、阿尔及利亚、印度、韩国7个国家。目前，以"裤装、棉服、女装"为主的西柳北派服饰成功辐射全国，并正在借助国家"一带一路"倡议走向世界。

2. 全力打造市场党建品牌　始终坚持抓党建促发展，完善"衣城有家"党群服务中心软硬件建设，成功接待国家、省市各级领导、各基层党组织、各地客商参观调研60余次。组织市场全体党员开展党史教育活动11次，廉政文化学习9次，强化"学习强国""辽宁智慧党建"平台在线学习。积极组织市场商（协）会、市场党员商户参加疫情防控、携手援藏助学等社会公益活动，累计捐款捐物达280万元。

3. 大力发展电商网红经济　深入实施"互联网+实体经济"战略，推进线上线下融合发展。以辽宁西柳电子商务产业园、规模化电商孵化基地、中小微型企业创业创新示范基地、创谷基地为核心，一园多能的格局已经初步形成。

三、当前产业发展存在问题和下步发展规划

近年来，西柳纺织服装产业虽呈现迅猛发展态势，但在发展中仍存在一些问题。一是西柳服装企业散、小、弱，产业"集而不群"的现象明显。二是西柳服装企业技术含量低，行业间同质化竞争严重。三是西柳服装产业整体的产品附加值偏低，品牌效应尚未显现。

下一步，西柳纺织服装产业集群将推进市场全产业链高质量发展，实现打造西柳千亿级市场产业集群的宏伟目标。一是改善硬件设施与打造一流营商环境相结合，全面提升市场综合竞争力。二是推进市场营销线上与线下相结合，大力培育发展电商网红经济。三是坚持对内贸易与对外贸易相结合，打造辽宁对外开发开放的桥头堡。四是实施品牌战略与壮大实体经济相结合，打造西柳纺织服装产业集群。

供稿单位：辽宁西柳服装商业管理集团有限公司

辽宁省辽阳市小北河镇

一、集群概况

小北河镇位于辽阳县西北部，地处浑河、太子河两河之间，镇域面积 134 平方公里，辖 20 个行政村，4.8 万人口，11.8 万亩耕地。地处沈阳经济开发区一小时经济圈内，交通十分便捷，佟高线穿越南北，沈营线横贯东西，距本辽高速黄泥洼出口 7 公里，距京沈高速 20 公里，工农商贸齐头并进，经济发展十分活跃。

袜业产业是小北河镇的主导产业，至今已有 30 多年的发展历史，产品主要以棉袜为主。全镇 20 个行政村中有 17 个行政村以袜业产业为主。截至 2021 年，织袜企业 206 家，电脑织机 2.5 万台，安排就业 1.6 万余人；年产袜子 25 亿双，总产值近 35 亿元，销售收入近 30 亿元，利润总额近 15 亿元；棉袜产量仅次于吉林省辽源市，主要特征表现为规模大、价格低、品质好。

小北河袜业企业经轻工部门注册具有自主知识产权的商标 467 个，产品主要销往国内各大城市；浙江大唐全国袜业城和义乌小商品城共有 100 余家实体店铺经营销售小北河棉袜。此外，小北河袜产品还远销至韩国、日本、俄罗斯等国。小北河镇现有外贸出口实绩的企业 3 家，2021 年出口额约 2500 余万元人民币。通过浙江诸暨、大唐等地贸易商销到国外的销售额近 5 亿元人民币。

二、集群发展亮点

为推进袜业产业转型升级，做大做强块状经济，经招商引资，中国一百岁集团于 2019 年 2 月与辽阳县政府正式签订了合作协议，在小北河镇投资兴建东北亚轻工产业基地。项目规划用地 1200 亩，总投资 30 亿元，于 2019 年 8 月开工，分三期建设，其中一、二期占地 665.01 亩，主要建设现代化轻工业标准化厂房，着力解决小北河袜业原料、销售"两头在外"问题，建成后将集中 300 家中小企业实现集约化、规模化发展。

为提升袜产品国内外知名度和影响力，自 2019 年以来，小北河袜业以"袜业产业集群"方式参加"广交会"，成为全国参展的 9 个产业集群之一。在广交会上，参展企业通过展销活动，取得了良好的销售成绩，成交额达 300 万美元，并获得了大量国内外客户，提升了小北河袜业产业的整体水平。2020 年在省政府举办的辽宁国际投资贸易洽谈会上，小北河袜业企业积极参展并荣获"辽宁品牌"企业称号。2021 年成功申请"中国袜业名镇"产业集群称号，小北河袜产品在国内外知名度和影响力正不断提升。

2020 年，镇政府邀请辽阳市普惠金融平台相关负责人到小北河镇为企业推送相关金融服务；支持开展中小微企业"助保贷"融资业务，为中小微企业融资提供增信担保，鼓励担保机构和再担保机构为袜业企业提供信用联保和再担保业务。2020 年 11 月，辽阳市普惠金融平台到小北河镇对袜企开展了宣传和对接，使袜企和金融机构的供需更加精准。

三、存在的问题及发展要求

一是缺少袜业产业规划，二是袜业产业链不健全，三是入园企业优势不明显，四是企业升规意愿不强。

四、下一步工作举措

预计至"十四五"末，小北河袜业产业装备和技术基本达到国内先进水平，产品在国际市场的占有率大幅提高，助力企业达到规模以上 10 家。建成国内领先、产业集聚规模大、专业协作化水平高、配套功能完善的先进袜业制造基地、研发基地和贸易中心。因此下一阶段重点包括：

1. 着手编制袜业产业规划 委托第三方单位编制袜业产业规划，合理规划产业发展布局。

2. 进一步加大招商引资力度 瞄准产业链短板，着力引进原材料生产、袜机制造等优质配套企业，完善袜业产业链条，降低生产成本。

3. 全力加快推进项目建设 着力推进东北亚轻工产业基地、东北亚园区产业大厦、爱索智慧空压、小北河特大桥改造、大市场改造、镇区集中供水、亿兴商务酒店二期及亿兴污水处理厂二期等亿元重点项目建设。

4. 研究制定更多入园企业支持政策 着力凸显入园优势，减少企业生产成本。制定升规企业纳税奖励办法，助推企业早日升规入统，走上规范化发展道路，逐步实现袜业产业规模化、集约化、数字化发展。

供稿单位：辽阳县小北河镇人民政府

中国皮革皮草服装名镇

辽宁省灯塔市佟二堡镇

一、集群概况

佟二堡镇区面积 8 平方公里，区域面积 98 平方公里，镇区绿化面积 36 万平方米，下辖 18 个行政村、2 个社区，户籍人口 4.2 万。企业数量 324 户，产销数量 1000 万件套。

佟二堡镇皮装裘皮产业兴起于 20 世纪 80 年代初，是闻名国内外的皮装生产、销售基地，拥有众多皮装、裘皮加工企业和东北地区最大的皮装裘皮专营市场。先后获评中国皮草之都、中国皮革皮草服装名镇、国家建制镇示范试点镇、国家级卫生镇、国家级特色小镇、国家级外贸转型升级基地、国家 AAAA 级旅游景区、省级现代服务业集聚区和省特色旅游乡镇等荣誉称号。2018 年佟二堡被列入辽宁省三个千亿元市场重点建设之一，也是辽阳市"3+3+x"产业布局的重要组成部分。

二、集群发展亮点

1. 围绕主导产业做强专业市场 打造产业链经济为主要培育方向，紧密围绕产业链"原料、加工、销售"三大要素做活做大市场。一是在原料供应端保障原皮产量，一方面大力发展毛皮动物养殖，年提供毛皮动物 50 万只满足加工需求。另一方面与国内的河北、山东等省以及美国、芬兰、丹麦、意大利等国建立供应链关系，解决皮革、貂皮原材料供给。二是规划皮革裘皮服装工业园，建设标准化厂房，引进福建、南京、广东等地的技术工人，确保生产端的加工能力和质量提升。三是建设现代化交易商场，形成集散地效应，拉动销售。同时，建设功能齐备的电商产业园，积极推进与专业电商平台的合作，开展跨境电商业务，促进销售。

2. 促进市场转型升级 全面提升皮毛制品质量，设立辽宁省皮毛制品质量监督检验中心，具备国家级检验资质。实施品牌战略，2021 年，佟二堡服装企业继续加大产品研发创新力度，培育自主品牌。截至目前，拥有自主知识产权品牌商标 660 多枚，其中，国家级品牌 7 枚、省级著名商标 17 枚、辽阳市级著名商标 45 枚，真皮、裘皮衣品牌 5 枚。引进香港时代广场、海宁皮革集团等专业销售运营平台促进产品消费。升级传统交易模式，开拓电商交易，引进天猫、京东、快手、抖音等知名电商入驻，扩大销售渠道。实施创

新研发，引进辽东学院服装系、北京服装学院设计团队，增加服装产品的核心竞争力，提高市场外向度。

3. 培育新的增长点，全力推进电子商务发展 2019 年至今，佟二堡地区通过微信、快手平台直播销售的户数迅猛增加，据不完全统计，目前从事快手直播平台的有 1000 余户，从业人员达 6000 余人，形成了全民电商、买全国卖全国、秋冬多品类服装销售被带动及政企双带动四大特点，极大地提高了佟二堡电商的核心竞争力。特别是以佟二堡海宁皮革城电商直播中心为代表的大规模直播中心 6 家。目前全镇范围日订单总量在 5 万~7 万单之间，电商供货交易额达 45 亿元。同时努力引导商户做跨境电子商务业务，培养出口型企业，加强对外贸易及出口。

三、下一步工作打算

在市场集聚方面，面向国际市场，不断丰富市场业态，做强做大皮装、裘皮主导产业，逐步扩大市场规模，打造皮装、裘皮积聚地。加强境外合作，坚持走出去。引导企业加强对外贸易合作，在国外开设加工厂和专业销售市场，实现跨境经商，占领国外市场。坚持"请进来、走出去"，鼓励企业"借船出海"迅速壮大，与国际一线品牌达成战略合作，积极引进国外名牌企业进驻佟二堡，塑造佟二堡区域品牌形象，不断提升佟二堡在国际市场的地位和影响力。

在产业集聚方面，一是依托拍卖市场、展会市场，积极发展外向型经济，走国际化道路，不断提升皮装、裘皮产品质量，坚持高质量发展，突出国际市场品味，实施国际品牌策略。二是高标准规划建设国际化、现代化轻工城，积极引进国内外知名品牌入驻，突出佟二堡地区产业特色，打造新的产业增长极。

在电子商务方面，以皮装、裘皮主导产业为核心打造电子商务核心集聚区，重点发展电商平台、跨境电商、电商服务（物流配套等），积极打造皮装、裘皮及非皮服装线下示范试点，促进线上线下融合。不断扩大电商园规模，积极推进国内外及本地名牌企业进驻电商园。积极打造佟二堡跨境电商 B2C 平台，逐步建立并完善面对全球市场的在线购物体系，扩展全球销售渠道。

供稿单位：灯塔市佟二堡镇人民政府

中国化纤名镇　中国棉纺织名镇

江苏省江阴市周庄镇

一、集群概况

江阴市周庄镇是一个具有 6000 多年历史的文明古镇，自宋、元时期就有"江南布码头"的盛誉，近年来被评为中国化纤名镇、中国棉纺织名镇。一直以来，周庄镇积极建造高档纺织产业园，扶持一批批优势成长型企业，重点发展高档毛纺面料、高档机织针织牛仔面料、高档色织面料，打造一流的集面料、服装、纺织用品等为一体的高端纺织产业集群。目前集群内纺织产业已经形成了一条完整的产业链，从上游的原料、聚酯切片，中游的涤纶短纤、化纤纱，下游的染色、织布以及配套的服务行业均有不同的企业参与。

依托产业优势，集群企业持续发展壮大，在疫情常态化下，集群经济仍保持稳健发展势头。2021 年集群内主要产品产量持续攀升，全年产纱 10.2 万吨，产值 20.16 亿元；产布 13027 万米，产值 19.67 亿元；生产涤纶 286 万吨，产值 220.7 亿元。2021 年，集群内规上纺织企业 69 家，工业总产值 203.3 亿元，主营业务收入 138.1 亿元，利润额 7.1 亿元，从业人数 9413 人；规下纺织企业 639 家，工业总产值 87.1 亿元，主营业务收入 59.2 亿元，利润额 3.05 亿元，从业人数 4034 人。全镇骨干重点企业中，纺织企业占到一半以上，2021 年纺织工业占地方工业总产值比重达 31%，贡献了全镇三分之一的产值，在稳增长、稳就业方面发挥了重要作用。

二、集群发展亮点

1. 以智能制造引领产业向高端化发展　瞄准产业链、价值链高端，加强智能设备建设，集群企业拥有国内先进的生产设备，并从美国、德国、瑞士、意大利等引进先进的纺丝、化纤等自动生产流水线多条，CAD 电脑设计系统及其他先进检测设备数百台套，集化纤、纺织、印染一条龙生产于一体，形成了独特的优势，提高了产品质量，增强了市场竞争力。加快实施"互联网+"行动计划，引导企业加大信息化管理投入，推广企业上云，拥有省星级上云企业 3 家，智能车间 1 家。支持企业两化深度融合，拥有国家、省级两化融合示范试点企业 2 家。

2. 以科技创新提升产业核心竞争力　强化企业创新的主体地位，持续优化技术创新环境，推动创新平台与载体建设，纺织产业的创新层次得到进一步提升，核心竞争力不断显现。多年来集群企业累计投入研发费用达数亿元，依托企业中心平台优势，与中科院化学所、上海交通大学、南京大学等科研院校建立了广泛的技术合作关系。从实验室建设到人才引进，从与院校合作项目到投资研发国际领先技术产品，集群企业走上了一条创新推动，内生动力的发展新路。至 2021 年底，集群内共有 8 家省级高新技术企业，市级以上专精特新小巨人企业 2 家，专利有效数 1135 件，获市以上科技奖励 10 余项。

3. 以龙头企业带动产业链延伸壮大　产业集群拥有一批经济实力强、技术装备先进的龙头骨干企业。龙头企业引导中小企业"靠大联强"，充分参与本地企业产业链配套。以江苏三房巷集团有限公司和江苏华宏实业集团有限公司为代表，作为中国 500 强企业，他们一直致力于生产高端产品，带动高端产业用布、服装面料以及本地织造企业配套发展，对延伸、壮大周庄镇纺织产业链起到了极强的带动作用，帮助加速产业集群发展壮大。

三、存在问题及下一步规划举措

1. 持续加快产业升级　巩固和提升现有的主导产业，逐步推动产品的高性能化、多功能化，利用先进适用的技术改造提升传统产业，努力以新技术、新产品、新工艺占据市场高端。加大扶持力度，鼓励现有纺织企业围绕装备改造、工艺创新、产品升级加大投入，大力支持新骨干企业加快发展。

2. 招才引智强企　积极探索建立柔性人才库，让人才柔性流动，突破工作地点、工作单位和工作方式的限制，促进产业发展壮大。

3. 重点培育优势企业　继续坚持培育一批具有自主知识产权、主业突出、有国际竞争力的大企业大集团，发展总部经济，在纺织产业领域中继续在国内外保持具有较大影响力、较强竞争力、较高市场占有率的工业产业发展格局。

供稿单位：江阴市周庄镇人民政府

中国纺织服装名镇

江苏省江阴市新桥镇

一、集群概况

新桥镇是中国最大的毛纺服装产业基地之一，形成了从上游毛纺原料初级加工到下游成品服装设计销售的完整产业链，拥有服装生产企业海澜集团和精毛纺面料生产企业阳光集团。2021年集群内主要纺织品呢绒4280万米、毛条9600吨、服装5211万件，工业总产值达341.11亿元。

2021年集群内规上纺织企业35户，总产值341.11亿元，主营业务收入1656.73亿元，利润110.42亿元，从业人数23996人；规下纺织企业65户，总产值6.70亿元，主营业务收入10.15亿元，利润0.34亿元，从业人数为2128人。规上纺织工业产值占全镇规上工业产值的83%左右。

纺织产业品牌化进一步提升。江苏阳光集团是中国纺织行业同时获得"世界名牌"和"出口服装免检"荣誉的企业，入围2020年纺织服装行业前十大品牌，纯毛机织物产品获评国家制造业单项冠军。海澜之家在2021年完成了"多品牌、全品类、集团化"的战略布局，海澜之家以品牌价值9.5亿美元入选"BrandZ 2019最具价值中国品牌100强"，位列服装行业之首，并入选"2020年中国最具价值品牌100强"。

纺织产业产品标准化持续。阳光集团为国内首家承担国际标准化组织/纺织品技术委员会（ISO/TC38）国际秘书处工作的企业单位。振新实业、精亚集团、好运来纺织等企业均是行业标准起草参与单位。阳光集团近年来参与各级行业标准制定8项。

二、集群发展亮点

1. 做大总部经济 进一步强化以海澜、阳光为代表的龙头企业和骨干企业对全镇经济发展的支撑地位。海澜集团、阳光集团持续位列中国企业500强。海澜集团加速布局数字经济，开启"新零售"模式，线上奥莱单日销售额破亿。阳光集团稳步推进智能化改造，加快打造绿色制造体系，获评工业产品绿色设计示范企业。

近三年来海澜集团持续推进"一体两翼"发展战略，旗下品牌门店国内超7000家，海外门店销售额突破1亿元，加快实现由传统制造向品牌管理输出的新提升，海澜集团和海澜新能源入选江苏省五星级上云企业，海澜之家集团股份有限公司通过两化融合管理

体系贯标认定。阳光集团获评国家级绿色工厂，入选国家工信部绿色供应链管理企业，工业互联网标识解析二级节点正式上线。

2. 加快产业升级 新桥镇继续推进"5520"产业强镇计划和中小企业互助基金平台提供转贷资金。持续以智能化改造、数字化转型升级现有企业，重点保障海澜智云工业互联网平台、海澜云服高端智能、阳光数字化智能车间等重点项目的投入。海澜智云定位"工业互联网碳中和服务商"，入选2021年全国新一代信息技术与制造业融合发展试点示范。紧紧围绕产业化方向、市场化导向，加快推进产业技术研究院、产业联合中心、科创中心等新型研发机构建设，实现产业升级。

3. 推进文体旅融合 新桥时裳小镇入选全国特色小镇50强。独具特色的马文化主题、中西融合的景观、家喻户晓的产业品牌，时裳小镇得到了大众青睐，全年旅游人次超300万，海澜马文化主题旅游景区获评2021中国体育旅游十佳精品景区。

三、产业发展的展望

集群内纺织企业经过多年发展，厂房趋于饱和，无用地指标。在国际贸易摩擦频繁，新冠肺炎疫情的影响下，纺织行业遭受的冲击尤为严重，中小企业融资困难。同时近年来纺织企业的生产原料、劳动力成本、能源成本逐渐上升，行业盈利能力逐渐降低。

针对用地指标不足，一方面支持重点企业"走出去"，鼓励企业加快融入全球产业链、市场链、价值链，在"走出去"中增强市场竞争力。另一方面全面推进工业园区升级改造，盘活存量土地，腾退低效用地。

针对企业融资难问题，采用纺织企业专利质押融资方式为中小型纺织企业发展壮大、转型升级提供强力助推。

针对纺织行业成本上升，鼓励企业积极参与建立国际性产业技术创新联盟、参与国家级以上各层次标准制定，牢牢把握市场话语权。鼓励企业融入"一带一路"建设和国际国内双循环，坚持内外贸并重，"引进来"和"走出去"并行，引导企业发展电子商务，积极开拓海外市场，促进贸易经济稳定增长。

供稿单位：江阴市新桥镇人民政府

江苏省江阴市长泾镇

一、集群概况

粗纺呢绒是长泾镇的传统主导产业，始于 20 世纪 80 年代，至今已有 30 年发展历程，拥有完整的产业链，在行业内有独特的地位和影响。

长泾镇粗纺呢绒主要分梭织呢绒和针织呢绒两大类，年产能 15000 万米。2021 年生产梭织呢绒 6600 万米、针织呢绒 1300 万米，合计 7900 万米。2021 年呢绒总产值 39.4 亿元，占全镇总产值的 25% 左右，是长泾的主要特色产业。长泾镇把改造、提升、做强、做优、做亮粗纺呢绒产业作为经济发展的重要推手，构建以新型呢绒面料为重头的特色产业链，推动呢绒产业向中高端发展。

2021 年全镇共有粗纺呢绒企业 166 家，其中规上企业 26 家，规下企业 140 家（含开毛个体工商户）。2021 年，完成规上企业工业总产值 26.5 亿元，主营业务收入 26.4 亿元，利润总额 1.05 亿元；规下企业工业总产值 12.9 亿元，主营业务收入 12.6 亿元，利润总额 0.28 亿元。粗纺呢绒企业从业人数 6440 人，其中规上企业 4200 人，规下企业 2240 人。

二、集群发展亮点

1. 产业集聚集约，突出特色 采取"引导扶持、规范管理、建设载体、优化提升、强化服务"等举措，抓住纺织产业结构调整转型发展的有利时机，加快长泾工业集中区粗纺呢绒产业园建设，在实现装备、工艺、绿色、节能、科技等方面转型提升的基础上，淘汰落后产能，加快技术设备更新，实现新旧动能转换，提升产业整体竞争优势。

2. 实施品牌战略，辉煌企业 积极实施品牌经营三部曲：品牌—名牌—驰名商标，同时贯彻实施纺织产业增品种、提品质、创品牌的"三品"战略，推进智能制造和绿色制造，促进产业产品迈向中高端。三年来，引进品牌 5 个，申报自主品牌 6 个，如兴吴呢绒具有"中国优质产品""绿色企业""国家粗纺呢绒产品开发基地""中国驰名商标"等荣誉。2017 年成立的长泾粗纺呢绒协会，更好地推动粗纺呢绒产业发展。

3. 汇聚技术人才，科技创新 加强校企合作，构建产学研合作平台，激励重点企业建立科研技术开发中心，与院所建立长期合作关系、引进行业人才，增强研发经费投入，引进国际先进设备和技术团队，不断开发符合市场需求的中高端面料新品。

4. 扩大市场份额，拓展市场 坚持国内、国外两个市场一起抓，举办产品推介营销活动，倡导企业同著名服装品牌企业开展长期合作，优选区域代理商及市场客户，积极参与各类纺织服装面料展销会和服装节活动，发挥电商产业园平台、互联网和新媒体的作用，加大长泾粗纺呢绒名镇的对外宣传推广力度，着力扩大长泾粗纺呢绒产品在国内外行业内的知名度、影响力。

三、目前存在的问题和未来的发展思路

一是转型创新能力不强。在全镇粗纺呢绒企业中具有产品自主开发能力的企业只占少数，开发能力较弱，产品同质化严重，研发投入占比偏低。二是技术装备更新不快。随着智能装备的快速发展，先进生产技术的广泛应用，必须加快淘汰落后产能、改进装备、节能减排绿色发展。三是需求不足、产能过剩。由于呢绒产品市场准入门槛不高，加上连续的高产能发展，同质化竞争激烈，近两年市场形势极为严峻。四是成本增加、盈利下降。一方面是库存压力大、消化慢，另一方面是劳动工资、染整、环保等刚性成本上升。五是资金趋紧、融资困难。由于受经济下行环境压力影响，部分粗纺呢绒企业生产流动资金不足，技术改造和转型升级面临资金瓶颈。六是环境影响、经营困难。受国内外复杂经济环境及新冠肺炎疫情影响，物流不畅、供销链困难、生产融资受限、人员交流缺失，加上材料、物流、工资等成本增加，企业盈利空间挤压、经营困难。

面对以上情况，长泾镇将加大政策引导和服务，加快企业智能装备技术改造，构建产学研平台，提高企业信息化管理水平，加大人才引进、产品研发投入，开发各类适合市场需求的中高档毛混纺面料，实现高端化、特色化、差异化。利用各种会展交流活动和电商产业园等新途径开拓国内外新兴市场，着力提高知名度和市场占有率。充分发挥长泾粗纺呢绒协会平台作用，促进企业平等竞争、抱团作战，推动呢绒产业高质量发展。

供稿单位：江阴市长泾镇人民政府

中国针织服装名镇

江苏省江阴市顾山镇

一、集群概况

顾山纺织服装及配套企业 700 余家，以中小企业为主。其中，规模以上服装企业 36 家、规模以上纺织企业 41 家、年销售额超亿元企业 6 家、年销售额超 5000 万元企业 17 家、年销售额超千万元企业 30 家。如像云蝠服饰、恒源祥服饰、圣华盾、百合佳、檬佳等。同时，顾山镇还有芗菲服饰、恒灏针织等一批特色企业。形成了以规模企业为主，大中小企业共同发展的产业组织形态。

目前，顾山镇的纺织、服装类企业已经涵盖整个产业链（棉纺、毛纺、化纤、织造、印染、染整、服装、鞋帽、床上用品、辅料等）。其中，服装生产企业 150 多家，生产能力 9500 万件/套。其中，内衣生产企业 100 多家，生产能力 4000 万件/套。形成了以内衣为主，门类齐全、市场覆盖面广的产品体系。

2021 年，顾山镇集群内规上纺织企业 77 家，规下纺织企业 425 家，主要生产印染布、内衣及羊毛衫，产量分别为印染布 29169 万米，内衣 3921 万件，羊毛衫 6061 万件，规上工业总产值 74.69 亿元，规下工业企业总产值 32.01 亿元，其中，2021 年规模以上企业出口交货值 17.24 亿元。规上主营业务收入 63.92 亿元，规下主营业务收入 27.40 亿元，规上企业利润总额 7.16 亿元，规下企业利润总额 3.07 亿元，规上企业从业人员平均人数 14661 人，规下企业从业人员平均人数 6467 人，纺织工业总产值占地方工业总产值的 34.4%。

纺织业是顾山镇重点支持发展的特色产业之一，也是顾山镇经济发展的一项重要基础产业，随着时代的进步，顾山镇的纺织服装产业也逐渐走向成熟，为顾山镇经济发展奠定了坚实的基础，也为顾山镇打出了内衣小镇的名号，提高了小镇知名度。

二、集群发展亮点

从 2016 年开始，顾山镇带领部分纺织服装企业连续参加了四届江苏国际服装节，并获得"中国针织服装名镇""中国针织内衣产业基地"、江苏省特色"内衣小镇""江苏纺织服装百亿名镇贡献奖"等荣誉。

镇政府邀请东南大学研究制订了《顾山服装（内衣）产业集群发展规划》，组建了内衣行业协会，以此引领、指导全镇内衣产业科学发展，形成了规模企业为主，大中小企业共生的良性发展态势，有效推动了服装产业规模化、集约化和专业化发展，致力将顾山打造成全国乃至全球知名的针织内衣研发中心、创意中心和制造中心。

同时，镇委镇政府积极开展企业服务。召开银企座谈会，为企业搭建政银企沟通交流合作平台，促进政银企良性互动，为辖区各类企业量身提供各类金融服务，更好地推动区域经济持续健康发展。每年开展线上线下招聘会，为企业减少人员招聘压力，为企业平稳运行做好助力工作。

顾山镇也制定了产业强镇五年行动计划（2020—2024 年），后期将重点培育和发展高档纺织面料和服装等特色产业集群，全力打造"开放发展东大门，宜居宜游魅力镇，幸福安康样板区"。

三、存在的问题及对策

1. 企业缺乏创新意识 大多数企业发展模式还是"接到什么单子生产什么产品"，不从自身产品下功夫，求变求创新，主动出击接订单，导致集群内同类型的企业同质化竞争。

2. 集群内人才、资金短缺 受新冠肺炎疫情影响，企业人才流失，很多人选择回老家就业。纺织服装行业土地、劳动力和管理成本大幅度上升，订单受到影响，企业资金周转出现问题。

3. 品牌建设意识不足 集群内很多企业都是代工型生产企业。有些企业品牌建设虎头蛇尾，品牌建设不能与时俱进，最后被淘汰。

下一步，顾山镇将加强集群内部分工与协作，促进产业集群升级。在集群内形成相互依托的产业链，可以降低企业间的经营成本，给小微企业更多的生存空间。提高企业品牌建设意识，请专家进行指导讲座，让企业的品牌建设走上正轨，并能与时俱进，持续发展。在微信公众号、网络平台及线下多组织招聘活动，开通求职登记双通道，为企业及求职人员提供便利。深入云南等地开展劳务对接活动。通过协会的作用，营造合作共生的企业发展内外环境和氛围，促成骨干企业发挥龙头作用，带动中小企业发展。利用典型案例在区域内形成示范效应，逐步建立大中小企业分工协作的产业关联。

供稿单位：江阴市顾山镇人民政府

江苏省江阴市祝塘镇

一、集群概况

纺织服装产业一直是祝塘镇的传统支柱产业，随着祝塘加入全国纺织产业集群试点，产业规模不断壮大，已形成集纺纱、织布、印染、辅料、配件、设计、生产、销售于一体的环环相扣的产业链，产业实力日益增强。

目前，全镇已经集聚纺织服装产业链企业 1478 家，针织服装企业个数占到全镇企业数的 48%，其中规上企业个数 159 家。2021 年，祝塘镇纺织产业集群完成工业总产值 398.20 亿元，其中规上产值 187.80 亿元，规下产值 210.40 亿元；完成主营业务收入 351.92 亿元，其中规上主营业务收入 184.17 亿元，规下主营业务收入 167.75 亿元；完成利润总额 19.31 亿元，其中规上利润总额 11.03 亿元，规下利润总额 8.28 亿元。

祝塘镇纺织产业产值占全镇总产值的 56.3%，主要生产针织服装、运动装、内衣、羊毛衫、纱线、再生纤维等特色纺织产品，平均从业人员 56981 人，形成了巨大的产业集聚优势，为祝塘镇经济健康稳定发展作出了积极的贡献。

二、集群发展亮点

1. 狠抓产业转型升级 坚持以智能化、绿色化、服务化、高端化为抓手，促进产业结构加快转型、规模层级不断提升，全力打造以新兴产业为主导、先进制造业为基础、现代服务业为支撑的现代产业体系，创新实力不断增强，高新技术产业产值占规模以上工业总产值比重增长至 28.31%。高档纺织服装、机械装备制造等产业为主导的产业体系基本形成，绿色循环、精密制造和医疗器械等新兴产业发展迅速，产值占比逐年增加。

2. 狠抓科技创新 科创动能加速形成，无锡市雏鹰企业、瞪羚企业培育入库 8 家，科技中小型企业评价入库 41 家，每十亿元 GDP 发明专利拥有量 18.84 件，入选无锡"太湖人才计划"2 人，省"双创计划"创业领军人才 1 人，获批省职业技能等级认定机构 4 家，申报省三星级以上企业上云 4 家，新增省两化融合管理体系贯标试点企业 2 家。

3. 狠抓人才引智 新增 2 家院士工作站、2 家国家级研发生产平台、4 家省级工程技术研究中心、1 家博士后工作站、7 家省级研究生工作站、29 家省高新技术企业、45 家省民营科技企业，获得国家科技进步二等奖 1 项。引育高层次人才 80 余人，省"双创计划"创业领军人才实现零的突破，获批省职业技能等级认定机构 5 家，培育高技能人才 500 余人。

4. 狠抓后备创新型企业集群 深入实施"创新型企业倍增计划"，大力发展"铺天盖地"的科技型中小企业，打造祝塘特色的创新型企业集群，结合发展现状分类分层指导培育。

三、存在问题

1. 疫情和贸易摩擦影响 由于受到新冠肺炎疫情和贸易摩擦双重影响，以纺织服装产业为主的祝塘镇企业在客户流失、订单取消等多种不利因素冲击下，面临现金流紧张、业务萎缩等发展困境。随着疫情得到控制，纺织行业逐步恢复发展，各种扶持政策及时到位帮助企业缓解了经营压力，但增长速度开始收窄。

2. 经营成本增加 随着国内人工成本的不断上涨，并向欧洲用工工资贴近，纺织服装企业以前的"人口红利"优势逐渐降低，纺企优势大幅减弱。中美贸易摩擦加剧，人民币汇率上升，美国加征关税，出口企业更将面临税负压力上升、出口渠道不畅、产品销售困难等境况。

3. 创新力度不够 祝塘镇纺织服装企业基本以民间小企业为主。从生产结构上看，这些企业服装加工能力强，但创新意识和创造力欠缺，企业长期处于为国际名牌做嫁衣的地位，没有核心技术和核心能力，靠贴牌维持，产品附加值不高，很多企业存在"一流设备、二流管理、三流产品"的现象。从管理方式上看，传统经营模式在本次中美贸易摩擦中普遍存在接单难、抬价难、利润挤压等问题。缺乏专业的管理、技术、营销人才，已成为目前制约企业转型升级的重要瓶颈。

四、下一步打算

祝塘镇党委政府履职尽责，高度重视纺织行业发展，强力实施"工业强镇"战略目标，突出纺织产业特色，各村、各部门全力做好服务企业工作，按照"培育龙头，壮大规模，拉长链条，优化结构，提升水平"的发展思路，充分发挥骨干、成长型企业的辐射带动作用，促进祝塘镇纺织行业健康可持续发展，实现祝塘经济再上新台阶。

供稿单位：江阴市祝塘镇人民政府

中国亚麻纺织名镇

江苏省宜兴市西渚镇

西渚镇亚麻纺织集群通过政企通力合作，抢抓市场机遇，取得一轮发展高潮，各项数据均取得了增长。

一、集群概况

2021年，全镇亚麻纺织企业75家，其中入库统计规上企业16家，主营业务收入超亿元企业2家，工业总产值16.8亿元，同比2019年增长21%；出口交货值1.18亿元，同比2019年增长26.9%；主营业务收入15.2亿元，同比增长13.4%；利润总额0.67亿元，同比2019年减少5.6%；增值税总额3971万元；从业人员总数4510人。2021年亚麻纱线产量9472吨，亚麻布6295万米，服装67.6万件，同比2019年分别增长10.1%、15.3%、9.8%。

西渚镇亚麻纺织集群是全镇第一大支柱产业，2021年应税销售总额占全镇应税销售42.96%，税收贡献占全镇对上贡献80%以上，提供了全镇90%以上工作岗位，应该说，在西渚镇铜加工产业不断萎缩的情况下，西渚镇亚麻产业集群的健康发展对西渚镇经济社会的稳定发展有着举足轻重的作用。

二、集群发展亮点

近三年来，西渚镇亚麻纺织企业抓住产业发展的机遇，大力市场开拓，并通过节能减排、技术革新等工作，取得了很好的成绩。

1. 抓住机遇，市场开拓 近年来，亚麻纺织市场发展迅猛，尤其是国内亚麻产业的发展，使得亚麻制品的认可度得到大幅提高，西渚镇亚麻纺织企业抓住机遇，大力开拓国内、国际亚麻市场。2021年舜昌亚麻对宁夏中银绒业亚麻纺织有限公司进行整体收购，将产业的规模及链条进行全面扩充及升级，形成了从原料到成品染布的全套生产流程，对整改西渚亚麻产业的发展具有极大的促进作用，疫情期间，规模企业充分抢抓东南亚转移订单，形成了一个新的发展高潮，同时通过设备更新、抱团合作，在自身良性发展的同时，也带动了一批中小企业，促进了西渚亚麻纺织产业近几年的蓬勃发展。

2. 政策引领、规划优化 为促进西渚镇社会经济高质量发展，西渚镇在参考宜兴市经济社会高质量发展意见的同时，结合西渚经济社会发展的特点，为西渚工业经济健康发展制定激励政策，一是激励企业做优做强；二是企业技改、设备更新，尤其是企业环保、安全生产等方面做出补助标准，激励企业加大技改、环保、安全生产方面的投入；三是对企业科技创新等方面加大奖励力度，针对企业科技创新、在专利、项目、高新技术企业申报等方面加大了对企业的奖励力度。

3. 绿色发展、节能减排 亚麻纺织产业链中，开松、印染等环节是能耗、环境污染的重点，在全面完成企业燃煤锅炉改造、涉粉尘企业的全面安全整治之后，全面启动西渚镇元上污水处理厂扩容升级工作，全面完善全镇污水管网的铺设工作，推动企业污水纳管及排污申领工作，截至目前，西渚镇工业企业污水纳管率99%，基本实现全覆盖。同时对园区内进行全面推进雨污分流改造，进一步园区环境保护。加快推进落后产能淘汰工作，土地绩效提升工作，实现土地高效利用及"腾笼换鸟"，实现经济发展质的转变。

三、未来发展思路

在肯定发展成果的同时，也要看到不足，目前西渚亚麻纺织产业还是存在结构单一、规模较小、技术含量低等方面的不足，发展的道路还比较漫长和艰辛。在今后的工作中，针对西渚亚麻纺织产业集群的不足，继续坚持以下几个方面的工作，促进量、质并进。

1. 坚持政策激励 在阳羡度假区的统一领导下，进一步制定有针对性的亚麻纺织产业发展转型激励政策，引导企业在技术革新、自主品牌等方面进行投资，形成良好发展局面。

2. 坚持科技创新 持续将推进企业科技创新作为发展的重点工作推进，为企业牵线搭桥，全力推动西渚亚麻纺织产业技术革新、科技创新的进程。

3. 坚持绿色发展 绿水青山就是金山银山，在发展过程中，还是要坚持不懈抓环保，尽心尽力抓安全，全力推进绿色、可持续发展。

供稿单位：宜兴市西渚镇人民政府

中国化纤纺织名镇

江苏省宜兴市新建镇

江苏省宜兴市新建镇是宜兴的西北门户镇，位于宜兴、武进、金坛三市（区）交界处，地域面积45平方公里，总人口3.2万人。改革开放以来，逐步形成了以华亚化纤、索力得新材料为龙头的化纤纺织产业，以共昌轧辊为龙头的轻工机电产业，以国信复合为龙头的新材料产业。现有各类企业近300家，是宜兴的工业强镇，2007年被中国纺织工业联合会授予"中国化纤纺织名镇"荣誉称号。

一、集群概况

至2021年末，全镇集群产业企业为64家，其中规模以上企业42家；在职职工5788人，其中规模以上企业5499人；工业总产值78.04亿元，其中规模以上企业74.14亿元；主营业务收入76.76亿元，其中规模以上企业72.92亿元；利润总额2.66亿元，其中规模以上企业2.53亿元；税金1.47亿元，其中规模以上企业1.40亿元；出口交货为2.07亿元，其中规模以上企业1.96亿元。

主要产品产量年生产能力分别为：聚合48万吨、纺丝80万吨、织造5万吨、经编3万吨、长丝深加工2万吨及部分印染和其他产能。

化纤纺织产业占新建镇地方工业总产值比重近70%，目前已形成集聚合、纺丝、经编、织造、染整五位一体的链体产业经济。

二、集群发展亮点

1. 全力推动企业转型 2019—2021年，继续淘汰集群落后产能，目前集群内企业纺丝设备以德国巴马格为主，主要为32头纺，从单组分升级为双组分，提升了产品性能，增加了产品市场竞争力，提高了企业的生产效率和竞争优势。同时，在差别化、功能化上下功夫，索力得科技先后投资近10亿元，增加聚合装置、添置272个机位，提升了工业用丝生产力，优化了集群的产业结构。

2. 全力支持技术创新 加强企业与高等院校的对接，加快产学研转化，与江南大学建立党建战略合作联盟，组织集群企业赴浙江理工大学、南京工程大学、东华大学、西安交通大学等院校进行对接，邀请高校开展现场服务，签订战略合作协议，深化科研成果转化，建成博士后工作站，全面实现了两化融合。其中浙江理工大学陈文兴院士团队产业用纤维创新中心落

户新建镇，天地化纤成立了省超细旦多孔复合涤纶长丝工程技术研究中心，高企数量增加至15家。

3. 节能减排成效显著 华亚化纤投资数千万元对自备电厂、生产环节进一步改造，全面实现了超低排放，排放水平符合欧盟标准。燃煤年使用量降低近一半。总投资5亿元天然气楼宇式分布式能源站项目已开始规划，建成后将彻底替换燃煤。集群企业在环保进一步升级，投资超过数千万元。通过政府购买服务的方式，聘请第三方中介机构对集群内重点用能企业开展能源审计和清洁生产审核，积极开展节能减排和环境保护。

4. 要素保障全面有力 通过召开政银企对接会、高质量发展现场观摩会、领导挂钩行业企业等多种形式的活动，对工业集中区规划进行了修编并进行了区域环评，为企业提供政策、资金、人才、发展环境等各类要素保障，增强产业发展的核心动力，发挥好集群内各类平台和化纤纺织同业商会的作用，为企业实现高质量发展提供助力。

三、存在问题

一是产业政策受到限制，由于双碳双控管理要求不断严格，行业项目审批困难；二是受疫情冲击，外贸订单大幅缩减，国内运输及上下游供应链企业容易突发性影响；三是科研投入还有提升空间，对于产业智能化改造的需求前景巨大，实际科研投入的比例水平还相对不足。

四、下一步发展举措

下一步新建镇将坚持问题导向，针对企业难题做"减法"；坚持目标导向，围绕产业发展做"加法"。

一是培优育强加大扶持力度，宣传惠企纾困政策，强化企业要素保障，服务企业在疫情新常态下稳中求进，帮助企业打通原料、成品运输的"堵点"；二是提质增效引导企业转型，抓创新、聚人才，深入推进产学研合作，进一步引导企业智能化改造和数字化转型，不断增强核心竞争力；三是双措并举解决双碳难题，结合屋顶式分布式光伏、渔光互补等形式，为地方产业发展提供能源基础支持，引导企业进一步通过技改等形式节能减排。

供稿单位：宜兴市新建镇人民政府

中国织造名镇

江苏省常州市湖塘镇

一、集群概况

湖塘镇自古以来就是纺织重镇，"家家机杼响，户户织机忙"，日出万匹，经纬天下，被中国纺织工业联合会授予"中国织造名镇"，被国家科技部授予"国家火炬计划常州武进湖塘新型色织面料特色产业基地"。

湖塘镇纺织产业集群现已形成棉、麻、化纤等门类齐全，纺、织、染、后整理和服装等产业链完善的纺织体系，实现了纺织装备从有梭向无梭、纺织产品从配套加工向自主开发的两大根本转变，形成了以色织布、灯芯绒和牛仔布等为代表的湖塘特色产品。

2021年全镇实现工业总产值353亿元，其中纺织产业实现总产值239亿元，约占全镇工业经济总量的70%。湖塘镇现有纺织企业2000多家，规模以上纺织企业84家，其中年产3000万米以上企业5家，2000万~3000万米的企业13家，1000万~2000万米的企业8家，500万~1000万米的企业21家，500万米以下的企业36家；筒子染色企业22家，后整理企业13家，并线、纱浆和小型加工企业300多家；打样、穿综、成品修织、零配件供应、设备维修等服务性企业800多家。目前共有喷气织机4000多台，剑杆织机6000多台，产业从业人员约15万人，筒子染色能力900吨/天，实际出货量600吨/天，年产色织布7亿米，牛仔布3.5亿米。

二、集群发展亮点

近三年来，在镇党委政府的引导下，集群企业大力实施转型升级战略。一是立足优势，加快高端产业集聚，尤其整合纺织园区内同类型、小微纺织印染企业，形成集群规模；二是以高端面料为核心发展企业品牌，培育龙头企业，助推印染产业高新化、智能化、绿色化发展；三是以纺织成品为终端产品，补强上下游产业链，培育高技术、高附加值的产业用纺织品行业创新集群；四是按照产业升级要求，循环利用土地资源，合理引导现有企业的整合升级改造，提升工业土地利用效益。

纺织企业作为创新主体，紧跟国际先进技术和市场需求，定期与高等科研院校开展科技对接活动，采取自建或者合作共建的方式建立了研发机构，依托常州科教城开展各种新技术、新工艺、新产品、新项目的自主创新工作和产学研合作，形成了以市场为导向、企业为主体、科研院所和高校为支撑、产学研用紧密结合的纺织产业科技创新机制。

建立了完善的促进就业和人才引进培养机制，定期联合武进区人力资源市场组织大型专题招聘会，提高了企业对专业技术人才使用效率和促进当地的就业率。平时利用好常州纺织服装职业技术学院、武进人力资源市场、武进社区培训学院的培训资源为企业开展人才引进服务。目前，纺织行业技术人员已占全体员工数量达到17%。涌现出一批市场营销能力强、产品开发水平高、服务理念先进的新型纺织企业。

三、当前存在问题

近三年来，受新冠肺炎疫情的影响，纺织行业国际订单和交易价格不断走低，原材料和劳动力成本不断上升，企业税负过重、融资困难，纺织产业发展已经面临困境。集群发展除了面临上述共性问题外，还有以下问题：一是缺乏大规模、龙头型企业；二是企业缺乏自我创新能力，没有核心竞争力；三是集群空间、环保等要素制约严重，做大做强空间有限。

四、下一步打算

一是加快培育纺织龙头企业，重点以两化深度融合为主攻方向，制定相关政策措施，推进企业装备自动化、数字化、智能化升级。通过智能化生产和信息化集成管理，逐步建立面向生产全流程、管理全方位、产品全周期的智能制造模式。

二是加大产业转型升级力度。目前湖塘镇已初步确定关于产业结构、品牌发展的思路，包括：优化产品种类结构，引导企业多元化、差异化生产，形成企业良性合作、竞争的市场；优化自主产品质量，加快实施增品种、提品质、创品牌的"三品"战略行动计划；强化区域特色品牌，鼓励中小企业专注于纺织印染特定细分产品市场、技术领域和客户需求，走专精特新的发展道路，成长为"单项冠军"企业。

供稿单位：常州市武进区湖塘镇人民政府

中国毛衫名镇

江苏省苏州市吴江区横扇街道

纺织工业是吴江区横山街道的传统产业，发端于20世纪70年代，90年代中后期大规模发展，又经过了10多年市场优胜劣汰的发展，形成了一定的纺织产业集群。

一、集群概况

横扇纺织产业已具有完善的产业链和强大的产能。产业集群主要以羊毛衫为产业链，涵盖了电脑编织、羊毛衫后处理、缩毛印染、辅料、电商、培训机构等，为区域经济发展构筑了新的载体。

2021年横扇街道纺织产业集群规模以上企业65家，其中主营收入超亿元的企业7家，工业总产值20亿元，主营业务收入20亿元，利润总额3亿元，全部从业人员平均人数7800人；规模以下企业3010家，工业总产值43亿元，主营业务收入43亿元，利润总额5.16亿元，全部从业人员平均人数2.8万人。

横扇街道7000多户居民中有3500多户直接从事羊毛衫生产，1000多户从事羊毛衫产业相关配套服务。现拥有各类横机35000多台，从业人员3万多人，外来务工人员占40%左右，其中"90后"的年轻人已成了电商时代主流大军，占电商从业人员比重约70%。现有羊毛衫后处理整烫设备1350套，缩毛印染企业25家，高端一体成型电脑横机超500台，单价30万元以上的电脑横机超5000台，国产电脑横机超10000台。

至2021年底，年产羊毛衫超1.5亿件，年产值超过60亿元，产品远销全国各地及美国、俄罗斯、意大利等20多个国家和地区；聚集电商近4000家，年销售额超过30亿元。主要电商平台涉及抖音、淘宝、唯品会、拼多多等。

纺织产业集群是推动行业发展的有效形式，是一条优化资源配置，提高产业竞争力的途径，对地方经济发展有巨大的推动作用，对纺织产业经济至关重要。

二、集群发展亮点

1. 注重产业转型发展，构筑新载体 近几年随着互联网的不断发展，电商逐步崛起，为经济发展构筑了新的载体，原先的羊毛衫生产基地转变成了线上线下相结合的销售模式、由原先的国内内销模式转变成国内高端品牌的代加工模式，在这一重大转型过程中，横扇的羊毛衫产业已经从家庭作坊式向规模化发展转变、由手工操作的手摇横机向机械化演变、由来料加工向品牌化提升的新走势。

2. 产品转型提档升级 随着经济的飞速发展，在消费者需求的拉动下，横扇的羊毛衫也逐渐朝着高档化、品牌化方向发展，由原先的中低端产品走向了中高端，解决了毛衫产业存在的低端问题，实现产业整体提档升级。

3. 设备更新，实现高效的自动化生产 国产电脑横机的普遍应用，降低了劳动力成本、提高了效率。在此基础上企业仍然在不断升级演变装备水平，从意大利、日本、韩国等引进先进的电脑横机，并广泛使用高端一体成型电脑横机。实现了一根纱线进去、一件成衣出来的高效自动化生产，堪称是"羊毛衫的打印机"。

三、产业集群发展中存在的问题

横扇羊毛衫产业的优势固然明显，但还主要有如下几处短板阻碍着其从羊毛衫大镇走向羊毛衫强镇：

一是地方配套资源有限，高端人才的吸引力度不够。地方相应的配套设施相对缺乏，吸引高端人才的资源不够，与省市相比，乡镇在生活环境、配套服务、平台活动、子女教育等方面的优势不大，不能利用大量优质资源吸引高端人才的入驻。

二是政策扶持力度不够。羊毛衫产业集群发展中存在一部分有潜力的人员在企业发展过程中遇到资金瓶颈问题，由于整个上级政府产业板块较多，政策扶持力度不够，导致这部分企业人员在生产过程中资金紧张。

四、下一步规划举措和工作打算

鼓励电商企业开拓市场、参加电商展会，通过精准、优惠的政策引导，加大推进电商发展，从根本上实现传统商品交易模式的转型升级；在高端人才引进困难的前提下，努力提高企业员工素质，加强培养人才，更好地满足外销和高端产品的生产需要。

供稿单位：苏州市吴江区人民政府横扇街道办事处

中国纺织织造名镇

江苏省苏州市吴江区平望镇

一、集群概况

平望镇的纺织产业集聚了一大批从事化纤、织造、印染生产的企业，已经形成纤维生产、织造加工、印染整理、服装制造等较完整的纺织产业链。同时也形成了原料采购、产品销售、物流配送、信息流通、技术咨询等全流程的供应链体系。

纺织产业是平望的支柱产业，也是重要的民生产业，占全镇经济总量的80%以上。2021年全镇纺织企业总产值372亿元，规模以上纺织企业总产值263亿元，拥有180万吨合纤生产能力，其中熔体直纺150万吨，化纤产能占吴江的40%；化纤坯布50亿米，占吴江区化纤坯布产量的25%；化纤成品布30亿米，占吴江区化纤成品布产量的30%；棉纺49万锭，其中紧密赛络纺18万锭；各类内衣、服装800万（件/只），占爱慕品牌的25%。2021年全镇纺织集群内直接从事纺织业的生产企业796家，全部为民营企业，其中规上企业93家，提供就业岗位超过3万个。

2021年全年实现地区生产总值158.11亿元，同比增长7.8%；一般公共预算收入11亿元，同比增长8.7%；工业总产值465亿元，同比增长32.17%；规上工业总产值327亿元，同比增长21.1%；工业开票销售收入391亿元，同比增长14.5%；全社会固定资产投资45.5亿元，同比增长16.6%，其中工业投资22.5亿元；实际利用外资1729万美元，同比增长26.11%；工业用电量35亿度，同比增长3.6%；城乡居民可支配收入67190元，同比增长8.5%，全年新增市场主体1721家，同比增长72.8%，发展更具韧性活力。

二、集群发展亮点

1. 产业体系比较完整 平望镇纺织产业集聚了一大批从事化纤、织造、印染后整理、服装生产的企业，已经形成纤维生产、织造加工、印染整理、服装制造等较为完整的纺织产业链。同时也形成了原料采购、产品销售、物流配送、信息流通、技术咨询等全流程的供应链体系，是全球单体最大的全消光熔体直纺聚酯纤维生产基地之一、中国纺织织造名镇。

2. 科技水平比较突出 平望镇纺织产业经过几轮技术改造与装备更新，纺丝、织造等主要装备在国内处于领先地位，特别是纺丝设备达到当代国际先进水平。企业自主技术开发能力比较强，一大批企业建有企业技术研发中心、产学研联合的技术研究机构。

三、当前纺织行业存在的问题

1. 土地效率有待提升 目前纺织工业土地容积率普遍在0.7左右，假设整个行业容积率达到2，整个产业发展空间就可以打开，但目前受政策限制，纺织企业不能新增产能，同时多层厂房改造成本高，尤其喷水织机上楼的改造成本是普通多层厂房造价的2倍，因而企业改造多层的意愿并不高，加上外围产业集群的招商优惠政策影响，企业宁可选择外地投资建厂，也不愿在当地改建多层，仍需区政府层面出台更多针对性的政策，引导企业改建多层厂房，提升厂房容积率，提高产业承载空间。

2. 人才资源亟待补充 纺织产业走时尚化、高端化、智能化新路径，离不开相关领域优质人才的支撑，纺企人才缺乏主要在两方面原因，一是缺少专业人才，特别是新产品研发、软件设计、自动化生产、时尚设计、品牌策划等方面的专业人才；二是缺少新一代技工人员，由于外围产业集群的崛起，新兴纺织企业不断成立，机器数也不断扩张，导致本地高端的蓝领，特别是技能优秀、管理能力强的员工，往往成为外地新设企业吸引的目标，受高薪和地缘优势的影响，大量优秀技工流向外地，同时本地新一代年轻人和外来务工人员二代受传统就业观念的制约，新一代蓝领工人补充不足，急需加强与高端纺织院校、职业技术学校的合作交流，建立人才实训基地，拓宽人才供给渠道。

3. 产业压力持续增加 市场发展方面，2022年以来，各地新上项目陆续投产，产品同质化竞争日趋激烈，企业经营理念、管理方式以及对新技术、新理念的认知不同，多重因素导致纺织市场面临重新洗牌，两极分化逐渐加速。外贸方面，受疫情和国际贸易摩擦影响，纺织企业订单大量流失。总体来看，2022年以来，由于石油等大宗商品价格高位震荡和国际形势复杂多变的影响，整个纺织、印染行业的市场不确定性持续增加。

供稿单位：苏州市吴江区平望镇人民政府

| 中国丝绸名镇　中国纺织名镇 |

江苏省苏州市吴江区盛泽镇

一、集群概况

2021 年吴江高新区（盛泽镇）经济运行稳中向好，质效提升，全年完成一般公共预算收入 36.41 亿元，增长 6.02%；工业总产值 822 亿元，增长 25.57%；规上工业总产值 600.06 亿元，增长 21.18%；工业开票销售首次突破千亿大关，达 1186.31 亿元，增长 35.79%；全社会固定投资 73.93 亿元，工业投资 36.46 亿元，增长 29.52%。

纺织产业作为盛泽的主导产业和优势产业，打造了"从一滴油到一匹布""一根丝到一个品牌"的完整纺织产业链，形成了千亿级产业、千亿级市场、千亿级企业齐头并进的良好态势。盛泽纺织集群年产纺织品超 230 亿米，拥有纺丝能力 320 万吨，纺纱能力近 20 万吨，已经成为中国重要的丝绸纺织生产基地、出口基地和产品集散地。

二、集群发展亮点

三年来，盛泽镇把握新阶段、抢抓新机遇，坚持以改革突破制约、以创新塑造优势，以"科技、时尚、绿色"为引领，努力在构建新发展格局中探索有效路径，全面提升纺织产业的全球竞争力。

1. 以时尚品牌为引领，加快产业提档升级 持续增强时尚创意产业核心能级，以东方丝绸市场有机更新为发展空间，促进产业转型和城市建设融合发展；加快时尚机构合作，成立中国服装设计师协会盛泽中心、盛泽时尚创意推进中心；举办盛泽时尚周，以"丝韵东方，时尚盛泽"为主题，高规格、高品质实施"秀、展、赛、会、商"，展现"时尚之都·美丽盛泽"的魅力；精心举办契合盛泽产业发展的国家级纺织、时尚、设计类赛事活动，以大赛推动时尚设计人才引进、创意资源的导入、活动成果的产业应用。

2. 以两化融合为重点，提升产业智能水平 实施智能化改造和工业互联网提升行动，深化机器换人、企业上云等运用，推进智能工厂、智能车间建设；推广"互联网+制造"模式，增强企业智能化生产、网络化协同、数字化管理能力，培育全产业数字化生态；推进市场数字化，加快网上中国东方丝绸市场全球布局，构建产品标准体系、面料质量体系、优化东纺云 APP、云展会、网红直播基地等载体，形成一批资源富集、功能多元、服务精细的线上面料交易平台。

3. 以改革创新为核心，强化产业发展能级 深度融入长三角科技创新一体化进程，培育壮大创新型企业梯队，大力培育高新技术企业，构建"头部企业+科技型中小微企业"协同创新生态圈；加强与上海科创中心协同联动，推进先进功能纤维创新中心等高能级平台建设，提高创新链整体效能；推动博士后科研工作站等研发载体建设，支持龙头企业联合高校院所、科研机构组建创新联合体，集聚发展新势能。

4. 以绿色发展为旋律，奏响持续发展音符 不断筑牢发展底线，全面深化污染防治，启动实施"十四五"生态环保工程特别清单、提升攻坚任务清单，"智慧蓝网"加速构建，循环经济产业园加快企业入园；率先探索纺织行业"双碳"应用场景，与中国纺联、东方国际、德国 GRE、苏州农商行合作，致力可持续、率先碳达峰，成为世界领先的零碳产业集群。

三、未来发展思路

盛泽将围绕服务构建新发展格局，放大全产业链优势，加快打造世界级高端纺织产业集群，扛起纺织产业自主可控盛泽担当。

一是强投入、优产出。着力提升产业硬实力，以"千亿平台、百亿投入、百亿增长"为目标，实施重点产业项目、推进产业数字化、强化产业链"攀高、补短、育新"、加大新兴产业和优质项目招引储备、做强载体平台、加快新兴产业园建设等。

二是增内涵、创价值。着力提升产业软实力，强化创新驱动，深化产学研融合，发挥国家先进功能纤维创新中心孵化功能，加快"卡脖子"关键核心技术攻克，推动更多原创性、有爆发力的科研转化成果贴上"盛泽制造"标签；加强人才招引、强化时尚引领、强化院校合作、完善丝绸纺织产业特色品牌、版权、专利、商标、标准等体系、创新区块链版权应用。

三是促更新、拓潜能。加快市场有机更新，深化产业有机更新；加快网上中国东方丝绸市场全球布局，做强东纺云智新平台，打造电商直播基地，培育一批行业网红主播；推进国际贸易集聚区建设，增强外贸发展新动能。

（供稿单位：中国东方丝绸市场管理委员会）

中国家纺面料名镇

江苏省苏州市吴江区七都镇

一、集群概况

苏州市吴江区七都镇纺织业历史悠久，是中国最早生产家纺产品的地区之一，也是中国最大的家纺产品生产基地之一。2019—2021 年，七都镇的家纺行业在整体承压和稳中求进的一路艰辛与不懈努力中，坚持依靠技术创新、加强人才队伍建设、装备更新等方面狠下功夫，使七都家纺产业又迈出了坚实的一步。

七都镇现有家纺企业 125 家，其中规模以上企业 21 家，规模以下企业 104 家，从业人员 6962 人。主要产品为大提花遮光布、平纹遮光布、特丽纶、阿拉伯头巾等家纺产品，年生产加工能力 8 亿米，产品主要销往欧美、中东、东南亚等 100 多个国家和地区。2021 年实现销售收入 36 亿元，同比增长 20.1%。

二、集群发展亮点

1. 设立行政服务中心，切实提高服务效率 七都镇专门设立行政服务中心，涵盖税务、劳保、国土、建设、市监、行政审批等一系列便捷窗口，一站式服务，切实提高办事效率。

2. 搭建企业融资服务平台，提高企业融资服务质量和水平 政府出面与银行共建，推出中小企业融资服务平台，在缓解中小企业贷款难的问题上成效显著。

3. 以重点物流企业为依托，打造物流平台 镇内物流企业邦达物流是一家覆盖全国的物流企业，在七都镇纺织协会的统一协调下，纺织企业与邦达物流达成合作协议，由当地物流公司组织车队解决纺织企业运输问题。

三、发展中存在的主要问题

1. 管理机制有待进一步创新 民营中小企业家族化管理模式跟不上当前生产经营的发展需要，传统观念束缚制约企业的快速扩张，企业管理制度需要与时俱进。

2. 自主研发滞后，具有高技术含量、高附加值的产品比重低 近年来虽然整体产品档次有所提升，但总体来说，产品档次低、更新换代慢、生产周期长、市场应变能力差等现象还是较为普遍。

3. 纺织业技术装备总体水平不高 与国内先进企业和发达国家相比还有较大差距，影响企业竞争力和经济效益的提高。

4. 行业整体档次不高，品牌意识不强 企业的客户也多是市场门市部，缺乏终端成型产品，半成品多也是造成品牌意识不强的直接原因。

四、下一步的规划举措和工作打算

"十四五"期间，七都镇坚持"科技创新论英雄""绿色生态论英雄"和"能耗效益论英雄"发展导向，推动七都镇纺织行业经济高质量发展。计划到 2025 年底，销售收入超亿元家纺企业超 30 家。主要从以下几个方面推进。

1. 着力提升产品设计能力 通过组织企业外出学习参观和邀请院校专家现场指导，引导企业采用数字化、智能化、网络化等技术进行研发设计，为企业牵头与工业设计方面的高等院校和机构合作，提高企业设计能力和成效。指导行业的龙头企业创建技术中心和设计中心，逐步建立符合七都纺织行业特色的研发设计体系。

2. 着力提升智能生产水平 引导企业在劳动强度大、安全风险高、劳动用工多的环节实施机器替代。支持企业加强技术引进和智能化设备投资，建设具有行业示范效应和推广价值的智能车间，大力推进机器联网工程，鼓励企业在生产过程、能耗排放、供应链跟踪、远程服务等环节应用物联网技术，逐步形成生产、联网协同、智能管控的制造模式。通过示范应用，以点带面，推进全镇纺织企业"两化"深度融合。

3. 采取创新驱动战略 大力推进制度创新、科技创新和文化创新，实现七都家纺产业从主要依靠物资资源消耗向创新驱动转变、从劳动密集型向技术密集型转变、从规模速度型向质量效益型转变。以科技进步提高产业层次，以名牌创建提升产业品位，以产业聚集推动产业发展，以管理创新增强行业素质，全面提升产业综合竞争力，将七都打造成为华东地区乃至全国具有影响力和知名度的家纺名镇，为纺织业的又好又快发展做出新的更大的贡献。

供稿单位：苏州市吴江区七都镇经济发展局

中国亚麻名镇　中国蚕丝被家纺名镇

江苏省苏州市吴江区震泽镇

一、集群概况

丝绸麻纺业是震泽镇依托本地纺织业优势，推进科技深度融合、产品错位发展的优势支柱产业。震泽镇一直坚持将丝绸麻纺业作为特色产业、品牌产业和富民产业进行重点扶持和培育，把握时代和市场契机，以发展纺织产业集群为抓手，围绕高端纺织服装生产、电商创意设计服务、丝绸文化休闲旅游、蚕桑特色田园乡村四大产业板块，推进"文商旅农"协调发展，打造产业创新、三产协调、生态绿色、发展共享的"丝绸名镇"。

丝绸麻纺服装一直是吴江地区的特色优势产业，震泽拥有得天独厚的地域优势和产业政策优势。目前，震泽丝绸麻纺服装企业达329家，年总产值超110亿元。其中丝绸企业200多家，占苏州全市四成，年产蚕丝被400万条，占全国市场33%。震泽汇集了太湖雪、山水丝绸、新申集团、震纶棉纺、奥林特、亚西玛、青田制衣等一大批业内知名企业，是苏州丝绸纺织产业链的核心区域，也是全国两大蚕丝被产业集群之一，具有跨区域辐射、影响、带动能力的产业优势。

三年来，震泽先后荣获了苏州市级特色小镇、"震泽蚕丝"中国地理标志集体商标、国家纺织服装创意设计试点园区、家纺集群质量提升典型案例、国家纺织服装创意设计示范园区、江苏省版权示范园区等荣誉称号。

二、集群发展亮点

震泽镇积极推进丝绸麻纺产业转型升级。通过推广蚕用环境控制器、桑树电动伐条机、静电喷雾器等适用机械，研制标准化、整洁化、省力化养蚕器具，彻底改变以往以家庭为主的分散小户经营所导致的土地、房屋、劳力、时间等生产资料严重浪费的问题，巩固和提高了蚕桑产业的经济收益。通过小蚕共育室、智能化催青系统、数字化大蚕车间、环境监测站、虫情监测站等智能科技生产系统，共同构建了较为完整的智慧生产模式，让传统养蚕又脏又累又没效益的局面得到了彻底改变，突破了我国蚕桑产业整体智能化综合水平不超过5%的发展瓶颈。

震泽镇扎实推动丝绸麻纺企业加强知识产权开发、保护和管理，特别是龙头企业成果显著。近三年累计

新增发明专利10件、实用新型专利100多件、外观设计专利与版权作品达5000多件。设立震泽版权工作站，2021年累计受理版权作品5039件，归档作品4591件。陆续拥有了全国版权示范单位3家、江苏省版权示范单位5家、苏州市版权示范单位7家。吴江丝绸文化创意产业园于2021年荣获江苏省版权示范园区称号。现拥有中国名牌1个，中国驰名商标2个，江苏著名商标6个，江苏名牌8个，江苏省区域名牌1件，苏州名牌17个，苏州知名商标10个，江苏老字号3个。累计孵化高新技术企业11家，创建省级工业设计中心3个、省级企业技术中心6个、省级星级上云10个、市级智能工厂1个、市级智能车间4个、市级工业互联网典型应用2个、市级企业技术中心17个、市级工业设计中心3个。

三、未来工作计划

下一步将做好以下几项工作。

一是抓住机遇、加快发展。认清形势，抓住机遇，加大宣传力度，引领企业抢先一步占领市场，迅速扩大丝绸、亚麻、绢纺等产业规模。震泽镇将进一步致力于积极引领金融资本、民间资本充分认识该产业面临的发展机遇和广阔前景，投入该产业，最终实现借力发展和爆发式增长。提升能级、做大产业。

二是加强服务平台建设，不断提升功能，服务丝绸麻纺产业高质量发展。鼓励龙头企业吸引优秀设计人才，加快技术创新，促进产品升级，扩大市场影响，争当振兴丝绸产业的先行军。发挥好集聚效应，强化政策扶持、协会指导，推动企业抱团发展、错位发展，进一步繁荣"金花引领，小花紧跟，百花齐放"的局面。

三是传承文化，融合发展。传承保护发展震泽丝绸历史文化，擦亮中国丝绸名镇金名片。以蚕桑园、丝创园为示范引领，推动各类文化载体建设，实现农文旅融合。办好蚕花节、旅游文化节、震泽丝绸杯·中国丝绸家用纺织品创意设计大赛等品牌活动，进一步提升震泽丝绸影响力。做好非遗传承、版权保护、标准制定等工作，赋予震泽丝绸新的时代内涵。

供稿单位：苏州市吴江区震泽镇人民政府

中国毛衫名镇　中国化纤名镇

江苏省常熟市碧溪街道

一、集群概况

碧溪街道是全国起步较早的纺织产业集群地，20世纪80年代，碧溪就以"离土不离乡，进厂不进城，亦工又亦农，集体同富裕"的"碧溪之路"享誉全国，开创了乡镇企业发展的"苏南模式"，碧溪纺织工业也由"家家有横机、户户织毛衣"的传统民间产业闯出了一条以毛衫和化纤为特色的纺织服装集群化发展道路。碧溪街道先后荣获"中国毛衫名镇""中国时尚羊毛·羊绒制品名镇""中国化纤名镇"等多项荣誉。

碧溪毛衫行业产品内销和外销占比为7：3，产品以内销为主，是国内重要的毛衫产业基地之一。碧溪化纤产业持续提升技术装备水平和产品档次，发展出了化纤生产和加弹两大分支。POY、FDY、DTY等涤纶长丝及特色复合纤维等主要化纤制品年产量及加工量约占全常熟市产量的80%，具备30万吨/年的加弹等后加工能力，在全国同类产业中位居前列。碧溪逐步形成一个规模突出、技术领先、产品优质的现代化化纤纺织产业基地和全价值链产业体系。

截至2021年底，碧溪纺织产业集群共有企业397家，其中规上企业70家，从业人数8837人，主要生产羊毛衫416万件，化纤丝28万吨。实现工业产值79.48亿元，占碧溪工业总产值的59.3%，出口交货值2.50亿元，主营业务收入81.44亿元，利润总额5465万元，应交增值税1.28亿元，资产总计62.97亿元。

二、集群发展亮点

1. 创新销售模式　由于外贸订单利润缩减、内需减弱等因素影响，区域内传统服装生产企业开始开拓内贸销售新模式。越来越多的毛衫企业开始通过抖音、快手等平台直播卖货，随着基础网络、音视频传输技术的成熟，直播卖货的成本显著降低，比起传统的营销方式，直播卖货的成本优势非常明显，在人社局和电商协会的帮助下，碧溪毛衫行业采取直播卖货消化库存的企业越来越多。

2. 积极进行"智转数改"　以苏州市最新"智改数转"战略为导向，集群内不少企业开展了以智能制造为主导的新一轮技术改造，大力实施智能改造项目，不断提升生产效率。区域内以扬帆服饰、通恒化纤为代表的纺织企业，在当前纺织行业发展受阻、面临生存压力的情况下，立足于企业转型升级，使公司的发展方向从量的扩张向质的提升转变。

3. 不断研发新产品　不少传统企业通过多种途径，不断增强自主创新能力，加大研发投入力度，加快新产品开发，增强创新能力和竞争能力，努力取得行业话语权。海立化纤"超细涤棉复合纤维"、通恒化纤"熔体直纺民用丝技术"处于业界领先水平，在当前化纤行业同质化严重竞争激烈的态势下，化纤龙头企业通过差异化产品抢占化纤细分市场的重要份额。

4. 致力打造品牌之路　当大部分毛衫企业在进行原始积累的时期，金开顺服饰已开始走品牌营造之路，通过产品的提档、工艺的革新、设计研发能力的提升、销售模式的创新来打造具有自身特色的品牌产品。在当前毛衫企业普遍萎靡、面临生存压力的情况下，金开顺服饰已完成了传统毛衫企业的全面转型，成长为国内羊绒衫行业二线品牌中的佼佼者，并在2019年获评"2019江苏国际服装节特别贡献奖"。

三、下一步工作打算

1. 保障产业平稳增长，提高产业工作的前瞻性　要积极发挥政府各项职能，灵活运用政策工具，努力保障产业平稳发展，增进产业科技技术水平，努力构建新型的、具有一定技术领先优势的纺织产业集群。

2. 推进产业集群化发展路线，全面推进自主创新能力　坚持以市场为主的产业导向和产业链上下延伸，坚持将主导企业进一步做大做强和产业整体技术装备水平提升，坚持产品深加工和产品质量持续改进，打造规模突出、技术领先、产品优良的新型结构。

3. 增强经济服务功能，加大财税支持力度和融资支持力度　积极为纺织产业优化调整提供政府推动、产业引导、政策争取和社会化服务等方面的有力保障，加大财税支持力度。

4. 制定人才发展战略和区域空间规划　坚持把引进掌握现代化管理技术、擅长资本运作、有技术带头能力和市场驾驭能力的复合型人才作为政府重点工作之一，通过人才的管理、培养和选拔，为产业又好又快地发展提供人才支持。

供稿单位：常熟市人民政府碧溪街道办事处

江苏省常熟市梅李镇

一、集群概况

纺织产业是梅李镇的传统支柱产业，通过二十多年的不断发展，形成了集原料（化纤、纺丝）、织造（经编、纬编、梭织）、后整理（印染）和终端产品（家纺、服装）于一体的较为成熟的产业集群。

截至 2021 年底，全镇拥有经编纺织服装企业 800 多家，其中规模以上企业 73 家，从业人员近 9000 人，年产氨纶 31740 吨，印染布 207400 吨，亚麻布 549 万米，拥有专业设备织机 960 台，化纤能力 68000 吨，印染能力 56000 吨。

2021 年底，梅李镇纺织产业集群完成工业生产总值 132 亿元，完成利税约 1 亿元，出口交货值达 20 亿元。现有企业中销售收入超 10 亿元的企业有 1 家，1 亿元以上企业 27 家，苏州名牌 7 个，省名牌 1 个。纺织产业日益成为梅李镇的支柱产业和特色产业，其中经编产业是纺织产业的主要部分，主要产品有长毛绒、珊瑚绒等 30 多个品种，是我国针织工业首批产值超百亿集群，也是我国最大的绒类产品生产基地之一，形成了"工业经编看海宁，民用经编在梅李"的市场格局。

自 2007 年以来，相继荣获中国经编名镇、中国经编产业创新基地、中国绒类产品生产基地、全国纺织精神文明建设示范基地、全国纺织行业先进党建工作示范单位、集群地区纺织产业发展服务荣誉奖等殊荣。

二、集群发展亮点

梅李镇党委、政府一直以来都高度重视纺织产业集群的发展，为集群创建了专门的公共服务平台并提供技术引导、政策支持、展会组织等一系列服务，为集群的做强做大营造了良好的发展环境。

为提高梅李镇纺织企业的智能化水平，镇政府专门制定了一系列扶持政策，并组织企业参加各项智能化参观、培训，从技术引导、政策支持两方面入手，推动企业转型升级。镇经济发展局组织梅李镇纺织企业参加了多次智能化管理的培训，通过一系列的培训

和参观，为企业接下来的智能化改造提供了更多的思路和方法，促使企业不断提升企业装备水平和智能化水平。2021 年，梅李镇共有宏业印染、昌盛经编等 29 家纺织企业申报常熟市级智能化改造项目，项目总投资达 7.8 亿元，到 2021 年底已投入智能化设备 1.1 亿元。

镇政府引导企业加强工业与信息化融合，积极引入 ERP 等管理系统提升信息化水平。2021 年，法兰克斯、正方宜、异型钢管、永新印染成功申报常熟工业互联网典型应用企业，法兰克斯、宝沣成功申报苏州工业互联网典型应用企业。同时引导企业加快电子商务建设，拓宽销售渠道，目前群英针织等企业依托阿里巴巴等平台进行网络销售，取得了良好的成效。

三、当前产业发展存在的问题、发展要求，下一步的规划举措和工作打算

经过 20 多年的发展，梅李纺织产业集群已发展成为从原材料到终端产品的较为成熟的产业集群，在国内外具有较大的知名度。面对日益激烈的市场竞争，作为传统产业的纺织产业，在发展中存在如国际市场需求不足、融资难、人才不足、招工难、上下游产业链配套不全、土地瓶颈制约等共性问题。由于梅李镇纺织产业集聚程度较高并且起步较早，招工难和生产设备智能化水平低这两个问题尤为突出。

梅李镇接下来将继续引导集群企业加大智能化改造力度，继续实施"机器换人"，在不断提高产品产能和质量的同时，减少用工数量和成本，促进集群的可持续高质量发展。

下个阶段，梅李镇将不断提升对纺织集群的支持力度和服务水平，以集群"十四五"主要目标为发展方向，在转型升级中加大投入力度，提高企业整体管理水平，做大做强梅李纺织集群特别是梅李经编的品牌，注重节能环保，不断提升集群企业的综合竞争力，实现整个集群的高质量可持续发展。

供稿单位：常熟市梅李镇人民政府

中国休闲服装名镇

江苏省常熟市海虞镇

一、集群概况

海虞地处常熟北部、望虞河畔、长江之滨，1999年由王市、福山、周行三镇和福山农场合并而成，全镇总面积109.97平方公里，常住人口14万。2021年地区生产总值达138亿元，一般公共预算收入13.88亿元。先后获得全国重点镇、全国农业产业强镇等39个国家级荣誉；江苏人居环境范例奖、江苏省第二批经济发达镇改革镇等56个省厅级荣誉；苏州市城乡一体化改革发展先进集体、苏州市特色田园乡村建设先进集体等89个苏州市级荣誉。

2021年全镇共有服装企业283家，占全镇工业企业的28%。其中：规模以上服装企业44家，与2019年持平。海虞镇纺织、服装、印染配套完善，发展体系完备，产品主要涉及西服、休闲服、茄克、羽绒服、男女童装、衬衫、大衣、羊毛衫裤等十多个门类的三十多个品种。2021年全镇休闲服装企业年产量4780万件，实现销售收入38.8亿元、利税1.3亿元、出口超4.9亿元。2021年全镇规模以上服装企业总资产达到26.6亿元。海虞镇江苏龙达飞投资实业有限公司、苏州迪枫服装有限公司、江苏特别特服装有限公司、江苏金丝狐服饰有限公司、江苏卡地尼服饰有限公司、江苏红杉树服饰有限公司、苏州紫澜实业有限公司等休闲服装企业，在省内乃至全国都是比较著名的服装生产企业。

二、集群发展亮点

1. 重点加强电子商务产业园建设 为将电商平台的技术经验优势与海虞镇产业资源优势有机结合，带动海虞镇服装产业升级，成为大众创业、万众创新及改善民生服务的新动力。海虞镇人民政府、海虞服装产业协会与北京京东尚科信息技术有限公司三方经过深入交流探讨，在依托京东尚科大数据及云技术以及电商、人才等方面优势资源的基础上，借助服装产业协会在服装产业方面的优势资源，合作建设了海虞镇"云尚工坊"电子商务平台。

2. 积极加快服装企业"两化融合"建设 从政策和财政上支持服装企业从研发设计、质量检测、生产、销售、物流、管理等各个环节，应用现代化信息技术，实行企业"智能化、数字化、信息化"管理，提升海虞服装产业的综合管理水平和市场开拓综合竞争力。

3. 积极搭建公共服务平台 积极支持龙头企业成立品检中心，并通过国家质监认证中心认证。长期同苏州市纤维检测所、江苏省羽绒制品质量监督检验中心合作，进行委托检验。以商会为平台开展活动，分析形势，交流经验，信息共享。

三、集群发展存在的困难

近年来，海虞镇服装产业发展速度放缓，主要原因如下：一是土地及劳动力资源短缺制约集群发展，随着镇区经济的不断发展，土地资源供应量不足已经成为产业集群发展的瓶颈，职业工人短缺也给服装企业发展带来压力；二是成本上升给产业集群发展带来极大影响，近三年来，服装行业工人人均工资平均上涨了近20%，大大增加了企业的运营成本，与此同时，在环保、社会责任等方面，企业所需要承担的责任也日益增加；三是产业集群升级缓慢，除大企业以外，大部分服装企业规模偏小，实力偏弱，不少企业的品牌含金量较低，经营方式落后，自主品牌的知名度和产品附加值不高，产品开发能力弱，产业链缺失现象比较普遍；四是出口形势严峻，内销市场竞争日趋激烈。

四、未来集群发展思路

1. 坚持创新驱动 深入实施创新驱动发展战略，提升自主创新能力。强化创新服务，突出创新主体地位，整合创新要素，构建创新激励机制。加大研发投入，增强创新支撑力量，激励具有自主知识产权创新型科技成果更快涌现。

2. 坚持时尚引领 顺应消费升级大趋势，把握新型消费变革机遇，以个性化需求、时尚化发展为导向，着力提升创意设计水平，对标先进时尚纺织服装产业集群，加快时尚元素融入，着力打造时尚品牌，产业时尚性更加明显。

3. 坚持协同开放 充分利用国内外优势资源，加强国际合作。优化资源配置共享，抓好产业上下游协同发展，大力支持龙头企业创建公共服务平台，充分发挥龙头企业带动作用，带动中小企业发展。深化产教融合，支持企业与院校、专业机构合作，形成良性双向互动合作机制。

供稿单位：常熟市海虞镇人民政府

中国羽绒服装名镇 中国针织名镇

江苏省常熟市古里镇

一、集群概况

古里镇位于"福地常熟"市域中东部，紧邻城区和高新技术开发区。现行政区域由原古里镇、淼泉镇、白茆镇经两次行政区划调整合并而成，城镇面积96.4平方公里，户籍人口6.74万人，常住人口10.07万人，下辖2个办事处，17个村（社区）。镇区各类高速省道交汇互通，具有得天独厚的区位优势和良好的经济发展环境。

2021年，古里全镇完成地区生产总值120.02亿元，财政总收入22.3亿元、一般公共预算收入12.09亿元，实现全社会固定资产投资34.22亿元，工业投资23.48亿元，工业技改投资8.83亿元；全年完成工业总产值351.94亿元和工业开票销售收入419.92亿元。

截至2021年底，区域内针织、羽绒服企业共948家，其中规上企业77家，规下891家，实现主营收超亿元的有28家，主要产品为羽绒服、休闲服、针织布等，其中波司登羽绒服畅销全球，领先行业。2021年，集群共实现产值216.03亿元，占区域内工业总产值的比重超50%，其中规上实现153.17亿元，规下62.86亿元；主营业务收入共实现220.75亿元，其中规上实现162.11亿元，规下58.64亿元；从业人数共19204人，其中规上12420人，规下6754人。

二、集群发展亮点

1. 针纺、羽绒服产业发展整体企稳向好 面对复杂多变的全球市场环境和新冠肺炎疫情影响，经济发展下行压力持续加大。在镇党委、政府的指导支持下，在龙头企业波司登的引领下，在中小企业协同合作下，针纺、羽绒服集群坚持技术创新、转型升级、优化产品、做强品牌，紧盯产业链协同发展模式，不断促进整个产业集群创新发展，提升集群的规模化效益和抗风险能力，实现了集群稳定发展。2021年底，全镇针纺、羽绒服产业产值相比2018年增长了17%，实现利税16.32亿元，相比2018年增长了34.91%。集群龙头企业波司登羽绒服装有限公司三年实现销售和税收增长幅度高达72.96%和258.98%，且坚持品牌引领，在全球打响"波司登"羽绒服品牌，连续多年蝉联全国销售冠军，并于2021年上榜国际权威机构Brand Finance公布的"2021年全球最有价值的50个服饰品牌"。

2. 针纺、羽绒服企业转型升级持续推进 古里镇近几年持续出台激励奖励政策文件推动集群产业坚持在智能制造、绿色制造、科技创新上走深走实，三年内累计发放奖励近1亿元。以波司登为典范的集群内企业积极参与智能化数字化发展，获得各类"智能制造工厂""工业互联网工厂""省级星级上云企业""两化融合示范企业"荣誉称号。支持集群企业开展产学研合作，与江南大学、常州大学、天津工业大学等高校科研院所保持密切合作，与上海理工大学建立全面战略合作关系，用科研为产业发展赋能。出台《常熟市古里镇人才购房补贴实施细则（试行）》，加大人才招引力度，用人才为产业转型赋能。

3. 针纺、羽绒服集群绿色制造深入推进 三年来，集群深入贯彻习近平生态文明思想，紧扣绿色发展理念，紧盯"双碳"目标，引导鼓励企业积极运用节能新工艺、新技术，近三年投入绿色改造资金近3亿元，不断提升企业节能减排能力，实现集群单位产值能耗持续下降。同时，持续强化环保监察工作，以新环保法为依托，广泛宣传，督促企业采取各项环保措施，严格遵守环保法律法规，废气、废水排放达标率及各类工业废弃物的综合利用率都超过90%。

三、当前产业发展存在的问题、发展要求，下一步的规划举措和工作打算

集群整体科技含量低，新增长点不多，呈后劲不足现象。小微企业核心专利、核心技术储备数量偏少，新产品、新品牌等增长亮点不多，企业招引、留住人才也都存在难度。小微企业转型升级难度大，存在不愿转、不敢转、不会转等情况。随着生态环保、安全生产的标准要求不断提高，对集群整体发展要求也越来越高，小微企业压力较大。

下阶段，古里镇将根据针纺、羽绒服集群发展规划、切实落实《中国制造2025》、打响"苏州制造"品牌的要求，以提高产业发展质量和效益为中心，加大产业发展支持力度，优化营商环境，促进产业智能化、数字化发展。强化问题导向，优化服务措施，坚持政企协作，戮力同心建设好古里镇针纺、羽绒服产业集群。

供稿单位：常熟市古里镇人民政府

中国休闲服装名镇

江苏省常熟市沙家浜镇

一、集群概况

纺织服装产业是沙家浜镇的传统支柱产业和重要民生产业，也是沙家浜镇工业经济发展的重要支撑，依托常熟中国服装城，沙家浜镇纺织服装产业在华东地区具有较大的影响力，在全国具有较高的知名度。近年来，沙家浜镇休闲服装产业积极转变发展思路，不断探索产业智能化、集约化、标准化发展道路，在高质量发展背景下对推动全镇产业发展产生了示范和引领作用。

2021年，世界经济增长和国际贸易增长呈现放缓的趋势，外部不确定因素增多，国内经济总体平稳，但仍面临压力，一些结构性问题亟待解决。在面临诸多风险和不确定性因素的背景下，沙家浜镇服装产业积极进行结构调整和务实创新，加快增长动能转换，虽然运行质效略有波动，但总体保持了基本平稳的发展态势。

目前，全镇拥有纺织服装企业235家，其中规上企业24家，涵盖纺织、服装、辅料、拉链、纽扣等细分行业，拥有金牛华尔车、百天奴、今越、王子车等多个知名品牌，从业人员7700余人。2021年，纺织服装产业实现工业总产值38.2亿元，产品销售收入38.2亿元，纺织服装产业规模超过全镇第二产业总量的10%以上。其中，规上企业实现工业总产值17.6亿元，较上年上升2.3%，产品销售收入17.4亿元，较上年上升2.7%。

二、集群发展亮点

历史上，沙家浜镇休闲服装产业在繁荣市场、扩大出口、吸纳就业、增加居民收入和促进城镇化发展等方面发挥了重要作用。近年来，沙家浜镇休闲服装产业加快产业化、品牌化、高端化步伐，对推动全镇产业结构转型升级、城乡一体化和"富民强镇"战略产生了示范和引领作用。

近年来，受消费增速放缓、存量资源紧张、宏观经济预期等因素叠加影响，沙家浜镇休闲服装产业增长速度放缓，企业两极分化趋势愈趋明显。一些龙头企业、规上企业积极寻变，探索智能化、集约化、品牌化、信息化发展，为整个产业转型升级营造了良好的氛围，起到了标杆和引领作用。

三、存在问题

1. 订单减少 一方面受疫情影响，导致海外订单波动，出现有企业客户外贸订单取消的现象；另一方面有鉴于成本优势，国际服装品牌势必将更多订单倾斜至在东南亚、孟加拉国、斯里兰卡等地建有成衣工厂的代工企业，对于尚未出海的中小型代工企业而言，或将承受订单损失。

2. 招工困难 随着国家人口老龄化效应的逐渐凸显，一线员工紧缺现象日益显现。另外，有一定技能，素质较高的熟练劳动力和中层管理人才严重缺失，高级管理人才、科技人才招不进、留不住，影响了企业的经营和进一步发展。

3. 管理落后 服装行业普遍存在家族企业痕迹，绩效评价不公平，压抑了家族外员工的创新意识和工作积极性，不利于管理和技术人才的引进。同时，在重大决策时，大多囿于既有经验，存在随大流、跟风走的现象，缺乏符合市场和自身条件的长远规划。

四、工作打算

沙家浜镇纺织服装企业顺应行业发展趋势，通过技术改造和产品结构调整，适应新的客户要求，预计未来三年将保持较好的发展态势。

1. 提升服务质量，优化营商环境 积极鼓励和引导企业"智改数转"进程，大力宣扬政策红利，充分发挥政策的引领作用；全力打好污染防治三大攻坚战，淘汰环境隐患严重的落后工艺企业，清理"散乱污"现象严重的工业出租载体，积极投入环境保护事业，为企业生产销售提供良好环境。

2. 加强组织建设，促进共同发展 充分发挥服装行业协会组织自沙家浜镇管理、自沙家浜镇服务、自沙家浜镇发展的能力，不断加快产业化、品牌化、高端化步伐，做好"重质量、保稳定、促创新"文章，龙头企业领军带动，凝聚商会成员合力，促进产业抱团发展。

3. 完善培养机制，加快人才培育 深入企业调查摸底，加快紧缺人才的引进培养；加强和职业学校的联动合作，扩大参与企业群体，加快各类操作技工、管理人才、科技人才等的培养。

供稿单位：常熟市沙家浜镇人民政府

中国非织造布及设备名镇

江苏省常熟市支塘镇

一、集群概况

常熟市支塘镇地处长江三角洲对外开放地区的中心地带，是常熟的东大门，镇域面积 128 平方公里。下辖 2 个街道办事处，15 个行政村，3 个社区居委会，常住人口约 10 万人。现有民营企业超过千家，形成无纺制品、无纺机械、纺织服装、食品、化工、金属制品等产业。2021 年全镇实现工业产值 192 亿元，销售收入 190 亿元，利税 13 亿元。到 2021 年底，已有无纺企业 466 家，规模以上企业 32 家，其中无纺机械企业 70 家，无纺布生产企业 396 家，相关配套企业近 100 家，行业从业人员 4041 人。年生产各类无纺机械设备 1820 台套，各类无纺布 31 万吨，实现工业产值 57 亿元，利润 4.57 亿元，税收 8.45 亿元，占全镇经济总量的 30%。

二、集群发展亮点

近几年来，支塘镇主要通过以下三个方面加大对无纺产业集群的扶持力度，引导无纺企业走内涵发展之路。

一是加强政策扶持和营造良好发展氛围。进入"十三五"后，市委市政府专门印发《关于加快推动无纺、货架、玻璃模具行业高质量发展的指导意见》的通知，文件明确加快推动支塘镇无纺产业规模壮大、提质增效，实现高质量发展，制定三年行动计划。

二是积极为无纺产业搭建发展平台。一方面加强载体平台建设。支塘镇在土地资源十分紧缺的前提下，计划到 2023 年园区规模要达 600 亩，2021 年启动支塘镇无纺产业园区首期建设，占地规模 200 亩，采用政府供地和标准厂房租售相结合的方式进行布局。另一方面加快培养一批超 10 亿产值的龙头企业和超 5 亿产值的骨干企业。研究出台专项扶持政策，从空间、人才、设备、资金、奖励等多方面全力支撑，加速企业成长。2021 年，从高端无纺设备制造、无纺材料制造、终端产品制造企业中培养出 3~5 家超 5 亿元级产值的行业规模型企业，同时培养一批产值超亿元的企业和新增一批规模以上企业。

三是努力提高服务水平，不断由为企业提供事务性服务为主向为企业提供智力型服务为主的转变。近几年，支塘镇利用科技特派员的契机，分别与天津工业大学、江苏大学、厦门大学、江南大学、南通大学、东华大学等建立了紧密合作关系，在积极搭建产、学、研合作平台的基础上，还成立了天津工业大学的非织造材料与工程专业实习基地，2015 年，首次组织了 28 位该专业大学生到集群企业开展实习活动，取得了良好的效果。2022 年继续组织，为学校培养人才和企业发现人才提供相应的保障。

在镇党委、镇政府的高度重视下，在集群内企业的共同努力下，企业的投资力度不断提高、创新发展能力不断加强，"十三五"期间，支塘镇无纺产业集群平均每年设备改造投资额度超过 1.5 亿元，企业转型升级初见成效。设备方面，高产高速梳理机、混合纤维"空气填充法"汽车隔音毡生产线、椰棕垫绿色环保专用生产线等不断开发成功，无纺布方面研发生产了医用吸水垫、医用无纺布、夹板无纺绑带、面膜基材、高档汽车用地毯、汽车发动机用隔音材料等。

集群企业有无纺高新技术企业 15 家，行业内已建有省市级工程技术研究中心、省博士后创新实践基地、省市级研究生工作站等科创载体 29 个。迎阳无纺"车用非织造材料柔性复合生产关键技术与装备"获评 2019 年中国纺联科技进步一等奖；飞龙机械与南通大学合作的"宽幅高产热风法薄型非织造布生产联合机"获 2020 年中国纺联科技进步二等奖；金泉新材料与东华大学合作申报了省科技成果转化项目并验收优秀，企业"基于生物质制备呋喃二甲酸基聚酯纤维技术"获 2019 年中国纺联技术发明二等奖；九一高科王浦国参与的科技项目获得国家技术发明二等奖。

三、集群未来发展思路

为更好地加快无纺产业转型升级，把无纺产业从特色产业向支柱产业转变，按照《常熟市国民经济和社会发展第十四个五年规划纲要》《支塘镇第十四次党代会报告》《支塘镇关于扶持无纺产业集群发展的实施意见》，到 2023 年，无纺产业集群总产值超 100 亿元，占全镇经济总量三分之一强，其中无纺机械产值超 15 亿元，无纺制品行业总产值超 85 亿元，形成规模以上企业超 50 家、销售超亿元以上企业超 20 家的产业集群。

供稿单位：常熟市支塘镇人民政府

中国针织服装名镇

江苏省常熟市辛庄镇

一、集群概况

江苏省常熟市辛庄镇，东靠上海，南接苏州，西邻无锡，为多个工商业发达的大城市所环抱，周边200公里半径区域正是中国具有经济活力的长三角经济圈的核心区域。辛庄镇先后获得2018—2020年度文明镇、2020年度中国"淘宝镇"、先锋镇、国家卫生镇、江苏省健康镇、江苏省文明乡镇、中国针织服装名镇等荣誉。

辛庄镇纺织产业集群保持着良好的发展趋势，发展思路着眼于国际市场，在纺织服装产业升级的道路上，牢固树立纺织服装产业的新优势、新地位，全面提升纺织服装产业集群水平。现已形成门类齐全的行业体系。

2021年辛庄镇纺织服装产业发展稳中有进，产业结构不断优化，规模效益持续提升。纺织服装规模以上企业占13%，以国泰宝马制衣、云鹰纺织、阿里巴巴服饰等企业为龙头。全镇棉印染精加工产值达11954万元，同比增长13.8%，毛织造加工达3407万元，同比增长17.8%，针织或钩针编织品制造达8455万元，同比增长66.5%，其他家用纺织制成品达9015万元，服饰制造达13702万元，服装类产品产量达260万件。

2021年，辛庄镇规上针织服装企业达20家，净增5家，工业总产值11.75亿元，营业务收入达11.76亿元，从业人员平均人数1966人；规下针织服装企业275家，净增84家，工业总产值达25.53亿元，主营业务收入达30.76亿元，从业人员平均人数3286人。

二、集群发展亮点

1. 推动智能化、数字化赋能纺织产业集群发展 辛庄镇相当部分针织服装企业引进了数据采集系统、白坯称重喷码系统等，简化了程序，部分流程实现无人化作业；通过信息采集和消费者需求分析，实现大规模个性化定制、多品种、小批量、柔性化制造，扭转服装行业库存积压和结构性缺货等痛点难点问题；通过线上线下双向发力，创新推广先进模式，带动更多中小纺织企业实施智能化技术改造。积极与服务商合作，开展数智化升级改造，实现了数字化管理。大部分企业引入MES、ERP系统，实现生产与管理的对接，打造全流程信息化管理。

2. 积极加快服装企业"两化融合"建设 国泰宝马、阿里巴巴等一大批服装生产企业，从研发设计、质量检测、生产、销售、物流、管理等各个环节，应用现代化信息技术，实行企业"智能化、数字化、信息化"管理。大棕辅料荣获省三星级上云企业，国泰宝马制衣荣获常熟市智能示范车间培育企业。

3. 积极推进服装企业载体更新 辛庄镇在建好轻纺工业园的基础上，为支持企业破解土地制约瓶颈问题，提高土地利用效率，鼓励企业进行载体更新。2019年，苏州尼奥诗顿服饰有限公司、江苏皇家七彩鹰服饰有限公司；2020年常熟市国美辅料有限公司、常熟市贵隆圣蒙服饰有限公司；2021年苏州大杭服饰有限公司成功申报零地增长，进一步提高了土地使用率、产出率。预计总投入24300万元，达产后预计增销售17600万元。

三、集群发展存在的困难

一是服装企业在税务成本、人工成本、安全环保治理成本等方面较以前明显增加；二是品牌含金量普遍不高，难以在市场竞争上占据有利地位；三是服装业人才队伍（生产管理、设计、营销、广告等）非常匮乏；四是大部分服装企业缺乏创新能力，管理模式仍较为落后。

四、未来集群发展思路

1. 对服装产业链"链主"企业实施政策、人才、资金等方面的倾斜 推动形成完整的配套体系，以吸引行业内更多企业加入，并通过智改数转、技术创新、市场培育等举措形成专业化竞争与合作体系，推动产业态由"小产品"升级为"大产业"。

2. 鼓励支持服装产业线上线下结合，大力发展电商产业 辛庄镇将联合多个部门与企业进行研讨会，分享转型成功经验，完善政策措施，将更多企业纳入数字化进程中，综合运用各类电商综合服务平台，促进各类企业电商经营主体快递壮大。

3. 继续做好企业服务，加大各类政策支持力度 积极为纺织产业发展提供政府推动、产业引导、政策争取等方面的有力保障；完善企业上情下达、下情上达的桥梁枢纽，打造宣传政策方针的主阵地，打通化解矛盾问题的主渠道，做好企业服务的"店小二"。

供稿单位：常熟市辛庄镇人民政府

中国精纺·毛衫名镇

江苏省张家港市塘桥镇

一、集群概况

纺织行业是塘桥镇的传统支柱产业。经过20世纪70年代搞乡办企业、80年代的联营整合、90年代的股份制改造、20世纪末民营企业迅速崛起、21世纪智能制造转型五个发展阶段后，形成了棉纺、毛纺、化纤、印染、服装、纺织机械等多品种、宽领域的生产格局，形成了一定的规模和较大的产业板块，呈区域性集群化发展态势。

通过政府的积极引导、推动，加上企业技术改革的发展，纺织产业在塘桥镇社会经济发展中的地位十分重要，所处位置突出，已成为塘桥镇经济发展的重要板块，也已成为塘桥镇经济发展的显著特色。

近年来，塘桥镇毛纺、棉纺、针织三条产业链不断完善，尤其是毛纺织全产业链，营收占全省的35%、全国的15%，羊毛年成交量占全国的60%。截至当前，全镇拥有纺织企业2090家，其中规上136家，规下1954家。纺织行业员工2万余人。

2021年，塘桥镇纺织产业集群完成工业总产值产值198.8亿元，主营业务收入212.8亿元，利润总额-2.1亿元；规模以上纺织企业完成工业总产值175.92亿元，主营业务收入190亿元，利润总额-1.8亿元。2021年，全镇年产各类纱线17.5万吨，呢绒2892万米吨，梭织布1820万米。

二、集群发展亮点

1. 公共领域服务情况 塘桥镇积极推进高端纺织产业园建设，促进高端纺织产业集群发展。出台《张家港高新区（塘桥镇）高端纺织产业园项目准入意见（试行）》《张家港高新技术产业开发区（塘桥镇）产业发展扶持资金申报拨付操作办法》等系列政策，为纺织企业内生发展保驾护航。

2. 纺织行业产业升级情况 塘桥镇依托设备改造和工艺升级，加速纺织产业逐步转型升级，加速淘汰、转移落后产能，加速纺织产业向智能化和数字化转型，近年来超百家企业完成智改数转。2020年，张家港广田色织有限公司获评国家"两化融合"管理体系贯标企业。2021年，张家港普坤纺织实业有限公司获评江苏省企业技术中心；江苏联宏纺织有限公司（羊绒粗纺针织绒线）、江苏联宏纺织有限公司（羊毛粗纺针织绒线）获评工信部绿色制造—绿色设计产品；新增华芳集团毛纺织染有限公司、江苏大唐纺织科技有限公司2家"苏州制造"品牌认证企业。

3. 节能减排工作情况 塘桥镇积极推进企业实施总量管控、集中供热、中水回用、节能减排改造、清洁生产审核等工作，获得显著成效。期间70家规模企业淘汰多种落后设备（如机电一体化程度低的烧毛机、退煮漂联合机等）；华芳集团通过在新疆、河南、安徽及山东等地投资建厂，实施产业布局转移。

三、区镇纺织产业集群发展问题与未来规划

目前塘桥镇产业链不够完整，技术创新能力薄弱，产业同构、产品同质化现象明显。当前，受东南亚纺织产业的竞争压力加大、国内用工等成本上升的外部制约，塘桥镇许多纺织企业利润率下降，发展出现瓶颈。

下一步镇政府将进一步推进产业持续健康发展，重点包括：

1. 不断加强实业基础，坚持产业优化 大力发展实体经济，保证增量提质、存量增效。延长产业链，宏观调整纺织原材料、纺织加工、纺织服装产品比例；增强创新链，加大对纺织高新技术企业的引进和培育；提升价值链，推进纺织服装产业供给侧结构性改革、数字化改革。

2. 打造一流产业园区，坚持项目引领 全力打造高规划、有特色的高端纺织产业园，以园区为载体引进行业龙头企业、总部企业、专精特新企业，做好重大项目落地及推进工作。招才引智，通过引入高层次人才团队，积极开展产学研合作。

3. 鼓励加大技术研发，坚持创新发展 推动纺织产业智改数转，促进信息化与工业化的深度融合。培育有核心竞争力的创新型企业，建设创新型企业集群。推进企业上市工作，重点扶持科技型、成长型中小企业，鼓励企业向"专精特新"方向发展。

4. 持续做好节能低碳，坚持绿色发展 推动行业节能减排，加大清洁生产推进力度。发展环境友好产品，提倡绿色加工、绿色车间。完善产业园基础设施建设，包括污水处理厂、污水管网、蒸汽管网，中水回用设施等，建立纺织行业绿色评价体系。

供稿单位：张家港市塘桥镇人民政府

江苏省南通市通州区先锋街道

一、集群概况

江苏省南通市通州区先锋街道（原先锋镇）2007年被中国纺织工业联合会确定为"中国色织名镇"，多年来一直积极参与中国纺联的产业集群复查和共建工作。

先锋街道色织产业是本地经济发展的支柱产业，该产业应税销售占先锋街道所有工业企业的68%，纳税总额占先锋财政收入的40%左右。根据统计数据显示，2021年末，先锋有各类色织产业企业380多家，其中年销售100万元以上的色织布生产销售企业187家。2019年、2020年、2021年色织集群分别生产销售色织布32410万米、23050万米和27430万米，年产销量分别增长3.3%、-28.9%和19.0%；实现工业应税销售54.31亿元、43.83亿元和49.39亿元，年增长分别是22.67%、-23.9%和11.26%。

二、集群发展亮点

1. 完善色织产业基础设施和公共服务平台建设 一是加大色织产业产学研合作力度，提升产品档次和科技含量；二是加强接管南通欣源水处理有限公司的企业污水管网设施设备维修管理，确保污水全收集、全处理，稳定达标排放，对重点企业（印染企业）实行雨污分流，建有应急池和雨水初沉池；三是完成南通中大纺织有限公司、南通三杰纺织有限公司、南通全技纺织涂层有限公司、博尔利纺织（南通）有限公司、南通博赢特阔织造有限公司和南通安禾家用纺织品有限公司等纺织企业的锅炉提标改造。

2. 设备不断更新，丰富延伸产业链 通过加大对企业技改投入扶持的力度，帮助企业淘汰落后产能。

3. 绿色制造推动资源高效利用，促进产业与生态、环境的相互协调 先锋色织产业集群全面落实主体责任，极大地提升环保治理效果，三年来没有发生群体性环保上访和较大影响的污染事件。

4. 色织产业专业化和转型升级取得一定成绩 先锋色织产业集群目前整体规模还不到50亿元的年销售额，但是在色织布小批量、多品种、特殊规格、短交期等特色色织布方面具有明显的优势，基础雄厚，特色明显。

5. 集群统计工作成绩突出 多年来坚持与中国纺联和中棉协保持良好的工作交流沟通，对各项工作能积极参与、认真对待、努力完成，多次被中国纺联评为优秀集体称号。

三、集群存在的主要问题

1. 先锋色织产业发展集聚能力下降 主要表现在：一是产业集聚能力下降，许多色织企业面临拆迁，生存空间压缩；二是未来先锋街道提出提高服务业的占比，使传统色织制造产业面临冲击；三是持续加强的环境保护措施对"水、汽、泥"的治理不断加码，企业的治理成本也节节攀升，企业竞争能力下降。

2. 企业创新能力不足，缺少龙头企业的带动 先锋色织产业集群180多家色织企业全年销售仅40多亿元，还不及同行业一个企业的产销量。低端产品生产能力过剩与高端产品开发能力不足的矛盾日益突出；龙头企业的带动作用微弱，企业间合作广度、深度和频度不够；企业研发投入少，低端模仿抄袭与同质化竞争广泛存在。

3. 品牌建设相对滞后，企业管理水平不高 企业普遍对自主品牌建设认识不够，缺少科学合理的决策机制和管理模式，思想保守、管理低效、人才匮乏，企业很难做大做强。

4. 产业集群社会责任意识还不强，存在无序竞争 一是在环保意识上，一些小企业还存在着"跑、冒、滴、漏"的恶习；二是以非常手段取得一线用工，造成技术人员或者生产一线人员无序流动；三是知识产权保护意识不足，仿制他人色织花型时常发生；四是公平竞争意识不强，以低于市场价格获得订单，冲击市场价格。

5. 技术类人才紧缺，用工矛盾显现 先锋色织产业集群数字化、网络化、智能化已广泛应用，能够掌握现代科技知识和一定专业知识的技能型且敬业爱岗的人才出现紧缺。

四、今后的工作打算

一是通过产业升级，推动科技进步，努力把色织产业集群建设成创新驱动的科技型产业集群；二是发展特色鲜明的色织产品，在特色品种的产品内涵和品质上敢于突破，成为时尚型的产业集群；三是色织产业链长，要通过技术进步和综合治理，快速推进绿色化发展，成为色织产业集群绿色化发展标杆；四是加强国内纺织集群间的交流发展，做好总部经济这篇文章，把生产基地延伸出去，建成联动发展的开放型产业集群。

供稿单位：南通市通州区先锋街道办事处

江苏省南通市通州区川姜镇

一、集群概况

川姜镇家纺产业集群经过数十年的发展，已成为全国规模最大、市场占有率最高的家用纺织品生产、销售、出口基地之一，是全球最大的家纺生产基地之一。集群已逐步从低端面辅料交易市场向高端成品市场转型，形成了从原材料供应、纺纱织布、数码印花、研发设计、成品生产到物流配送一应俱全的家纺产业链，并继续向全品类"大家居"发展。

2021年川姜镇家纺市场交易额超1150亿元，家纺电商交易额460亿元，外贸进出口额近50亿元，跨境电商年交易额约800万美元。川姜镇现拥有各类企业超一万家，其中规模以上企业共计105家；已聚集家纺企业3000多家、家纺商户5000余家、外贸企业300余家，研发设计单位200余家。川姜镇的品牌培育和吸附力强，经过多年努力，起源于川姜镇的罗莱家纺已经成为中国家纺产品的知名品牌。本地现拥有中国驰名商标7个，江苏省著名商标19个，市知名商标30个。4家企业被国家工信部认定为工业品牌培育试点示范企业。自主研发能力不断提升，目前拥有1家国家博士后工作站，1家国家级研发机构，1家国家级设计中心，10家省级工程技术研究（企业技术）中心。

二、集群发展亮点

1. 持续推进家纺知识产权保护工作 创新知识产权保护管理新模式，推进专利权、著作权和商标权的"三合一""一站式"服务和管理。推动专利、版权"双提速"，突出知识产权快保护，通过中心预审，出具报告时间将由3个月缩短至15个工作日。加强电子商务领域知识产权维权工作力度，建立线上知识产权侵权案件处理委托机制，与国内知名电商平台建立维权调解沟通渠道。积极探索家纺领域快速审批业务的流程，拓宽家纺类外观设计专利申请快速审批业务范围，在原有1个类别基础上，新增8个类别。

2. 推动创新要素高效集聚 培育壮大微供市场，集聚商户超500家，年销售超110亿元。加大企业技改力度，积极推进家纺企业智能化、数字化转型，集群已有13家企业通过国家两化融合管理体系贯标评定，五星级上云企业1家，四星级上云企业5家，三星级上云企业3家，省级示范智能车间2家，市级示范智能车间7家。"互联网+家纺"转型不断推进，川姜镇已连续八年被阿里研究院认定为"淘宝镇"，14个村被认定为"淘宝村"，成为南通创新创业最具活力的镇域。

三、产业发展存在的问题及发展要求

1. 土地资源紧张瓶颈问题 川姜镇土地资源紧张，规划空间有限，已经成为制约家纺产业集群发展的问题之一，不利于家纺龙头企业的招引和集群规模化发展。

2. 家纺企业智能化水平不高 家纺产业仍属于劳动密集型产业，智能化制造水平整体偏低，采用先进自动化、智能化生产设备的投入较大，小微企业的意愿不大。

3. 直播电商可持续培育问题 直播电商容易呈现短时间暴发但又昙花一现的情况，在区域产业发展中，政府需要制定培育家纺直播电商的奖励政策，同时也要能良好地规范管理直播电商。

四、下一步规划举措

1. 提高家纺企业智能制造水平 加强两化融合，建立现代化企业运营模式，实现从采购、生产、销售及物流等各个环节的相互联通。继续支持以生产设备的智能化为前提，智能车间改造为主要内容的技术改造升级，有序拉动企业智能制造、自动化生产线和智能化工厂的建设。应用互联网技术开展家纺行业与其他行业的合作与互补，整合共享资源，促进协同创新。

2. 强链补链完善家纺产业体系 加强家纺面料新产品研发，跟踪家纺消费趋势变化，增强面料产品的舒适性、功能性和时尚型。加强数码印染等新技术、新装备的应用，建设南通家纺数码印花柔性供应链。不断向家纺全产业链延伸，融合研发、云工厂、销售、智能仓储、物流管理、金融等服务，做强线上市场及线上线下的呼应，提升产业链效率。

3. 构建直播电商综合培育体系 推动传统店铺转型升级，发展"网红+直播+电商"，定期举办有影响力的直播活动。搭建直播带货综合服务平台，为商户提供内容策划、摄影拍摄、短视频制作等服务。制定完善的售前、售中、售后服务体系，保障消费者权益。

供稿单位：南通市通州区川姜镇人民政府经济发展局

中国家纺名镇

江苏省南通市海门区三星镇

叠石桥家纺产业是江苏省南通市海门区三星镇的传统产业、特色产业与富民产业，已形成生产规模化、分工社会化、设备智能化、产品系列化和营销国际化的超级家纺产业集群，产业链与配套体系较为完善，产业区域特色鲜明，产业集聚区优势明显，整体技术处于国际领先水平，"世界家纺之都、全球时尚中心、国际商贸新城"加速成型。

一、集群概况

叠石桥家纺产业集群区总面积100平方公里，下辖26个村（居），常住人口9.2万，外来人口近10万，形成涵盖"织布、设计、印染、缝制、销售、物流"完整产业链，发展形成"产业链条完整、公共服务优质、功能配套健全"家纺产业集群，覆盖周边8个县市（区）、30多个乡镇，从业人员50多万，家纺年生产能力超过2000亿元，外贸供货额约占全国的十分之一、江苏的二分之一。目前，从事家纺生产经营市场主体（含家庭作坊、市场个体等）万余家，规上企业95家，2021年应税销售74.5654亿元，叠石桥线上线下市场交易额1350亿元。历经40多年的培育发展，叠石桥国际家纺城已成为全国乃至全球规模最大、档次最高、品类最全的家用纺织品专业大市场（简称"叠石桥市场"）之一。目前，叠石桥市场建筑面积100万平方米，拥有近1万间经营商铺，家纺产品全国市场占有率超50%，畅销全国350多个大中城市，远销130多个国家和地区。

二、集群发展亮点

面对激烈的行业竞争、迅猛发展的电商、新冠肺炎疫情影响以及复杂严峻的经济形势，叠石桥抢抓机遇创新思维，创新举措积极作为，围绕"贸易改革""渠道创新""新模式"等创新发展重点，持续深化改革，全面实施内外贸一体化，加速培育微电商、直播电商、跨境电商、海外仓、市场采购贸易方式与行业特色会展经济，推动市场转型升级持续繁荣。截至目前，已拥有淘宝等传统家纺微电商万余家，家纺垂直类目头部主播数十个，叠石桥跨境电商产业中心获评"江苏省级、南通市级"跨境电商产业园，进驻跨境电商企业（机构、平台）32家；海外仓加快培育，姜木

国际和圣盖博电商供应链公司已获批省级公共海外仓。截至2021年底，叠石桥市场采购贸易方式试点累计出口额达82.11亿美元。贸易改革试点深入推进，外贸综合服务体系持续完善，叠石桥科创园建成运行，"国家床上用品质检中心"加速推进落地启动，叠石桥现代物流园区、邮政仓储分拨，深国际物流园以及四通一达（即圆通、申通、中通、百世汇通与韵达）快递物流网络持续健全。会展经济蓬勃发展。近年来大力发展会展经济，2019年至2021年连续办展，融合交易会、博览会、旅游节、购物节多形式展会形态，不断扩大叠石桥会展品牌影响力。"一带一路"交易会产生交易额2160多万元；叠石桥家纺博览会期间现场交易额超500万元，境内外客商意向成交额3000万元，达成合作意向2000万元，带动市场成交额约9亿元。加速培育家纺品牌联盟，至2021年，形成了"红蚂蚁、壹加、萤火虫、坚果、心选、星光、星鹰派俱乐部"等家纺品牌联盟。

三、问题要求与举措打算。

2022年以来，在国际国内各种复杂形势和负面因素影响叠加作用下，三星叠石桥家纺企业运营艰难逆势前行。针对面临的困境与问题，海门叠石桥考虑以高质量发展为主题，全面打造"以国内大循环为主、国内国际双循环相互促进"新发展格局。按照"创新驱动的科技产业、文化引领的时尚产业、责任导向的绿色产业"发展方向，持续深化产业结构调整与转型升级，推动供给与需求的动态平衡，加大科技创新和人才培养力度，打造国际合作和竞争新优势，推动区域协调发展，建设世界级先进纺织产业集群，加快引领叠石桥迈向全球价值链中高端。接下来，三星镇将坚持全面促进供应链协同化、上下游一体化和线上线下融合化，以世界家纺产业集群建设为契机，把叠石桥数十年创新发展积累的优势积极融入国际国内整个家纺产业生态圈建设中去，有效推进区域联动、协同共建、优势互补，努力实现产业革新、市场焕新、商户创新、城市更新的同频共振。

供稿单位：南通市海门区三星镇人民政府

江苏省阜宁县阜城街道

一、集群概况

阜宁环保滤料产业发端于20世纪80年代中期，是阜宁县的特色产业。阜宁环保滤料产业园位于阜城街道，始建于2003年，总规划面积10平方公里，已建成区域5.5平方公里，滤料产业全国市场占有率超1/3，已成为全国最大的环保滤料生产基地之一，拥有全国环保滤料行业的森源牌、志荣牌和蓝宇牌3个驰名商标。集群已经形成原料纤维、基布、膜、各类滤袋、龙骨及其五金配件、液体过滤布、气体过滤布、滤袋回收再利用、大型成套除尘装备、企业"三废"一条龙解决方案等完整的产业链条，同时建成国家级研发中心、检测中心、培训中心和展览中心（线上线下交易市场），拥有中国（阜宁）滤料节、中国纺织服装行业十大特色集群、全国纺织行业"阜宁杯"缝纫工职业技能竞赛、全国滤料行业公约《阜城公约》四大品牌。当前是全国集聚程度高、产业链条全、市场份额大、创新创牌强、技术装备好、载体平台优的环保滤料生产基地，享有"阜宁滤料甲天下"的美誉。

二、集群发展亮点

阜宁环保滤料产业集群目前拥有环保滤料类企业187家，其中高新技术企业43家，骨干企业26家，滤料产业开票销售超50亿元，从业人员总计2.15万余人，拥有各类生产设备6000多台套，产能达3亿平方米，产业规模得到快速扩张。

1. 提供免费检测服务 中国产业用纺织品行业协会、上海纺织科学研究院和阜宁县人民政府三方合作成立了检测中心，2017年获得国家CNAS认证，正式成为国家级环保滤料检测中心，检测中心每年为县内外企业提供免费检测服务。

2. 提供免费培训服务 由国家人力资源和社会保障部授权在阜宁县设立环保滤料技能培训中心，每年为全国环保滤料企业培育高管、营销人员、产业工人500余名，同时充分利用"才·阜"行动，牵头成立基布研发中心、高温过滤纺织品研发中心等，积极推动企业与东华大学、东北大学等进行产学研合作，全国业内顶尖人才与企业有实质性合作，制定行业标准16项。

3. 提供质量担保服务 阜宁县设立滤料小镇集体商标，设置准入门槛，凡是进入"滤料小镇"目录内企业，由政府提供质量担保，打造过硬的"阜宁滤料"品牌。

4. 提供共享共赢服务 建立滤料产业大数据中心、展览中心，及时提供产、供、销等信息；推动由"滤料小镇"集体采购原材料做法，降低企业成本，增强企业竞争力；推进外地企业挂靠阜宁县企业，助推阜宁县经济发展。

三、集群发展存在的问题

1. 缺乏龙头企业支撑 截至2021年，园区内仅有蓝天环保、东方滤袋2家企业销售过2亿元，新三板上市企业仅有蓝天环保和东方滤袋，虽集聚程度高，但龙头带动能力不足。

2. 缺乏科技创新支撑 目前，园区在产品升级、研发等方面有所欠缺，未能实现环保滤料产业类的专业性的研究突破，仅停留在企业单方面与科研院所合作层面。

四、集群今后的发展规划

1. 重抓谋篇布局 科学谋划滤料产业园发展规划，加快破解项目用地瓶颈，智能制造产业园继续向南向西延伸，启动应征地块拆迁工作，超前储备1000亩工业项目用地，为园区未来发展拓展空间。深入研究环保滤料产业方向，重点延伸产业链条，突出发展新业态，向设计总装、运行维护方向拓展，强化政企合作共建，加快推进占地100亩、5万平方米标准厂房的工业地产项目，力争2022年培育多个环保类重大项目。

2. 攻坚重大项目 深化产业链招商，重点招引气固分离和液固分离纺织品项目，认真梳理高性能纤维、高档复合材料、成套装备等补链项目，加大招引力度。坚持精准招商，紧盯长三角、珠三角等产业密集区域，抢抓机遇，突出重点，组建专业招商团队，全力跟踪环保滤料行业知名企业，探索集团化发展模式，力争培育成行业"航母"。

3. 强化科技引领 注重科技创新，全力推进环保滤料产业研究院、科技孵化器、技术创新联盟、产业引导基金、科技创新"四个一"工程，强化与院士、高校及科学研究院合作，重点推进中国环保滤料产业研究院建设，力争2023年上半年实质性运作。

供稿单位：阜宁县阜城街道办事处

中国非织造布与化纤名镇

江苏省仪征市真州镇

一、集群概况

真州镇是仪征市城关镇，区域面积60.84平方公里，常住人口23万；下辖1个镇属工业园、3个村属工业园、9个行政村、1个街道办事处、24个城市社区居委会。

目前，真州镇化纤无纺企业达到114家，其中规模以上企业达到61家，拥有各类生产线186条，主要生产土工布、人造革基布、无纺织物和纺丝类等系列产品，年产能20万吨以上，占全市化纤无纺产业生产量的80%以上，在全国具有一定的知名度。

2021年，全镇化纤无纺产业资产规模近20亿元，从业人员达5000多人；实现工业总产值103.8亿元，占全镇工业总量的48.2%；实现主营业务收入98.5亿元，占全镇工业总量的45.1%。

二、集群发展亮点

1. 经济总量不断壮大　2021年全部工业实现产值211亿元，同比增长10%，其中规模工业实现124.9亿元，同比增长11%；工业技改投入12.5亿元，同比增长10%；全部工业实现开票销售90.6亿元，同比增长9%，其中规模工业实现40亿元，同比增长10.8%。

2. 科技人才齐头并进　积极引导化纤无纺企业引进高新技术、转化科研成果、改造传统产业，全镇通过工业技术创新、创优，经济建设得到了空前的发展。

3. 技改环保助力发展　全镇工业经济近三年工业技改（投资）完成总量235.65亿元，为全镇特色产业蓄势跃升、稳健发展起到了积极的作用。

4. 激励政策步入常态　为了保持真州镇化纤无纺产业持续快速健康发展，同时贯彻落实上级有关要求，真州镇特制定了《真州镇化纤无纺产业"十四五"发展规划》。按照《发展规划》目标任务和发展措施，真州镇进一步完善政策制定落实，扶持化纤无纺产业做大做强，使真州镇针对化纤无纺产业集群的激励政策更加完善并步入常态化。

5. 公共服务日益完善　在市场经济的主导下，实行政府行政力量的主动介入和正确引导，加快产业集聚，提升产业化规模。

三、发展存在的问题

1. 产业规模效应不强　真州镇化纤无纺产业的发展基本上是市场主导、自然生成的产业。普遍存在规模小、分布散，而且单线产量低，产品结构单一，应用领域窄，抗风险能力低。

2. 企业发展后劲不足　真州镇化纤无纺企业虽有生产原料充沛、运输成本低和电价优惠等优势，但发展节约型经济的观念不强，多数企业的生产设备、生产工艺仍停留在20世纪80~90年代的水平上，生产效率和能效比亟待提高，陈旧的设备和落后的生产技术亟待提升。

3. 企业创新意识淡薄　行业内企业科研创新基础薄弱，生产与科研兼顾能力不强，缺乏具有核心竞争力的产品和产品创新孵化平台；经营者创新理念跟不上发展需要，缺乏高素质劳动者和能抗得起大旗的竞技人才。

4. 车用无纺企业缺乏　如何抓住上海大众五厂落户的机遇，也是真州镇更加关注和研究汽车产业用纺织品的大问题，毕竟真州镇在车用纺织品行业方面的生产企业还是空白，如成套生产设备缺乏、汽车面料前后处理缺少专业的工厂或设备等。

5. 瓶颈制约因素增多　随着上海大众汽车、华电仪征燃机热电联产等体量较大的项目落户，在带动真州镇工业跨越式发展的同时，人才、土地、资金等生产要素瓶颈制约将进一步显现。

四、下一步工作打算

1. 做强化纤无纺主导产业　做精特色产业，充分利用省特色集聚示范区对化纤无纺产业的扶持政策，继续以打造"全产业链"为目标，全面提升化纤无纺产业发展层次和竞争力。

2. 大力引进优秀人才　完善激励机制，努力营造尊重知识、尊重人才，使优秀人才进得来、留得住，最大限度地发挥作用。

3. 实行企业技改奖励　鼓励企业进行技术改造和设备更新，进一步加大对化纤无纺产业的政策扶持和激励帮扶力度。

4. 落实信贷倾斜政策　搭建银企合作平台，对重点扶持的化纤无纺企业提供政府担保，使真正意义上的企业融资落到实处。

5. 坚持走可持续发展道路　鼓励企业采用新原料、新工艺，降低物耗、能耗，节约用水，改善环境；鼓励企业进行可再生资源的开发利用，采用先进的针刺、水刺、喷胶棉等节水、节能及环保的工艺技术，积极推行清洁生产技术，使生产的产品符合国家环保政策要求，实现可持续发展。

供稿单位：仪征市真州镇人民政府

中国家纺名镇

江苏省丹阳市导墅镇

一、集群概况

导墅镇家纺产业集群总规划用地 1200 亩，分为家纺产业集群发展区、家纺产业科技研发区、家纺产业集群展示区、公共服务区四个区域。目前，集群内形成了以一批优势龙头企业为主体，构建的"创业+孵化+加速+产业"的家纺产业化基地。纺织产业是导墅镇对外宣传的靓丽名片。

家纺产业是导墅镇重要的富民产业，截至 2021 年底，集群内有家纺企业 177 家（其中规模以上企业 37 家），从业人员 15000 余人，主要生产各类床上用品、毛巾、鞋子、野餐垫、睡袋、包等家纺及户外产品，形成了从加工、研发、销售为一体的产业集群。其中有圣罗兰、佩尔、爱伦、依丽莱、新感觉、利隆、澳帆等重点企业。2021 年，全年生产各式纺织产品 6842 余万件/套，其中出口纺织产品 1950 多万件/套，全年累计实现销售收入 14 亿元，纺织产业的产值和利税分别占全镇工业产值、利税的三成。

二、集群发展亮点

1. 公共服务平台建设 导墅镇现已建有占地 600 亩的集融资、科技、人才、技术等一体化的公共服务平台，为集群内家纺企业提供融资担保、原材料和产品研发、技术开发指导、产品性能检测、电子商务、人才引进与培训、物流等服务，且运行状况良好。主要有：以江苏佩尔功能织物与纤维复合材料研究所有限公司为核心的研发设计、质量检测平台，三年来为集群家纺企业提供产品检测 9000 余次，提供原料、产品研发 200 多件；以丹阳市富导家纺产业集聚区发展有限公司为核心的科技信息化平台，三年来帮助家纺企业申报专利 500 余个，授权专利约 100 个，服务集群家纺企业 150 余家；以丹阳市各银行及地方银行为主的融资服务平台，累计开展小微企业融资服务 35 批次；另外，还有以江苏鸿运汽车运输有限公司为主的现代物流平台及以导墅镇人力资源服务中心为主的人才引进平台等。

2. 品牌创建 导墅镇家纺产业集群一直承载着推进品牌化战略、推动原创设计力量的重大使命，致力于以品牌文化发展各自针对不同消费者定位的个性化、风格化产品设计。除了导墅镇的"圣布凡""佩尔""爱伦"等国家级品牌，并且家纺集群中其余企业的品牌意识也非常浓厚，先后涌现出了"零距离""利隆""澳帆"等省市级品牌，使导墅镇家纺成为当地行业的标杆。截至 2021 年底，导墅镇产业集群共创建国家驰名商标 2 个，江苏省著名商标 6 个，江苏省名牌产品 6 个，进一步提升了"导墅家纺"区域品牌的竞争力，促进了集群的可持续发展。

3. 两化融合 近年来，导墅镇家纺产业集群一直致力于企业信息化建设，覆盖产品设计、生产过程监测、企业管理、供应链管理、电子商务等各个环节。集群内家纺企业都加大了资金投入，全力推进装备智能化、自动化、数控化、信息化建设，取得了明显的经济效益，并且为智能制造打下了坚实的基础。目前，集群企业内开展电子商务企业多达 80 余家，截至 2021 年底，导墅镇家纺企业已创建"江苏省两化融合试点企业" 13 家、"五星级"数字企业 16 家。

三、下一步工作打算

1. 加强创新力度 引导集群内家纺企业进行制度创新、科技创新、管理创新和文化创新。促进企业研发具有高科技含量、高附加值、资源节约和环境友好的家纺生产技术与产品。推进传统渠道的转型升级及"线上线下"融合的发展模式。

2. 完善平台服务 大力发展现代物流业，加快建设一批适应集群功能配套需求的服务市场；推动"银行+企业""企业+企业"合作，搭建完善的沟通交流渠道。建立健全良性的人才机制和发展环境。

3. 促进绿色发展 推动建立绿色低碳循环发展产业体系；推广应用先进环保技术，构建可持续经济发展技术推广体系。

4. 加强交流合作 进一步加大行业上下游、行业跨界的交流合作，努力形成行业间深度融合、互利共赢的新格局。

供稿单位：丹阳市导墅镇人民政府

中国家纺名镇

江苏省丹阳市皇塘镇

一、集群概况

纺织产业是皇塘镇的传统产业，多年来已发展壮大，产业也渐具规模，是镇域范围内企业数量和职工人数最多的产业，对就业带动力较强。主要产品有婚庆家纺、儿童家纺、功能家纺、绣品、文胸、家居服等。产品档次涵盖高、中、低档，以中高档为主。企业自主品牌有堂皇、彰艳、婷妃、古今、银鹿等，其中专利产品600多个，中国名牌1个，国家免检产品1个，中国驰名商标3个。

2021年皇塘镇纺织产业集群共包括各类企业191家，其中规上企业12家，覆盖床上用品、文胸内衣、户外用品、无纺布、印染等纺织产业全口径。2021年全年实现工业总产值15.1亿元（其中规上企业9.5亿元），同比增长4.3%，纺织工业占地方工业总产值的比重近10%；主营业务收入14.1亿元（其中规上企业8.9亿元），同比增长10.5%；出口交货值14954万元（其中规上企业13185万元），同比增长29.2%；利润总额5330万元（其中规上企业3016万元），同比增长4.2%；应缴增值税总额3866万元（其中规上企业3275万元），同比增长21.4%；期末从业人员4853人（其中规上企业2156人），基本保持平稳。

二、集群发展亮点

三年来皇塘镇以坚持市场导向、坚持创新驱动、坚持优化结构、坚持协调发展为基本原则，充分激发市场主体创新创业活力，在服务企业中下好"先手棋"、打好"主动仗"，放大政策的红利和普惠效应，结合家纺产业和企业实际，对现行的扶持政策进行系统梳理和汇总，并形成政策汇编发放给企业，力图为企业了解、掌握和享受政策提供更加便捷的路径。以堂皇集团为代表的家纺企业已开始重新布局"新零售"等经营模式，通过整合线上线下资源、提升顾客现实消费体验和售后服务质量，强化客户黏性，抢占市场高地。

进一步强化公共服务平台的技术能力、研发水平，深化与苏州大学、东华大学等科研院所的合作，健全家纺设计、测试、咨询、培训一站式服务体系，促进技术创新集群与产业集群的无缝对接，堂皇集团参与

了制定家纺国家标准和行业标准并荣获"全国纺织行业质量奖"，堂皇健康睡眠科技园被认定为2021年江苏省工业旅游区。

皇塘镇深入实施"人才强镇"战略，坚持人才是创新驱动发展的第一资源，积极宣传科技人才政策，引导企业转变发展的理念，鼓励企业创建创新平台，吸引高层次高技能人才来企业开展科技活动，项目合作。2019—2021年科技人才项目申报36项，已有10项获得立项，获得省市各级科技人才项目奖励资金885万，组织企业科技人才项目招引活动30余场，参加市级产学研活动13场。

在辖区企业中大力开展"两化融合""智能工厂（车间）""企业上云"等一系列产业智能化、信息化转型工作，积极动员和指导企业参加市级部门组织的两化融合知识讲座、现场诊断活动，2019年—2021年新增省级两化融合试点企业3家、省级三星级上云企业6家。

三、现存问题和未来发展思路

目前皇塘镇纺织行业面临的主要问题是市场竞争日趋激烈。内销渠道经营成本和人力成本不断攀升，许多家纺和孕妇文胸企业的利润已经非常微薄，劳动密集型产业向东南亚等地区转移已成趋势，缺少品牌打造和研发能力的企业将被逐步淘汰；2019年前后网销平台的兴起，为皇塘镇家纺、文胸内衣企业拓宽了新的销路，各企业在1688、天猫、京东等获得了一定的市场，但随着近年网销平台竞争的愈发激烈，平台维护成本、广告成本的不断提高，家纺、内衣企业在网销平台的利润被严重压缩，导致企业逐步开始退出网销。

下一步纺织行业的发展转型升级刻不容缓。面临严峻形势，许多企业已经开始以改变求出路，新产品的研发、新营销模式的探索已全面启动。皇塘镇将根据此次走访得到的第一手信息进行分析研判，通过转变企业家观念、促进产学研合作、融资牵线搭桥等多种方式，帮助企业实现转型升级。

供稿单位：丹阳市皇塘镇人民政府

中国牛仔布名镇

江苏省泰兴市黄桥镇

一、集群概况

黄桥镇纺织产业已经形成了纺织机械、经纱、浆染、织布、后整理、服装、水洗、污水处理、销售窗口、设备维修保养、运输物流等纺织集群产业链。截至2021年底，全镇有纺织服装企业654家，其中规模以上企业88家，主营收入超亿元企业15户；从业人员21851人；拥有各类织机6159台；拥有各类缝纫机8579台。

2021年，黄桥镇纺织服装行业继续保持稳步增长态势，企业订单总量逐年提升，年产牛仔布48775万米，年产服装3441万件套。本地企业主打国内市场，近年来随着网络电商的蓬勃发展，黄桥镇纺织服装企业也在积极开拓电商市场，与此同时，从事外贸出口的企业也有所增加。2021年实现营业收入46.16亿元，外贸出口额达到7188美元，税金1.52亿元，利润2.43亿元。

二、集群发展亮点

1. 整合资源，增创发展新优势 2008年底，泰兴市政府重新明确了"一市两块"，重点扶持黄桥副中心发展的战略部署。黄桥老区三个镇（黄桥镇、溪桥镇、刘陈镇）整合为新的黄桥镇，整合后的黄桥镇占地面积由原来的72平方公里扩大到现在的175.79平方公里，人口由原来的10万人增加到现在的19.15万人，具备了黄桥小城市的基础条件。在加快城乡统筹的同时，适度发展劳动密集型企业，拓展了黄桥纺织产业集群的发展空间。

2. 规划引领，改造提升传统工业 为积极推进传统产业转型升级，加快工业结构战略性调整，不断增强黄桥镇工业经济发展的协调性和竞争力，根据《泰兴市优势传统产业升级计划》精神，促进纺织产业实现"五个明显提升"：创新能力明显提升、经济效益明显提升、产业集聚度明显提升、品牌效应明显提升、发展后劲明显提升。

3. 优化服务，营造良好发展环境 为创设纺织产业良好的发展环境，黄桥镇政府、黄桥经济开发区管委会和各个职能部门做到四个坚持：坚持牢固树立环境是生产力的观点，营造投资兴业的良好发展环境；坚持继续提高"一站式"服务的质量和效率，对所有进园项目提供快捷高效的服务；坚持认真实行挂钩责任制，明确责任领导、责任单位、责任人，全程包干、协调、服务；坚持开展执法环境长效治理，坚决查处乱收费、乱检查、乱摊派现象，维护投资者的正当权益。

三、当前产业发展存在的问题

近年来，黄桥镇纺织企业在政府和协会的共同努力下，取得了一些成绩，但仍存在一些不足：一是研发机构规模不足。纺织产业整体科研能力差，新产品研发力量整体偏弱；二是品牌偏少。尽管如友诚等规模以上企业已经拥有自己的品牌，但多数企业仍然以生产中低档牛仔布，贴牌加工为主。三是部分企业安于现状。调结构、转方式、优能力方面需要加强。

四、下一步的规划举措和工作打算

1. 加强纺织市场建设，以市场推动纺织工业发展 一是政府将完善全镇纺织行业发展规划，对企业布局、产能总量控制、设备更新改造等提出指导性意见，突出解决环保、土地等制约因素，推进纺织产业集群建设；二是出台《关于鼓励工业经济高质量发展的实施意见》，对符合要求的企业实施财政补贴，激发企业生产的积极性；三是帮助企业注册使用产融综合服务平台，解决资金紧缺的问题；四是通过调查研究提出对纺织行业税收政策的调整建议。

2. 强化技术中心建设，鼓励企业技术创新 充分发挥江苏真斯达布业公司的领头羊作用，努力引导企业采用新工艺、新技术、新材料，开发新产品。一要加大新产品开发和产品结构调整力度，顺应市场变化，提高产品竞争力；二要加快技术改造速度，淘汰落后产能，提高设备利用率和劳动效率；三要加强企业内部管理，开源节流，节能降耗，向管理要效益；四要深入研究市场，找准客户群，接长产业链，以灵活的经营，赢得更多的商机。

3. 充分发挥纺织行业协会协调作用 完善纺织行业协会的建设，强化纺织行业协会职能，充分发挥行业协会的协调作用。行业协会可通过调查研究，提出行业发展的整体构思、政策建议和工作计划，同时在以后的工作中，政府将给予更大的支持，助推协会工作更好地为产业发展做出贡献。

供稿单位：泰兴市黄桥镇人民政府

中国羽绒家纺名镇

浙江省杭州市萧山区新塘街道

一、集群概况

纺织产业是杭州市萧山区新塘街道的传统支柱产业、重要民生产业和创造国际竞争新优势的产业，占了新塘经济的半壁江山。新塘羽绒及其制品出口额占全国的56%、占世界市场的四分之一。新塘镇目前506家企业中羽绒家纺产业企业158家，占总数的31.38%，新塘羽绒家纺产业企业年均在规上企业中保持50家以上，占总数的65%以上，其中出口型企业占60%左右。规下企业基本维持在200家左右，数量稳定；规上企业中羽绒产业企业数量占比基本维持在70%（上下浮动5%），产值占比基本维持在80%~85%（2020年除外），主导产业的优势明显。

二、集群发展亮点

1. 盘活存量，空间提升 2019年，结转通过街道审批立项的旧厂房改造项目4个，改造面积12万平方米，计划总投资2.7亿元。目前4个项目均已开工建设，其中万羽羽绒已入库，并完成投资1000余万元。2020年，根据《杭州市萧山区存量工业用地有机更新项目管理实施细则》文件精神，新塘街道大力推广有机更新政策，已有8个有机更新项目通过项目论证，计划总投资10.2亿元，拟新增建筑面积22万平方米，将有效促进街道存量工业用地提质增效。

2. 精准招引，项目提升 街道始终坚持把"双招双引"作为羽绒家纺产业发展的重中之重，2020年，街道已出让新增工业用地62亩，项目计划总投资6.2亿元。其中引进2个羽绒家纺类产业项目，出让工业用地30亩，项目计划总投资3亿元。新项目的建设将有效带动行业智能制造水平，优化产业结构。

3. 全域整治，环境提升 抓紧抓实园区主要道路及沿线环境全面治理，集中开展"城市环境大整治、城市面貌大提升"百日集中攻坚活动，清理新形式的"低小散"，提升羽绒产业亩产效益等质效。开展"污水零直排"建设工作，开展"污水零直排"建设工作，优化道路交通，改造污水管道3.4千米。

4. 新增动能，结构提升 根据新塘羽绒家纺产业规模小、劳动密集型的特点，聘请深圳市全至工程咨询有限公司，编制完成了《新塘云创智谷规划》，并于2020年9月完成评审，明确了"1+4"的工业园区改造目标和举措。现正与福睿智库合作推进传统羽绒家纺产业高质量发展规划。

5. 成立协会，市场提升 2020年6月9日，浙江省羽绒行业协会第二届会员代表大会在新塘街道顺利召开，98家相关企业参会。协会助推新塘羽绒产业快速发展。

三、集群发展中存在的主要问题

1. 新冠肺炎疫情持续影响 新塘目前仍然以羽绒及家纺生产加工为主，占了街道全行业的67%，且羽绒出口比重比较大，疫情的持续影响导致国外需求量下降，出现了砍单、延迟交货、取消订单等现象。

2. 羽毛价格波动较大 以鸭绒为例，在2020年初降到历史低点14.5万元/吨，导致大型羽绒制造企业在产量与去年基本持平的前提下，利润大幅下降。但是到了7月，市场投机行为陆续抄底羽毛价格，10月达到42.5万元/吨。大多数新塘的羽绒企业未能参与这波行情，导致了原料成本大幅上升。

3. 要素制约趋于明显 近年来，新塘羽绒产业的要素制约越来越明显，土地资源稀缺、环保压力大、职工工资不断上升及管理难等，都成为制约羽绒企业发展的难题。而家纺产业转型升级示范少、市场风险大、企业投资意愿低等又导致了企业转型升级较为缓慢。

四、集群未来发展思路

羽绒家纺是新塘发展的特色、优势所在，街道将结合该产业的发展短板，理清思路、精准发力，通过各项要素优化，助力产业走出一条结构更优、活力更强、效益更好的高质量发展之路。第一，优化制度保障，提升产业管理：一是抓政策强保障，二是抓机制促落实，三是抓文化强管理。第二，完善产基础配套，提升产业基础：一是科学规划定方向，二是优化基建促发展，三是闲置要素巧利用。第三，优化产业结构，提升市场竞争力：一是精准招引项目，二是独创特色品牌，三是践行需求侧改革。第四，扩大有效投资，提升产业附加：一是有机更新提空间，二是打造数智新塘，三是加大研发投入。

供稿单位：杭州市萧山区人民政府新塘街道办事处

中国服装面料名镇

浙江省杭州市萧山区靖江街道

一、集群概况

截至 2021 年底，靖江街道拥有纺织、印染企业 213 家，其中规上企业 38 家，规下企业 175 家。规上企业中，年销售产值超过亿元企业 18 家，超 10 亿元企业 3 家。2021 年实现服装面料总产值 63 亿元，其中规上企业 60.39 亿元，出口交货值 19.82 亿元，利润总额 7.75 亿元，上交各类税金达 5.3 亿元以上，其中增值税近 2.2 亿元，安排劳动就业近 6545 人。

2021 年底，主要生产设备中，喷气织机达 2130 台，75% 以上为进口设备，拥有针织圆机 2500 台，年产产业用新型无纺材料达 30420 吨，各类高仿真面料 34000 万米，印染加工布 32056 万米。

二、集群发展亮点

1. 政府引导鼓励 自 2019 年以来，杭州市萧山区及靖江街道，努力优化经济发展环境，出台推进高质量发展的各类扶持政策，从技术创造、科技创新、总部经济、高新企业培育、新旧动能转换、高于国家标准淘汰落后产能、引进人才、税收贡献奖励等各个方面，鼓励产业集群内企业实现高质量发展。

2. 强化要素保障 三年来，街道对集群内企业不断强化要素保障，在杭州市萧山区各级要素保障不断趋紧的情况下，千方百计提供集群企业投资所需的各类土地要素。近三年来，实施新增土地达 70 亩，盘活存量土地 150 亩，存量厂房近 10 万平方米。同时，街道已于 2021 年投资 8000 万元，全面实施工业功能区（产业集聚区）的基础设施提升改造，打造杭州市临空经济产业高地，实现经济高质量发展，用于集群园区基础设施建设，特别是印染行业整治，园区道路建设截污纳管工程，绿化亮化工程等，确保集群区域投资环境更趋完善。

3. 加快淘汰落后产能 纺织面料的品质取决于工艺技术和装备，近三年来，按照国家、省市区各级产业导向目录，按照高于国家标准淘汰落后产能，区域发展整治提升，新旧动能转换以及结构调整，转型升级的要求，在集群区域内，每年高于国家标准淘汰落后产能项目达 4~5 家，整治提升改造达 25 家，关停低小散"四无"企业达 30 家以上，通过全域淘汰、整治提升，近三年来，取得了可喜的成效，增强了企业家对发展的认识和紧迫感。近三年来，街道集群企业内形成了你追我赶抓有效投资，增强发展信心的浓厚氛围，确保了健康稳定的发展。

4. 不断强化有效投资 近三年来，街道内集群区域不断加快技改投资，三年用于技术改造投资达 4 亿元以上，有 12 个项目先后被列入杭州市萧山区重点技术改造项目或规模型技术改造项目，实现了政府扩大有效投资与企业自主创新的有机结合，明确了产业发展导向，集群内企业的主要纺织机械 75% 左右采用了比利时、瑞士、日本丰田等装备，确保了企业的健康发展。

5. 不断加强科技创新 近三年来，街道中国服装面料名镇中 38 家规上企业先后完成省级新产品计划 75 项，创立国家级、省市级高新技术企业 8 家，获得专利申请 19 项，新技术人才 52 名，尤其是杭州福恩纺织有限公司，在意大利、法国等国家设立开发技术中心，开展创新研发。

三、本地集群发展存在的主要问题及发展思路

一是高素质专业人才相对缺乏。与企业经营管理人才和熟练技术工人缺乏不相适应，一线技术工人缺乏、年龄结构偏大现象日益显现。

二是研发能力不足。高技术含量、高附加值的产品比重低。产品档次低、更新换代慢、生产周期长、市场应变能力差等矛盾日益突出。产品同质化严重，产品附加值低，企业抗风险能力弱。

三是纺织业技术装备总体水平不高。与国内先进企业和发达国家相比还有待提高，影响企业竞争力和经济效益的提高。

四是上游原材料配套及下游染整产业由于受产业导向的制约，产业链关联度在集群区域内受到一定限制，但依托本地区纺织业的发展优势，基本能满足产业发展的需要。

五是靖江纺织业终端产品主要以家纺及针织服装产品为主，品牌意识不强，缺乏在全国或国际上叫得响的名牌产品。

针对以上问题，靖江街道将积极应对并进一步创新发展。争取到 2024 年实现销售收入 86 亿元，实现利税 30 亿元，年均增长 7.5% 以上，纺织业工业总投入达到 120 亿元。

供稿单位：杭州市萧山区靖江街道

中国床垫布名镇（之乡）

浙江省杭州市萧山区义桥镇

一、集群概况

义桥镇位于杭州市萧山区南部，地处钱塘江、浦阳江、富春江三江汇合处，素有"活水码头""千年古镇"美誉，区域面积约 58 平方公里，下辖 21 个村、4 个社区，总人口 11.5 万人。自 2012 年 7 月被命名为"中国床垫布名镇（之乡）"以来，在中国纺织工业联合会的大力支持与正确领导下，义桥镇党委政府与全镇床垫布行业企业家一起，上下同欲，勠力同心，围绕做精做优、转型升级痛下苦功，奋发有为，义桥床垫布行业实现了高质量发展，区域特色产业竞争力获得较大提升。

义桥床垫布的形成已有近四十年的历史，许多知名品牌如国内的慕思、喜临门，国外的蕾丝、金世当、西蒙斯等床垫公司纷纷采用义桥生产的床垫布，截至 2021 年，义桥镇床垫布提花面料生产已占全国总销量的 85% 以上，全球的 35% 以上，产品出口欧美、加拿大、非洲、澳大利亚、俄罗斯等 100 多个国家和地区。

二、发展亮点

近三年，义桥镇抢抓杭绍一体化、江南一体化发展机遇，锚定山水新都市、创智新高地、渔浦新义桥发展导向，坚持环境立镇、产业强镇、文化兴镇战略，砥砺奋进、实干至上，通过整合资源优势、发挥龙头企业带动作用、打造三江轻纺科创基地等举措，不断推动床垫布行业高质量发展。

到 2021 年，全镇各类床垫布生产企业已达 320 余家，其中规上企业 45 家，实现年产床垫布 9.36 亿米的丰硕成绩，床垫布产量由原先的每月十几万米发展到每月 7800 万米，已有各类进口提花织机 425 余台，国产提花织机 7450 余台，总投资已达 42 余亿元，职工 5800 余人，销售突破 100 亿元，出口创汇 6.55 亿美元，利税 13.5 亿元，为义桥镇解决就业、农民增收、集聚人口、繁荣服务业作出了较大贡献。

三、集群发展存在的主要问题及发展思路

当前，全球经济面临下行压力，国际环境的风险不可避免地会影响企业的出口业务，而义桥镇直接出口和间接出口量几乎占据整个义桥经济的半壁江山。2021 年 12 月以来，义桥镇部分企业出口业务遭到重创，加上原材料上涨、疫情影响，直接导致订单骤减，产能急速下滑，尤其是床垫布行业，在 2020 年"高烧"后，自 2021 年下半年起，整个市场疲态尽显，订单下滑明显，对义桥镇床垫布企业造成了较大影响。同时，随着发展规划、土地资源短缺等限制不断突出，义桥镇已经外迁或计划外迁的床垫布龙头企业增多，导致全镇床垫布产能下降明显。这些发展中面临的痛点和难点问题也亟待想方设法解决。

未来三年，义桥镇将牢牢抓住产业优势，不断打磨"中国床垫布名镇（之乡）"这张金名片。不断增加床垫布企业的数量，依托三江轻纺产业基地的平台优势加速产业集聚；积极鼓励床垫布企业加大科技创新投入，加大技改投入，发展智能制造，推动传统产业从"制造"走向"智造"，不断提升企业自身的科技竞争力；"眼睛向内"和"向外拓展"相结合，不仅要继续完善国内销售网络，鼓励骨干企业在全国各大城市开设连锁经营店，同时开拓欧美、非洲、中东及东南亚市场，并争取在境外设立经销处；组织企业参加德国、美国家纺展、俄罗斯纺织展等，以及广州、上海家具展等，积极应对中美贸易摩擦，拓展"一带一路"沿线的床垫布市场。相信在不久的将来，义桥的床垫布企业一定会走向更高更大的舞台。

时至今日，义桥镇的床垫布已从义桥走出国门，占领世界床垫布市场，形成了欣欣向荣的富民产业。在各级领导的关怀支持下，通过义桥床垫布企业的拼搏和创新，义桥将建成全球床垫布设计、研发、生产、销售基地，成为名副其实的床垫布之乡。让全球的床垫布采购商牢记"山水新都市、创智新高地、渔浦新义桥"这个千年古镇。

供稿单位：杭州市萧山区义桥镇人民政府

中国化纤名镇

浙江省杭州市萧山区衙前镇

一、集群概况

2002 年 12 月，衙前镇被中国纺织工业协会命名为"中国化纤名镇"。自化纤功能区列入试点区以来，经过近 20 年的快速发展，已形成从原料、织造、印染以及针织、经编、绣花较为完整的产业链。

产业集聚化发展效应明显。现全镇有世界 500 强企业 1 家，全国民营企业 500 强 3 家。福睿智库城市规划公司对衙前镇进行了杭州纤纺科技产业园改造提升规划，提出打造化纤转型示范基地。2021 年，集群化纤纺织企业 578 家，其中规上企业 77 家，亿元以上企业 30 家，全行业工业总产值达 313.6 亿元，实现主营业务收入 766 亿元、利润 31.5 亿元，从业人员 16721人。集群内年产化纤涤纶丝 186 万吨，聚酯 24 万吨，化纤氨纶丝 3.1 万吨，化纤布 2.2 万米，化纤纺织占全镇总产值的 80%。

辖区内浙江纺织采购博览城，经中国纺织工业协会冠名为"中国纺织采购博览城"，集原料交易、面料展销、纺织品检验检测及配套仓储物流于一体，是杭州市首批 19 家现代服务业重点类集聚区之一，连续 15 年被评为萧山区百强企业，2021 年完成交易 142.13 亿元，全镇年出口 72.3 亿元。产业集群实现了涤纶、锦纶、氨纶、纱线等主流纺织产品的全覆盖，化纤功能区不仅是支撑衙前经济的顶梁柱，在产业布局、市场开拓、科技创新、品牌建设、数字化与信息化两化整合、发展绿色循环经济等方面更是成为先进、成功的典范，纺织产业的兴衰深刻影响着衙前经济的发展。

二、集群发展亮点

2021 年 8 月，龙头企业浙江恒逸集团有限公司荣登《财富》世界 500 强第 309 位。恒逸研究院自主研发的"无锑环保型聚酯熔体直纺关键技术及产业化"项目荣获中国纺联科技进步奖一等奖，公司与浙江大学等建立校企产学研平台，2021 年列入中国纺联重点实验室纺织行业绿色环保型聚酯及纤维制备技术重点实验室。

衙前纺织产业集群以数字化技术赋能传统产业升级，以盘活存量、技术创新有效激活经济发展新动力，全力打造传统产业的新制造业高地。2020-2021 年集中开工 15 个重大产业项目，总投资 22.95 亿元，亩均投资强度超 1099 万元。

为促进产业集群智能化赋能、数字化转型，该镇制定了《关于加快衙前传统制造业数字化提升的实施方案》，累计实施工业智能制造及技改项目 68 个，完成投资 26.74 亿元，规上企业上云实现全覆盖。以数字化改革推动产业发展，培育省级工业互联网平台 1个，数字化改造项目 15 个，初步形成龙头企业带头培育产业大脑，打造智能工厂，优质规上企业跟进"智能运营+制造"模式的智能制造新格局。

三、存在的问题及下一步规划举措

当前，受新冠肺炎疫情及国际、国内宏观经济形势变化影响，衙前化纤纺织业生产要素瓶颈制约集中显现，结构性、素质性矛盾日益突出，主要表现为：产业的国际分工地位偏低，成本、资源环境压力加剧，品牌质量有待提升，数字化改造进度偏慢等。

集群需从三方面进行转型升级。

一是精准发力，增强产业后劲。数字赋能，以"442211"数字化三年行动计划为抓手，开启传统产业"换道超车"新模式。以恒逸工业大脑、兴惠化纤智能制造等骨干项目为先导，以点带面拥抱新型数字技术，深入对接数字化服务机构，实施数字化改造项目。

二是持续用力，落实双招双引。发挥恒逸等大企业招引力，增强城市服务功能留人才，高度关注"创二代"培养，为衙前年轻一代企业家打造学习圈、人脉圈、创业圈，助力衙前精神传承和企业顺利接班。强化"产业链+创新空间+人引项目"叠加招商，推动衙前产业"体力"和"脑力"同步发展。通过环橙国际和丝路智谷东西两翼新型产业社区建设，形成衙前新制造双中心格局。

三是增强引力，鼓励企业研发创新。引导中小化纤纺织企业建设科技大楼和研发中心，实施两清零一提升，即年销售收入 1 亿元以上的企业研发投入清零，年销售收入 5 亿元以上的企业研发机构设置清零，按照年申报国家高新企业 10 家，省科技型中小企业 12 家的目标提升企业自主创新能力，在集群内部形成向科技要市场，向科技要利润的良性竞争。在条件允许的情况下，推动企业通过收购或者共建海外研发中心来强化企业创新能力。

供稿单位：杭州市萧山区衙前镇政府

中国化纤织造名镇

浙江省杭州市萧山区瓜沥镇

一、集群概况

瓜沥镇自2004年被授予"中国化纤织造名镇"以来，一直致力于发展产业集群特色经济，创建产业集群特色品牌，着力推进纺织产业快速发展，区域辐射能力不断增强。

2021年瓜沥镇共有纺织类企业565家，其中规模以上企业155家，销售产值在1亿元以上的企业53家。总占地面积近6500余亩，总资产369亿元以上，从业人员3万余人，实现工业总产值400亿元，营业收入446亿元，利润总额16亿元，应缴增值税8亿元。

二、集群发展亮点

1. 加快公共服务平台建设 瓜沥镇党委、政府围绕行业结构调整、技术改造、技术中心和产品出口等内容，出台了扶持工业经济发展的若干政策意见等系列政策，并有效开展低效企业整治，制定"一企一策"。使企业朝着规模化、集约化的方向发展；积极实施品牌战略、促进产业提升，使传统的纺织行业不断增添现代科技的内涵，尤其是对技改投入、素质提升、招商引资加大了奖励力度；鼓励化纤织造企业做精做优，吸引区外投资者落户瓜沥，对投资起点高、技术先进、对地区经济发展有重大影响的项目，采取"一事一议、一事一策"的办法，单独实施优惠政策。

2. 帮扶纺织企业经营发展 企业通过大力开发差别化、功能性及高性能纤维，扩大在服饰领域、产业用领域和医用包装领域的应用。许多企业纷纷投资生产无纺布、产业用布以及医用包装用布项目。镇党委政府成立经济发展工作专班，建立"联企干部"工作机制，帮助企业向上争取政策力度，畅通政企沟通渠道。

3. 提倡绿色环保发展思路 遵循生态学原理，调整工业布局、优化产业结构，以改造提升传统产业、大力发展高新技术产业为抓手，引导企业转型升级，坚持"三抓好"和"一建设"，即围绕"环评"和"三同时"要求，大力抓好污染治理关，全镇重点工业污染源达标排放率100%，工业区块内所有企业的废水均集中处理。

4. 加大人才队伍组织建设 目前已有200余家企业导入了ISO 9001质量管理体系，引进并应用ERP综合性企业管理信息系统，有力地提升了企业的星级管理水平。重视人才引进和培养，通过加强企业内部培训，提高员工队伍素质；通过请进引进高级人才，提高管理水平、充实管理人员队伍；通过完善内部考核分配机制，激发员工的积极性、创造性，从而极大地提高了企业的凝聚力、生产力、竞争力。

三、当前产业发展存在的问题、发展要求

1. 企业效益较低 2021年瓜沥镇规上企业亩均税收低于萧山区平均水平，其中纺织产业企业亩均税收更是低于全镇规上企业。2021年瓜沥镇规上工业企业万元增加值能耗1.5吨标煤，单位增加值需要的能耗量远远高于全区平均水平，但税收、增加值等企业效益产出低下。

2. 工业用地分散 瓜沥镇现有工业用地2.1万亩，其中位于工业园区内约1.1万亩，大型的镇级工业园区3个，其余6个小型园区，14个集聚点，分布相对零散。在现有工业园区内仍有大量农居分布，园区企业集聚水平不高，配套设施不尽完善，没有象征性的纺织产业集聚园区。同时三个镇级工业园区在产业空间、产业布局、产业能级等方面仍有不断提升的空间。

3. 人才流失明显 高素质、高技能专业人才缺少，对纺织产业的发展带来了一定的影响。纺织产业属于劳动密集型行业，近几年随着企业的发展和技术装备不断地更新换代，与之相应的企业员工素质却没有提高，造成了技术与技能的倒挂现象，而且该行业对高素质人力资源的吸引力不足。即使是作为航民股份这样的印染龙头企业，在印染的关键工序上只能靠几位工龄40年以上的"老师傅"才能生产。

4. 产业同质严重 纺织产业产品结构不合理，同质化现象严重存在。通过简单的项目投资，实现常规化产品的规模生产，即可在短时间内获得较高的汇报，因而吸引了大批量的资金进入纺织产业。如大多数企业都投资聚酯、涤纶等生产线，产量占全镇总量的90%，结构明显不合理。目前产业中高附加值的高技术、多功能的高端产品严重缺乏，与国际国内同行业企业有较大的差距。

供稿单位：杭州市萧山区瓜沥镇人民政府

浙江省桐庐县横村镇

一、集群概况

横村的针织产业起始于20世纪70年代末，是中国纺织工业联合会命名的"中国针织名镇"，具有产业规模大、外向度高、产品档次比较高、产品有特色等"集群特点"。主要生产围巾、帽子、手套和针织服装等，产品主要出口欧美、日本、韩国等三十多个国家和地区，是玛莎、琼斯、阿玛尼、香奈儿、迪士尼、欧尚、巴布瑞等品牌的生产加工基地，拥有较高的知名度和美誉度。

横村镇党委、政府在加强和完善产业集群产业创新平台公共服务体系、节能减排、环境保护、信息化建设、协会组织建设等方面加强工作，使产业集群有很大的提升。2021年，全镇针织企业达682家，其中规上企业34家，规下企业648家，5000万元以上的企业5家，全行业实现工业总产值70.91亿元，占全镇工业总产值的62.6%；上缴税金8702万元，占全镇企业税收的57.3%；从业人数1.8万余人，占全镇工业企业就业人数的80%以上。

横村作为桐庐针织块状产业的主要集聚区，辐射带动了莪山、桐君、开发区、旧县、瑶琳等周边乡镇街道的针织行业发展，针织服装服饰产业成为全县首个百亿元产业，是名副其实的支柱产业和民生产业，在全县的经济社会发展中起着举足轻重的作用。

二、集群发展亮点

1. 打造"一城三园" 中国围巾城：于2021年1月9日正式开业，并举办"圆通速递杯"第二届国际围巾设计大赛颁奖典礼活动。时尚智造产业园：旨在培育孵化针织小微企业，建筑面积7.4万平方米，目前已全部结顶、正在进行室内工程。圆通物流智创园：打造快递物流服务中心，服务本地针织产业，2021年5月正式开工，目前已结顶。针织小微园：由上海晟达纺织投资建设，目前一期厂房已结顶。

2. 校企合作提升设计能力 加强与东华大学、成都纺织高等专科学校等高等院校的产学研合作，重点突破针织产品的设计研发和品牌打造等，如杭州煜凯服饰有限公司与东华大学合作研发全品类服饰近300款。

3. 推动行业互联网赋能 开发数字化管理平台，研发"织为云—协同云平台"，将传统的针织生产管理经验数据化、流程化，切实提升企业管理能力，已推广应用企业100余家；大力推广羿顿安全生产云平台，帮助企业提升安全生产水平，已签约企业300余家。

4. 推动原材料新产品研发 鼓励企业对原材料进行创新和开发，如琪利琪羊绒服饰有限公司历经多年研发和试验，开发出了可机洗、不起球的羊绒衫。

5. 探索"双循环"发展路子 一是开展"惠企政策"直播、出口网上交易会（针织专场）、跨境电商培训会等活动，外循环上有作为；二是通过围巾城的建成和开业，为横村针织企业打开内销、深入参与内循环创造条件；三是鼓励企业设立工厂店，大力发展"周边购"。

6. 产业联盟协作抱团发展 联盟企业抱团合作，集体与纱线生产集团进行原材料采购议价，降低了成本；企业之间还开展了横机机型、技术人员等产能协调利用，提升了效益。同时，用好转贷基金，三年已累计为联盟企业无偿转贷200余笔，金额4.5亿元。

三、当前产业发展存在的问题

当前，产业发展仍然面临较多困难：

一是境外新冠肺炎疫情形势仍旧严峻，纱线等原材料价格高涨，订单不确定性增大。

二是新型产业工人、产业高端人才等较为缺乏。同时外来员工进一步减少，企业招工难用工荒，用工成本上涨。

三是由于长期以来对外贴牌加工，导致企业在科技创新和品牌建设方面存在不足。

四、今后的规划举措和工作打算

一是继续探索缓解企业用工荒的问题，帮助企业寻找生产基地。

二是通过校企合作为企业培养和输送高素质员工。

三是传统针织外贸企业的生产旺季主要是夏季，寻求与其他生产旺季为冬季的企业合作，合理安排员工达到共赢。

四是加快企业数字化改造，促进企业向智能制造升级。

供稿单位：桐庐县横村镇人民政府

中国家纺寝具名镇

浙江省建德市乾潭镇

一、集群概况

中国家纺寝具名镇——乾潭镇，位于杭州西南 90 公里，杭黄高铁、杭新景高速、320 国道以及富春江穿境而过，水陆交通便利，是全国首批发展改革试点镇、国家小城镇经济综合开发示范镇，浙江省首批小城镇综合改革试点镇、中心镇、小城市建设培育试点镇、发展个私企业重点乡镇。

乾潭镇家纺行业发展于 20 世纪 80 年代初，90 年代后推向全市，分布于全市 16 个乡镇（街道），是建德家纺行业最发达的乡镇，是中国纺联、中家纺 2007 年联合命名授牌的全国纺织产业集群基地。特别是家纺行业，集聚效应明显，现有企业 180 余家，规上企业 46 家，2021 年实现工业总产值 39.8 亿元，占全镇地方经济总量 39.2%，对全镇工业经济的引领和支撑有着巨大的贡献，同时也是建德市家纺行业发展的领头雁。

建德市家纺行业现共有企业 280 余家，其中规上企业 80 多家，亿元以上企业 12 家；全行业职工 14300 人，缝纫机械设备 30000 余台。2019—2021 年全市家纺行业分别实现工业总产值 62.9 亿元、52.8 亿元和 65.8 亿元（集群报表数），行业产品出口交货值 37.8 亿元（全市行业出口第二位）；2021 年实现利税 7 亿余元，发放职工工资 7.5 亿余元，占全市地方经济总量的 9.87%，是建德市传统产业最大的行业经济。

该行业的主要产品有珊瑚绒、法兰绒制品、床上用品、室内用品、口罩、羊绒产品和宠物类用品。产品 95% 以上出口，主要销往世界 90 多个国家和地区，占全国珊瑚绒制品出口总量的 30% 以上，世界销售总量的 10% 以上。

二、集群发展亮点

1. 注重整体规划，促进产业集群发展 全镇家纺企业从全球的产业链、价值链以及市场化、信息化互动的角度进行整体、科学的谋划。近 20 家企业加大基础设施建设投入，扩建厂房近 15 万平方米，总投入超 2 亿元，其中 1 万平方米以上的有 3 家；近 40 家企业承租经营原各行业企业的空闲厂房，其中 26 家承租了 96550 平方米。10 家企业签约落地置信集团乾潭家纺小微园，面积达 3 万平方米，另有意向签约者已达 7 万平方米。家纺企业集聚入园，规范和改善了企业的

生产环境，为家纺产业集群做大做强奠定了基础。

2. 重视"品牌创建"，推进企业创牌定标 集群坚持以"质量提升，品牌创建，推进行业发展"为主线，致力于行业标准和品牌打造。行业现拥有："集体商标" 1 个，"珊瑚绒制品联盟标准" 1 项，浙江省著名商标 3 个，浙江名牌 1 个，浙江标准 4 个，中国纺织品商业协会推荐名牌 1 个，浙江省出口名牌 1 个；杭州市著名商标 2 个，杭州市名牌 2 个，杭州市出口名牌 3 个；国家高新技术企业 7 家；国家发明专利 7 项，实用新型专利 7 多项，外观专利 260 余项；建德市名牌 2 个，企业技术研发中心 5 个。

3. 探索新型销售模式和生产方式，助推企业转型升级 加快工业经济数字化改革步伐，全面推进新一代信息技术与纺织业领域的深度融合，推进"互联网+""机器人+""标准化+"和"大数据+"，运用互联网经济、电子商务等，为家纺产业拓展网上销售市场，推动建德传统家纺企业向信息化方面转型升级。

三、当前产业发展存在的问题、发展要求和工作举措

1. 自主创新、产品研发、核心竞争能力不足 大量企业自主创新能力弱，产业结构存在明显的"低、散、弱"，同质同类恶性竞争的特点，在销售和定价方面缺少话语权。

2. 家纺行业的发展速度与人才结构不相适应 技术工人文化低、产业工人年龄结构偏大、人员流动频繁、招工难等都成了制约企业发展壮大的瓶颈。

四、下一步工作举措

家纺行业将进一步落实上级部门相关政策，逐步提升产业集群综合竞争能力。在建德市政府制定的"十四五"规划和《小城市战略发展规划》中，也对家纺行业的发展提出了新的思路与方向：中国家纺寝具名镇——乾潭镇在未来五年中，要加强标准引领、品牌带动、管理创新、提升产业集群综合竞争能力，要通过"机器换人""腾笼换鸟""品牌创新"方式，加强产学研合作，双轮驱动，要用"减员、增效、提质、创新"的手段和营销模式，推动产业转型升级。

供稿单位：建德市乾潭镇人民政府
建德市家纺行业协会

中国纺织材料包装名镇

浙江省温州市萧江镇

一、集群概况

萧江镇因盛产塑料编织袋而闻名遐迩，是全国知名的塑编生产基地，综合实力位列温州三十强镇，全国千强镇排名 778 名。全镇规模以上企业 120 家，其中超亿元企业 16 家，超 10 亿元企业 1 家。

2021 年全镇实现工业总产值 123.52 亿元，占全县工业的比重为 14.90%，其中规上企业实现产值 74.08 亿元；实现利税 28734 万元，占全县工业的比重为 13.7%；从业人员近 25658 人，占全县的比重为 14.3%。目前，塑编塑包产业集群共有企业 478 家，其中规上企业 120 家。2021 年完成出口交货值 5.10 亿元，其中规上企业完成 3.11 亿元；当年主营业务收入 106.03 亿元，其中规上企业 64.68 亿元。

二、集群发展亮点

1. 不断技改投入，装备水平不断提高 纺织企业充分利用相关工业扶持政策，不断加大技改投入。据统计，2019—2021 年，萧江镇塑包纺织行业累计投入技改资金达 13.6 亿元以上，先进设备的上马提高了企业的科技贡献率和劳动生产率，减少了劳动用工，降低了生产成本。随着一批批新项目的建成投产，大大提高了萧江镇塑包纺织设备水平。

2. 加大研发投入，科技创新成果丰硕 萧江镇委、镇政府大力推动科技创新，加快新动能培育，不断加快产业提升。以高新企业及省科技型企业申报为抓手，推动规上企业"专利清零"，不断加大科技创新的宣传力度，积极宣传相关的科技政策。2022 年以来，萧江镇的科技创新工作保持了良好的发展势头，高新技术企业及省科技型企业申报、发明专利的申请及研发费用的投入等保持了较高的增长率。目前，萧江镇塑包纺织行业共有省级企业技术中心 2 个，市级研发中心 12 个，县级企业技术中心 13 个。三年来，萧江镇塑包企业不断加大研发投入力度，实施科技创新。2021 年萧江镇实施高新技术产值 43.16 亿元，比 2019 年增长 43.96%，2021 年实现新产品产值 23.73 亿元，比 2019 年增长 20.21%。2019—2021 年新增高新技术企业 17 家，新增省级科技型企业 53 家。

3. 积极借助外脑，行业发展前景明确 萧江镇积极借助外脑，充分利用省内省外两种资源。在深入调研区域企业需求的基础上，萧江镇政府推动龙头企业

创建平阳县塑编塑包产业创新服务综合体，探索构建创新联盟模式，充分利用好科研院所的人才资源优势，不断推动塑编塑包产业智能化，努力打造中国塑编塑包行业创新发展的标杆，将平阳萧江打造成省级时尚包装特色小镇。

4. 举办产业峰会，集群影响不断扩大 萧江镇成功举办第二、三届中国塑包纺织产业高峰论坛。峰会邀请行业主管部门领导、行业顶级专家、领军企业家及企业精英等 300 多位重磅嘉宾齐聚萧江，围绕行业政策、大势所趋、品牌创新、变革发展等热点主题，进行行业趋势解读，引领产业高质量发展，努力把中国塑包纺织产业峰会打造成展示产业发展和扩大影响力的重要平台，为中小企业创新发展提供新型载体。

三、未来发展规划

1. 打造包装特色小镇，明确未来行业发展目标 打造时尚包装为特色产业的特色小镇建设，一方面，以有效推进包装产品制造业服务化，提高精品制造水平和产品档次，融合推进创意设计、时尚消费等领域发展，全面提升包装产业二三产融合发展水平、优势集成竞争力，实现产业结构转型升级；另一方面，以包装小镇建设为依托，逐步培育形成区域发展的纽带，实现与萧江镇域内旅游产业发展、城镇功能建设充分结合，发挥优势产业对于整个板块的带动效应。

2. 完善展会平台，不断巩固支柱产业地位 不断完善中国塑包纺织产业峰会，建立持续的展会连办机制，一是持续定期开展萧江纺织包装产品博览会，二是积极组织企业集体参加产业用纺织品等国内外知名展会。邀请欧美、中东、北非等多个国家和地区客商参与，努力把中国塑包纺织产业峰会建成国家有关部门重点支持的展会。

3. 开展智能制造，促进行业两化融合 一是继续推动企业加大技改力度，全面推进产业技术升级，不断提高生产制造智能化，提升全行业装备水平，落实节能减排等技改工作，实现两化融合，不断提升行业综合竞争力。二是坚持实施"腾笼换鸟"政策，以"亩均产值及税收"论英雄，助推新动能培育，进一步巩固萧江镇作为中国塑料编织名镇的地位。

供稿单位：温州市平阳县萧江镇人民政府

中国织造名镇

浙江省嘉兴市秀洲区王江泾镇

一、集群概况

王江泾镇自古以来就是江苏、浙江两省交界处的丝绸重镇，被美誉为"衣被天下"的丝绸之府。全镇纺织业产值占工业经济总量的60%以上，且连续三年增幅在5%以上，年产各类坯布近20亿米，印染17亿米，是浙江绍兴中国轻纺城、江苏盛泽中国东方丝绸市场、辽宁西柳市场的重要面料原产地。到2021年销售超亿元企业共有54家。2021年，全镇纺织企业实现产值150亿元，占全镇工业经济总量的60%。2019—2021年全镇纺织产业新产品率均达到45%，产业用、家居装饰用纺织品占21%以上。

二、集群发展亮点

1. 以中国南方纺织城网上市场为信息服务中心 由嘉兴·中国南方纺织城管委会投资嘉兴中国南方纺织网上交易市场，从事纺织品中远期网上交易和信息发布，运用现代电脑网络技术，为会员单位提供纺织品的网上在线交易和信息共享，是目前嘉兴唯一一家纺织类网上交易市场，使无形市场与有形市场得到有机结合，开辟市场发展新模式。同时，通过多种方式对全镇300多家纺织企业进行宣传引导。目前网上交易市场各项审批许可制度均已办理，成为秀洲区首家运营的电子合同交易市场。

2. 以中国纺织工业联合会检测中心（嘉兴分中心）为技术检测服务中心 嘉兴市南方丝绸市场与中国纺织工业联合会检测中心共同合作，充分共享中国纺织工业联合会的优势资源，在嘉兴·中国南方纺织城成立了中国纺织工业联合会检测中心（嘉兴分中心），主要为企业提供纺织品的检测服务。检测中心一期投入资金200万元，为纺织企业产品开拓市场，走出国门提供了保障。

三、集群发展规划

1. 创新机制体制，推动纺织产业创新联盟建设 有效发挥政府职能作用，完善支持纺织产业发展的政策法规，实施供给侧结构性改革，规范纺织企业的行为，推动纺织产业转型升级。依托"浙江省秀洲区纺织产业创新服务综合体"等机构，引进专业高校资源，构建纺织行业专家库，整合国内纺织行业优质科技资源，加强对新工艺、新产品、新技术的开发和应用，引导企业树立质量为先的经营理念，采用卓越绩效管理、零缺陷等先进的质量管理技术和方法，重点解决纺织、染整加工过程中出现的共性问题。积极进行科技项目申报，利用好市级和区县级财政资金，加大企业科技研发投入，做好研发中心、创新平台、技术改造和品牌推广等方面工作，推动质量管理、环境管理和职业健康管理体系的建设。

2. 坚持智能装备，提升高端纺织制造水平 装备制造业是高端纺织产业发展的关键环节，其关联度高，技术资金密集，是纺织产业技术进步和升级改造的重要保障。首先，鼓励企业积极开展技术装备的自主化开发工作，推进纺织机械自动化、数字化、网络化生产，构建纺织机械制造的信息管理系统，实现生产实时在线监测和自适应控制，引领纺织产业走向高端。其次，以纺织龙头企业自动化、智能化生产线为试点，推广建设智能化制造生产线和数字化工厂，建立智能化管理体系，整合供应链、设计、生产和销售等环节，将"云工厂"与电子商务相结合，实现远程制定、异地设计、协同生产等信息技术，减少人工依赖，降低劳动强度和生产成本，提高产品质量和生产效率。最后，将人工智能技术与纺织技术相结合，研发具有智能化及特殊功能的纺织品服装应用于运动休闲、健康监测、军事和航天等领域。建立智能化服务平台，使制造企业、生产性服务机构、消费者三者结合，优化客户服务，推广个性化定制和批量定制。

3. 以标准为引领，实施品牌战略，提升产品竞争力 鼓励纺织企业与国际上领先企业对接，支持企业参与国际、国家和行业标准的制定工作，促进技术标准与科研和自主知识产权相结合，提升王江泾镇纺织产品形象，支持企业制定品牌发展战略，引导企业推进产品向多元化、系列化、差异化方向发展，打造具有业内影响力的"王江泾品牌"。把握市场需求，紧紧围绕消费者消费心理的变化趋势及产品诉求，深入分析市场需求，加强纺织化纤新型功能纤维品种的研发，进一步适应并满足我国居民消费结构升级的需要。

供稿单位：嘉兴市秀洲区王江泾镇人民政府

中国毛衫名镇

浙江省嘉兴市秀洲区洪合镇

一、集群概况

秀洲区洪合镇位于嘉兴市区西南，全镇总面积57.23 平方公里，下辖 10 个村 2 个社区，总人口 11 万人（其中户籍人口 2.9 万人，新居民 8 万余人）。洪合毛衫历经近 40 年的发展，已成为全国著名的大型毛衫生产、加工、批发、出口基地和毛衫产业集群，被授予"中国毛衫名镇""中国出口毛衫制造基地"等称号。2021 年洪合镇有规模以上的毛衫生产企业 38 家，家庭作坊 6400 余家；销售额超千万元户数共 23 户，主营业务收入超千万的企业 21 家。

二、集群发展亮点

1. 集群发展壮大，效应明显 产业链较完整，生产能力突出。截至 2021 年底，全镇拥有电脑横机 3.8万台，缝盘（套口）机 1.3 万台，印染企业 14 家，年产毛衫 4 亿件。全镇有物流中心 2 个，专营线路 43 条。产业园区建设速度加快，集聚程度高。全镇已建成占地 287 亩的毛纺城、毛衫业科技创业园，入驻企业家172 家（不含个体户）。占地面积达 120 亩的精品毛衫产业园完成建设，建筑面积共 12 万平方米，引进企业7 家，入驻毛衫企业与个体户达 100 余家。

2. 市场影响广泛，交易活跃 专业市场蓬勃发展。目前国资和民营市场已形成嘉兴毛衫城南北市场、洪合众创毛衫精品市场、美达广场、丹红市场等 7 大市场及周边商铺共有 1.1 万间，总建筑面积达 42 万平方米。据不完全统计，2021 年市场交易额突破 200 亿元。深化抱团参展和对外拓展。自 2008 年起，组织毛衫企业以"中国毛衫名镇—嘉兴洪合"为统一品牌，已连续 27 届抱团参展广交会。

3. 产业升级步伐加快 市场升级稳步推进。以PPP 模式开发建设洪合众创基地，市场配套完善，新款发布中心、新材料研发应用中心、毛衫文化博物馆等。线上线下深度融合。推进"毛衫汇"平台和产业园区上下游对接和供应链管控，从原创设计、原料供应、智能生产、线上销售、智慧物流等有机结合，实现毛衫柔性订制和批量生产。

4. 产业规范化全面升级 洪合镇 2020 年开始，全面开展工业企业"污水零直排"建设，完成染色集聚区"污水零直排"省级验收，其他工业企业完成"污水零直排"验收 75 家，高标准全面完成整个纺织

产业集群的生态环境设施升级；针对产业集群发展，从 2017 年 6 月开始，在全镇范围内开展消防"三合一"整治，建立了工业企业租赁厂房联审机制，全镇产业安全生产水平得到大幅提升。

三、当前产业发展存在的问题及下一步举措

1. 原创设计欠缺 洪合毛衫长期的 OEM 模式导致企业和经营户只需要关注生产本身，原创设计长期被忽视，没有能力进行 ODM 生产，更谈不上 OBM。全镇拥有设计师 30 余名，远远不能满足毛衫原创设计的需要。因此在设计环节创造的价值十分有限。

2. 品牌、品质意识薄弱 企业多以代工为主，创建自主品牌意识不强。产品质量把控方面缺少第三方监管，生产者为了严格控制生产成本，对提高产品质量的主动性积极性不高。

3. 营销手段单一 洪合毛衫业在发展过程中形成以接订单和批发的经营模式，零售较少，间接造成了洪合毛衫不重视品牌和品质的弊端。

四、下一步举措

1. 加快发展毛衫业配套的服务业 加快发展商务信息服务业。引进和扶持发展一批知识密集型中介服务机构，推动毛衫商务信息服务业发展。

2. 大力发展毛衫创意产业 引导外贸企业出口、内销两手抓，推进内外贸"同线同标同质"，鼓励支持毛衫汇等工业互联网平台做大，整合提升全国市场和产业链上下游数据。引导企业开展线上销售，通过跨境电子商务开拓国际市场，推动外贸转型升级。

3. 推动毛衫制造向毛衫智造转型 到 2025 年毛衫技术装备水平达到国际先进水平，主要工序和工艺基本实现智能化，单位工业增加值能耗累计下降 20%，亩均效益增加 30%。推动印染产业战略性重组、专业化整合，到 2025 年形成 3 家印染集团公司，完成 2 家上市公司辅导签约。

4. 构建政府公共服务平台 加强毛衫商会和毛衫（服装）专业市场联盟的合作，组建为广大中小企业服务的贸易实务服务公司，初步建立市场外贸服务和运作体系，帮助毛衫企业商会获得商务先机，为出口企业提供咨询、指导及委托谈判、出货等一条龙服务。

供稿单位：嘉兴市秀洲区洪合镇人民政府

中国静电植绒名镇

浙江省嘉善县天凝镇

一、集群概况

嘉善县天凝镇在2009年被中国纺织工业联合会授予"中国静电植绒名镇"称号。植绒产业在天凝镇已有二十多年生产史，静电植绒产业聚集特色明显，全镇植绒产品以生产鞋料、服装面料、沙发面料、地毯居多。目前，全镇共有植绒企业41家，总占地576亩，其中规上企业10家。全镇共拥有合法审批的静电植绒流水线116条，企业职工共有1533人，年生产能力为5659万米静电植绒布，年销售收入为8.9亿元，应交增值税为0.3亿元，实现出口交货值1.63亿元；新增投资2.5亿元。

二、集群发展亮点

1. 政府部门积极组织企业到国内大专院校科研单位学习培训 积极组织开展好人才招聘会、产品推销会、政银企合作等各类活动，为企业转型提供提升平台。积极做好沟通和嫁接，鼓励和引导有条件、有想法、有冲劲的企业异地发展，开拓县外、市外、省外及境外市场，为企业转型提升提供发展平台。

2. 鼓励和引导企业技改投入 近年来，通过"零距离"接触，把政府近期出台的相关扶持政策传达到位，譬如嘉善科技新政，使企业在技改投入、科技创新、新产品申报等方面能够有所了解，鼓励和引导企业技改投入、机器换人、退低进高、新产品开发，为企业转型提升传经送宝。

3. 绿色、环保、可持续发展 目前，通过兼并重组、改造提升，基本实现了天凝镇植绒产业土地与能源利用率明显提升，工艺装备、清洁生产、安全标准化发展和污染防治水平全面提升，主要污染物排放负荷有效降低，内部生产环境与区域生态环境质量得到明显改善，形成高起点、高标准、高质量的示范型植绒绿色生态产业。

4. 启动了植绒行业的兼并重组 2022年天凝镇纺织产业集群启动了植绒行业的兼并重组方案。通过鼓励行业龙头牵头、积极实施兼并重组的形式，推动全镇实施范围内经合法审批的植绒行业企业以产能、排放指标等折算入股的形式，建立一个占地面积约200亩、总投资约10亿元的植绒产业综合体。目前已组建企业1家。

三、集群经济发展中存在的问题及原因分析

1. 规模小、科技含量低 天凝镇纺织业目前主要还是以家庭作坊型、个体作业型为主，真正上规模的大型企业非常少，整个产业存在企业规模小、加工分布散、产品档次低的问题。原料采购，产品生产都以粗放型为主，产品的创新率低，科技含量不高。企业对产品研发能力较弱，多数企业主要还是以生产较普通产品为主，产品单一，所生产的产品属于中低档次，低价、无序竞争局面尚未根本改变。

2. 产业布局不合理 天凝镇虽然是嘉善县纺织业大镇，但是却很难形成纺织业的集聚效应和规模效应，其根本原因之一就是企业布局非常不合理，分布面散，不仅不能形成规模化整体效应，更不利于政府的有效管理和土地的集约利用。随着天凝镇纺织业的逐步发展，大部分的个体已完成了原始积累，必须进一步扩大生产规模，提高产品档次。

3. 产品结构单一，生产设备落后，市场竞争力不强 由于天凝镇的纺织业家庭型、个体型占主体，企业规模不大，业主的改革创新意识、风险意识普遍都比较弱，有些早应被淘汰的生产工具、生产设备都还在使用。而在产品的开发上更是远远跟不上市场的需求，这些方面的不足直接增加了天凝镇广大纺织业主市场风险，再者缺少龙头企业的带动。

4. 市场开拓、营销能力不高 寻找国际市场和国内市场的产品销售空间还比较小。

5. 企业融资难 资金周转始终是决定企业兴衰成败的一大瓶颈，银行金融贷款形式单一，灵活性缺乏。对租赁厂房、仅有固定资产作为抵押的中小型企业，目前很难获得银行的贷款，对转型提升需要资金支持的中小型企业来说，受到了很大的制约。

6. 转型提升难度较大 天凝镇原是民营经济发展的集聚区，以本土企业为主，文化水平普遍不高，在漫长的创业投资之后，大多安于现状，开拓、创新意识不强，转型升级之路不可能一蹴而就。另外功能区周边配套设施较弱，企业员工业余生活单调，导致留人难，引人难，企业技术人员普遍缺乏，研发能力、创新能力、管理能力缺乏。

供稿单位：嘉善县天凝镇经济发展办公室

中国经编名镇

浙江省海宁市马桥街道

一、集群概况

浙江海宁经编产业园区位于中国经编名镇——浙江海宁马桥，是海宁市四大经济发展平台之一，以经编产业为主导产业和特色产业。园区于 2000 年动工建设，2006 年 9 月通过国家发改委审核，升格为省级开发区；2009 年 12 月经国家工信部批准，成为首批"全国新型工业化产业示范基地"；2013 年 12 月被国家商务部评为"国家外贸转型升级示范基地"；2016 年 8 月被国家质检总局（现国家市场监督管理总局）命名为"全国经编产业知名品牌创建示范区"；2017 年 8 月被浙江省发改委、浙江省财政厅确定为第五批"浙江省循环化改造示范试点园区"，2021 年 6 月园区成为全省首批 15 家内外贸一体化改革试点产业基地。

园区现有入园企业 2000 余家，其中，规上工业企业 257 家（亿元以上企业 68 家），规上服务业企业 30 家；拥有高新技术企业 67 家；拥有主板上市企业 2 家、新三板上市企业 7 家、国家级专精特新"小巨人"1 家；2021 年实现规上工业总产值 282.72 亿元，销售 281.43 亿元，利润总和 16.17 亿元，分别增长 27.7%，30.3% 和 49.3%。从业人员 20703 人。

二、集群发展亮点

1. 坚持工业主导地位不动摇 坚定不移做强工业，大力实施品质智造，不断巩固经编主导地位，稳步向纺织新材料和时尚产业迈进。2021 年规上经编企业实现工业总产值 231.99 亿元，同比增长 30%，销售收入 246.58 亿元，同比增长 37.3%，利润总额 13.27 亿元，同比增长 51.4%。较 2019 年工业总产值同比增长 19.4%，两年平均增长 9.3%；销售增长 31.5%，两年平均增长 14.67%；利润总额增长 64.03%，两年平均增长 28.07%。海宁经编产业集群新智造试点入选省2021 年产业集群（区域）新智造试点名单，成为全省28 个产业集群新智造试点之一。

2. 坚定不移做优服务业 "三园一中心"（沪浙人力资源服务产业园、上海工程技术大学海宁科技园、海宁跨境电商产业园、马桥科创中心）全部建成并投入使用，打造税收超亿元楼宇 2 幢、超千万元楼宇 4 幢，服务业增加值比重从 23.16% 提高到 32.81%，2021 年获海宁市服务业发展先进单位，以上升 26 位的速度晋升嘉兴服务业强镇第 13 位。

3. 持之以恒抓创新驱动 2019 年 2 月，以园区为主导的"浙江省海宁经编产业创新服务综合体"列入全省第二批创建名单。目前集聚的创新服务资源达 24 家，包括国家级检测平台 1 个，知识产权服务机构 4 个，智能化改造服务机构 3，环保管家 2 家，科技金融服务机构 5 个，高等院校 4 个，特种设备检测第三方服务中心 1 家，交易平台 1 个，创业孵化平台 2 个，协同创新中心 1 个。

三、下一步的发展目标

1. 提升发展平台载体能级 为加快海宁市经编产业的提升发展，海宁市委、市政府于 2017 年初提出了经编园区扩容提质总体思路，在不调整行政区划的前提下，以资本为纽带，促进马桥、丁桥、斜桥三地的联动发展，扩容后的规划面积为 21.69 平方公里。加快向"三桥时代"迈进步伐，高标准改造提升马桥区块早期建成区，向西重点抓好斜桥分区海涛路以东区块开发，向南启动丁桥海宁大道以东区块开发，探索设置创新型产业用地，规划建设经编新材料创新基地和工业邻里中心，稳步推进对除印染以外的纺织后整理企业整合提升工作。

2. 优先发展先进制造业 主动参与海宁市"142"先进制造业集群构建，坚持以经编产业为主导，更加注重工业设计和区域品牌打造。坚持做好强链延链补链文章，鼓励企业实施差别化竞争，引导企业向新材料领域、新织造工艺和新时尚方向转型，联动发展电子信息、装备制造等新兴产业。坚持数字赋能，推进工业化与信息化深度融合，加快推进智慧车间建设。推进中小企业与大企业实现产业对接和配套协作，做大做强一批龙头企业，培育一批专精特新的"小巨人""隐形冠军""独角兽"企业。

3. 创新发展现代服务业 按照"一带两路"总体框架完善服务业规划，发挥产业优势，重点发展供应链金融、会展经济、科技服务等生产性服务业，促进与先进制造业深度融合，打造省级生产性服务业集聚示范区；培育壮大跨境电商、体验消费、总部经济等新业态；依托"三园一中心"，进一步提升服务业"十大平台"能级，打造省级生产性服务业集聚示范区。

供稿单位：浙江海宁经编产业园区

中国布艺名镇

浙江省海宁市许村镇

一、集群概况

许村镇作为中国家纺优秀产业集群区之一，构筑起了以织造为主、后整理相配套的家纺装饰布生产协作体系，并一直秉承着"一块布"向"一个家"的发展理念，推动和引领海宁家纺时尚化、织造工艺智能化、贸易展览国际化，全面展现新时代家纺产业发展新理念、新技术、新工艺、新产品，引领家纺产业新发展，倡导家居生活新风尚。

许村镇主要是以装饰布、沙发布、织锦缎为主要特色产品的纺织产业集群。2021年装饰布年年产量为19.71亿米，沙发布年产量为9.34亿米，织锦缎2021年年产量为0.88亿米。集群内有规模以上企业190家，全年实现规上工业总产值115.03亿元，比去年同期增长13.27%，主营业务收入113.30亿元，比去年同期略有下降，利润总额达到5.21亿元，比去年同期增长19.59%，从业人数为1.48万人；规模以下企业8191家，全年实现规下工业总产值78.23亿元，同比增长13.32%，全年实现主营业务收入76.67亿元，同比增长40.31%，实现利润总额2亿元，同比增长14.1%，从业人数达到3.27万人。集群内纺织工业占地方工业总产值的72%。

近几年虽然受杭迁服装企业的一定冲击，家纺产业受到了影响。但家纺产业仍是许村镇的支柱产业，对许村镇经济发展起着主导作用。为此，要加快纺织产业转型升级的步伐，不断提高产品的品牌竞争力和市场影响力，把许村打造成为世界家纺的时尚之都。

二、集群发展亮点

1. 连片改造，老园区焕发新生机 许村工业园区老园路西侧经过二十多年的发展，出现了较多问题，严重阻碍了企业的发展。为此，在许村镇政府的牵头下，该片区于2020年正式启动12家企业连片改造项目。此次连片改造涉及土地面积147亩，改造后容积率从原来的1.2到5.3。建成后，将成为一个新的家纺产业集群发展示范点，也将为许村未来的家纺产业改造升级提供新思路，新模板。

2. 家纺供应链创新基地项目应运而生 随着许村家纺产业不断转型升级，传统物流服务很难满足现代时尚产业规模化生产、柔性化制造等特点，为打通上下游全行业、供产销全过程的物流堵点，海宁中国家纺城智慧物流园区暨家纺供应链创新基地项目应运而生。该基地按照"一平台、四中心"的总体布局方案，将有力完善家纺行业配套服务，重塑许村及周边物流服务体系，推动家纺行业转型升级。

3. 艺创中心加快产业提质升级 该项目作为许村传统家纺产业的人才集聚中心、家纺文化的传播中心的综合性建筑群。以平台和技术为支撑，积极推进数字与贸易、数字与产业、新技术与传统产业的结合，通过产业招引、城市开发、平台赋能，全力打造"杭海数字新城"成为浙江省数字经济示范区、双创项目成果转化示范基地。

4. 版权保护工作为产业发展"保驾护航" 许村家纺版权服务中心在原有"一办一会一中心"的基础上，进一步整合行政力量，开辟四大"通道"：版权快速登记"通道"、侵权行为快速处置"通道"、侵权行为快速认定"通道"、版权纠纷快速调解通道，全力推进家纺版权保护工作。

三、当前产业发展存在的问题、发展要求，下一步的规划举措和工作打算

当前许村镇纺织产业发展仍存在较多问题，一是产业规模化程度较低。该产业经营门槛较低，市场平台较大，从而催生了大量的家纺作坊式经营户。"低散乱"现象明显；二是产业研发设计能力不足，在中国十大家纺品牌里，国内市场占有率超过35%的许村家纺却缺席了。许多产品仍以中低档次居多，高技术含量、高附加值产品生产比例偏低，产品同质化严重，创新能力不强。

为高水平打造建设"世界级家纺产业集群先行区"，高标准培育"千亿级时尚产业"，许村镇将围绕"高起点开局、高效率蝶变、高质量融杭"的战略定位，聚焦"产业要素'高端集聚'、低效用地'腾笼换鸟'、租赁企业'提质增效'"等三大领域，细化目标节点，攻坚克难、提标提质，全力打赢产业经济发展的"翻身仗"，为许村经济高质量发展夯实基础、蓄势增能。

供稿单位：海宁市许村镇人民政府

中国羊毛衫名镇

浙江省桐乡市濮院镇

一、集群概况

濮院是"中国羊毛衫名镇""全国百佳产业集群""中国十大服装专业市场"、首批国家级特色小镇。浙江桐乡濮院针织产业集群以毛针织产业为主导，经过40余年的发展，规模不断扩大，实力不断增强，成为桐乡市经济的支柱产业。2021年实现工业总产值325亿元，同比增长10.17%；其中规上工业总产值70.6亿元；实缴工业税金2.93亿元；完成工业生产性投入10.97亿元。

至2021年底，濮院拥有20个市场，1.3万余间市场商铺，集群内有毛针织生产企业5463家，20万从业者构筑的羊毛衫产业链。2021年，桐乡濮院羊毛衫市场交易额933.58亿元，其中电商交易额465.48亿元，物流货运周转量34.6万吨。开展时尚大秀、趋势发布、商贸对接等10多场时尚创意活动，全网关注量超1.6亿流量，拉动消费超30亿元。全年新入驻创新机构4家，总入驻机构70家。

二、集群发展亮点

1. 全面优化公共服务平台建设 一是建设浙江省（嘉兴）毛衫产业科技创新服务平台，建立以政府为指导、企业为主体、市场为导向、高校和科研机构为支持的"产学研"联合体。二是建立国家毛针织产品质量监督检验中心（浙江），检验能力覆盖毛针织品、纺织原料面料、家纺等多个领域。近三年来，为3000多家次毛衫及蚕丝被企业、经营户提供近45000批检验检测服务，满足企业检测需求。

2. 不断助推毛衫产业转型升级 一是提升品质。积极鼓励企业主和经营户自创品牌，出台政策，建立创牌激励机制，落实奖励措施，加大对自主品牌的培育力度。二是关注数字化。打造具有时尚特色的数字经济产业平台，招商引进一批数字企业和数字项目，大力提升市场产业数字化、网络化、智能化水平，支持企业开展数字化改造升级，打造"数字车间"和"智能工厂"等，多措并举抢抓产业优化升级新机遇。三是强调科技。引导时尚产业制造企业开发智能化新产品，支持企业深入开展智能制造，推进"机器换人"，开启"数字+制造"模式。四是重视人才。近年来，依托电商直播发展潮流，加大公共服务平台人才引进和培养力度，积极鼓励民营企业加强人才培养和引进力度。

3. 着力加强集群文化实力和责任意识 一方面做好文化软实力建设。为员工提供教育、培训、活动平台，举办演说比赛、文化沙龙等特色活动，将企业核心理念宣传到每个普通员工，不断提升企业的凝聚力、向心力、创造力和竞争力。另一方面承担社会责任。加速技术升级和结构优化，发展绿色经济，增大吸纳就业的能力，为环境保护和社会安定尽职尽责，在本次疫情防控工作中，有关企业贡献突出，参与社会公益活动已在园区、市场蔚然成风。

三、产业发展存在的问题

一是行业技术有待提高。大多数企业的产品还处于"一低三多三少"状况：即档次偏低；大路货多，"名、特、优、新"产品少；粗加工多，精细加工少；技术含量低的产品多，高新技术、功能环保型产品少。二是品牌建设意识及其影响力不强。大量中小企业不重视自主品牌建设，自创品牌少，产品附加值不高，品牌建设已成当务之急。

四、下一步规划举措和工作打算

1. 结构调整，推进毛针织服装制造业转型升级 立足产业的现有基础和条件，结合产业基础和发展情况，聚焦新时尚产业延链、补链、强链，以"链"壮"群"，统筹推进毛衫时尚产业转型升级，构建更高层次时尚产业发展体系。

2. 创新集聚，加快生产性服务业高质量发展 构建和深化面向专业市场和园区毛针织产业的设计研发、质量检测、信息技术、商贸物流、文化传播、人才服务六位一体的生产性服务体系，重点实施公共科技创新服务平台、毛针织产业创意园、区域品牌工程、中央商务区、毛针织服装学院五大工程，形成支撑毛针织产业升级和创新发展的结构合理、功能完善的现代生产性服务体系。

3. 空间优化，推进产业、城市和生态和谐发展 按照"减量化、再循环、再利用"的原则，加快企业的节能改造和中水回用项目建设，大力发展循环经济；开展产业园区低碳化建设、低能耗发展、环境保护等多方面的专题研究，优化空间布局，促进产业、城市和生态和谐发展。

供稿单位：桐乡市濮院镇人民政府

中国绢纺织名镇

浙江省桐乡市河山镇

一、集群概况

桐乡市河山镇具有上千年的植桑养蚕悠久历史，是江南蚕文化的发祥地之一，久享"蚕花圣地"之美称，2007年被中国纺织工业协会命名为"中国绢纺织名镇"。目前河山镇纺织产业涵盖了绢纺、毛纺、麻纺、印染等多个产业类别，产品包括各类纱线、面料等。2021年实现工业总产值约38亿元，主营业务收入38.5亿元，其中规模以上企业34家，亿元以上企业6家，规下企业313家，整个产业规模占到河山镇所有产业的43%左右。

二、集群发展亮点

通过政策倒逼，推动产业升级。近年来，市委、市政府出台了《关于全市经济发展的若干政策意见》等一系列政策、措施，推动各类特色产业发展，对特色企业进行培育和扶持。鼓励河山绢纺行业转型升级，积极推进"绢改麻"的技改措施，鼓励企业从粗放型向集约型转变，加大对符合市场需求的、高技术含量、高附加值的绢纺（织）系列产品研发和生产的扶持力度，并在信贷、税收、用地、用电、建设、交通等方面采取扶助政策。同时市委、市政府出台印发企业绩效综合评价办法，明确规定按照亩均税收、亩均销售收入、亩均工业增加值、单位能耗工业增加值、排放每吨COD工业增加值、全员劳动生产率给绢纺（织）行业企业排A、B、C、D四个等级，A、B级的企业有相关优惠政策，鼓励其不断发展，而C、D级企业将给予一定惩罚，倒逼其改变过去粗放式发展思路，提升绢纺（织）行业整体竞争力。

支持企业转型，"绢改麻"成效显著。河山镇政府也出台了相应的配套政策和措施，营造发展环境，加强优质服务。引导成立绢纺（织）行业自律协会，建立招工、工资等协调机制，表彰企业先进工作者，鼓励企业创新发展，不断规范企业行为和健全市场秩序，以推动绢纺（织）业集聚区不断提升、壮大。同时，全镇纺织行业废水已纳管，经污水处理厂集中处理后达标排放，并开展清洁生产审核，积极推进印染行业中水回用技术，节能减排工作取得成效。通过"绢改麻"转型升级后，其中2家企业成效突出。思源纺织2021年实现销售2.37亿元，利税416万元；海宏纺织2021年实现销售9805万元，利税159万元。

三、本地纺织产业集群发展存在的主要问题

1. 产品层次低，利润空间小 大部分绢纺（织）企业生产低端初级产品，而且产品品种雷同，技术含量低，面对相同的客户群，低价竞争现象较为严重，再加上原料价格较高，利润空间一再压缩。

2. 劳动用工多，工人流动性大 河山镇规上绢纺（织）企业职工达3000人，占河山镇用工总人口比重较大，产出较少，绢纺（织）行业单位劳动力生产效率较低。此外，绢纺业工人以外来务工者居多，流动性较大，容易出现用工荒。

3. 设备普遍较落后，生产效率低下 由于资金和研发投入少，设备大多是20世纪90年代购置，以普通的粗纱机、圆梳机、精纺机、制棉精梳机、细纱机为主，设备落后，造成了河山镇绢纺企业的用工水平普遍比使用先进设备的企业高出30%以上，生产效率低下。

4. 缺乏自主品牌，缺乏管理创新 河山镇绢纺（织）企业出口主要依靠低成本，以贴牌加工为主，产品设计研发能力薄弱，缺乏自有品牌，出口议价能力不强，利润水平低，抗风险能力差。管理形式较为家族化和乡土化，管理缺少知识化、职业化、人本化。

四、下一步发展举措

一是优化环境，构筑发展平台。在完善河山绢纺织产业发展规划的基础上，认真组织实施，重点做好产品研发平台、信息平台、技术培训平台、工业区开发平台、政策和服务平台的构筑和创设工作，努力优化发展环境，打造河山镇的绢纺织业块状特色经济。

二是强化投入，提升产业层次。首先，打造绢纺织区域特色经济平台，研究和探索绢纺织发展新趋势，不断研究新技术，开发新产品。其次，引导企业制度创新，探索建立多元开放的产权结构。最后，加大技术改造力度，做大做长产业链。通过合资、合作和配套产业的引进，提升绢纺织产品的深加工，延伸产业链，不断拓宽产业领域。

三是节能减排，实行科学发展。以环保和节能为切入点，提升绢纺织业运行质量。鼓励绢纺织企业积极应用节能减排的新技术、新工艺，大力开展节能减排工作，确保绢纺织产业的科学发展、健康发展。

供稿单位：桐乡市河山镇人民政府

‖ 中国化纤名镇　中国蚕丝被名镇 ‖

浙江省桐乡市洲泉镇

一、集群概况

自 1981 年创办桐乡市第一家专业生产化纤长丝的企业——桐乡县化学纤维厂以来，历经近三十多年风风雨雨，化纤工业已成为洲泉镇乃至桐乡市工业经济的主要特色。

2003 年，洲泉申报"中国化纤名镇"并取得成功，翌年元月在北京人民大会堂接受"中国化纤名镇"授牌。2011 年，桐昆集团股份有限公司成功上市，2017年，新凤鸣集团股份有限公司成功上市。2021 年全镇化纤产量 692 万吨，化纤产业规上产值达到 516.3 亿元，占全镇规上产值的 81.5%。洲泉镇是江南蚕乡，种桑养蚕历史悠久，蚕丝被产业是洲泉镇传统特色产业，全镇蚕丝被企业共有 180 余家。2021 年全镇蚕丝被行业产值为 12.07 亿元，其中规上企业产值为 5.95 亿元。

二、集群发展亮点

1. **大力实施科技兴企** 洲泉镇化纤企业中先后成立了诺奖工作站、全国示范院士工作站、省级重点研究院、省技术中心、东华新凤鸣化纤新型技术开发中心等。三年来，洲泉镇化纤企业获得中国纺织工业联合会科技进步一等奖、浙江省科技进步一等奖、纺织行业中国专利优秀奖等荣誉。

2. **尝试互联网+化纤工业发展** 随着互联网的广泛应用，洲泉镇化纤企业正在推动信息化建设，不断在智能化上加大投入。例如新凤鸣，2021 年获浙江省"未来工厂"荣誉称号，牵头顶层设计 55211 信息工程，入选"首批 5G+工业互联网推广案例"和"数字经济与可持续发展—中国实践"，还发起成立了"国际工业 5G 创新联盟"。当前，新凤鸣集团拥有工业互联网标识解析国家二级节点和国家级工业互联网平台：凤平台，工艺水平、自动化水平、智能化水平和人均生产效率等行业领先，成为国家级"智能制造标杆企业"。

3. **推进绿色生产，使化纤产业更环保** 洲泉化纤所有企业一直以来十分重视环保工作，全力推行节能减排、循环工业、绿色生产，并成为企业的自觉行为。例如，桐昆集团通过技术改造、装备提升、管理提效等措施，进一步提升产业能级和能效水平，降低单位产品、单位增加值的能源消耗和碳排放量。新凤鸣集团按照绿色低碳生产制造模式，构建基于物联网能源综合监控分析系统，实现实时监控、智能管控和节能环保优化。

三、面临的主要困难

1. **企业快速发展与要素保障之间的难题异常突出** 尤其是项目推进中涉及的能耗指标、环境容量、土地指标等难题。由于涤纶长丝行业的特点，相比较能耗高一点，能耗指标方面也存在较大困难，这为企业进一步做大做强带来了新的难题。

2. **企业快速发展与人才需求之间的矛盾异常突出** 现有企业在规模扩张、科技创新、数字化转型、品牌建设以及管理提升等诸多方面，都需要有一支更高水平的人才队伍。但目前看当前企业的发展速度与人才配置情况矛盾还很突出。

3. **特色产业更需特殊呵护** 随着国家产业结构的调整与升级，政策导向会越来越倾向于"高节能环保、低环境污染"的大方针。洲泉作为工业重镇、化纤名镇，现有能耗较高的工业企业的集聚势必会给环境造成一定的负面影响。因此从发展的角度看，更需要对此特色产业进行特殊呵护。

四、下一步发展思路

洲泉镇将以科学发展观统揽全局，紧紧围绕"做强中间，两头延伸，拓展领域"的战略目标，加快企业转型升级，努力打造"化纤强镇"，突显洲泉化纤在长三角地区的优势。

1. **制订产业规划，推进工业集聚** 加强产业企业发展指导，推动企业加速横向整合，培育一批成长型中小企业，逐步形成化纤、纺织及其上下游联动的产业集群。

2. **培育龙头企业，加大创新步伐** 在突出抓好现有龙头企业培育成区域性、国家级、国际化大企业的同时，选择领先行业的骨干企业加以培育，继续完善品牌激励措施，鼓励应用先进适用技术，促进产品不断升级，积极创建名牌产品和著名商标。

3. **培育规模企业，加速产业延伸** 针对目前洲泉化纤纺织行业上游和中游产品发展较快，下游产品发展相对迟缓，洲泉镇将进一步做大产业集群，有效拉长产业链。

4. **加大投入力度，完善园区功能** 科学合理地规划化纤产业的功能集聚区域，确保相关关联企业相对集中发展，加快推进污水管网的覆盖及园区道路的拓宽和延伸，为推进产业发展创造良好的发展环境。

供稿单位：桐乡市洲泉镇人民政府

浙江省桐乡市大麻镇

一、集群概况

纺织产业是大麻镇的支柱产业，自 2004 年被中国纺织工业协会授予"中国家纺布艺名镇"称号、2014年被中国家纺协会授予"中国沙发布生产基地"称号以来，在大麻镇党委、政府的高度重视下，大麻的家纺布艺产业不断升级，已成为推动大麻经济发展的发动机。经过多年来的蓬勃发展，大麻镇基本形成了以中小企业集群为基础，特色工业功能区为支撑、专业化市场为依托的原料供应、面料织造、成品加工、印染后整理和产品设计、质量检测、销售为一体的主导产业和区域特色品牌。

2021 年，在新冠肺炎疫情反复以及复杂严峻的外部环境的双重影响下，大麻镇纺织业稳定恢复，支柱产业对整体经济拉动作用明显。2021 年大麻镇生产各类布近 2.5 亿米，各类纱线近 3.4 亿吨；有规模以上纺织企业 76 家，实现工业产值 41.59 亿元，实现营收42.47 亿元，实现利润总额 7167.4 万元，从业人数3986 人；有规模以下纺织企业（含个体）3068 家，实现工业产值 93.01 亿元，实现营收 92.06 亿元，实现利润总额 18356.2 万元，从业人数 5989 人。2021 年大麻镇实现工业总产值 143 亿元，其中纺织行业产值 134.6亿元，纺织工业占地方工业总产值的比重达到94.13%，支柱产业优势明显。

二、集群发展亮点

近年来，面对国内外风险挑战明显上升的复杂局面，大麻镇纺织产业总体稳中有升，转型升级成效明显。

一是融入数字经济。把产业数字化作为纺织产业转型升级的主要手段，提升纺织产业的竞争力。围绕重点企业，大力推进智能化建设，推动研发设计、生产制造等全流程智能化，加快制造业数字化转型。

二是狠抓技改投资。以承接周边杭州、上海产业转移和补强产业链为方向，开展精准招商，推进项目攻坚，2021 年全年完成工业生产性投入 2.02 亿元。

三是推进要素改革。突出"亩均论英雄"，优化资源要素配置，认真落实工业企业绩效综合评价办法。

四是加速家纺后整理行业改造提升。重点改造提升印染、定型等后整理行业，使之发展质量和效益达到更优水平、发展质效得到全面提升。

三、当前面临的困难

大麻镇当前产业发展面临的主要困难如下：

一是不利政策影响逐渐扩大。当前大麻企业在发展过程中，主要受到能耗准入与运河文化保护两大因素的影响，制约企业的扩大再生产和新项目的落地。

二是资源要素限制还未破解。一直以来，大麻镇都受到土地等资源要素紧缺的限制，近年来更是少有地块出让，即使有面积也都较小，一定程度上阻碍了项目建设和招商引资工作的开展，限制了企业发展壮大、做大做强。

三是产业转型成效尚不明显。一方面是传统家纺企业转型决心不够大、需求不够旺、步伐不够快，另一方面也是没有充足的空间用于新企业、新项目的招引，导致转型升级整体偏慢。

四、集群未来发展思路

接下来，大麻镇将根据自身的纺织产业基础，立足于融杭桥头堡和融杭先导新城的发展定位，促进传统纺织产业转型升级。基于现有产业发展，提出"功能新材料、智能新制造、家纺新时尚"三个产业发展方向，主要从上游延伸发展新材料产业，自身产业升级智能制造产业，下游拓展发展时尚家纺产业，助力价值链攀升。

稳企业是稳经济的核心。面对当前疫情形势严峻和国际环境复杂双重不利影响，纺织行业发展正在面临新挑战和新机遇，大麻镇将精准有力推进各项工作，有效巩固稳中向好的经济发展态势。一是聚焦企业服务，促进经济发展。以靠前意识，全力做好企业发展服务工作，全力保障全镇经济社会发展稳中有进。二是聚焦有机更新，做好要素挖潜。以园区有机更新为抓手，努力推动园区"腾笼换鸟"，缓解资源要素限制。三是聚焦数字赋能，做好项目招引。加大招商引资力度，抢抓杭州产业梯队转移的契机，着眼产业转型升级和提质增效，围绕数字经济、高端制造等，锚定目标，精准招商。

供稿单位：桐乡市大麻镇人民政府

中国童装名镇　中国品牌羊绒服装名镇

浙江省湖州市织里镇

在中国纺织工业联合会产业集群工作委员会的关心和指导下，在市委市政府、区委区政府的正确领导下，织里镇紧扣党委政府工作部署和要求，围绕纺织产业高质量发展主题主线，统筹推进童装产业大脑、吴兴新智造、"五大工程"、创新服务综合体、市场贸易采购试点、政策扶持等各方面工作，织里纺织产业发展总体平稳，并呈现良好发展趋势。

一、集群概况

织里镇纺织产业经过40多年的高速发展，先后建立起国内有影响力的两大童装市场，培育珍贝、米皇、帕罗等国内知名的羊绒品牌；引进POLO、1001夜、笛莎等国内知名童装企业，形成从童装创意、研发设计、加工制造到线上线下销售、物流、面辅料供应、品牌运营等全业态、全流程、全品类的产业生态圈。截至2021年，现有童装类企业1.4万余家，电商企业8000余家，年产各类童装14.5亿件（套），年销售额700亿元，较2016年翻了一番，占国内童装市场的三分之二，其中电商销售收入达200亿元；童装规上企业58家，较2018年增长了4倍。

二、集群发展亮点

1. 抓数字改革，产业发展开启新篇章 加快推动"童装产业大脑""童装新制造""智能共享示范中心"等三大项目，助力纺织产业加快转型升级。目前，童装产业大脑项目已开通线上场景19个，入驻企业2700余家；弗兰尼尔等7家童装企业智能化改造全面完成；成功引进巨象信息技术公司，以共享工厂为线下场景搭建产业互联网共享制造平台，为童装产业升级提供了新的路径。

2. 抓企业服务，服务水平和能力显著提升 通过"三大中心"、色彩体验馆、面料主题馆、大数据中心等载体，开展8期色彩设计人员培训、5000余批次质量检测、2000余人次电商培训等，加快提升公共服务整体水平。借助湖州（织里）童装及日用消费品交易中心获批国家级市场采购贸易试点，引进象屿集团，通过建立跨境电商服务平台，加速推动织里童装"走出去能力"。通过引进织里童装直播电商基地、举办快手织里童装节、天猫聚划算平台，加大推动电商产业发展力度。

3. 抓创新"破题"，营商环境持续优化 精准出台"童八条"等政策，提供童装助力贷款，助力童装企业做大做强。发挥童装商会党建引领作用，组织企业外出考察，切实增强了企业间的交流合作。强化校地联动，与湖州职业技术学院、湖州艺术与设计学校等本土院校合作，破解企业发展中的人才难题，推动童装产业提档升级。

4. 抓"五大工程"，项目推进按下"加速键" 重点建设童装上市企业总部园、浙江湖州数字文化职业学院、中国童装品牌运营中心、织里童装产业示范园、童装智慧仓储物流园区，重点突出品质品牌引领，强化龙头示范带动。

三、存在的问题

一是数字赋能产业需进一步提升。织里科技创新服务综合体被列入省级试点，现产业大数据及可视化平台已建设完毕，但在数据库体量上、个性化服务上等方面还有一定差距。

二是产业整体创新氛围需进一步提升。在服装教育、管理咨询、人才平台等支撑产业持续发展能力还存在不足，特别是数字赋能产业重要性意识还有所欠缺。相关从业人员结构不平衡，存在技术人才和管理人才难留住。

三是产品质量意识需进一步提升。织里作为产业链完善的童装产业集群，有市场灵敏度高、反应速度快、快反能力强等优势，但存在品牌童装企业相对少，批发企业多，大部分企业的产品质量意识有待提升。

四、下一步举措

接下来，织里镇围绕党委政府的工作部署，抢抓机遇，锁定目标，持续深化童装产业转型升级，积极发挥行业引领示范作用，不断增强织里产业竞争力和影响力，努力实现纺织产业高质量发展。一是顺应发展趋势，持续推动产业数字化；二是举措落实落地，持续推动童装品牌化；三是创新服务载体，持续推动公共服务水平；四是持续推动"五大工程"，引领产业发展。

供稿单位：湖州市吴兴区织里镇人民政府

中国长丝织造名镇

浙江省长兴县夹浦镇

一、基本概况

夹浦的纺织业起源于20世纪80年代初，是长兴县纺织产业的发源地，纺织产量占据全县50%以上，集群内化纤加工业、织造业、印染后整理到家纺生产等领域有着良好的配套。

2021年底夹浦镇共有纺织类企业近500家，其中规上企业101家，规下企业400家；个体工商户数2061家。拥有各类纺织设备4.5万余台。产品主要为磨毛布、春亚纺、伞面绸、里子布、交织棉、五枚缎、浴帘布、遮光布、箱包布等50多个品种，是全国家纺面料、服装辅料、窗帘布主要供应地之一。年产各类织物近30亿米，化纤丝近60万吨，印染布近30亿米。

2021年纺织工业产值完成近452亿元，同比增长2.13%；加工化纤丝产量超64.3万吨，同比增长8.56%；化纤布产量超40.3亿米，同比增长7.46%；印染布产量超33.42亿米，同比增长6.15%，固定资产投入8.2亿元；自营出口33.35亿元，同比增长14.1%。

二、集群发展亮点

纺织产业是夹浦主要产业之一，75%以上的家庭从事纺织工业及配套服务，家庭织机收入是较大部分老百姓的主要收入。但家庭织机织造面临环境污染、安全生产、质量低档等多种问题，严重制约传统纺织行业健康发展。而如果采用"一刀切"全部关停家庭织机的做法也将影响数万群众生计。2019年1月，夹浦镇正式启动纺织行业转型升级。三年来，夹浦镇成功地打出了一套推动散户集聚、新建小微园、织机上楼、数字化改造"组合拳"。

1. 集聚"家庭织机户入园"，加快产业集群发展 夹浦镇转变传统"一关了之"的落后理念，通过建设纺织小微园、家庭织机入园上楼等手段，开拓家庭织机户集群发展新路径，让织机户思想上解除顾虑、安心发展。

2. 运用"工业互联网+"，实现智能制造 夹浦镇以"工业互联网+"的方法构建纺织行业有机的生产组织整体，实现化"散"为整、变"小"为大，创造纺织行业规模制造新优势。

3. 构建"园区数字化"，提升管理水平 夹浦镇以小微园数字化转型为核心，全力打造小微园综合服务中心，以纺织云平台为载体，建立健全共享机制，实现纺织产业数字化管理。

三、当前产业发展存在的问题

虽然夹浦镇在推动纺织家庭织机户集群发展与纺织小微园数字化转型方面取得了一定的阶段性的成效，但在工作推进的过程中，夹浦镇还存在着一些困惑。一是纺织产业转型升级任重道远，发展要素制约依然突出；二是生态环境治理压力仍然较重，基础设施等领域仍存在短板弱项；三是如何让已经联网的织机充分发挥效果，让业主真正感受到机联网带来的经济效益；四是如何在夹浦镇试点的基础上向全县其他纺织重点乡镇复制推广等。

四、下一步工作打算

夹浦纺织历史比较久、体量也比较大，既是富民产业，同时也是传统行业。这需要夹浦镇坚持不懈、久久为功推动产业转型升级。

1. 产业要创新创强 坚持差异化、绿色化、数字化发展道路，向科技要效益、向管理要效益，做大做强产业发展。

2. 产业要提质增效 政府通过智慧纺织产业创新服务综合体等载体做好服务工作、加快科技赋能。企业围绕整个产业链条进行差异化发展，以"专精特新"为方向，大力推进数字化改造、品质化提升、差异化发展，更好提高产品的附加值、产业的竞争力。

3. 做好人才引育工作 依托镇内高科技龙头企业，搭建创新平台，开展高企研发中心、技术中心建设等"筑巢"行动，同时通过科技小微招引、综合体平台对接、校园招聘、定向培养等多渠道引入高层次与紧缺人才。

4. 借力产业促共富 进一步做深做好"产业创富"这篇文章，在规范企业管理基础上，充分发挥产业溢出效应，更好提高老百姓工资性收入、经营性收入等增收水平，同时，进一步发展壮大村级集体经济。

供稿单位：长兴县夹浦镇人民政府

中国轻纺原料市场名镇

浙江省绍兴市柯桥区钱清街道

一、集群概况

钱清是绍兴经济强镇，是浙江省首批 27 个小城市培育试点镇之一，化纤、纺织等支柱产业优势突出，纺织产业集群内建有全国最大的轻纺原料集散中心之一——钱清·中国轻纺原料城，占地面积 350 亩，营业房 2300 余套，入驻经营户 1048 家，市场配套仓储面积约 15 万平方米，配套停车场面积 15000 平方米。2021 年市场成交额 653.74 亿元，同比增长 2.51%。国内各大化纤、棉纺企业都在原料城设有直销点，产品销售范围覆盖全国并辐射东南亚地区，是全国轻纺原料价格走势的晴雨表和同类市场发展的风向标。

三年来，在街道党工委的正确领导下，紧紧围绕"融杭桥头堡、临空主战场"的奋斗目标，主动适应经济发展新常态，坚定不移打好经济社会转型升级系列组合拳，获得全国营商环境十强镇、中国乡村振兴示范镇、中国轻纺原料市场名镇、浙江省小城市培育试点优秀单位、浙江省首批现代商贸特色镇、"十三五"高质量发展小城镇等荣誉称号。

截至 2021 年底，拥有纺织类企业 1573 户，工业总产值达 236.2 亿元，其中规模以上纺织类企业 158 家，占总规上工业企业数量的 84%，工业总产值 157.4 亿元，占据规上工业总产值的 69%，主营业务收入 146.05 亿元，利润额 8.9 亿元，从业人员 10946 人，规下纺织企业 1415 家，工业总产值 78.8 亿元，主营业务收入 78.1 亿元，利润额 2.13 亿元，从业人员 10216 人。纺织主要产品为布、针织坯布、化纤，产量分别高达 90956 万米、78006 吨、909971 吨，纺织产业的集聚效应为地方的经济社会发展做出了巨大贡献。

二、集群发展亮点

1. 推进项目落地，打造经济发展新引擎 打好存量招商、产业链招商、乡贤招商等组合拳，杭州汇证功能性化纤研发生产和供应链管理项目、凡特思国际纺织品检测认证中心项目等 11 个项目签约落地，累计到位资金 41.29 亿元。引入宝龙综合体项目，投资 55 亿元打造集购物、餐饮、居住于一体的大型商贸综合体。2019 年以来，累计 55 家企业升级生产性设备投入超 4.7 亿元。铭莱纺织、公圣纺织等"二次开发"项目通过区级审批并开工建设，5 个村级物业更新项目有序推进，盘活存量土地近 900 亩。

2. 筹划平台建设，创造创新发展新契机 重视创新平台搭建，轻纺原料城 A 区市场、联合国贸等提升改造为浙江绍兴人才创业园（柯西园），中国科学技术大学、天津工业大学实验室已入驻。引导企业自主创新，国家高新企业达 62 家，科技型中小企业达到 126 家，支持或参与制定修订 55 项国家、行业、地方和团体标准，2021 年度研发经费支出 7.5 亿。注重人才引进培育，新增 A-F 类高层次人才 2300 余人，实现国家级"千人计划"人才引进零的突破。

3. 坚持绿色共识，打造生态发展新高地 全面落实"河长制"，街道和村两级 96 个区级检测点河道断面均无Ⅴ类、劣Ⅴ类水质。开展"污水零直排区"创建，投入 2435 万元，完成 108 家工业园区的改造任务，在省级考核中被评为优秀。高效处置中央生态环保督察交办件 10 件。持续攻坚"蓝天保卫战"，结合工业园区全域整治等专项行动，共检查企业 560 余家次，停产整治企业 70 余家次，完成 VOCs 治理企业 27 家。2021 年底，街道 PM2.5 平均浓度为 26 微克/立方米，治理工作取得显著成效。

三、存在的问题及下一步规划举措

1. 存在的问题 一是产业发展承受原料和市场"两头"挤压。国外疫情反复，全球需求萎缩以及海运费用提升，纺织产业面临严峻考验。二是企业创新有待进一步提高。纺织企业技术创新、设计创新、装备自主创新等能力不强，人才短缺，产品附加不高，企业利润增长乏力，劳动力成本和原料成本的波动直接影响企业利润。

2. 下一步规划举措 一要聚焦发展导向，优化产业布局。深入实施数字经济五年倍增计划，积极推进项目的招商引资，积极发展电子商务，用互联网思维改变外贸的经营模式。二要写好"新旧文章"，促进动能转换。持续深入开展亩均效益考评，强化"亩均论英雄"，大力实施腾笼换鸟、机器换人、空间换地、电商换市的"四换工程"。三要坚持创新驱动，突破关键技术。搭建好创新平台，进一步完善技术创新体系，积极引进国内外纺织行业人才。四要继续加强企业绿色生产，严厉整治涉污企业。

供稿单位：绍兴市柯桥区钱清街道办事处

浙江省绍兴市柯桥区漓渚镇

一、集群概况

受新冠肺炎疫情和国际经济形势变化的影响，漓渚镇产业集群走过了极不平凡的几年。是困难也是机遇，漓渚镇依靠高质量的发展理念，通过一系列组合拳加快推进制造业转型升级，主动积极应对经济下行、贸易摩擦等困难问题，防控重大风险。在原有针织特色产业集群的基础上，漓渚镇对产业进行精细化规划，分为生产区、研发区和配套产业区，积极打造高端纺织，建立人才创业孵化基地，综合实力稳步提升。

目前纺织产业集群区拥有规模以上纺织企业44家，规模以下企业690家，其中2021年主营业务收入超亿元的有3家，拥有各类针织产品5100余个，整个集聚区2021年针织布产量1.78亿米；2021年纺织产业集群总产值35亿元，其中规模以上纺织产业累计产值21亿元，规模以下累计产值15亿元；2021年纺织产业集群主营业务收入32亿元，其中规模以上纺织产业主营业务收入18亿元，规模以下主营业务收入14亿元；2021年规模以上纺织产业利润总额1.5亿元，从业平均人数1430人；2021年规模以下纺织产业利润总额5300余万元，从业平均人数2088人；纺织工业占地方工业总产值87%的比重，是漓渚镇GDP的主要组成部分，也是主要的税收经济来源。

二、集群发展亮点

1. 转型步伐坚定有力 坚决贯彻区委印染产业搬迁集聚决定，12家印染企业集聚滨海。大力实施"腾笼换鸟"，盘活数控二、三期闲置土地180余亩，新建标准厂房40余万平方米，规上纺织企业从38家增长到44家。

2. 项目招引成效显著 三年来共引进5亿元以上项目3个，1亿元以上项目7个。固定资产投资累计超过20亿元。鼓励企业创新创优，规上企业研发投入从3320万元增长到5104万元，较三年前翻一番。国家级高新技术企业由1家增长到13家，发明专利由5件增长到98件。

3. 工业园区建设升级 2021年新增标准化工业厂房面积40万平方米，盘活工业土地200亩。其次对各村零星工业用地进行土地置换，集中开发，实现土地亩均效益最大化，预计流转100亩土地项目将用于新村共富创业产业园项目建设，预计建成厂房面积50万平方米，带来年产值5亿元的GDP，助力共同富裕。

4. 设备工艺转型升级 引入更多的自动化提花机、机械臂等机器换人的智能设备，提高生产效率与产品品质。至2021年底，进口电脑针织圆机数量已达3000余台，圆机总量达到了16000台，产业集聚区内配套后加工及物流产业链完善。

三、目前存在的问题

经过近年来的发展，漓渚镇经济社会发展取得了不少优异的成绩，但仍面临着不少困难和问题，具体表现为：

1. 受新冠肺炎疫情影响，纺织行业出口受到的影响颇深 整体针纺行业普遍存在库存较多。同时由于国际局势的不稳定，石油化工产品的价格不断上涨，很多订单由于价格上涨而取消。劳动力、土地等成本不断上升，纺织行业利润空间被压缩。

2. 科技创新意识总体不强 拥有自主知识产权的品牌、商标、专利还不多，经济转型升级的要求比较迫切，需要以技术变革来创造新的产业优势。

四、下一步规划

下一步，全镇将继续紧扣"创新、协调、绿色、开放、共享"发展主题，紧扣"排头兵、桥头堡"战略定位，坚持供给侧结构性改革，全面扩大开放，统筹推进疫情防控和高质量发展，围绕柯桥区"十四五"发展规划。重点提升纺织业发展质量，提升产品价值。

今后的两大任务主要为：

以印染企业闲置厂房为平台，开展"腾笼换鸟"及招商引资工作，深挖针织产业潜力，打造样板工业园区，同时完成新村共富创业产业园项目建设，继续推动针织企业集聚升级。推进品牌建设，促进科技创新，注重人才引进，继续巩固"五气合治"，持续打好"蓝天保卫战"，进一步改善生态环境。全面推行政府管理的清单化、项目化、责任化，利用浙江特色"驻企服务"打通服务企业"最后一公里"问题。

在纺织产业集群在整体的技术装备和工艺水平、节能减排和环保水平、产品质量和抗风险能力都有明显提升的基础上，加大产业集群内企业间协作发展。把握国内国际"双循环"，将纺织集群发展做大做强，继续打响漓渚镇"针织名镇"的招牌。

供稿单位：绍兴市柯桥区漓渚镇人民政府

中国非织造布名镇

浙江省绍兴市柯桥区夏履镇

一、集群概况

绍兴市柯桥区夏履镇素有"全球生态 500 佳"美誉，在杭州中环内，距杭州萧山国际机场 15 公里，柯桥中国轻纺城 5 公里，杭金衢杭绍台高速入口在镇入口处，并且毗邻上海港、宁波—舟山港两大港口，市场环境得天独厚。

以夏履镇为核心打造的全国非织造名镇，目前共有非织造布企业、终端制品加工企业及相关配套企业 124 家，其中规上企业 32 家，小微企业 92 家。2021 年共生产水刺、纺粘、热风、热轧各类非织造布 6.1 万吨，湿巾、揩布 152800 箱。实现产值 29.35 亿元，主营业务收入 23.76 亿元，利润 1.50 亿元。各项经济指标分别占本地区工业经济指标的 37% 以上。带动了周边地区非织造产业的发展。解决了就业人员 7505 人，产生了显著的经济和社会效益。最近几年又涌现出一批新兴非织造布及制品企业，如绍兴佰迅卫生用品有限公司，年生产湿巾等非织造制品 104570 箱，产品大部分出口韩国、日本及欧美等国家和地区，年出口 800 万美元。

二、集群发展亮点

经过近三年的发展，集群内企业从以前的 111 家发展到目前的 132 家，增加了 18.9%，年产值增加了 22.2%。产品也从单一生产水刺、热风、热轧非织造布到生产各类卫生用终端产品和各类建筑装饰材料，形成上下游完整的产业链。各企业注重科技研发自主创新，有高新技术企业 4 家，16 家企业获省科技型中小企业，申报省级工业新产品（新技术）21 只，获发明专利 26 项，实用新型专利 68 项。建立市级企业技术中心（研发中心）2 个，浙江宝仁无纺制品有限公司与东华大学合作成立本科生实习基地和研究生工作站，进一步强化校企合作，加快产学研成果转化，已合作开发出"可冲散厕用非织造布"和"PP 木浆复合擦拭布"等多款新产品投放市场。积极参与科技研发工作，宝仁无纺参与研发的"医卫防护非织造材料关键加工技术及产业化"获 2019 年度国家自然科学奖、国家技术发明奖以及国家科学技术进步奖提名奖。

三、当前集群发展存在的问题及下一步打算

在当前国内外复杂的形势影响下，夏履镇非织造布产业仍取得了可喜的成绩，但还存在产业集群规模较小、产品创新能力不足、自主品牌培育能力不够等问题。针对上述问题，夏履镇将主要做好几个方面的工作：

1. 进一步发挥政府的主导作用 首先在产业发展导向上造浓氛围，向非织造布产业进行倾斜，继续把发展非织造布产业作为纺织产业转型升级的重要战略；其次在政策支持上，配合区政府的相关奖励政策，积极引导企业做大做强；然后在建立健全市场规则上，促进非织造产业形成有效竞争的市场结构。规范行业竞争，制订夏履镇非织造布产业自律公约，保障和促进企业的健康发展。

2. 进一步发挥公共服务创新平台的作用 首先是加强与中国纺织工业联合会、产业用纺织品行业协会的联系，参与国内外行业展览会议，承办行业内知名年会和主题会议，开创"夏履镇非织造产业"品牌发展之路的新时代。其次是强化与学校、科研院所的合作，签订产学研合作协议，加快产学研成果转化。最后是完善服务内容，提升服务水平，打造服务于区域特色产业经济发展的行业公共服务平台。

3. 进一步发挥龙头企业带动作用 首先是以现有规模以上企业为基础，突出转型升级，发挥"宝仁无纺"的龙头带动作用，引导企业统筹有序地培育发展非织造布产业，做强做大产业规模，推进集群发展。其次是走错位发展、特色发展、品牌发展之路，向纺粘非织造布、复合非织造布、透湿防水功能性非织造布等功能化方向发展。最后是促进产业链向纵横延伸，向非织造布原料、终端产品生产方向延伸，完善产业链，达到企业优势互补、共同发展的目标和效果。

供稿单位：绍兴市柯桥区夏履镇人民政府

中国袜子名镇

浙江省诸暨市大唐街道

一、集群概况

大唐街道是诸暨袜艺小镇核心区，块状经济特色明显，拥有袜业、弹簧两大主导产业。其中"大唐袜业"已形成了机械、原料研发、袜业智造、营销物流等一整套完整产业链，就业人口达到20余万人，产量占全国的75%、全球的三分之一，素有"国际袜都"之美誉。2021年，诸暨袜业拥有各类市场主体3.2万余家，规上工业企业318家、限上服务业111家。2019年，大唐袜业企业荣登全球胡润百富榜名单高达26家，袜业区域品牌价值估值达1100亿元。小镇于2015年列入省首批37个特色小镇创建名单，2018年8月，诸暨袜艺小镇被省政府正式命名为浙江省特色小镇。

二、集群发展亮点

1. 要聚焦高质量，构筑新平台 诸暨袜艺小镇作为袜业产业为基础的特色小镇，一直将核心平台数字变革作为袜业产业提档升级的一号工程，重抓综合体、袜业产业工程师协同创新中心、袜业产业大脑等平台的建设。

2. 要激活新动能，跑出"+"速度 围绕传统动能修复与新动能培育两大主题，紧扣"优中间活两端"改造提升方向，优化产业格局。前端发力新装备、新材料、新工艺、新产品等方面进行科研攻关。终端发力"互联+"新零售服务中心建设。生产环节发力智能制造和数字化工厂建设。

3. 要建设精细化，焕发新气象 按照产业、文化、旅游"三位一体"，生产、生活、生态"三生融合"，工业化、信息化、城镇化"三化驱动"，项目、资金、人才"三方落实"的规划方案，确立"塑区、通脉、点睛"的整治框架，推进"美丽示范街、小镇客厅、镇容镇貌改造、入镇口改造、生态河道治理、公共服务设施改造"等六大工程。

4. 要组建特色小镇党委，引领打造特色小镇党建品牌 推进"党建+基层服务""党建+青年创业""党建+招才引智""党建+文化建设""党建+社会治理"，凝聚党建赋能特色产业高质量发展，创新外来流动人口管理方式，打造"互联网+"智能化劳动力市场，进一步形成"共建特色小镇、共促转型升级"的合力，不断升级"治理数字化"发展方向。

三、目前存在的问题

特色小镇内高端人才落地仍有困难，特别是原材料、设计、装备技术攻关型等人才的引进落地；特色小镇内的龙头企业较少，而大量的小微企业标准生产、质量意识、品牌意识仍未进一步突破，特别是该些企业对全面推进数字化生产仍存在观望心态；小镇空间可拓展资源越来越少，导致新项目落地难，新生动力、可持续性发展遇到一定瓶颈，小镇亩均效益评价指标提升后劲不足；综合体、袜业产业工程师协同创新中心、袜业产业大脑等平台的建设虽已基本建成，但企业应用和参与度仍有较大局限性。

四、下一步举措

1. 紧扣数字化，赋能"生产链" 锚定袜业数字化转型主路径，以打造全国袜业智能制造装备示范基地为目标，加快企业"自动换机械""成套换单台""智能换数字"进度。同时，紧盯小镇内重点项目，加快推进大唐国际智能产业园、大唐袜业产业智能供应链项目、"新零售服务中心"、华海数字技改等项目建设，助力小镇亩均效益评价指标快速提升。

2. 紧扣现代化，激活"创新链" 紧扣"数字赋能打造2.0版袜艺小镇"这一目标，继续变革深化创新服务综合体、袜业工程师协同创新中心和袜业大脑等功能平台，进一步拓展与中国纺织服装教育学会、"1+20"联盟高校、农林大学暨阳学院等知名院所合作领域，引导企业加快数字化综合平台的全面应用，强化企业突破数字化生产、创新研发技术攻关等关键环节，提升产业链整体协同创新力。

3. 紧扣特色化，做优"生态链" 坚持以全面融入小镇为重点，对标一流、查找差距，立足以袜艺小镇为中心，辐射全域的"一心双城三廊"构想。统筹构建沿江生态廊道、开放滨水空间、绿色交通枢纽，形成江、城、景相映的城市景观主轴。完善提升特色小镇的休闲观光游、文化体验游、时尚购物游、创业创新游等旅游线路，建设大唐旅购长廊，全力打造最顶尖的袜艺文化体验中心和最具风情的古镇旅游目的地，进而提升产城融合度、百姓宜居度、风景靓丽度。

供稿单位：诸暨市大唐袜业科技创新服务有限公司

浙江省义乌市大陈镇

一、集群概况

中国衬衫名镇——大陈镇，地处义乌北大门，与绍兴市接壤。大陈镇环境优美，全镇无污染行业，主要产业为服装制造和旅游业，其中主导产业为服装制造业，尤其是衬衫产业高度发达，产值比重占全镇工业经济总量的 80% 以上。截至 2021 年底，全镇共有衬衫制造企业 206 家，其他关联企业和配套企业共计 130 余家，行业规模以上企业 35 家，产值过亿的企业 2 家。行业先进的衬衫流水线 430 余条，日产衬衫 46 万余件，行业从业人员 2.4 万人。2019—2021 年，行业实现工业产值 176.87 亿元，累计出口值 61.25 亿元。

二、集群发展亮点

1. 借助政策东风，提升产业发展 三年来，义乌市人民政府相继出台多项实体经济扶持政策，来推动产业发展。在疫情期间，义乌市人民政府、大陈镇人民政府还积极与相关部门协作，推出了各项惠企措施，在水电气、融资、税收、物流等多方面为行业提供便利和减免，还出台多项复工复产举措，如开通员工专列、实行用人企业补贴等形式来保障行业的正常运转。随着各类行业政策的出台，虽有疫情影响，但行业总体发展平稳。2020—2022 年，大陈镇服装行业开工时间与往年基本处于同期，企业各项经济指标稳中有升。

2. 搭建公共服务平台，助推产业良性发展 2021年 3 月，由义乌市大陈镇人民政府和义乌市服装行业协会大陈分会牵头，联合多个相关服务机构共同建设的产业技术服务平台——义乌市衬衫产业创新服务综合体正式投入运营。该项目于 2019 年开始筹备，2020年底完成场地建设投入运营。自综合体运营以来，为行业提供各项服务对接等活动 1200 余次，服务企业300 余家次，培育国家级高新技术企业 3 家、浙江智造品字标企业 2 家。

此外，每年还组织开展各类培训指导，包括开展质量技术指导、商标标识培训 2 次以上，劳动法、安全生产、知识产权等法律法规 5 次等。通过培训指导，来提升企业法律法规和权益保障意识。义乌市服装行业协会大陈分会还与东华大学、浙江理工大学、浙江省金华监狱、浙江省第三监狱等单位建立了长期战略合作关系，在行业与高校间建立通道，帮助企业对接

高校解决技术难题，在企业和第三方建立订单委托加工平台，来降低企业生产成本、保障企业货期，提升行业整体竞争力。

3. 带领企业走出去，推动行业转型升级 通过大陈镇人民政府和大陈分会的组织，带领企业走出去多看多学，学习其他地区的先进经验和做法。三年来，累计组织 6 次考察和学习。每年还两次组织企业组团参展中国国际服装服饰博览会，三年累计组织 350 余人参观，67 家次企业组团参展。组织企业参加各类服装设备展会 6 次，在企业与设备制造商中间搭建桥梁，积极为行业引入新型服装生产设备，以设备更新、机器换人为抓手助推产业转型升级。同时还积极与相关职能部门沟通，努力争取行业参展补贴，降低企业参展成本。三年来，累计从义乌市市场发展委员会、大陈镇人民政府等政府相关部门共计争取到企业参展补贴 170 余万元，切实帮助企业减轻了参展经济压力。

三、集群存在的主要问题

当前存在的主要问题是如何应对日益上涨的生产成本，提升利润空间。随着服装生产设备的大量普及，产业已经逐步减少了对熟练工人的依赖，但机器只能替代部分熟练工人，行业对普通工人的需求没有减少。此外，还有三分之一以上的岗位无法使用机械和普通工人替代，对熟练工人的需求依然很大。目前，行业熟练技能工的平均月薪达到 7100 元以上，比 2019 年的6200 元增长了 900 元以上，生产成本进一步提升，但产业利润上升的步伐却没有同步。未来几年，提升附加值、降低成本仍将是产业面临的主要问题。

四、发展规划

借助义乌市衬衫产业园区建设，打造行业优质制造企业的集聚基地，提升行业品牌形象和影响力；依托义乌市衬衫产业综合体平台优势，补充行业短板，推动行业发展；利用协会平台优势，发挥纽带作用，争取政策支持，巩固发展基础，不断加快产业结构调整和升级；利用产业发展区域集中优势，不断增强产业集聚效应，深化配套产业链，形成衬衫全产业链优势。

供稿单位：义乌市服装行业协会大陈分会

中国出口服装制造名镇

安徽省繁昌县孙村镇

一、集群概况

孙村镇地处芜湖市西南面，距繁昌县城8公里，总面积153平方公里，辖19个村，4个居委会，人口5.83万，境内有国家"AAAA"级景区——马仁森林公园，有国家级文物保护单位、距今200万~256万年的远古人类活动遗址——人字洞。沿江高速、省道S321线、淮九线穿境而过。多年来，形成精品服装、装备制造两大产业，被评为"全国出口服装制造名镇""安徽服装第一镇""安徽省铸造名镇"，主导产业特色鲜明。

近年来，孙村镇积极推进产业提升，进一步转变观念，开拓创新、把培育特色产业放在摆上区域发展的重要位置，在服装产业集中区的基础上，抢抓金融危机，倒逼产业西进，安徽皖江经济带承接产业转移示范区建设给孙村镇所带来的机遇，做好产业发展的延伸化、集群化、规模化，积极做到率先发展、协调发展、科学发展。

截至2021年底，孙村镇服装及配套类企业226家，其中规上企业66家，年加工生产服装近亿件，实现产值36亿元，服装产业直接从业人员2万余人，轻纺服装产业已形成集纺织、染整、水洗、印绣花、制线、成衣加工、包装和物流等为一体的服装产业链。华阳服装"SUNUS"、瑞得服饰"瑞兰得"、依雨娇、栖凤阁、香蕊依人、摩奥、小飞鱼等服装品牌建设初见成效，逐步形成"互联网+"的营销思维，"栖凤阁"已成为淘宝汉服知名品牌。

二、集群发展亮点

孙村镇轻纺服装企业出口依赖性较强。面临改造提升传统产业，发展壮大高新技术产业，增强企业核心竞争力的巨大挑战。为将产业集群做大、做精、做强，孙村镇围绕以下几点建设和服务工作。

一是围绕产业链延伸，打造电子商务产业园，引导企业"两条腿"走路。全力推进创业基地建设，在服装创业基地建设的基础上，争取上级资金支持，先行一步，学会两条腿走路。抢抓发展先机，着力发展电子商务，学习先进地区发展经验，以建设"服装名镇"为目标，抓住承接产业转移机遇。

二是政府加大扶持力度，结合《繁昌县扶持企业发展专项资金实施意见》的通知，重点鼓励企业上台阶、开发市场、促进企业实施品牌战略和"走出去"战略，支持企业进行规模扩展、人才培养与引进、技术创新、重点扶持民营领军企业、服装加工企业。

三是注重人才战略，造就一批吃苦耐劳而又懂管理、善经营的企业家队伍，在不断发展壮大的过程中发挥核心作用。加大对企业技术人才的培育，与高校联合，对企业人员进行中高层次的培训，增强企业的发展后强。

四是注重科技战略，注重用先进的科学技术占领市场的制高点，以市场为导向，加大与科研院所、大专院校的合作力度，鼓励企业不断开发新产品，广泛集聚科学人才，提高科技创新能力，加强科学管理，提高产品质量。

三、下一步建设重点

依托安徽经济中心发展带发展战略，轻纺服装工业载体，突出服装的前端设计研发和终端销售网络建设与维护，加强与科研机构合作，努力提高孙村服装加工企业自主创新能力，坚持意识先行原则，加大企业管理层的培训密度，以意识创新促进管理创新与技术创新。

走人才发展战略，重点培养营销管理人才、设计人才和技术人才，制定优惠政策吸纳引进国内外营销、管理、技术人才加盟孙村服装企业，增强和充实企业的核心力量。

加大集约化建设力度，鼓励大企业大集团兼并小企业，通过资产良性运作，实现人员与资源向大集团、大企业集中，支持大企业发展。

注重品牌建设，实施品牌战略，创精品、树新品，继续打造区域品牌和行业品牌，充分发挥"中国出口服装制造名镇""安徽服装第一镇""安徽孙村轻纺服装创业基地"优势，做精、做强轻纺服装产业。通过与国内外知名品牌企业合作与引进，积极开拓培育本土产品品牌，极力打造国家级创业基地和全国服装名镇。

供稿单位：繁昌县孙村镇人民政府

中国服装棉纺织制造名镇

安徽省望江县长岭镇

一、集群概况

长岭镇共有纺织服装加工企业和个体户 630 家，规模以上纺织企业 15 家，销售规模超亿元的企业 5 家，小型服装加工企业和个体户 615 家。纺织企业产值 45 亿元，入库税收 1260.95 万元，年利润 1.5 亿元。长岭镇党委政府遵循"创新、协调、绿色、开放、共享"五大发展理念，近年来，按照"工业强镇、交通扩镇、商贸活镇、生态立镇"的总体思路推进各项工作，特别是充分利用国家、省市县各级大力发展扶贫产业的历史机遇，着力实施工业强镇战略。

二、集群发展亮点

1. 建设望江县长岭镇返乡农民工创业园 自 2019 年始兴建，产业园总体规划占地面积 1000 余亩，以纺织服装产业为主体，按照小微园区功能科学规划，分期建设，园内实现"五通一平"，配套设施一应俱全。此外，严格按照《望江县扶贫资产管理操作细则》要求，及时对已建成的厂房进行资产确权登记，明确了"公司+企业+村"的管护机制。一、二、三期项目 2022 年已实现上缴税收 1000 余万元，为村集体增收 800 余万元。

2. 强化组织领导 成立了以长岭镇党政主要负责同志任组长、分管负责同志任副组长、相关部门主要负责人为成员的首位产业发展推进工作领导小组，统筹推进首位产业重点任务落实。另外结合全省创优营商环境，为企业服务，进一步细化镇领导主动服务企业工作机制，深入联系走访企业，帮助解决各类问题 100 多件。

3. 紧抓招商引资 长岭镇紧紧抓住承接产业转移发展机遇，通过招商引资、推动产业转型升级、推进特色园区建设、加大企业扶持力度等措施，不断吸引江浙地区企业来镇投资兴业，进一步壮大了纺织服装产业。

三、集群未来发展计划

1. 营造良好营商环境 持续深化"放管服"改革，着力优化首位产业环境。通过营造良好的产业集聚氛围，大力培育专业市场、园区，并进行合理规划布局，强化集群内成员企业进行资源、信息等协作交流，提高产业关联度。对集群内产业链缺失或薄弱环节进行深化招商，通过完善产业链，促进纺织产业集群的转型升级。发挥立法职能、监督职能，规范市场经济秩序，杜绝企业间模仿抄袭、通过价格战恶意倾销等行为，保障有序的良性竞争，完善纺织产业集群信用体系建设。

2. 打造科技研发体系 采取"政府支持、企业参与、市场运作"方式，建设一个公共技术研发服务平台和骨干企业技术研发平台协同发展的研发体系。强化公共研发服务平台建设。依托安徽农业大学轻纺工程与艺术学院等研究机构，建立具有持续技术创新平台，组建技术开发基地、公共实验室、技术服务中心等科技服务机构。鼓励骨干企业建立技术研发中心，助力企业申报省级以上企业技术中心、工业设计中心。

3. 扩展产业融资体系 邀请各类基金考察，吸引直接投资，邀请证券机构开展业务培训，发行企业债等多种方式融资。强化企业融资培训，主动搭建平台，帮助企业对接金融机构，解决融资需求。积极利用"政银担"合作模式，保障中小微企业贷款需要。

4. 引导企业加强品牌建设 政府引导产业园内企业加强品牌建设，加快发展品牌经济、积极培育发展龙头企业、打造区域品牌。另外，可以通过举办展会、博览会等途径加强宣传品牌建设，以此提高产品层次和产品附加值。其次，引导集群内企业树立品牌建设和维护意识，通过产品质量标准的制定、信用体系和市场交易环境的完善、考评机制的保障，进一步促进企业诚信经营，从而提高品牌价值。

5. 强化工作推进机制 围绕首位产业发展年度工作任务，制定具体的工作落实方案，细化任务书、路线图、时间表。推动资源要素向纺织服装产业集聚、政策措施向纺织服装产业倾斜、工作力量向纺织服装产业加强，确保各项任务落实见效。

供稿单位：望江县长岭镇人民政府

中国花边名镇

福建省福州市长乐区松下镇

一、集群概况

松下镇位于长乐区最南端，陆地面积 38.6 平方公里，海岸线长 24 公里，总人口 2.6 万人，辖 9 个行政村。辖区内的松下港区为国家交通部审定的福州四大港区之一，为国家一类口岸。

全镇产业以花边、钢铁等传统产业和粮油加工及港口物流业为主。现有工业企业约 250 家，其中规上工业企业 40 家（有 25 家规上花边企业），年产值亿元以上企业 19 家（有 10 家花边企业）。

松下花边纺织产业发源于 20 世纪 80 年代初期，自 1984 年创办长乐区提花织物厂后，松下镇花边纺织企业迅速发展，现在一批具有自主知识产权和核心技术的名牌产品正走向世界，逐渐成为在福建省乃至全国都颇具影响力的花边纺织生产区域之一，并于 2006 年被评为"中国花边名镇"。

目前经过不断培育和发展，花边纺织企业已达 226 家（规上花边纺织企业 25 家），拥有花边机设备 3300 多台（规上花边纺织企业 1900 多台），从业人员约 9100 人（规上花边纺织企业约 4400 人）。2021 年松下镇花边纺织产业整体产值达 55 亿元（规上花边纺织企业产值 45.3 亿元），主营业务收入 52.9 亿元（规上花边纺织企业 43.3 亿元），利润总额 8.1 亿元（规上花边纺织企业 6.9 亿元）。

二、集群发展亮点

松下花边纺织企业主要生产各种高档内衣弹性花边、贾卡花边、经编面料等产品，产品在遍布广东、浙江、成都、沈阳等全国各大纺织市场的同时，也已进入美国、欧洲、东南亚等市场。

松下镇福建名牌产品中，花边纺织类共有 6 项（华冠公司的服饰面料、永丰公司的针织成品布、东龙公司的花边、兴隆针纺的花边、德运公司的花边和佳亿化纤的锦纶弹力丝），福州市产品质量奖中，花边纺织类 2 项（永丰公司的经编布和佳亿化纤的锦纶弹力丝）。2012 年共有 5 项花边纺织类产品入选《福州名优产品目录》（华冠公司的服饰面料、永丰公司的针织成品布、东龙公司的花边、兴隆针纺的花边、德运公司的花边），花边纺织类产品质量名列前茅。

松下镇的花边产业发展主要是花边行业的企业间利用地理接近性，通过合资、合作或建立联盟协会等方式，共同进行生产、销售等产业活动，带来了外部经济，包括外部规模经济和外部范围经济。不同企业分享公共设施和专业技术劳动力资源，大大节约了生产成本，促进了企业之间的分工和生产灵活性。

从社会学的角度看，本地的企业相互靠近，企业主以本地村民为主，可以在长期的交往中逐渐建立起人与人之间的信任关系和保障这种信任关系的社会制度和安排，从而积累社会资本，降低交易费用。

三、产业集群发展存在的问题及下一步规划

1. 土地因素影响企业发展 由于土地资源有限，土地报批前置条件制约、征地难等原因，企业用地供应难度增加，影响项目的实施。

2. 配套设施建设仍需加强 滨海污水处理厂管网虽然已有东龙、永丰等部分花边企业进行了接驳，但覆盖面仍不足，需进一步的扩大覆盖面。

3. 部分企业融资难 松下镇的企业现主要仍以中小企业为主，这部分企业由于技术、产品、品牌等在目前未形成一定的规模，在贷款过程中较难获得银行的青睐，客观上限制了企业的发展速度。

4. 疫情影响 自 2020 年新冠肺炎疫情暴发以来，在疫情的影响下，企业无法复工复产，这对企业是致命的打击，尤其对于规模以下的中小企业，直接导致停产倒闭。

下一步，一方面将统筹规划花边产业布局、发展规模和建设时序，以规划中的垅下花边园区、首祉花边园区为基础，对花边产业发展规划进行进一步完善，积极引进具有良好发展潜质的花边项目，努力形成地域品牌优势，促进花边产业健康有序发展。另一方面引进优秀的产业人才。鼓励企业采取咨询、讲学、兼职、短期聘用、技术承包、技术入股、人才租赁等方式引进国内外智力，实现借"脑"发展。

供稿单位：长乐区松下镇人民政府

福建省石狮市凤里街道

一、集群概况

2021 年，凤里街道工业总产值 41.34 亿元，主要来源于纺织服装产业，其中规模以上工业企业 22 家，凤里与童装有关的企业达 454 家，从业人员 4 万多人，每年生产童装 2 亿件套，年产值 20 多亿元。从成衣加工来看，以凤里为中心的童装产业集群已然成为闽派服饰的新亮点，全国重要的童装生产基地；从辅料配套上看，凤里辅料产品从拉链、商标、电脑绣花、印花、纽扣到缝纫线、织带、包装袋等一应俱全，依托石狮市服装城、轻纺城的优势不仅满足石狮市童装生产需求，而且吸引着国内外的客商前来采购。

二、集群发展亮点

近三年来，凤里街道聚焦电商产业、总部经济、文旅商贸产业等三大板块，全面开展"大招商招大商"行动，盘活闲置楼宇、厂房 13 万平方米，提升了招商质效。

1. 围绕电商产业集群，打造服装电商产业链平台
立足"千亿规模网红电商区域中心"目标，投资 6000 万元，建设女装电商生态创业园。目前煌程女装电商、飞翔电子商务园、韩城之恋商贸、天籁之城商贸、诺贝恩服饰、阿伊莲服装、金苑精品电商园、百事服饰等 8 家知名女装品牌已签约入驻，预计年销售额可达 8.5 亿元以上，并有 150 个知名品牌、300 家女装专卖、500 家集群企业意向签约入驻。

2. 围绕总部经济发展，打造楼宇经济生态圈 引进平安财险、华泰保险、兴业证券、人寿保险等 4 家保险金融行业，盘活闲置楼宇 1.5 万平方米，年营业额可达 3.5 亿元以上。盘活利豪工业大厦、闽商投资中心等闲置商贸大厦 2.1 万平方米，签约入驻福建省羽豪服饰总部、汤姆布蓝品牌总部、福建省创客汇服饰品牌总部、令仪服饰婚纱设计总部、路伊梵服饰总部等 5 家服饰总部，总投资 2 亿元。

3. 围绕休闲文旅服务，打造文旅商贸融合发展示范区 稳步有序推进八卦街文化配套设施建设。引进乐爱斯酒店等项目，投资 3000 万元，租赁面积 6000 平方米，打造智能、健康、轻奢商务酒店。构建文旅产业消费圈。以凤凰城商城为中心，打造集教育、艺术、文化、智慧图书馆为一体的多元化新型教育培训文化产业城。

三、下一步经济发展思路

围绕"全面建设现代化商贸之都，开启石狮高质量发展超越新征程"的部署要求，街道将以"全面打造石狮古早商贸街区，全力推动文旅产城融合发展"为目标，继续围绕服饰电商、文旅业态、商贸服务三个中心，凝心聚力向高质量发展迈进。

1. 立足童装女装发展，做强做优服饰电商产业
一是以华南旧童装市场为载体，利用原有市场商户反应快、研发生产能力强的特点，引导抱团打造童装电商网批市场项目，形成童装"舰队"转战国内市场。二是提升女装电商质效。以品牌知名度、销售额为导向，严格把控选品环节，扩大诗萌、艾瑜伽等销售额超亿品牌签约入驻率，确保明年第一季度园区正式开业，档口、店铺出租率达 95% 以上。三是注重物流仓储配套建设。推进京东云仓建设，建立京东新型仓储物流体系，包含电商直播、仓储物流、直播培训，模式为利用京东流量，进行电商直播+仓库发货，使客户能够第一时间收到货物。

2. 立足八卦街区建设，做精做细文旅业态 会同市文旅局，对接具有"带资金、带团队、带设计、带策划"招商模式的上海力方集团，拟委托其营运八卦街招商工作。进一步扩大八卦街周边文娱配套产业，对接泉州梦想归谷文化，拟在凤凰城 9-10# 二楼打造休闲餐饮文化广场，并将新华路段打造为酒吧文化街区，进一步提升凤凰城夜间经济。

3. 立足区位空间拓展，做大做强商贸服务 进一步加快征迁改造工作，在 2022 年首季度完成征迁工作。按照"四同步"原则，持续做好宣传推介，同世茂、中骏、信义等开发商进行商洽，做好商贸业态规划布局，为下一步招商工作和项目建设打好基础。推动树成行大厦建设，总投资 1.2 亿元，占地 5.319 亩，总建筑面积 1 万平方米，打造一幢商贸住宅综合楼，进一步招引优质总部经济入驻。对接推动聚源投资公司入驻，预计可盘活大仑经阳楼闲置面积 5 万平方米。投资 3600 万元，建设聚源创客空间，打造成石狮市创业孵化基地，投资 7200 万元，建设新蜗牛公寓，打造为华东地区精品国际青年社区。

供稿单位：石狮市人民政府凤里街道办事处

中国运动休闲服装名镇

福建省石狮市灵秀镇

一、集群概况

灵秀镇经济综合实力位列"2020 全国综合实力千强镇"第 84 位，全镇共有法人单位 20812 余家，常住人口 127934 人。辖区内工业企业 2073 家，其中规模以上工业企业 58 家。2021 年财政收入完成 6.6 亿元，规模以上工业总产值 214.87 亿元。

经过三十多年的积淀，石狮已形成了强大且完整的纺织服装产业链，而灵秀作为全产业链中销售、生产和服务的重要环节，在石狮有着举足轻重的作用。一是拥有专业的贸易市场。灵秀镇已形成了现代化、规模化、专业化的市场体系，拥有石狮服装城、石狮国际轻纺城、富丰商城等十余个专业市场交易中心，服装城、轻纺城已入驻企业 4000 余家，每天吸引采购商 5 万多人次。二是拥有强大电商基础。灵秀镇获评"中国淘宝名镇"，"淘宝村"全覆盖 12 个行政村，2021 年度灵秀镇网络零售总额达 850 亿元，日均快递收发量达 120 万件以上。三是拥有实体生产基地。灵秀镇拥有服装创业园、标准厂房等生产供货基地，园区内有企业 86 家，规上企业 32 家，企业员工总数约 1 万人，年税收约 5000 万元，产值规模达 20 亿元以上。除园区外，辖区内共有纺织服装中小加工企业 2000 余家，为实体和电商供货带来实质性的便利，带动就业近 5 万人。

二、集群发展亮点

灵秀作为石狮传统产业重镇、商贸重镇，是石狮市北入泉州环湾都市区、南连厦漳泉的战略枢纽节点，是石狮市建设"现代化商贸之都"先锋队、排头兵。灵秀镇党委、政府采取"推进重点项目、培育专业市场、鼓励转型升级、扶持新兴产业、服务企业发展"等举措，政企合力，共克时艰。加大招商服务力度。助推国际商贸城服装市场、面料市场、辅料市场、校服市场加快繁荣，盘活长期闲置的轻纺城安置商场，建立"为企通"服务平台。三年内累计引进京猫总部、校服专业基地等 87 个项目，总投资超 60 亿元。全力推动重点项目落地，保障普洛斯物流园、世茂故宫海丝博物馆等 76 个重点项目建设。打造电商发展热潮。整合辖区内电商产业带、网批市场、直播基地、现代物流、跨境电商等电商产业链资源，引领中国石狮电商谷建设。青创城西城、双奇电商园二期项目有序推进，狮城众创、鼎盛网红城、千玺文化等直播基地接续落地。全镇共聚集了 8100 余家电商企业，跨境电商、直播平台等新业态新模式不断涌现。培育拓展核心商圈。主动融入全市发展大局，充分发挥石狮服装城市场采购贸易方式试点效应，围绕繁荣"三城"核心商圈，承接举办网交会、海丝会、海博会、校服展、网商大会等大型商贸活动。推动灵秀镇国家级市场采购贸易方式试点辐射服务全省，贸易"朋友圈"覆盖 178 个国家和地区，改革以来平台出口超 900 亿元，拉动全省外贸增长约 2.06%。

三、当前产业发展存在的问题

龙头企业以及新消费大品牌引领不强，没有上市龙头企业和有影响力的新消费大品牌。实体企业生产经营模式仍较为传统。多数企业属家庭式中小企业，规模小，管理落后，产品结构单一，研发和创新能力弱，缺乏市场竞争力。市场资源有流失的趋势。辖区内布行、辅料等市场有萎缩的趋势，部分企业外迁发展或将总部设置于外地，灵秀仅为办事处。

四、下一步的工作计划

1. 培育标杆型企业　以"得物"平台实施"原创保护计划"、集中清退"打版商品"为突破口，引导纺织服装企业品质化、品牌化发展，推动制造业从传统生产方式向数字化生产和智能车间转变。通过石狮市服装智能制造园和石狮网商园招商，吸引各地优势加工厂入驻，培育"狮货"品牌标杆企业。

2. 打造城市核心商圈　用活用好电商谷和服装城资源优势，推动国际商贸城、网批市场、世茂摩天城三城一体融合发展，打造以纺织贸易、国际贸易、网红经济、跨境电商等多业态结合的城市核心商圈，凝心聚力构建现代化商贸之都。

3. 推进数字经济建设　为响应福建省提出的做好数字经济、海洋经济、绿色经济三篇大文章。灵秀将以国际商贸城、石狮电商谷、石狮网商园为试点区域，全面推进数字经济建设，争取上省"数字经济"示范区之类的试点。

供稿单位：石狮市灵秀镇人民政府

中国服装辅料服饰名镇

福建省石狮市宝盖镇

一、集群概况

2021年宝盖镇全镇服装辅料生产企业共1523家，比去年同期增加了32家，其中规模以上企业84家，主营收入超亿元的有38家；2021年纺织产业规上企业工业总产值69.20亿元，主营业务收入63.55亿元，利润总额9.93亿元，从业人数3.83万人；规下企业产值63.03亿元，主营业务收入57.36亿元，利润总额8.97亿元，从业人数4万人。

2021年按主要纺织品的种类分，箱包扣具类：规上企业产量约450亿件，规下企业411亿件；四合扣类：规上企业产量约985亿件，规下企业898亿件；五金锌合金：规上企业产量约115亿件，规下企业92亿件。由上可见，宝盖镇辅料产业在2021年稳中有进，虽然受到新冠肺炎疫情和经济大环境影响，经济发展有所放缓，但产业整体发展趋稳，结构不断得到优化，产业层次不断提升。

2021年本地区纺织产业在地方经济发展中的影响和地位：宝盖镇紧盯实体经济，在坚守实业中加快产业发展。坚持项目带动，2021年宝盖镇固定资产投资完成39.04亿元，比去年同期增长12.66%；新增固投入库项目13个，投资金额30.32亿元。财政总收入等经济指标保持全市前列，实现了镇域经济由高速增长向高质量发展的转变。注重搭建平台，打造集约化五金生产基地、水磨中心，建立五金辅料供应链平台，推动五金产业集中加工、生态环保、规范管理，推进五金辅料产业数字化转型，形成五金辅料产业数字经济新实体。

二、集群发展亮点

1. 打造"产业集群+平台"经济 以现有产业为支撑，整合辖区专业市场、载体平台，以"3+3+1"模式，推进"产业集群+平台"融合发展。"3+3"即依托宝盖科技园、宝盖鞋业工业园和城北电商城等3大产业载体对接3大商业平台，一是对接智创跨境电商园，采用互联网+纺织服装产业的行业互补模式，为国内外卖家搭建一个链接厂家、商家、顾客的采销一体化平台；二是对接网商贸易港平台，打造以电商、仓储物流为核心功能的区域产业生态圈，为布局物流、直播、电商、办公等业态搭建载体，推动相关产业集聚；三是对接城北电商城平台，打造石狮综合网批商

城，活跃城北区域商业氛围。"1"即依托泉州纺织学院建设1个电商人才培训基地，为全市电商发展输送人才。

2. 持续优化营商环境 要完善园区配套，推动宝盖科技园、宝盖鞋业工业园两大产业园区软硬件建设，提升园区形象、层次与承载力。建设"智慧园区"管理平台，运用大数据对园区企业的发展、建设、交通、安防、用水用电、安全生产等重要环节进行分析，提升管理水平推动两个工业园区实现转型升级，为企业发展营造良好环境。充分发挥卡宾、帝牌、季季乐等品牌的示范作用，支持企业打造观光采购工厂，推动工业园区向生产、观光、采购、直播一体化基地转型，挖掘园区的商贸、旅游潜力，扩大园区附加值。其中，卡宾创意园于2021年12月30日正式开园，占地面积约43000平方米，整个园区分为三个展馆，潮流新品体验馆、科技文化馆、先锋艺术馆。未来卡宾创意园将汇合多个业态，集购物、娱乐、休闲为一体，打造一站式大型综合体系园区，将坐落于时尚艺术装置和自然景观设计共融的环境，建立当地别树一帜的大型园区，同时结合工业生产，构建精品工业观光旅游路线。推动产业集聚，建设城北食品生产基地，吸引食品企业入驻；推进雪上小五金压铸基地建设，与水磨中心、鞋城五金基地联片发展，培育更具竞争力的产业集群。

三、当前产业发展存在的问题和发展要求

1. 产品结构还有待拓宽 宝盖镇辅料产业以五金配件辅料为主，且主要局限在鞋业、服装服饰行业，家电、汽车、日用五金等行业基本没有涉足，产能还有提升空间。

2. 人才结构还有待完善 技术型人才偏多，管理型、创新型人才不足，在一定程度上制约了产业的发展。

3. 发展思路还有待创新 一些企业主发展思路没有拓宽，具有较强的传统思维，影响了企业做大做强。

4. 融资渠道还有待丰富 由于难以向银行贷款，企业融资主要靠民间借贷，增加了企业的生产成本，影响了企业的发展壮大和发展速度。

供稿单位：石狮市宝盖镇人民政府

中国裤业名镇

福建省石狮市蚶江镇

一、集群概况

蚶江镇共有制衣企业 430 多家，配套企业 30 多家，其中规模以上企业 41 家。2021 年产服装 1.9 亿件（套），产值达 108.2 亿元，占 2021 年全镇经济总量的 44.58%，实现销售收入 106.5 亿元。全镇电脑绣花服装辅料企业 410 多家，布匹批发、服装机械、辅料销售等经销商 98 家。全镇服装企业共有生产设备 4.2 万多台，员工共 2.5 万多人，其中管理人员 650 多人，技术人员 1800 多人。蚶江镇已经形成一条以裤装生产为核心，涵盖电脑绣花、辅料生产、布料经销、机械经销、物流等相关产业配套发展的服装产业链。

二、集群发展亮点

自 2019 年以来，石狮市政府、蚶江镇政府进一步高度重视纺织服装产业发展，持续加大扶持力度，不断研究出台鼓励性政策，为服装产业发展提供了良好的投资发展环境。

在绿色生产方面，石狮市委、市政府历来高度重视环境保护工作，将环保工作列入市委、市政府的重要议事日程，紧紧抓住污水处理和废气处理等环节，引导和推动纺织产业健康发展，蚶江镇在这方面紧跟政府整改政策，下大力气推进纺织产业环境污染综合整治。2022 年 5 月泉州市石狮生态环境局的《石狮市纺织产业环境保护情况评价意见》中，蚶江镇纺织产业"名镇"环境评价合格。

在企业管理方面，蚶江镇纺织服装产业集群中，许多企业开始丰富企业文化内涵，吸引优秀人才。开展评选十佳员工、十佳设计师等活动，注重人文内涵，不再把员工当成廉价劳动力。响应中央号召，积极与扶贫办合作，建立农村剩余劳动力转移基地，对引进的劳动力培养不懈怠。同时与泉州纺织学院等服装高校、机构等合作，创建人才输送渠道。

不仅如此，蚶江镇还拥有完整的产业链和大规模的产业集群，配套设施完善，逐步引进智能化设备，物流业发展迅速，拥有丰富的原材料，工人熟练度高、经验丰富。

为引导纺织服装为重心的传统产业企业提升生产制造、供应链管理、产品营销及服务等环节，提高增长质量和效益，一方面，蚶江镇加大纺织服装产业的招商力度，坚持把招商引资作为"一号工程"，加强产业链招商、以商引商，积极引进一批科技含量高、市场竞争力强的项目，发挥侨乡优势，加强境内外企业家沟通联络，积极做好投资招商的重点要素宣传，加快洽谈、引进纺织服装等轻工业高端制造项目及关键技术项目。另一方面，蚶江镇通过引进电商服务平台、打造西裤产业集群、建设电商一条街、支持创建"淘宝村"四项举措，鼓励引导裤业企业加大电商平台建设，提升裤业企业利用电商平台开拓国内外市场的能力和水平，吸引更多农村青年创业，打造线上线下"淘宝一条街"，抢占市场、消化库存，一个集线上线下生产、供应、销售、配送一体化的裤业集群电子商务中心正在形成。

三、集群经济发展中的机遇与挑战

蚶江镇拥有"海上一带一路起点""泉州环湾城市群""国家级石湖港口"等众多区位优势，是蚶江镇实现通江达海重大战略的必经之路。凭借突出的区位优势，蚶江镇着力发展现代新型物流业，加大招商引资和项目建设力度，目前已有的卡宾狮子湾物流园、特步现代化智能物流车间、港后综合物流园建设项目已成功纳入统筹推进的 2022 年重点项目。但由于近三年来，新冠肺炎疫情的影响，使得蚶江裤业在发展和市场上都处于被动地位，再加上企业利润下滑严重，使企业的发展也面临更大的挑战。

四、集群经济发展中的规划

依托"互联网+"，积极把握电商的飞速发展为蚶江镇服装产业在零售这一环节上所带来的巨大机遇，加强与淘宝、天猫、京东商城等龙头电商企业的合作，鼓励发展本地独立电商平台，如泉州湾易谷电商园、富星云仓物流园、电子商务孵化基地、莲东村西裤基地等电商中心，使服装电商业绩有新突破，培育出新的经济增长点。

坚持引导、鼓励服装制造业向大规模、高档次方向发展，促使更多的家族式企业向现代化企业转变。依靠科技进步和制度创新，以产权改革为突破口，通过购并、改组、联合，培植一批主业突出、品牌响亮、具有规模优势的龙头企业，推动服装制造企业做强做优。

供稿单位：石狮市蚶江镇人民政府

中国休闲面料名镇

福建省石狮市鸿山镇

一、集群概况

鸿山镇位于福建省著名侨乡石狮市的东部，依山傍海，风景秀丽，总面积 15.12 平方公里，海岸线 9.65 公里，下辖 11 个行政村，本地人口逾 3 万，外来人口 2 万多人。全镇产业初步形成了"三园两区"（即海洋食品园、三协工业园、鸿山科技园、伍堡集控区、石狮高新区）格局，是工、贸、旅游较为发达的现代化滨海城镇。

2021 年全镇规模以上工业总产值 308 亿元，财政收入 6.9 亿元，社会固定资产投资 23 亿元，各项主要经济指标排名石狮市各镇（街道）前列。先后荣获"中国休闲面料名镇""福建省文明村镇""福建省安全社区""福建省劳动关系和谐乡镇""泉州市农村宅基地规范审批试点示范乡镇"等称号。

二、集群发展亮点

1. 继续深耕休闲面料产业 多年来，鸿山镇不断发展休闲面料包括纺纱、无纺布、化纤、混纺、印染、皮革等企业。2021 年，辖区内共有企业 600 多家，规上工业企业 47 家，其中有冠宏、协盛协丰、祥华、清源等 24 家规上纺织面料企业，占规上企业数量 51%；产值 84.56 亿元，占全镇规上总产值的 37.5%。辖区形成了以伍堡集控区为依托、以面料产业为主导的纺织服装产业链。涌现出一批国家级、省级的纺织产业集群先进企业家、优秀个人、职工技师，辖区设有 23 个技术开发中心、2 个院士工作站、2 个博士后工作点、21 个国家纺织产品开发基地，初步形成休闲服装面料产业体系。

2. 集中供热且质优价廉 鸿山伍堡集控区是全国首个无燃煤锅炉染整工业园，蒸汽供热全覆盖，减少了二氧化硫、烟尘、氮氧化物排放。目前，辖区拥有神华福能、鸿山热电、石狮热电、清源科技等 4 家热电企业，蒸汽管道贯通全镇，蒸汽价格优惠。蒸汽基准价：低压（压力 0.9MPa，温度 250℃）每吨 146 元，中压（压力 2.9MPa，温度 290℃）每吨 211 元。

3. 改善环境绿色发展 严格落实印染企业环保生产、清洁生产。近年来，深入开展伍堡集控区的环保监管，建设新污水处理厂深海排放和中水回用工程，对工业废水和生活污水进行深度处理，实现长期稳定达标排放。严格落实环保责任制，启动小流域环境整治，实施伍堡工业区环境卫生整治和绿化改造工程，镇区和各村卫生保洁工作到位，人居环境进一步改善。创新推行环卫承包机制，引进专业队伍改善镇区保洁。设立生活垃圾收集常态化管理机制，2020 年转运建筑垃圾 4.1 万立方米。持续推进河湖长制工作，深化辖区水域及周边环境综合整治，共完成河道保洁 4.8 万平方米、流域清淤清障 5400 平方米，清理违章搭盖 1.1 万平方米，辖区河道面貌大有改观，流域环境清新自然。

三、当前产业发展存在的问题

1. 产业综合竞争力较低 纺织产品以中低档为主，附加值低，纺织品的系列化、功能化等方面存在不少差距，面辅料的花色品种相对较少。

2. 高素质、高层次人才短缺 人力资源管理水平较低，创新设计能力不足，技术装备难以完全利用。为产业集群服务的产业服务体系、科技创新体系有待健全。

四、下一步的工作打算

1. 优化产业经济结构 围绕石狮市委、市政府提出的"3+3+N"产业体系，结合鸿山实际，探索培育印染+布行+外贸新模式，拓宽、延伸传统服装产业链条，积极培育特色纺织、智能制造等产业。同时不断完善区内配套设施建设，进一步盘活闲置厂房，吸引更多优质企业和规模企业进驻投产。

2. 持续推动转型升级 发展高端特色纺织，巩固提升传统产业优势。持续打好印染产业转型升级攻坚战，鼓励一批印染企业进行厂区改造，积极引入环保设施，开启新一轮技改，形成一批技改创新、机器换工、智能制造标杆企业。推进"数字产业化"和"产业数字化"，建成一批智能车间、智能仓储、未来工厂。优化政企互动模式，优化营商环境，协助招聘解决用工缺口，为企业争取金融资金支持。

3. 构建宜居环境 牢树"绿水青山就是金山银山"理念，常抓生态文明建设，全面落实大气、水、土壤污染防治工作，加大生态环境保护工作力度。积极开展环保宣传工作，引导公众有序参与监督环保工作。

供稿单位：石狮市鸿山镇人民政府

中国内衣名镇

福建省晋江市深沪镇

一、集群概况

福建省晋江市深沪镇内衣产业经过 30 多年奋斗积淀，从来料加工开始，逐步发展，建立起以内衣为特色的纺织产业集群，形成了集开发设计、织造、印染、染整、生产、销售为一体的较为完善的产业链，实现产业规模化、集群化发展。

在产品方面，现已由原来单一的三角裤发展到内衣服装系列，包括短裤、背心、袜子、T恤、泳装、睡衣、针织童装、保暖内衣等一系列产品。深沪内衣产业专注于国外市场，产品 90% 以上出口，远销美国、欧洲、澳大利亚、日本、韩国、东南亚等 20 多个国家和地区，先后荣获"中国内衣名镇""国家外贸转型升级基地（服装）"等多项荣誉称号。

截至 2021 年底，深沪镇内衣服装生产及配套企业近千家，规上纺织服装企业 197 家，其中年产值超亿企业 127 家，年工业总产值约 429 亿元，主营业务收入约 392 亿元，利润额约 16.23 亿元，从业人员超 4 万人。规下纺织服装企业 715 家，工业总产值约 31 亿元，主营业务收入约 28 亿元，利润额约 1.09 亿元，从业人员超 2 万人。

内衣产业是深沪镇最重要的经济支柱产业，全镇纺织服装工业总产值 460 亿元，占全镇工业总产值 88.46%。内衣产业特色优势明显，为深沪镇经济发展重要支撑引擎，推动深沪经济社会稳步发展，成为深沪人民引以为傲的重要名片之一。

二、集群发展亮点

近三年来，深沪镇内衣产业在国内外贸易错综复杂的情况下，积极应对挑战，稳步前进，依然取得了亮眼的成绩。

1. 智能制造更加普遍 数字赋能传统内衣企业成为发展趋势，富联、福田、浔兴等一批企业以工业互联网应用为抓手，引入数字化生产、智能化制造、数字化管理，生产效率和质量提升显著。

2. 科技创新更加突出 深入开展高新技术企业培育工作，厚植创新发展优势，加强人才服务支持和人才保障，积极开展人才引才、育才、留才工作，不断增强企业自主创新能力。鼓励企业自建或共建研发中心，专注面料、染整等工艺提升，浩沙、浔兴等 3 个

科技项目获评福建省科学技术进步二等奖。

3. 产学研合作更加紧密 与厦门大学、东华大学、西安工程大学等高校互动更为频繁，浔兴成立院士工作站，促成福田公司引进博士驻点指导产品研发设计。积极开展高校科研成果技术转移，促进高校与企业进行深度合作。

4. 走绿色发展道路更加坚定 浔兴、通亿 2 家企业获评国家绿色工厂称号，推动万兴隆、通亿、福田、六源等印染企业加快转型升级，加快设备和生产工艺升级换代步伐，辖区内 15 家印染企业均采用除尘脱硫设施，污水集中处理，实现废水、废气达标排放。进行金泉污水处理厂提标改造，提高工业污水处理率，引进福能热电项目，实现深沪东海垵工业区集中供热代替分散小锅炉，推动供热产业结构升级，供热模式逐步有"零散耗能型"向"集约经济型"转变。

三、产业困境和下一步规划

近年来，深沪纺织产业集群高速发展，但集群仍存在一些问题，主要表现在：转型升级不够快，集群发展缺乏后劲。受疫情、经济下行等不利因素影响，要素成本上升、资源环境约束、同质化竞争加大的背景下，深沪传统内衣出口产业空间受到挤压，主要依赖出口，抵御市场风险能力较弱。此外，受镇域教育、医疗、交通等城镇配套环境影响，集群对熟练工人、高级人才吸引力不强，深沪内衣产业集群仍有较大的提升空间。

下一步，深沪镇将围绕转型升级这一主线，做足纺织产业文章。提振传统优势。推进达丽、百佳、嘉利等一批传统内衣服装生产企业开展 5G 智慧工厂建设，推动两化融合，数字赋能产业。加快原辅材料本地化配套，补齐补强高端染整和面料工艺环节，整合优化内衣产业发展链条。打造科技联盟。建立智库共享平台，围绕纺织产业关键技术联合攻关、研究成果转化以及专业人才队伍培养，集产业集群智慧。激发创新转型。推动产业向研发、创意、设计、品牌等高端环节延伸，强化自主研发，实现经营模式由 OEM 向 ODM、OBM、IDM 转换，培育一批内衣精品工厂，形成一批快时尚内衣品牌。

供稿单位：晋江市深沪镇人民政府

中国织造名镇

福建省晋江市龙湖镇

一、集群概况

纺织、服装和五金拉链为龙湖镇的三大支柱产业，其中纺织化纤产业较发达，2004年龙湖镇被授予"中国织造名镇"称号，2019年通过复查。面对经济下行压力和新冠肺炎疫情冲击等不利局面，龙湖镇始终专注实体经济，坚持创新驱动，加快产业结构优化，推动纺织产业转型升级，进一步扩大产业集群优势。

截至2021年底，龙湖镇完成工业总产值556.91亿元，比增22.7%，各类纺织企业达400多家，集群内全部从业人员达2.5万人，纺织产业规模超过400亿元，占龙湖镇经济比重约70%。主要产品为化纤长丝机织物、涤纶长丝、涤纶短纤、无纺布等，其总产量为化纤长丝机织物37.97亿米、涤纶长丝138.1万吨、涤纶短纤织物26万吨。

二、集群发展亮点

近年来，龙湖镇纺织产业集群经济发展亮点纷呈，主要体现在以下三个方面。

1. 实施创新驱动发展战略 纺织产业技术创新联盟持续壮大，汇聚各类人才132名，高新技术企业11家，专精特新企业16家，科技小巨人、科技型中小企业8家。规划建设龙湖纺织智造园。引进百宏功能性聚酯薄膜及差别化化学纤维项目，总投资67.7亿元，引进多条德国多尼尔聚酯薄膜生产线和纺丝生产线，为龙湖经济发展增强后劲。加快推进时尚服饰织造园建设。华宇、冠和等45家企业成功落地园区，目前共有80家以上企业进驻时尚园，产业集群效应初步凸显，引领着传统产业向规模化、专业化、高端化方向发展。

2. 项目建设成效更加突出 紧紧围绕推动制造业高质量发展目标，以招商引资、项目攻坚为突破口，成功签约百宏年产33万吨差别化化学纤维、百宏年产25万吨涤纶工业丝、宏伟年增产1.2亿码化纤坯布等多个优质项目，百宏5个省级重点项目、宏伟服饰增资扩营项目、相继投产。加大研发力度，扎实推进企业技改提升项目，远大纺织、南方织造等技改项目顺利完成。

3. 强力推进传统产业升级 积极组织企业参与产学研对接，纺织产业技术创新联盟持续壮大，哈尔滨工业大学百宏实验室、东华大学技术转移中心、夜光

达院士工作站等一批创新载体顺利落地，协助百宏聚纤成功申报国家企业技术中心，荣获第五届"中国十大纺织科技新锐科技奖"。推动制造业高质量发展。鼓励企业不断加大科技创新投入，百宏自主研发的"微流控芯片技术合成超细纤维"正式投入生产。积极探索"传统产业+数字"的发展新模式。大力推进工业互联建设，推动数字经济和实体经济深度融合，百宏工业丝项目引进最新的智能网络化工厂建设理念，建设"中国化纤行业5G智能化工厂"；促成恒盛玩具、夜光达、自然化纤与华为（晋江）工业互联网区域孵化中心对接，进一步加快传统产业与新兴技术的深度融合。

三、未来发展思路

龙湖镇将以"晋江经验"为引领，继续坚持在中国纺织工业联合会的指导下，引导行业自主创新，优化产业发展环境，促进全镇纺织产业在更高平台上又好又快发展。

1. 坚持项目驱动 紧紧围绕实体经济，主动融入全市"一廊两区多平台"的创新版图，突出时尚服饰织造园及纺织智造（龙湖）工业园区创新平台集聚作用，开展关键技术攻关、项目人才引进、技术成果转化，补强高端材料、研发设计和先进工艺等关键链条，加快打造具有较强竞争力、产业链完备的先进制造业集群，"中国织造名镇"品牌更具影响力。

2. 加快产业集群发展 认真做好"全市一区"时尚服饰织造园改革工作，大力实施园区标准化建设专项行动，加快鑫华、信诚厂房等老旧工业区改造，深入推动产业倍增战略，实施规上企业研发活动、研发机构和发明专利"三个覆盖"工程，积极探索应用新设备、新工艺、新材料，精准推动传统产业加快转型升级。

3. 精准培育专精特新企业 深入开展"标杆企业培育"专项行动，强化高新技术企业成长分类扶持和靶向服务，持续更新高企培育库。梯度培育创新型领军企业、制造业单项冠军企业和"专精特新"企业，加快实现科技成果转化。鼓励企业积极与中纺院海西分院、中科院海西装备制造所及各高校合作，进一步促进科技成果转移转化。

供稿单位：晋江市龙湖镇人民政府

中国休闲服装名镇

福建省晋江市英林镇

纺织服装作为英林镇起步较早、发展较快的传统制造产业，对全镇 GDP 的贡献率达 95%以上，在英林镇经济发展中起主导作用。2021 年全镇工业企业 604 家，从业人员 32169 人，完成工业产值 428.37 亿元；规上企业 113 家，从业人员 22016 人，完成工业产值 374.55 亿元；纺织服装规上企业 107 家，从业人员 21732 人，完成规上产值 369.69 亿元。主要产品有泳装、西服、茄克，年产泳装 27658 万件、西服 5859 万套、茄克 583 万套。

一、集群概况

经过近 40 年的发展，英林镇纺织服装产业形成一条以服装加工生产为核心，涵盖各个领域的产业链。

1. 纺织业 全镇现有纺织业规上工业企业 22 家，包含棉纺织、化纤织造、针织织造、非织造布制造、印染精加工等产业，年产值 50.58 亿元，占全镇纺织服装规上工业产值的 13.68%。

2. 成衣制造业 全镇现有成衣制造业规上工业企业 65 家，主要生产西服、茄克、泳装、休闲裤，拥有劲霸、柒牌、劲派经编、七彩狐、敦煌、宏兴、号手等品牌企业。年产值 167.94 亿元，占全镇纺织服装规上工业产值的 45.43%。

3. 纤维制造业 全镇现有纤维制造业规上工业企业 6 家，包含合成纤维、人造纤维等产业，拥有锦兴、逸锦等品牌企业。企业年产值 145.68 亿元，占全镇纺织服装规上工业产值的 39.41%。

4. 纺织服装配套产业 全镇现有纺织服装配套规上工业企业 8 家，包含拉链、皮革加工、鞋面制造等产业，年产值 5.49 亿元，占全镇纺织服装规上工业产值的 1.49%。

二、集群发展亮点

1. 围绕技术创新和品牌拓展，推进质量建设 注重企业梯队培育。柒牌、正麒高纤、七彩狐等 5 家企业入选福建省工业和信息化省级龙头企业，鑫豪工程机械入选泉州市高成长性科技企业培育入库名单。奔浪、盛益等 8 家企业被认定为福建省高新技术企业，艾德、邦妮等 8 家企业被认定为科技型中小企业。

2. 实施产业智能化改造 全国鞋服行业首个 5G 专项应用落地柒牌，逸锦化纤、柒牌、号手服饰入选福建省"互联网+先进制造业"重点项目。

3. 引导企业转产，拓展多元化经营 柒牌成为全省首家"转产"并获得无菌型医用防护服生产资质的服装企业，劲霸转产口罩成为晋江入围国家药监局和商务部出口白名单"双认证"的企业之一，福建省医疗器械行业协会晋江工作站落地劲心劲意健康科技有限公司。

4. 依托行业协会、商会组织，拓宽发展视野 一是开展讲座培训，引导企业多市场布局。如举办"淘宝 C2M 产业带超级工厂活动"；组织泳装企业对接天猫直播渠道，推动企业通过亚马逊、1688 国际站等线上平台进行自主销售等；联合东莞验厂之家泉州分公司举办"GRS 再生环保认证论坛"。二是抱团参展，增强企业竞争力。如组织企业参加中国（上海）国际泳池设施、游泳装备及温泉 SPA 展览会、中国（深圳）国际品牌内衣展、中国进出口商品交易会时尚周、法国巴黎国际内衣泳装面料展、中国国际针织（秋冬）博览会。三是组织交流学习，助力企业内部提升。如举办"TSCI 2020·尼龙泳装数码印花闭门交流会"、赴 SIUF 深圳内衣展组委会参观交流、组织企业赴东南亚国家进行经贸考察、赴杭州参加 2019 纺客·服装电商大会暨网红直播供应链峰会。

三、当前产业发展存在的问题

一是外贸型企业快速转内销，导致国内市场迅速饱和，挑起新一轮的价格战，内销市场竞争愈加激烈。

二是纺织服装辅料环节在本地还比较薄弱，主要通过在广东东莞、福建石狮等地外购实现供给。

三是纺织服装成衣企业在产品开发设计能力和自主品牌建设方面相对比较滞后，同质化现象严重，急需提高企业内部核心竞争力和专业人才的引进。

四、下一步规划举措

1. 做大做强纺织服装产业 围绕技术创新、集群培育和品牌拓展三大战略，推进纺织服装传统产业的转型升级；立足泳装产业基地、泳装时尚小镇建设，充分利用园区发展平台，以商招商，完善英林园商贸配套设施，壮大泳装产业集群。

2. 整合平台资源 以晋江市泳装产业协会换届选举大会为契机，加强与晋江市运动品牌企业、泉州市跨境电子商务协会、中纺院海西分院等学院、银行、华为（晋江）工业互联网云孵化中心等机构、平台深入开展战略合作。

供稿单位：晋江市英林镇人民政府

山东省青岛市黄岛区王台街道

一、集群概况

王台街道现有各类纺机生产企业及配套零部件工商业户 1000 余家，规上企业 10 家，主营收入亿元以上企业 3 家，已形成以海佳、星火、东佳三大企业为龙头，以铠硕、金三阳、盛德隆等骨干企业为支撑，以小微企业和工商户为配套的产业集群。

王台纺机集群年生产能力 10 万台（套），2021 年实现工业总产值 95 亿元，其中规模以上纺机企业实现工业总产值 15.2 亿元；实现税收 1.57 亿元，街道纺机产业税收贡献度达到 53%。梳棉机产量占全国销量的 75%，喷水织机占全国销量 90%，是全国最大的无梭织机、喷水织机生产基地之一；连续四届（12 年）蝉联"中国纺机名镇"称号，荣获"山东纺织机械产业综合实力第一镇"殊荣，2022 年获评山东省纺织机械特色产业集群。

二、集群发展亮点

1. 推动成立西海岸新区纺机产业专班 利用王台纺织机械雄厚的产业基础，牵头建立了先进制造业赋能攻坚战纺织机械产业专班联系机制，制定了赋能攻坚战方案、任务清单，明确目标，承担起研究纺机产业发展、技术合作、市场共享、日常服务等职责，高效推进专班办公室日常工作，与家电电子等产业并列青岛西海岸新区八大产业发展工作专班。

2. 高标准规划智慧纺机产业园 为擦亮"中国纺机名镇"名片，保护好王台的"母亲产业"，助力新区打造新旧动能转换特色示范基地和纺机产业转型创新示范基地，王台街道已规划布局总占地面积 860 亩的智慧纺机产业园。

3. 鼓励企业抱团发展 针对近几年国际形势、企业和产品之间的无序竞争，王台提出要加快赋能工业制造业，在西海岸新区率先成立王台新动能产业联合会暨王台商会，发展会员单位 56 家、理事单位 19 家，基本实现了行业"大块头""领头羊"全覆盖，对联合会以后如何更好开展活动、如何做大做强勾画了时间表和路线图，进一步引领企业加强行业自律，加快提档升级。

三、目前存在问题

1. 缺乏核心技术 王台纺机虽然企业数量多，但缺乏产品核心知识产权，核心零部件研发和创新能力不强，导致产品利润率低，新机型研发和新技术应用大部分是原有技术的修修补补，换代产品出现少，比日本、德国、意大利等国家，无论是在技术、生产效率、能耗、可靠性等方面都有一定差距。

2. 缺乏科研人才 人才是第一生产力，也是企业的核心竞争力，目前人才引进对王台纺机来说仍是个问题，企业吸引人才能力不强，科技研发人才相对较少，结构单一，科技人才后备力量不足，甚至存在断层。

四、下一步发展方向

一是从历史发展看，要继续保护好、发展好"母亲工业"。王台纺机产业历史悠久、基础雄厚、产业链齐全，在全国已成为"叫得响"的品牌，市场遍及全国各地和几十个国家和地区。

二是从现实发展看，要加快推动产业发展集中化和园区化。王台新动能产业基地的开发建设，社会广为关注，王台居民也欢欣鼓舞，但支持大项目建设也造成了一批有实力、有潜力的纺机企业拆迁。若拆迁企业不能回迁，势必对王台的经济发展产生严重影响，对纺机产业的健康发展带来不利冲击，也不利于居民就业、农民增收。同时，针对王台民营经济非常活跃，纺机产业有历史积淀，有大量的产业工人，也有人才储备，产业基础和现实需求都迫切需要加快建设高端智慧纺机产业园。

三是从未来发展看，要推动纺机产业向智能化智慧化迈进。针对王台纺机与德国、日本等国家机型有差距、在国际纺机市场和标准制定方面话语权少、产品利润率低的实际，同时也为了迎合纺机企业均有集聚发展、"抱团取暖"、协同创新取得新产品和技术优势的意向，王台街道将进一步加大工作力度，充分利用王台新动能产业联盟平台，加大与高校院所、海尔海信智能制造顾问团的对接沟通，加快筹建纺织机械研究院，发起纺织机械向"高端制造+人工智能"攻势，推动纺机产业向高质量、中高端、国际化、智能化迈进。

供稿单位：青岛市黄岛区王台街道办事处

中国针织服装名镇

山东省枣庄市税郭镇

一、集群概况

枣庄市税郭纺织产业集群从 20 世纪 70 年代末到 80 年代初开始萌芽，经过几十年的发展，已颇具规模。尤其是被确定为纺织产业集群试点地区以来，税郭镇党委、政府紧紧围绕"江北纺织集群镇"这一发展定位，始终把发展纺织产业作为强镇富民的突破口，加快推进纺织产业集群化建设，全镇纺织企业规模和总量得到了急剧扩张，成为拉动镇域经济发展的主导特色产业。

2021 年全镇纺织企业发展到 150 余家，另有家庭式小纺织企业 230 余家，形成了从纺纱—织布—染整—定型—成衣加工完善的产业链条，可年产各种纱线 1.4 万吨、平白布 3600 万米、针织布 7.5 万吨、漂染布 4.5 万吨、加工针织内衣和针织服装 21000 万件，花色品种达 300 余个，产品绝大多数出口日本、美洲、欧洲、西亚及东南亚等 38 个国家和地区，年可实现销售收入 52 亿元，实现利税 3.5 亿元，出口创汇 2.7 亿美元，安排社会就业 15000 余人。年主营业务收入、利税、出口创汇分别比确定为试点地区前增长 9.6%、7.5%、4.8%。2021 年被评为"山东省纺织产业集群转型升级优秀案例"。

二、集群发展亮点

1. 园区配套不断完善 为全面支持好纺织企业发展，目前累计投资已达 8 亿元，2021 年重新规划面积 2.1 平方公里，开发建设工业厂房、商业用房和住宅小区 15.4 万平方米，投资 2400 万元建设了 5000 平方米纺织外贸服务中心。建设公共绿地 2 万余平方米，完成了园区内道路、供电、供排水、供热、通信等基础设施建设，实现了"六通一平"。

2. 平台建设逐步跟进 投入 2400 万元，高标准配套建设了纺织服务平台，在产品研发、检测、技术推广、成果转化、决策参谋、市场推广等方面，向纺织企业提供综合性服务，有力助推了纺织产业发展。同时积极利用区中小企业局建立的电子商务网络平台，鼓励支持纺织企业在做好传统外贸订单业务的同时，积极开拓网上销售业务，逐步扩大内销份额，推动了外贸内销两条腿走路。

3. 服务水平不断提高 委托中国纺织规划设计院重新编制纺织产业发展规划，引领纺织产业集群高质量发展，2021 年中国纺织规划设计院多次到税郭镇对纺织产业发展规划进行第二次论证。加强与区经信局等各相关部门的沟通与协调，及时研究解决企业发展过程中出现的各种问题。2019 年以来，通过对辖区内闲置土地的整合，累计盘活新增工业用地 100 余亩，有效缓解了部分纺织企业土地制约问题。制定出台了扩大出口创汇等奖励政策，并通过取得"自营进出口权"、与外贸挂靠联营等措施，为纺织企业出口打造了"绿色通道"。

三、存在的问题及下一步举措

目前税郭镇纺织产业发展中还存在一些问题和不足，例如：企业规模偏小，缺乏龙头企业带动；企业用工紧张，对高端技术人才的吸引力不足，生产水平不高；企业创新意识、品牌意识不强，发展眼界有待提升，等等。

下一步，围绕纺织服装产业发展，税郭镇将坚持走区域经济特色化、特色经济产业化、产业经济规模化、规模经济外向化的发展道路，打造强势产业集群。一是加强龙头企业培育。针对集群内纺织、印染等薄弱环节，精准发力，补齐园区发展短板，积极扶持鲁瑞、龙翔、宝隆等企业做大做强。同时充分利用"双招双引"政策，积极开展招商活动，努力招引大企业集团入驻发展或开展合作，带动提升产业整体档次和水平。二是加强企业内部整合。积极整合产业资源，引导企业破除"守摊"思想，增强创新意识和合作意识，通过联姻生产、联合研发、共同培训等方式，抓好产业集群内部整合，实现抱团发展，增强产业聚集性。三是加快产业提档升级。引导企业加大研发、创新力度，加强新技术的开发、应用，努力实现由低档产品向中、高档产品的动能转换；由针织产品向梭织、牛仔、经编、毛纺产品同时发展；由服装、服饰向装饰、产业用布拓展。四是加快企业品牌创建。鼓励和支持企业在稳定国际市场，扩大自营进出口份额的同时结合"互联网+"积极开展品牌建设，提升企业品牌包装能力，重点培养一批山东乃至全国知名品牌，增强税郭镇纺织产品竞争力，带动纺织产业集群实现跨越发展。

供稿单位：枣庄市市中区税郭镇人民政府

中国劳保手套名镇

山东省平邑县仲村镇

一、集群概况

平邑县手套加工起源于20世纪70年代末期，以仲村镇为中心，经过近50年的发展，逐步形成了以手套加工为主，化纤、合线加工、电商物流等配套为辅的特色产业集群，已成为全国劳保手套加工重点集散基地之一。

目前，平邑县共有棉纱企业25家，手套企业960家（其中挂胶企业14家），手套贸易企业35家，手套产业电商150余家，高端智能手套机制造企业2家，从业人员达到8万人，是重要的手套生产基地。

2021年，17家规上企业实现产值17.93亿元，150余家电商年销售额5.2亿元。手套产业实现产值80亿元，同比增长45.5%；实现税收5547万元，同比增长79.9%。受市场行情带动，多数骨干企业产销两旺，万顺合线、恒得力手套、弘泰棉纺3家骨干企业实现产值均超1.4亿元，实现税收均超200万元，万顺合线纳税620万元。仲村镇先后被授予"中国劳保手套名镇""山东省特色产业镇"等荣誉称号。

二、集群发展亮点

1. 引进外资项目 浙江百翔智能科技有限公司年产3万台智能手套机项目，填补平邑县没有手套机制造的空白。引进外资韩国宇韩安防高档浸胶手套项目，进一步促进了平邑县手套产业由低端向高端的提档升级。形成了手套加工、原材料生产、智能装备制造、电商物流、科技研发的手套行业全产业链条，推动手套产业向产业链条化、工艺数字化、企业园区化、产品品牌化方向发展。

2. 产品销售网络健全 产品对外主要销往日本、韩国、中东、欧盟等国家和地区，日韩占出口数量的60%左右，欧盟和中东地区各占20%左右，内销市场以批发为主，主要销往临沂、义乌、成都、哈尔滨、长春、天津、北京、唐山、石家庄等地。

3. 制定行业标准 为使劳保手套产业尽快实现规范化、标准化、品牌化发展，平邑县邀请手套行业专家、手套企业专业人士以及中国针织工业协会多次就劳保手套生产标准进行商讨，先后制定、完善《山东省针织手套联盟标准》和《山东省本色针织劳保手套行业标准》，加强了手套质量精准化管理。

4. 建设手套产业发展平台 依托仲村镇前期招商引资和产业规划基础，建设占地面积2000亩的中国（平邑）高端手套产业园，围绕上下游产业，构建集展示、销售、研发、加工、仓储、检验检测、电商物流等于一体的发展平台。

三、发展存在的主要问题

1. 企业规模小，产业发展缺少"链主"企业 尽管平邑县手套产业有较好的产业规模，发挥产业园区集群优势，但是大多数企业还是集住宿、生产、储存为一体的"三合一"家庭作坊。

2. 制约因素多，产品竞争优势不大 平邑县手套产业由家庭作坊发展而来，生产场地受限，扩张非常困难，同时手套产业技术含量低，盈利水平不高，制约了企业发展。

3. 行业无序竞争，存在劣币驱逐良币现象 多数手套企业为三合一式的家庭作坊，存在相互压价的现象，导致了手套价格的恶意竞争，对整个产业的发展带来极为不利的影响，规模较大的企业也无力进行新产品研发和扩大规模。

四、产业发展建议

1. 加快园区建设，打造产业发展平台 采用"链主企业引领"的模式，鼓励本地实力较强、有较好发展前景的企业入园，引导小微企业抱团向园区转移，形成区域性高端带动优势。同时招引有实力的浸胶、特种纤维、机械制造企业在平邑落户，与当地企业形成产业配套，完善产业链配套升级。

2. 加强政策扶持，促进产业转型升级 一是积极争取国家、省、市关于扶持纺织服装业发展的专项资金，优化资金投向。二是强化对企业的信贷支持。推进银企合作，为手套企业融资提供信用担保服务，帮助企业解决短期资金困难。

3. 加大宣传力度，打造知名品牌产品 充分利用电视、报纸、网络、广告牌等宣传阵地，提升手套品牌影响力和认知度。加强手套行业标准体系建设，树立品牌质量标杆，建立"平邑手套品牌"遴选机制，鼓励企业实施品牌战略。

4. 坚持创新发展，努力开拓国内外市场 鼓励企业创新手套新产品，在维持普通纱线手套生产能力的基础上，加强产品研发力度，提升中高档手套比重，推动手套产业向纵深发展。

供稿单位：平邑县仲村镇人民政府

山东省临清市金郝庄镇

一、集群概况

目前金郝庄镇共有纺织企业 50 多家，1 万纱锭以上纺纱能力的企业 25 家，5 万纱锭以上的企业 3 家，30 万纱锭以上的企业 1 家。全镇纺纱生产能力达到 150 万纱锭，可生产加工 20 支到 160 支之间的纯棉纱、涤棉纱、包心纱等各种棉纱，年可生产纱 30 万吨，其中环锭纺 82 万纱锭（其中紧密纺 32 万纱锭），气流纺纱机 48 台；剑杆织机 150 台，倍捻机 72 台。金郝庄镇纺织企业产品主要以 8 支到 160 支之间的纯棉纱、涤棉纱、包芯纱等各种棉纱，仅有昱泰公司生产涤纶纱。产品主要销往浙江、江苏、广州、福建、黑龙江以及省内青岛、潍坊等地区，基本没有出口；织布企业只生产纯棉布，年可生产棉布 450 万米，产品销往青岛、淄博、滨州及江苏南通、河南新乡等地。

二、集群发展亮点

1. 领导高度重视　市委、市政府十分重视金郝庄镇纺织产业的发展。在企业用地、融资、服务、环境等方面实行政策倾斜，想尽千方百计解决企业贷款问题，化解大面包圈难题，为企业生产、发展保驾护航。

2. 企业家素质高　金郝庄镇的企业老板都是土生土长的农民，他们把诚实经营、宽厚待人深深地刻在骨子里。企业赚了钱，不比轿车比设备，一心只想增加企业规模，更新纺织设备。同时，带出了一大批素质高、技术熟练的工人，结交了一帮诚实守信的客户、朋友。在企业经营困难时，工人们自觉加班加点，不计报酬，降低产品成本，保证产品产量，产品受到客户的一致好评。下游客户在购买原料时，首先想到的金郝庄镇企业，产品销量好、库存积压少。

3. 注重设备升级　金郝庄镇大部分纺纱企业现在使用的细纱机多为山西榆次经纬纺织设备有限公司生产的 FA502、FA506 型细纱机，部分纺纱企业使用潍坊昌邑生产的 FA502、FA506 型细纱机，清花机、梳棉机、粗纱机、络筒机多为国内普通设备。自 2019 年以来，金郝庄镇积极引导企业淘汰或改造旧设备，引进国内一流、国际先进的纺织设备。在全镇形成了比拼设备的良好风气，而且彼此互相开放，经常进行技术交流。

4. 企业抱团发展　针对中小企业抗风险能力弱的现状，金郝庄镇党委政府鼓励棉纺企业互帮互助、抱团取暖。一旦出现市场行情不好，企业回款和现金流受到影响时，各个棉纺企业老板便会互通信息，互相支援，共渡难关。为了让企业更好地了解彼此经营的情况，镇政府引导棉纺织企业自主成立了棉纺织企业协会，通过协会的力量整合全镇的棉纺织企业，加强企业的相互协作，形成了信息共享、技术共享、资源共享的良好氛围。

三、集群发展存在的问题

1. 设备落后，技改不彻底　近几年，虽然企业进行了设备更新技改，但大部分是络筒改为自动络筒，自动络筒大部分买的是南方淘汰的设备；梳棉和清花改为清梳联。但细纱机只是更换电动机加变频等，没有更换新细纱机。原因是企业厂房不是标准厂房，达不到新细纱机的长度、高度要求。如安装新细纱机需拆除车间重新建设，投资太大，企业负担不起。这就造成企业花了大笔钱进行技改，但对南方来说是淘汰设备，还是不具备竞争的实力，只能满足眼前，过几年还是面临设备落后的尴尬处境。

2. 融资困难　纺织企业融资难有以下原因：一是纺织产业为夕阳产业，银行在政策上贷款受限，一般不给予新增贷款。二是经过前期企业膨胀发展和近几年企业经营困难，企业想尽办法已经在银行贷了一大笔钱，造成企业负债率在 80% 以上。

四、集群发展规划

1. 扶强做大骨干企业　鼓励引导企业通过租赁、兼并、联合等多种形式扩张规模，保障总量提升。进一步推动智卓纺织等骨干企业发展壮大，以龙头企业辐射带动其他棉纺企业扩大规模，提高产能，不断扩大我镇棉纺产业总量。

2. 引导中小企业升级改造　提高中小企业的危机意识，促进小企业升级改造。对部分投资不到位、投资强度不够但发展潜力大的项目，积极帮助企业将产品档次提高或外延产品，促进企业的升级改造；对容积率不够、土地占多用少、产能严重落后的项目，督促企业尽快扩大投资，更新生产设备，提高企业产出水平。

供稿单位：临清市金郝庄镇人民政府

中国童装名镇

河南省安阳市北关区柏庄镇

一、集群概况

柏庄镇现有工业园区10家，服装加工个体企业5300余家，各类商户4000余家，其他3000余家，就业人口6.5万人。年用纱量13万吨，年产内衣、婴幼儿套装9亿件，企业工业总产值67.71亿元，包括个体加工户在内的全部工业总产值达到140亿元以上。

集群规上纺织企业户数10家、规下纺织企业户数620家，共630家；工业总产值67.71亿元、主营业务收入65.30亿元、利润额7.29亿元、从业人数6.5万人。纺织工业占地方工业总产值的比重96%，纺织服装产业是柏庄镇地方经济发展中的支柱产业。产品销往全国各地并出口。柏庄镇已经成为安阳市乃至河南省的纺织服装产业重要生产集散基地。

二、集群发展亮点

1. 产业转型提升 2019年以来，区委、区政府出台了支持纺织服装产业发展意见，共提出十四条扶持政策。截至目前已提升50家企业，其中亿元以上企业4家。

2. 市场转型升级 三个现代化高标准专业市场已投入使用，拟在建3个工业项目。中国柏庄童装展示中心：新建5.4万平方米的精品童装展示中心项目，占地20亩，投资1.8亿元，建筑面积5.4万平方米，已入驻商户1000家。柏庄布匹辅料专业市场：建筑面积20万平方米，总投资9.2亿，可入驻商户400余家，已投入使用。嘉鑫精品内衣展示中心：总投资1.2亿元，总建筑面积26000平方米，展位600户，已投入使用。

3. 基础设施建设提升 2019年推动柏庄镇三年基础设施建设提升计划实施，重点提升道路和管网，投资20亿元打造"五纵五横"路网。已完成建设15条道路，共投资12.4亿元，正在建设4条新、续建道路项目。

4. 配套设施提升 2019年以来，储备职工公寓4.1万平方米，1150套，共投资8000万元。其中，伟业200套、天茂350套、天宇200套、嘉鑫400套。北关区街道综合养老服务中心项目投资1.5亿元，依托辖区医院等医疗机构、现有养老机构及辖区闲置土地资源，建设街道（镇）综合养老服务中心。相关配套设施逐步完善，职工公寓、房地产开发小区、学校、养老机构等建设，解决了工人难留下的问题。

5. 产品质量提升 2019年9月13日，由安阳市政府、河南省质量技术监督局共同举办，"守护质量安全，远离缺陷伤害——缺陷儿童服装召回法律法规宣贯活动"，2020年9月18日，在柏庄镇嘉鑫工业园区，由区质监局、柏庄镇政府共同举办质量宣传月进园区集中宣传活动。

6. 品牌提升 柏庄镇组织8家纺织服装企业组团参加2018年4月11~13日在上海市新国际博览中心举办的第100届中国针棉织品交易博览会。2018年9月15日，被中国纺织工业联合会授予"中国童装名镇"荣誉称号。通过参加纺织服装博览会、纺织服装企业外出参观学习和柏庄镇获得的两个"中国童装名镇"荣誉，都是纺织服装产业品牌战略实施的具体实现。

三、当前产业发展存在的问题

重点招商引资企业和本地重点企业缺少生产岗位员工，不能满足企业的实际需要。区域性品牌不能有效推广，形不成合力，品牌知名度和影响力不够；小、散、乱服装企业做的都是季节性产品，没有品牌。平常不生产、旺季高价招工人加班生产、当天结算工资的用工模式，严重扰乱正规企业的生产秩序，出现工人流失现象，增加了生产成本和经营风险，不利于服装产业的健康发展。新冠肺炎疫情也严重影响到企业的产品销售，交通物流影响较大，经济下行压力加大。

四、下一步的规划举措和工作打算

通过安检、消防、质检、工商等各职能部门出台优化整合方案，对小、散、乱纺织服装企业取缔、整合，提升本地企业产品质量和品牌，规范企业行为，提升企业产品附加值和市场竞争力，改善柏庄镇用工环境。正在有序推进与阿里巴巴数字乡村项目对接推广地方产品·区域品牌。与人力资源中介形成长期合作关系，逐步满足企业人才需要或储备人才。疫情防控常态化，加快配套工业项目的施工进度，继续实行"招大引强"的招商工作政策，定向招商，把全国优质服装企业引进来，学习它们的管理经验和管理方法，真正起到"头雁效应"的引领作用。

供稿单位：安阳市北关区柏庄镇纺织服装专业园区

中国裤业名镇

河南省邓州市穰东镇

一、集群概况

穰东镇现有个体加工户6600多户、加工企业217家，自主品牌62个，从业人员17000多人，年产男女裤1.2亿条，加工业年产值共计76亿元。服装畅销武汉、西安、石家庄等全国30多个大中城市，直接从事服装电商经营者达1600多人，年销售额千万元以上的有30多家，穰东中山装和皮裤电商销量一度全国领先，其中皮裤的电商销售量占全国80%。纺织工业占全镇工业比重的94%，占全市工业比重的32%，是邓州市委、市政府明确发展的两大主导产业之一。

二、集群发展亮点

1. 加快服装产业园建设和配套 穰东镇服装产业园总占地252亩，投资7.2亿元，一期占地96亩，投资2.38亿元，将建成标准化厂房16栋8.9万平方米。目前，已建成厂房6栋，入驻投资亿元以上规模的企业5家。服装产业园还升级为邓州市经济开发区穰东纺织服装园区运行，享受邓州市招商引资优惠政策。

2. 做好企业入驻服装产业园的服务工作 与相关部门对接，出台支持服装产业招商引资优惠政策，积极做好招商引资，招引外地龙头企业入驻、动员本地企业集聚发展。

3. 加大服装市场的对外宣传和品牌培育 利用融媒体平台，多角度宣传推广"穰东服装"品牌，在现有60多个商标基础上有重点地培育提升。

4. 加大电商群体培育，拓展市场销路 转变本地加工企业的经营思想，多渠道拓展销路，壮大电商销售队伍，规范电商经营秩序，建设跨境电商平台，享受南阳市跨境电商试验区优惠政策。

5. 立市场新规，管理水平迈向新高度 成立穰东镇服装市场管理办公室，实行统一领导、分级负责、分工合作、商户共建的模式，由党委政府主要领导牵头，在政策层面、法律层面、框架方面予以指导；各成员单位参与，依据各自职责开展日常工作，并承担相应的责任；以商户自治管理为主要形式，街长分包街区，商户对周边邻里互助和门前三包。规范市场内经营秩序、消防安全、环境卫生和社会治安，开展商户信用评价、信息公示等工作，热情接待投资商人和外来进货客商，积极营造社会认可，商户满意的营商环境。

6. 立产业新局，产销模式迈向新高度 按照龙头带动、市场基础、园区集聚、产业集群的思路，先后举办两届中国·穰东服装博览会，在巩固老市场的基础上，启动了中国穰东国际商贸城等现代化市场，带动市场不断繁荣壮大，年销售额达35亿元。投资建设服装产业园，引进国内外知名品牌进驻，以先进发展企业引领，拉动本地服装产业在智能制造上得到新提升。特别是2021年，服装产业园还升级为邓州市经济开发区穰东纺织服装园区运行，享受到邓州市招商引资优惠政策。

7. 立党建联动，资源整合迈向新高度 为推动穰东镇党建链与服装产业链同步延伸，穰东镇采取"社区+协会+企业+院校+金融+机关"的联合发展模式，组建穰东镇服装产业联合党委。把服装产业集中的东、西、南三个社区党支部，服务服装产业发展的村镇发展中心、工商所、商会3个党支部，提供技术支持的南阳科技职业学院机械制造与自动化系党支部、邓州市商务局党组，提供金融服务的市农商银行小微金融党支部，和穰东镇服装协会加工业分会、批发业分会、电商业分会这3个功能性党支部联合起来，充分发挥党组织的政治引领和产业带动作用，实现同类企业相互交流、党建资源整合共享、创新人才共育共建、企业产品需求对接、服装产业做大做强的目的。

三、急需行业共同探讨、解决的问题和建议

1. 行业或政策关键问题 目前，服装产业的发展面临电商的冲击，微利促销、赔钱促销的情况非常常见。短时间看似提升了销量，实际上对服装产业的发展非常不利。

2. 行业服务问题 中国纺联可推动全国各纺织产业集群的信息交流，促进产业信息互通。

供稿单位：邓州市穰东镇人民政府

湖北省汉川市马口镇

一、集群概况

马口镇地处江汉平原腹地，是全国 25 个行政管理体制改革试点镇之一。全镇国土面积 62.68 平方公里，城区面积 12.6 平方公里，辖 14 个行政村、8 个社区，总人口 7.5 万。

马口纺织产业集群现有规模以上纺织企业 33 家，印染和洗水企业 18 家，从业人数近 4 万人，主要生产 20～80 支涤纶纱线，拥有纺纱、印染、制线、织布、服装、纺织机械以及物流、贸易等完整的纺织产业链。现有纺锭规模 150 万锭，占全市纺锭规模的 1/2，占全省纺锭规模的 1/7；年产涤纶纱线 25 万吨，棉纱 5000 吨，产量占全国同类产品的 3/5。马口纺织产品行销我国 20 多个省和欧美、东南亚的 20 多个国家和地区。以际华 3509、名仁、蜀峰、爱伊美、中天等企业为龙头，打造了九连环、铁树王、系马等 15 个著名商标。2006 年以来，连续获得"中国制线名镇"殊荣。

2021 年，马口镇实现规模以上工业产值 311 亿元，其中纺织产业达 100 亿元，占总产值的 32.2%。

二、集群发展亮点

1. 加快技术改造 近三年，在名仁纺织、际华 3509 的带动下，近 20 家纺织企业共投入资金近 20 亿元，掀起了技术改造和设备升级的浪潮。其中，名仁纺织累计投入资金 4.5 亿元，蜀峰、际华 3509、爱伊美等投入过亿元，其余纺织企业平均投入超过 5000 万元，从德国、日本等地引进清梳联、粗细联、全自动络筒机、倍捻机等国际先进水平的全自动纺织设备，初步实现了机器换人。

2. 优化资源整合 统筹利用市场和行政手段，对纺织产业进行资源重整和优化布局。名仁纺织兼并 3 家纺织企业，生产总规模达 40 万锭，成为全球最大的缝纫线生产基地之一；积极引入新投资方，盘活重整 2 家破产企业。

3. 推进科技创新 着力加强与武汉高校的联系，形成研发在武汉、转化生产在马口的产学研一体化格局，拥有国家专精特新小巨人、隐形冠军、国军标质量管理认证等诸多荣誉。际华 3509 公司迄今已获得专利技术 100 多项，湖北省重大科技成果 14 项，国家和省市科技进步奖 10 多项。

三、当前产业发展存在的问题

1. 宏观形势影响 新冠肺炎疫情的常态化导致纺织企业商贸往来和商品运输受阻，国内外市场需求持续减弱，企业产品库存积压严重，严重影响了上下游企业的生产经营效益，持续下行的经济预期降低了企业的投资欲望和能力。

2. 生产要素制约 纺织企业占据全镇规上企业的半数，且在产值和技改等方面提供了巨大支撑。工业电价上涨，纺织产业作为用电大户，整体成本月均增加 1000 万元，加之原油涨价导致化纤产品价格上涨，挤占利润空间。

3. 产业链条不优 纺织产业内部同质化发展严重，分工协作有所欠缺，虽有纺织商会进行统筹协调，但多数企业还是各自为战，在原材料采购、产品价格、用工等方面缺乏协商和统筹，某种程度上造成了资源的浪费和成本的增加。

四、下一步规划举措

1. 强化政策推动 今后一个时期将是各类支持政策的集中释放期，不折不扣地落实湖北省"促进经济社会发展 30 条"等惠企政策，确保企业及时享受税费减免、降低水电气成本、金融支持、用工补贴等优惠政策。用足用活汉川市促进实体经济高质量发展的奖励政策，有针对性地制定实施汉川市新一轮的稳企惠企政策措施，对纺织服装产业分类精准施策，帮助企业轻装上阵、专注发展。

2. 强化引导带动 充分发挥政府和市场"两只手"作用，引导纺织行业协会、龙头企业牵头，发挥际华 3509、名仁纺织等骨干企业的带动作用，推动产业链上下游协同，严格标准和质量，合理配置用工、订单、产能等资源，抱团取暖、共担风险。

3. 强化要素保障 积极对接和推动商业银行在马口镇开设网点，鼓励银行推出更多的创新型金融产品，为企业提供切实需要的、值得依赖的金融服务。通过省再担保集团、鑫财担保、银行合作模式，为本地优质企业提供支持，切实帮助企业渡过难关；严格落实省政府稳就业"25 条"支持政策，积极帮助复工复产的纺织企业降低用工成本。

4. 强化企业服务 深入开展"千名干部进企业"活动，主动上门开展"点对点"服务，实打实地解决问题。建立与企业的即时沟通机制，第一时间收集了解企业诉求，及时回应、限时办结。

供稿单位：汉川市马口镇人民政府

中国婴童装名镇

湖北省荆州市沙市区岑河镇

一、集群概况

岑河镇针纺织服装作为沙市区针纺服装产业的核心，从20世纪60年代初发展至今，已经有60余年历史。2011年，二孩政策红利初现，婴童装市场受到青睐，镇委、政府率先感知到这股浪潮并着手转型发展婴童装产业；从2013年底开始，又积极探索"互联网+"产业发展模式，婴童装产业迅猛发展。先后建成一、二、三期工业园区，占地3000亩；成功举办两届中国荆州童装模特大赛；连续4年布展上海CBME国际孕婴童装展，每年岑河百名企业家组团参展。岑河镇先后被评为"中国针织名镇""中国婴童装名镇"，是中国五大童装产业集群基地之一，连续11年被评为"湖北省重点产业集群"，成为湖北省电子商务示范基地、湖北省返乡创业示范园区、中国纺织产业集群人才建设工作示范单位，红叶针织公司被评为湖北省电子商务示范企业。

2021年，岑河镇355家针纺服装企业实现主营业务收入50余亿元，其中33家规模以上企业实现主营业务收入29.88亿元，超5亿元的1家，亿元以下的占规上企业总数的75%。主营业务收入中近一半比重来自规模小、生产水平较低的个体工商户和家庭式作坊。

二、集群发展亮点

1. 产业基础好 全镇现可年产0~12岁婴童装1.6亿件，占全国婴童装产销量的1/8，即全国每8件婴童装就有一件是岑河造。岑河镇被中国纺织工业联合会评为全国五大童装生产基地之一。

2. 产业链条全 形成了从棉花加工、纺纱、织布、印染、成衣、包装到销售的完整产业链。即从棉花加工到线上线下销售，均可在岑河集镇5公里范围内配套完成，是国内同行业产业链最完备的基地之一。

3. 产品质量优 产品达到国家针织服装GF 18401-2010中童装A类标准和婴童装FZ/T 81014-2008执行标准。"南极人""猫人""史努比""精典泰迪""纯棉时代""英氏"等国内知名品牌在岑河建有生产基地，发展了"宇风宝贝""马克·贝瑞"等自主品牌90余个，岑河婴童装已整体达到中高端水平。

4. 电商势头猛 2016年9月，岑河婴童装产业带成为湖北省第一家入驻阿里巴巴·中国质造平台的政府产业带。2017年开始与京东全面合作。天猫、京东、唯品会等各类网购平台在岑河落地的企业100多家。2021年，荆州市外发包裹总量8761万个，其中岑河镇2057万个，占全市20%。岑河镇每天发往荆州市以外婴童装包裹达5万个，全年电商销售25亿元。

5. 交通优势明显 "铁公机"相继落户岑河，江津东路延伸线直抵岑河集镇民主街，荆沙大道延伸线贯穿岑河工业园区，复兴大道直通机场，将岑河、沙市城区、荆开区、荆州城区连成一片。交通路网四通八达，对促进岑河电商、物流产业注入新动能。

三、存在问题

1. 没有形成较为完善的产业网络体系 除生产加工环节外，研发、原料辅料、机械设备、物流配送、人才培训等环节并没有形成规模，甚至部分环节还处于空白。

2. 大而不强，企业小而分散 岑河服装产业品牌多但名牌少，甚至可以说没有在市场上叫得响的知名品牌，企业竞争力不强。

3. 发展层次属于价值链低端 岑河纺织服装企业以贴牌生产为主，很多企业没有自主品牌，或者即便有自主品牌，但自主品牌在业内没有竞争力，多数持有自主品牌的企业仍以代工为主要营收渠道，纺织服装处于业内产业链的低端。

4. 企业内部管理水平较低 在5S环境管理、全面生产管理等先进管理模式上着力不够。企业以家族式管理为主要管理模式，管理制度封闭，难以吸纳优秀人才。

四、发展规划

依托金色童年小镇·科创园，围绕"一核两翼三支点"的空间布局，构建童装产业发展新阵列，打造儿童服装产业、儿童旅游产业、儿童食品产业三大产业集群。引导童装产业向生产性服务发展，不断补链强链延链，形成立足湖北、带动中部、辐射中西部、面向全国的发展格局。力争十年内将岑河镇打造成集产业、人才、物流、服务于一体的千亿级童装小镇，形成"中国童装看岑河"的格局。

供稿单位：荆州市沙市区岑河镇人民政府

中国女裤名镇

湖北省仙桃市毛嘴镇

毛嘴镇地处仙桃西部，紧邻潜江，境内有318国道、214省道交汇其中，设有沪渝高速公路和随岳高速，同时紧邻仙桃西、潜江两座高铁站，形成了良好的交通优势和区位优势。十余年来，毛嘴镇持之以恒、接续奋斗，精心耕耘服装产业，产业集群得以成型并不断壮大，被授予"中国女裤名镇"，引领仙西服装产业集聚区发展。

一、集群概况

毛嘴服装产业园区规划建设面积5000亩，已建成区面积2850亩。现有入园纺织服装企业386家，其中生产加工企业221家，现有纺织服装及上下游关联产业工人2.8万人。园区以女裤生产为主，女裤生产企业达187家，占服装加工企业的84.6%，现年产女裤过亿条。除此之外，还涵盖时装、童装、工装等各类服装的设计加工，产品线丰富。2022年，园区共销售各类服饰约1.1亿件（条），工业总产值83.3亿元。截至目前，园区共有规模以上服装工业企业20家，2022年实现规模以上工业总产值29.64亿元。

二、集群发展亮点

1. 规划长远，引领产业集群长足发展　毛嘴镇是仙桃市经济发展的重点区域，按照全市"三区协同"发展布局，着力规划打造仙西服装产业集聚区核心区。结合四化同步建设要求和产城融合发展思路，聘请专业的规划设计公司编制了国土空间、园区布局、产业发展等规划。经过十余年的发展，服装加工生产区、商贸物流服务区、智能制造示范区三区发展布局初步落成，服装产业集聚发展。

2. 链条完善，夯实产业集群发展根基　服装产业的快速集聚发展离不开上下游配套产业的支持。毛嘴在大力发展服装核心产业的同时，不断延链、补链、强链，建设辅料市场、物流园区，引进机电设备、绣花、洗水等服装配套企业。完善的产业链降低了服装生产成本，进一步稳固了服装产业的发展。

3. 配套及时，助推产业集群高效发展　园区按照规划，提前布局水、电、路、气、雨污管网等基础设施，加快了企业进场建设速度。围绕产业发展需要，为防范火灾风险，建设了专职消防站，为促进服装转型升级，建设了服装创展中心，为满足职工健身文化需要，建设了健身运动中心。

4. 服务精致，做优产业集群发展环境　为强化园区服务管理，在市委市政府的支持下成立了服装管委会，专职服务园区发展，提供项目手续代办、金融、招工等服务。服装创展中心能为服装企业提供电商展销、T台展示、研发设计、会展发布、文化展示等多种服务。正在建设数字园区，实现园区企业数字化管理，将为企业提供更加舒适安全和便捷的发展环境。

三、当前产业发展存在的问题和发展规划

当前，毛嘴服装产业主要存在服装品牌知名度不高、服装关联产业链薄弱、创新发展动力不足等问题。对此，毛嘴镇将从招商引资和项目建设、校企合作、延链补链强链等方面积极谋划，全力服务产业集群高质量发展。

1. 以智能制造促产业转型升级　一方面，加快智能制造示范区建设，引进智能制造标杆企业。另一方面，以捷克智能制造示范工厂为样板，支持和鼓励服装企业技改升级。

2. 以校企合作促产业提质增效　在市委市政府的大力支持下，江汉服装产业创新发展研究中心正式在毛嘴服装创展中心挂牌，为校政企合作搭建好平台。要借助该平台，与武汉纺织大学深度合作，围绕面辅料研发、服装产品设计、服装版型研究、服装生产流程优化、数字新媒体营销等领域，提升服装产品研发设计能力、品牌价值以及生产效率。

3. 以健全生态促产业优势提升　按照产业发展规划，近期将在智慧物流园、印染、原辅料市场、电商直播等产业链上下功夫，进一步强链补链，增强产业发展优势。

4. 以优质服务促产业行稳致远　坚持开展银企对接活动，鼓励银行量身定做金融产品，在金融上支持产业发展。坚持参与服装推荐活动，提升园区和企业知名度。坚持开展招工活动，为企业解决用工烦恼。

供稿单位：毛嘴服装产业园管理委员会

中国非织造布制品名镇

湖北省仙桃市彭场镇

一、集群概况

1. 规模总量持续扩张 截至 2021 年，全镇工商注册非织造布企业 628 家，其中规上企业 86 家，高新技术企业 30 家。2021 年实现产值 135.14 亿元，占全镇工业总产值 94.2%，入库税收 10.43 亿元，同比增长 14.54%。全镇拥有非织造布生产线 105 条，从业人员 2 万人，年产各类非织造布 27 万吨、非织造布制品 56 万吨，占全国总产量的 10.2%、出口总额的 31.4%，产销量全国领先。

2. 产业链条逐渐完善 全镇非织造布产业形成了集产品研发、原料生产、制品加工、辅料配套、物流运输于一体的完整成熟的产业链条，链上关联企业 85 家，可满足本地 50% 以上的原料需求和 80% 以上的辅料需求。上游制品由传统的口罩、浴帽、鞋套、手术衣、防护服等产品，扩大到医疗、环保、服装等领域，共计 32 大类 130 多个品种，带动下游纺线、腹膜、纸箱、印花、拉链、袖口、塑料铆扣等同链产业扎堆发展。

3. 创新能力日益增强 2019 年，市委、市政府针对产业发展现状，高标准规划了 9.3 平方公里的"四基地两中心"建设和 5.4 平方公里的集镇改造提升工程，全镇以转型升级为驱动，全力建设非织造千亿产业集群。招引广州锦盛辉煌、美国爱普拉斯、德国格兹莱芙、茂化实华、十月结晶等一批亿元以上优质项目相继落户，平均每年新建标准化厂房 30 万平方米，新上高档非织造生产线 15 条，拥有国家发明专利 40 项。

二、集群发展亮点

1. 广泛运用于医疗健康方面 加强与行业协会的沟通与合作，整合企业、高校、科研院所各方资源，加快医疗健康用非织造布技术和产品创新步伐，推动产能升级，重点发展医用口罩、医用防护服、手术衣、手术洞巾、高端医用敷料等医疗卫生用非织造布产品，发展面膜纸、高端护理纸巾、纸尿布等健康护理用非织造布产品。

2. 广泛运用于应急和公共安全方面 推动应急和公共安全产业用非织造布的研发和产品应用设计，重点发展高等级病毒和疫情隔离服，如生化防护装备、救援应急包、快速填充堵漏织物、灾害预防和险区加固纺织材料等产品，完善应急和公共安全用防护服的结构设计、涂层开发和舒适性研究，提高装备制品的性能、可靠性、轻便化和集成化水平。

3. 广泛用于环境保护方面 整合技术创新资源，推动仙桃非织造布产业向应用广泛，市场前景好、附加值高的环境保护用非织造布方向发展，重点发展汽车滤清器、空气净化器、吸尘器等空气过滤用非织造布产品和饮用水安全分离、海水溪化、房水及污水资源化利用分离等非织造布材料，推动环境保护用非织造布过滤材料、原料与组件及成套设备的开发和工程应用示范。

三、集群今后发展思路

1. 进一步加大招商引资的力度 一是突出头部企业强链招，紧盯九州通、江苏恒力以及稳建等业内龙头，广泛挖掘资源收集信息精准出击，用重大项目推动产业升级质的飞跃。二是突出以商代商补链招，全力把企业家培养成招商大使，把市场合作方转变成项目投资商，用亲商重商形成纷至沓来的浓厚氛围。三是突出专班驻点延链招，依托茂化实华的发展布局，做足市场拓展的文章，形成体系完备的集团效应。

2. 进一步加快项目建设的进度 一是基建项目全面加速，按照道路环通、管网连通以及绿美景靓的要求，重点打造创业大道至农丰路核心圈以及新 321 产业带。二是开工项目全面铺开，以超前谋划完善条件，用高效服务压缩工期，形成园区如火如荼的建设场景。三是投产项目全面发力，重点做好誉诚、正欣以及锦盛辉煌等 9 个项目达产达效，切实发挥增长点的经济价值。

3. 进一步加强园区发展的深度 一是始终坚守安全生产底线，开展小作坊整治专项活动月，消除安全隐患，规范市场秩序。二是致力开拓人才招引渠道，在协会下设劳务招才公司，到西部等欠发达地区招收产业工人，到武汉纺织大学等组织专场招聘活动。三是全力打造企业文化，按照"千亿产业，百年企业"的目标，突出建设爱岗敬业、拼搏创新的企业文化以及亲情关系的营商文化。

供稿单位：仙桃市彭场镇人民政府

湖南省醴陵市船湾镇

一、集群概况

船湾镇的服装产业已有 40 多年历史，初步形成了产、供、销和自主研发于一体化的产业化格局。目前，全镇有服装行业注册企业 600 余家，实体生产企业 57 家，拥有以国盛、新姿、韶峰为龙头的规模以上服饰企业 33 家，是湖南省重要的服装产业集群地。

全镇有注册商标 102 个，40 家服装企业通过 ISO 9001 质量体系认证，有 19 家重合同守信用单位，7 家省级名牌单位，3 家市级名牌单位。截至 2021 年 11 月，年产标志服装约 500 万件（套），服装产业销售额约 64 亿元。2013 年，船湾镇被中国纺织工业联合会授予"中国职业服装名镇"荣誉称号，同时获得"湖南省专业服饰乡镇""中国纺织服装行业十大活力集群"等称号。涌现出韶峰、国盛、新姿等自主服装品牌，逐步进行了自主品牌创建与品牌形象的提升。

服装产业已经成为船湾"一镇一业"的特色产业、支柱产业。在"时尚、科技、绿色"成为中国纺织服装业新标签的今天，中国职业装正日渐改头换面。中国服装协会权威数据显示，由国家规定统一穿制服的行业有 19 个，大型企事业单位对于职业装需求也日益增加，每年的市场需求保守估计在 4000 亿元以上。面对今年的疫情影响，船湾镇职业服饰产业逆势而上，积极适应经济发展新常态，融入国内经济大循环，生产产值稳固攀升，预计 2021 年职业服饰销售额达 74 亿元。

二、集群发展亮点

1. 强化顶层设计，健全机制体制 近年来引导资金、政策向船湾倾斜，扶持服饰产业发展。领导小组定期碰头，船湾镇成立了镇党委书记袁亮任组长、镇长易桢华任第一副组长的服饰产业发展小组，下设服饰产业发展办公室，专题研究，综合协调统筹，专门负责整个服饰产业的发展规划、具体措施的实行、指导行业协会运行以及市场的规范健康发展。

2. 落实帮扶举措，助力企业突围 依托手机 APP 在线提问以及定期上门走访，收集企业困难和问题，严格落实"一单四制"，即一张问题清单、24 小时见面制、百日销号制、及时通报制、回头反馈制。集中力量解决企业难点问题，帮助亚西欧、欧辉两家企业办理国有土地证。

3. 筹建服饰园区，完善硬件设施 坚持以促进醴陵服饰产业转型升级、对接株洲千亿服饰产业集群为目的，开展服饰产业集中区建设、引导企业装备升级、搭建企业服务平台、加大园区招商力度等工作。加快产业园区开发建设，园区规划面积 1500 亩。目前，已完成了一期项目的立项、规划、土地征拆实物摸底、招商摸底和土地报批资料申报等工作，已完成一期 6 栋房屋拆除倒栋工作，征收土地 125 亩，正在开展腾地工作。争取天然气入园、污水处理厂等项目的落地，改善产业发展人居环境。

4. 着力招商引资，注入新的活力 积极主动完成招商工作，先后前往宜春、长沙、株洲等地进行招商活动，与全球鹰服饰、杉杉服饰、圣得西、公佳服饰等企业进行了接洽，2020 年，梓涵服饰、标兵服饰和君盛服饰 3 家企业已成功在船湾镇落地，计划投资 2.6 亿元，已落地 1.8 亿元。2021 年，顺美服饰新建厂房，计划投资 1.05 亿元，已落地 1.04 亿元，湖南省金瑜腾服饰有限公司计划投资 4870 万元，新建展销大楼已封顶，预计 2022 年 3 月投入使用。

三、当前产业发展存在的问题、发展要求，下一步的规划举措和工作打算

"十四五"时期是全面建设现代化强国的开启阶段，也是服饰产业大有可为的战略机遇期。船湾镇在产业人才、技术、资本等要素配置持续优化，产业体系渐趋完备，市场空间日益广阔。

船湾镇服饰产业发展缺乏园区平台支撑、企业管理流于粗放、转型升级需要动力、整体创新水平不高、企业抱团发展不足等问题现实存在，迫切需要加强统筹规划和政策扶持，全面营造有利于服饰产业蓬勃发展的生态环境，搭建推动企业整合聚集的园区平台，创新发展思路，提升发展质量，引进、发展一批支柱企业，推动服饰产业成为促进经济社会发展的强大动力。

对此，下一步全镇将加快完成服饰产业园建设，加大产业整体招商推介，加深产业人才培养，加码产业帮扶政策，推进船湾镇产业发展。

供稿单位：醴陵市船湾镇人民政府

广东省深圳市龙华区大浪时尚小镇

一、集群概况

2021年，深圳市委大湾区办发布了《粤港澳大湾区建设深圳指引》，龙华区被赋予新兴产业高地和时尚产业新城的目标定位。大浪时尚小镇作为龙华区六大重点产业片区之一，总体规划面积11.97平方公里，是湾区唯一的特色时尚小镇。自2003年筹建以来，以建设"两区三中心"和打造"世界级时尚小镇"为目标，小镇已由原特区外的贫困落后地区转型成为时尚企业集聚区，由原外贸出口贴牌加工为主转型成为拥有自主品牌的总部企业集聚区，由原产业工人为主的人才结构转型为时尚创意人才聚集区，确立了时尚企业品牌数量、上市企业数量、经济总量、市场占有率全国领先的优势。

截至2021年11月，小镇入驻时尚企业660家，已落户总部企业22家，带动多家服装、鞋帽及时尚配套企业进驻。2021年，小镇实现总营收327.37亿元，其中时尚产业规上工业企业产值119.01亿元，规下企业工业产值12.02亿元。从规上企业产值及限上商业数据来看，小镇纺织服装、服饰、制鞋业引领全区。2017年，规上工业企业中，大浪时尚小镇纺织服装、服饰业产值占龙华区总额的75.3%。批发零售企业中，大浪时尚小镇纺织服装批发零售占龙华区总额的68.1%。超过八成的小镇时尚服饰企业拥有自有品牌，其中中国驰名商标6个，广东省名牌产品17个，广东省著名商标9个。形成了"全国女装看深圳，深圳女装看大浪"的产业格局。

二、发展存在的主要问题

小镇时尚产业的发展还面临诸多制约和挑战。主要体现在：一是总体规划层级不够，与国内兄弟特色小镇相比亟待提升。规划、建设和管理等方面仍需进一步提速，以特色小镇建设带动区域城市及产业高质量发展。二是交通设施建设滞后，城区公共服务存在短板。公共交通系统配套严重不足，轨道交通规划落后中心城区2期约10年，急需加快轨道交通规划布局，6号线南延、25号线需加快落位。三是现状土地存量不足，难以保障小镇后续建设需求。部分已批未建用地近10年仍不能按时开发建设，时尚之心地块整备、石凹第二工业区改造升级问题需加快推动。

三、下一步工作计划

1. 抓牢项目规划，推进重点项目进度 一是完成大浪时尚小镇三年行动计划，梳理片区项目库。二是全力推进浪静路时尚街区改造工程移交、结算、决算工作。三是推进小镇数字时尚展厅、大浪时尚小镇范围内景观整体提升工程、小镇客厅及驿站、浪荣路街区改造工程尽快落地。四是持续推动二期产业用地规划调整和产业遴选、时尚之心地块土地整备、石凹第二工业区改造升级等工作。

2. 筑牢政策基石，发挥政策引导作用 加快推进新版产业政策操作规程文件的草拟、征求意见、提请审批及印发公示等工作，开展企业园区走访和政策宣讲工作，大力宣传"1+N+S"政策体系，加大招商引资力度，完善时尚产业链链条。

3. 加快数字化转型，发展时尚产业新业态 一是推动大浪时尚产业数字创新中心云服务项目进度，实现"数字+时尚""科技+时尚"融合，推动企业数字化转型，推动数字从销售端到生产端全面赋能。二是加大直播企业引进力度，拓展直播渠道，进一步搭建直播零售新生态，构建"数据密集型"时尚产业新优势。

4. 启动全域运营，构建文化创意产业生态系统 一是加快推动龙华区政府与华侨城集团签订战略合作协议，引入华侨城集团进驻大浪时尚小镇，引入一系列时尚文化创意产业，形成以时尚为核心的文化创意产业生态系统，实现区域产业优化升级。二是以石凹第二工业区升级改造项目为支点，补齐小镇发展短板，加速人城产融合步伐，改善城市风貌。

5. 筹办大型时尚活动，塑造时尚新形象 筹办2022"大浪杯"中国女装设计大赛、时尚深圳展、2023深圳时装周春夏系列大浪会场、中国纺织创新年会设计峰会等大型时尚活动，加强小镇对外宣传推广，进一步塑造小镇时尚新形象，打响时尚小镇知名度。

供稿单位：深圳市龙华区重点区域建设推进中心

中国针织内衣名镇

广东省汕头市潮阳区谷饶镇

一、集群概况

汕头市潮阳区谷饶镇是经济人口大镇，也是中国针织内衣名镇。镇域面积72.8平方公里，下辖27个村（社区），户籍人口18.9万人，外来及流动人口近8万人，旅外华侨、港澳台侨胞近10万人，是潮汕地区重点侨乡之一。

纺织产业是谷饶镇的支柱产业。经过近四十年的发展和积淀，已形成从捻纱、织布、染整、经编、刺绣、辅料到成品生产的完整产业链，在海外市场形成了较大的竞争优势，培育了22个广东省著名商标和2个国家免检产品及"浪漫春天"等一批知名品牌，内销品牌企业的专卖店、连锁店及加盟店分布在全国各地。全镇从事针织内衣生产的各类企业约3500家。

2021年，谷饶镇完成工业总产值452.1亿元，其中纺织产业工业总产值441.8亿元，占比97.7%。规上纺织企业208家，工业总产值339.5亿元，主营业务收入329.2亿元，利润总额31.2亿元，从业人数28862人；规下纺织企业3334家，工业总产值112.6亿元，主营业务收入110.9亿元，利润总额11.1亿元，从业人数24050人。

目前，谷饶主要纺织产品的种类主要有：传统内衣、内裤，年产量约26亿件，产值约134.1亿元；无缝内衣、内裤，年产量约21.6亿件，产值约129.4亿元；无痕内衣、内裤，年产量约9亿件，产值约90.4亿元；抹胸美背，年产量约7.5亿件，产值约92亿元。

二、集群发展亮点

1. 全力打造纺织基地，推动产业集聚发展 积极配合上级做好汕头纺织服装产业基地项目规划设计、土地收储、招商引资等前期工作，全力服务项目落地建设，聚拢纺织产业资源，赋能产业集聚发展。该产业基地项目规划用地面积约5100亩，打造集研发设计、生产制造、展示营销、批发交易、创客直播、快递物流等板块于一体的产业基地。

2. 积极探索电商模式，转变产业销售模式 积极探索以直播电商生态系统为依托，以茂兴电商产业园为支点，发挥领军企业带动能力延伸纺织产业链，为入驻电商提供"一站式"服务，助力纺织产业发展模式转变。

3. 持续推进基建项目，夯实产业发展基础 扎实推进基础设施项目建设，打造集交通、商业、办公、娱乐和旅游集散等功能为一体的高铁交通枢纽经济圈，为纺织产业做大做强奠定基础。积极申请谷饶镇区13条主干道升级改造、高速出入口等项目落地建设，加快推动站前广场及进出站路等项目建设，加快研究规划110千伏变电站基础设施建设，不断提升投资硬环境，促进纺织产业持续发展。

4. 加快推动"工改工"，促进产业转型升级 积极推进"工改工"、村镇工业集聚区升级改造，引导落后低效的纺织企业转型升级，改革生产工艺水平，增强纺织产业整体竞争力，加快实现谷饶纺织产业高质量发展。首期共有16个项目上报申请"工改工"、村镇工业集聚区升级改造，面积共约1033亩，目前项目正在积极推进中。

三、存在的问题及下一步工作打算

1. 产业发展存在的问题 一是高端人才匮乏。谷饶大部分企业为家族式管理模式，高端技术人才以及管理人才难以长久驻留，制约企业发展。二是核心技术落后。因人才匮乏导致大部分企业的技术创新和研发能力严重不足，技术创新和产品研发水平还相对落后。三是产品成本上涨。受新冠肺炎疫情及国际形势影响，原材料价格不断上涨，企业利润空间被严重挤压，物流成本提高，产品销售压力增大，市场竞争激烈。

2. 下一步工作打算 一是持续推进交通、电力、环保等基础设施项目建设，同时以汕头纺织服装产业基地项目为契机，全力推动本地区优质产业项目，运用"产业综合体"模式将产业链各个主板功能有机整合，聚拢纺织产业资源，赋能产业集聚发展。二是通过政策引导，充分调动各改造主体及社会资本参与的积极性，进一步推进智能化、数字化工厂建设，大力培育高新技术企业，改革生产工艺水平，提升新材料、新工艺、新设计的制造水平，促进纺织产业转型升级向精细化、自动化和智能化发展。三是鼓励企业加大人才引进力度，积极搭建校企合作桥梁，引进纺织专业高级技能人才、高端设计和营销人才，定期开展纺织产业生产、电商培训工作，加快本地区人才队伍建设，为纺织产业做大做强提供人才支撑。

供稿单位：汕头市潮阳区谷饶镇人民政府

中国家居服装名镇

广东省汕头市潮南区峡山街道

一、集群概况

纺织服装产业是峡山街道的传统优势主导产业之一，家居服更是享誉国内外，2004年12月峡山街道被评为"中国家居服装名镇"。

2021年峡山街道纺织服装产业实现工业总产值268.75亿元，占街道当年工业总产值的54.25%。2021年，峡山街道的纺织服装企业共573户：其中规上企业123户，工业总产值188.62亿万元，主营业务收入188.58亿元，利润总额4.70亿元，年平均从业人数39257人；规下企业450家，工业总产值80.14亿元，主营业务收入80.11亿元，利润总额2.04亿元，年平均从业人数17862人。

峡山纺织服装产业的主要产品有布匹、服装、文胸。2021年布匹的产量为13000万米，总产值48.70亿元；服装的产量为17622万件，总产值133亿元；文胸的产量为11884万件，总产值56.8亿元。

二、集群发展亮点

近三年来，峡山纺织服装产业稳步增长，2019年、2020年、2021年该产业工业总产值分别为206.32亿元、247.53亿元、268.75亿元。推动产业发展的主要做法有以下几方面。

1. 建立企业员工培训制度 组织企业员工到"科学职业培训学校""旭阳职业技术学校""顶尚服装培训""1319直播基地"等专业培训机构进行学习培训，提高企业员工技能。三年来，共组织企业员工参加学习培训80多场次2500多人。

2. 宣传引导企业开展电子商务 鼓励企业开展"互联网+电子商务"活动，入驻京东商城、天猫、唯品会、丽人购等第三方网络销售平台，利用"微信""抖音""直播带货"等形式开展产品销售业务，扩大企业销售渠道，拓展企业经营空间。据统计，目前峡山90%以上的纺织服装企业都有开展电子商务，其中"芬腾"品牌家居服的网上销售继续保持强劲势头，三年来，"双十一"网上销售额均在1亿元以上。

3. 积极引导企业引进先进生产线、生产设备和技术 以设备更新、技术升级推进核心技术和关键共性技术的创新，推动产业转型、产品优化、提高产品竞争力。三年来，广东添华无纺布实业有限公司、广东洪兴实业股份有限公司等67家企业共投入资金5.3亿

元，引进先进生产设备400多台（套），其中广东添华无纺布实业有限公司投资3500万元引进国外先进热轧机1台，配套国产纺粘系统、熔喷系统、电气控制系统及生产线公用设备等。

4. 培育龙头企业，发展标杆企业 积极培育洪兴、安之伴、茂兴、美标等实力雄厚、发展势头强劲的公司升级上市，其中洪兴公司已于2021年7月在深圳证券交易所发行上市，成为中国家居服行业上市的"第一股"。

5. 拓宽融资渠道，解决企业融资难问题 为缓解企业受新冠肺炎疫情及国际环境影响造成的资金紧缺问题，街道落实专人负责，召开"银企"合作座谈会，牵头企业与各银行机构对接，引导企业通过"信易贷"平台向金融机构贷款，多渠道解决企业融资难问题。

三、当前产业发展存在的问题

一是峡山的纺织服装企业中，中小微企业较多，大型企业较少，企业分布散，大部分产品档次偏低、科技含量也不高，大多数企业抗风险能力差；二是专业技术人员和研发中心少，企业转型升级困难；三是融资难，因历史原因，峡山企业用地基本都是集体用地，厂房建设手续不完善，抵押贷款困难；四是用地难，峡山人多地少，存量土地极少，企业发展空间受限；五是缺乏大型专业市场，产业集聚效应不明显，市场地位不突出；六是受国际政治环境和新冠肺炎疫情影响，市场稳定性差，前景迷茫。

四、下一步工作打算

接下来，街道将针对纺织服装产业发展面临的问题，采取科学有效的应对措施，助力产业健康蓬勃发展：一是优化资源配置，协助企业解决资源、资金和人才等问题，提高企业自主创新能力；二是依托龙头企业优势引领带动产业发展；三是想方设法高起点规划建设大型纺织服装专业市场，突出市场地位，促进产业集聚，产生集聚效应；四是开拓创新销售渠道，规划建设电商产业园，紧跟时代步伐，主动适应经济发展新业态；五是大力推进"工改工""工改新"工作，改造低效土地，盘活土地资源，拓展企业发展空间，腾笼引凤，做好招商引资工作；六是发挥协会作用，抱团取暖，做强做大。

供稿单位：汕头市潮南区峡山街道办事处

中国内衣名镇

广东省汕头市潮南区陈店镇

一、集群概况

纺织服装产业是汕头市重点布局"三新两特一大"产业中的特色传统产业，作为纺织服装重镇，陈店镇专注于内衣领域，陈店内衣产业始于 20 世纪 80 年代初，经过多年发展，内衣产业成为陈店的支柱产业，2004 年陈店镇被授予"中国内衣名镇"。2017 年潮南陈店内衣小镇被广东省发改委确定为第一批特色小镇创建单位。2021 年潮南陈店内衣小镇被纳入广东省特色小镇清单管理名单。

2021 年，陈店镇纺织服装企业 1130 家，完成工业产值 103.10 亿元，同比增长 5.51%，主营业务收入 221.53 亿元，利润总额 2.48 亿元；其中规上企业 66 家，完成规上工业产值 71.64 亿元，同比增长 1.52%，主营业务收入 158.23 亿元，利润总额 1.75 亿元。

全镇内衣生产从业人员 6 万多人，拥有织布、海绵、花边、肩带等配套工厂及文胸内衣辅料商铺，形成以内衣为主，涵盖花边、织布、织带、海绵、电脑绣花、配件辅料等所有环节构成的产业链条。2021 年新增规上企业 13 家，其中内衣企业 10 家，内衣产业成为陈店经济社会发展的压舱石。

二、集群发展亮点

1. 产业链条逐步形成，为全镇经济发展添能蓄势
作为纺织服装产业的重要组成部分，内衣产业是陈店镇产业发展之首，2021 年产值超百亿元，占全镇工业产值的 70%。陈店镇依托内衣这一主导产业，不断完善生产文胸内衣生产所需的织布、织带、海绵、电脑绣花等辅料产品产业链，形成了颇具规模的产业集群。凡内衣文胸生产所涉及的工序配件产品，均能在陈店就地取材；为货物运输而衍生的货运站有数十家之多，形成文胸内衣生产的全产业链。

2. 线上线下融合发力，电商赋能实体经济转型升级
一是"企业+电商"模式已成为陈店内衣产业新的发展趋势，形成了网批、直播、厂家直供多种线上线下联合经营模式，形成沟湖都市广场电商大厦、陈店内衣文化创意街区为中心的电商、网批商贸区，每年销售额约 15 亿元。目前，陈店镇已跻身广东省 22 个淘宝镇、全国百强淘宝镇、全国千强镇之列，拥有 9 个淘宝村。二是陈店镇大力推动"企业+电商"新业态的

发展，积极鼓励企业开展"互联网+电子商务"活动。2021 年陈店镇成功举办淘宝直播·中国行汕头站"潮南内衣家居服直播节"暨侨创青年直播节，让内衣等优势产业的发展插上电商直播的翅膀，更好地打响陈店针织内衣品牌。

3. 软硬平台为支撑，不断做活镇域经济 陈店镇在特色产业发展上做专做优，从致力搭建软硬两个平台下手。软平台就是全面开发线上销售渠道，大力推广引导电商、直播销售，倡导每家每户到淘宝、唯品会等大型销售平台注册、经营网店，开直播间。硬件平台就是创建"内衣文化创意一条街"，聚力散落乡间的电商、微商、网批经营户，形成内衣销售规模营销地。同时，优化空间规划，留足打造地标性商业综合体的空间，届时积极引进专业商业团队进场，全面做大做强电商、直播产业，不断做活汕头"西大门"镇域经济。

三、下一步发展思路

当前产业发展中存在的主要问题有：一是产业发展成本上涨压力较大，产业外迁动力增加。目前劳动力、土地等生产要素的成本明显增加，企业做大做强土地需求难以解决、招工难等因素导致产业发展外迁动力增加。二是产业发展需进一步转型升级，陈店内衣企业小微企业较多，无品牌、代加工等低端经营模式较为普遍，部分企业主要以价格战为营销手段，产业发展急需转型升级。三是受国际形势及疫情影响，出口贸易受影响，产业发展压力较大。四是缺乏大型专业市场，产业集聚效应不明显，市场地位不突出。五是中小微企业融资相对难。

接下来，陈店镇将按照"工业立市、产业强市"的工作思路，主动融入"三新两特一大"产业发展，聚拢纺织产业资源，赋能产业集聚发展，推广直播电商，促进纺织企业转型升级，同时加大项目建设力度，进一步突出特色，推动北新工业园区基础设施配套提升、内衣特色小镇基础设施等重点项目建设，依托便捷的区位优势延伸和完善产业链，实现集约化发展，不断擦亮"中国内衣名镇"的牌子。

供稿单位：汕头市潮南区陈店镇人民政府

广东省汕头市潮南区两英镇

一、集群概况

汕头市潮南区两英镇是广东省中心镇、广东省经济发达镇行政管理体制改革试点镇、广东省城乡融合发展中心镇省级试点镇和汕头市工业名镇。全镇总面积85.21平方公里，户籍人口22.28万人，下设30个行政村（社区）。

针织服装业是两英镇的支柱产业、特色产业、就业产业和富民产业，两英镇2021年完成地区生产总值82.24亿元，同比增长7.7%，工业总产值178.89亿元，其中规模以上工业产值为126.03亿元。作为两英镇的主导产业，截至2021年底，全镇各类注册企业1018家，其中纺织服装在册企业共251家，占全镇在册企业总数的25%，纺织服装规上企业产值占全镇的57%；其中，纺织业企业132家，占比13%，服装业企业119家，占比12%，纺织服装相关联的批发零售企业301家，占比30%；全镇共有规模以上工业企业58家，其中纺织企业38家，服装企业9家。

两英镇委、镇政府积极应对各类经济挑战，精准助力产业转型升级，加快推进两英南山智慧产业片区规划建设、龙岭老厂房片区"工改工"升级改造，在当前特殊艰难时期进一步增强品牌影响力，打造"睦隆""城德美""皮卡狄""佳伦仕"四个著名商标和"金纳王""乐奇婴""六尾龙""金爽曼""思创"等多个国内知名品牌。同时，鼓励针织服装企业持续开展技术改造升级，2019—2021年期间，两英镇共有10家企业进行技术改造，技改项目共有12个，共投入技改资金约26570万元。

二、近三年来的发展亮点

1. 加快转型升级 三年来，受印染企业过度入园、新冠肺炎疫情等因素影响，两英镇以印染纺织服装为主导产业的本地经济经受严峻挑战。两英镇委、镇政府积极应对各类经济挑战，加快推进两英南山智慧产业片区规划建设、龙岭老厂房片区"工改工"升级改造，持续改造提升传统优势产业，发展大工业、建设大园区、引进大项目，推动传统制造业转型升级、实现经济产业高质量发展。

2. 打造发展平台 两英镇谋划推动总面积约10平方公里的潮南南山智慧产业片区，打造成为传统针织服装产业的转型升级高地。狠抓片区纳入汕头市省级大型工业集聚区范围契机，成立了片区管理办公室及投资建设公司，负责推进片区范围内基础设施的投资建设和运营管理等工作；成功申报了片区产业基础设施配套的地方政府专项债券项目，申请专项债额度10.8亿元。

3. 打响知名品牌 两英镇纺织产业集群顶住转型升级压力，打造"睦隆""城德美""皮卡狄""佳伦仕"四个著名商标和"金纳王""乐奇婴""六尾龙""金爽曼""思创"等多个国内知名品牌。同时，两英镇组织企业参加"首届·中国潮汕纺织服装博览会"，提升了两英镇的区域品牌。创新德美、金荣华等企业产品入选工业攻关科技计划项目，企业的科技水平和创新能力持续提升。

三、产业集群发展存在的主要问题

一是产业转型升级迫在眉睫。自2019年原属两英镇的38家印染企业关停产入园以来，两英镇地区生产总值增速逐年下滑，两英镇经济产业转型面临重组、转型升级等压力。二是产业发展基础能力薄弱。产业档次提升困难、本地产业产品档次、经营理念急需更新、纺织服装产业缺乏大型综合贸易平台。三是主导产业面临资源瓶颈。本地土地资源紧缺、针织服装产业用工难、环保压力增大、资本技术数据等要素约束压力大。

四、下一步工作思路

一是深入推动"工改工"激活土地价值。探索多种模式推动"工改工"、吸引多方力量参与"工改工"、利用金融杠杆撬动"工改工"，深入挖掘片区工业用地发展潜力。二是谋划建设针织服装标准厂房。新建标准厂房有助于促进针织服装主导产业集聚集约发展，实现规模效应、集聚效益。三是谋划建设针织服装展销中心。两英镇坐拥潮南区最有潜力的产业增量空间，是新建针织服装展销中心最理想的选址地点。四是谋划建设电商仓储物流设施。谋划新建电商产业园区，带动生产和服务自动化、智能化趋势下过剩劳动力的新就业。

供稿单位：汕头市潮南区两英镇人民政府

中国针织名镇

广东省佛山市禅城区张槎街道

一、集群概况

中国针织名镇——张槎镇，于20世纪80年代初期开始崭露头角。截至2021年，张槎现已集聚针织服装企业5800余家，针织服装行业规上工业产值约225.78亿元，占张槎规上工业总产值25.41%，占比达1/4。规上企业主营业务收入约383.86亿元，针织服装行业（含加工制造和批发零售）税收约8500万元。

产业集群效应凸显，张槎是全国最大的针织产业集群基地之一、全国最大的纱线交易聚集地和最大的丝光棉面料及丝光棉T恤的产业基地之一。年产针织布300万吨，日棉纱交易量约1.2万吨，占国内生产总量及交易量的1/4。国内高档的针织服装面料张槎均能生产，全国各地绝大部分的棉纺企业都在张槎设置销售网点。

现有针织产业工业园区将近40个，从业人员约7万人，针织大圆机超过3万台，厂房面积达到450万平方米，形成了集纱线销售、纺织加工、成衣制造和物流仓储等较完善的纺织产业链。大多数针织面料企业以内销为主，出口为辅，内销以广州中大、浙江柯桥和浙江织里为主；出口以东南亚为主，直接出口到欧美较少。

二、集群发展亮点

一是张槎针织具有完整的产业链。经过多年的沉淀，涌现了如东成立亿、安东尼针织、嘉谦纺织、健业纺织、启盛服装、汇年丰等一大批面料和服装企业，形成了完备的生产产业链。为辖区内的企业整体发展提供强有力的原料、技术和信息支持，通过整合各方面资源，让企业进入了原料采购、研发生产、营销服务为一体的快速反应通道，为企业全面快速反应机制的建立奠定了坚实的基础。

二是张槎纺织人才效应明显。多次举办全国纺织职业技能竞赛等高水平职业技能竞赛和"禅城大工匠"等区域性人才评选活动，选拔出一批针织行业突出技能型人才，加快人才集聚，积极打造创新创业人才高地。目前辖区已有叶锦华等针织领域的"禅城大工匠"3人，全国劳动模范1人，集聚针织服装产业从业人员约7万人。

三是搭建平台促规模化。积极打造行业公共服务平台，先后引入中恒智能仓储、世必达仓储、智布互联、中国针织工业协会T恤衫分会秘书处等央企、互联网平台、专业服务平台机构落户张槎，举办中国（张槎）纺织原料纱线面料展会，推动科技成果转化，促进行业技术发展与共享，实施优化升级改造，提升行业数字化、智能化、网络化水平。

四是参与国内外交流展示平台。自2012年以来，张槎总商会连续10年积极组织辖区针织企业组团参加"中国国际针织博览会"、深圳"国际服装·面料展"和东南亚及欧美面料展等国际化展示平台，极大地提升了"张槎针织"品牌的知名度。

三、当前产业发展存在的问题

一是品牌化不足，规模增长困难。目前，张槎针织行业的企业仍然以中小企业为主，具备品牌实力的企业仍相对较少。一方面多数企业满足于为知名品牌代工或贴牌生产，虽有企业与品牌商合作进行生产经营联盟和股份结盟，但由于生产加工环节门槛低、竞争大，企业为求生存只能不断拉低价格，利润空间不断压缩。另一方面中小企业受制于规模及营销能力，不善于建设品牌，同时受到技术的制约，企业无法加强针织产品的质量及品质提高，从而使得其针织产品的附加值较低，无法形成品牌优势。

二是创新意识不足，转型升级效果不理想。其一是经营理念落后。张槎大部分针织企业仍停留于接单加工、代工生产、成本竞争、赚取加工费的经营旧思维，既未能投入更多资金、人力研发新产品、新技术，也未能因应当前市场形势的变化转化为产销模式，特别是电子商务导致的产销模式变化，进行迅速主动调整。其二是技术创新乏力。除嘉谦纺织、健业纺织、安东尼针织等部分龙头企业外，大部分企业年度用于设计研发新产品的投入不足100万元，有的甚至仅有10万元左右，资源、资金投入不足，既导致企业生产技术、产品质量无法形成差异化效应，也导致企业无法有效培养、引入高级专业人才。

供稿单位：佛山市禅城区张槎街道办事处

中国童装名镇

广东省佛山市禅城区祖庙街道

一、集群概况

祖庙街道位于佛山市禅城区东北部，辖区面积20.86平方公里，常住人口约42万人，下辖59个行政村（居），现为佛山市的政治、经济、文化、商贸、文化中心，同时也是全国闻名的武术之乡、粤曲粤剧之乡、龙狮运动之乡和著名的侨乡等。

经过30多年沉淀发展，祖庙的童装产业逐步形成从童装设计、加工、生产到资讯、物流、面辅料供应、电脑绣花、印花等完整的产业集群，产品从零岁开始的婴童到小童、中童、大童、青少年服装一应俱全，产品远销东南亚、欧美、中东及全国各地。

目前在祖庙街道辖区内拥有不同层次的童装品牌企业约3000多家，童装相关从人员约20多万人，主要以集群式、园区式分布。据初步统计，佛山童装行业年产童装超过10亿件套，生产总产值近200亿元，佛山童装品牌占有率约占全国童装行业的近30%。

二、集群发展亮点

1. 加快园区建设，优化产业布局 祖庙街道对辖区旧童装产业物业升级改造。289米艇头Park已改造完成，正开园运营，佛山市儿童用品协会率先进驻，还引进了佛山市童创之星文化艺术传媒有限公司、佛山市童乐儿童用品技术发展有限公司、佛山市一众传媒有限公司等一批童装相关产业企业。还有2021年启动改造建设的禅桂坊·数字视听文化产业园项目（原朝一童服城），园区将打造成汇聚影视、短视频、直播、文创、研学、商业等业态的综合消费园区，以"影视+"全产业链的模式，建设数字视听文化产业平台。

2. 互联网+传统产业，促进童装电商化发展 2021年，祖庙街道将简村童装城打造成"简村童装抖音电商直播基地"，通过创作创意短视频，引入网红直播带货等方式，打响佛山童装品牌，推动童装产业进一步发展。

3. 加强童装产业宣传，提升品牌效应 2019年，祖庙街道成功举办"2019佛山少儿国际时装周"活动，佛山童装区域品牌在首届中国童装博览会上获得"最具品牌时尚产业集群"称号。2020年，祖庙街道联合佛山市禅城区文化广电旅游体育局、佛山市禅城区版权局和佛山市版权保护协会共同承办了"2020中国（佛山）童装时尚设计周"活动。活动致力于将祖庙街道打造成为童装行业与IP、设计、电商等资源有

效对接的平台，汇聚了熊出没、熊熊乐园、奥特曼、舒克贝塔等数十个国内外知名的动漫影视版权IP，还吸引了亚马逊、阿里巴巴国际站两大跨境电商平台进驻。

三、童装产业发展面临的问题与困境

1. 缺乏产业发展空间 祖庙街道地处中心城区，土地资源紧缺，随着城市化进程和产业升级加快，现有村级物业厂房不能满足现有童装企业发展扩张需求，导致童装产业布局分散、资源未能有效整合。

2. 劳动力成本提高 近年来，随着产业转型升级不断加快，区域一体化发展提速，人力资源要素在珠三角区域加速流动，一线生产劳动力供不应求，不少企业涨薪后仍难以招到一线工人，导致童装企业劳动成本水涨船高。

3. 设计人才紧缺 由于童装"盘子小"，各大专业院校毕业生很少选择童装企业就职，致使童装行业设计研发人员严重缺乏，自主创新能力较弱，模仿跟风严重。

四、产业发展的思路及措施

1. 以项目引进为核心推动产业提升 借力村级工业园改造提升，加强产业发展保护，同时引导具备一定规模的企业升级"四上"企业，鼓励和引导生产制造型童装企业整体升级。

2. 以设计资源为抓手引导企业提质 紧随佛山市禅城区委、区政府"打造设计之都"的发展战略部署，依托祖庙街道产业布局，结合祖庙区位、产业基础、人文资源等综合优势，瞄准设计、人才、研发等方向发力，大力推进童装产业转型升级。

3. 童装产业全覆盖，搭建交流平台 中国纺织品商业协会拟成立童装产业分会，并举办中国童装产业博览会。将形成一南一北、一春一秋的新格局，做到产业全覆盖、地域全覆盖、渠道全覆盖，为佛山童装产业搭建交流、交易平台。

4. 探索品牌直播新模式 计划与九洲直播等电商企业及童服品牌打造童服直播基地，加速推动电商转型升级，打造高质量、高品质直播和拍摄基地，传播佛山传统产业，打响佛山童装品牌，推动童装产业进一步发展。

供稿单位：佛山市禅城区祖庙街道办事处

广东省佛山市南海区西樵镇

一、集群概况

西樵镇位于广东省佛山市南海区的西南部,辖区总面积 177 平方公里,辖 33 个村、社区,常住及流动人口 31.93 万。西樵镇在"全国综合实力千强镇"排第 25 名,是中国面料名镇、中国妇婴卫生用纺织品示范基地、广东省"双提升"示范专业镇。

目前,全镇有纺织服装企业 850 家(包括织造、浆印染、服装及其他配套企业),其中规模以上企业 134 家,全镇纺织从业人员约 5.5 万人,纺织设备 3.36 万多台套。2021 年,全年纺织产业工业总产值 155.61 亿元,同比增加 5.91%;工业销售产值 143.58 亿元,同比增长 7.75%,其中出口额为 20.97 亿元,同比增长 11.90%。

二、集群发展亮点

1. 促进企业商标品牌培育和发展,打造区域品牌

发挥产业特色,引导企业走个性化、功能化路线,定位中高档产品,以质量水平、技术水平作为扩大产业知名度的抓手,实现区域品牌、行业品牌和企业品牌的有效叠加。同时,发挥行业协会主体作用,抱团申报集体商标。2014 年"西樵面料"集体商标在国家工商行政管理总局(现国家知识产权局)商标局成功注册,开展行业标准编制,促进集群企业集约经营,巩固了产业抱团发展,共同建设区域公共品牌的基础。

积极实施"走出去"战略,推进企业抱团办展参展。每年近 100 家纺织企业抱团参加我国的上海、深圳、香港以及美国、法国、孟加拉国等组织的纺织展会,展示纺织新品。连续 20 年抱团参加上海"中国国际纺织面料及辅料(秋冬)博览会",多年举办"广东西樵轻纺城春季家纺布艺交易会""全国纺织科技成果转化与合作大会"等行业展会及专业论坛。2021 年受新冠肺炎疫情影响,西樵 12 家企业仍积极抱团参加上海面料展、深圳国际家纺布艺展、中国(虎门)纺织面辅料交易会、深圳大湾区国际纺织面料及辅料博览会等纺织展会,成为行业内精品展示名片,进一步擦亮"西樵面料"品牌。

2. 积极发展多元化纺织产业,为产业发展注入新动力 深入实施创新驱动发展战略,积极布局发展产业用纺织品产业,抢占先机,通过积极引入环保、创新高科技的卫生用纺织品产业,进一步促进纺织产业结构多元化,为西樵纺织产业经济发展注入新动力。2017 年被认定为"中国妇婴卫生用纺织品示范基地"后,卫生用品产业链配套进一步完善,形成了卫生用品产业集群新格局。

目前,镇内聚集了一批非织造布生产、包装材料、装备制造等卫生用品上下游企业,主要涵盖妇婴卫生用纺织品生产、包装材料等环节,形成了以产业用纺织品、纸尿裤、卫生巾等产品的产业集群。2016—2020 年,卫生用品行业产值从 15.41 亿元增至 41.48 亿元,年均增长 28.1%,税收从 0.39 亿元增至 1.96 亿元,增长达 5 倍。卫生用品产业迅速集聚成长,成为西樵产业经济新增长点,并获"中国产业用纺织用品行业优秀公共平台",昱升公司获"中国产业用纺织品行业竞争力 20 强企业"称号。

三、存在问题及下一步工作计划

1. 行业关键问题 目前,西樵纺织产业的科技创新态势较为活跃,规上纺织企业基本上成立了研发工程中心,但普遍存在低端科研成果过剩,高端科研成果不足等问题,导致产品同质化现象严重,需进一步促进产业创新驱动突破,实现有效高端产品供给能力仍有待加强。同时产业规模化、集约化水平依然落后,缺乏一定数量上规模、上档次的大中型骨干龙头企业作支撑。同时,近年来,随着环保工作的不断加强,对环保治理工作也提出了新的更高的要求。

2. 政策关键问题 完善产业发展机制,充分发挥财税杠杆和政策导向作用,是推动产业集群提质发展的重要措施。一是目前银行普遍存在对大企业"争贷"和对中小企业"惜贷"的现象,中小企业融资政策落地难,特别是对于纺织传统产业,由于利润低,抗风险能力较差,投资回报周期长,导致很多中小企业融资困难。二是加大对企业科技研发创新投入的政策支持力度,加大政策覆盖范围,进一步放宽企业申报条件,支持引导企业设立研发机构,打造高水平研发队伍。三是制定出台对节能降耗、循环利用等方面扶持政策和完善行业环保指标制度,强化节能减排战略的有效实施,推动传统产业环保绿色发展。

供稿单位:佛山市南海区西樵镇人民政府

中国内衣名镇

广东省佛山市南海区大沥镇

一、集群概况

以内衣为领军的纺织服装业是大沥镇传统支柱产业之一，目前，大沥镇盐步内衣生产及关联企业已超过800家，涵盖内衣制造、研发设计、面料辅料研发生产、销售、培训教育等领域，从业人员超过6万人，拥有超过300个自主品牌，成为全国中高档品牌内衣最集中的产业集群之一。

二、集群发展亮点

近年来，大沥镇政府大力扶持纺织服装产业发展，引导产业转型升级，产业链不断完善，取得了显著成绩。

2019年，独家冠名和联合主办"魅力东方·时尚盐步"第七届中国国际内衣创意设计大赛总决赛，获得2016—2018年度纺织产业集群地区优秀协（商）会称号，并通过"中国内衣名镇"复查。

2020年，获得"AAA级社会组织"和"产业推动奖"，协会组织86家会员企业捐款，并把全部款项约35万元捐给南海区慈善会用于抗击疫情工作。

2021年，获得全国纺织工业先进集体，2020年度慈善突出贡献奖；2019—2020年佛山市脱贫攻坚突出贡献集体；协会组织87家会员企业捐出2580箱饮料支援一线抗疫工作人员；佛科产业技术转化研究院与盐步内衣行业协会合作共建南海区大沥镇盐步内衣产业技术研发中心。

三、当前产业发展存在的困难

可用于发展的空间不足。目前在南海区域内，存量大中型优质内衣企业已基本无法获得更大空间去拓展产能，域外优质内衣企业也很难找到专业园区落户。

高端技术、营销人员缺乏。由于缺乏专业园区，盐步内衣很难吸引高水平的设计、试验、检测等机构入驻，无法发挥产业提升助力。

恶意竞争激烈，无牌无照小作坊多。这类工厂或小作坊分散游击很难治理，且少纳税、低成本用工、假冒伪劣等对规范企业造成较大冲击。

四、下一步工作主要思路

一直以来，大沥镇政府始终坚持商标战略与标准战略，增强盐步内衣产业的核心竞争力和影响力，全力推进内衣产业的转型升级和品牌建设。主要发展规划及措施如下。

1. 建集群，树标杆 加快推动产业集群转型。大力推进盐步内衣产业集群申报"佛山市中小企业抱团数字化转型试点入库"，带动产业相关企业数字化转型。加快行业示范性企业转型。以洛可西西为示范，打造制造业数字化转型标杆，形成具有行业特色的中小微企业示范案例及可复制推广经验，并有力推动技术改造和智能制造发展，促进企业开展软硬一体数字化改造和设立企业技术中心。

2. 提升"盐步内衣"集体商标含金量和影响力 以联盟公司为抓手，打造"品牌、标准、资本、研发、服务、营销"六大联盟，营造专业镇氛围，增强产业综合竞争力，示范引领内衣传统产业优化提升。强化"盐步内衣标准"体系，鼓励优秀企业对现有内衣标准体系进行升级，实施品牌标准战略，继续组团参加全国专业性展会，主办内衣设计大赛、内衣模特大赛。

3. 打造内衣总部基地 目前大沥镇政府正与盐步内衣行业协会商议，建设盐步内衣中小企业总部大厦，该大厦以高标准打造内衣行业总部标杆，功能包括：（1）内衣行业中小企业总部办公，及内衣协会、联盟公司办公；（2）建设内衣行业公共服务平台，包括国家级纺织服装检测中心、产业研究院、创新平台、融资平台、企业服务平台等；（3）打造新零售营销基地，包括一站式垂直集采、网红直播、电子商务、跨境电商等；（4）建设内衣人才培养基地，包括内衣专业高等院校、模特学校、职业培训等；（5）打造内衣文化展示平台，包括内衣博物馆、品牌发布中心、品牌展销中心等；（6）打造内衣产业游一条街。

4. 革新营销方式，拓展多渠道销售发展 新怡御秀大厦将结合繁荣佛山实施乡村振兴战略、大沥镇"百里芳华"乡村振兴示范带建设，以促进内衣产业发展为目的，走进产业、发掘和推出产业促销、展销、同业交流等系列活动。活动通过广东新秀网络公司内衣直播生态平台+视频电商平台+传统电商平台，结合南海内衣产业、大沥企业，进一步推动以内衣文化和城市建设有机结合，塑造具有产业特色的"盐步内衣文化"，打造全新的"时尚盐步IP"。

供稿单位：佛山市南海区大沥镇人民政府

中国牛仔服装名镇

广东省佛山市顺德区均安镇

均安一直坚持以科学发展统领全局，以提升传统产业、构建现代化产业体系为目标，积极打造以牛仔产业为龙头、产业结构优化、生态环境良好的现代制造业基地。40 余年来，无数"牛仔人"同舟共济，深耕于牛仔服装产业；共创未来，开拓牛仔发展新格局。在各界共同努力下，均安成为"中国牛仔服装名镇"和广东四大牛仔产业集群之一。

一、集群概况

均安镇是全国首批 4 个"中国牛仔服装名镇"之一，也是全国最大的牛仔服装生产基地之一。经过 40 余年的发展，均安已蜕变成年产值近百亿元、产量过亿件、具有完整产业链的牛仔产业集群基地。

近几年，服装产业逐步转向精益化生产。2021 年产业集群规上企业 59 户，规下企业 2189 户。主营业务收入超亿元企业 10 户。规上工业总产值 57.80 亿元，规下工业总产值 35.42 亿元。规上企业主营业务收入 56.79 亿元，规下企业主营业务收入 34.81 亿元。规上企业利润总额 1.57 亿元，规下企业利润总额 0.96 亿元。规上企业全部从业人员平均人数 118 人，规下企业全部从业人员平均人数 72 人。

二、集群发展亮点

2019 年，第九届均安（国际）牛仔博览会（简称牛博会）通过一系列主题活动的举办，牛仔产业集群成功进驻昆山"时尚工园"，通过以展带会，以会带展，吸引技术、人才汇聚。为打造牛仔服装设计人才培养基地，2021 年，广东白云学院、FDC 时尚综合体与佛山市顺德区纺织服装协会举行了"教学实习（实践）基地"和"战略合作"授牌仪式，双方正式建立起全方位、多角度、多层次的长期稳定的人才培养机制和数字化转型合作。

为配合牛仔产业更好更快地发展，完善了三大功能配套（包括工业污水处理厂、工业用净水厂和蒸汽厂），使排污、供汽、供水一体化，实现了"四个一"：即一支烟囱、一条排污管、一条供水管、一条蒸汽管，有效控制了生产中的污染问题，既提高了土地利用效率，也使服装产业对环境的影响降至最低，奠定了"绿色牛仔"的地位。

继港汇污水处理厂 2015 年完成了中水回用改造，处理污水能力提高了 30% 后，韩洋水务公司于 2020 年

7 月取得新核发的取水许可证，取水量由每年 350 万立方米增为 803 万立方米，大大缓解了园区洗水企业的用水压力。

2020 年，世源热能公司进行锅炉的煤改气工作，首期工程已于 2020 年底完成装配，2021 年 3 月投入使用，由 3 台 50 蒸吨天然气锅炉取代原有的 75 蒸吨，日供气量翻一番达到 150 吨，大大提高了蒸汽的供应量和稳定性。

同时，联同镇生态环境所、区环科院、港汇污水处理有限公司积极推进港汇技改扩容工作，落实港汇日处理量 6 万吨，排 3 回 3 的技改方案，以解决制约洗水行业的瓶颈问题。

三、存在问题

一是欧洲经济不景气和东南亚地区制造业的崛起，使出口企业风险陡增。二是国内人力成本上升，大幅提高了生产成本，传统制造业发展举步维艰。三是产品同质化，缺乏核心竞争力。四是企业招人难、留人难现象普遍存在。

四、下阶段工作计划

借助专业平台优势，助推牛仔产业优化升级。

一是创新思路办好第六届"均安牛仔杯"大学生牛仔设计大赛，把大赛打造成国内服装界有影响力的赛事。从刚结束的第十届牛博会和第五届大学生牛仔设计大赛情况分析，设计赛成了牛博会不可或缺的精彩部分，也是业界和众多媒体关注的焦点。鉴于此，经与服装协会商量，拟加大对设计赛的支持力度，围绕设计大赛的主干，把均安牛仔集体商标推广、企校合作、媒体宣传、商务对接等内容有机嫁接到每年一届的牛仔设计大赛主干上来，实现设计大赛社会和商业效益最大化。

二是激活牛仔城产业阵地，把牛仔城打造成"均安牛仔"商标统一形象输出中心。线下落地牛仔博物馆，重点打造牛仔 IP 文化形象店；线上与多平台（天猫、淘宝、快手、抖音等）合作，注册网上店铺，销售"均安牛仔"形象产品。

三是与 FDC 时尚产业综合体深度合作，力促均安牛仔产业补链、强链、延链。

供稿单位：佛山市顺德区均安镇经济发展办公室

中国牛仔服装名镇

广东省开平市三埠街道

一、集群概况

1. 本地产业状况 开平市人民政府三埠街道办事处（原三埠区、三埠镇，以下简称三埠街道）是全国著名的侨乡，是开平市最大的牛仔服装企业聚集镇。先后获得"广东省乡镇企业百强镇""中国牛仔服装名镇""中国纺织品牌建设先进单位"等称号，多年来建立起了高起点、高技术、高效益、重环保的牛仔服装产业聚集地。

2021年辖区内化纤、牛仔服装等纺织服装产业工业总产值81.62亿元，年利润1.75亿元。全街道已有纺织牛仔服装企业近220家，其中销售超亿元以上的有4家，从事纺织制作、牛仔服装的人员近1万人，其中各类专业技术人员约1000人。2021年规上工业纺织企业生产牛仔布127万米，印染布884万米，帘子布20573吨，年产服装近2233万件。化学纤维31421吨，区内拥有联新、兴宇、逸宏、荣诚等一批规模较大、技术设备先进、品牌响亮的企业，是"中国纺织产业基地市"开平市的重要组成部分。

2. 产业特色 三埠街道纺织服装产业的特色和优势在于"侨乡"优势明显，由于地处开平市中心，是开平市纺织服装产业的主力部队，占全市纺织服装产业总量的近70%，华侨多，造就了市场与国际市场紧密相连，有着良好的接订单和制造的国际市场销售基础和习惯，产品品质优良，设备先进，三埠街道多年来充分发挥侨乡优势，不断调整产业发展思路，以科技为手段推动了纺织服装产业坚实发展。

二、集群发展亮点

2019年至2021年，为进一步促进办事处工业企业增资扩产，加快传统产业转型升级，鼓励战略性新兴产业发展，提高企业技术改造和自主创新能力，三埠街道针对产业发展存在的问题，参考开平市政府从2009年起，围绕"重点突破、争先进位"的工作主线，创新工作方式，集中资源攻关，全力以赴推进新区的开发建设。

随着各项优惠政策的相继出台，三埠街道区域化纤产业开始了蓬勃的发展。开平市荣诚实业有限公司新建厂房及购置设备总投资12000万元，购地55亩建厂房，项目建设完成投产后，年产5.3万吨涤纶长丝及差别化涤纶产品，年产值约6亿元，年创造税收约2800万元，实现每亩创税收56万元。为三埠街道涤纶丝产业注入了新的活力。

开平市多次举办企业多层次资本市场培育辅导会暨"政信贷"融资推介会，全面贯彻落实"暖企行动"，引领企业深化改革，实施融资创新之路，扶持开平市优质企业挺进资本市场，促进实体经济发展。

三埠街道认真贯彻落实国务院关于"节能减排、清洁生产"的要求，着力抓好节能降耗、减排治污、绿色生产工作，进一步强化节能减排目标责任，严格实行节能减排履职报告制度，抓好高耗企业的节能改造，推广先进适用的节能技术，大力发展循环经济，引导企业采用先进的环境管理模式和清洁生产工艺，突出抓好列入市重点耗能的5家企业的节能降耗和国控、省控重点用能企业的减排工作。

三、产业发展存在的问题及下一步的规划举措

1. 产业发展存在的问题 本地区纺织业大多数小企业缺乏创新力，技术装备相对落后，自身技术力量薄弱，市场开拓意识较差，贴牌加工比例高，模仿和跟进现象比较普遍，使得企业产品过分依赖低成本、低价格和以量取胜的竞争模式。由于产业链发展并不完善，纺织服装业的主导产品主要集中在上游原料以及下游终端产品，原料与纺织、成品服装企业之间的合作度低、专业协作性弱，未能利用各自的优势做到合力发展，而这些不足将使得本地区纺织业发展面临巨大的挑战。

2. 下一步的规划举措 未来，三埠街道将坚持"稳字当头、稳中求进"的工作总基调，贯彻新发展理念，积极推进本地区纺织业发展。一是加大招商引资力度。三埠街道将抢抓沿海经济发达地区产业转移机遇，狠抓招商推进和项目落地，形成全街道下上重视并参与招商的良好局面。二是加强关键技术突破。发挥纺织产业链完整优势，推动产业转型升级，建设创新能力强、附加值高、安全可靠的纺织产业链、供应链。三是提升品牌效益。加强对企业的培训，总结推广联新、荣诚等骨干企业的创新发展经验，大力倡导自主创新的价值导向。

供稿单位：开平市人民政府三埠街道办事处

中国休闲服装名镇

广东省博罗县园洲镇

一、集群概况

纺织服装产业一直以来都是园洲镇的传统产业、支柱产业。目前，全镇有制衣及配套企业 1100 多家（其中，上规模的服装企业 22 家），纺织服装行业的从业人员约 8 万人，纺织服装产业总产值约 110 亿元，主营业务收入 98.68 亿元，利润总额约 6 亿元，年产各类服装 4.7 亿件（套），产品销往全国各地以及美国、韩国、日本、东南亚、非洲等 90 多个国家和地区。

园洲镇纺织行业原本以中小微民营制衣企业为主力军（目前民营制衣企业约占 90%），后来外来投资企业规模的扩张，推动了当地纺织产业进一步集约集群、创新发展，目前已形成集织造、染整、水洗、印花、制线、成衣加工、包装、物流等较为完整的服装产业链，并已成为广东省知名的休闲服装产业集中区。

二、集群发展亮点

围绕创新、转型的主题，园洲镇近年来充分发挥政府引导、协会引领作用，积极与中国纺联、省服装协会以及周边商（协）会的沟通联系，不断加强平台建设，强化宣传交流，加大人才引进和创新力度，大力推动"园洲"区域品牌，着力推动园洲纺织产业集约集群、转型升级。

一是随着产业转型升级的不断加深，面对成本高、融资难、订单少、用工难等难题，生产加工环节正在流向省外相对具有成本优势的国内外区域；而企业集聚品牌运营、设计研发等价值链核心环节的生产基地逐步往中心城市集中，基地建设需求日益强烈。

2019 年，园洲镇引进了由广东名杰服装实业有限公司投资建设的名杰服装生产基地项目，该项目总投资 4 亿元，规划为符合电商特色功能的企业总部，包括企业总部办公大楼、研发设计中心、时尚发布中心、B2B/B2C 线下体验旗舰店、物流仓储配套中心、高管公寓等六大功能板块。目前项目正在建设中，预计 2022 年建成投产。

二是 2020 年以来受新冠肺炎疫情影响，推广宣传主要是通过网络和线上渠道为主；特别是抖音、快手等平台的推广，而且向企业分享近几年服装跨境电商的迅猛发展也为园洲镇服装制造企业提供新机遇。

三是 2022 年初为了园洲服装企业更好地发展，正在筹建园洲服装产业集群云平台，目的是通过数据化和云平台让园洲服装企业能融入数字化管理当中，提升企业竞争力，降低企业运营成本，让小微服装加工企业在闭环中容易接单和供应链金融融资的支持，让企业健康发展。

四是充分发挥园洲纺织服装行业协会协调组织作用，2020—2021 年协会两次以园洲服装整体形象参与了由澳门贸易投资促进局和广东省商务厅合办的粤澳名优商品展，对外宣传园洲服装制造的优势。

五是加强人才培训和企业管理。园洲镇依托华洋技工学校、祥瑞电商和商乾电商分布于全镇的培训点，培训了一大批服装专业及电子商务人才。培训了一大批服装专业人才。同时，引入祥瑞电商和商乾电商人才孵化项目，组织专业的培训团队加强对电商类人才的培训孵化，着力开创园洲镇电商平台新局面。

三、当前产业发展存在的困难和问题

一是缺少一个完善纺织服装供应链体系；二是生产设备落后，弱化竞争成本优势；三是技术创新和品牌运作相对落后。

四、下一步主要工作思路

1. 全力推动纺织服装行业的数据库中心 政府将委托园洲纺织服装行业协会建立当地纺织服装行业的数据库，促进产业集群发展，帮扶企业转型升级。政府、协会将与广州衣链云信息科技有限公司一道通过对园洲服装企业产能评分、工厂入驻、订单推送、工人手机扫码、二维码打印等数据收集及云平台数据传输等为园洲服装建当地数据库。

2. 加大创新和研发力度，提高效率和产品竞争力 有数据支撑后，必须协同服装智能设备生产商为服装企业有序提供设备，提升企业生产优势和竞争力，加速服装产业智能化生产。

3. 加强人才培训和引进力度 继续依托原有的人才培训平台，不断挖掘纺织服装产业生产、设计人才。同时宣传推广加大对外的交流和引进力度，吸引优秀服装设计人才进驻园洲镇；通过到各大高等院校开展招聘活动及相关资质机构人才推介，引进一批专业技术人才等，因为数据化、智能化服装生产需要大批新生力量和管理专才。

供稿单位：博罗县园洲镇人民政府

中国羊毛衫名镇

广东省东莞市大朗镇

大朗毛织起源于1979年，经过40余年的培育发展，已成为全国最具规模、产业链最完善的产业集群之一，并于2002年被中国纺织工业联合会认定为全国首批"中国羊毛衫名镇"。大朗22张国家级名片中有18张是和毛织相关的，毛织产业是大朗最具发展底蕴的产业，也是大朗的一张重要名片。

一、集群概况

全镇拥有毛织行业企业19971户。2021年大朗镇GDP达404.5亿元，同比增长10%，在中国综合实力千强镇中，大朗排名30位。2021年，大朗有规模以上毛织工业企业194家，其中主营收入超亿元企业12家；毛织工业总产值（纳入统计系统，下同）的有196亿元，其中规上毛织企业工业总产值为80亿元；毛织工业企业主营业务收入177亿元，其中规上毛织企业主营业务收入72亿元；年产毛衣约8亿件，其中2021年纳入统计系统的有3.79亿件。此外，大朗还是国内重要的毛织产品交易基地，毛织服装、纱线、机械等全产业链年交易额超600亿元，仅纱线行业年交易额就超过300亿元，是全国最具规模、产业链最完善的毛织产业集群之一。

大朗纱线原料在全国具有核心优势，毛织纱线交易额占全行业市场交易额的一半以上，每年研发推出新品纱线近1万种，纱线企业拥有相关专利超200个，其中80%以上是花式纱线专利，约占全国花式纱线专利数量的2/3。正是因为这些成绩，大朗镇近年来被认定为"中国毛织产品采购基地""国家外贸转型升级示范基地（服装）""共建世界级毛织产业集群先行区"，也被海关总局、商务部等部委认定为"全国市场采购贸易试点"。

二、集群发展亮点

接下来，大朗将以"大朗毛织"为区域品牌，围绕"三个持续""四个坚持"，推动大朗毛织重振雄风，走出温水区。

1. 制定行业发展资金，加强行业扶持力度 目前，大朗镇已被成功认定为东莞市纺织服装产业集群核心区，取得市财政首期1000万元的资金扶持。接下来，镇财政将配套1000万元，形成2000万元的扶持资金。对企业增产增效、品牌打造、市场开拓行业按照资金管理办法进行补贴。

2. "引进来，走出去"，持续打造大朗毛织区域品牌 "引进来"在本土举办好织交会、设计大赛、网上设计大赛、毛衣节等特色行业活动。"走出去"，组织集群企业开展外出参展活动，计划组团参加5月的上海国际服装供应链博览会；办好大朗毛衣"国内行"活动，探索以"大朗毛织"区域品牌在国内重点市场集中展销的路径。

3. 有的放矢，扶持企业打造品牌 根据企业实际，推动企业分类打造产品品牌、供应链品牌和企业品牌。产品品牌方面，扶持"印象草原"等大朗优势品牌继续做强做大，对其品牌宣传、品牌发布、品牌招商等品牌培育举措进行扶持。供应链品牌方面，大力整合大朗纱线与生产两个环节的优势资源，推广"升丽""同发"等供应链优势企业，加强相关企业与世界一线品牌的持续研发生产合作。企业品牌方面，鼓励"新宏丰"等优势生产企业继续引进先进机器，优化生产供应链，做精做强生产环节，打造大朗毛织的富士康品牌。通过分类扶持，在1~2年的时间里，培育大朗毛织3~5家国家高新企业和专精特新企业。

4. 完善行业公共服务平台，夯实发展基础 用好产业扶持资金，引进社会资本，加快推进大朗毛织产业学院、POP设界创新服务平台、大朗毛织检测中心的公共服务平台的建设运营。通过专业平台的打造，专业机构的运营，强化大朗毛织的质量监督，补足人才和设计短板，推动大朗毛织持续高质量发展。

三、本地区发展存在的主要问题

1. 受国际环境影响大 由于大朗毛织以出口外销为主，近年来受国际贸易环境影响，整体的发展速度有所放缓。

2. 资金压力大 大朗毛织企业多为民营企业，运作资金有限，而目前对技改引进设备先征后抵的税收政策，给企业的流动资金造成了很大压力。

3. 高端要素资源相对缺乏 大朗是全国最大的色纱现货市场之一，但产品还是以中低端为主；大朗毛织有1000多个注册商标，但是知名品牌较少，品牌贡献率不高。

供稿单位：东莞市大朗镇毛纺管理委员会

中国女装名镇 中国童装名镇

广东省东莞市虎门镇

一、集群概况

虎门镇位于东莞市西南部、珠江出海口东侧、粤港澳大湾区几何中心。2021年，虎门镇生产总值720亿元，各项税收总额100.4亿元。历经40多年洗礼，虎门服装服饰业已形成了规模庞大的产业集群、配套完善的产业链条、成熟发达的市场体系。

截至2021年底，虎门有服装服饰生产企业3100多家，其中纳入统计口径的规上企业65家；有面辅料等配套企业及服务机构共1000余家，形成了集研发、设计、生产、销售、服务于一体的完整产业链，实现全环节生产销售及配套。服装服饰从业人员超过20万人，年工业总产值约410亿元；有40个专业市场、1.5万家经营户，年销售额超830亿元。虎门以女装、童装、休闲装为特色，荣获了"中国女装名镇""中国童装名镇""全国服装（休闲服）产业知名品牌创建示范区""中国服装区域品牌试点地区"、首批"全国纺织模范产业集群"、首批"中国服装产业示范集群""国家电子商务示范基地""国家火炬计划服装设计与制造产业基地""中国百佳产业集群"等多项国家级荣誉。

虎门服装服饰业产值占全镇工业总产值的三分之一以上，年纳税超20亿元。服装服饰业不仅成为虎门的特色产业、龙头产业、支柱产业，还带动了餐饮、旅游、运输、物流等第三产业的兴旺发达，促进了虎门整体经济、社会的快速发展。

二、集群发展亮点

近年来，虎门多措并举，着力打造世界级时尚产业集群，促进产业高质量发展，成效明显。

1. 建设"世界级纺织服装产业集群先行区" 为促进虎门的服装服饰产业向更高质量发展，从全国优秀向世界领先迈进，2019年，虎门与中国纺织工业联合会正式携手，合作共建"世界级纺织服装产业集群先行区"，且是12个世界级产业集群先行区试点中，突出"服装产业"的集群地。2020年，这个先行区的建设有了实质性进展。11月举行了揭牌仪式，中国纺织信息中心大湾区时尚产业可持续发展研究中心等四大公共服务平台项目正式落户虎门大湾区国际时尚谷。

2. 举办虎门服交会及配套展会 历经20多年的发展，一年一度的中国（虎门）国际服装交易会（简称"虎门服交会"）已成为虎门服装服饰产业展示自主品牌、发布市场信息、引领时尚潮流和促进交流合作的重要平台。虎门还举办服装产业相关链条的各类展，2019—2021年，连续举办了两届中国（虎门）纺织面辅料交易会和两届国家级服装印花"双会"（即中国服装服饰印花发展大会暨中国国际服装服饰印花博览会），以及东莞婴童产业展览会、湾区时尚品牌贺岁乐购展等。2021年，虎门还对已成功举办八届的虎门时装周进行华丽升级，举办2021大湾区时装周（秋季），努力打造"大湾区时装周"这一新的区域品牌。

3. 拓展产业发展空间 通过打造以"虎门高铁站TOD时尚产业研发及展销中心+大湾区国际时尚谷+大湾区一流时尚产业园"三大重点项目为主、其他项目为辅的服装高端产业园项目，强化产业集聚区的载体功能。

三、当前问题及下一步规划

近年来，虎门服装服饰产业集群在发展过程中出现了一些问题，制约了产业的发展，如发展空间不足，企业竞争力弱，高端人才引进难，经营成本高企，实体市场转型难，产业链待提升，国内行业竞争加剧等。

为此，虎门将着力从以下六方面进行突破，即：拓空间，建设产业落地载体；强品牌，助力企业抢占市场；兴市场，打造新型商业综合体；搭平台，提升公共服务水平；强链条，提高产业链运作效率；降成本，减轻企业经营负担。

未来，虎门将紧抓与中国纺织工业联合会共建世界级纺织服装产业集群先行区的契机，推进实施名师、名牌、名企、名园"四名工程"，加快推动虎门服装服饰业高质量发展，完善虎门服装人才培育机制，打造更高附加值、更强竞争力的产业链体系，加快推动虎门服装服饰产业向技术高端化、创意多元化、产品时尚化、品牌国际化的时尚产业全面转型，将虎门建设成为粤港澳大湾区的时尚都市、中国服装服饰时尚品牌名城、世界级纺织服装产业集群。

供稿单位：东莞市虎门服装服饰产业管理委员会

中国休闲服装名镇

广东省中山市沙溪镇

一、集群概况

中山市纺织服装业位于全省前列，年产值约1000亿元，已形成休闲服、女装牛仔、内衣、童装等特色品类，并在制造环节形成突出优势。沙溪镇服装产业规模成熟、集群效应强、链条完整，能较好满足近年服装行业"快反加工""柔性生产"等主流模式。

沙溪镇目前有服装产业从业人员4万余人，服装制造业企业近8000家，规上服装工业企业61家，全镇共约1.2万家上下游配套企业，年产值约200亿元。为60多个国内外知名品牌供货，引入了服装工业互联网示范企业——元一智造，聘请国际知名设计师张肇达作为时尚发展顾问，已经成为中山服装产业智能+时尚高质量发展的先锋和标杆。

2021年，规上服装产业实现工业总产值39.9亿元，同比增长9.3%，占全镇规上工业总产值的58.2%。2021年沙溪镇"四上企业"营业收入约111.8亿元，同比增长19%；规模以上工业总产值68.6亿元，同比增长25.7%；沙溪镇有4位服装设计师被评为2021年广东十佳服装设计师，企业研究开发费用合计1645万元，同比增长34.1%；基地企业自主品牌数量340个，同比增长6.25%；发明专利授权数8个，当年专利授权403个，同比增长87.4%。

二、集群发展亮点

1. 举办2021中山市工业设计大赛沙溪休闲服装设计专项赛 本次活动收到来自国内高等院校、服装企业和设计工作室、服装设计爱好者的作品共1589份。大赛进一步激发服装设计人才的创作热情，吸引人才集聚，推进服装产业创新、创意赋能，进一步补强沙溪服装产业链。

2. 举行服装设计人才时尚发布活动 沙溪镇举行"2021年沙溪镇3·28招商项目签约仪式暨服装设计人才时尚发布活动"，现场进行了沙溪镇产业人才入库、与两所院校共建人才基地建设项目签约仪式。本次活动助力推动沙溪产业向高端迈进提供人才保障。

3. 举办广东时装周中山分会场 广东时装周中山分会场在沙溪镇举行。本次活动主力秀"帼民女神"的设计是由中山市职业技术学院服装与服饰设计专业的张杰老师担任主创设计师的团队，亲自到六盘水实地采风考察、调研采访，以当地民风民俗、文化艺术

作为重要元素，创作了"帼民女神"本土品牌。

4. 举办"中山沙溪T恤节" 沙溪镇与抖音电商平台合作主办了"中山沙溪T恤节"。自启动以来，抖音"中山沙溪T恤"话题流量已达6400多万次，全市布置了400多个户外广告资源点，60多个新媒体参与转载本次活动的新闻信息。全镇首日线上销售额破1000万元，活动期间服装销售总额突破6000万元，服务镇内65家企业，组织4场抖音电商王牌工厂战略私享会，新增21家企业完成了蓝V认证、51家开通抖音账号，扩大沙溪优质针织T恤生产供应链基地的影响力，掀起"中山沙溪T恤"热潮。

三、当前产业发展存在的问题

1. 缺乏龙头总部企业 中山市服装产业发展面临缺乏龙头、总部企业，未形成高质量、大规模的产业集群，人才引进较难等问题。据2020年统计显示，优势传统工业增加值比上年增长1.2%，但其中纺织服装业却下降18.6%。

2. 空间发展严重受制 沙溪镇土地碎片化严重，工业用地大多以红木家具生产、低端服装制造等低效产业为主，亩均效益低下。同时，过去5年，沙溪出让工业用地仅6块，面积合计151.1亩，平均面积仅有25亩，无法推动沙溪镇传统服装产业转型升级。

四、下一步工作规划举措

1. "工改"破局成势，筑牢产业发展基础 以"1核11区"共12个村镇低效工业园的改造升级（总面积约4017亩）为抓手，一批服装企业以此为契机完成智能化、数字化变革，带动本地服装产业再上新的发展平台。

2. 中央活力区呼之欲出，打造产业发展新高地 沙溪谋划打造集高端服装研发、设计、展销、生产于一体的中央活力区，配套高端商务酒店、人才公寓和企业总部办公楼等设施，促进服装产业与数字经济的融合。

3. 紧密结合深圳"西协"战略，推动沙溪镇服装朝高端化、平台化方向转型 树立智能制造的行业标杆，鼓励学习和推广"元一智造"模式，加大培育力度，助力企业实现数字化转型。

供稿单位：中山市沙溪镇工业信息和科技商务局

中国牛仔服装名镇

广东省中山市大涌镇

一、集群概况

大涌服装起步于 20 世纪 60 年代，改革开放之后，随着"三来一补"等外向型经济的兴起，牛仔服装产业逐步形成。2004 年，大涌镇被中国纺织工业联合会授予"中国牛仔服装名镇"；2019 年，大涌镇携手中国服装协会共建中国牛仔服装智能制造创新示范基地，开启"智能制造、绿色环保、时尚创新"的发展新里程。

目前已形成纺纱、染色、织布、绣花、印花、制衣、销售等于一体的完备产业链，拥有制衣企业 1600 多家，印染洗水企业 16 家，面、辅料销售企业 800 多家，纺织服装企业标准厂房面积达 100 万平方米，各类制衣设备近 10 万台（套），牛仔服装洗水设备 3000 多台，占全国牛仔洗水产能的 50% 以上，年均牛仔服装生产能力达 3 亿件。2021 年大涌制衣纺织总产值约 88 亿元，同比增长 8%，占大涌镇 GDP 比重逾 6 成。

二、集群发展亮点

一是 2019 年制定了《中山大涌牛仔服装产业发展规划（2019—2023 年）》，发布了《广东中山大涌牛仔服装产业集群 2018 年社会责任报告》，并与中国服装协会签订合作协议，共建中国牛仔服装智能制造创新示范基地，合力推动大涌牛仔服装产业的科技创新、产品升级、文化创造与责任建设，引导和推动企业朝智能制造、绿色环保、时尚创新的方向发展。

二是通过"政府+协会+企业"模式，合力对外推广"大涌牛仔服装"区域品牌，主动拓展内外两个市场。在中国服装协会的大力支持下，政府积极鼓励企业"走出去"，近年来坚持每年组织企业参加上海服博会、大湾区服装服饰博览会等大型展会。借助大型展会的平台，对外展示"大涌牛仔服装"区域品牌，提升大涌牛仔服装的知名度，增强大涌牛仔服装产业市场竞争力。

三是大涌牛仔服装产业整体发展形势较好，基于大涌牛仔有良好的产业配套链条，仍然是全国重要的生产基地之一，尤其是国内销售板块，大涌牛仔仍然处于领先位置，不管是洗水工艺还是市场反应速度及产品质量等方面。

三、产业发展存在的问题

1. 产业集群发展急需转型升级 大涌牛仔纺织服装产业总体上仍然保持粗放的发展模式，对土地、资源、能源和廉价劳动力的依赖性强，主要靠规模盈利，附加值低，经营效益差，经营风险大，利税贡献小，管理模式急需向现代化管理模式转变。

2. 自主品牌和营销网络建设落后 大涌镇纺织服装企业以贴牌加工为主，自主品牌产品的比重很低，尤其是还没有知名品牌，缺乏对出口营销渠道的控制力。贴牌加工企业利润较低，出现了以量谋生存的局面。

3. 受国际市场及东南亚地区牛仔服装产业的影响 部分外贸订单已经开始转移，再加上国内环保形势的压力和广东省周边湖南、江西、广西等地牛仔服装产业基地的建成，大涌镇牛仔服装产业发展受到巨大冲击。

四、产业规划及发展方向

随着大涌牛仔服装洗水研发中心及易城洗水示范车间的建成，大涌牛仔服装正式开启高质量提升发展阶段，结合市镇两级"工改工"及特色产业园平台工作的推进，围绕打造"中国牛仔服装智能制造示范基地"目标，继续鼓励优质企业加大技改投资力度，增强大涌牛仔市场竞争能力。

目前，大涌镇正在以信息化技术为手段、以智能应用为支撑，全力建设牛仔创新示范基地，推动产业从生产制造向销售、研发两端延伸。通过已建成的节能环保洗水及智能流水生产示范车间的带动作用，鼓励大涌牛仔服装企业继续做优做强。借助"科学城"发展平台机遇，用好"工改工""放管服"和"退棚进楼"等政策，对低效厂房进行城市更新改造建设智能服装创新园，构建以工艺环保、创新设计等为核心的新型牛仔产业体系，建设包含牛仔服装产业的设计与时尚发布、展销与检测、研究与培训、总部办公等生产性服务中心；鼓励企业将牛仔服装加工中心向采购中心、营销中心延伸，打响大涌牛仔自主品牌，打造大涌牛仔创意研发与品牌营销中心，扩大产业影响力，推动高质量发展。

供稿单位：中山市大涌镇经济发展和科技统计局

广东省中山市小榄镇

一、集群概况

小榄镇位于中山市的西北部，是广东省的中心镇，中山市的工业强镇、商业重镇，其中纺织工业是小榄镇的传统支柱产业和重要的民生产业，被授予"中国内衣名镇"称号。

小榄镇的内衣企业以生产制造为主，产业集群特点包括：一是产业分工突出，隐形品牌众多。无痕内裤与针织内裤分野；高、中、低端产品的设计与制造厂家层次清晰；企业规模制造与特色制造并驾齐驱；内裤、保暖内衣、家居服、内衣等 OBM、ODM、OEM 企业。二是大、中、小微企业集群。十余家大型企业以品牌输出为主；中型企业以 ODM 输出为主，近 100 家企业精准对接国内知名品牌与企业，为其物料、产品开发及生产制造等提供服务；小微企业则服务于大中型企业。三是供给体系完善。镇内及周边能提供包括以服装生产制造为核心产业的人力资源、内衣生产所需的设备、由纤维、织造、染整、印花工厂提供的物料等，能够让企业真正感受到"足不出小榄"即可完成产品制造所需所有环节的便利。

截至 2021 年末，小榄内衣企业超 1600 家，上下游企业数量超过 1000 家，拥有内衣品牌 200 多个，国家、省名牌名标 20 多个。2021 年规上纺织企业产值超 42 亿元，其中产值超亿元企业 7 家，主营业务收入超 41 亿元，利润总额 3022 万元；规下纺织企业产值近 50 亿元，主营业务收入 50 亿元，利润总额近 2.3 亿元；全行业从业人数 3.1 万人。据相关数据统计分析，全国中高端男士内裤 60% 的产能来自小榄，世界 20% 以上的男士内裤由小榄制造。

二、集群发展亮点

1. 产业发展规划政策成效显著 镇政府十分重视产业发展，每年出台制定政策以及促进产业创新发展的专项扶持奖励办法等，从制造业高质量发展、创新驱动、平台发展、市场开拓等八个方面支持、鼓励企业发展，推动企业做强做大。

2. 公共服务平台创新和完善 小榄镇积极构建以研发设计、质量检测、人员培训、信息化、电子商务和现代物流服务五大支柱为主的产业创新公共平台，同时在加强企业社会责任建设、知识产权保护、品牌培育、融资服务等方面不断尝试，通过服务平台为企业提供有效服务，带动企业进行品质提升、两化融合、科技创新和人才队伍建设，促进产业转型发展，取得了可喜的成效。

3. 协会组织建设及作用发挥 小榄镇建立政企联动的创新机制，通过小榄镇商会组建服装制鞋行业联会，搭建政府与企业交流的平台，应对企业与市场之需，不断调整服务策略，强化服务机能，通过深入开展产业调研建言献策，组织参观考察拓宽发展视野，协同发力抓银企合作、抱团发展抓展会经济等暖企惠企服务，有效帮助企业高质量发展。

三、当前产业发展存在的问题及下一步规划举措

近年来在整体经济增速放缓的情况下，小榄内衣产业集群经济发展也面临挑战：一是成本压力升级，原材料价格上涨，土地资源紧缺、劳动力向三四线城市回流等问题涌现；二是高端人才紧缺，缺乏学术性、权威性专家学者、企业家与职业经理人等人才聚集，缺乏适应产业飞速发展的实战型、技能型人才；三是商业模式多变，营销新模式与新工具层出不穷，因区域限制以及信息的不对称等要素影响，企业面对这些新模式敏感度不足，造成与新市场脱节。

下一阶段，小榄镇纺织产业集群将围绕以下几方面开展工作：一是产业升级，通过龙头企业率先进行机械设备升级换代，由点带面，推动整个产业制造的数字化、智能化转型，提升效率，创造更高的价值。二是打造管理先进、流程标准、运营科学的样板企业，引进并推广"工业 4.0"的企业，对商业模式、生产工艺和运营理念创新的成长性企业给予奖励和推广。三是为品牌赋能，充分理解企业和品牌的内在需求、品牌定位，摸清品牌各自的消费群体和销售渠道，全方位参与企业的战略制定、产品研发各个环节，让企业能够放手去专心做市场，为企业解决后顾之忧。四是政企联动，建立政企联动的创新机制，通过商会搭建政府与企业的交流平台，发挥商会在资源整合、创新引导方面的积极作用，在资金、人才、技术、市场等方面帮助企业解决实际困难。

供稿单位：中山市小榄镇人民政府

中国内衣名镇

广东省普宁市流沙东街道

一、集群概况

流沙东街道位于广东省普宁市区东部，总面积26.94平方公里，总人口12.25万人，有"中国内衣名镇"和"广东省技术创新专业镇"之称，工业基础雄厚。纺织服装产业一枝独秀，有中河经济技术开发区、新坛、斗文、湖东、华溪、郭厝寮、上塘、秀陇8个工业小区。是普宁市18个淘宝镇之一，新坛、新安、华溪、斗文、秀陇等5个村被阿里研究院列为2021年淘宝村。2021年，全年规上工业总产值84.90亿元，其中规上纺织产业集群企业39家，工业产值77.40亿元。

二、集群发展亮点

1. 推进"前店后厂"建设，构建高质量发展新格局 纺织服装行业的全产业链管理是有效帮助企业提升整体效率、产品品质以及缩减成本的方式之一。流沙东街道纺织产业在电商化、数字化方面走在全国前列。大力促进普宁国际电商城建设，打造15万平方米的电商全产业链综合赋能平台。坚持规划引领，谋划纺织服装产业与电商发展"一盘棋"，形成"前店后厂"新格局，推动流沙东制造业服装供应链基地发展。

2. 加强纺织服装产业培育，夯实高质量发展硬基础 大力实施品牌战略，培育一批高新技术企业和民营科技企业，催生新的驰名、著名商标，认真落实"民营经济十条""实体经济十条""外资十条"等要求，大力支持民营企业发展。

3. 引导印染企业整合转型，推行高质量发展新模式 充分发挥流沙商会的桥梁纽带作用，整合行业资金、人才、物流等资源，实现产业资源互补共享，通过行业行会促进转型升级。推动辖区内纺织印染企业就地转型升级，鼓励企业特别是印染印花企业进行资源盘活合并，升级改造纺织印染助剂等化工产品，集中治污、优化处理工艺，实现资源共享，优势互补，提质增效。

4. 大力实施创新驱动战略，激发高质量发展新活力 实施产业"登高和引进"工程，加大科技创新投入，扶持企业上市融资、增资扩产，营造鼓励创新的社会环境。加快新旧动能转换，培育壮大战略性新兴产业，加大力度淘汰落后产能，发展更多适应市场需

求的新技术、新业态、新模式。强化企业创新主体作用，引导企业加大研发技改投入，强化产学研合作，支持企业开展核心关键技术攻关和重大成果产业化，让企业在创新大潮中当主力、唱主角。

三、下一步工作计划

1. 加大惠企政策宣传力度 继续落实"实体经济新十条""暖企行动60条"，继续推广减税降费工作的经验、做法，做到点对点精准滴灌和百分百覆盖相结合，积极开展政策辅导，让企业充分享受政策红利，助力优化普宁纺织服装业的营商环境。加大宣传新一轮技术改造政策力度，鼓励企业开展技术改造，加快企业转型升级。

2. 落实稳外贸稳外资的措施 落实国家、省进出口保障和优惠政策，扶持重点出口产品优化升级，引导企业加大技术攻关，积极引进国际先进技术及装备；支持企业开拓国际市场，鼓励企业积极参加境外展会。加强利用外资政策宣传引导，进一步加大"稳外资"政策宣传力度，确保外商投资企业知晓掌握利用外资财政奖励、外资研发中心税收优惠、重大外资项目用地保障等相关政策内容。

3. 推动电商和工业互联网发展 继续开展上云上平台服务券申领工作，做好宣传引导，推动工业企业上云上平台。利用"直播带货"消费趋势风口，借助普宁市国际电商城直播基地的翅膀，以产品直播等方式，助力工业企业复产复销，增加产品销量。加强电子商务公共服务体系和供应链体系建设，加快建设现代化仓储物流，优化电子商务营商环境，持续强化和创新电商人才培养工作，以电商产业发展驱动纺织服装产业发展。

4. 以品牌提升产品价值 以普宁优质企业为原型，对企业家创业历程、企业品牌核心价值、企业文化等内容制作成宣传手册，鼓励各企业进行学习，引导企业增强以质量和信誉为核心的品牌意识，支持企业创建驰名商标和名牌产品；鼓励企业积极参加各种展览会、展销会、洽谈会，运用各种媒体展示企业及其产品的良好形象，加大自主品牌宣传力度，提高产品在国内外的知名度。

供稿单位：普宁市流沙东街道办事处

中国休闲运动服装名镇

广西壮族自治区桂平市木乐镇

一、集群概况

木乐的服装产业是广西贵港市八大支柱产业之一，也是桂平市的五大重点发展产业之一。木乐镇辖区内服装企业 500 多家，规模以上企业 22 家，服装商标品牌 108 个，产业带动本地区就业近 5 万人。目前，产业拥有"中健"广西著名商标 1 个，"中健""健悦"广西名牌产品 2 个，国内市场认可的商标品牌 40 多个，60 多个商标的服装产品正在逐步打开国内外市场。

木乐镇在广州设有 4 个批发销售中心，设有办事处、销售门店 700 多个（家），网络销售点 300 多处，服装产品 30% 销往全国各地，70% 销往非洲、南美洲、东南亚等地区。经过规模化、链条化的项目培育和产业孵化，木乐镇运动服装已经具有完整的产业链，有纺纱、织布、染布、移印烫印、设计、绣花、成衣生产、品牌、展销、休闲运动完整产业链，形成产供销一体的格局。2021 年工业产值 100.2 亿元，其中特色服装产业生产服装 2 亿多套，营业收入 28.6 亿元。

二、集群发展亮点

1. 坚持产业强镇，培育特色鲜明的产业形态 木乐镇运动服饰智造小镇选定以企业为主体投资建设、运营木乐特色小城镇的模式，以休闲服装特色产业为主导，全力打造小镇核心竞争力，充分发挥产业特色化、差异化优势。通过扶持广西中健公司、对克公司、闪鹰体育用品公司、给力公司升级扩建，成为区域内的龙头企业，帮助其做强、做大，同时鼓励中小微企业组团发展，不断带动中小企业的发展。

2. 丰富特色小镇投融资资本，加大资金投入水平 桂平市培育全国特色小镇工作领导小组高度重视创建木乐运动服饰智造小镇，坚持着力"强龙头、补链条、聚集群"和"13446"工作思路，以服装产业"智造"为抓手，积极促进工业提质增效，全面提升产业核心竞争力和综合发展水平，推动产业向高附加值方向发展，发挥服装产业规模效应与集聚效应，获得独特的产业链优势。

3. 合理布局核心区规划，保质保量完成建设目标 按照核心区建设规划，木乐特色小镇核心区规划总用地面积为 128.84 公顷。已建或在建的项目有：桂平市纺织服装产业园、奥运轻纺城、电商物流园、工业园三期、体育馆、腾飞广场、农民工创业园管理中心、农民工创业园、腾飞小学、110kV 康宁变电站、安居佳苑、服装名品城及部分规划市政道路，已建设用地面积 84.21 公顷，达到总规划用地面积的 65.36%。

三、集群面临的问题及今后的发展思路

木乐服装产业存在创新发展不足，"智造"升级的力度还不够明显，主要体现在木乐老一辈企业家的思维局限，产业链的部分链条还需要补足，例如物流、电商和印染，品牌知名度不够。下一步将重点做好以下工作。

1. 加大纺织服装产业品牌化、规模化建设力度 实施纺织服装产业品牌化、规模化发展战略思路，培育纺织服装产业集群，积极推动桂平市纺织服装产业"智能制造"。加大桂平市纺织服装产业的纵向链条建设，推动纺织服装产业集聚的协调发展，建设服装品聚集区；将桂平市打造成国内具有较大影响力的纺织服装品牌高地、精品智造基地、商贸物流中心。

2. 进一步加快木乐纺织服装产业园区建设步伐 按照"产业集群、企业集聚、土地集约"原则，围绕"打造全国最大的休闲运动服装生产基地"的目标，把园区定位为贵港市乃至自治区级园区层面统筹考虑布局产业，建设成为承接粤港澳大湾区、杭州湾等东部地区转移大平台，打造集聚度高、知名度高、创税效益高和管理水平高的纺织服装全产业链和产城融合发展示范园。

3. 积极融入粤港澳大湾区，深化与粤港澳大湾区的合作 木乐镇党委、政府十分注重服装产业发展，紧紧围绕以习近平同志为核心的党中央赋予广西"三大定位"的新使命，积极融入粤港澳大湾区，深化与粤港澳大湾区的合作，抓住广西推进粤港澳大湾区一体化发展的机遇，充分利用粤港澳大湾区是我国综合实力最强的区域之一，把握粤港澳大湾区与"一带一路"倡议的融合发展机遇，为木乐镇在融入区域合作发展中赢得发展先机。

供稿单位：桂平市木乐镇人民政府

附

录

纺织行业"十四五"发展纲要

中国纺织工业联合会
2021 年 6 月 11 日

　　"十四五"时期是我国全面建成小康社会、实现第一个百年奋斗目标之后，乘势而上开启全面建设社会主义现代化国家新征程、向第二个百年奋斗目标进军的第一个五年。"十四五"时期，我国纺织行业在基本实现纺织强国目标的基础上，立足新发展阶段、贯彻新发展理念、构建新发展格局，进一步推进行业"科技、时尚、绿色"的高质量发展，在新的起点确定行业在整个国民经济中的新定位，即"国民经济与社会发展的支柱产业、解决民生与美化生活的基础产业、国际合作与融合发展的优势产业"。根据《国民经济和社会发展第十四个五年规划和 2035 年远景目标纲要》，围绕行业新定位，引导纺织行业加快转型升级，实现全产业链高质量发展，编制本发展纲要。

一、发展现状和面临形势

（一）"十三五"发展成效

　　1. 发展优势持续强化　"十三五"期间，我国纺织行业在全球价值链中的位置稳步提升，产业链整体竞争力进一步增强。2020 年，我国纺织纤维加工总量达 5800 万吨，占世界纤维加工总量的比重保持在 50%以上，化纤产量占世界的比重 70%以上。2020 年，我国纺织品服装出口额达 2990 亿美元，占世界的比重超过三分之一，稳居世界第一位，其中纺织品出口额占全球的比重从 2016 年的 36.6%提升到 2019 年的 39.2%。2020 年，全国纺织行业规上企业实现营业收入 4.52 万亿元，占全国工业 4.3%，利润总额 2065 亿元，占全国工业 3.2%。

　　2. 结构调整稳步优化　"十三五"期间，服装、家纺及产业用三大终端产品纤维消耗量比重由 2015 年的 46.4：28.1：25.5 调整为 2020 年的 40：27：33。"十三五"末，我国高性能纤维总产能占世界的比重超过三分之一，产业用行业纤维加工量达 1910 万吨，较 2015 年增长 40%以上，有效满足多元化、多层级、多领域市场需求。

　　3. 创新生态不断改善　"十三五"期间，我国纺织行业全产业链科技创新生态环境不断改善，创新平台建设取得较大进展。截至 2020 年底，纺织行业共有国家制造业创新中心 2 个、国家重点实验室 6 个、国家工程研究中心 2 个、国家企业技术中心 81 家（含 5 家分中心）、国家认定企业工业设计中心 12 家；中国纺织工业联合会认定的行业重点实验室 59 个、技术创新中心 37 家。2019 年，规模以上纺织企业研发投入强度超过 1%，较 2015 年提高 0.4 个百分点，其中化纤行业的研发投入强度达到 1.4%，较 2015 年提高 0.3 个百分点。"十三五"期间，共有 11 项成果获国家科学技术奖，其中"干喷湿纺千吨级高强/百吨级中模碳纤维产业化关键技术及应用"获国家科技进步一等奖。在纤维材料、绿色制造、纺织机械等领域一批"卡脖子"技术难题被突破。国产纺织装备国内市场占有率达到 75%以上。

　　4. 创意力量持续提升　"十三五"期间，我国纺织领域形成了覆盖产业链各环节的流行趋势协同研究和发布机制，时尚设计原创能力提升明显，全国有 100 多所本科院校和 300 多所高职院校设有服装设计和工程专业，保障时尚设计人才队伍储备。自主品牌认知度与美誉度持续提升，国内主要大型商业实体的服装家纺品牌中 85%左右为自主品牌，原创潮流品牌消费规模逐年提升，占品牌消费比重已超过 15%。中国品牌的国际影响力有所提升，时尚消费的跨界融合、商业载体和传播形式更加多元和丰富。

　　5. 绿色发展成效显著　"十三五"期间，我国纺织行业用能结构持续优化，二次能源占比达到 72.5%，能源利用效率不断提升，万元产值综合能耗下降 25.5%。万元产值取水量累计下降 11.9%，其中，印染行业单位产品水耗下降 17%，水重复利用率从 30%提高到 40%。"十三五"期间，纺织行业废水排放量、主要污染物排放量累计下降幅度均超过 10%。我国循环再利用化学纤维供给能力明显提升，废旧纺织品资源化利用水平进一步提高。2016 年以来共有 251 种绿色设计产品、91 家绿色工厂、10 家绿色供应链企业、11 家绿色设计示范企业被工信部列入绿色制造体系建设名单，全生命周期绿色化管理正在加速融入纺织产业链体系。中国纺织服装企业社会责任管理体系（CSC9000T）的维度和内涵不断拓展，已经开始覆盖国内企业在海外投资的工厂。

　　整体来看，至 2020 年末我国全面建成小康社会之际，纺织行业基本实现《2020 建设纺织强国纲要》相关目标，我国纺织工业绝大部分指标已达到甚至领先于世界先进水平，建立起全世界最为完备的现代纺织制造产业体系，生产制造能力与国际贸易规模长期居于世界首位，成为我国制造业进入强国阵列的第一梯队。科技创新从"跟跑、并跑"进入"并跑、领跑"并存阶段，品牌建设形成制造品牌、消费品牌和区域品牌的三级体系，节能减排、污染防治、资源综合利用等方面取得积极进展，人才建设积极支撑行业创新和进步。

"十三五"以来，我国纺织行业发展取得良好成绩，但也存在诸多困扰行业发展和需要持续关注的问题，如纺织原料供给安全仍有一定风险，行业内仍存在部分关键技术短板有待突破，消费市场培育力度不够，中高端产品的市场有效供给能力仍待增强，行业内文化资源的应用及推广能力不足，品牌国际影响力有待提升等。

(二)"十四五"发展形势

当前和今后一个时期，我国发展处于重要战略机遇期，但机遇与挑战都有新的发展变化。纺织行业作为国民经济和社会发展的支柱产业，同时面临着适应世界百年未有之大变局的考验和构建"双循环"新发展格局的要求，发展形势日趋复杂，不稳定性不确定性因素增强，发展机遇也依然存在。

1. 国际供应链格局深刻调整 百年变局之下，国际力量对比深刻调整，新冠肺炎疫情影响广泛深远，促使国际经贸合作格局发生改变。在经济全球化重构、安全发展理念强化的背景下，发达国家加强对高端技术装备的控制力，全球生产制造体系围绕大型自由贸易区加重布局，各国间纺织贸易、投资领域竞合关系更趋复杂。在复杂经济形势下，国际经济、贸易环境前景均存在较高不确定性，但世界纤维消费总需求在经济发展、多领域应用等因素拉动下仍有增长空间。纺织行业作为国际化发展的先行产业，将在国际产业格局调整与贸易竞争中面临复杂考验，但我国推动共建"一带一路"，构建高标准自由贸易区网络，将为纺织行业优化供应链布局赢得主动作为空间；贸易便利化、人民币国际化等制度改革持续推进，也将为纺织行业开辟多元国际市场提供支持。

2. 畅通国内大循环构筑产业发展战略基点 我国已转向高质量发展新阶段，经济长期向好，在全面建成小康社会基础上，人民群众对美好生活的需要持续释放，将推动内需市场稳步扩容升级，成为纺织行业高质量发展的战略基点。乡村振兴与新型城镇化同步推进，形成基本功能型消费、改善型消费、引领型消费并存的多层次需求空间；国潮消费、绿色消费、健康消费、数字消费等需求新趋向，提供多角度、多元化的创新空间；消费者文化自信和文化自觉不断强化，自主品牌将有条件形成引领全球时尚潮流的能力；我国建设现代化基础设施体系，推动制造业升级，发展医疗卫生、环境保护等社会事业，将为纤维材料及纺织制成品提供更为丰富的应用领域。

3. 新一轮科技革命带来发展机遇 新一轮科技革命深入发展，材料科技占据前沿位置，以高性能、多功能、轻量化、柔性化为特征的纤维新材料，为纺织行业价值提升提供重要路径。新一代数字化信息化智能化技术与纺织行业加深融合，正在推动纺织产业链、供应链提质增效，带来业态更新与价值延伸。我国科技创新的基础设施条件和体制机制不断完善，技术应用与创新生态不断丰富，跨界创新、融合创新实践不断涌现，为产业的高质量发展提供有利条件。

4. 绿色发展成为全球产业发展的刚性要求 全球气候治理形势紧迫性凸显，对国际经济及产业体系形成重要影响，绿色发展不仅成为国际纺织供应链采购决策和布局调整的现实影响因素，也将是纺织产业国际竞争力和话语权的重要来源。我国已制定 2030 年前实现碳排放达峰、2060 年前实现碳中和的目标，对纺织行业绿色发展形成刚性要求。纺织科技持续创新突破，为行业破解绿色发展约束、构建可持续发展路径提供坚实支撑。全行业需要凝聚共识，将发展立足于国家生态战略全局与人类气候安全，将践行可持续发展作为价值提升的重要途径和纺织强国应有之责。

5. 数字经济开创新增长点 世界发展步入数字化新时代，经济创新打破区域分割与行业界限，新冠肺炎疫情进一步加速数字化进程。数字资源为纺织行业提供了精准商业决策、革新供给形态、自主构建安全与产权规则等新契机，是新时期行业高质量发展的新驱动力。我国 5G 移动互联技术和设施优势与纺织产业集聚化发展特色相结合，将有力支持纺织行业建设工业互联网与智慧集群，促进行业加快形成协同高效、多维创新的发展新空间。

面对前所未有的复杂形势，立足纺织强国实力基础，纺织行业坚定推动高质量发展的决心和在国际产业链、供应链中占据优势位置的信心，精准把握国际纺织产业格局调整时机，深度融入我国"双循环"新发展格局，不断强化制造体系优势，解决好产业链、供应链短板，有效破解国际产业格局调整带来的风险困难，在新格局中开辟新局面，为新格局贡献新作为。

二、总体思路和发展目标

(一) 总体思路

坚持以习近平新时代中国特色社会主义思想为指导，深入贯彻党的十九大和十九届二中、三中、四中、五中全会精神，牢固树立创新、协调、绿色、开放、共享的新发展理念，立足国民经济与社会发展、民生保障与产业安全，以高质量发展为主题，全面打造"以国内大循环为主、国内国际双循环相互促进"的新发展格局。按照"创新驱动的科技产业、文化引领的时尚产业、责任导向的绿色产业"发展方向，持续深化产业结构调整与转型升级，推动供给与需求的动态平衡，加大科技创新和人才培养力度，打造国际合作和竞争新优势，推动区域协调发展，建成若干世界级先进纺织产业集群，形成一批知名跨国企业集团和有国际影响力的纺织服装品牌，加快迈向全球价值链中高端，为巩固纺织强国地位并为我国实现制造强国质量强国目标发挥重要作用。

（二）2035 年远景目标

2035 年我国基本实现社会主义现代化国家时，我国纺织工业要成为世界纺织科技的主要驱动者、全球时尚的重要引领者、可持续发展的有力推进者。关键核心技术取得全面突破，我国处于国际纺织先进技术创新国家前列。与现代经济体系和人民更高品质的生活相匹配，纺织行业有效满足居民消费升级和产业转型升级的要求。形成一批对全球时尚发展具有引领力、创造力和贡献力的知名品牌，共同构筑全球时尚文化高地。纺织行业责任导向的绿色低碳循环体系基本建成，行业碳排放在达峰后稳中有降。

（三）"十四五"发展目标

1. 行业发展取得新成效　行业发展保持合理区间，质量效益明显提升。"十四五"期间，规模以上纺织企业工业增加值年均增长保持在合理区间；纺织行业纤维加工总量、纺织品服装出口占全球份额保持基本稳定；纺织工业利润率保持良好水平。

2. 产业结构调整取得新进展　"十四五"末，服装、家纺、产业用三大类终端产品纤维消费量比例达到 38：27：35。加强产业协同体系建设，巩固提升内外联动、东西互济的产业发展优势。"十四五"期间，中西部重点纺织产业发展区域规模以上纺织企业营业收入占工业比重继续提升。立足"双循环"发展格局，产品品质不断提升，品类更加丰富，服务更为高效，满足国内市场消费升级需求，以更高水平参与国际市场竞争，国际供应链优质资源整合能力明显提升。

3. 科技创新发展迈上新台阶　"十四五"末，规模以上纺织企业研究与试验发展经费支出占主营业务收入比重达到 1.3%。纤维新材料创新水平继续提升，高性能纤维自给率达到 60%以上。"十四五"期间，继续推进新一代信息技术与纺织工业的深度融合，加快行业数字化转型。行业两化融合发展水平评估指数超过 60，行业工业互联网平台体系基本建立，初步建成纺织服装行业大数据中心。

4. 品牌时尚建设创造新价值　"十四五"期间，继续推进消费品牌、制造品牌和区域品牌建设，培育一批科技创新能力高、时尚消费引领能力强、国际竞争优势明显的优质品牌。自主消费品牌的时尚引领力与全球认可度不断提升，跻身世界品牌第一梯队的制造品牌规模进一步扩大，百亿以上品牌价值企业数超过 40 家，重点集群区域品牌影响力持续提升。纺织行业与中华优秀文化、开放多元文化进一步融合，提升行业文化软实力。

5. 绿色发展水平达到新高度　"十四五"末，纺织行业用能结构进一步优化，能源和水资源利用效率进一步提升，单位工业增加值能源消耗、二氧化碳排放量分别降低 13.5%和 18%，印染行业水重复利用率提高到 45%以上。生物可降解材料和绿色纤维（包括生物基、循环再利用和原液着色化学纤维）产量年均增长 10%以上，循环再利用纤维年加工量占纤维加工总量的比重达 15%。

6. 增进民生福祉做出新贡献　实现更高质量的就业，提升纺织行业从业人员的安全感、获得感和幸福感。行业从业人员收入不断提高，劳动保障进一步改善。加强产业集群升级，推动新型城镇化建设，继续发挥产业富民功能，助力乡村振兴，激活经济欠发达地区增长潜力。

"十四五"时期纺织行业发展主要指标见表 1。

表 1　"十四五"时期纺织行业发展主要指标

类别	指标	2020 年	2025 年	年均增长（%）
行业发展	工业增加值（规模以上）	—	—	合理区间
	纤维加工总量占全球比重（%）	>50	>50	
	出口额占全球比重（%）	>30	>30	
结构调整	服装、家纺、产业用纺织品纤维消费量比重（%）	40：27：33	38：27：35	
科技创新	研究与试验发展经费支出占主营业务收入比重（规模以上，%）	>1	>1.3	
	劳动生产率（规模以上）	—	—	高于增加值增速
	高性能纤维自给率（%）	—	>60	
	两化融合发展水平评估指数		>60	

续表

类别	指标	2020 年	2025 年	年均增长（%）
绿色发展	单位工业增加值能耗			[−13.5]
	单位工业增加值二氧化碳排放			[−18]
	印染行业水重复利用率（%）		>45	
	生物可降解材料和绿色纤维产量（%）			10
	循环再利用纤维年加工量占纤维加工总量比重（%）		15	
民生福祉	从业人员收入水平	—	—	高于国内生产总值增速

注 1. ［ ］号内为五年累计数。
2. 主要废水污染物指化学需氧量和氨氮。

三、"十四五"发展重点任务

（一）强化科技创新战略支撑能力

1. 加强关键技术突破 深入实施创新驱动发展战略，打造纺织行业原创技术策源地。重点围绕纤维新材料、纺织绿色制造、先进纺织制品、纺织智能制造与装备等四个领域开展技术装备研发创新，补齐产业链短板技术，实现产业链安全和自主可控，强化行业关键技术优势，注重原始创新，加大基础研究投入，带动全产业链先进制造、智能制造、绿色制造能力逐步达到国际先进水平。见表2。

表2　行业关键技术突破

1. 纤维新材料技术 碳纤维、对位芳纶、聚酰亚胺纤维等高性能纤维高端产品、差别化产品关键制备技术，基础纤维高效柔性功能化制备技术，实现纤维高品质、高效生产和低成本，莱赛尔纤维专用浆粕、溶剂、交联剂和差别化莱赛尔纤维关键技术，纤维级 1，3−丙二醇、呋喃二甲酸、高光纯丙交酯等生物基单体和原料高效制备技术，智能化、高仿真、生物可降解等功能性纤维材料制备技术
2. 纺织绿色制造技术 印染绿色化学品技术，高效短流程印染技术，非水介质染色技术，数码印花关键技术，废旧纺织品分离识别技术，聚酯、聚酰胺纺织品化学法循环技术
3. 先进纺织制品技术 高功能纺织消费产品加工技术，智能纤维及制品关键技术，闪蒸法和静电纺丝非织造布技术，高性能纤维多轴向经编、立体编织技术以及重磅宽幅织物、宽幅异厚织物、大型绳缆的成型技术
4. 纺织智能制造与装备技术 面向纺织行业应用的智能制造关键共性技术，大容量莱赛尔纤维、高性能碳纤维、万吨级对位芳纶、超高分子量聚乙烯纤维和循环再利用化学纤维等成套装备，全自动转杯纺纱机、喷气涡流纺纱机、数字化高速无梭织机、全自动穿经机、立体织造成型装备、高速经编机、连续式针织物平幅印染生产线、低浴比间歇式染色装备、高速数码直喷印花机、高速梳理机及交叉铺网机等关键装备技术

2. 完善科技创新体系 加快建设以市场为导向、以企业为主体、产学研用相结合的科技创新体系，构建纺织全产业链创新平台。积极推进国家制造业创新中心、国家认定企业技术中心、国家认定企业工业设计中心、行业重点实验室和技术创新中心、产业技术创新联盟、产学研用联合体等创新平台建设，加强交叉学科、跨领域合作创新平台建设，建立创新平台协同机制，促进行业关键共性技术研发与成果转移转化。见表3。

表3　纺织科技创新体系建设

1. 国家制造业创新中心 进一步加强功能性纤维、印染两个国家制造业创新中心功能建设和服务能力，针对关键共性技术需求加速科研攻关和产业化应用，积极推进产业用纺织品创新中心筹建工作
2. 企业技术中心、技术创新中心和工业设计中心 引导重点企业开展国家级和省级企业技术中心建设，纺织行业认定技术创新中心达到50家。创建以可持续发展理念为指导，融纺织科技、数字技术和创意设计为一体的工业设计中心，新培育建设50家以上行业工业设计中心，推荐建设5−10家国家级工业设计中心
3. 行业重点实验室 引导相关机构加强国家级重点实验室建设，纺织行业认定重点实验室达到70家
4. 产业技术创新联盟 建设和完善纤维新材料、产业用纺织品、智能制造、纺织高端装备、纺织军民融合、时尚产业数字技术融合等领域产业技术创新联盟

3. 加快标准体系建设 加强纺织标准化技术机构建设，优化标准化技术组织体系，加大现行标准整合力度，鼓励新型纺织纤维材料、功能性纺织品、智能纺织品、高技术产业用纺织品以及绿色制造、智能制造、数字技术等重点领域的标准制定，推动产业高质量转型发展。鼓励行业协会、骨干企业积极对标国际水平，参与或主导国家标准、行业标准、团体标准和

骨干企业标准的制定和修订工作。

4. 激发人才创新活力　充分发挥行业科技创新领军人才作用，立足行业共性关键问题建立国际领先水平的科技创新团队。积极发挥企业创新主体作用，培育较大规模的行业领军人才、专业技术人才和技术技能人才。发展高水平研究型纺织学科，积累基础研究人才。扩大纺织专业性和复合型人才的培养规模，壮大高水平人才队伍。

（二）建设高质量的纺织制造体系

1. 推进产业基础高级化　实施纺织产业基础能力提升工程，加快补齐基础纤维材料、基础零部件、基础软件、基础工艺和产业技术基础等短板。加快突破碳纤维、对位芳纶、聚酰亚胺等高性能纤维及其复合材料领域的尖端技术空白，推进生物基纤维和原料关键技术研发及其终端产品应用。突破高精度、高效率、高适应性的纺织专用基础件，纺织装备加快向柔性化、智能化、国际化转型升级。加强工业互联网、大数据、人工智能、工业机器人、区块链等智能制造应用关键供应技术在纺织行业的深入融合，提升行业的数字化、智能化基础能力。强化产业链长板，立足产业规模大、产业链完整优势，进一步开发功能性、可降解新材料，扩大智能化、绿色化先进技术应用，提升创意设计能力，满足国际国内多元化、多层次的消费需求。

2. 提升产业链现代化　发挥纺织产业链完整优势，推动高端化、智能化、绿色化、服务化转型升级，建设创新能力强、附加值高、安全可靠的纺织产业链、供应链。加强纺织全产业链精细化加工技术的研发应用，提升先进制造水平。适应消费升级趋势，应用新材料、新技术开发具备高品质、多功能、智能化的高端纺织消费品。加强高技术纤维材料的研发和应用，提升织造、非织造、复合等成型技术，扩大产业用纺织品在重点领域的应用。

3. 推进制造能力高端化　加快纺织全产业链智能化、绿色化关键装备和先进技术的研发和应用，发展服务型制造新模式。运用先进适用技术加快设备更新和技术改造，采用科学管理工具提高企业生产管理效率，强化网络基础设施建设，加快企业数字化改造提升。推动行业工业互联网平台体系建设，面向纺织产业链、产业集群、特定行业领域、龙头企业，分别打造一批工业互联网平台。纺织各细分领域加快推进数字化、智能化车间/智能工厂建设，提高生产效率，优化生产流程，化解劳动力等要素资源约束。在全行业强化全生命周期绿色化管理，建设绿色工厂、绿色园区和绿色供应链管理企业，研发绿色纺织产品。

（三）畅通内需为基点的产业链循环

1. 保障民生需求　以保障国内城乡居民消费需求为战略基点，通过技术进步、产品创新、产销衔接，使各类纺织消费品满足多层次需求，以高质量供给创造高品质生活。完善行业和企业产品质量检测和服务体系，加强质量监督和市场监管，通过知识产权保护，提升国内自主品牌的消费认可度。

2. 培育新型消费　先进技术、流行趋势、品牌文化融合体现在纺织产品的设计和生产中，满足功能、时尚、绿色等升级消费需求。加强信息技术在流行趋势预测、创意设计、消费研究中的应用，根据个性化消费趋势，依托互联网和智能制造技术，提高服装和家用纺织品大规模定制服务水平。加强消费者研究，提升设计创意和市场营销水平，形成一批有高度市场影响力的服装和家纺产品品牌。

3. 拓展产业应用　提升产业用纺织品领域材料创新、制造升级和产品开发水平，努力贯通医疗卫生、环境保护、交通工具、土工建筑、安全防护和农业等领域重点产品的跨部门应用体系，在标准认证、品牌推广和工程服务等方面深度合作，共同培育和拓展高质量的内需市场。加强与装备、后勤、军兵种、科研单位及主要军工企业的合作，发展军民两用技术和产品。

（四）提升国际化发展层次与水平

1. 促进国际国内双循环　高效率应用纤维原料、高端装备和基础件、精细化染料助剂、品牌和渠道等优质国际资源，满足纺织行业转型升级和纺织产品消费升级需求。推进纺织行业领域质量标准、认证认可的国际国内相衔接，以同标同质促进纺织品服装在国际国内两个市场流通顺畅。

2. 加快外贸出口转型升级　进一步提升出口产品质量和附加值，加快发展跨境电商、网上交易等外贸新业态新模式，引导企业深耕传统出口市场、拓展新兴市场，培育新的外贸增长点。发挥海外展会作用，加强国际化营销，扩大我国品牌的国际影响力，提高纺织品服装自主品牌出口比重。

3. 提升跨国资源整合能力　坚持引进来和走出去并重，打造以我国纺织产业体系为资源调配中心的全球生产网络，有序协调国内外制造产能布局。优化国际技术经济合作模式，促进自主装备、工艺、技术输出，合理引进国际优质装备、技术、设计和人才。利用"一带一路"建设机遇，在东南亚、非洲地区加强产业园区共建合作，打造国际产能合作标志性项目。

（五）推动行业时尚发展与品牌建设

1. 推动文化与产业深度融合　立足国内市场消费升级需要，融合非物质文化遗产等中华优秀传统文化、当代美学和流行趋势，提升纺织时尚创意和产品设计水平，形成一批具有民族文化承载意义的纺织服装自主品牌。

2. 提升产品创新能力　加强流行趋势研究和新材料新技术在终端产品的设计应用，完善从纤维原料到终端产品的全产业链研发体系。推广定制化服务，促进传统制造模式向服务型制造模式转变。加大智能穿戴、绿色健康、复合功能性产品的开发力度。

3. 推动业态和模式创新 积极运用新一代信息技术，建立品牌与消费者之间的深层次连接，形成基于数字决策的智慧营销模式。积极探索新模式、新业态，通过平台融合、社群融合、场景融合，促进纺织服装品牌企业与互联网产业、现代服务业的跨界融合发展。

4. 强化品牌培育服务 整合政府、行业协会、院校机构等多方资源，开展纺织服装品牌发展理论研究、品牌价值评价体系研究，持续开展品牌价值评价提升活动等。利用国家级品牌活动等公共服务平台，加强纺织行业自主品牌宣传推介力度。通过会展、时装周、设计大赛等，打造品牌建设交流展示平台。

（六）推进社会责任建设与可持续发展

1. 推进节能低碳发展 推动能源结构优化提升，继续提高二次能源消费比重，鼓励企业采购绿电，支持具备条件的园区或企业加快分布式能源中心建设。严格控制高耗能、高污染排放项目建设，积极稳妥推进落后产能、过剩产能的腾退与升级改造。开展重点用能企业能效提升专项行动。鼓励棉纺、化纤、印染等行业实施能效领跑者引领行动，推行智能化能源管理试点示范。加快绿色纤维制备、高效节能印染装备、废旧纤维循环利用等低碳技术的研发、示范与推广。鼓励开展碳核算方法学、减排路线图、减排成本分析等标准及规范体系方面的研究。

2. 加强清洁安全发展 以绿色技术驱动产业链各环节降低污染物产排量，深化生产全过程和纺织园区系统化污染防治。高度重视新兴污染物和有毒有害污染物排放，加大清洁生产改造力度，持续削减化学需氧量、氨氮等污染物产排量。完善纺织园区环境基础设施升级及配套管网建设，推进水资源循环利用和污水资源化，支持非常规水资源利用产业化示范工程，推动纺织园区和重点企业水系统集成优化。加强有毒有害物质替代，严格控制染化料助剂等化学品使用。

3. 推动再生循环发展 加快现有纺织园区的循环化改造升级，合理延伸产业链并循环链接。加快构建废旧纺织品服装资源循环利用体系，促进废旧纤维再利用企业集聚化、园区化、区域协同化布局，开展废旧纺织品服装综合利用示范基地建设。突破再生涤纶、废旧纺织品服装再生利用规模化生产关键技术，打通瓶片直纺再生涤纶长丝工艺路线，加强定向回收、梯级利用和规范化处理。加快互联网与资源循环利用融合发展，建立线上线下融合的回收网络。

4. 深化企业社会责任建设 以人本责任、环境责任、市场责任为核心，将企业社会责任全面纳入行业的价值体系和创新体系，培植产业的持久成长能力。推进诚信体系建设，维护公平竞争的市场环境。深化社会责任的国际交流与合作，增进全球利益相关方的理解与支持。推进产品全生命周期绿色化管理，发展循环经济，应对全球气候变化。

（七）优化国内布局提升发展协调性

1. 对接国家区域发展战略 对接京津冀一体化、长三角洲一体化、粤港澳大湾区、长江经济带等国家战略，在不同区域分别落实行业发展重点。中心城市重点发展科技创新平台和都市时尚产业，积累科技创新和时尚创意人才。先进制造业成熟地区，引导形成单项冠军、领航企业、专精特新、小巨人等领先企业的集聚。依托区域范围内核心区带动外围、下游带动上中游的联动关系，形成纺织产业跨区域联动发展效应。

2. 进一步提升区域协调发展水平 东南沿海地区立足价值链中高端，大力提高协同制造、精益制造和绿色制造水平；统筹国际国内资源，发展国际水平的研发中心、设计中心和品牌中心，建设纺织智能制造示范基地。纺织产业发展助力中西部地区工业化和城镇化建设，以资源条件为基础，不断完善产业体系、服务配套和综合投资环境，继续引导纺织龙头企业扩大在中西部地区投资力度，鼓励回乡创业扩大纺织制造业规模；扩大农村富余劳动人口本地就业规模，提升劳动技能，带动乡村振兴。

3. 推进高水平产业集聚发展 运用现代科技推动建设一批世界级纺织产业集群，具有世界领先的创新能力、制造能力和可持续发展能力，单一品种具有世界领先产业规模，产品制造和流通深度嵌入全球价值链，形成具有世界影响力的区域品牌。成熟产业集群地区发挥产地型专业市场和产业链配套优势，进一步突出先进、绿色制造优势，建设高水平、现代化和智慧型产业集群，与城镇化建设相结合建设特色产业小镇，提升区域品牌影响力。新兴产业集群地区以产业园区为载体，与成熟地区紧密协同发展，建设现代纺织产业制造基地，并积极融入全球纺织产业供应链。发挥龙头企业跨区域布局的作用，通过跨区域兼并重组，建立"总部+基地"的方式，实施一批跨区域产业合作重大工程和重点项目，带动中小企业融入供应链体系。

4. 公共服务体系升级发展 以产业集群空间分布为基础，提供高质量、精准化的公共服务供给，提升检验检测、研发设计、会展商贸、教育培训等服务功能。优化产业集群各主体发展环境，地方政府、集群管理机构、科研院所、重点企业、行业协会等各方形成协作共同提升产业集群的公共服务能力，助力集群中小企业整体提升发展。

（八）构建纺织产业的安全发展体系

1. 保障产业链供应链安全 加强产业链薄弱环节和短板技术攻关，高性能纤维特定品种、高功能性复合材料和纺织制成品、纺织装备基础件短板等逐步实现技术自主可控。保障原料供应安全，针对化纤原料高度依赖石油化工的现状，推动现代煤化工与化纤产业融合发展，支持有煤炭资源的中西部地区适度发展煤化工制化纤原料及化纤生产项目。加强产业安全风险预警，提升产业链供应链的稳定和安全性。

2. 科学引导全球产业布局　引导纺织产业链、供应链在国际国内建立多元化布局，平衡国内发展和国际布局之间的关系，从国内居民消费安全和应急供应保障角度保持纺织产业安全供应规模。

3. 建立产业安全预警体系　建立预警机制，防范国际资本异常流动风险、数据网络安全风险、地缘政治风险、国际贸易摩擦风险等。

四、"十四五"发展重点工程

在纤维新材料、智能制造、时尚建设、绿色制造、高端产业用纺织品共五个领域实施一系列重点工程，具体落实"十四五"时期实施转型升级高质量发展的重点任务。

（一）纤维新材料持续创新升级

纤维新材料领域以服务高质量发展和保障产业链安全为目标，依托优势企业，充分发挥专业院校和科研机构作用，加快突破和掌握一批关键核心技术，主导差别化、多功能纤维材料的研发创新，进入国际上高性能纤维研发和生产的第一梯队，引领生物基化学纤维产业化进程。见表4。

表4　纤维新材料重点工程

1. 差别化、多功能纤维重点工程 提升基础纤维功能化高效柔性制备技术与装备水平，突破聚酰胺6熔体直纺、氨纶熔融纺丝等关键技术；进一步开发智能化、高仿真、高保形、舒适易护理、阻燃、抗静电、抗紫外、抗菌、相变储能、光变变色、原液着色等差别化、功能性化学纤维；大力发展生物可降解高性能脂肪族聚酯纤维，及采用绿色催化剂生产纤维；研发支撑功能纤维生产的添加剂、阻燃剂、新型改性剂、母粒、催化剂、油剂等的关键材料和辅料。发展煤化工路线化学纤维实现纺织原料多元化，降低石化原料比重
2. 高性能纤维重点工程 推动建设国家级碳纤维及复合材料创新中心，构建高性能纤维行业创新体系。加强高性能纤维高效低成本本化生产技术研发，提高已实现工程化、产业化的碳纤维、芳纶、超高分子量聚乙烯纤维、聚酰亚胺纤维、聚苯硫醚纤维、连续玄武岩纤维等高性能纤维技术成熟度和产品稳定性。加快研发更高性能碳纤维、芳纶、超高分子量聚乙烯纤维、聚酰亚胺纤维等关键制备技术。突破高性能液晶聚芳酯纤维、芳杂环纤维、聚对苯撑苯并二噁唑纤维等高性能纤维制备关键技术
3. 生物基化学纤维重点工程 重点突破莱赛尔纤维专用浆粕、溶剂和交联剂，纤维级1，3-丙二醇、呋喃二甲酸、高光纯丙交酯等生物基单体和原料的关键制备技术。研究聚乳酸纤维、莱赛尔纤维、生物基聚酰胺纤维、聚对苯二甲酸丙二醇酯纤维、聚呋喃二甲酸乙二醇酯纤维、海藻纤维和壳聚糖纤维等生物基化学纤维规模化生产关键技术，开发高品质差别化产品，加强应用技术开发

（二）智能制造引领高质量发展

以大幅提升生产效率及生产方式精细化、柔性化、智能化水平为目标，基于5G、人工智能和数字孪生等信息技术，以纺织成套装备研发为重点，加快发展纺织领域智能制造系统集成商，推进装备、软件、信息技术协同创新，以纺织装备数字化和信息互联互通为基础实施纺织行业智能制造重点工程。见表5。

表5　智能制造重点工程

1. 工业互联网基础工程 大力推进企业数字化改造，持续提高企业数字化装备配置率、数字化装备联网率、关键工序数控化率、关键工业软件应用覆盖率。加快企业内、外网升级改造，以工业以太网、物联网、智能传感器等新型网络技术与装备改造生产现场网络和系统，推进5G等新型蜂窝移动技术的应用部署。推动纺织行业工业互联网标识解析二级服务节点和应用服务平台建设，实现企业外部供应链和内部生产系统的精准对接
2. 纺织智能加工装备重点工程 发展长丝集约式高速卷绕装备等关键单机装备，开发和推广化纤生产远程控制系统、智能物流系统等 研发全自动转杯纺纱机、喷气涡流纺纱机、高速无梭织机、全自动穿经机、一次成型纬编机等关键单机，开发织机控制系统、针织立体成型控制系统，研发电子清纱器、电子多臂开口装置、织针等基础零部件 发展印染车间物料智能化输送设备，开发匹布自动缝纫接头设备、布卷、布车、浆料桶AGV运送设备和定位系统，逐步建立印染智能化物流系统 重点发展针刺机，水刺机，纺熔联合机、柔性化、模块化非织造布专用功能性后整理设备、非织造布自动分切机等关键单机装备，开发非织造布柔性化模块化控制系统 重点发展智能吊挂装备等关键单机装备，研发自动缝制和物流智能配送系统等
3. 智能工厂/智能生产线重点工程 化纤全流程智能制造。提升智能原料配送、丝饼管理、生产数据分析、立体仓库技术等技术，开发适用于化纤行业的智能制造支撑软件。在涤纶、锦纶、氨纶、再生纤维素纤维、碳纤维等领域建设若干智能车间示范 棉纺全流程智能制造。开发推广清梳联、并条、精梳、粗细联、细络联、包装物料等智能化系统并实现综合集成，实现与WHS、MES、ERP、远程运维系统的集成，逐步实现夜间无人值守。在行业若干重点企业实现推广 印染智能制造生产线。实现生产线数据自动采集系统、智能控制系统和印染信息集成管理系统的集成，形成若干示范线 非织造布智能生产线。开发面向非织造布的生产执行系统和大数据分析模型，建设纺粘、水刺、针刺以及应用领域的智能工厂，贯通产业链的横向联系和上下游协同能力 针织智能生产系统。提高自动化和智能化装备的应用和普及。借助制造执行系统（MES），实现针织生产车间多机台针织设备的远程监控和生产管理 服装智能模块化缝制生产线。突破高精度轻型机械手或机器人衣片抓取、传送、操作，以及与缝制单元设备协同加工技术，推进集成应用 家用纺织品智能制造生产线。加快推进家纺行业智能制造标准体系建设，推进关键智能化装备的研发应用，开展智能化生产线及车间的建设与示范

（三）时尚建设增强发展新动力

加快建成具有中国特色、世界影响、时代特征的纺织行业时尚生态，大力推动基于文化价值、美学价值、技术价值和商业价值的产业复兴与时尚创新，以科技赋能创新，以包容彰显个性，以人文塑造价值，提升中国时尚影响力。见表6。

表6　纺织时尚建设重点工程

1. 时尚设计能力提升重点工程
建设纺织时尚人才梯队，完善设计师培养体系，加强复合型高技能创新设计人才培养，培养具备多元文化跨界能力和国际视野的新锐设计师。启动纺织行业各领域内的"中国时尚大师"塑造计划，纺织工艺美术领域内的"中国时尚大匠"塑造计划。创建"高质量时尚设计平台"，开展时尚"名师""名企""名品"评选推广活动。开展纺织非遗与区域文化、民族文化及世界时尚文化的关联性渗透性研究，促进纺织非遗资源的活态传承，促进纺织工业遗产的再生型保护开发
2. 时尚领域科技创新重点工程
扩大先进纺织材料、绿色制造技术、智能化技术等在时尚领域的创新应用，推动建立各类科技时尚融合创新中心。建设人工智能时尚平台，建立产业大数据和人工智能创新应用示范中心，利用新一代信息技术开展流行趋势预测、时尚创意设计和精准数据营销。实施大规模个性化时尚定制升级工程，推进相关技术和装备的研发应用，完善相关标准和规范
3. 时尚品牌建设重点工程
制定实施"国潮品牌培育计划"，培育一批中国文化特色明显的"国潮"品牌，鼓励支持中国品牌日、时装周、博览会、时尚节等行业活动设立国潮专区。组织一批优势纺织服装自主品牌，通过线上线下多种渠道每年开展"中国品牌消费节"系列活动，联合线上平台设立体现中华文化、健康生活、智慧生活、绿色消费等特色专区，联合各地时尚地标开展纺织行业优秀品牌、非遗文化、创意设计、流量营销等消费节活动

（四）绿色制造推进低碳循环发展

纺织行业坚持可持续发展战略，履行环境责任导向，以绿色化改造为重点，以标准制度建设为保障，加快构建绿色低碳循环发展体系，推进产业链高效、清洁、协同发展，为国内外消费市场提供更多优质绿色纺织产品，并引导绿色消费，行业绿色低碳循环发展水平不断提高。见表7。

（五）产业用纺织品着力高端化发展

加强科技创新，加快产业升级，提高纤维新材料应用和智能制造水平，大幅提升差异化、高端化产业用纺织品的比重，对接国家重大发展战略，满足新材料、新能源、医疗健康、安全防护、环境保护和国防军工对先进纺织材料的需求。见表8。

表7　纺织绿色制造重点工程

1. 节能减碳重点工程
大力发展化纤、织造、非织造等各领域高效节能技术和装备，棉纺、织造等重点用能设备实施照明、电机、空调空压等用能单元系统化改造。印染行业发展针织物和涤纶连续式印染成套装备，推广低温前处理、冷轧堆前处理和染色、分散染料低温染色和印花、分散染料碱性染色、蒸汽热能分级利用、高效节能定形机、节能型热风烘燥机等节能技术和装备。推广定形机、印染废水热能回收及热泵法热能回用技术等。实施低碳改造和园区节能改造工程
2. 清洁生产重点工程
研发可降解纤维材料，加强高效环保型浆料、染料和印染助剂、高效环保化纤催化剂、油剂和助剂的研发及应用。推进绿色纤维制备和应用，攻关生物基纤维重点原料和关键制备技术，提升重点品种规模化制备技术，扩大原液着色化纤应用。研发推广高效短流程前处理、无碱或低碱前处理、低盐或无盐活性染料染色、生物质纤维素染色、活性染料低尿素或无尿素印花、电化学还原染色、等离子体印染、液氨整理、多功能机械整理等少化学品印染技术。进一步攻关数码印花升级换代关键技术，并实现高性能打印喷头零部件国产化
3. 水效提升重点工程
研发推广非水介质染色、针织物平幅连续染色、涤纶织物少水连续染色等节水印染加工技术。进一步推广化纤机织物连续平幅前处理、针织物连续平幅前处理、小浴比间歇式染色、分散染料碱性染色、高牢度涂料印花等技术。推进水资源循环利用和污水资源化，鼓励纺织企业加大中水、再生水等非常规水资源开发力度，支持非常规水资源利用产业化示范工程
4. 污染防治重点工程
加强水污染物治理，研发推广含盐染色废水循环利用、高级氧化、膜处理技术等印染废水深度处理及回用技术；研发低成本高回用率印染废水深度处理与回用技术、废水近零排放和定形机废气高效收集处理及余热回用技术。加强大气污染物治理，引导企业提高 VOCs 治理设施废气收集率、同步运行率和去除率水平
5. 资源循环利用重点工程
建设再生涤纶规模化生产线，包括化学法再生涤纶（DMT 法）产能提升项目、化学法（BHET 法）再生涤纶产业应用试点项目和瓶片直纺再生涤纶长丝试点示范项目。废旧纺织品再利用方面重点突破化学法再生聚酯产业化、规模化技术。推动建设若干覆盖全国重点城市的废旧纺织品资源化回收、分拣、拆解、规范化处理基地

表8　高端产业用纺织品重点工程

1. 医疗卫生用纺织品重点工程 　　研究防水透气、防护病菌病毒、可重复使用等功能性医卫防护材料；研发纺织基用人体器官管道材料、可吸收缝合线和功能敷料等高端医用纺织材料。提升高等级医疗卫生防护、手术、护理用纺织品市场渗透率
2. 环境保护用纺织品重点工程 　　发展高过滤精度材料、纤维基高性能微孔过滤材料、脱硝除尘一体化功能过滤材料制备等关键技术及相关产品。扩大汽车滤清器、空气净化器等纺织基过滤材料的应用
3. 应急与安全防护用纺织品重点工程 　　研发化学毒剂降解型防护、核生化防护、热防护、保暖隔热和软质防刺防割等防护类纺织基制品；开发气柱式应急救援帐篷、高性能救援绳索及安全应急逃生系统等应急救援材料与制品
4. 新能源与复合材料用纺织品重点工程 　　研发碳纤维复杂织物及复合材料、芳纶蜂窝结构材料、中空夹心复合材料、高强柔性膜材、轻量柔性纺织基防爆材料等产品和技术。扩大纤维基复合材料在轨道交通、风电叶片、高端装备等领域的应用
5. 土工与建筑用纺织品重点工程 　　研发双组分长丝复合多功能土工材料、高性能土工格栅、矿用柔性加固网等产品和加工技术。扩大生态环保型、智能型土工建筑纺织材料的应用
6. 国防军工与航空航天用纺织品重点工程 　　提升衣帽鞋靴等单兵防护用品的性能和舒适性。开发高性能核生化防护、高功能伪装防护、电磁屏蔽和吸收、武装封装等国防军工领域用纤维基复合材料。开发战斗飞行服、宇航服、星载天线金属网、降落伞、缓降气囊等装备用高性能纺织复合材料
7. 海洋产业与渔业用纺织品重点工程 　　研究编织、绞编、封边等绳缆成型和无结网成型工艺，开发海洋用高性能特种绳缆网。开发高性能系泊缆研发和工程应用研究，加快高性能绞捻、绞编、特种无结经编、有结节能网产品和智能编织技术的应用

五、"十四五"发展保障措施

（一）构筑良好产业生态

1. 改善企业营商环境　发挥好行业协会的政策协调作用，进一步推动出台税收、财政支持措施，鼓励企业加大科技研发、技术改造、创意设计投入；持续推动棉花进口管理制度优化，促进棉花管理体制市场化改革。发挥好行业调研及反馈功能，及时向有关政府部门反馈纺织企业在融资、汇率、环保、新疆棉、境外投资等方面遇到的新情况新问题，提出政策建议。

2. 营造激励创新的氛围　总结推广骨干企业的创新发展经验，宣传优秀企业家的创业创新精神，大力倡导自主创新的价值导向。利用好行业资源及平台，促进企业管理者拓宽创新视野，提升创新素养。引导行业、企业统筹好激励创新与容错试错、知识共享与产权保护，形成勇于创新、保护创新的发展机制。

3. 推进社会责任建设与行业自律　持续推广企业社会责任体系，创造规范和谐、公平守信、绿色发展的产业环境，将良好社会责任形象打造成为企业无形资产。有序开展产能投建、知识产权保护、反不正当竞争等方面的行业自律，研究建立行业性信用信息记录、查询和评价系统，建设公平有序的产业环境。

4. 提升纺织行业社会形象　积极总结并广泛宣传新时代纺织行业在科技创新、国际化发展、富民惠农、乡村振兴、稳定边疆等方面的成就与贡献，更新社会舆论对纺织行业发展定位及公众形象的认知，改善企业综合发展环境。

（二）强化发展资源保障

1. 加强人才资源建设　促进高等院校纺织相关学科建设及学科交叉融合，优化高等职业教育、中等职业教育、继续教育课程设置及实操训练，提升教育教学能力，强化复合型、创新型、实用型人才输出。完善人才协同培养机制，促进企业技术中心、重大科研及工程项目转化为教育资源；鼓励校企共建教学、科研实践基地，共同开展联合培养、新学徒制等人才项目，共享专职、兼职师资资源。引导企业完善人才引进、培养、奖励等管理制度，着重完善科研、设计、技术人才收益分配激励措施，多种方式实现柔性引智，建立在岗学习进修通道，打造具有自主发展力的企业人才梯队。

2. 推动产业与资本市场融合发展　深化开展纺织企业上市融资培育与推介工作，发挥好行业组织对证监部门的资源协调作用。加强持续性服务，推动已上市公司做强做大，支持企业对国内外优质资源进行并购重组，提升企业市场价值。引导各类并购基金、私募股权基金参与纺织企业股改、并购，提升资本运作能力。

3. 改善中小企业融资环境　鼓励产业集群协调政、企及金融资源，搭建有效的中小企业的融资平台。稳妥引导建立行业性、区域性纺织产业创投基金，支持中小企业创新发展。深化与金融机构的交流对接，更新金融机构对于纺织行业的固有认知，研究建立纺织行业产融对接推介项目库和专家资源库。

（三）完善综合服务与管理

1. 加强公共服务能力建设　夯实基础服务能力，健全行业基础数据信息采集及分析平台，建立符合高质量发展需求的指数体系，在合规条件下有序实现信息开放共享。优化检验检测、专业会展、时尚发布、社会责任等长项服务功能，打造具有国际影响力的行业会展、时尚发布及国际交流平台。建设权威性产融合作、区域布局、对外投资服务平台，强化宣传发声功能，助力企业升级发展，在现代社会治理体系中发挥积极作用。

2. 深入参与全球产业治理 积极参与纺织产业发展相关国际组织，主动搭建贸易、技术、投资、社会责任等产业合作平台，与各国业界广泛建立常态化的交流机制，在国际合作中主动传递分享、共赢的发展理念。研究建立全球纺织纤维、重点中间产品及专用装备的产量统计体系，开展热点问题研究和报告工作，提升国际影响力。

3. 强化重点产业地区政府的引领作用 鼓励重点纺织产业集群地政府部门加强对产业发展的指引和领导作用，成立工作专班或设立专业机构，强化规划引导和综合管理，推动技术创新、产能升级、产业转移、公共服务平台等重点建设项目落地实施，以财政、地方税收等政策激励措施推动纺织企业高质量发展。鼓励地方政府对当地纺织服装行业协会、商会加强工作指导，给予政策扶持，发挥好行业组织沟通政府与服务企业的桥梁纽带作用。

纺织行业是高度市场化的行业，本纲要提出的发展目标、重点任务和工程主要依靠市场主体自主实施。要充分发挥好纲要对纺织行业"十四五"高质量发展的指导作用，充分利用各种新闻媒体、行业活动平台开展宣讲解读工作，激发纺织生产及服务企业、科研机构、教育机构以及各级行业协会、商会组织的主动性和创造性，推动纲要任务落实和目标达成。中国纺联负责制订纲要评估工作计划方案，分阶段对重点企业、产业集群开展专题调研，对照行业发展情况评估纲要目标及任务合理性，适时进行修订完善。结合调研及评估工作成果，及时向有关政府部门反馈行业发展动态成果、趋势走向及存在的矛盾问题，提出相关政策措施建议。